三 代 考 古

（十）

中国社会科学院考古研究所
夏商周考古研究室 编

科学出版社
北 京

内 容 简 介

本书是中国社会科学院考古研究所夏商周考古研究室编辑的关于三代及其相关考古研究的论文集。第十集包括考古新资料，都邑探索，墓葬、城址与人群，手工业与重要遗物，天文与祭祀，学术史等六个板块，收录了该研究室在职人员和中外其他科研单位学者的论文29篇。

本书适合文物考古、历史、古文字等方面的专家学者及其相关专业的师生参考、阅读。

图书在版编目（CIP）数据

三代考古 . 十 / 中国社会科学院考古研究所，夏商周考古研究室编 . —北京：科学出版社，2023.10
ISBN 978-7-03-076613-7

Ⅰ.①三…　Ⅱ.①中…　②夏…　Ⅲ.①文物–考古–中国–三代时期–文集
Ⅳ.① K871.3-53

中国国家版本馆 CIP 数据核字（2023）第 193140 号

责任编辑：董　苗 / 责任校对：张亚丹
责任印制：肖　兴 / 封面设计：张　放

科学出版社 出版
北京东黄城根北街 16 号
邮政编码：100717
http://www.sciencep.com

北京中科印刷有限公司 印刷
科学出版社发行　各地新华书店经销
*
2023 年 10 月第 一 版　　开本：787×1092　1/16
2023 年 10 月第一次印刷　　印张：29 1/4　插页：8
字数：694 000
定价：198.00 元
（如有印装质量问题，我社负责调换）

《三代考古》丛书编辑委员会

目 录

考古新资料

都 邑 探 索

墓葬、城址与人群

手工业与重要遗物

天文与祭祀

学　术　史

考古新资料

宁县博物馆藏有铭青铜戈

杜博瑞[1]　尚海啸[2]

（1. 中国社会科学院考古研究所　2. 宁县博物馆）

宁县位于甘肃省庆阳市，地处陇东高原南部，马莲河以东、九龙河以南的早胜塬上。该馆早年在春荣乡徐家村征集到两件带铭文青铜戈，未见著录。据文物登记簿记载，两件带铭文青铜戈为村民取土时发现。现介绍如下。

一、伯　阳　戈

馆藏号905，前锋圆钝，直援，无脊，上下阑，阑侧三穿，直内，内上有一长方形穿。内部铸铭两字：伯阳。通长17.4厘米，援长10.4、宽2.1、厚0.2厘米，内长7、宽2.8、厚0.2厘米。重189.94克（图一）。

图一　伯阳戈照片与铭文拓片

二、工　师　戈

馆藏号906，前锋圆钝，直援，菱形脊，上下阑，阑侧三穿，直内，内上有一长方形穿。内部刻铭七字，其中一字模糊不识：□年，工师囧，冶替[1]。通长17.1厘米，援长10.3、宽2.1、厚0.3厘米，内长6.8、宽2.7、厚0.1厘米。重166.41克（图二）。

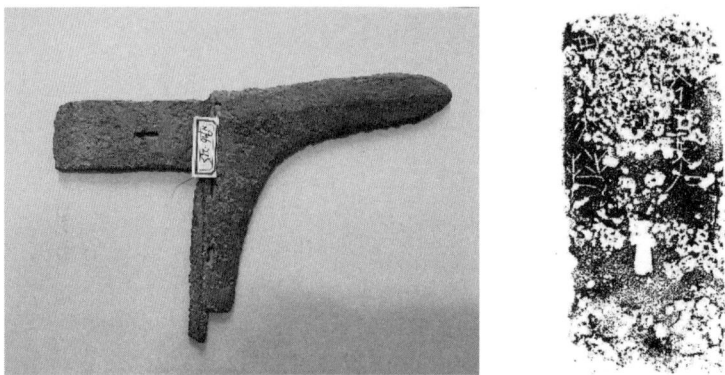

图二　工师戈照片与铭文拓片

三、器物年代

从形制来看，两件戈除脊部的差异外，其余形制基本一致。上海博物馆藏"州工师明戈"[2]、太原金胜村 M251：596[3]等铜戈形制与该两件戈皆较为相似，年代应为春秋晚期—战国早期。

从铭文来看，伯阳戈所记伯阳，有两种可能，一为人名：伯阳父、曹伯阳以及老子字伯阳等；二为地名：战国时期魏国所属伯阳邑。《史记·赵世家》记载："十七年，乐毅将赵师攻魏伯阳……十九年，秦（败）〔取〕我二城。赵与魏伯阳。"〔正义〕括地志云："伯阳故城一名邯会城，在相州邺县西五十五里，七国时魏邑，汉邯会城。"[4]人名年代从西周—战国皆存，地名中的伯阳起始为战国早期。

工师戈所记□年，工师囷，冶彗。其中工师为战国时期掌管工匠的吏。《孟子·梁惠王章句下》记载："孟子谓齐宣王曰：'为巨室，则必使工师求大木，工师得大木，则王喜，以为能胜其任也。匠人斫而小之，则王怒，以为不胜其任矣。'〔注〕工师，主工匠之吏。"[5]冶为战国时期直接制造兵器的工人[6]。组合起来即为某年，工师某的监督下，冶某在制造这件戈。工师某+冶某的组合在战国时期的兵器铭文中常见，为战国时期职官制度的一部分。

综合以上讨论，伯阳戈与工师戈的年代为战国早期是较为合适的，春荣乡徐家村在战国早期似为秦国工匠制造的一个场所。

四、余　　论

除有铭文铜戈外，宁县博物馆早年在春荣徐家村还征集到一件单耳圜底釜、三件小口圆腹灰陶罐。陶器皆戳印有"泥亭"二字，该批陶器也为村民取土时发现（图三）。其中单耳圜底釜形制特点为敞口，尖唇，颈微束，圆鼓腹，圜底。环形耳置于颈、腹连接处。腹部满饰方格纹。单耳圜底釜形制与陇县店子M54∶2[7]较为相似，年代为战国中期前后。三件小口圆腹灰陶罐尺寸、形制皆相似，形制为侈口，竖颈，圆肩，鼓腹，平底。小口圆腹灰陶罐形制与陇县店子M5∶1[8]较为相似，年代为秦代。

图三　陶器图片与戳印临摹
1. 单耳圜底釜　2. 灰陶罐　3. 泥亭戳印

有学者系统整理秦"市""亭"陶文后认为，"市""亭"机构为秦人之县邑所属的场所，除工商贸易场所职能，也是封建政府宣布政令的重要处所[9]。关于泥，《读史方舆纪要·真宁县》记载："泥阳，有泥水，出郁郅北蛮中。城盖近泥水上流而名也。"[10]这就是说，泥即泥阳县，为泥水之阳的区域。因此，此类陶器的发现表明春荣乡徐家村战国时期为秦国工匠制造的一个场所，后为泥阳县所属的工商贸易场所。与此同时，汉代班彪《北征赋》曰：登赤须之长坂，入义渠之旧城……过泥阳而太息兮，悲祖庙之不修[11]。班彪从义渠旧城出来后，经过了泥阳县城。因此，泥阳县城位置的确定，也为义渠故城的寻找提供了线索。

附记：本文拓片由孙锋制作，谭笑在收集资料过程中提供宝贵建议，在此感谢。

注　释

[1] 工师为合文，"囲"字写作，从口从井，似为人名。
[2] 吴镇烽：《商周青铜器铭文即图像集成》第32卷，上海古籍出版社，2012年，第139页，编号17086。
[3] 山西省考古研究所、太原市文物管理委员会：《太原晋国赵卿墓》，文物出版社，1996年，第92页。
[4] （汉）司马迁：《史记·赵世家》，中华书局，1982年，第1820页。
[5] （清）焦循撰、沈文倬点校：《孟子正义·梁惠王章句下》，中华书局，1987年，第146页。
[6] （明）董说著、缪文远订补：《七国考订补》，上海古籍出版社，1987年，第166页。

［7］ 陕西省考古研究所：《陇县店子秦墓》，三秦出版社，1998 年，第 101 页。

［8］ 陕西省考古研究所：《陇县店子秦墓》，三秦出版社，1998 年，第 96 页。

［9］ 后晓荣：《秦市亭陶文性质的新认识》，《考古学报》2019 年第 3 期。

［10］ （清）顾祖禹撰，贺次君、施和金点校：《读史方舆纪要·陕西六·延安府·真宁县》，中华书局，2005 年，第 2771 页。

［11］ 赵逵夫：《历代赋评注·汉代卷·北征赋》，巴蜀书社，2010 年，第 377 页。

山西洪洞南秦墓地春秋墓葬
M4 发掘简报

山西省考古研究院　临汾市文化和旅游局　洪洞县文物旅游中心

南秦墓地（图版一）位于山西省洪洞县广胜寺镇南秦村西南约200米的一处台地之上，北面有瓦日线铁路东西横穿墓地，西南距洪洞县县城约5千米，北距永凝堡遗址约1千米，东北距坊堆遗址约2.5千米，南十余千米为东周洪洞古城遗址。墓地地势较为平坦，东北望霍山，出霍泉河，北面有磨河，南面有洪安涧河。2016年山西省考古研究院联合地方文物部门，对该墓地进行了抢救性考古发掘，共发掘9座墓葬，其中，两座春秋时期墓葬中最大的一座M6已经发表[1]，现将另一座中型墓M4的情况简报如下。

一、墓 葬 形 制

M4并列位于M6南侧，方向105°。该墓为东西向竖穴土坑墓，口大底小，墓口4米×3米，墓底3.8米×2.7米，距地表深9.5米。墓内填土为黄褐色花土，经过夯打，夯层每层厚约0.2～0.25米，夹杂钙质结核。墓壁斜直，较为平整，未见工具痕等。

葬具一棺一椁，皆木质，朽甚，仅存灰痕。椁帮板与墓壁间有一宽0.2、高约0.9米的熟土二层台。

椁由盖板、帮板、挡板和底板组成，东西挡板出头，南北帮板不出头。长3.8、宽2.3、高0.9米。帮板、挡板块数不详，厚约0.04～0.05米。椁盖板长3.8、宽2.7米，共14块，南北平铺，间有缝隙，每块板长2.65、宽0.22米，厚度不详。内壁髹朱漆一层。椁底板长3.8、宽2.7米，共14块，南北平铺，每块板长2.65、宽0.22米，厚度不详。

棺为长方体箱式，不出头，长2、宽0.7米，高度不详，盖板由东西铺设的3块不规则长方形木板拼接而成，每块板宽0.2～0.25米，板间可见0～5厘米缝隙。立板可见宽约5厘米。棺底板大小、铺设方式同盖板，块数不详。棺内壁髹朱漆一层。棺内发现人骨一具，因遭受重度挤压，呈扁平状，只可辨认大致轮廓，保存状况较差，朽甚，酥软，呈铁锈色，仅存牙齿数颗。头向东，面向南，仰身直肢，右上肢伸直放于髋骨上，左上肢弯曲放于腹部。墓主人性别、年龄无法测得。另在头骨右侧发现一节兽骨。

共随葬各类遗物 15 件套，随葬器物从材质上，见有陶、铜、金、漆、石、骨器等，不见玉器。陶器皆为泥质灰陶，有高领折肩壶 2、敞口小罐 1，分别出土于棺椁间南、北的中部。铜器有容器和车马器，皆出于棺椁间东南角。容器有带盖鼎 2、带盖豆 2，舟、盘、匜各 1；2 件车軎出土于铜盘之下。舟下出土金饰 1 件。漆器紧靠铜鼎东侧。石器为一组石圭，出土于棺椁间东北位置。骨器仅见骨管 1 件，位于椁盖板东部中间近挡板之上。石圭西侧发现兽骨 1 具（图一、图二；图版二，1、2）。

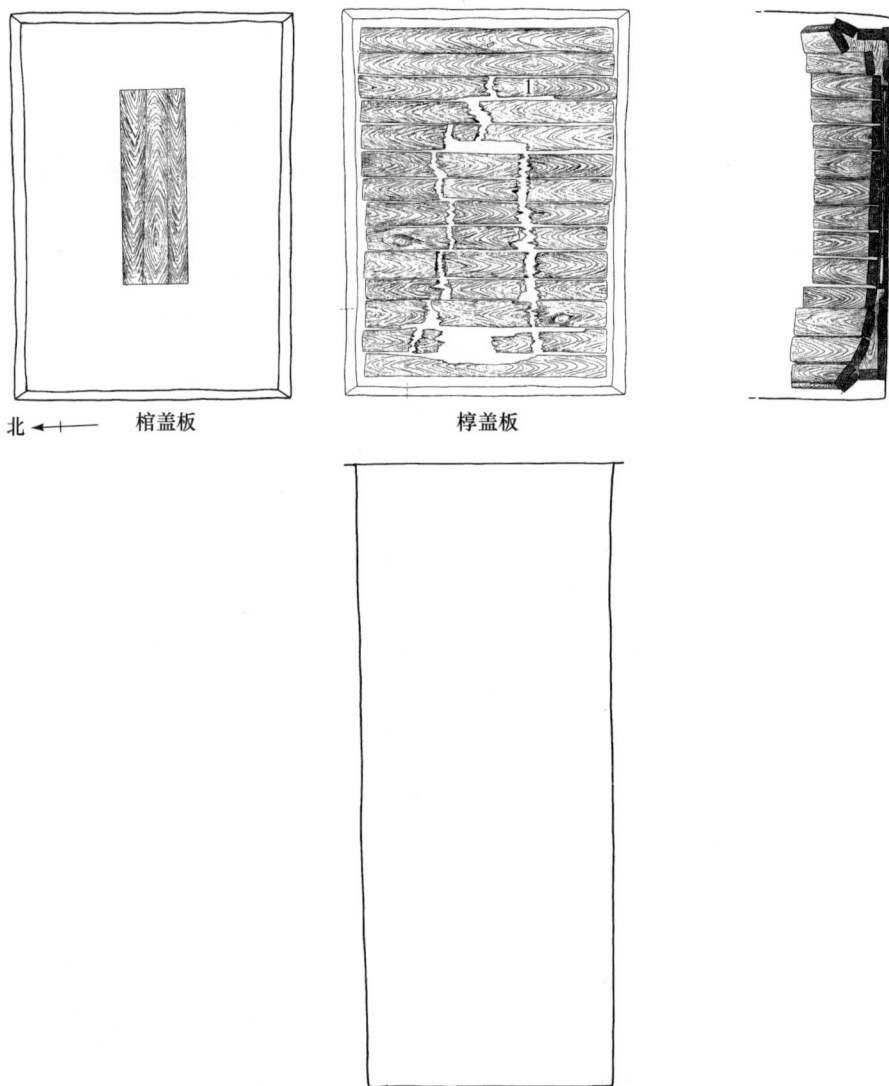

北 ←—— 棺盖板 　　　　椁盖板

图一　M4 平、剖面图

1. 骨管

图二　M4 平面图

2. 铜舟　3. 铜匜　4. 铜盘　5. 漆器　6、7. 铜鼎　8、9. 铜豆　10. 陶罐　11、12. 陶壶
13. 石圭　14. 铜车軎　15. 金饰

二、出 土 器 物

共出土各类器物 15 件套，有铜、陶、骨、金、石、漆器。

1. 铜器

8 件套。有鼎、豆、舟、盘、匜、车軎。

鼎　2 件。器型、纹饰基本相同，唯捉手处有别。皆带盖。鼎盖圆形，母口，盖面上弧，中央置捉手。鼎身子口，微敛，腹部上端对称附双撇耳，深弧腹，圜底，下承三蹄足。器身外、足内侧等可见范线，耳、足内有范芯，足部可见芯撑孔。盖面饰蟠螭纹两周，以雷纹打底，繁简不一。耳部内外饰细密蟠虺纹；腹部纹饰同盖面，间以一周绳索纹或凸弦纹。M4：6，捉手为 5 条蛇身状拱起接以圆圈。捉手饰绳索纹一周，盖顶中心饰三角雷纹打底的涡纹，外环一周回纹。盖径 30.5、高 7.1 厘米；鼎身口径 29、耳间距 35.5 厘米；通高 31.9 厘米。容积 11.5 升（图三、图四；图版三、图版四）。M4：7，捉手呈圆形喇叭状，中心俯卧一龙，三角雷纹为底，外环以点状雷纹打底、首尾相接的交龙纹一周，共 16 条。盖径 25.4、高 6.4 厘米；鼎身口径 24.4、耳间距 30.4 厘米；通高 27.9 厘米（图五、图六；图版五）。

豆　2 件。器型、纹饰相同。皆带盖。整体器型扁矮，豆盖圆形，母口，盖面上弧，中央置喇叭状捉手。豆身子口内敛，口沿下两侧对称置环耳，深弧腹，下承高柄喇叭足。捉手心饰雷纹一周，外环以点状雷纹打底、首尾相接的交龙纹一周，共 16 条。盖面饰细密蟠虺纹条带，共三周，捉手下两层一周，余饰三层一周。豆身及豆足亦装饰细密蟠虺纹条带一周，身五层，足四层。豆足均匀分布一周长条形芯撑孔，柄部也有，豆身可见合范线痕。M4：9，盖径 17.1、高 5.1 厘米；豆身口径 16、耳间距 21 厘米；通高 16.8 厘米。容积 1.4 升（图七、图八；图版六）。M4：8，出土时，捉手处残留细绳一截。豆内存有一形似蛋挞的圆饼状食物残留物。盖径 17.3、高 4.6 厘米；豆身口径 16.6、耳间距 21.1 厘米；通高 18.2 厘米。容积 1.35 升（图九、图一〇；图版七）。

舟　1 件。M4：2，圆体，束口，弧腹，两侧对称置环耳，平底，圈足。外腹除耳部外装饰蟠虺纹带一周三层，间以范线分隔，足部装饰绳索纹一周。器身有垫片。足内可见范芯。口径 10.8~11.4、耳间距 13.9、高 6.4 厘米（图一一；图版八，1）。

盘　1 件。M4：4，敞口，出沿，口沿下对称附双耳，耳外撇，浅腹，平底，下承三蹄足。耳部装饰牛头兽面。盘底有范线及修补痕。双耳镶嵌于盘腹。盘底可见多处垫片。口径 35.6、耳间距 42.3、通高 11.5 厘米。容积 3.3 升（图一二；图版八，2）。

匜　1 件。M4：3，椭身，出流，封口，环耳鋬，底承三蹄足。口部上方饰螭龙纹。器身及底部可见范线。通长 28、通高 8.6 厘米（图一三；图版九）。

车軎　1 套 2 件。成对，带辖。軎体为十六棱圆筒形，较矮，一端出宽缘，近缘处两端各有一长方形穿孔，孔中贯辖，辖首尾端各有一穿。素面。M4：14-1，軎长 3.1、径 4.2、缘径 6.1、辖长 6.8 厘米（图一四，3；图版一〇，1 左）。M4：14-2，軎长 3.1、径 4.2、缘径 6.1、辖长 6.9 厘米（图一四，4；图版一〇，1 右）。

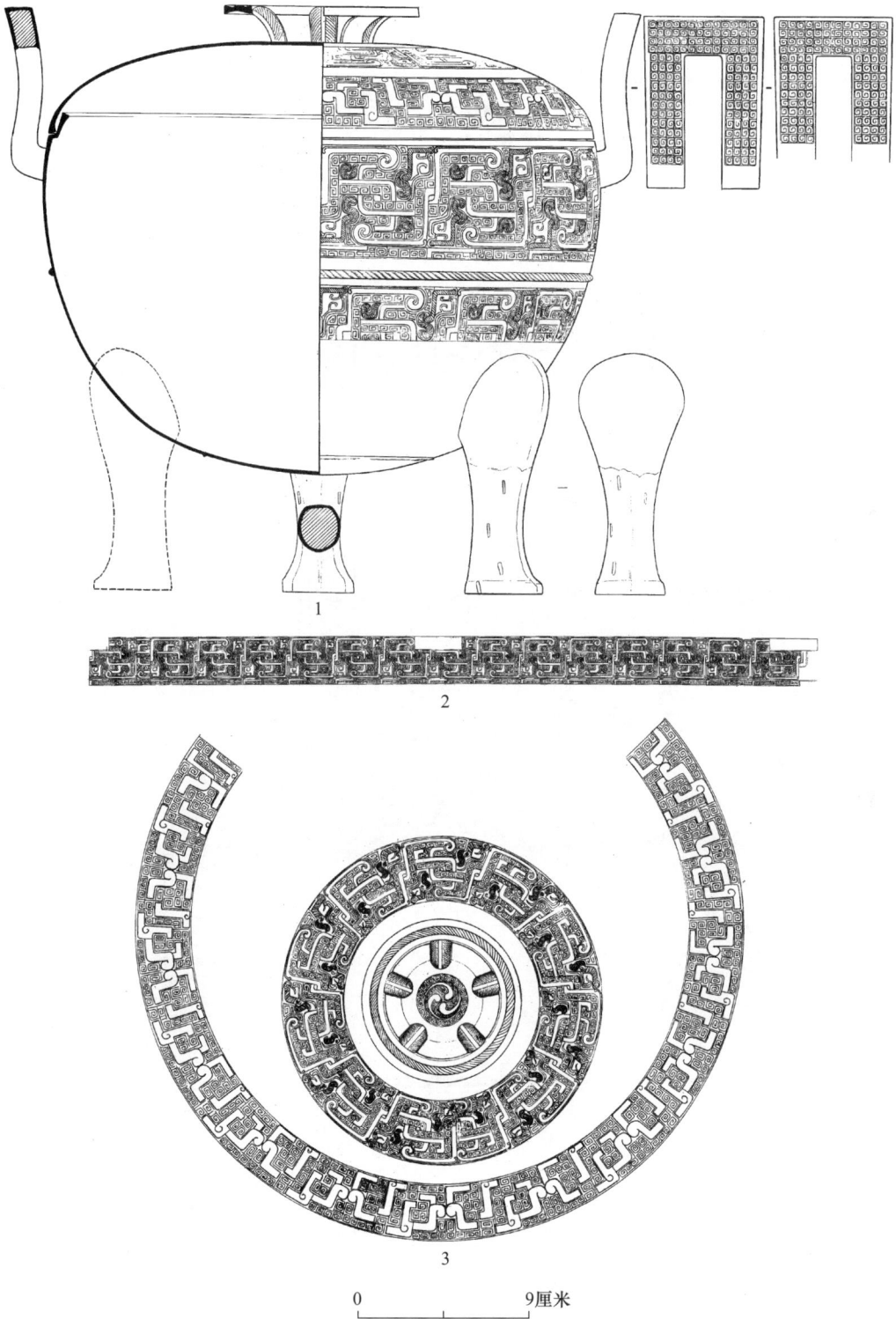

0   9厘米

图三　铜鼎（M4：6）及纹饰

1. 铜鼎及耳部蟠虺纹　2. 腹部下层纹饰　3. 捉手及鼎盖纹饰

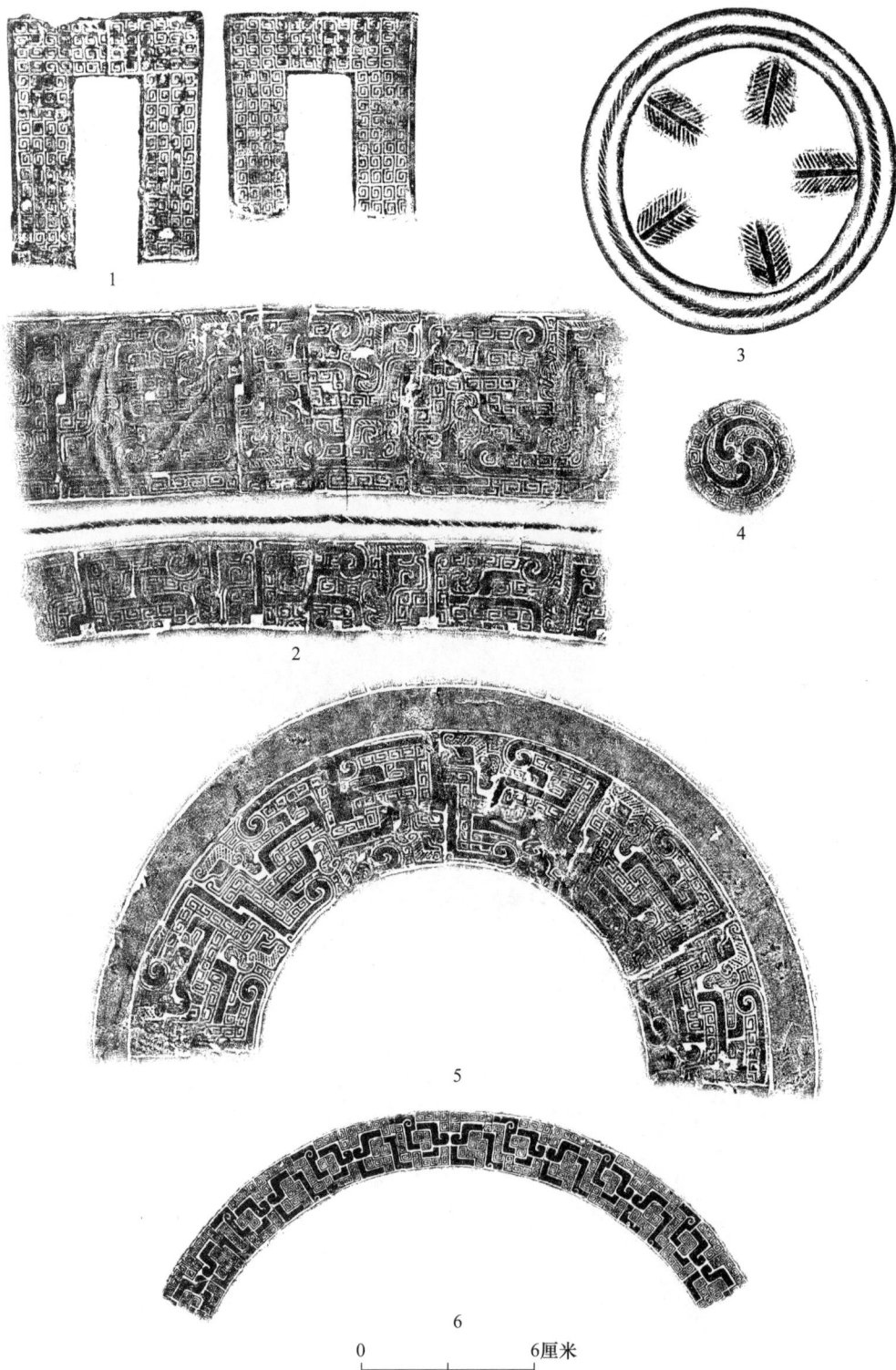

图四　铜鼎（M4∶6）拓片

1. 鼎耳　2. 鼎腹　3. 鼎盖　4. 捉手　5. 鼎盖上层纹饰　6. 鼎盖外层纹饰

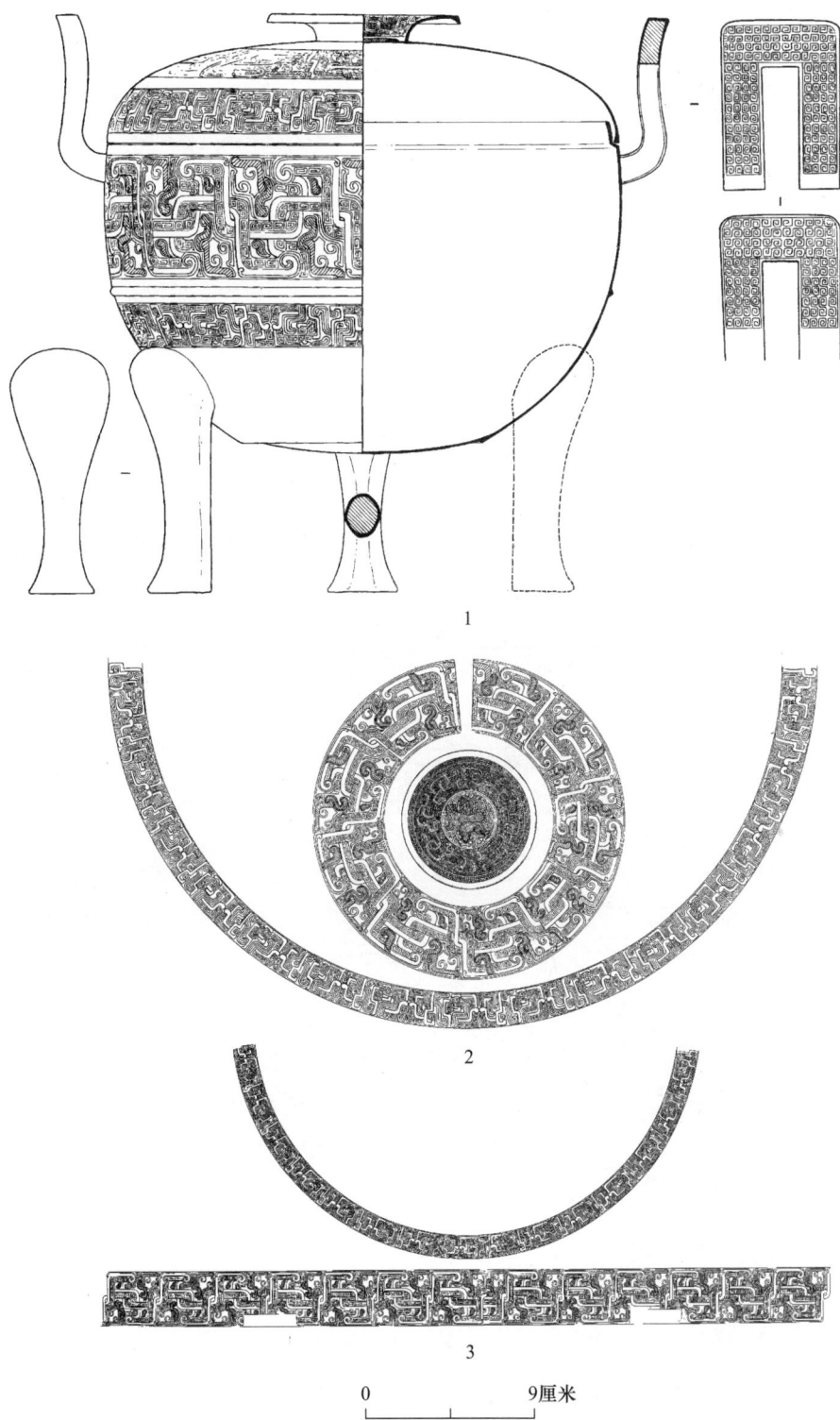

图五 铜鼎（M4：7）及纹饰

1. 铜鼎及耳部蟠虺纹 2. 鼎盖纹饰 3. 腹部下层纹饰

图六　铜鼎（M4：7）拓片

1. 鼎耳　2. 鼎盖捉手　3. 鼎腹　4. 鼎盖边缘纹饰　5. 鼎盖上层纹饰

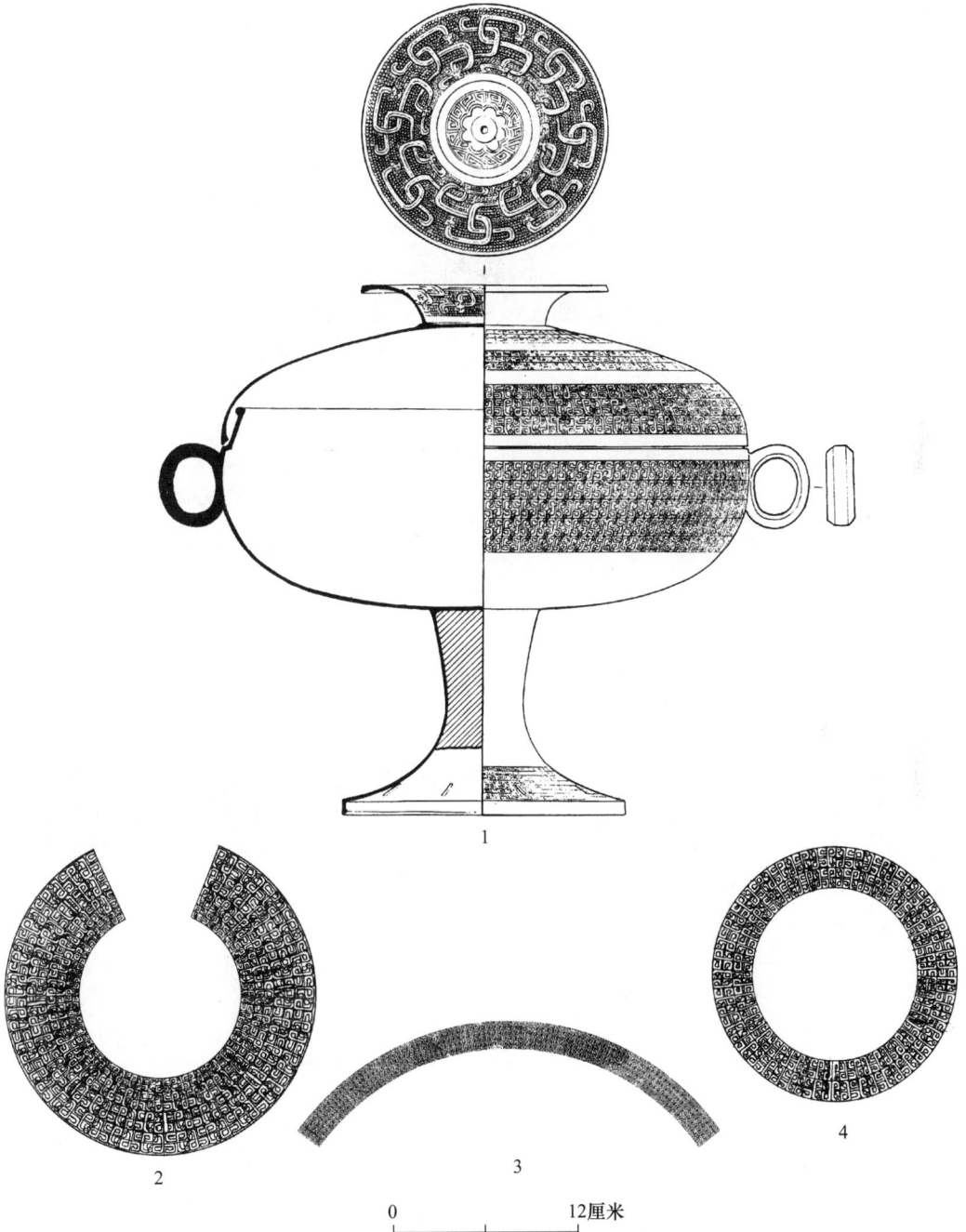

图七 铜豆（M4∶9）及纹饰

1. 铜豆及豆盖　2. 底座蟠虺纹　3. 豆身纹饰　4. 捉手下蟠虺纹

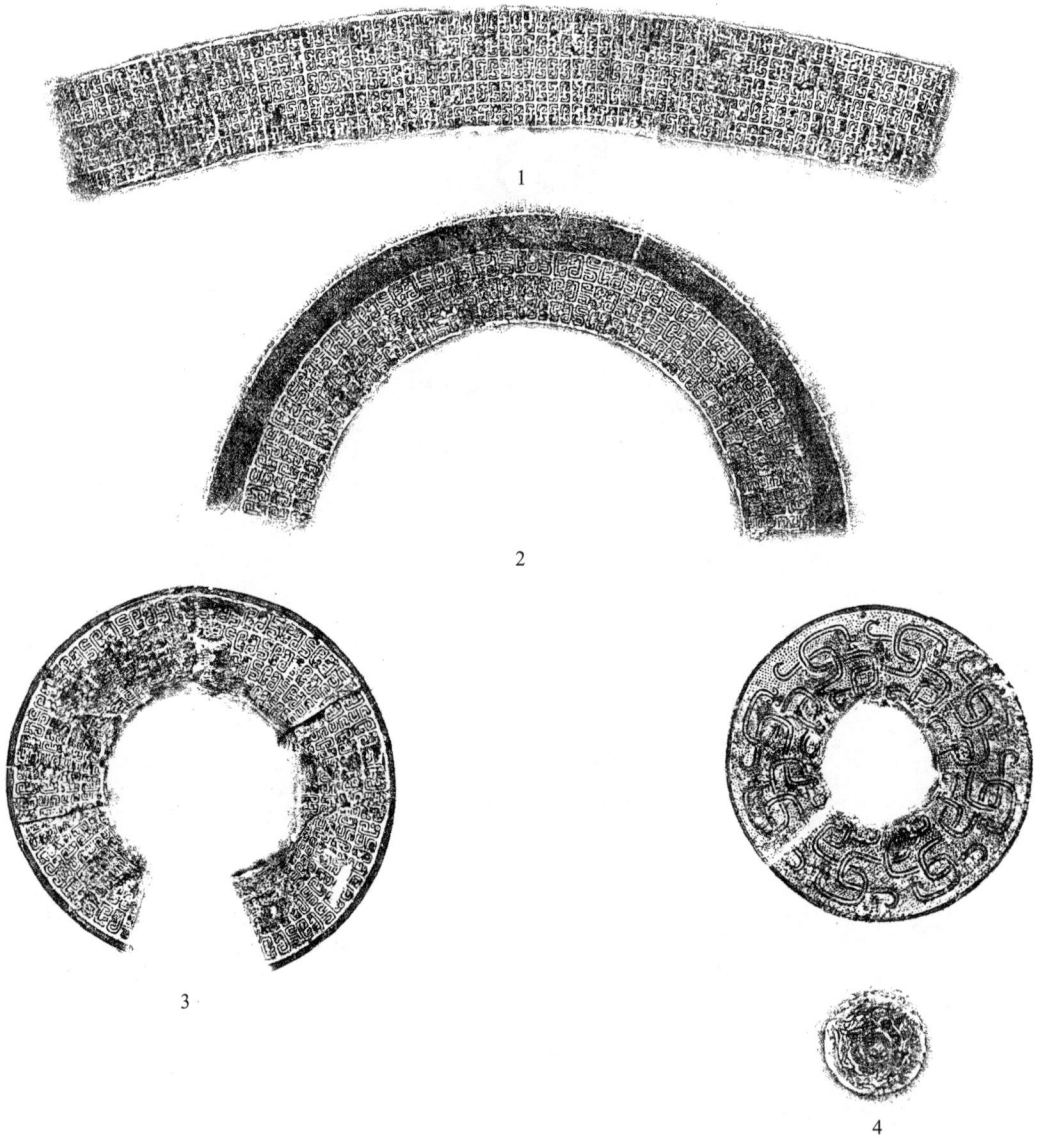

图八　铜豆（M4∶9）拓片
1. 腹部　2. 豆盖　3. 豆座　4. 捉手

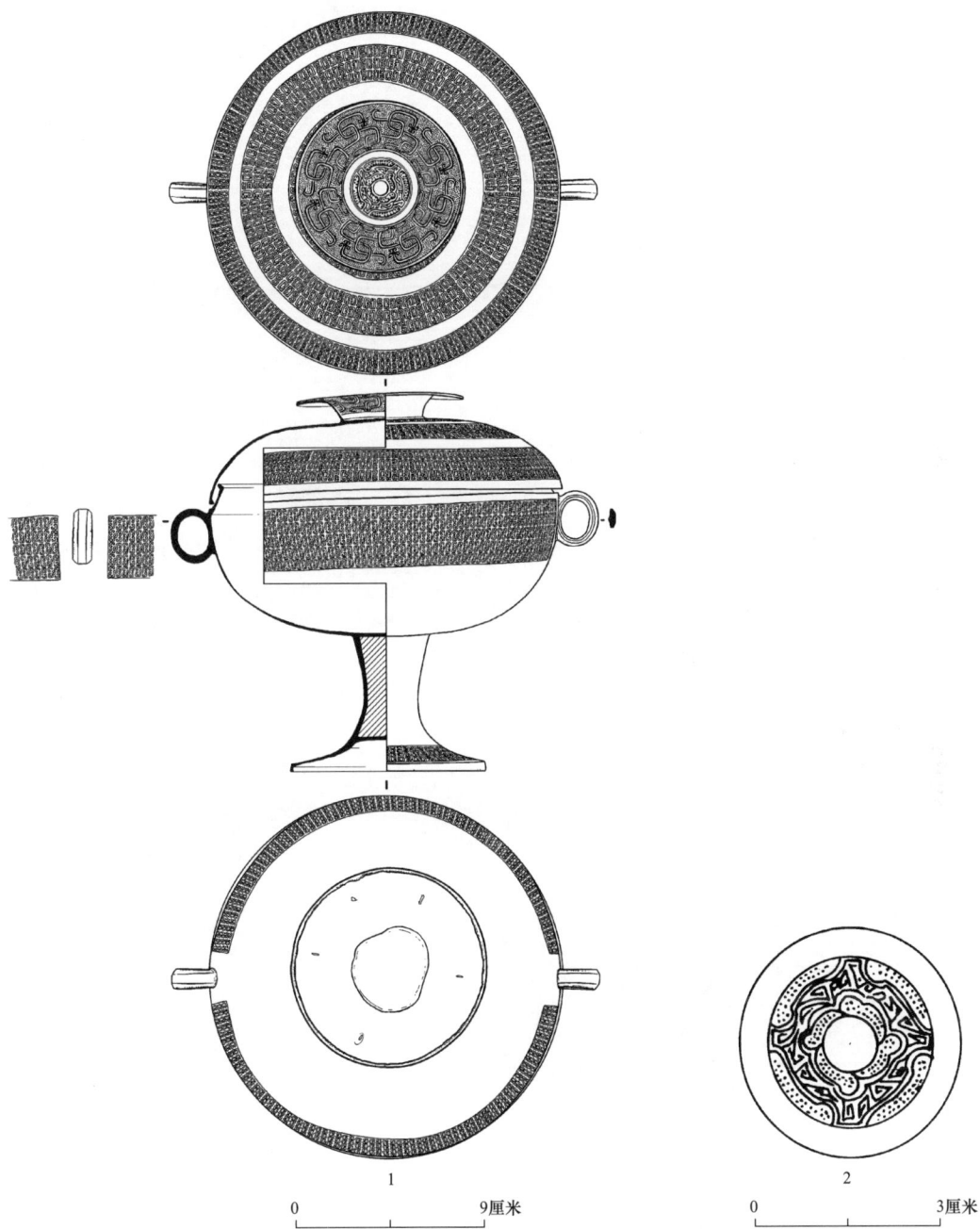

图九　铜豆（M4：8）及纹饰

1. 铜豆　2. 捉手内心雷纹

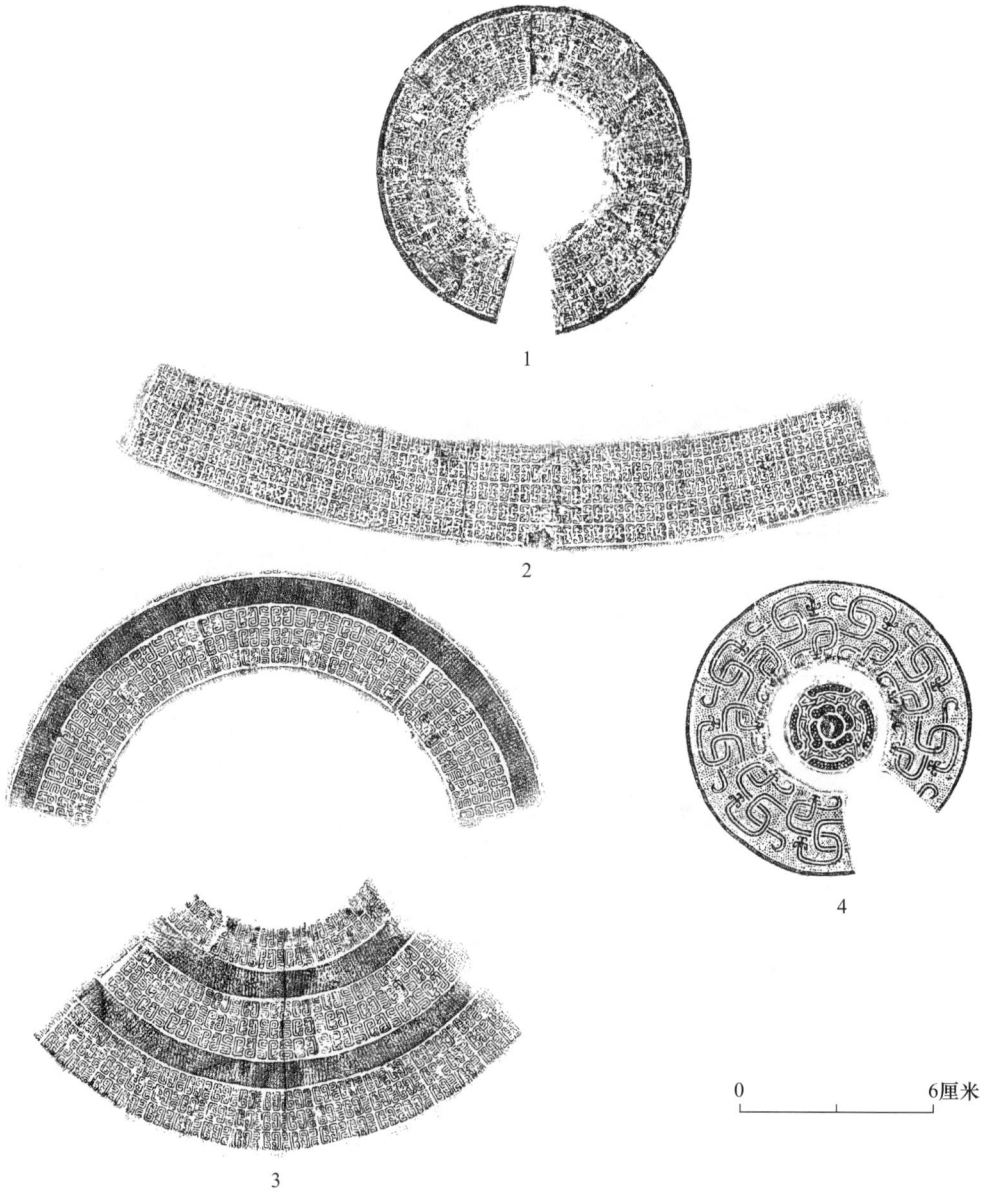

图一〇　铜豆（M4：8）拓片

1. 豆座　2. 豆腹　3. 豆盖　4. 豆盖捉手

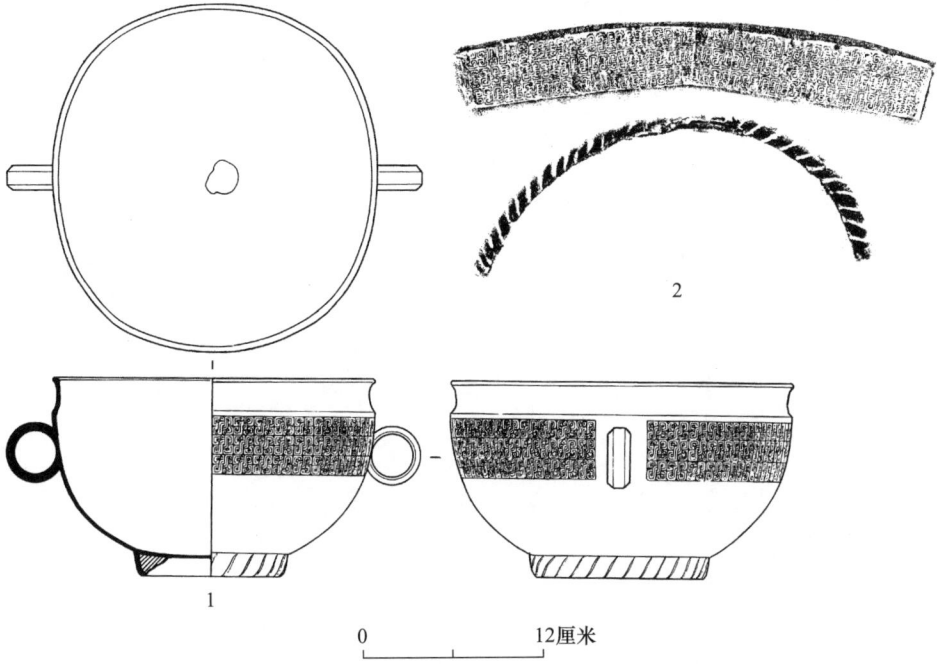

0   12厘米

图一一　铜舟（M4：2）及腹部拓片

1. 铜舟　2. 腹部拓片

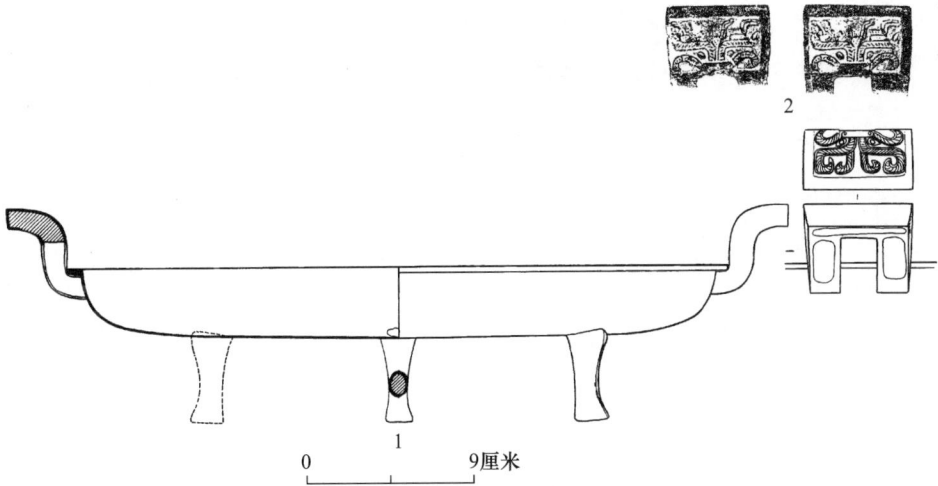

0   9厘米

图一二　铜盘（M4：4）及耳部拓片

1. 铜盘　2. 耳部拓片

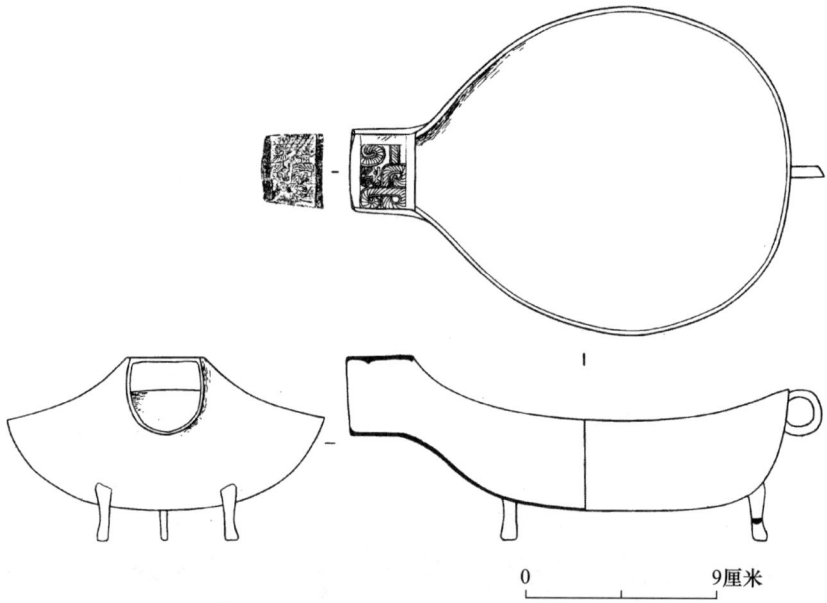

图一三　铜匜（M4：3）及流部拓片

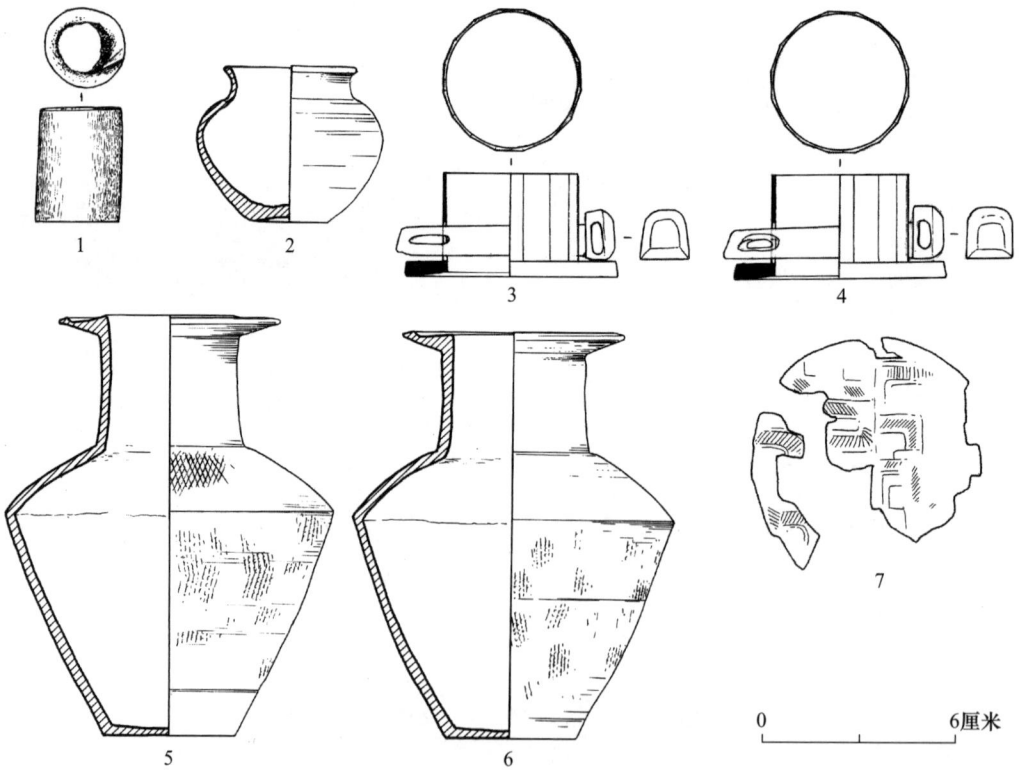

图一四　M4 出土器物

1. 骨管（M4：1）　2. 陶罐（M4：10）　3、4. 铜车軎、车辖（M4：14-1、M4：14-2）
5、6. 陶壶（M4：11、M4：12）　7. 金圆形饰（M4：15）

2. 陶器

3 件。有罐和壶。

罐　1 件。M4：10，残，复原。敞口，短束颈，圆肩，弧腹内收至底，底略内凹。素面。泥质灰陶，较硬。口径 4.2、底径 2.4、肩径 5.8、高 4.7 厘米（图一四，2；图版一〇，2）。

壶　2 件。残，复原。器型相同，皆高领折肩。直口，平出沿，边缘起棱，长束颈，折肩，斜直腹，平底。器腹局部拍印绳纹。泥质灰陶，较硬，夹杂较多白砂粒。M4：11，口径 7、肩径 10.4、高 12.7 厘米（图一四，5；图版一〇，3）。M4：12，口径 6.9、肩径 10、高 12.4 厘米（图一四，6；图版一〇，4）。

3. 骨器

骨管　1 件。M4：1，圆柱体，中空。素面。器表光滑。两端有切割痕。长 3、径 2.6 厘米（图一四，1；图版一〇，5）。

4. 金器

金圆形饰　1 件。M4：15，残损。圆形，甚薄。正面细线阴刻有蟠螭纹，背面光素。捶揲而成。径约 7.2 厘米（图一四，7；图版一〇，6）。

5. 石器

石圭　约 11 件。标本 M4：13，皆残。扁体，一端方形，一端出三角尖。素面。石质较酥软，个体不成形，较难剥离，青灰色板岩。

6. 漆器

不明器型　1 件。M4：5，残，不可复原。不规则长体，变形严重，形制无法辨识。器表饰朱、黑两漆，隐约可见蟠螭纹。

三、结　语

M4 的墓葬形制在春秋战国时期十分流行。M4 随葬器物在侯马上马墓地[2]、临猗程村墓地[3] 等，都有类似的发现。南秦陶器中的陶罐 M4：10 同上马 B 型Ⅲ式（M2207：1），陶壶同上马Ⅲ式（M4006：1）、程村 A 型Ⅰ式（M1002：44）。

铜器中，铜鼎 M4：6 器型、纹饰同程村 Cc 型（M1119：1）；铜鼎 M4：7 形制、纹饰同程村 Cb 型Ⅰ式（M0021：3）；铜豆同程村Ⅲ式（M1056：9）、上马Ⅲ式（M1002：4）；铜舟 M4：6 同程村 Bb 型Ⅱ式（M1062：5）、上马 B 型Ⅰ式

（M4006：7）；铜盘 M4：4 同程村 B 型I式（M1001：3）；铜匜 M4：3 同程村 Ba 型I式（M1056：13）、庙前 62M1：4[4]等。综合来看，M4 的墓葬时代断为春秋晚期，与M6 时代相近。

从墓葬布局关系来看，M4 和 M6 当为一组夫妻异穴合葬墓，M6 为男性，M4 为女性，级别稍低。

执笔：曹　俊　杨及耘　张小星

注　释

[1] 山西省考古研究院、临汾市文化和旅游局、洪洞县文物旅游中心：《山西洪洞南秦墓地春秋墓葬M6 发掘简报》，《中国国家博物馆馆刊》2021 年第 6 期。

[2] 山西省考古研究所：《上马墓地》，文物出版社，1994 年。

[3] 中国社会科学院考古研究所、山西省考古研究所、运城市文物局等：《临猗程村墓地》，中国大百科全书出版社，2003 年。

[4] 山西省考古研究所：《万荣庙前东周墓葬发掘收获》，《三晋考古》（第一辑），山西人民出版社，1994 年，第 218～250 页。

山西芮城太安遗址发掘简报

山西省考古研究院

太安遗址位于山西省运城市芮城县古魏镇太安村东北部，1959～1963 年晋南考古调查中首次发现该遗址[1]。遗址区地形北高南低，北部为陡峭断崖，向南呈缓坡状。南距黄河约 3.5 千米，东北距坡头遗址约 20 千米，西南距南礼教遗址约 6 千米，隔黄河东南与河南陕县三里桥遗址相距约 50 千米（图版一一，1）。经调查，遗址现存面积约 20 万平方米，包含仰韶、龙山时期遗存。

2020 年 3 月，为配合黄河板块旅游公路芮城县彩霞村至新村段项目的建设，山西省考古研究院对公路经过的太安遗址进行考古发掘，共清理龙山时期灰坑 3 座，现将发掘资料报道如下[2]。

一、地 层 堆 积

遗址处在黄河一、二级阶地过渡区域，因长期水土流失，地形破碎，形成多处南北向冲沟，冲沟之间有小面积台地，又经平田整地形成阶地。发掘区位于遗址东部台地上，地层简单。北部阶地①层耕土层下即生土，H1 开口于①层下。南部阶地①层为耕土层；②层为平田整地时形成的垫土层，包含有瓷片、砖瓦残块等，其下即生土，H2、H3 开口于②层下（图一）。

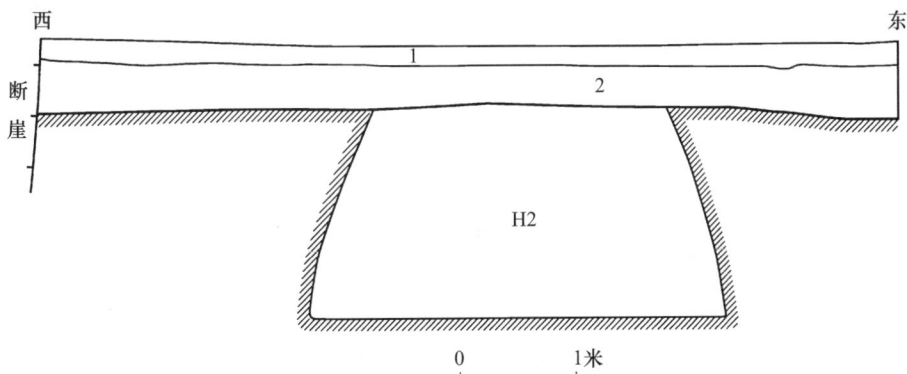

图一　南部阶地探方北壁地层剖面图

二、发 掘 收 获

共清理灰坑 3 座，分布零散（图二）。H1、H2 形制为较规整的圆形袋状，H3 被断崖破坏，大部已残，从残存轮廓看，形制也应是圆形袋状。

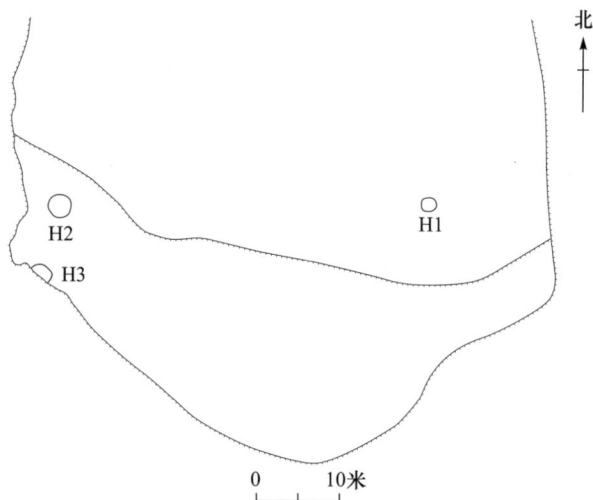

图二　灰坑平面位置图

（一）H1

1. 形制

H1 位于发掘区东北部，开口平面呈东西向椭圆形，口径东西 1.88、南北 1.6 米，坑底近圆形，底径东西 2.98、南北 2.96 米，残深 1.15 米。坑壁较规整，底部平整。灰坑内堆积可分为 3 层：①层为灰褐色土，较疏松，出土大量陶片，夹杂少量红烧土块、草拌泥残块；②层为黄褐色土，较质密，出土少量陶片、动物骨骼及石块；③层为浅灰褐色土，较疏松，出土大量陶片，中部夹杂有黄土块、白灰地面残块、红烧土块等（图三；图版一二，2）。

2. 出土遗物

遗物以陶器为主，还有少量石器、骨器。

（1）陶器

陶器中泥质陶略多于夹砂陶，以灰陶为主，灰褐、红褐陶少量发现。纹饰以篮纹为主，占比 40%，多见于泥质陶中；其次为绳纹，占比 32%，主要饰于夹砂陶表面；旋纹少量发现（图四；表一）。

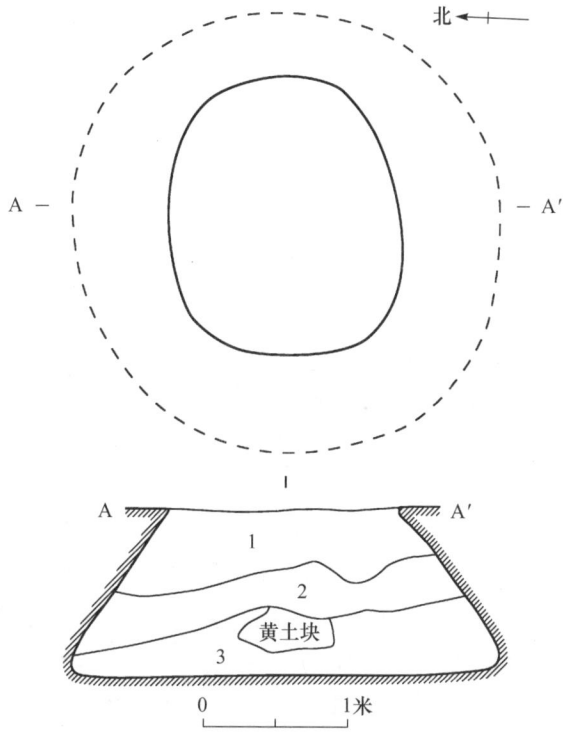

图三 H1平、剖面图

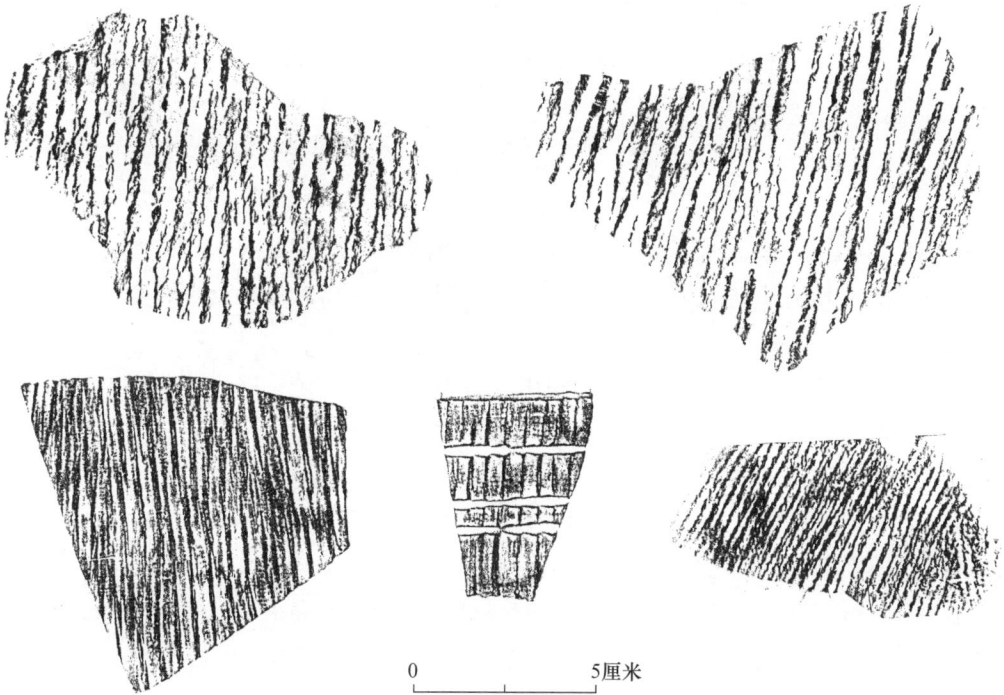

图四 H1纹饰拓片

表一　太安遗址 H1 陶系统计表

陶系		夹砂				泥质				合计	百分比（%）
纹饰	陶色	浅灰	深灰	灰褐	红褐	浅灰	深灰	灰褐	红褐		
纹饰	细绳纹	21	25	6	2		2			56	5
	粗绳纹	150	164				2			316	27
	篮纹	111	17		4	307	30	2		471	40
	素面	57	8	2	5	206	38	1	1	318	27
	旋纹	3	9		1	3	6			22	2
合计		342	223	8	12	516	78	3	1	1183	100
百分比（%）		29	19	0.5	0.5	44	7	0	0	100	
百分比（%）		49				51					

复原器较少，多为口沿残片。器类包括单把鬲、双鋬鬲、敛口甑、小陶罳、折腹盆、甗、高领折肩罐、侈口罐、小底深腹缸、器盖、缸、盆、盉、瓦、单耳杯、单耳罐、长颈壶、刻划纹罐、豆、瓮、甑等。此外，还发现陶管状器、陶刀、陶杯形器、圆陶片等小件器物。

单把鬲　4件。均为口沿残片，夹砂灰陶或灰褐陶，均为侈口，圆唇或方唇，领部素面或抹绳纹，腹部饰粗绳纹。器形较双鋬鬲小。

H1①：25，夹砂灰褐陶。方唇。领部绳纹被抹，领根饰旋纹一周，腹部饰竖向粗绳纹。残高 6 厘米（图五，7）。

H1②：26，夹砂灰陶。圆唇。腹饰粗绳纹。残高 4.3 厘米（图五，1）。

H1①：27，夹砂灰陶。圆唇。腹饰竖向粗绳纹。残高 5.4 厘米（图五，6）。

H1①：28，口沿残片。夹砂灰陶。方唇。腹部饰粗绳纹。残高 4.9 厘米（图五，2）。

双鋬鬲　4件。口沿或鋬手残片，均为夹砂灰陶，侈口，颈部或腹部饰粗绳纹。器形较大。

H1①：19，斜方唇。腹部饰竖向粗绳纹。口径 26.6、残高 13 厘米（图六，2）。

H1③：20，圆唇，口沿加厚，腹部有横向鋬手。腹部饰左斜粗绳纹，内壁领部有一组凌乱横向划纹。口径 29.5、残高 17.1 厘米（图六，3）。

H1①：23，圆唇，口沿加厚。器表饰左斜粗绳纹，内壁有横向划纹。口径 27.7、残高 11 厘米（图六，1）。

H1①：29，鋬手残片。夹砂灰陶。呈条状，其上有按捺长窝纹。通体饰粗绳纹。残高 9.1 厘米（图六，4）。从陶质纹饰看应为 H1①：23 鋬手。

器耳　1件。

H1②：22，残耳。泥质灰陶。桥形耳。耳面饰竖绳纹。残高 7.8 厘米（图六，8）。

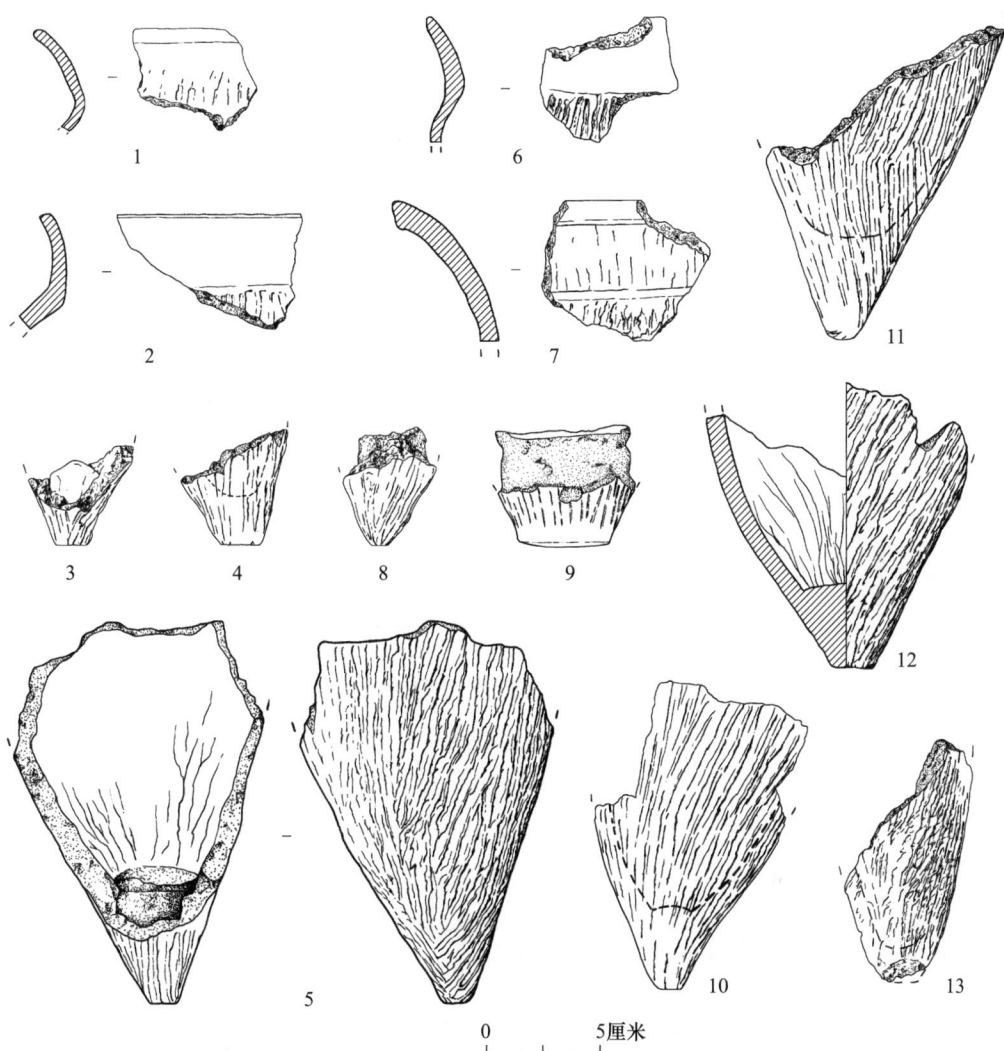

图五 H1 出土陶器（一）

1、2、6、7. 单把鬲（H1 ②：26、H1 ①：28、H1 ①：27、H1 ①：25） 3～5、8、10～13. 鬲足（H1 ①：41、H1 ③：40、H1 ③：32、H1 ①：39、H1 ③：37、H1 ③：36、H1 ③：35、H1 ①：38） 9. 甗足（H1 ③：33）

鬲足 8件。多为夹砂灰陶，呈袋状，器表饰粗绳纹，内壁多见制作时叠皱痕迹，足根多有附加泥球加固。

H1 ③：32，足根附加泥球。残高 16.6 厘米（图五，5）。

H1 ③：37，内壁有叠皱痕迹，足根加泥球。残高 13.3 厘米。从陶质纹饰看可能为 H1：20 鬲足（图五，10）。

H1 ③：36，内壁有褶皱痕迹。足根泥球加厚。残高 13.6 厘米（图五，11）。

H1 ③：35，内壁有褶皱痕迹。足根附加泥球。残高 12.3 厘米（图五，12）。

H1 ③：40，夹砂灰褐陶。残高 5 厘米（图五，4）。

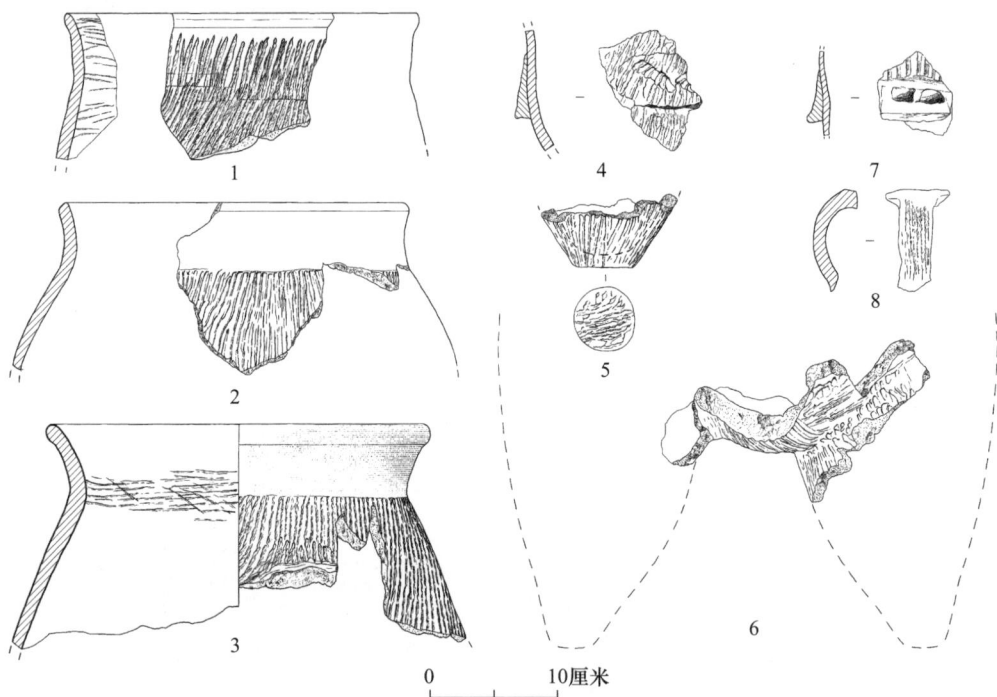

图六　H1 出土陶器（二）

1～4. 双錾鬲（H1①：23、H1①：19、H1③：20、H1①：29）　5. 甗足（H1③：34）

6. 甗裆（H1①：31）　7. 錾（H1③：30）　8. 器耳（H1②：22）

H1①：39，足根附加泥块。残高 5.1 厘米（图五，8）。

H1①：41，足根附加泥球。残高 4.3 厘米（图五，3）。

H1①：38，残高 10.5 厘米（图五，13）。

敛口斝　7 件，复原器 1 件。均为夹砂灰陶，敛口。

H1②：12，复原器。方唇，弧腹，腹下接三空足，宽平裆，腹部附双錾，錾上部按捺窝纹加固，足与腹交接处有泥饼加固。下腹及三足饰粗绳纹。口径 21、通高 23.7 厘米（图七，2；图版一四，1）。

H1①：46，夹砂灰陶。方唇。近口沿处粘接錾手，錾手表面附 4 条竖向按捺纹。残高 7.5、残宽 6.8 厘米（图八，1）。

H1①：47，圆唇。器表饰粗绳纹。残高 4.6 厘米（图八，5）。

H1③：48，圆唇。口沿部细泥抹光，器表饰粗绳纹。残高 4.6 厘米（图八，2）。

H1①：49，方唇，斜腹。器表饰左斜绳纹。残高 7.2 厘米（图八，4）。

H1③：30。錾手残片。夹砂深灰陶。舌形錾手，其上有按捺窝纹。器壁饰竖向粗绳纹。残高 9.1 厘米（图六，7）。

H1②：81，残足根，空锥状足。饰绳纹。残高 5.2 厘米（图八，6）。

小陶斝　3 件。均是裆部残片，夹砂灰陶，器形较小，弧裆或平裆，裆与足部以划

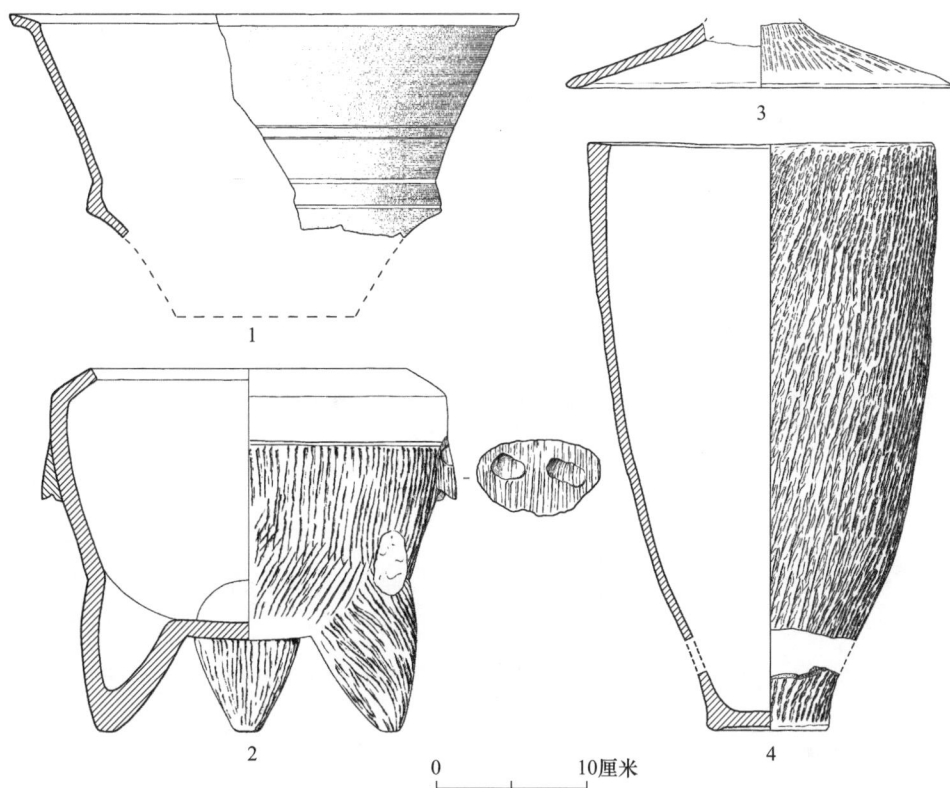

图七 H1 出土陶器（三）

1. 折腹盆（H1②：17） 2. 敛口罃（H1②：12） 3. 器盖（H1①：43） 4. 小底深腹缸（H1③：16）

纹分界。缺少口沿部位，整体器形不明，暂称为小陶罃。

H1③：83，弧裆，饰细绳纹。残高 5 厘米（图八，10）。

H1①：84，平裆，饰绳纹。残高 4.5 厘米（图八，7）。

H1③：85，弧裆，饰绳纹。残高 2.1 厘米（图八，3）。

折腹盆 1 件。

H1②：17，口腹残片。泥质深灰陶。敞口，斜折沿，方唇。折腹，上腹斜直，下腹微弧。器身可见四周旋纹，器表细泥抹光，内外壁轮制痕迹明显。口径 34、残高 14.5 厘米（图七，1）。

陶鬲 3 件。裆部或足根残片，亦见少量腹片，器形较大。

H1①：31，裆部残片。夹砂灰陶。圆弧裆。饰粗绳纹。残高 12.5 厘米（图六，6）。

H1③：33，残足根。夹砂灰褐陶。圆形足面。饰粗绳纹。残高 5.5 厘米（图五，9）。

H1③：34，残足根。夹砂灰陶。宽足面。器表及足面均饰粗绳纹。残高 5.6、足面直径 4.5～4.7 厘米（图六，5）。

高领折肩罐 3 件。均为残片，泥质灰陶，高领，喇叭口，束颈，圆唇为主，口沿部常见加厚现象，从肩部残片看，多为折肩，肩腹部饰篮纹。

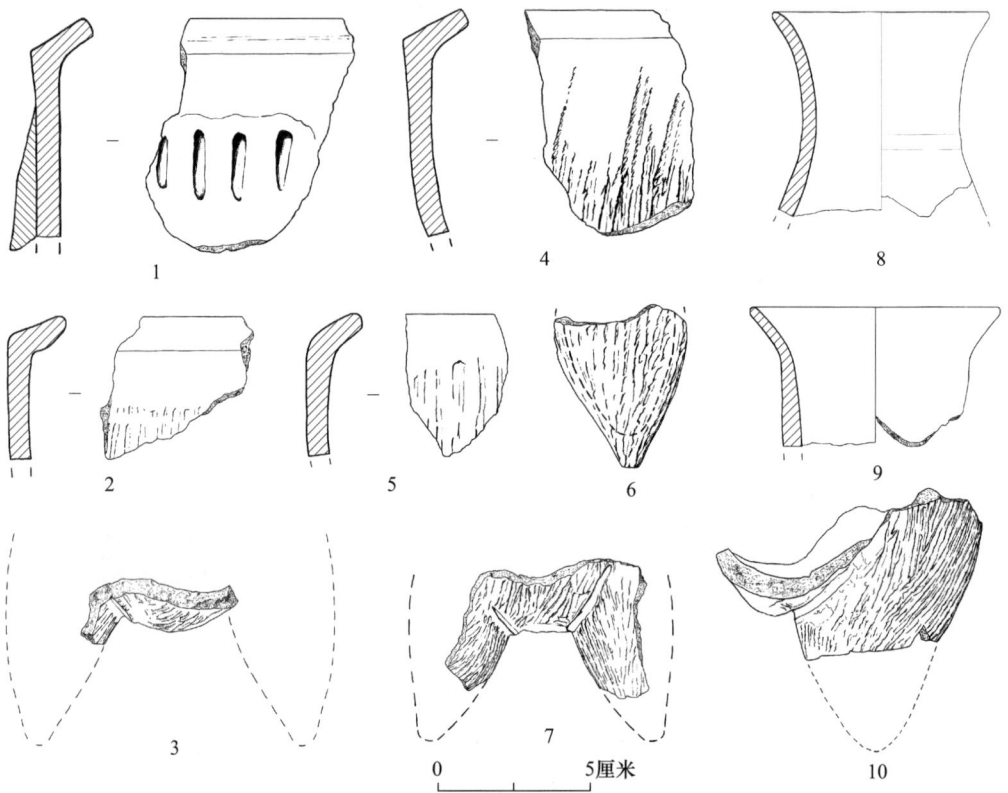

图八　H1 出土陶器（四）

1、2、4～6. 敛口斝（H1①：46、H1③：48、H1①：49、H1①：47、H1②：81）

3、7、10. 小陶斝（H1③：85、H1①：84、H1③：83） 8、9. 长颈壶（H1①：63、H1①：64）

H1②：18，口沿加厚，高领，溜肩，折肩（依腹片）。领部素面，肩腹部饰篮纹。口径 13.7、残高 17.6 厘米（图九，2）。

H1③：54，尖圆唇，口沿加厚。口径 12.8、残高 5.7 厘米（图一〇，2）。

H1①：58，口沿加厚。口径 15.6、残高 4.4 厘米（图一〇，1）。

侈口罐　3 件。均为残片，泥质灰陶，侈口，圆唇。

H1②：55，残高 4.1 厘米（图一〇，6）。

H1①：56，残高 3.8 厘米（图一〇，5）。

H1①：57，残高 5.7 厘米（图一〇，8）。

器盖　4 件。均为残片。

标本 H1①：21，残器盖。泥质灰陶。圆唇，沿部加厚。饰篮纹。残高 4.35 厘米（图一〇，7）。

标本 H1①：43，残器盖。泥质灰陶。尖唇，沿部加厚，呈斗笠形。器表饰浅篮纹。口径 25、残高 4.2 厘米（图七，3）。

标本 H1②：69，残盖纽。夹砂灰陶。伞形。素面磨光。残高 2.7 厘米（图一〇，3）。

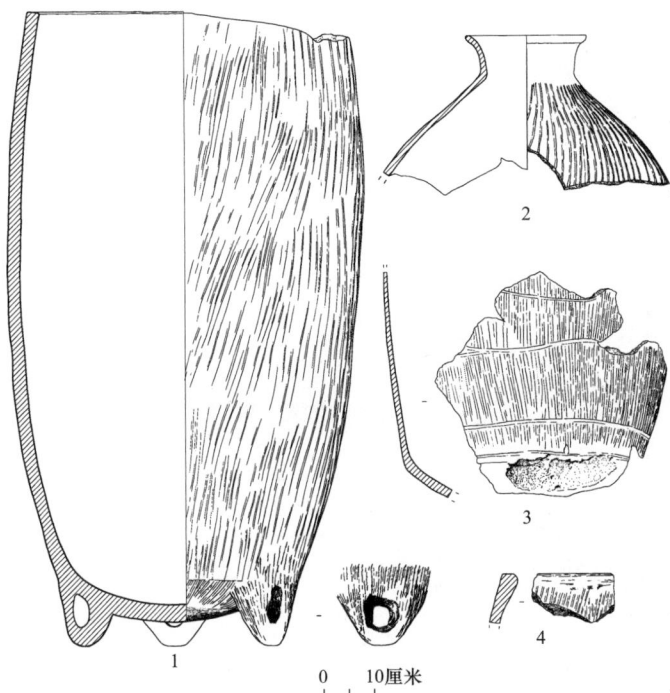

图九　H1 出土陶器（五）

1. 三足瓮（H1②：11）　2. 高领折肩罐（H1②：18）　3、4. 陶瓮（H1②：15、H1②：72）

陶甑　5件。均为甑底残片，泥质灰陶，饰篮纹。

标本H1①：50，斜腹，甑孔自外向里戳刺而成。残高6.5厘米（图一一，8）。

标本H1②：51，甑孔经修整。残高6.6厘米（图一一，6）。

标本H1①：52，平底。甑孔自里向外戳刺而成。底径12.7、残高4.8厘米（图一一，7）。

标本H1①：53，底部甑孔制坯时对穿而成。残高4.3厘米（图一一，1）。

陶瓮　3件，复原器1件。

H1②：11，复原器。夹砂浅灰陶。口微敛，深腹略弧，圜底，底部附三个耳形足。腹及底部饰浅篮纹，三足饰绳纹，口沿局部烧流残缺。口径37、通高72.3厘米（图九，1；图版一四，6）。

H1②：72，口沿残片。泥质灰陶。敛口，厚方唇。饰浅篮纹。残高5.6、残宽9.8厘米（图九，4）。

H1②：15，腹底残片。夹砂灰陶。斜腹、圜底，底部有接足痕迹。器表饰篮纹及四周不规整旋纹。残高25.5厘米（图九，3）。

小底深腹缸　1件。

H1③：16，复原器。夹砂灰褐陶。敛口，厚方唇。深斜腹，下腹急斜收，小底微凹。通体饰左斜粗绳纹。口径22.9、底径7.5、复原高度38.1厘米（图七，4）。

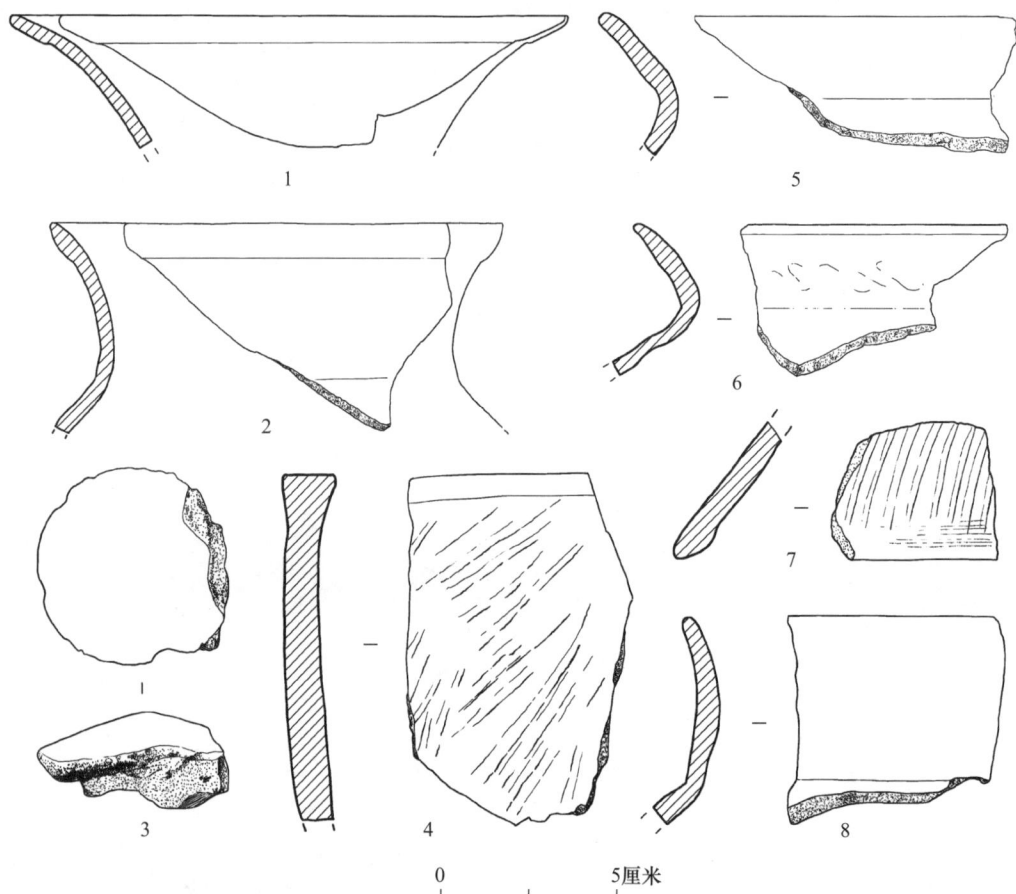

图一〇　H1 出土陶器（六）

1、2. 高领折肩罐（H1①：58、H1③：54）　3、7. 器盖（H1②：69、H1①：21）　4. 陶瓦（H1②：71）
5、6、8. 侈口罐（H1①：56、H1②：55、H1①：57）

单耳杯　3件，复原器2件。

H1①：14，复原器。夹砂灰陶。敞口，尖唇，斜腹，平底，近底处有接耳痕迹。器表细泥抹光，局部脱落。口径8.8、底径5.5、残高5.8厘米（图一二，2；图版一四，3）。

H1②：10，复原器。夹砂浅灰陶。口微敛，深腹微鼓，单把已残，平底，捏制而成，器表粗糙不平整。口径4.3、底径4.2、残高9.4厘米（图一二，8；图版一四，4）。

H1②：59，腹底残片。泥质灰陶。斜弧腹，平底。近底部有接耳痕迹。底径5.3、残高5.9厘米（图一二，6）。

单耳罐　5件，复原器1件。

标本H1①：13，复原器。夹砂灰陶。口沿残，矮直领，圆鼓腹，大平底，腹上部有接耳痕迹。领下一周旋纹，器表饰左斜竖向粗绳纹。口径4.5、底径6.7、残高9厘米（图一二，5；图版一四，5）。

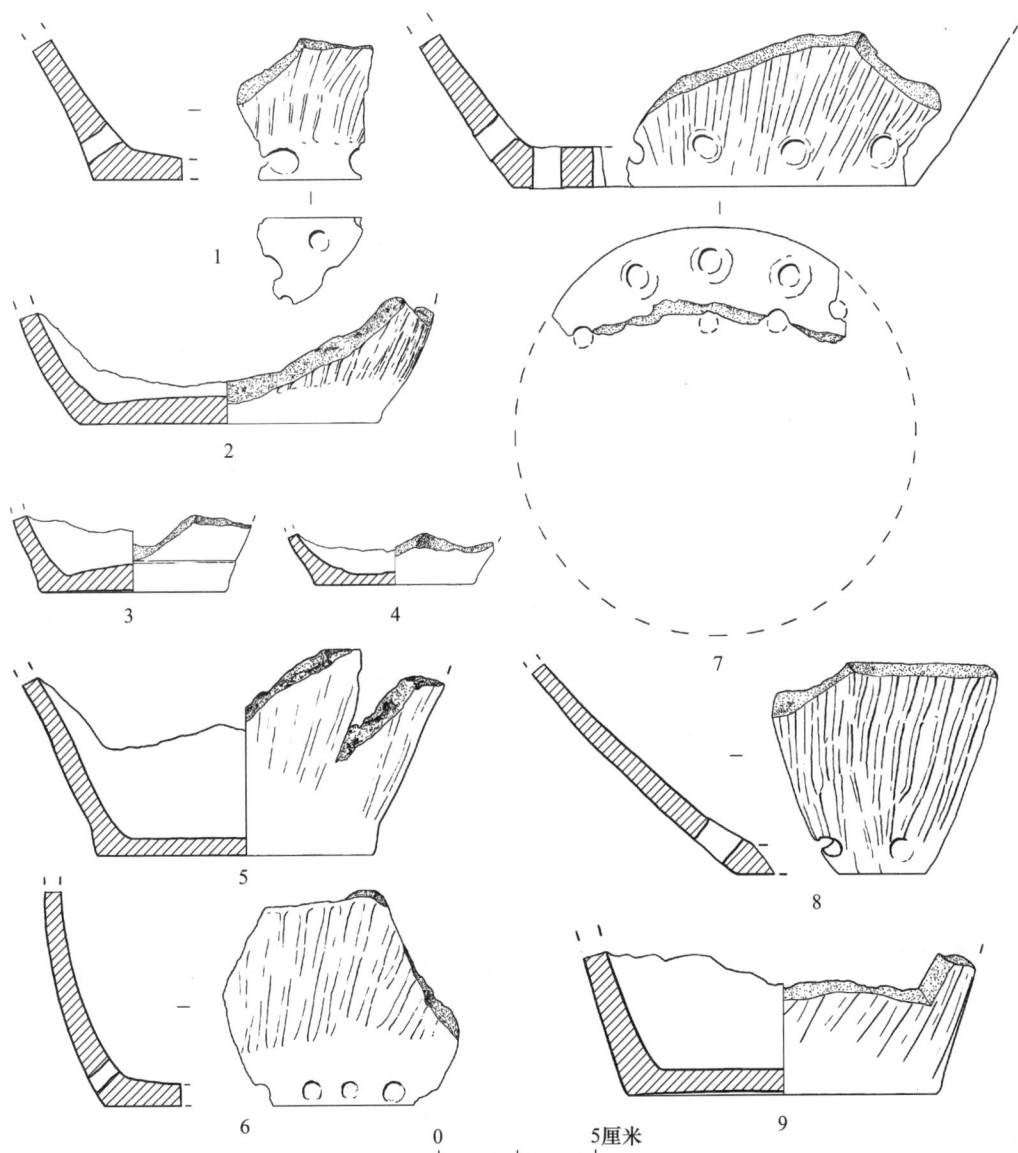

图一一　H1 出土陶器（七）

1、6～8. 陶甑（H1①：53、H1②：51、H1①：52、H1①：50）

2～5、9. 器底（H1②：74、H1①：79、H1③：76、H1①：78、H1①：77）

标本 H1③：86，口腹部残片。泥质灰陶。侈口，圆唇，鼓腹，桥形耳。内外壁轮制痕迹明显。口径 7.9、残高 8.8 厘米（图一二，1）。

陶盅　1 件。

H1③：80，底部残。泥质灰陶。敛口，方唇，唇面内斜。弧腹，圜底，底部残，断面有打磨修整痕迹。素面磨光。口径 5.6、残高 3.5 厘米（图一二，10；图版一五，1）。出土时卡在 H1③：83 内。

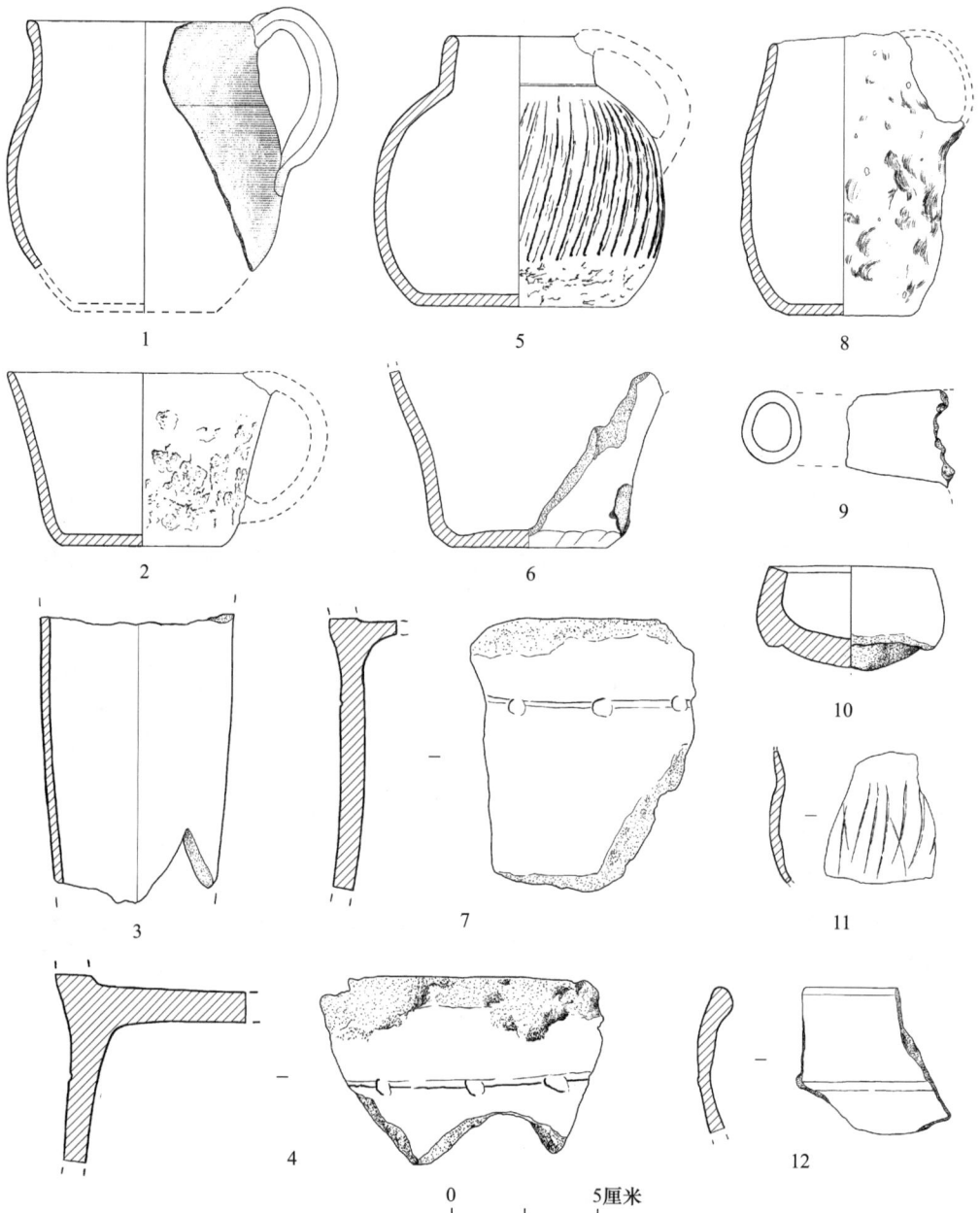

图一二　H1 出土陶器（八）

1、5. 单耳罐（H1③：86、H1①：13）　2、6、8. 单耳杯（H1①：14、H1②：59、H1②：10）

3、4、7、12. 陶豆（H1②：44、H1③：66、H1③：89、H1①：68）　9. 陶盉（H1①：82）

10. 陶盅（H1③：80）　11. 刻划纹罐（H1①：88）

刻划纹罐　1 件。

H1①：88，肩腹部残片。泥质灰陶。腹部饰竖向刻划纹。残高 4.4 厘米（图一二，11）。

陶豆　4件。豆柄或豆盘残片。

H1②：44，残豆柄。泥质灰褐陶。柱状。表面细泥抹光。柱径5.8、残高8.5厘米（图一二，3）。

H1③：66，残豆柄。夹砂灰陶。粗柄，豆盘底近平。柄上部有一周旋纹加按捺窝纹。残高6.3厘米（图一二，4）。

H1①：68，口沿残片。泥质深灰陶。敛口，圆唇，弧腹。器表细泥抹光，轮制痕迹明显，腹部有弦纹。残高4.9厘米（图一二，12）。

H1③：89，残豆柄。夹砂灰陶。粗柄。柄上部有一周旋纹加按捺窝纹。残高9.1厘米（图一二，7）。

陶盉　1件。

H1①：82，残管状流。泥质灰陶。口径2～2.4厘米（图一二，9）。

长颈壶　2件。均为口沿残片，泥质灰陶，侈口。

H1①：63，圆唇，长颈。颈部有浅凸棱。口径7、残高6.6厘米（图八，8）。

H1①：64，尖圆唇。口径8、残高4.5厘米（图八，9）。

陶瓦　1件。

H1②：71，口沿残片。泥质灰陶。厚方唇，壁近直。饰浅篮纹，表面附着白灰。残高9.7厘米（图一〇，4）。

器底　5件。

H1②：74，泥质灰陶。平底。器表饰篮纹，底部拍印篮纹。底径9.4、残高3.9厘米（图一一，2）。

H1③：76，泥质灰陶。平底。底径5、残高1.6厘米（图一一，4）。

H1①：77，泥质灰陶。底微凹。腹部饰篮纹。底径9.8、残高4.3厘米（图一一，9）。

H1①：78，夹砂灰陶。平底。器表有竖向刮抹痕迹。底径8.7、残高6.4厘米（图一一，5）。

H1①：79，泥质灰陶。底微凹。近底部饰旋纹一周。底径5.8、残高2.4厘米（图一一，3）。

陶管状器　2件。

H1①：1，完整器。泥质深灰陶。束管状，一端略大。器表抹细泥，整体较粗糙。口径2.4、底径2、高2.8厘米（图一三，4；图版一五，2）。

H1①：7，残器。泥质深灰陶。束管状，一端略大。器表细泥抹光。口径2.4、底径2.1、高2.5厘米（图一三，3；图版一五，4）。

陶刀　2件。

H1①：65，残。泥质灰陶。器盖口沿改制而成，长方形，两侧有打制缺口，以残片断面为刃，刃部已磨圆。残宽5.1、残长7.9厘米（图一三，2）。

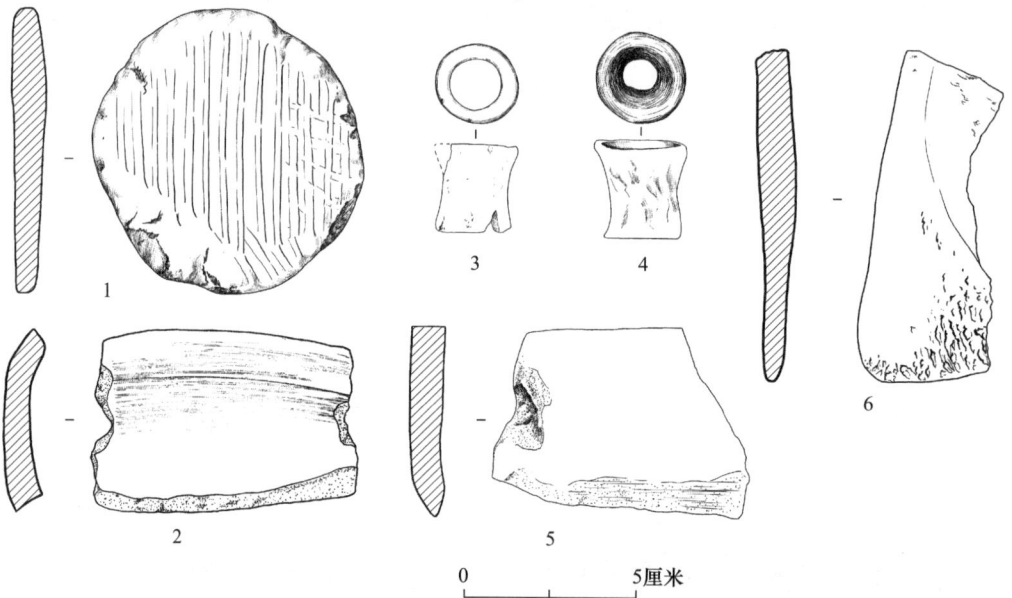

图一三　H1 出土陶小件、骨器

1. 圆陶片（H1 ① : 8）　2、5. 陶刀（H1 ① : 65、H1 ① : 75）
3、4. 陶管状器（H1 ① : 7、H1 ① : 1）　6. 骨铲（H1 : 90）

H1 ① : 75，残。泥质灰陶。残陶片改制而成，扁平长方形，一侧有打制缺口，一侧残，前端磨制成双面刃，顶端断茬磨平。残宽 5.4、残长 7.5 厘米（图一三，5）。

圆陶片　1 件。

H1 ① : 8，泥质浅灰陶。捏制而成。一面拍印有篮纹。直径 8 厘米（图一三，1；图版一五，3）。

陶杯形器　1 件。

H1 ① : 2，完整器。夹砂灰陶。圆筒形，圆唇，直壁，平底，近口部有两个由外向内戳刺而成的小圆孔。素面抹光，用途不明。口径 4.4、底径 4.2、通高 5.5 厘米（图一四，6；图版一五，5）。

（2）石器

石器有石斧、石刻刀、石凿、穿孔石刀等。

石斧　1 件。

H1 ① : 3，完整器。平面呈梯形，顶端及两侧有打制痕迹，器表打磨光滑，磨制单面刃，刃端有使用破损痕迹。长 7.4、宽 5.1 厘米（图一四，4；图版一六，9）。

石刻刀　1 件。

H1 ③ : 9，完整器。一侧平直，近刃端有打制豁口，另一侧弧形内凹，顶端较窄，刃端仅边角有尖角刃，刃部已破损。器表磨制痕迹明显。从实际握执来看，大拇指与食指恰好可放置在弧形内凹与另一侧豁口处，似为刻刀。长 9.3 厘米（图一四，5；

图版一六，8）。

石凿　1件。

H1①：6，完整器。长条状，利用河卵石制作而成，磨制单面刃。长6.5、宽3厘米（图一四，3；图版一六，5）。

穿孔石刀　2件。

H1①：4，残。圆角长方形，顶端圆钝，侧面及刃端均为双面刃，断裂处有对钻穿孔，刀端有破损。器表正反面均有横纵划纹。残长5.8、宽4.7厘米（图一四，1；图版一六，2）。

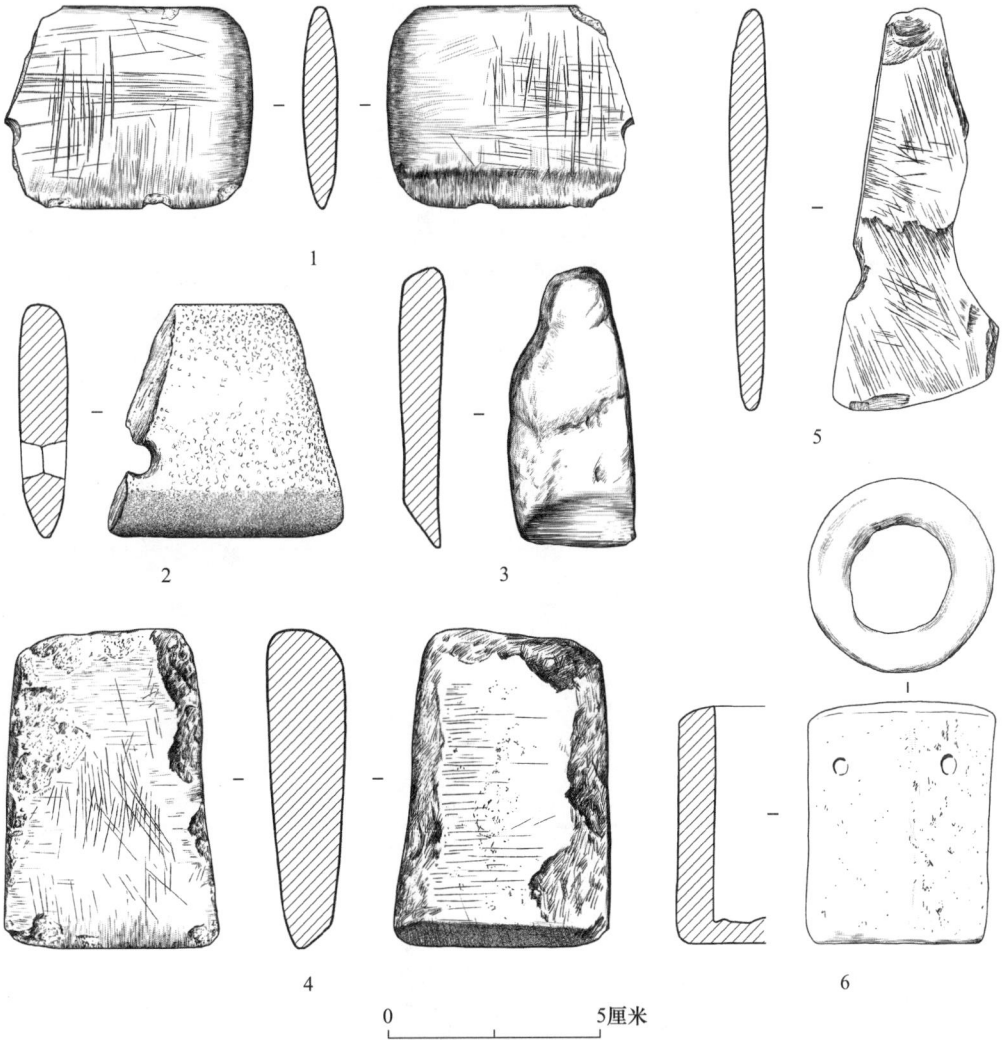

图一四　H1 出土石器、陶小件

1、2. 穿孔石刀（H1①：4、H1①：5）　3. 石凿（H1①：6）　4. 石斧（H1①：3）

5. 石刻刀（H1③：9）　6. 陶杯形器（H1①：2）

H1①：5，残。磨制双面刃，近刃端有双面钻孔。器表较粗糙。残长5.5、宽5.4厘米（图一四，2；图版一六，6）。

（3）骨器

仅发现骨铲1件。

H1：90，残，近刃端一侧有明显磨制痕迹。残长9.3厘米（图一三，6）。

（二）H2

1. 形制

H2位于发掘区西部，为规整的圆形袋状，口径东西2.9、南北2.8米，底径3.75米，残深1.82米。坑壁平滑规整，应经专门修整，底部较平（图版一三，1）。灰坑内堆积细分为10层，可划分为三大层，①～④层为黄褐或灰褐土层，土质较疏松，包含较多陶片，大块陶片多发现在靠近坑壁处；⑤～⑨层为黄土层，土质较质密，包含物极少；⑩层为黄土夹杂灰土，厚3～5厘米，坑底大部有分布，包含有炭粒、炭化植物根茎及少量黍、粟炭化植物种子。从该灰坑形制和堆积性状看，H2应为一处粮仓类窖穴，①～④层为废弃后堆积，⑤～⑨层为坑口、坑壁坍塌堆积，⑩层为粮仓内残留储藏品（图一五）。

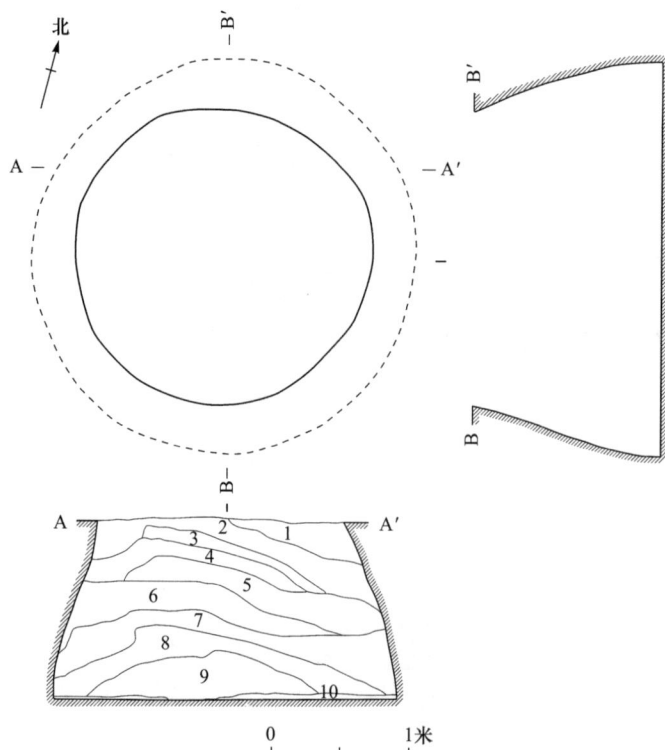

图一五　H2平、剖面图

2. 出土遗物

出土物主要是陶器，其中夹砂陶占 62%，以灰陶为主，有少量灰褐陶。纹饰以篮纹为主，占 37%；其次为绳纹，占比 26%，主要见于夹砂陶中；此外还有少量刻划纹、弦纹、旋纹、戳刺纹等（图一六；表二）。器类可辨认有单把鬲、敛口斝、瓮、甑、盆、高领折肩罐、侈口罐、器底、器盖、瓦等。

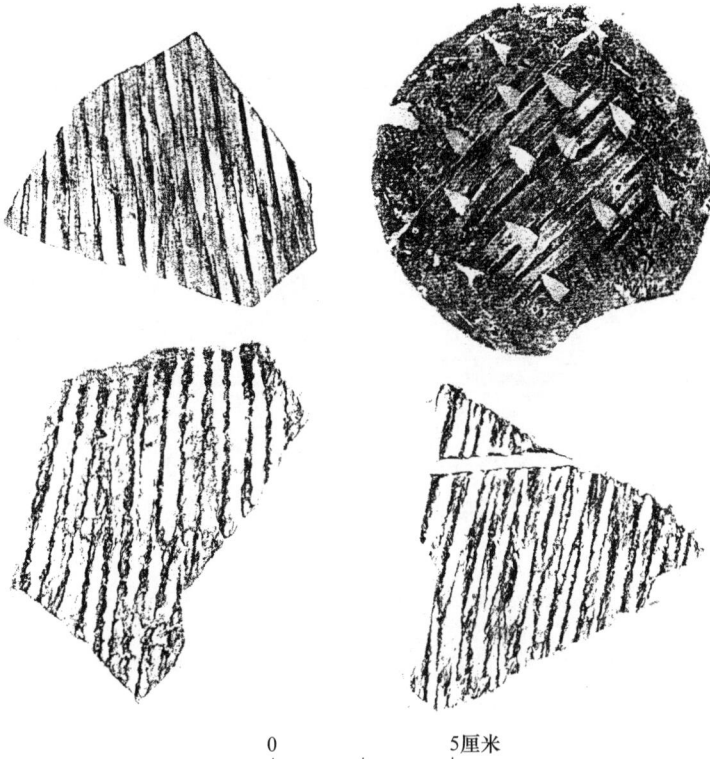

0 ————————— 5厘米

图一六　H2 纹饰拓片

表二　太安遗址 H2 陶系统计表

陶系 纹饰	陶色	夹砂			泥质			合计	百分比（%）
		浅灰	深灰	灰褐	浅灰	深灰	灰褐		
纹饰	细绳纹	33	70	30	3			136	15
	粗绳纹	56	38	1				95	11
	篮纹	118	18	36	154	8	1	335	37
	素面	126	8	23	131	36	4	328	36
	刻划纹				1			1	0
	弦纹				1			1	0

陶系		夹砂			泥质			合计	百分比（%）
纹饰	陶色	浅灰	深灰	灰褐	浅灰	深灰	灰褐		
纹饰	戳刺纹			1				1	0
	旋纹				5	2		7	1
合计		333	134	91	295	46	5	904	100
百分比（%）		37	15	10	33	5	0.5	100	
		62			38				

单把鬲　3件，复原器1件。均为夹砂灰陶。

H2：1，复原器。侈口，尖圆唇，深腹，袋足，弧裆，口沿与上腹黏接桥形把手。领部绳纹被抹，腹及足饰粗绳纹。口径12.3、通高24.7厘米（图一七，1；图版一四，7）。

H2：6，口沿残片。侈口，尖圆唇。腹饰竖向粗绳纹。口径11.6、残高7厘米（图一七，4）。

H2：39，裆部残片。弧裆。器表饰粗绳纹。残高10.1厘米（图一七，5）。

鬲足　4件。

H2：8，残鬲足。足根加泥球。饰粗绳纹。残高7.2厘米（图一七，2）。

H2：9，残鬲足。空锥状足。饰粗绳纹，内壁有制作褶皱痕。残高9.1厘米（图一七，7）。

H2：11，残鬲足。足根加泥球。饰粗绳纹。残高6.2厘米（图一七，6）。

H2：40，耳部残片。仅残存耳根部。饰粗绳纹，黏接部有一按捺窝纹。残高6.7、残宽5.6厘米（图一七，3）。

敛口斝　3件，复原器1件。均为敛口。

H2：4，口沿残片。夹砂灰陶。敛口，方唇，口沿泥条加厚，细泥抹光。斜弧腹，近口沿处附一舌形錾，并按捺三条斜向窝纹。沿下一周抹旋纹，腹饰竖向粗绳纹。口径28、残高8厘米（图一八，4）。

H2②：30，口沿残片。夹砂灰褐陶。敛口，圆唇，斜腹。器表饰竖向粗绳纹。残高4.6厘米（图一八，6）。

H2：45，口沿残片。夹砂灰陶。敛口，方圆唇。口沿附按压窝纹泥条一周，器表饰竖向粗绳纹。口径28.8、残高4.3厘米（图一八，3）。

陶盆　3件，复原器1件。均为泥质陶，敞口。

H2：2，复原器。泥质灰陶。尖唇，弧腹，凹底。器表拍印斜篮纹。口径26.4、底径10.8、通高7厘米（图一八，2；图版一四，2）。

H2：26，口沿残片。泥质灰陶。卷沿，圆唇，斜腹。沿面不平。残高4.6、残宽7.1厘米（图一八，1）。

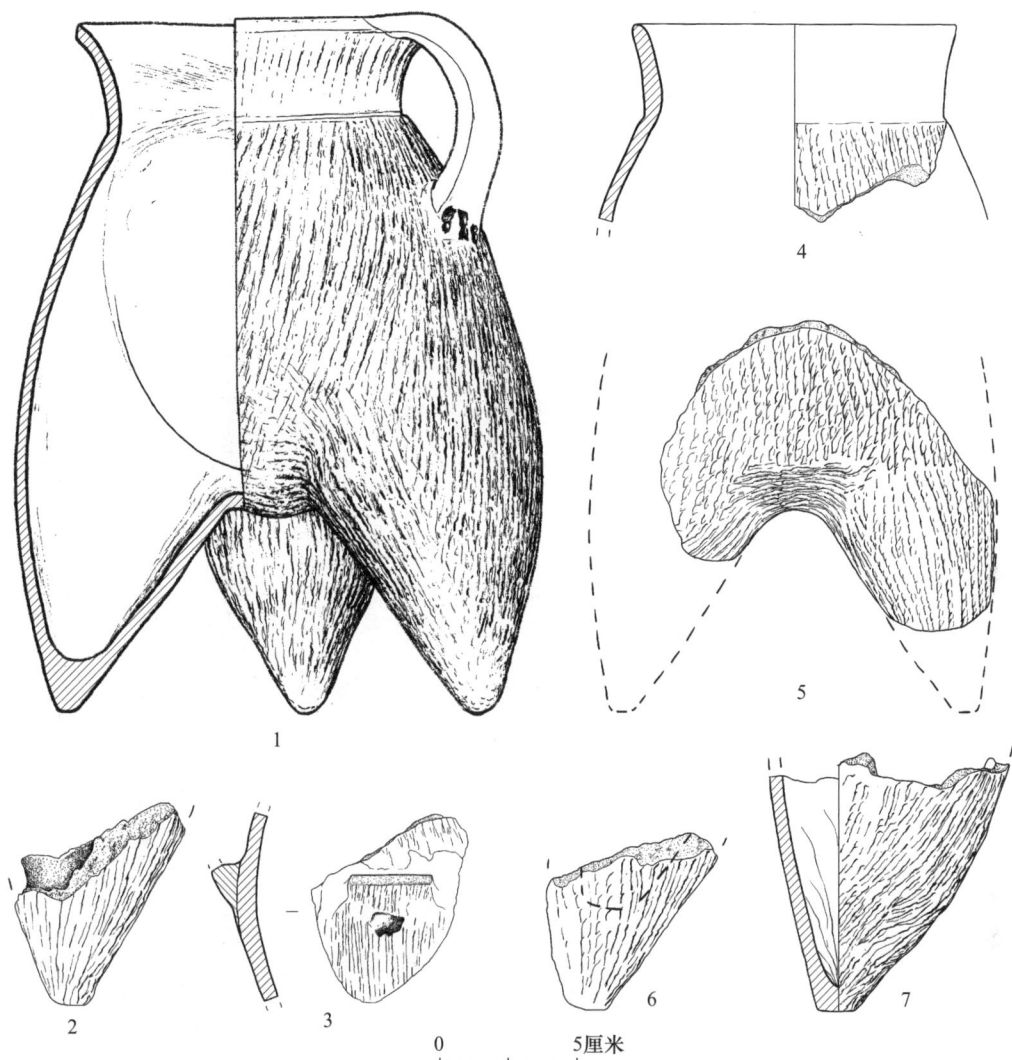

图一七　H2 出土陶器（一）

1、4、5. 单把鬲（H2：1、H2：6、H2：39）　2、3、6、7. 鬲足（H2：8、H2：40、、H2：11、H2：9）

H2：49，口沿残片。泥质灰褐陶。卷沿，圆唇，斜腹。残高 6.6、残宽 12.5 厘米（图一八，5）。

高领折肩罐　4 件。高领，喇叭口。

H2：17，口沿残片。泥质灰陶。喇叭口，圆唇，口沿内外均有细泥抹光痕迹。残高 4.5 厘米（图一九，4）。

H2：20，口沿残片。泥质灰陶。高领，喇叭口，尖唇，口沿加厚。肩部饰篮纹。口径 11.8、残高 5.9 厘米（图一九，12）。

H2：27，肩部残片。夹砂灰褐陶。溜折肩。器表用细泥抹光处理，较粗糙。残高 13 厘米（图二〇，1）。

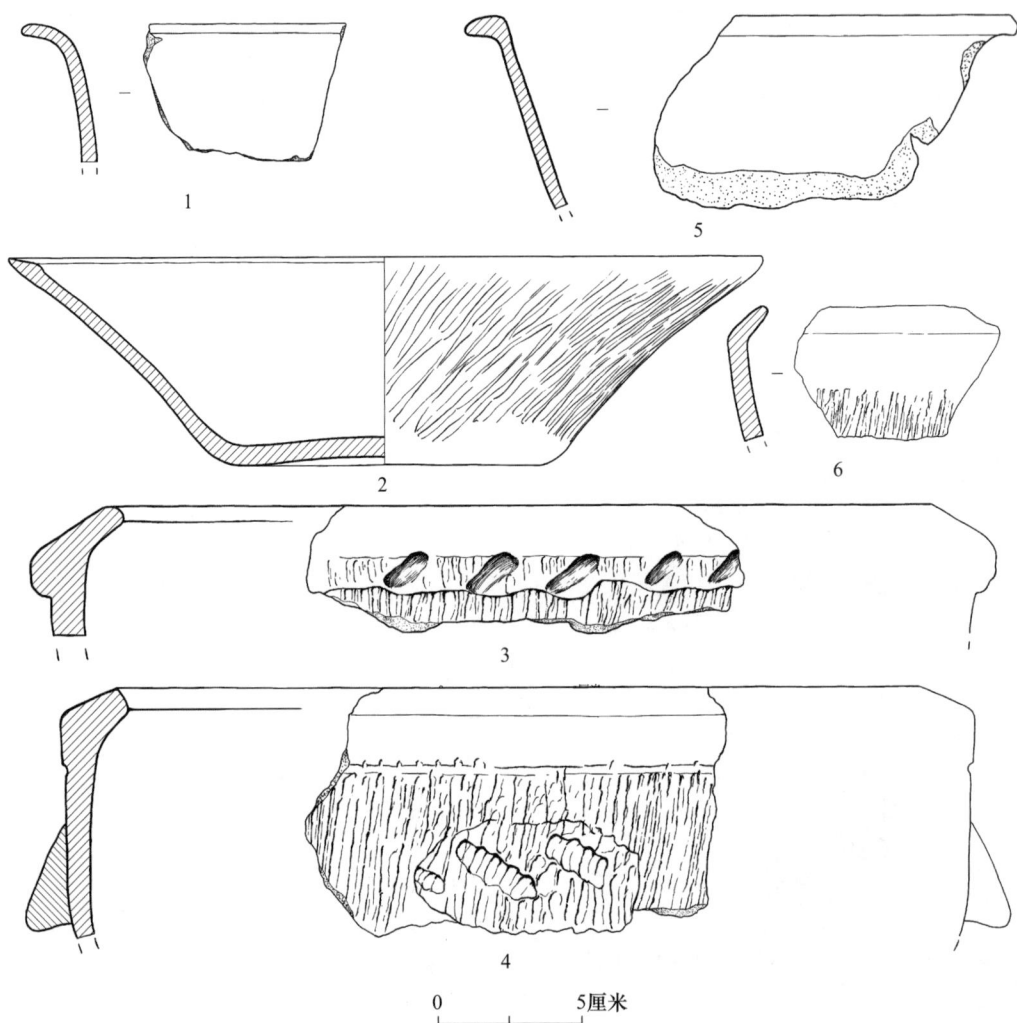

图一八 H2 出土陶器（二）

1、2、5. 陶盆（H2：26、H2：2、H2：49） 3、4、6. 敛口斝（H2：45、H2：4、H2②：30）

H2：29，底部残片。夹砂灰陶。深斜腹，平底。饰左斜向篮纹。底径 8、残高 16.3 厘米（图二〇，2）。

侈口罐 5 件。均为口沿残片，侈口。

H2：12，泥质灰陶。圆唇，口沿加厚。领部有横向刮抹痕迹。口径 12、残高 4 厘米（图一九，5）。

H2：13，夹砂灰陶。尖唇，口沿加厚。残高 4.2 厘米（图一九，13）。

H2：22，泥质灰陶。尖唇。口径 8.9、残高 3.5 厘米（图一九，9）。

H2：42，夹砂灰陶。尖唇。残高 4.7 厘米（图一九，6）。

H2：43，夹砂灰陶。尖唇。饰浅粗绳纹。残高 4 厘米（图一九，1）。

器盖 4 件。均为口沿残片，泥质灰陶。

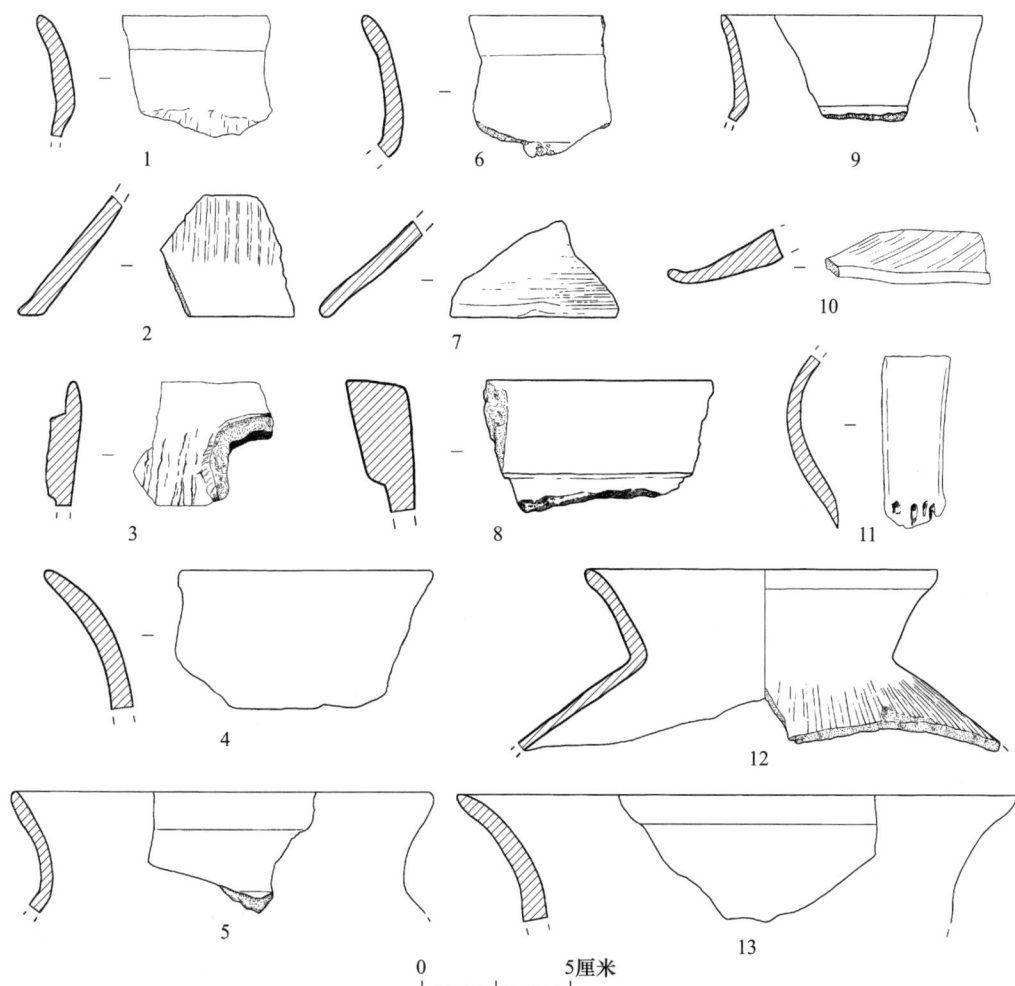

图一九　H2 出土陶器（三）

1、5、6、9、13. 侈口罐（H2：43、H2：12、H2：42、H2：22、H2：13）2、7、10. 器盖（H2：37、H2：32、H2：25）3. 带流器（H2：15）4、12. 高领折肩罐（H2：17、H2：20）8. 陶瓮（H2：18）11. 器耳（H2：41）

标本 H2：25，口沿微上翘，圆唇。斜篮纹。残高 1.8 厘米（图一九，10）。

标本 H2：32，圆唇。口沿内部磨光。残高 1.7 厘米（图一九，7）。

标本 H2：37，盖口方平，方唇，斜直壁。饰篮纹。残高 4 厘米（图一九，2）。

陶瓮　1 件。

H2：18，口沿残片。夹砂灰陶。直口，斜方唇，口沿泥条加厚。残高 4.3 厘米（图一九，8）。

带流器　1 件。

H2：15，口沿残片。夹砂灰陶。直口，尖唇。沿下管状流已残。饰竖向粗绳纹。残高 4.1、残宽 4.6 厘米（图一九，3）。

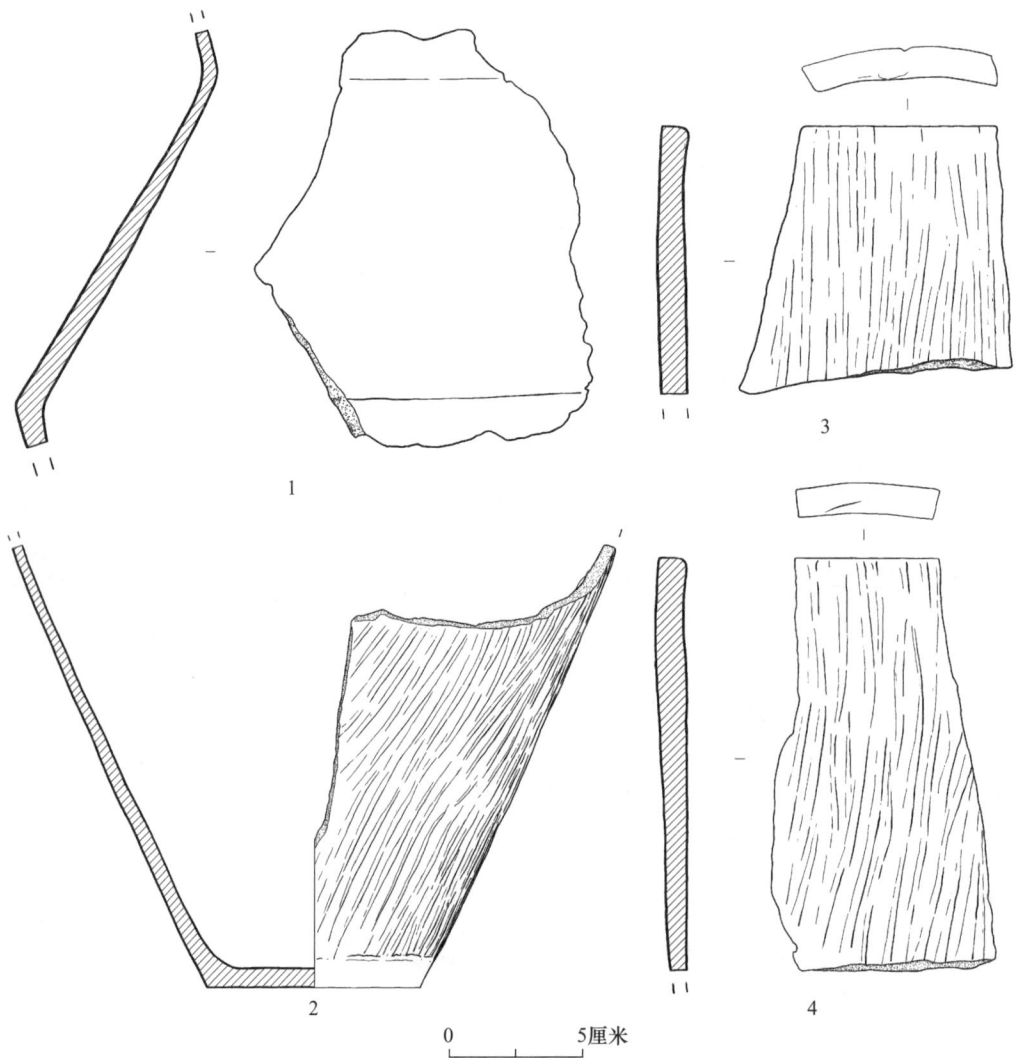

图二〇　H2 出土陶器（四）

1、2. 高领折肩罐（H2∶27、H2∶29）　3、4. 陶瓦（H2∶24、H2∶31）

器耳　1件。

H2∶41，残耳。泥质灰陶。桥形。耳根粘接处有按窝纹。残高5.7厘米（图一九，11）。

陶瓦　2件。

H2∶24，口沿残片。泥质灰陶。直壁，方唇。饰浅篮纹。残高9.8、残宽10.4厘米（图二〇，3）。

H2∶31，口沿残片。泥质灰陶。直壁，方唇。饰篮纹。残高15.1、残宽8.3厘米（图二〇，4）。

陶甑　2件。均为底部残片，泥质灰陶，平底。甑孔制坯时对戳而成。器表饰篮纹。

H2：34，底径 11、残高 5.3 厘米（图二一，5）。

H2：38，残高 9.7 厘米（图二一，2）。

器座　2 件。

H2：19，底座残片。泥质灰陶。喇叭口状。器表细泥抹光，饰旋纹两周。残高 9.2 厘米（图二一，6）。

图二一　H2 出土陶器（五）

1、3、4. 器底（H2：44、H2：33、H2：46）　2、5. 甑底（H2：38、H2：34）

6、7. 器座（H2：19、H2：48）

H2：48，底座残片。夹砂灰陶。喇叭口状。器表细泥抹光。残高 7.2 厘米（图二一，7）。

器底　3 件。均为底部残片、平底。

H2：33，泥质灰陶。器表陶衣脱落。底径 13、残高 8 厘米（图二一，3）。

H2：46，夹砂灰陶。饰篮纹。底径 14、残高 3.2 厘米（图二一，4）。

H2：44，夹砂灰褐陶。器表及底部饰篮纹，底部有三角形戳刺纹。底径 9.5 厘米（图二一，1）。

（三）H3

1. 形制

H3 位于发掘区西南部地埂断崖处，东部又被一现代扰土坑破坏，大部已残。坑残长 2.65、底残长 1.75、残深 0.9 米。坑壁较规整，底部平整，从残存部分来看，形制也应为圆形袋状（图版一三，2）。灰坑内堆积分为 5 层：①层为黄土层，较质密，无包含物，应为坑壁坍塌堆积；②层为深灰褐色土，土质疏松，包含较多陶片；③层为浅灰土，较质密，包含少量陶片；④层为黄褐色土，较质密，包含少量陶片；⑤层为浅灰褐色土，较质密，包含少量陶片及较多的动物骨骼（图二二）。

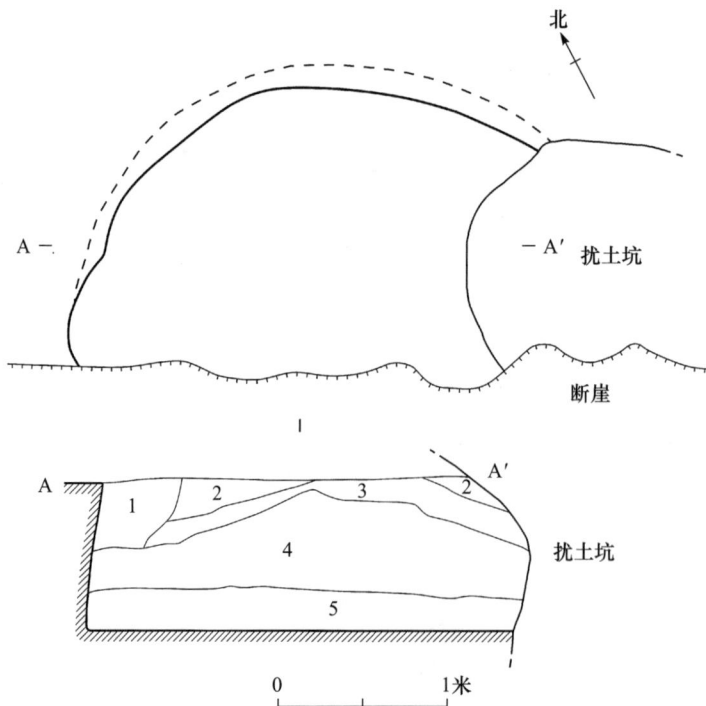

图二二　H3 平、剖面图

2. 出土遗物

以陶器为主，还有较多动物骨骼，石器、玉器各1件。

（1）陶器

陶器以泥质陶为主，占比70%，灰陶占绝对多数，褐陶少量发现。纹饰以篮纹为主，占比52%，主要见于泥质陶；其次为绳纹，占比15%，旋纹、弦纹、方格纹仅零星发现（图二三；表三）。器类有单把鬲、双錾鬲、高领折肩罐、缸、豆、斝、器盖、敛口瓮等。

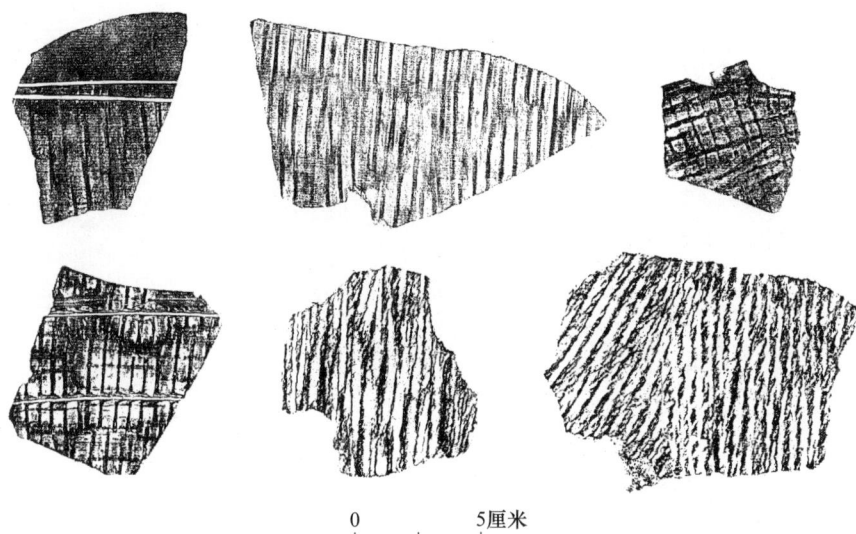

0　　　　5厘米

图二三　H3 纹饰拓片

表三　太安遗址 H3 陶系统计表

陶系 纹饰 陶色	夹砂				泥质				合计	百分比（%）
	浅灰	深灰	灰褐	褐	浅灰	深灰	灰褐	褐		
细绳纹	18	27	6			6			57	12
粗绳纹	8	2				4			14	3
篮纹	60	2	1		175	4			242	52
素面	9	4	2	1	92	30	1	2	141	30
旋纹						5	4		9	2
方格纹						1			1	0
弦纹						1			1	0
合计	95	35	9	1	272	50	1	2	465	100
百分比（%）	20	8	2	0.2	58	11	0.2	0.4	100	
	30.2				69.8					

单把鬲　1 件。

H3：5，口沿残片。夹砂灰褐陶。侈口，弧腹。腹饰右斜粗绳纹。残高 9.7 厘米（图二四，8）。

鬲足　1 件。

H3：26，残鬲足。夹砂灰陶。器表饰粗绳纹。残高 3.3 厘米（图二四，5）。

双錾鬲　1 件。

H3：4，口沿残片。夹砂灰陶。侈口，斜方唇，领近直。领部绳纹被抹，腹部饰竖向粗绳纹。口径 25、残高 9.3 厘米（图二四，3）。

陶斝　1 件。

H3⑤：25，残斝足。夹砂灰陶。空锥状足。饰浅绳纹。残高 5.2 厘米（图二四，7）。

器盖　1 件。

H3④：17，口沿残片。泥质灰陶。方唇，口沿弧折，弧壁。盖面细泥抹光。残高 4.5 厘米（图二四，2）。

陶瓮　3 件。均为口沿残片，夹砂陶。

H3：6，夹砂灰褐陶。直口，厚方唇。器表饰粗绳纹。残高 7.7 厘米（图二四，4）。

H3：7，夹砂灰陶。敛口，方唇。器表饰凌乱粗绳纹。残高 5.4 厘米（图二四，1）。

H3：8，夹砂灰褐陶。口微敛，厚方唇。器表饰绳纹。残高 4 厘米（图二四，6）。

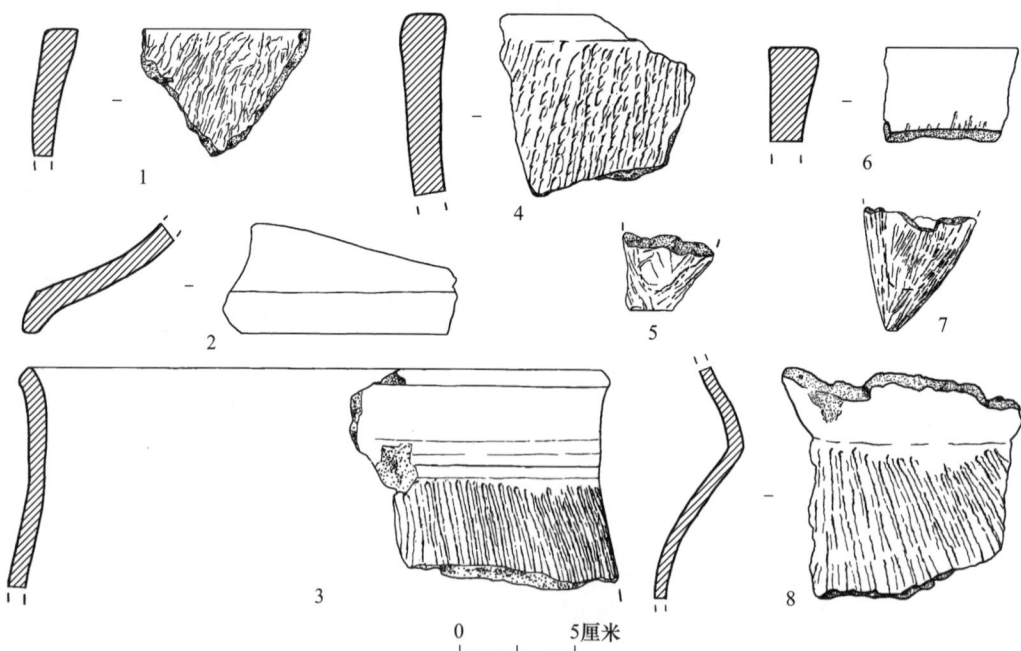

图二四　H3 出土陶器（一）

1、4、6. 陶瓮（H3：7、H3：6、H3：8）　2. 器盖（H3④：17）　3. 双錾鬲（H3：4）　5. 鬲足（H3：26）
7. 陶斝（H3⑤：25）　8. 单把鬲（H3：5）

高领折肩罐　6件，复原器1件，均为泥质灰陶。

H3：3，复原器。高领，喇叭口。圆唇，斜折肩，深腹，平底，整体瘦高。肩部细泥抹光，腹饰竖篮纹。口径16.9、底径13.1、通高50.5厘米（图二五，1；图版一四，8）。

H3：9，口沿残片。高领，喇叭口。圆唇，领根一周旋纹，领以下饰篮纹。口径13、残高8厘米（图二五，2）。

H3：12，口沿残片。圆唇。残高2.9厘米（图二五，4）。

H3：13，口沿残片。侈口，圆唇。残高3厘米（图二五，5）。

H3：27，底部残片。平底。器表饰篮纹。底径9.9、残高6.9厘米（图二五，6）。

H3④：28，底部残片。底微凹。器表饰篮纹，底内壁有拍打篮纹痕迹。底径13.4、残高5厘米（图二五，7）。

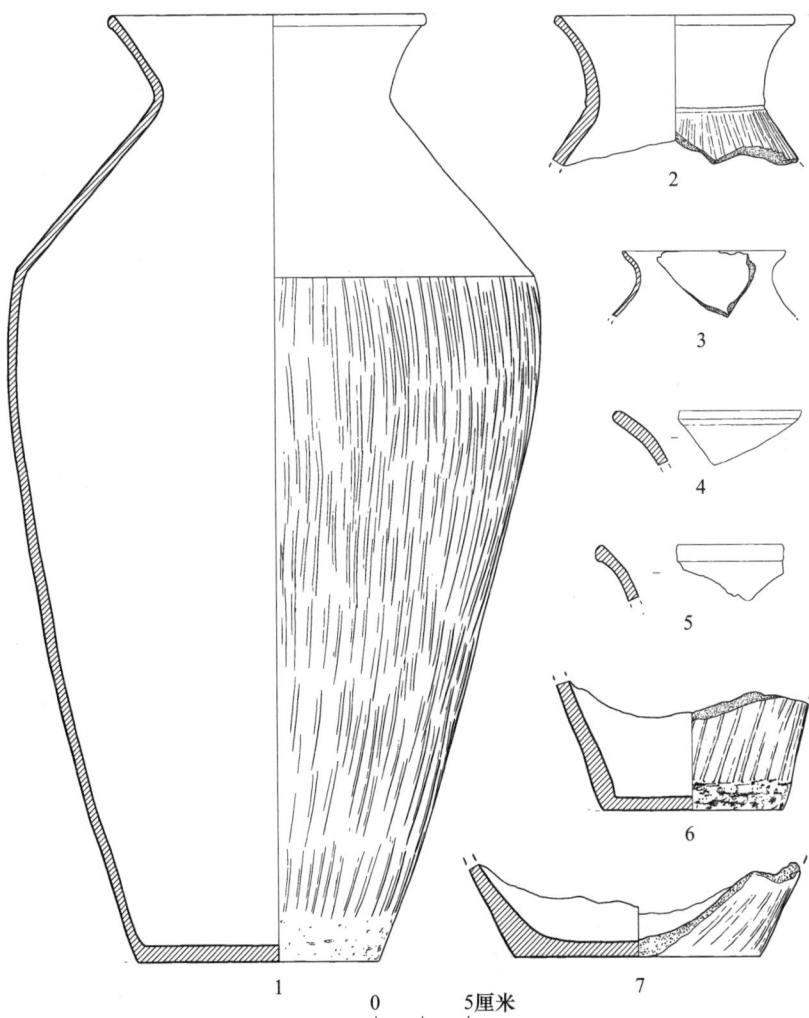

图二五　H3出土陶器（二）

1、2、4～7. 高领折肩罐（H3：3、H3：9、H3：12、H3：13、H3：27、H3④：28）　3. 侈口罐（H3③：16）

侈口罐 1 件。

H3③：16，口沿残片。泥质灰陶。侈口，尖唇。器表细泥抹光。口径 8.9、残高 3.5 厘米（图二五，3）。

陶豆 1 件。

H3：24，残豆柄。泥质灰陶。柱状。细泥抹光。残高 13.7 厘米（图二六，1）。

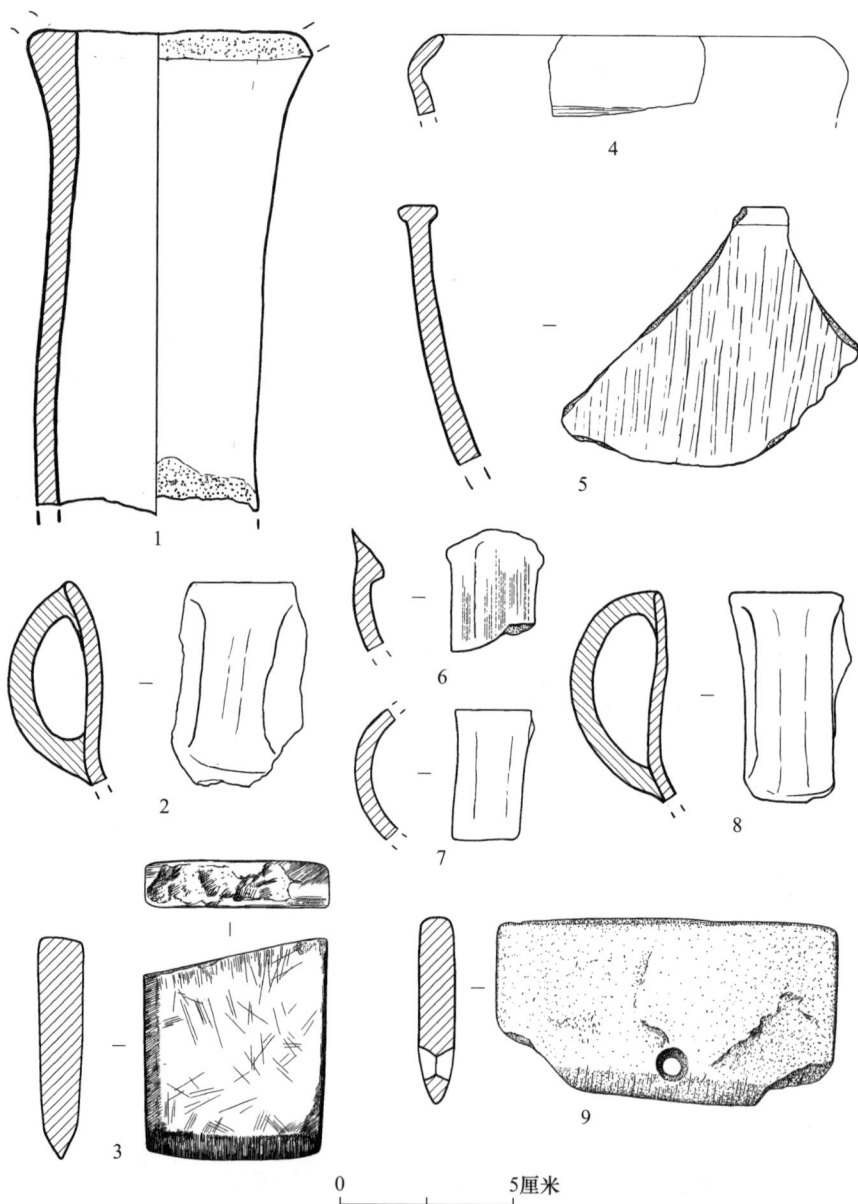

图二六　H3 出土陶器、玉石器

1. 陶豆（H3：24）　2、6、7、8. 器耳（H3：18、H3：20、H3：21、H3：19）　3. 玉铲（H3：1）

4. 敛口罐（H3：22）　5. 陶盆（H3：23）　9. 石刀（H3③：2）

敛口罐　1件。

H3：22，口沿残片。泥质灰陶。敛口，圆唇，斜腹。口径10、残高2.3厘米（图二六，4）。

陶盆　1件。

H3：23，口沿残片。泥质灰陶。敞口，方唇，剖面呈"T"形，斜腹。器表饰篮纹。残高7.4厘米（图二六，5）。

器耳　4件。均为耳部残片，泥质灰陶，应为单耳杯残耳。

H3：18，侈口，尖圆唇，桥形耳。细泥抹光。残高5.8厘米（图二六，2）。

H3：19，口微侈，尖圆唇。桥形耳。残高6、残宽3.5厘米（图二六，8）。

H3：20，耳宽2.5、残高3.5厘米（图二六，6）。

H3：21，桥形耳。耳面宽1.9、残高3.7厘米（图二六，7）。

（2）玉石器

玉铲　1件。

H3：1，完整器。淡绿色，平面呈梯形，顶端残断后断面经打磨，双面刃，表面抛光。长6.2、宽5.4厘米（图二六，3；图版一五，6）。

石刀　1件。

H3③：2，边缘稍残。平面近长方形，顶端磨圆，双面刃，刃端两侧残，近刃部有对钻穿孔。通体磨光。长9.9、宽5.3厘米（图二六，9；图版一五，7）。

三、调查收获

在发掘区周边调查共发现龙山时期白灰面房址5处（图版一二，1）、灰坑6处、陶片点20余处。发掘区以东是大冲沟，无遗迹分布，遗迹点多发现在发掘区以西及南部的台地上（图版一一，2）。从调查的情况看，龙山时代遗址现存面积约17万平方米。除龙山时代遗址外，在太安村北，长水沟以东台地上还发现有仰韶时代灰坑2处、疑似墓葬3处，以及零散的陶片点，仰韶时期遗址面积残存约5万平方米。这一带水土流失严重，在低处可见有大面积水流搬运形成的灰土带，夹杂有仰韶文化红陶残片。长水沟以西未发现有遗存分布，从采集的陶片看，为仰韶中晚期遗存。

调查采集遗物有陶器、石器，分仰韶和龙山两个时期。

1. 仰韶时期遗物

尖底瓶　2件。

采：11，底部残片。泥质红陶。底部呈钝角，器表饰斜篮纹。残高7.4厘米（图二七，6）。

采：12，口沿残片。泥质红陶。重唇口。口径2.24、残高1.8厘米（图二七，1）。

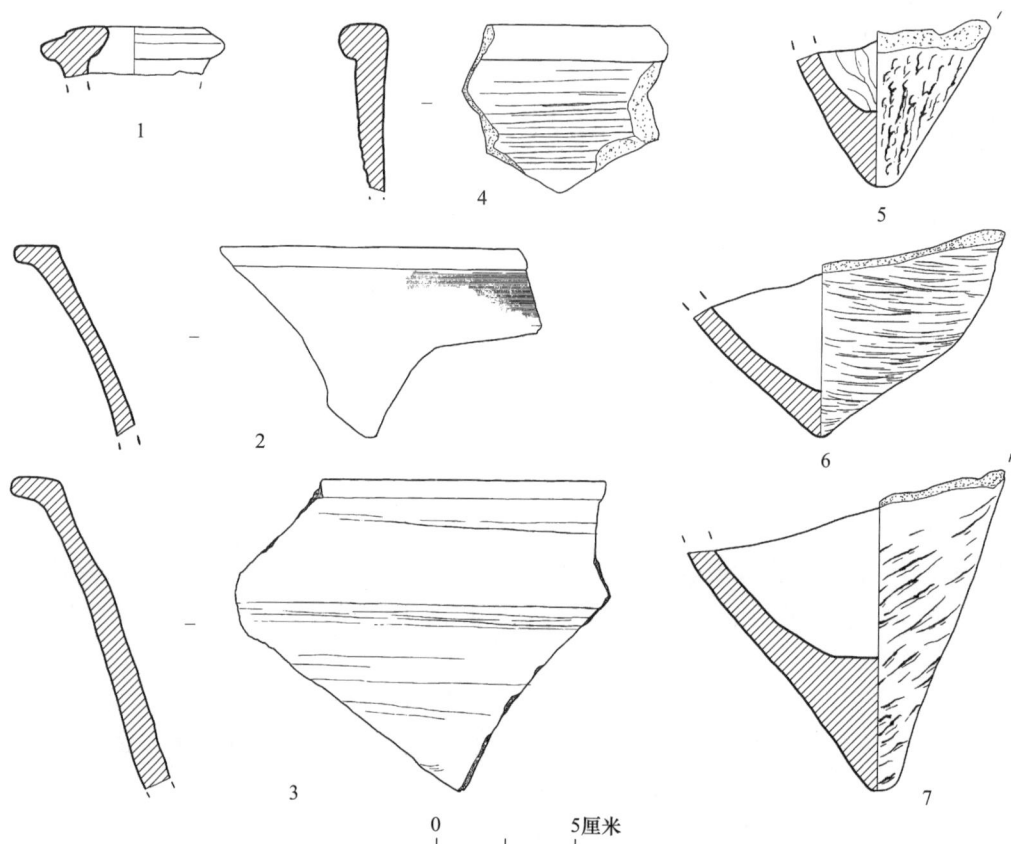

图二七　调查采集陶片（一）

1、6. 尖底瓶（采：12、采：11）　2、3. 陶盆（采：9、采：16）　4. 弦纹盆（采：8）　5、7. 陶鬲（采：13、采：10）

弦纹盆　1件。

采：8，口沿残片。泥质红陶。直口，厚圆唇。器表饰弦纹。残高5.9厘米（图二七，4）。

陶环　2件。

采：14，残。截面呈三角形。残长3.3厘米（图二八，6）。

采：15，残。截面呈三角形。残长3.5厘米（图二八，5）。

2. 龙山时期遗物

陶鬲　2件。

采：10，残足根。夹砂灰陶。足根加泥球抹平。饰粗绳纹。残高11.3厘米（图二七，7）。

采：13，残足根。夹砂灰陶。足根加泥球。内壁有褶皱痕。饰粗绳纹。残高5.9厘米（图二七，5）。

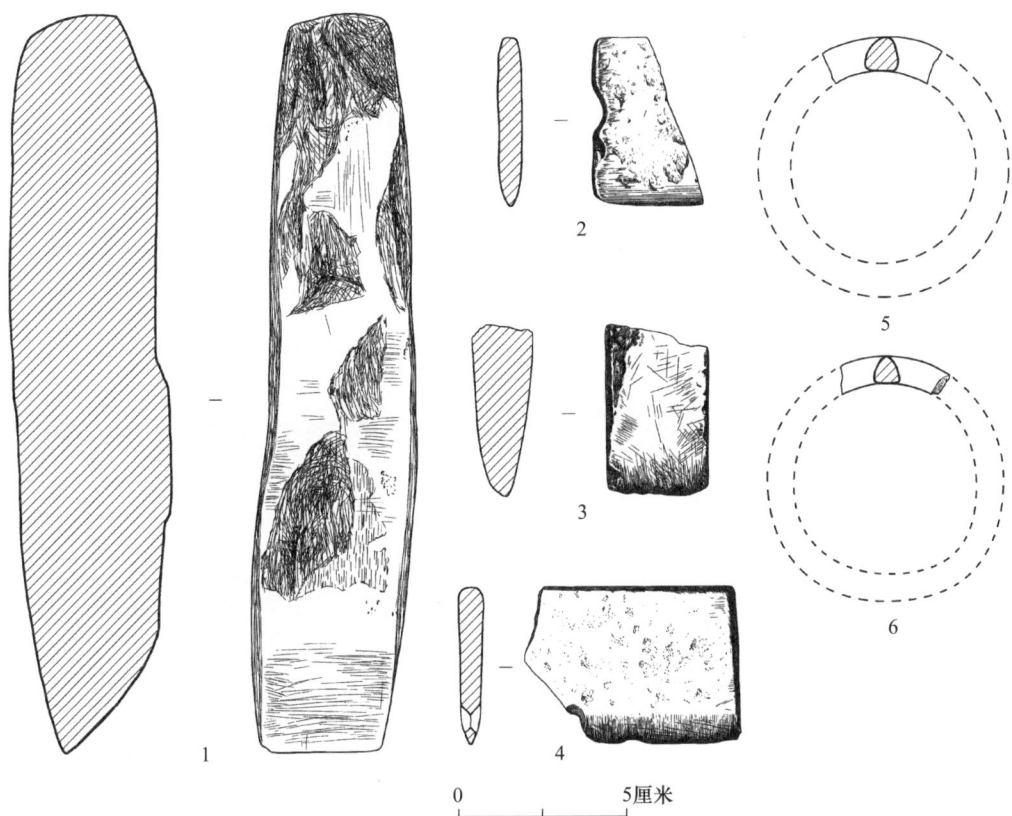

图二八　调查采集石器、陶环

1、3. 石凿（采：1、采：2）　2、4. 石刀（采：4、采：3）　5、6. 陶环（采：15、采：14）

陶盆　2件。

采：9，口沿残片。泥质灰陶。敞口，短折沿。残高6.7、宽5.8厘米（图二七，2）。

采：16，口沿残片。泥质灰陶。敞口，短折沿。残高11、宽13.6厘米（图二七，3）。

陶斝　1件。

采：17，口沿残片，夹砂灰陶。敛口，方唇。沿下饰附加堆纹，器表饰粗绳纹。口径30.2、残高13.6厘米（图二九，1）。

陶瓮　1件。

采：5，口沿残片，夹砂灰陶。敛口，方唇。饰绳纹。口径43、残高16.8厘米（图二九，2）。

侈口罐　1件。

采：7，口沿残片，夹砂灰陶。侈口，高领，溜肩。残高10.8、口径23厘米（图二九，3）。

陶罐　1件。

采：6，罐底。夹砂灰陶。下腹弧收，平底。饰篮纹。底径8.9、残高13.3厘米

（图二九，4）。

石凿　2件。

采：1，完整器。长条状，磨制单面刃。长21.5、宽4.7厘米（图二八，1；图版一六，1）。

采：2，磨制双面刃，刃端有使用残缺痕迹。残长5、宽3.1厘米（图二八，3；图版一六，3）。

石刀　2件。

采：3，残器。磨制双面刃，近刃端有双面钻孔。残长6.4、宽4.6厘米（图二八，4；图版一六，4）。

采：4，残器。磨制双面刃，一侧有弧形凹口。残长3.3、宽4.9厘米（图二八，2；图版一六，7）。

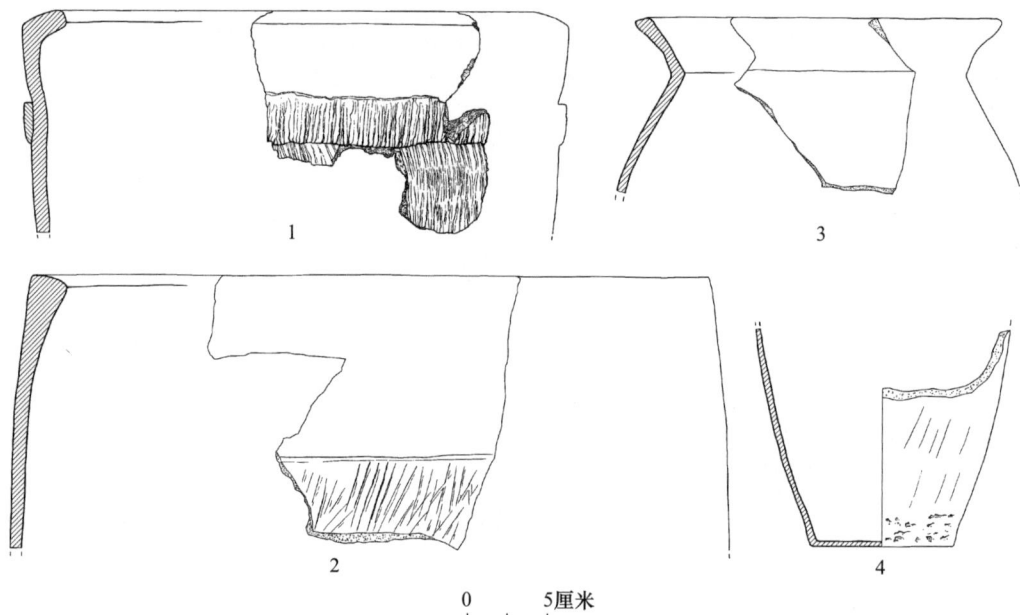

图二九　调查采集陶片（二）
1. 敛口斝（采：17）　2. 陶瓮（采：5）　3. 侈口罐（采：7）　4. 罐底（采：6）

四、结　语

太安遗址所在区域地形破碎，遗址整体保存较差。经初步调查，遗址现存面积约20万平方米，包含仰韶中晚期及龙山晚期遗存。本次发掘清理龙山晚期较规整的圆形袋状坑3座，应是储藏用的窖穴。其中H2形制规整，体量较大，残存容积约15万立方米，复原容积约20万立方米。同时期居址以白灰面房址为主。

太安遗址出土陶器以灰陶为主,并发现少量灰褐、红褐陶。纹饰以篮纹为主,多见于泥质陶中,绳纹次之,主要饰于夹砂陶表面,此外还有少量刻划纹、旋纹、弦纹、戳刺纹、方格纹等。陶器制法以泥条盘筑法为主,器物的口沿、耳部、足部拼接而成,口沿处多见细泥慢轮修整痕迹,个别器物如 H1∶17、H1∶86 器表有细密规整的轮制痕迹,应是快轮修整的结果。器底多有刮抹痕,内壁多经捶打。夹砂陶大多数夹杂细小的石英石颗粒,少量添加细砂粒。陶鬲足部往往添加泥球以加固。侈口罐、高领折肩罐、瓮等器物在口沿处常见到加厚现象。

陶器器类丰富,有单把鬲、双鋬鬲、敛口斝、甗、折腹盆、敞口盆、卷沿盆、高领折肩罐、侈口罐、小底深腹缸、器盖、瓮、盉、瓦、单耳杯、单耳罐、长颈壶、刻划纹罐、豆、甑、器底等。石器有石刀、石斧、石凿、石刻刀等。骨器仅发现骨铲 1 件。陶器最能代表太安遗址的文化属性,其与河南陕县三里桥[3]、芮城南礼教[4]、夏县东下冯遗址[5]龙山时期陶器无论是器类组合还是器形方面都较相似,应属三里桥文化遗存。

太安遗址灰坑间无打破关系,陶器标本又多为口沿残片,不利于分期。从陶器形制看,单把鬲 H2∶1,弧裆,有早期陶鬲特征;敛口斝 H2∶4、H2∶45,敛口弧折处均有泥条加厚现象,与 H1 出土敛口斝有别;高领折肩罐 H3∶3、H2∶20 领部斜直较矮,H1∶18 领部较高,H2∶27 溜肩,而 H1∶18 肩面微鼓。这些陶器特征显示出期别差异,可将太安遗址大致分为两期,H2、H3 为早期,H1 为晚期。经 BETA 实验室对出土碳化种子的 ^{14}C 年代测定,H1 年代为公元前 2144~前 1960 年(93.1%),H2 年代为公元前 2468~前 2287 年(94.4%)。太安遗址早期遗存应代表了三里桥文化偏早阶段遗存的特征。

附记:本次发掘项目负责人薛新明,发掘人员崔俊俊、王政、狄帅帅,曾彩婷、冯丽参与资料整理,陶器修复王丁丁,绘图吴倩倩,动物考古贾尧。

执笔:崔俊俊

附录 动物考古研究

太安遗址 H1~H3 共出土动物骨骼标本 344 件,绝大部分出土于 H3 内。其中可鉴定属种及部位的标本数 209 件,只可鉴定出部位的标本数 121 件,另有碎骨 14 件(附表一)。可鉴定标本数中以羊的骨骼标本最多,次为猪。猪和羊的最小个体数在整个遗址动物群中的占比最高,是先民最主要的肉食来源和驯养动物。

附表一　太安遗址出土动物骨骼可鉴定标本数及最小个体数统计

属种 \ 参数	可鉴定标本数（NISP）		最小个体数（MNI）	
	数量（个）	百分比（%）	数量（个）	百分比（%）
猪	87	41.6	7	50
绵羊	38	18.2	2	14.4
山羊亚科	74	35.4	3	21.4
黄牛	8	3.8	1	7.1
狗	2	1.0	1	7.1
合计	209	100	14	100

　　动物群的年龄结构以 0～6 个月的幼畜为主，未发现 2 岁以上的成年个体（附表二）。较高的幼畜死亡率，反映出其驯养技术可能并不成熟。同时 H3 内出土的动物骨骼最为丰富，属于最少 5 个猪的个体和 4 个羊的个体，且均为未成年个体。各部位骨骼均有发现，以肢骨为主，且拼合程度较高，有接近完整的一只绵羊和猪的个体，这种埋藏现象，或许存在利用幼畜进行祭祀。

附表二　太安遗址出土动物群死亡年龄结构统计

属种 \ 年龄段	0～6 个月	6～12 个月	12～18 个月
猪	5		
羊	2	1	1
狗	1		

注　释

［1］ 中国社会科学院考古研究所山西工作队：《晋南考古调查报告》，《考古学集刊》（第六集），中国社会科学出版社，1989 年。

［2］ 太安遗址植物考古成果将另文刊发。

［3］ 中国科学院考古研究所：《庙底沟与三里桥》，科学出版社，1959 年。

［4］ 中国科学院考古研究所山西工作队：《山西芮城南礼教村遗址发掘简报》，《考古》1964 年第 6 期。

［5］ 中国社会科学院考古研究所、中国历史博物馆、山西省文物工作委员会东下冯考古队：《山西夏县东下冯龙山文化遗址》，《考古学报》1983 年第 1 期。

都 邑 探 索

"新砦期"与"二里头一期"

李　杰

（郑州大学历史学院）

新砦文化和二里头文化都是分布在河南地区的考古学文化，属于夏文化的范畴[1]，目前普遍认为，新砦文化为早期夏文化，二里头文化为中晚期夏文化。两种类型的文化遗存自发现以来学界关于其性质和归属的问题争议不断。其中新砦期研究起步较晚，发现材料较少且年代跨度较小，因此关于其性质和归属的争议也比较多。二里头文化发现较早，材料丰富，研究也非常全面，目前学界关于其性质已经基本达成共识，大多数学者认为二里头文化为夏文化，但在具体每一期的性质及划分上仍有争议，最主要的就是新砦期发现以后，新砦期和与其相接的二里头一期的归属划分及性质问题。

一

新砦期遗存最早发现于 1958 年洛阳东干沟[2]，但仅有两座墓葬，未将其单独划出，直至 1979 年新密新砦遗址的发掘[3]，才开始真正发现和认识这类遗存，但由于是试掘，发现的材料较少，因此多数学者对于新砦期认识较少，有些学者不认可存在新砦期这种过渡性的遗存。1999 年，随着"夏商周断代工程"开展，新砦遗址重新进行了发掘研究工作，经过两年的发掘，获得了丰富的考古材料[4]，多数学者对于是否存在这一过渡性遗存展开讨论[5]，学界对其文化面貌和属性的认识也逐渐深入，在周边地区也发现了更多类似的考古学文化遗存。典型遗存除了在持续发掘的新密新砦遗址外，还有新密黄寨、新郑人和寨、郑州二七路、牛砦、马庄、荥阳竖河、巩义花地嘴、郑州东赵等遗址。

二里头一期最早也被归入河南龙山文化晚期或者过渡阶段[6]，1965 年之后，二里头一期认定为属于二里头文化系统[7]，到目前为止，大部分学者都认为二里头一期属于二里头文化系统或夏文化系统。二里头一期文化虽然发现较早，但发现的遗存并不丰富，除二里头遗址外，在洛阳东干沟、巩义稍柴、荥阳竖河、渑池郑窑等遗址还有发现。

目前学界关于二者的关系和归属划分的观点，经笔者梳理，主要有以下几种：

第一种观点认为新砦期应为一种独立的考古学文化遗存，其年代早于二里头一期，是王湾三期文化至二里头文化的一种过渡阶段，既不属于王湾三期文化系统，也不属于二里头文化系统。持此观点的学者第一类以赵春青为代表，认为新砦期遗存应当独立出来，但没有称其为一种单独的考古学文化，仅称其为新砦期或新砦二期[8]；第二类以庞小霞为代表，不仅认为新砦期为独立的考古学文化系统，更进一步提出将其命名为"新砦文化"，以新砦期遗存作为一支独立的考古学文化[9]；第三类以张莉为代表，认为新砦期是一种独立的考古学文化类型，年代应当和二里头一期相当，认为新砦期是中原地区在王湾三期文化之后，基本同时出现的三类遗存，即包括新砦类、花地嘴类和二里头文化一期类的三类遗存之一[10]；第四类以魏继印为代表，认为新砦文化不是介于王湾三期文化和二里头文化之间普遍存在于各地区的阶段性遗存，也不是从王湾三期文化向二里头文化的过渡性遗存，而是一支独立的考古学文化，它早于二里头文化第一期，与其他区域晚期阶段的王湾三期文化并存[11]。

第二种观点认为新砦期是一种过渡类型的考古学文化，年代晚于王湾三期文化，早于二里头一期，但其文化面貌更接近二里头文化，整体上属于二里头文化系统。持此观点的学者，第一类以赵芝荃为代表，认为新砦期不同于二里头一期且年代早于二里头一期，但仍属于二里头文化，因此将其称为"新砦期二里头文化"[12]；第二类以张国硕为代表，认为新砦期属于二里头文化且应当对二里头文化分期进行调整，将新砦期纳入其中划分为共5期考古学文化[13]；第三类以常怀颖为代表，认为应该将"新砦类"遗存划归入二里头文化中，并取消"新砦期"的命名，直接称为"二里头文化一期遗存"，并将其归入原二里头文化四期体系中，原来的四期均向后顺延一期[14]。

第三种观点认为新砦期属于二里头文化系统且归属于二里头一期，将其划分为二里头一期的一种类型。持此类观点的学者以李维明为代表，认为新砦期属于二里头文化一期，将其称为二里头文化一期遗存新砦型，并将其分为早晚两段，早段年代早于二里头一期，晚段年代与二里头一期相当[15]。

第四种观点认为应将新砦期与二里头一期放在一起，共同称为"新砦文化"。第一类以杜金鹏为代表，认为将二里头一期从二里头文化系统中划分出来，与新砦期组成新砦文化，新砦期作为新砦文化早期，二里头一期作为新砦文化晚期，同属于新砦文化系统，二里头文化二、三、四期仍作为二里头文化，与新砦文化区分开来，但整体上仍归入二里头文化阶段[16]；第二类以许宏为代表，认为应将新砦期划入二里头文化系统，新砦期与二里头一期共同组成新砦文化，作为二里头文化早期，原来的二里头文化二、三、四期仍作为二里头文化，两者同属于二里头文化系统[17]。

第五种观点认为新砦期跟二里头一期属于两种不同的文化阶段，前者属于王湾三期文化即龙山文化阶段，后者属于二里头文化阶段。持此种观点的学者，第一类以韩建业为代表，认为新砦遗存属于王湾三期文化的一种地方类型，其文化面貌仍属于王湾三期文化,不将其单独作为一期或一种考古学文化[18];第二类以靳松安为代表,将新砦期遗存划分为早晚两段,早段归入王湾三期文化,晚段归入二里头文化,认为不存在单独的新砦期或新砦文化[19]。

可以看出,目前大多数学者都同意新砦期与二里头文化的关系更近,整体上属于同一种文化系统,即夏文化系统,新砦期为夏文化早期,二里头文化为中晚期。但在新砦期与二里头一期的关系及划分上,仍有争议,具体在于新砦期和二里头一期是不同的两种文化还是同一种文化、新砦期作为独立的一支考古学文化还是属于二里头文化。因此,探讨这个问题的关键即新砦期和二里头一期之间文化面貌及属性的差异。

二

要分析二者的属性和关系,应当从地层学和类型学两方面去看。

在地层关系上,新砦期处在二里头一期之下且在王湾三期之上,表明新砦期年代要早于二里头一期,年代序列在二里头一期之前,这个是较为明确而且争议较少的,在历次的发掘中已经不断地得到证实,是完全客观的关系。如在新砦遗址 2000 年的发掘中,在 T6 探方内就发现二里头一期、新砦期、王湾三期相互叠压的状态[20]。在 T6 西壁上(图一),第 1、2 层为耕土层和扰土层,第 3~5 层为二里头文化层,第 6~14 层为新砦期文化层,第 15~18 层为龙山文化层。根据发掘者判断,龙山文化层主要为王湾三期文化遗存,新砦期文化层叠压在其上方,叠压于新砦文化层上的二里头文化层主要遗存与二里头一期相当或略早[21]。因此在新砦遗址的地层中,二里头一期文化层叠压在新砦期文化层之上表明二者在地层上和年代上的关系是毋庸置疑的。

在文化面貌上,通过对二者的遗迹形态、陶器组合、陶系占比构成和器物形态的分析比较,可以看出其二者的关系及异同。

遗迹形态方面,新砦期和二里头一期的遗迹大多为灰坑,新砦期灰坑以圆形或椭圆形口袋状坑、圆形口直壁平底坑最为常见,另有圆形或椭圆形口锅底状坑和极少数的方形或长方形坑[22]。二里头一期的灰坑多为近方形口,坑口为方形或长方形,其次为近圆形坑,坑口圆形或椭圆形,坑壁多为直壁平底或斜壁圜底[23]。

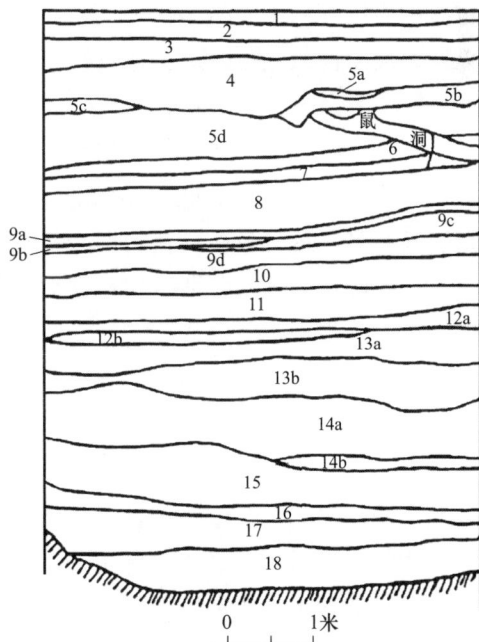

图一 新砦遗址 T6 西壁剖面图

陶器组合方面，首先是典型器物，新砦期的典型器物主要有深腹罐、器盖、小口高领瓮、折肩罐、折肩瓮、折腹盆、豆、鼎、平底盆、刻槽盆、盂、单把杯、甗、厚胎钵和碗等。新砦期陶器群以平底器最多，如深腹罐、折肩罐、折肩瓮、尊形瓮、折腹盆、平底盆等，次为三足器，如鼎、盂等，圈足器较少，仅豆、簋形豆和极少量的甗形杯。除个别刻槽盆底部近圜底外，基本不见圜底器。二里头一期的典型器物有深腹罐、圆腹罐、大口罐、捏口罐、高领尊、高领瓮、平底盆、圈足盘、三足盘、刻槽盆、器盖、罐形鼎、高柄豆、甑、甗、爵、鬶、盆、单耳杯、单耳罐、长颈壶、碗等。较新砦期陶器而言，增加了圜底器及部分花边器物，花边器物多见于史前时期的北方地区，在齐家文化中多有发现，可能来源于西边的齐家文化地区[24]。

其次是典型单位，新砦期以 2002 年发掘的 T1H5（图二）[25] 为例，器类有陶鼎、深腹罐、鼓腹罐、折肩罐、子母口罐、平底盆、刻槽盆、高领瓮、曲腹碗、器盖等。二里头一期以同年Ⅴ区发掘的 H119（图三）为例[26]，出土有包括深腹罐、圆腹罐、鼎、盆、刻槽盆、平底盆、三足皿、豆、捏口罐、敛口罐、高领尊、鬶、器盖等。从典型单位也可以看出，二里头一期比新砦期多了圆腹罐、捏口罐这种类型的器物。新砦期器物组合以器盖、深腹罐、盆、瓮为主，二里头一期器物组合以深腹罐、圆腹罐、盆、豆为主，新砦期陶器群中的器盖数量丰富，在二里头一期遗存中却不多见，乳足三足鼎在二里头一期中也不多见，二里头一期鼎以扁足为主。

陶系占比构成方面，陶质上新砦期的陶器多为泥质，泥质陶数量高于夹砂陶，而二里头一期的陶器陶质夹砂和泥质比例接近；陶色上新砦期灰陶占大多数，但有一定数量的黑陶和褐陶，二里头一期灰陶也占大多数但黑陶、褐陶的数量比例较少；纹饰上新砦期素面最多，其次为篮纹，再次为方格纹和绳纹，绳纹的占比最少，二里头一期以篮纹为最多，其次为素面，绳纹占比第三，方格纹最少[27]。

器物形态方面，选取新砦期和二里头一期共有的器型如深腹罐、鼎、平底盆、器盖、豆等进行对比（图四）。新砦期深腹罐腹部较鼓，侈口折沿，沿面较平，二里头一期腹部微鼓，折沿较高；新砦期鼎足靠近底部，腹部有纹饰，二里头一期鼎足较为靠上，在腹部位置；新砦期平底盆卷沿向下翻折，器壁微曲，底中间向上鼓，二里头一期卷沿较为平直，器壁较直，底部较平；新砦期器盖折肩明显，器壁平直，溜肩向下弯曲，二里头一期器盖溜肩平直，器壁向外撇；新砦期陶豆豆柄瘦高，豆盘较小，器壁较直，二里头一期豆柄粗短，豆盘较大，向外翻折。

可以看出，新砦期与二里头一期年代一早一晚前后相接，但二者的文化面貌有所差异。在遗迹方面，新砦期有方形和袋状灰坑，而二里头一期多为圆口直壁坑；遗物方面，新砦期陶器泥质居多，器表光滑，灰陶、黑陶、褐陶均有，纹饰以素面为主，二里头一期夹砂陶器数量比例增加，与泥质各占一半，黑陶褐陶数量减少，纹饰以篮纹为主，在器物形态方面二者也有较大差异，二里头一期较新砦期多了花边罐、捏口罐等器型，器物口沿、器壁、器底都有较大差异。但也可以看出，两期文化虽然有差异，

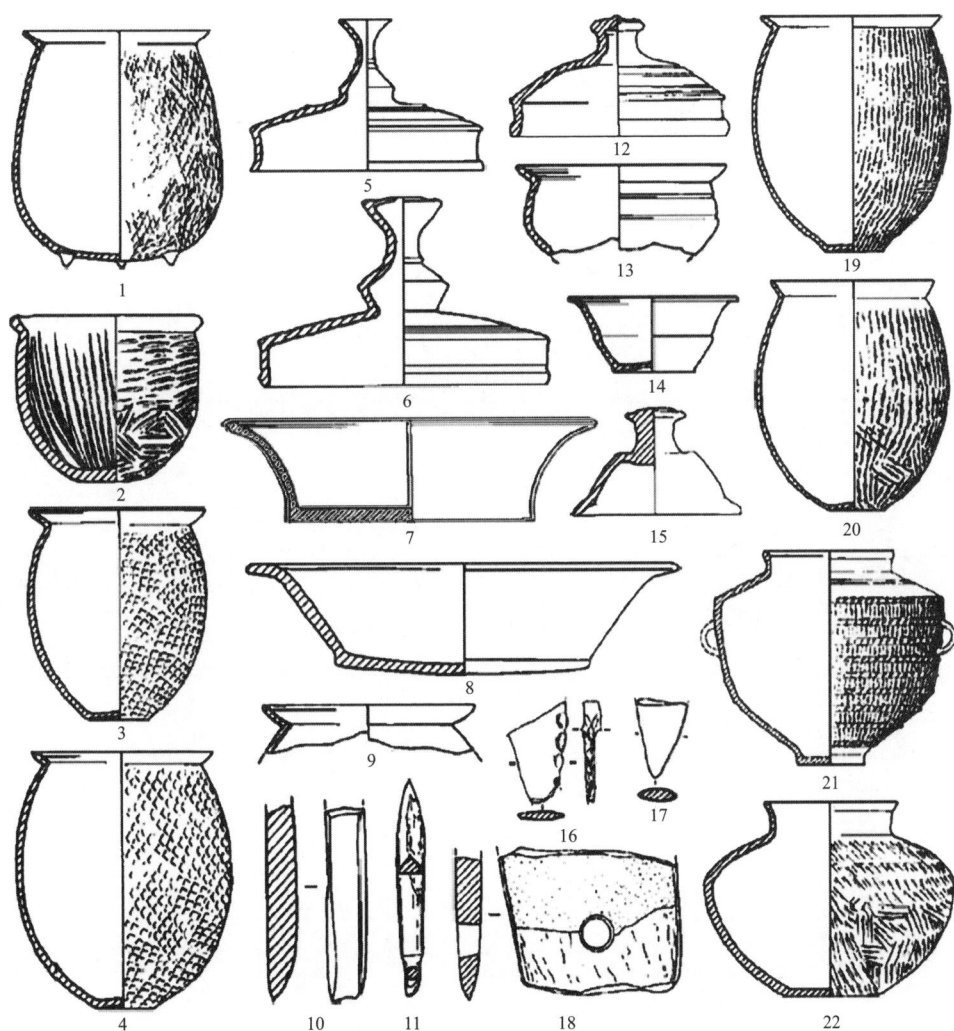

图二　新砦遗址 2002CT1H5 出土遗物

1. 鼎（CT1H5：38）　2. 刻槽盆（CT1H5：16）　3、4、19、20. 深腹罐（CT1H5：20、18、17、19）

5、6、12、15. 器盖（CT1H5：1、12、15、11）　7、8. 平底盆（CT1H5：13、4）　9. 鼓腹罐（CT1H5：24）

10. 骨凿（CT1H5：8）　11. 骨镞（CT1H5：7）　13. 小盆（CT1H5：64）　14. 曲腹碗（CT1H5：10）

16、17. 鼎足（CT1H5：40、37）　18. 石铲（CT1H5：5）　21. 高领瓮（CT1H5：22）　22. 折肩罐（CT1H5：3）

（3、19、20. 约 1/11　8. 约 1/6　10、11. 约 1/2　18. 约 1/4　21. 约 1/13　余约 1/7；未注明质地者为陶器）

但二里头一期对新砦期也有继承，如圆形直壁平底灰坑、深腹罐、刻槽盆、平底盆等。并且两种文化的器形有明显的演变，从新砦期至二里头一期，器形逐渐瘦高、口沿变平直、器壁由折变曲、器底由平变弧。

因此将新砦期和二里头一期划分为同一种文化不太妥当，两者应分属两种不同的文化类型。而且将二者划分为同一文化前后相继的两期，则无法体现新砦文化至二里头文化发展演变的阶段性，也体现不出二里头文化来源的多样性，二里头文化是在当

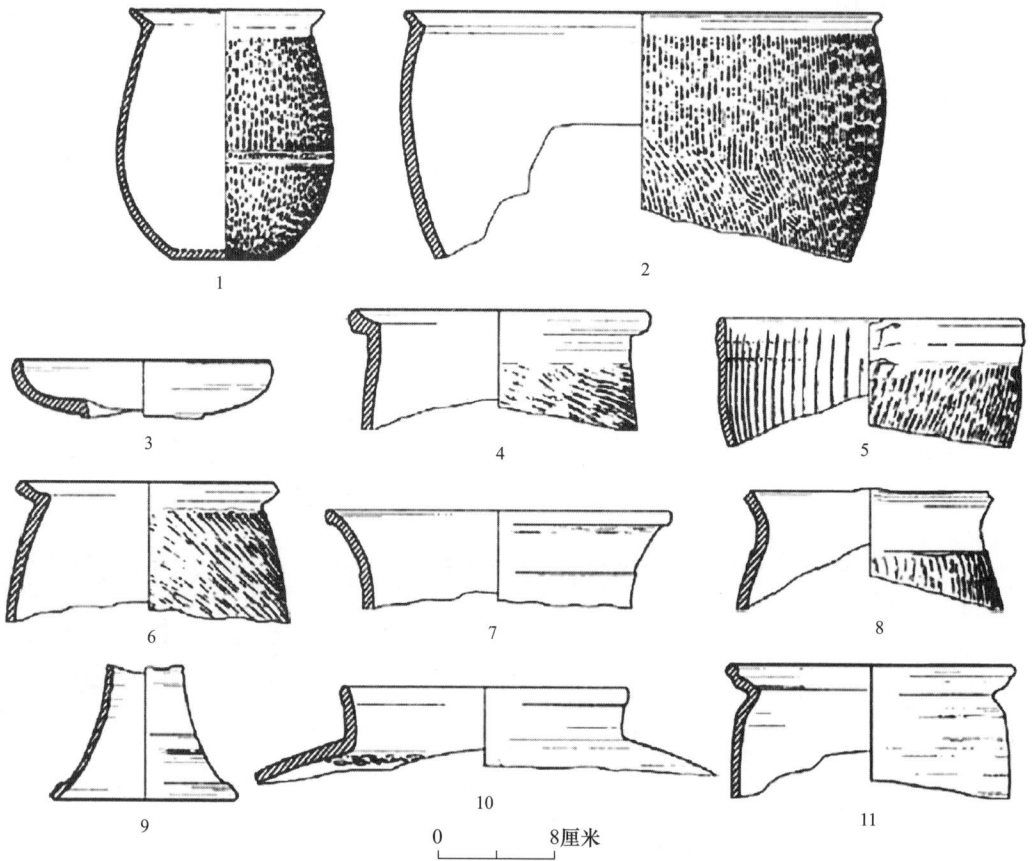

图三　二里头遗址 2002VH119 出土遗物

1. 圆腹罐 AbI式　2. 盆 AaI式　3. 豆 BbI式　4. 深腹罐 AcI式　5. 刻槽盆 AI式
6. 深腹罐 AcI式　7. 平底盆 AbI式　8. 捏口罐 BI式　9. 豆　10. 高领尊 AaI式　11. 敛口罐 AaI式

时期 \ 器物	深腹罐	鼎	平底盆	器盖	豆
新砦期	新2002CT1H5：18	新2002T68：779	新1999H11：17	新2000T6⑧：219	新2000T11⑦：28
二里头一期	二Ⅱ·VH103：1	二Ⅷ·T19⑥：11	二Ⅱ·VH105：22	二T104⑥：48	二H148：20

图四　新砦期与二里头一期典型器物对比

地王湾三期文化的基础上，吸收了周边地区的其他文化特征，经新砦期之后，又吸收了来自北方的部分考古学文化因素，继而发展出的新的考古学文化[28]，将新砦期和二里头一期划为二里头文化最早的两期，体现不出文化交流融合中的质变过程，而将新砦期和二里头一期分开，两者分属不同的文化阶段，则能更好地反映这一时期文化格局的演变。

三

虽然两期文化前后相继，有较多相同与不同之处，但二者并非简单的前后继承发展的关系，二者的关系更为复杂，从二者的分布地域及来源上可以看出部分端倪（图五）。

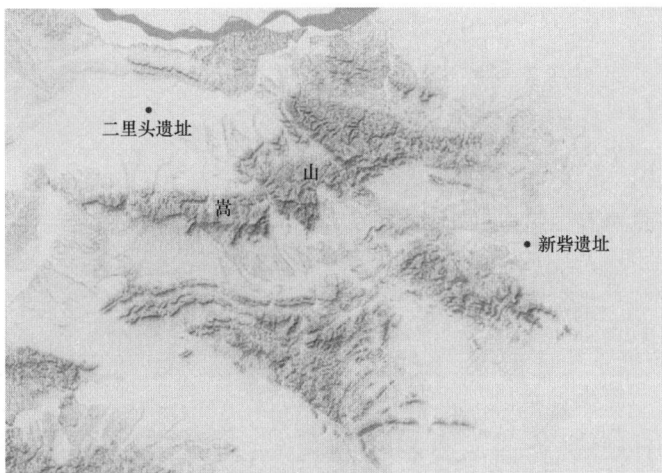

图五　二里头遗址与新砦期遗址地理位置

新砦期分布于中原地区嵩山东麓，其前身为中原地区龙山文化即王湾三期文化煤山类型，并且由于地理位置处于中原腹地偏东位置，处于东部与中部文化交流互动的关键地区，受到来自东方文化因素的强烈影响[29]，伴随着王湾三期文化的强势扩张与融合，吸收了海岱龙山文化与石家河文化的特征，形成了面貌全新的新砦文化类型，而新砦文化的产生也意味着龙山时期部族联盟与战争时代的终结，统一的礼制王权国家的诞生。

新砦文化诞生之后，随即沿嵩山南麓向北扩张到达郑州巩义地区，又沿黄河向西进入洛阳盆地，影响了当地的王湾三期文化王湾类型，使其文化面貌产生较大的转变，并且与西部地区南下东进的齐家文化客省庄类型相遇，诞生出新的二里头文化类型，文化面貌和风格都与嵩山东部的新砦类型有所区别。因此，二里头一期在年代上略晚于新砦期并且二者文化面貌差异较大。而新砦文化进入洛阳盆地之后，并未直接取代当地文化，而是与西方文化进行交汇和融合，并且由于文化交汇以及快速演变，使得新砦文化在这一区域基本不见，呈现出一种直接由王湾三期文化过渡到二里头文化一期的状态，但实际上二里头文化一期是基于王湾类型受到新砦文化的改造并且融合了齐家文化之后的全新文化类型，因此其面貌与新砦类型有较大相似之处，又有王湾三期文化的风格，还有较多齐家文化的文化因素。二里头文化一期的花边口沿圆腹罐就是这一时期文化交流的最好证明[30]。

四

除了对二者阶段划分和认识上的差异外，二者的性质学界也有争议，在承认新砦文化或新砦期和二里头文化同属夏文化的基础上，对新砦期和二里头一期的性质认识也有分歧。经笔者梳理，最具代表性的认识主要有两种。第一种以李伯谦为代表，认为新砦期是后羿代夏之前的夏文化，新砦遗址中的东方因素与后羿代夏有关，二里头一期及二里头文化是后羿代夏后的夏文化[31]。第二种以张国硕为代表，认为新砦期是夏启之后的夏文化，二里头文化是太康之后的夏文化[32]。

笔者较为认同第二种观点，首先是新砦期遗存，若其为后羿代夏前的夏文化遗存，则新砦遗址为仲康或太康的文化遗存，新砦遗址与二里头遗址相距较远，与《竹书纪年》所载"太康居斟郭，后羿居之，桀又居之"完全不符。其次，二里头遗址二里头一期的遗存较少，尤其一期早段遗存，大型房屋宫殿建筑的出现一直到二期早段。二里头一期明显是二里头遗址的兴起及建设阶段，将其作为后羿代夏之后的夏文化遗存是不合理的，后羿代夏之后即为少康中兴，整个一期没有较大的宫室建筑，与中兴显然不符合，而将其作为太康至仲康的阶段则较为合理。太康至仲康时期，二里头作为新的王都选址开始规划和建设，资源和人口从周边地区汇集至二里头遗址地区。新砦遗址此时也还在使用，在二里头都邑造好之前仍以新砦遗址为主，因此新砦遗址第三期发现有二里头文化遗存。在二里头一期时，"太康不理朝政，耽于享乐，被后羿—寒浞取代"[33]，之后夏代经历了四十年无王时期，一直到二里头二期早段，少康中兴夺回夏朝政权，并且开始大兴土木建造二里头都邑，这一阶段大型宫殿建筑开始兴起，并且开始建造大型主干道和宫城围墙[34]，这种加强宫殿区安全的防御措施很有可能与后羿代夏之后夏人防范意识加强有关。

五

综合以上分析可以得出以下几个结论：

首先是新砦期和二里头一期两种文化遗存，在分布范围、发展阶段以及文化面貌上有相似之处，但在许多方面也有所差异，新砦期更凸显出从王湾三期至二里头文化的过渡属性,而二里头一期则凸显出新文化的产生,是这一时期文化交流融合的结果。从整个文化发展演变中来看王湾三期文化、新砦期文化和二里头文化,新砦期文化保留了较多的王湾三期文化因素,并且是南渐扩张和融合了豫南、豫西南鄂西北的石家河文化因素之后的王湾三期文化[35],之后还吸收了东方的造律台文化因素[36],属于一种典型的过渡性文化遗存。虽然新砦期保留了较多的王湾三期文化因素,但与王湾三期文化仍然差异明显,两者不属于一种文化系统。二里头一期对王湾三期文化的保留比较少,更多的是新砦文化和齐家文化的因素,是新砦文化在嵩山周围向西扩张,在洛阳盆地与南下的齐家文化以及客省庄二期文化相聚合而形成的新的文化,是夏王朝诞生前期整个中原和周边地区文化格局演变的集大成者[37]。另外,无论从遗迹现象还是陶器的陶质陶色上看,二里头一期与二里头二至四期更为接近[38],与新砦期有所差异,因此新砦期不应与二里头一期划在一起组成新砦文化或者将新砦期划入二里头文化系统,而应该将新砦期独立出来,作为一支单独的考古学文化,二里头一期仍划入原先的二里头文化系统,保持二里头文化一期至四期的完整文化序列。

其次是新砦期命名为新砦文化的问题,按照夏鼐先生阐述的考古学文化定名的三种条件[39],新砦期无论从独特的文化特征,还是文化遗存的发现数量、规模以及分布范围上,已经满足一种考古学文化的条件[40],并且新砦文化不应包括新砦遗址第一期及第三期文化遗存,第一期属于王湾三期文化,第三期属于二里头文化,应将新砦期文化或者新砦遗址二期单独划为新砦文化,将新砦二期遗存的早晚两段作为新砦文化的早期阶段和晚期阶段。

最后是文化性质问题,新砦文化[41]与二里头文化同属于夏文化,两种文化都应归入夏文化系统,新砦文化为早期夏文化,是在"禹征三苗"[42]之后,再经历"启益之争"[43],启建立夏朝之后的考古学文化,新砦遗址也是夏代早期夏启所居的"黄台之丘"[44]。二里头文化为中晚期夏文化,二里头一期是"太康居斟鄩"后的考古学文化,二里头遗址也是夏都斟鄩[45]所在地,一期早段为二里头都邑遗址兴起阶段,发现遗存较少。后羿代夏发生在二里头一期,四十年无王时代处于二里头一期晚段至二期早段,少康中兴在二里头二期早段开始。

注　释

[1]　张国硕:《早期夏文化与早期夏都探索》,《早期夏文化与先商文化研究论文集》,科学出版社,2012 年。

[2]　考古研究所洛阳发掘队:《1958 年洛阳东干沟遗址发掘简报》,《考古》1959 年第 10 期。

[3]　中国社会科学院考古研究所河南二队:《河南密县新砦遗址的试掘》,《考古》1981 年第 5 期。

[4]　北京大学震旦古代文明研究中心、郑州市文物考古研究院:《新密新砦——1999～2000 年田野考古发掘报告》,文物出版社,2008 年,第 531 页。

[5]　赵春青:《新砦期的确认及其意义》,《中原文物》2002 年第 1 期;李维明:《来自"新砦期"论证的几点困惑》,《中国文物报》2002 年 1 月 11 日第 7 版。

［6］ 中国科学院考古研究所洛阳发掘队：《1959 年河南偃师二里头试掘简报》，《考古》1961 年第 2 期；夏鼐：《我国近五年来的考古新收获》，《考古》1964 年第 10 期。

［7］ 中国科学院考古研究所洛阳发掘队：《河南偃师二里头遗址发掘简报》，《考古》1965 年第 5 期。

［8］ 赵春青：《新砦期的确认及其意义》，《中原文物》2002 年第 1 期。

［9］ 庞小霞：《试论新砦文化》，郑州大学硕士研究生学位论文，2004 年。

［10］ 张莉：《新砦期年代与性质管见》，《文物》2012 年第 4 期。

［11］ 魏继印：《论新砦文化与王湾三期文化的关系》，《考古学报》2019 年第 3 期。

［12］ 赵芝荃：《略论新砦期二里头文化》，《中国考古学会第四次年会论文集》，文物出版社，1985 年。

［13］ 张国硕：《夏纪年与夏文化遗存刍议》，《文明起源与夏商周文明研究》，线装书局，2006 年。

［14］ 常怀颖：《二里头文化一期研究初步》，《早期夏文化与先商文化研究论文集》，科学出版社，2012 年。

［15］ 李维明：《二里头文化一期遗存与夏文化初始》，《中原文物》2002 年第 1 期。

［16］ 杜金鹏：《新砦文化与二里头文化——夏文化再探讨随笔》，《三代考古》（一），科学出版社，2004 年。

［17］ 许宏：《嵩山南北龙山文化至二里头文化演进过程管窥》，《中原地区文明化进程学术研讨会文集》，科学出版社，2006 年。

［18］ 韩建业、杨新改：《王湾三期文化研究》，《考古学报》1997 年第 1 期。

［19］ 靳松安：《王湾三期文化的南渐及其相关问题》，《中原文物》2010 年第 1 期。

［20］ 北京大学古代文明研究中心、郑州市文物考古研究所：《河南省新密市新砦遗址 2000 年发掘简报》，《文物》2004 年第 3 期。

［21］ 北京大学古代文明研究中心、郑州市文物考古研究所：《河南省新密市新砦遗址 2000 年发掘简报》，《文物》2004 年第 3 期。

［22］ 赵春青：《新砦期的确认及其意义》，《中原文物》2002 年第 1 期。

［23］ 李维明：《二里头遗址二里头文化一期遗存试析》，《中国历史文物》2009 年第 1 期。

［24］ 李杰：《齐家文化与二里头文化比较研究》，郑州大学硕士研究生学位论文，2021 年，第 57 页。

［25］ 中国社会科学院考古研究所河南新砦队、郑州市文物考古研究院：《河南新密市新砦遗址 2002 年发掘简报》，《考古》2009 年第 2 期。

［26］ 中国社会科学院考古研究所：《二里头（1999～2006）》，文物出版社，2014 年，第 715 页。

［27］ 常怀颖：《二里头文化一期研究初步》，《早期夏文化与先商文化研究论文集》，科学出版社，2012 年。

［28］ 李杰：《齐家文化与二里头文化比较研究》，郑州大学硕士研究生学位论文，2021 年，第 66 页。

［29］ 魏继印：《论新砦文化的源流及性质》，《考古学报》2018 年第 1 期。

［30］ 刘丁辉：《二里头文化花边罐来源的再研究》，《南方文物》2020 年第 2 期。

［31］ 李伯谦：《二里头类型的文化性质与族属问题》，《文物》1986 年第 6 期；顾万发：《试论新砦陶器盖上的饕餮纹》，《华夏考古》2000 年第 4 期。

［32］ 张国硕：《夏纪年与夏文化遗存刍议》，《文明起源与夏商周文明研究》，线装书局，2006 年。

［33］ 张国硕：《太康居斟寻事件与后羿代夏遗存的确认》，《中原文化研究》2022 年第 5 期。

［34］ 赵海涛：《二里头都邑聚落形态新识》，《考古》2020 年第 8 期。

［35］ 靳松安：《王湾三期文化的南渐及其相关问题》，《中原文物》2010 年第 1 期。

［36］ 魏继印：《论新砦文化的源流及性质》，《考古学报》2018 年第 1 期。

［37］ 李杰：《齐家文化与二里头文化比较研究》，郑州大学硕士研究生学位论文，2021 年，第 67 页。

［38］ 常怀颖：《二里头文化一期研究初步》，《早期夏文化与先商文化研究论文集》，科学出版社，2012 年。

［39］ 夏鼐：《关于考古学上文化的定名问题》，《考古》1959 年第 4 期。

［40］ 庞小霞、高江涛：《关于新砦期遗存研究的几个问题》，《华夏考古》2008 年第 1 期；魏继印：《论新砦文化的源流及性质》，《考古学报》2018 年第 1 期。

［41］ 这里的新砦文化指笔者认为的新砦期文化。

［42］ 杨新改、韩建业：《禹征三苗探索》，《中原文物》1995 年第 2 期。

［43］ 孙庆伟：《启、益之争与禅让的实质》，《中原文化研究》2018 年第 1 期。

［44］ 张国硕：《早期夏文化与早期夏都探索》，《早期夏文化与先商文化研究论文集》，科学出版社，2012 年。

［45］ 张国硕：《〈竹书纪年〉所载夏都斟寻释论》，《郑州大学学报（哲学社会科学版）》2009 年第 1 期。

二里头遗址二里头文化一期
聚落性质再认识[*]

贺　俊

（河南大学黄河文明与可持续发展研究中心）

二里头遗址在二里头文化二到四期已具备都邑性质是学界的基本共识，但对该遗址二里头文化一期聚落（以下简称"二里头遗址一期聚落"）性质的认识却有较大分歧，存在普通村落说[1]、一般聚落说[2]、中心聚落说[3]、都邑说[4]、先村落后都邑说[5]、区域性中心聚落或都邑说[6]等看法。以上观点有的较为接近，有的差别较大，其中最为关键的问题是二里头遗址一期聚落究竟是一个普通村落，还是一处都邑？若是都邑，其在一期的哪个阶段形成的？依据近些年的新资料和相关研究成果，本文拟对此略加探讨。

虽然田野工作已经开展了 60 余年，但二里头遗址二里头文化一期遗存的发现却一直较少。1959～1978 年，除了在Ⅲ、Ⅳ、Ⅴ、Ⅷ、Ⅸ区发现此期文化层，还发现灰坑 36 个、墓葬 6 座与陶窑 1 座，以及铜器、绿松石器、石器、陶器等遗物[7]。1980～1997 年，公布了Ⅱ、Ⅴ、Ⅸ区发现的本期文化层、少量灰坑和陶器[8]。1999 年之后，仅在 2003VT32 中发现此期文化层，其他遗迹包括 2000ⅢH2、2002VH119、2002VG10 ②、2003VH222 及 2010VH63，出土了一些日用陶器和动植物遗存等[9]。

此期遗存发现数量较少的原因，除了与工作理念、方法及遗存埋藏较深等主客观因素有关之外，还存在两种截然相反的可能性：一是反映了此期聚落人类活动的真实情况；二是此期遗存受到了后期人类活动的不断破坏，与实际情况相差甚远。对此，学界普遍倾向于后者。

从空间分布来看，Ⅳ、Ⅴ区二里头文化一期遗迹较多，其他区相对较少。这可能与不同区域的发掘面积有关，还可能与资料的发表情况有关。但是，这一现象从一个侧面显示出此时至少在Ⅳ区和Ⅴ区已经存在比较频繁的人类活动。值得强调的是，该区域恰位于二里头遗址海拔最高的东南部和东部区域，为靠近古伊洛河的高地[10]。无疑，这既反映了当时二里头聚落先民择高而居、邻近水源的选址思想，又暗示了此期聚落

---

　　*　本文系河南兴文化工程文化研究专项项目（项目编号：2022XWH043）的阶段性成果。

可能已是强烈规划意识支配下的产物。

在本期聚落中，还可能已经存在多种手工业生产活动。相关研究表明，当时似乎有骨器加工[11]和冶炼活动[12]。同时，《偃师二里头：1959 年～1978 年考古发掘报告》还公布了绿松石珠等高等级遗物。由于未公布或较少公布与之共存的陶器，故无法对它的年代进行核定。但假若绿松石珠的年代能够确认为本期，同时考虑到二里头遗址在二里头文化第二期已存在较大规模的绿松石器生产活动，推测一期或许还存在某种形式的绿松石器加工业。另外，Ⅳ区发现的陶窑意味着存在制陶手工业。

其中，骨器生产在性质上可能仅是骨器加工点。它位于后来宫殿区东南部的大型夯土建筑基址 D4 的南部，因而对探究二里头遗址一期聚落的布局颇为关键。在此基础上，1 号巨型坑的发现为进一步认识此期聚落布局提供了新的可能性。勘探可知，此遗迹位于宫殿区东北部，邻近宫城东墙与北墙，东西长约 66、南北宽约 33 米，总面积约 2200 平方米。解剖性发掘表明，坑内年代最早的遗迹为二里头文化第一期晚段的灰坑，仅有 1 处（VH63）。若该遗迹是 1 号巨型坑的有机组成部分，那么后者的始建年代应不晚于一期晚段。鉴于它是为了解决宫殿区大型夯土基址的建筑用土问题而形成的，因此推测存在一期晚段甚至更早的大型夯土建筑。但假如 VH63 是早于 1 号巨型坑的一期晚段遗迹，那么后者的始建年代应不早于前者。如此，前述认识就有可能无法成立。

不过，1 号巨型坑并非孤例，因为本期聚落还有其他大型遗迹。2002VG10 位于 2002VT12 与 VT30 内，范围较大，发掘部分东西长 15、南北宽 1.2 米，且继续向北、东、南延伸，已发掘深度为 3.35 米，壁略呈斜坡状下收。从这些现象来看，该沟的实际长、宽及深度必然大于目前所知。坑内填土分为两层，第 2 层为二里头文化第一期晚段，表明至少在此时这一灰沟已经形成。

如此面积且堆积深厚的遗迹，其出现应与某种特殊的需求有关。发掘者指出它可能因取土而形成，可信。考虑到 1 号巨型坑形成的背景，可以认为 2002VG10 的出现同样有可能是为了解决大型宫殿建筑的用土问题。同时，沟内第 2 层填土中发现有两根方木，边长 0.25 米，探方内长 0.8 米。尽管方木已腐烂形成了空洞，但底部可见白漆与红漆。类似的方木在二里头文化三期出现的 2 号大型宫室建筑基址的主体殿堂墙基的底部也有发现，报告记录为"平放有方形横木以承木柱，横木的断面为 0.29 米 ×0.15 米"[13]。据此，可知 2002VG10 内出土的方木应是某类建筑构件。同时，它也是 1 号巨型坑在二里头文化一期晚段即已开挖的重要佐证。如此一来，可以进一步推断二里头遗址至少在一期晚段可能已经存在大型夯土建筑。

有学者曾认为 1991～1992 年在二里头遗址Ⅵ、Ⅸ区发现的二里头文化早期大型夯土基址的年代很可能早至二里头文化一期，但Ⅵ区和Ⅸ区发现的"大型夯土"尚存疑问[14]。实际上，欲解决这一问题，还应将目光聚焦到Ⅴ区。目前遗址内经过发掘的年代最早的大型夯土基址属于二里头文化二期。在 1 号、2 号夯土建筑之间还钻探出了不少二期的夯土台基，但具体情况不明。鉴于目前遗址内未见二里头文化一期的大型夯土建筑，因而上文提到的一些大型取土坑可能与上述早期夯土建筑有关。前述出土方木的 2002VG10 被可能建于二期早段的 3 号夯土基址叠压，而作为建筑构件的方木不应距其所属建筑太远，故不排除 3 号基址所在的宫殿区东部及邻近区域可能存在更早的建筑的可能性。

如果上述推论成立，那么在二里头文化一期，大型坑状或沟状遗迹、骨器加工点（图一）及可能存在的大型夯土建筑在空间上是比较接近的，它们所构成的区域已经成为当时二里头聚落的核心区，城市规划的重心已经出现，且这一区域的重要性被一以贯之地延续下去。

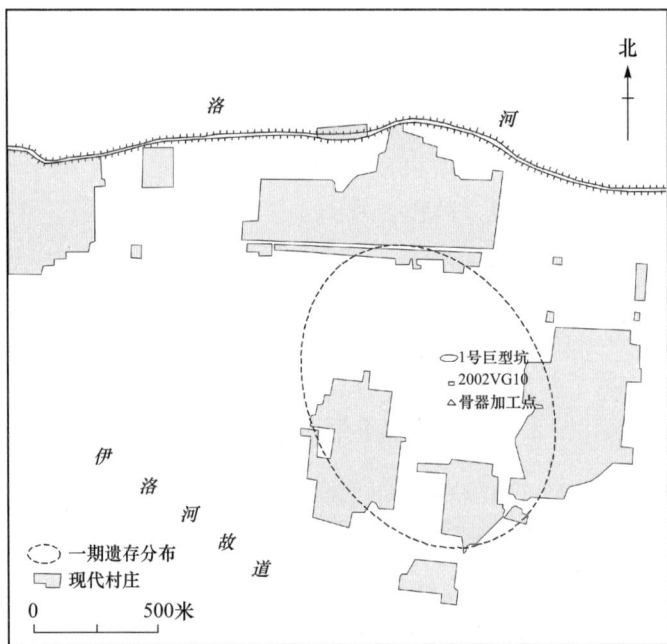

图一　二里头遗址二里头文化一期重要遗存分布示意图

不仅如此，本期聚落内部已经存在社会分层和礼制观念。前者在墓葬中有所反映。在早年公布的 6 座二里头文化一期墓葬中，等级最高的是ⅣM26，面积为 2.24 平方米。墓内随葬品比较丰富，包括鸭形鼎、折沿罐形鼎、四足盘、觚、短颈壶各 1 件和绿松石珠 2 颗。此墓面积可与后来的二里头文化贵族墓相媲美，且随葬有具有浓厚外来风格的鸭形鼎，意味着墓主人的等级可能较高。其次为Ⅱ·VM54、56、M57，它们虽然不到 1 平方米，但都随葬有数量不等的陶器，墓主可能为平民阶层。另外两座墓葬面积小且无随葬品。礼制观念主要表现为特定礼器组合的出现，如 2002VG10 第 2 层出土的白陶鬶、白陶爵，2002VH119 出土的白陶鬶、白陶盉及白陶壶。与普通黏土陶器相比，白陶器具有技术含量高、数量较少及特殊的颜色等特征，这使其成为了二里头文化早期礼器的代表[15]。

从宏观上看，目前可确认或大致确认的二里头文化一期遗址有 41 处，包括二里头、西高崖、稍柴、新砦、南寨、矬李、东赵、南洼、蒲城店、景阳冈、灰嘴、白元、东干沟、竖河、黄寨、程窑、煤山、李楼、崔庄、陈屯老村、东马庄西、毛村东、武屯东南、桂连凹东北、杨裴屯西南、东立射、南蔡庄西北、寨湾东南、程子沟、东王河东南、肖村北、木阁沟东南、邢村东、寺院沟、郑窑、稍柴南、鹿寺、黄龙庙、四岭、瑶湾、北庄。它们可分为 4 个层级（图二），二里头遗址属于第一层级，位于聚落金字塔的顶端[16]。

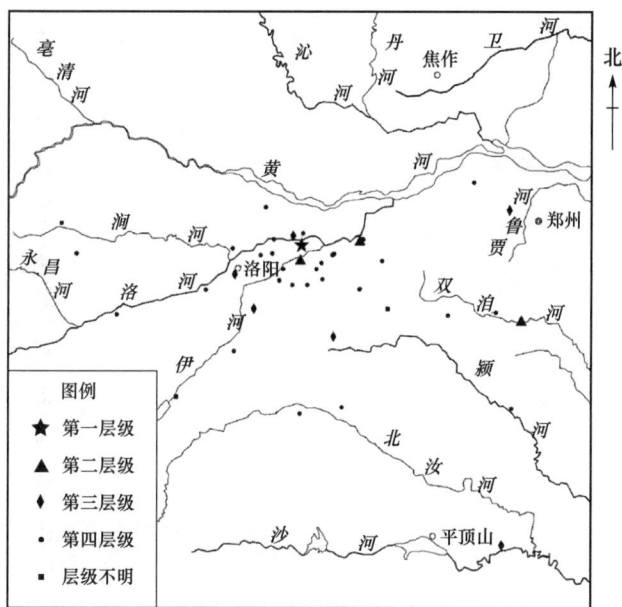

图二　二里头文化一期遗址分布分层图

综上可知，二里头遗址一期聚落在规划理念、布局结构、社会生产、社会分层、礼制观念等方面与二期具有一脉相承性。同时，其已位于同期二里头文化聚落结构金字塔的顶端。鉴于大型坑状或沟状遗迹的始建年代不晚于一期晚段，且本段还存在特定的礼器组合，有理由认为二里头遗址的都邑地位至少在这一时期已经初步形成。

注　释

［1］　程平山：《试论二里头遗址的性质》，《夏商周历史与考古》，人民出版社，2005 年。

［2］　高炜、杨锡璋、王巍、杜金鹏：《偃师商城与夏商文化分界》，《考古》1998 年第 10 期。

［3］　许宏、陈国梁、赵海涛：《二里头遗址聚落形态的初步考察》，《考古》2004 年第 11 期；陈国梁：《合与分：聚落考古视角下二里头都邑的兴衰解析》，《中原文物》2019 年第 4 期。

［4］　李维明：《二里头遗址二里头文化一期遗存试析》，《中国历史文物》2009 年第 1 期；张国硕：

《论二里头遗址作为都城的延续年代》，《夏商都邑与文化（一）："夏商都邑考古暨纪念偃师商城发现 30 周年国际学术研讨会"论文集》，中国社会科学出版社，2014 年。

［5］ 袁广阔：《从稍柴遗址看二里头文化的形成》，《考古学研究》（十），科学出版社，2012 年。

［6］ 赵海涛：《二里头都邑聚落形态新识》，《考古》2020 年第 8 期。

［7］ 中国社会科学院考古研究所：《偃师二里头：1959 年～1978 年考古发掘报告》，中国大百科全书出版社，1999 年，第 39～74 页。

［8］ 中国社会科学院考古研究所二里头队：《1982 年秋偃师二里头遗址九区发掘简报》，《考古》1985 年第 12 期；中国社会科学院考古研究所：《二里头陶器集粹》，中国社会科学出版社，1995 年；郑光：《偃师二里头遗址》，《中国考古学年鉴·1998》，文物出版社，2000 年。

［9］ 中国社会科学院考古研究所：《二里头（1999～2006）》，文物出版社，2014 年，第 154、219、296、466、468、715～718 页；中国社会科学院考古研究所二里头工作队：《河南偃师市二里头遗址宫殿区 1 号巨型坑的勘探与发掘》，《考古》2015 年第 12 期。

［10］ 中国社会科学院考古研究所：《二里头（1999～2006）》，文物出版社，2014 年，第 17、18 页。

［11］ 陈国梁、李志鹏：《二里头遗址制骨遗存的考察》，《考古》2016 年第 5 期。

［12］ 陈国梁：《二里头遗址铸铜遗存再探讨》，《中原文物》2016 年第 3 期。

［13］ 中国社会科学院考古研究所：《偃师二里头：1959 年～1978 年考古发掘报告》，中国大百科全书出版社，1999 年，第 153 页。

［14］ 关于Ⅵ、Ⅸ区发现大型夯土的报道仅见有零星的简讯及相关论文，参见郑光：《二里头遗址勘探发掘取得新进展 二里头早期建筑基址出土具有突破性价值》，《中国文物报》1992 年 10 月 18 日；杜金鹏：《二里头早期大型建筑基址的发现及其意义》，《中国文物报》1993 年 2 月 28 日；杜金鹏：《夏商考古新的发现与思考》，《郑州大学学报（哲学社会科学版）》1994 年第 1 期。但在后来的《二里头遗址聚落形态的初步考察》中对此却并未提及，或能说明相关问题。另外，在 2019 年召开的"纪念二里头遗址科学发掘 60 周年国际学术研讨会"上，岳洪彬先生作为曾直接参与发掘二里头遗址的工作者，指出那些所谓的"夯土"应该是生土。

［15］ 贺俊：《二里头文化白陶研究》，《考古》2022 年第 2 期。

［16］ 贺俊：《论二里头文化的宏观聚落形态》，《考古学报》2022 年第 4 期。

夏都军事防御系统新探

周　剑

（河南科技大学人文学院）

夏代都城军事防御体系是指为保卫都城安全而构建的一系列防御设施。目前考古发现能确认为夏都的遗址有新密新砦遗址和偃师二里头遗址，目前学界主流意见认为前者为夏代早期都城遗址，后者为夏代中晚期都城遗址。本文以新砦遗址和二里头遗址考古材料为基础，对夏代都城军事防御体系作一新的探讨。

一、新砦遗址的防御体系

新砦城址的发现是夏代都城考古一项重大发现。该城址文化内涵非常丰富，发现有大型建筑基址、大量储存食物的窖穴、制骨作坊、道路等重要遗迹。大型城墙、多重城壕、大型建筑基址及众多高规格遗物等种种遗迹的发现，表明新砦城址不是普通的聚落，应是都邑级别的重要城址[1]。有关新砦遗址的防御体系已有相关学者做出探讨，如张国硕认为新砦城址的防御模式已呈现出内城外郭制，注重都城本身的防御，但总体来说并没有形成完善的防御体系，之所以新砦城址没有形成完善的防御体系是因为夏代早期夏人实力强大，没有必要形成完备的防御体系[2]。李畅总结出新砦城址防御体系的四个特点，即充分考虑地利条件，建城地势较高，居高临下；善于利用河湖、冲沟等自然条件构筑防御设施；防御措施重重相扣，精心谋划实施；防御设施较倚重于外壕与城墙。认为新砦城址的防御特点为以都城地区防御为重点，也认为夏代初年军事力量强大无须加强都城的防御[3]。通过对新砦期文化分布范围的地理环境、新砦遗址在该文化分布范围的地理位置以及相关考古发现方面的全面考察发现上述两位先生的观点仍有商榷之处。

目前学术界对新砦期文化的分布范围还有诸多争论，如赵芝荃先生认为含有新砦期遗存的遗址有洛阳东干沟、汝州柏树圪垱、登封王城冈和北庄、禹州瓦店、新乡小马营等[4]；顾问（顾万发）先生又添加了巩义花地嘴、荥阳竖河、郑州北二七路、郑州马庄、新密黄寨、伊川崔庙、郾城郝家台等遗址[5]；杜金鹏先生认为"新砦文化"分布于伊、洛、颍、汝流域[6]；新砦发掘报告的作者认为新砦期文化分布于今天的郑州、巩义、新密、新郑、荥阳一带，西到不了登封、禹州，东到郑州左近[7]。但无论如何界定，环嵩山东部地区是新砦期文化分布的核心地区是没有疑问的（图一）。在此基础上来具体分析新砦期文化核心区分布范围内各个方向的防御情况。首先看西部状况，新砦期文化核心分布范围的西部为嵩山山脉，高大的山脉可以作为新砦期文化分布范围西部天然的屏障，统治者只要在地形险要的关隘处布置一定的兵力防守即可，无须筑城；再看北部，2014 年初考古工作者在郑州西郊东赵遗址发现了大、中、小三叠城[8]，其中小城为新砦期城址，拥有城墙和壕沟，其性质很有可能是一座防御性很强的军事重镇，其位置位于新砦城址北部，成为守卫都城的北大门。从文献上我们也可以看出一些端倪，《吕氏春秋·召类》云：“禹攻曹、魏，屈骜、有扈，以行其教。”[9]《吕氏春秋·先己》云：“夏后伯启与有扈战于甘泽而不胜。六卿请复之，夏后伯启曰：‘不可。吾地不浅，吾民不寡，战而不胜，是吾德薄而教不善也。’于是乎处不重席，食不贰味，琴瑟不张，钟鼓不修，子女不饬，亲亲长长，尊贤使能。期年而有扈氏服。”[10]夏代初期，有扈氏占据了今郑州以北原阳县西南一带[11]，对夏王朝构成了很大的威胁，为了对抗有扈氏的侵扰，夏王朝在东北部与东部集中力量以为屏障是可以理解的。而东赵小城正位于新砦期分布范围的北部，很有可能是为了保卫都城新砦、防御有扈氏有关。最后再看新砦城址的位置，通过图一我们发现新砦城址位于新砦期文化分布范围的东南边缘，可以说处在东南防御的第一线上，都城设置在如此靠近前线的位置，其防御系统发达也就不奇怪了。因此本文认为新砦城址防御设施确实复杂，统治者确实重视

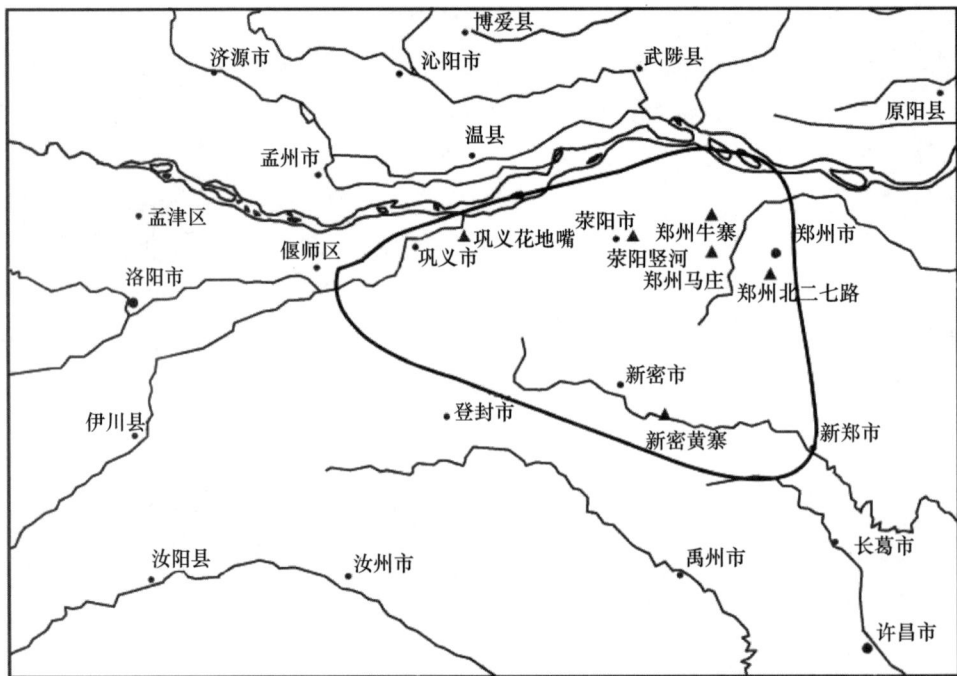

图一　新砦期文化核心区分布范围图

对新砦城址的防御，但从西部的嵩山防御和北部的东赵小城可以看出夏国家早期并没有放松都城周边地区的防御力度。至于张国硕先生认为夏代初年因夏人军事实力强大而忽视都城的防御也是值得商榷的，从后世王朝强盛期的防御情况来看这种观点并不成立，如商汤灭夏后，商人实力应是很强大的，但在灭夏前后商人立即建造了郑州商城和偃师商城两座防御性极强的城址，说明一个政权强大时也是极注重防御的。再从考古发现和夏人早期分布范围的地理形势及都城位置来看，夏人早期是极重视都城防御的。从上述分析来看，新砦遗址的防御模式应为都城和外围防御并重。虽然夏代早期都城新砦遗址的防御设施较完善，但把都城设置于如此边缘的前线地区毕竟非常危险，文献记载表明，夏代早期夷夏关系是非常紧张的，夏王朝和东夷的战事不断，而夏代早期都城所在区域的东部是一片无险可守的平原，都城又位于东部前沿，即使都城防御能力得到加强，也极易遭到东夷势力的进攻。如果统治者再对防御有所忽视，那么都城是极易被敌人攻破的。因此太康把都城迁到伊洛盆地的斟鄩。只可惜迁都后还没来得及完善都城的防御体系即遭到东夷后羿集团的进攻并占领夏都，即所谓的"太康失国"。

二、二里头遗址的防御体系

二里头遗址作为夏代中晚期的都城遗址获得了学界共识。二里头时期进一步加强了对都城的军事防御，建立了以都城为重点的微观防御和守在四方为重点的宏观防御体系。

（一）都城防御体系的重构

少康复国后的夏王朝统治者对军事防御十分重视，首先确立都城居中的区位优势，再通过加强都城及其外围地区的安全、建立一系列军事重镇和方国等举措，逐渐构建起多重防御的夏都城军事防御体系。

1. 居中的地理位置

"择天下之中而立国"是先秦时期都城选址的一贯思想，商代甲骨文有"四土""四方"的观念，如殷墟卜辞《粹》907："商受（年），东土受年，南土受年，西土受年，北土受年。"东土、南土、西土、北土的方位均相对于位居中心的都城殷墟而言。《诗·大雅·民劳》："惠此中国，以绥四方。"毛传："中国，京师也。"西周早期青铜器何尊铭文"余其宅兹中国，自之（乂）民"与其语意相同。虽然目前尚未发现夏代都城选址的相关文献，但这一观念在新石器时代晚期的尧舜时期即已出现，《史记·五帝本纪》载：尧崩，舜"夫而后之中国践天子位焉"。《集解》引刘熙曰："帝王所都为中，故曰中国。"新石器晚期和商周之间的夏代其都城选址亦当如此。从考古发现来看，二里头文化一期分布范围较小，局限于环嵩山地区，北以黄河为界，西达伊河、洛河上游，南至平顶山，东不过郑州，二里头遗址大体位于这一区域的中心位置。二里头文化二期之后二里头文化分布范围得到了极大的扩张，北达山西临汾，西达陕东南的商洛地区，南至河南信阳和湖北襄阳一线，东至周口地区，在这一广域范围内分布着二里头文化的若干地方类型，这些地方类型呈拱卫之势围绕着环嵩山地区的二里头遗址。总体来看，二里头遗址在整个二里头文化阶段皆大体位于天下之中的位置。

2. 都城城址具备优越的自然环境

《管子·乘马篇》云："凡立国都，非于大山之下，必于广川之上。高毋近旱，而水用足；下毋近水，而沟防省。因天材，就地利。"古人选择优越的自然环境而立都，首先考虑的便是河流与山川。中国城市选址的一条基本规律是建都于河流沿岸或距河流不远，因这里往往土地平坦、物产丰盈、供水方便、交通便利。二里头遗址所在的洛阳盆地地形平坦、土地肥沃、物产丰盈，为都城提供了充足的后勤保障，盆地内伊、洛、瀍、涧四条河流贯穿其中，黄河于邙山北部东流，由此可见，二里头遗址周围有着丰沛的河流，这不仅有助于解决城市的交通、给排水等问题，更利于都城地区的军事防御。相较于河流，山隘在军事防御方面的作用更大，二里头遗址周围有着优越的可以利用的自然防御屏障。二里头遗址所在的洛阳盆地四面环山，自西向东分别为崤山、熊耳山、伏牛山、箕山、嵩山所环绕，北边被黄河边的邙山所隔。洛阳盆地周围山峦相交处有四处易守难攻的交通要道，如西边的崤函通道，东边的虎牢关，北边的孟津，南边的龙门。孟津、函谷、龙门、虎牢是洛阳盆地的四个战略通道，每个通道都具有一夫当关，万夫莫开的气势，极大地保证了洛阳盆地的安全。

3. 都城必要的防御设施

二里头遗址南部有古伊洛河东西横亘，北部和东北部地势逐渐降低，东部、东南部和南部地势低洼，有湖泊分布，中部地势高亢，只有西部和西北部与古洛河北岸的条状微高地相连[12]，如此地势易守难攻，十分利于军事防御。其优越之处在于夏都的北、东、南三面存在着低地、湖泽和河流等天然屏障，都城军民可以居高临下，俯视周围三面，对敌情做出准确的判断。夏都防御的重点应该是加强西部和西北部的军事防御和逐步完善都邑内部的防御措施。考古发掘材料表明，二里头遗址宫殿区发现的宫殿，大都有一定的防御设施，且夏代后期宫殿区的军事防御能力有逐渐加强之势。如始建于二里头文化二期的三号基址，系一座大型多院落式建筑，周围有围墙；始建于二里头文化三期的一号、二号基址皆为以殿堂为中心、四周有院墙、南面设门、自成一体的封闭式宫殿建筑。在二里头文化二三期之交，都城建造者在宫殿区周围增筑宫城垣。此宫城平面略呈纵长方形，墙体上宽 2 米左右，底部宽逾 3 米，周长超过1300 米，城内总面积约 10.8 万平方米，一直延续使用二里头文化四期晚段或稍晚。此外，至二里头文化四期偏晚阶段，在宫城之南又新建一东西向的夯土墙，推测该墙为宫城之南另一处围垣设施的北墙[13]。另外围绕宫城四周的"井"字形大道也具有一定的防卫作用。大道宽 12～15 米，路土致密，系长期频繁踩踏所致，宫城南侧大道上还发现有车辙遗迹。凯文·林奇在《城市形态》一书中曾说过一段话："道路建造在聚落之内或聚落之间，当控制受到威胁时，可以保证警察或军队的迅速抵达。"[14]二里头宫殿区的"井"字形大道"实际有可能是宫庙区卫戍人员日夜频繁巡逻、驱逐闲杂人等的快速通道"[15]，大道通过这种卫戍人员巡逻的方式对宫城起着警戒的作用。

4. 网格化布局

自 2021 年以来，二里头遗址陆续发掘了多处城市道路和道路两侧夯土墙，并发现宫城西侧道路夯土墙向北延伸 200 余米，据此推测已知作坊区、宫殿区、祭祀区以西至少各存在一个分区。"这意味着二里头遗址中可能不止'九宫格'，而是由更多的'网格'组成。"[16]二里头都邑以道路和墙垣规划为多个方正、规整的功能区，形成"多网格式"宏大格局，确立了都邑规划布局的基础框架：祭祀区、宫殿区和作坊区这三个最重要的区域恰好在中路，宫殿区位居中心，重要遗存拱卫在宫殿区的周围。多重网格客观上起到了保卫宫城的作用。

（二）守在四境

所谓守在四境是指都城区域没有建造城墙等大型防御设施，而是以四境为防御重点。二里头夏都是一座没有城墙的都城，除在都城区域设置必要的防御设施外，防御重点在边境。二里头文化分布范围广，不同区域文化面貌存在一定差异，不同区域遗址数量亦相差较大，根据文化面貌和遗址数量的差异可将二里头文化分为六个区域（图二）。分别为环嵩山地区（A 区）、晋南地区（B 区）、豫东地区（C 区）、商洛地区（D 区）、豫西南鄂北地区（E 区）、豫东南地区（F 区）。从六大区域分布态势来看，二里头类型显然处于众星拱卫的中心地位，其他区域分别从东、南、西、北四个方向对二里头类型呈拱卫之势。

二里头文化的聚落可分为都邑、次级中心、一般中心、基层聚落四个等级。都邑为面积达 300 万平方米的二里头遗址已经达成共识；次级中心为面积小于都邑大于 50 万平方米的遗址；一般中心为面积小于次级中心多数大于 20 万平方米的遗址；基层聚落为面积不足 20 万平方米，大部分小于 10 万平方米的遗址。次级中心和一般中心往往分布在都邑周边和边境地区，和众多基层聚落一道起着保卫都城防御外敌的作用。

二里头文化一期的分布范围仅限于环嵩山地区，周边地区尚未发现二里头文化遗存，故本期的防御重点在环嵩山地区。由图三可知，二里头文化一期遗址分布大致以二里头遗址为中心呈双重布局，内重距离二里头遗址较近，环绕二里头遗址分布一圈，南部和东部分别分布有两座次级中心遗址，即西高崖遗址[17]和稍柴遗址[18]，前者面积近 80 万平方米，后者面积近 100 万平方米。此外在北、西、南部另分布有四座一般

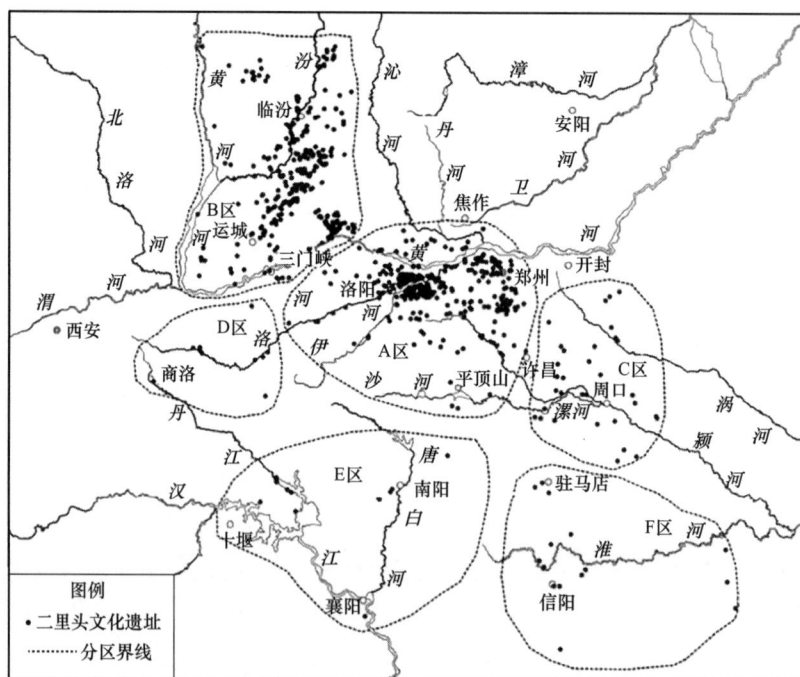

图二　二里头文化遗址分布及分区示意图

（改自贺俊《论二里头文化的宏观聚落形态》）

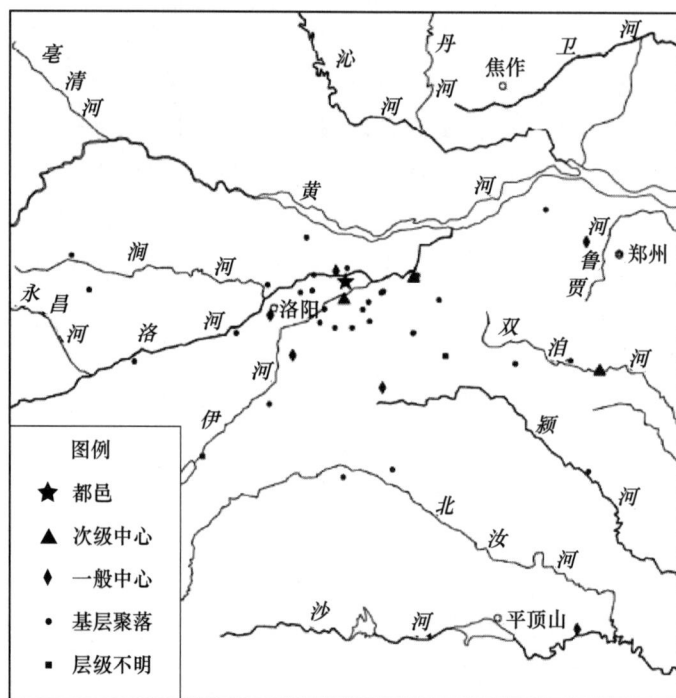

图三　二里头文化一期遗址分布示意图

（引自贺俊《论二里头文化的宏观聚落形态》）

中心聚落，分别为偃师景阳冈遗址[19]、洛阳锉李遗址[20]、洛阳南寨遗址[21]、登封南洼遗址[22]，面积分别为 50 万、35 万、24 万、44 万平方米。另有众多基层聚落[23]密集分布于二里头遗址周边。距离二里头遗址较远的区域分布有若干聚落遗址，其中等级最高者为东南方向双洎河上游的新密新砦遗址，面积达 70 万平方米，属次级中心聚落，为防御东南方向淮河流域势力北上的第一线。东部贾鲁河上游分布有一般中心聚落郑州东赵遗址，该遗址当为戍守二里头都邑东大门的军事城堡。南部汝河流域分布有一般中心聚落蒲城店遗址[24]，面积约 18 万平方米，为戍守南方的军事据点。西部和西南部的涧河、洛河、伊河上游分布有少许基层聚落，面积大多在 10 万平方米以下，分布于二里头都邑最外沿，起着类似警哨的作用。

综上所述，二里头一期防御态势首先表现为二重防御圈，其中内重防御圈遗址更多，聚落等级更高；外重防御圈高等级聚落和一般聚落均较少。其次防御重点在东部和南部，无论是内重防御圈抑或外重防御圈皆分布有次级中心聚落和一般中心聚落。西南方向防御较弱，仅分布有若干基层聚落。这一防御模式与当时的历史背景息息相关，夏代早期，东夷族势力强大，甚至一度攻占夏都，发生"后羿代夏"事件，部分学者认为"后羿代夏"事件发生于二里头文化一期，正是基于这一时期东方势力的强大，使得二里头都邑的防御重点集中于东方。

二里头文化二期的分布范围除了环嵩山地区外，向北已达晋南的运城盆地和晋城盆地。故其防御态势有所变化。通过图四可知，这一时期首先进一步加强了环绕二里头都邑内圈的防御力量，增加了更多的次级中心、一般中心和基层聚落，次级中心除一期的西高崖、稍柴遗址外，新增了黑王遗址[25]，该遗址位于二里头遗址西侧的偃师白马寺镇。一般中心除了景阳冈、锉李、南寨、南洼等遗址继续沿用外，新增了位于二里头遗址西侧的罗圪垱遗址[26]、李楼遗址[27]和北侧的古城西遗址[28]，面积分别达到 40 万、44 万、35 万平方米。基层聚落较一期增加六十个左右。上述新增的次级中心和一般中心的位置表明本期加强了对二里头遗址西部和北部的防御。基层聚落的大量增加表明二里头文化在本期迅速发展壮大，同时也反映出防御力量的增强。外圈防御方面，等级最高的次级中心聚落仍然分布于二里头都邑东部，但本期的郑州芦村河遗址[29]已经代替一期的新密新砦遗址作为次级中心聚落的地位，一般中心聚落东赵遗址自一期沿用至本期。东南方向双洎河流域的新密新砦遗址衰落后，该地区不再有高等级聚落遗址，次级中心聚落转移至澧河下游的漯河大刘镇皇寓遗址[30]，另有一般中心聚落方城遗址[31]，此外还有十余处基层聚落遗址[32]。南方沙河流域的蒲城店遗址在本期已经衰落，仅留少量基层聚落遗址。西南方向发现邓州穰东遗址[33]和十堰李营遗址[34]，皆为基层聚落遗址。南方地区发现一处一般中心聚落驻马店杨庄遗址[35]。外圈防御变化最大的是北部，一期时黄河之北尚未发现二里头文化遗址，本期在黄河北岸沁河西侧发现了次级中心聚落济源西关汽车站-庙街遗址[36]，庙街遗址达 75 万平方米。另发现有若干基层聚落遗址。这一时期在晋南地区亦发现有若干基层聚落遗址，如夏县东下冯遗址，垣曲盆地的口头、石家岭、古城西关、涧溪、河堤等遗址[37]，考虑到这些遗址离济源西关汽车站-庙街遗址较近，两者当有从属关系。

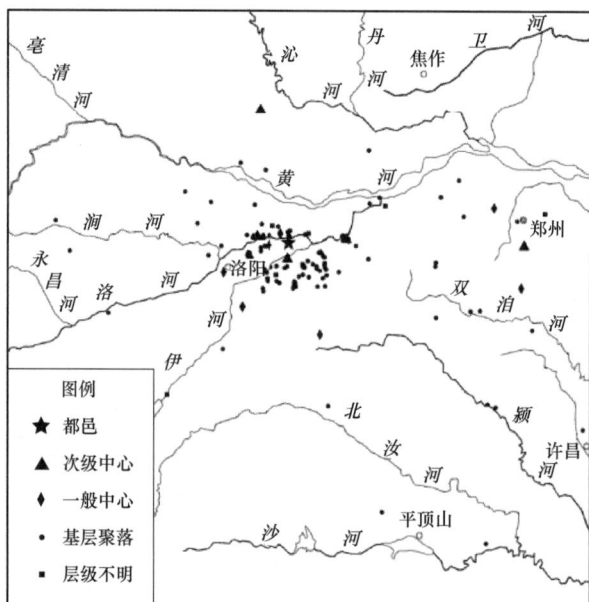

图四　二里头文化二期遗址分布示意图
（引自贺俊《论二里头文化的宏观聚落形态》）

　　由上述可知，二里头文化二期分布范围大大扩大，防御范围亦随之扩大。防御模式延自一期，在一期的基础上加强了内圈防御，特别是二里头都邑西部和北部的防御。外圈防御重点仍位于东方，北方防线有所突破，黄河北岸的济源西关汽车站-庙街遗址为本期北方防御的中心，防御前哨已分布至晋南的垣曲盆地和夏县地区；东南方向的防御延伸至澧河下游地区；西南方向防御已推进至河南湖北交界的邓州、襄阳地区，但这一地区遗址等级低，防御等级较弱；南方防御则以驻马店杨庄为中心。这一时期由于夏王朝刚从"后羿代夏"事件中恢复元气，对东方的不信任感加强，故仍然在东方地区部署重镇加强防御。北方西关汽车站-庙街遗址其作用为扼守进出晋东南的要道轵关陉的东大门，分布于垣曲盆地的基层聚落遗址一方面作为攫取当地铜矿资源的基地，另一方面也可充当轵关陉西侧的防御前哨。

　　二里头文化三期二里头文化分布范围达到极盛，向北在晋南地区形成了二里头文化东下冯类型，主要分布于晋南汾水下游的临汾盆地和运城盆地，该类型充当了二里头文化三期的北方防线。目前发现等级最高的聚落为西吴壁遗址[38]和晴岚遗址[39]，该地区还发现了东下冯、周家庄[40]、前柏、枣家垣、东城[41]等五处一般中心聚落遗址和两百多处基层聚落遗址。临汾盆地和长治盆地是二里头文化分布的北限。在此区域以北的太原盆地和长治盆地分布有东太堡文化。目前来看，两者大体以灵石、霍州为界，灵石以北为东太堡文化分布范围，霍州以南为二里头文化东下冯类型分布范围。前柏遗址位于洪洞县前柏村，枣家垣遗址位于霍州市辛置村，东城遗址位于霍州市三教乡库拔村，三者距离二里头文化和东太堡文化交界处最近，且大体呈现等距离南北分布，三处遗址虽未发掘不清楚其聚落布局，但分别以其 24 万、35 万、50 万平方米的面积和南北等距离分布的聚落布局来看，很有可能作为二里头文化防御东太堡文化的最前沿军事防御重镇而存在。豫东地区为二里头文化三期的东方防线，主要防御来自先商文化和岳石文化的威胁。该地区存在一个次级中心聚落和一般中心聚落，前者为漯河皇寓遗址，面积 56 万平方米；后者为方城遗址，面积 35 万平方米，其余三十余处遗址面积均在 10 万平方米以下，为基层聚落遗址。皇寓和方城遗址当为防御岳石文化的军事重镇。豫西南及邻近地区为二里头文化的南方防线，该地区发现两处次级中心聚落遗址，分别为淅川下王冈遗址[42]和方城八里桥遗址[43]，前者遗址破坏较严重，后者面积不小于 40 万平方米。这两个遗址为二里头文化防御南方的军事重镇。二里头文化在这一带同汉江流域的荆南寺文化交流频繁，自然战争也不可避免。因此豫西南地区成为防御以荆南寺文化为主体的部族侵略的前线。豫西及邻近地区为二里头文化三期西方防线，目前该地区发现一处一般中心聚落商洛东龙山遗址，面积达 10 万平方米，另有九处面积在 10 万平方米以下的基层聚落遗址。商洛东龙山遗址虽然被认为是获取商洛地区铜矿资源的基地，但其位于二里头文化西部边缘地区的地理位置决定其亦应担负一定的防御责任。

二里头文化四期二里头文化分布范围逐渐萎缩，豫西南地区防御重镇仍为下王冈和八里桥遗址，但基层聚落相比三期有所减少。北部东下冯类型和豫西地区变化不大。豫东地区萎缩明显，三期的防御重镇次级中心聚落皇寓遗址已不见，一般中心聚落方城遗址亦消失。仅剩四处基层聚落，该地区的防线基本不存。防御力量集中至荥阳大师姑和新郑望京楼城址，这种现象和二里头四期晚段以下七垣文化和岳石文化为代表的商夷联盟西进伐夏有关，在商夷联盟的打击下，夏都在豫东和豫东南的防线纷纷失守，重要聚落失陷，只能以都城附近的大师姑和望京楼做最后的抵抗。

三、结　语

综上所述，以新密新砦遗址为代表的夏代早期都城防御模式是都城和周边地区并重，通过新砦遗址内城外郭的布局及周边军事重镇相结合来保证都城安全，但都城偏于东南前线，易遭外敌的进攻。以二里头遗址为代表的夏代晚期都城防御模式是以周边地区为主，并根据周边威胁的不同设置不同等级的聚落，加上都城优越的地理位置和必要的防御设施，夏王朝在中晚期甚少受到敌对势力的侵扰。夏代晚期都城的防御范围经历了发展、扩大、收缩三个过程，二里头文化一期阶段受限于二里头文化分布范围，其防御范围仅限于环嵩山地区；二里头文化二期开始直至二里头文化四期前段，二里头文化分布范围不断扩大，其防御范围亦随之不断外扩；到二里头文化四期晚段，随着商夷联盟的入侵，东部防御崩溃，防御退缩至荥阳大师姑和新郑望京楼一线，直至最后被商夷联盟攻占夏都二里头遗址。

注　释

[1]　赵春青：《新密新砦城址与夏启之居》，《中原文物》2004 年第 3 期。

[2]　张国硕：《夏国家军事防御体系研究》，《中原文物》2008 年第 4 期。

[3]　李畅、张书峰：《夏都军事防御体系之考古学观察》，《中原文物》2015 年第 3 期。

[4]　赵芝荃：《试论二里头文化的源流》，《考古学报》1986 年第 1 期。

[5]　顾问：《"新砦期"研究》，《殷都学刊》2002 年第 4 期。

[6]　杜金鹏：《新砦文化与二里头文化——夏文化再探讨随笔》，《三代考古》（一），科学出版社，2004 年。

[7]　北京大学震旦古代文明研究中心、郑州市文物考古研究院：《新密新砦：1999～2000 年田野考古发掘报告》，文物出版社，2008 年。

[8]　顾万发：《河南郑州东赵遗址考古新发现及其重要历史价值初论》，《黄河·黄土·黄种人》2015 年第 6 期。

[9]　张双棣、张万彬、殷国光等：《吕氏春秋译注》，吉林文史出版社，1986 年。

[10]　张双棣、张万彬、殷国光等：《吕氏春秋译注》，吉林文史出版社，1986 年。

[11]　顾颉刚、刘起釪：《尚书校释译论·甘誓》，中华书局，2005 年，第 866、868 页。

[12]　中国社会科学院考古研究所二里头工作队：《河南洛阳盆地 2002～2003 年考古调查简报》，《考古》2005 年第 5 期。

[13]　中国社会科学院考古研究所二里头工作队：《河南偃师二里头遗址中心区的考古新发现》，《考古》2005 年第 7 期。

[14]　〔美〕凯文·林奇著，林庆怡、陈朝晖、邓华译，黄艳译审：《城市形态》，华夏出版社，2001 年，第 151 页。

[15]　〔美〕凯文·林奇著，林庆怡、陈朝晖、邓华译，黄艳译审：《城市形态》，华夏出版社，2001 年，第 151 页。

[16]　王胜昔：《"二里头遗址发现更多道路及两侧墙垣"意味着什么——最早的王朝都邑现"网格化"布局》，《光明日报》2022 年 9 月 22 日。

[17]　洛阳博物馆：《洛阳西高崖遗址试掘简报》，《文物》1981 年第 7 期。

[18]　河南省文物研究所：《河南巩县稍柴遗址发掘报告》，《华夏考古》1993 年第 2 期。

[19]　中国社会科学院考古研究所、中澳美伊洛河流域联合考古队：《洛阳盆地中东部先秦时期遗址：1997～2007 年区域系统调查报告》，科学出版社，2019 年，第 87～1121 页。

[20]　洛阳博物馆：《洛阳锉李遗址试掘简报》，《考古》1978 年第 1 期。

[21]　中国社会科学院考古研究所、中澳美伊洛河流域联合考古队：《洛阳盆地中东部先秦时期遗址：1997～2007 年区域系统调查报告》，科学出版社，2019 年，第 87～1121 页。

[22]　郑州大学历史文化遗产保护研究中心：《登封南洼：2004～2006 年田野考古报告》，科学出版社，2014 年，第 20～634 页。

［23］　贺俊：《论二里头文化的宏观聚落形态》，《考古学报》2022 年第 4 期。

［24］　河南省文物考古研究所、平顶山市文物局：《河南平顶山蒲城店遗址发掘简报》，《文物》2008 年第 5 期。

［25］　中国社会科学院考古研究所、中澳美伊洛河流域联合考古队：《洛阳盆地中东部先秦时期遗址：1997～2007 年区域系统调查报告》，科学出版社，2019 年，第 87～1121 页。

［26］　中国社会科学院考古研究所、中澳美伊洛河流域联合考古队：《洛阳盆地中东部先秦时期遗址：1997～2007 年区域系统调查报告》，科学出版社，2019 年，第 87～1121 页。

［27］　中国社会科学院考古研究所、中澳美伊洛河流域联合考古队：《洛阳盆地中东部先秦时期遗址：1997～2007 年区域系统调查报告》，科学出版社，2019 年，第 87～1121 页。

［28］　中国社会科学院考古研究所、中澳美伊洛河流域联合考古队：《洛阳盆地中东部先秦时期遗址：1997～2007 年区域系统调查报告》，科学出版社，2019 年，第 87～1121 页。

［29］　国家文物局：《2008 年第三次全国文物普查重要新发现》，科学出版社，2009 年，第 19 页。

［30］　河南省文物考古研究院、首都师范大学历史学院：《河南郾城县皇寓遗址二里头文化遗存发掘简报》，《考古》2017 年第 2 期。

［31］　中国社会科学院考古研究所河南二队、河南省周口地区文物管理委员会：《河南周口地区考古调查简报》，《考古学集刊》（第四集），中国社会科学出版社，1984 年。

［32］　贺俊：《论二里头文化的宏观聚落形态》，《考古学报》2022 年第 4 期。

［33］　河南省文物考古研究所：《河南邓州市穰东遗址的发掘》，《华夏考古》1999 年第 2 期。

［34］　中国考古学会：《中国考古学年鉴·1990》，文物出版社，1991 年，第 244 页。

［35］　北京大学考古学系、驻马店市文物保护管理所：《驻马店杨庄：中全新世淮河上游的文化遗存与环境信息》，科学出版社，1998 年。

［36］　杨贵金、齐文举：《关于原城的新发现及研究》，《焦作工学院学报（社会科学版）》2001 年第 3 期。

［37］　中国国家博物馆考古部：《垣曲盆地聚落考古研究》，科学出版社，2007 年，第 19～245 页。

［38］　中国国家博物馆考古部、山西省考古研究院、运城市文物保护研究所：《山西绛县西吴壁遗址2018～2019 年发掘简报》，《考古》2020 年第 7 期。

［39］　国家文物局：《中国文物地图集·河南分册》，中国地图出版社，1991 年，第 1021～1160 页。

［40］　中国国家博物馆田野考古研究中心、山西省考古研究所、运城市文物保护研究所：《山西绛县周家庄遗址第一次发掘报告》，《中国国家博物馆馆刊》2012 年第 12 期。

［41］　国家文物局：《中国文物地图集·山西分册》，中国地图出版社，2006 年，第 810～1020 页。

［42］　河南省文物考古研究所：《河南邓州市穰东遗址的发掘》，《华夏考古》1999 年第 2 期。

［43］　北京大学考古系、南阳市文物研究所、方城县博物馆：《河南方城县八里桥遗址 1994 年春发掘简报》，《考古》1999 年第 12 期。

聚焦郑州：关于二里头文化向二里岗文化过渡的讨论

席 乐

（中国社会科学院考古研究所）

现代考古学引入中国之初，中国学者根据文献记载对殷墟进行的发掘验证了晚商历史，这无疑给了学界一个经典范例：考古与文献互证。

关于晚商之前的历史，文献记载较为简略，且众说纷纭，如何找到相对应的考古遗存，成为一个难题。1949 年后，郑州地区一系列考古发现改变了这种情况，并极大地推进了学界对夏商文化认识程度。

一、填补空白：二里岗文化、二里头文化的发现（1950～1959 年）

1931 年，梁思永先生在主持殷墟遗址后冈地点发掘时，发现了"后冈三叠层"，证实仰韶文化早于龙山文化，龙山文化早于小屯文化（殷墟文化）[1]。这次发现是中国考古学史上的重大突破，基本建立了仰韶文化到殷墟文化的发展序列。但是它们之间是否有缺环及每个文化内部是否可作更细致的分期，以当时的条件是无法实现的。直至 1949 年后，郑州地区的一系列考古发掘工作逐渐发现和弥补了龙山文化与殷墟文化之间的缺环，占据了考古学中夏商研究舞台的核心位置。

（一）二里岗遗址的发现

1949 年之前，郑州地区的考古工作进行得很少。"郑州在历史上虽然相当重要，但在古迹、古物上除新郑铜器之外，郑州本身并没有什么特别为国人重视的地方。"[2]这种情况随着韩维周先生发现二里岗遗址而改变。

1950 年秋，韩维周先生在郑州市建筑工程区发现了二里岗遗址。起初这个遗址只是作为河南众多新石器遗址中的一个进行报道，遗址名称和范围都比较模糊，但报道者赵全嘏先生已经根据发现卜骨、卜甲、白陶等遗物将其与殷墟文化联系起来[3]。几年后韩维周先生被划为"右派"[4]，他发现二里岗遗址的贡献在《郑州二里冈》中被隐讳地表述为"郑州市一位小学教员首先发现了二里冈一带的商代文化遗存"[5]。所幸韩维周先生的贡献一直未被遗忘，在纪念郑州商城60周年会议上，学界把韩维周、安金槐和邹衡三位先生列为郑州商城发现与研究的三位代表人物[6]，并在郑州商城塑立三位先生的铜像。

二里岗遗址的发现引起了中国科学院考古研究所（中国社会科学院考古研究所前身）的重视。夏鼐先生一行人在1951年4月对豫西进行调查时，虽然此行的目的是成皋、广武地区史前遗址，但在郑州会合后，夏鼐先生一行人调查了南关外废碉堡（二里岗遗址）[7]。郑州的调查似乎只是作为成皋、广武调查中的一个小插曲，调查简报也只是简单说在南关外"捡拾了些陶片做标本"，并推断其为殷商遗址。实际上，中国科学院考古研究所对这个遗址相当重视，在次年的夏天，给第一届考古工作人员训练班选定的发掘地点之一就是二里岗遗址[8]。试掘的简报由安志敏先生编写，发表于1954年。简报发表之前，二里岗遗址还有过几次发掘，学界对郑州地区商文化的分期已经有了一定认识。但在简报中，安志敏先生对二里岗遗址中殷商文化遗存的表述仍较审慎，"本文所述的二里岗殷代遗址属于郑州Ⅱ期，它的年代也可能早于安阳的小屯期，这还需要进一步地研究"。这种谨慎或许由于安志敏先生学术专长在新石器时代，对二里岗遗址中龙山文化遗存，则旗帜鲜明地表明了自己的观点，"龙山和殷代陶器之间，未必是直接承袭的关系"。这个推测不仅在"后冈三叠层"的基础上向前推进了一大步，也暗示了郑州商文化的源头还得从别的考古学文化中寻找。需要说明的是，这是郑州商城遗址为数不多的主动发掘项目，也是中国科学院考古研究所在郑州商城唯一一次发掘，其后郑州商城主要由地方考古机构进行发掘，朝着韩维周先生反对的方向进行[9]。

到了1953年，赵全嘏先生介绍郑州二里岗的考古发现时，首次采用了二里岗这个名称[10]，自此"二里岗遗址"定名，二里岗遗址的主体遗存也被称为"二里岗文化"遗存[11]。

（二）郑州地区早、中商文化分期的初步建立

1956年邹衡先生的副博士论文发表，论证了郑州新发现的殷墟文化遗址，该文把郑州的商文化分为二里岗下层、二里岗上层、人民公园期，把殷墟遗址的晚商文化分为早、中、晚三期，得出了二里岗下层和上层早于殷墟文化早期，人民公园期和殷墟文化中期同时的结论[12]。诚如邹衡先生在文末致谢中对河南文物工作队（河南省文物考古研究院前身）和中国科学院考古研究所众位先生的感谢，这个成果是由众位学者一步步推进得出的。比如河南文物工作队队长安金槐先生在二里岗遗址发现后就参加了复查，其后又主持了二里岗的发掘工作，在1954年署名郑州市文物工作组（河南文物工作队前身）的文章中，已经把郑州的商文化分为三期，并提出二里岗下层和上层

早于殷墟文化，人民公园期与殷墟文化相当[13]。郭宝钧先生则是邹衡先生的导师，是郑州二里岗遗址试掘的领队，早年间参与过殷墟遗址多次发掘，对于郑州和殷墟的材料比较熟悉。在这个过程中，二里岗文化和殷墟文化的承袭关系被系统地论证出来，接下来的发掘工作则是填补了龙山文化与二里岗文化的缺环。

郑州地区先秦时期考古学年代序列的建立。河南省文化局文物工作队在《1957年郑州西郊发掘记要》中提到旮旯王遗址发现了四个不同时期的文化层叠压关系，即"郑州龙山文化层；郑州商代洛达庙期文化层；郑州商代二里岗下期文化层；郑州商代人民公园期文化层"，证明了洛达庙期（即二里头文化）早于二里岗文化[14]。在董砦遗址发现了洛达庙期、二里岗下层、二里岗上层和西周时期四层堆积。在文章的最后，执笔者赵青云先生公布了西郊各个遗址的层位关系，基本建立仰韶文化至西周文化时期郑州西郊的发展序列。郑州南郊（二里岗遗址）的发掘发现了二里岗文化并解决了二里岗文化与殷墟文化的关系，西郊的发掘解决了龙山文化、二里头文化与二里岗文化的关系。短短几年的考古工作改变了郑州考古没有为国人所重视的情况。《1957年郑州西郊发掘记要》和《郑州市殷商遗址地层关系介绍》两文都比较短，但勾勒出了郑州市从仰韶到西周时期的发展序列，当时考古学引入中国不久，各地急需建立年代序列，郑州考古无疑为之树立了典范。

旮旯王遗址二里头文化层与二里岗下层的关系是值得怀疑的。赵青云先生在旮旯王遗址发掘报告中描述洛达庙期的遗迹时指出"陶类的形制与郑州商代二里岗下层文化相比，则具有相同的作风，但也有不同之分。根据董砦的地层关系证明两者系前后打破。"[15]安金槐先生在编写《郑州商城》报告时公布了旮旯王遗址一组地层关系，分别为龙山文化中晚期、二里头文化三期、二里岗文化上层一期和人民公园期[16]。这组地层关系与报告中的分期基本吻合，不同的是报告中的二里岗下层被重新认定为二里岗上层一期。报告中公布的遗物也不见二里岗下层时期的遗物。因此，旮旯王遗址可能并不存在二里岗下层打破二里头文化层的关系，不然如此重要的发现应在旮旯王遗址报告的结语中有所提及。董砦的发掘则一直未公布报告，其地层关系具体如何仍然是个谜。虽然资料未公布，但是对于董砦的地层关系，郑州的发掘者基本都是认可的。陈嘉祥先生在洛达庙的发掘简报中称"虽然在这个地区内没有找出与郑州商代二里岗期的叠压关系，但通过最近董砦的发掘，初步判定洛达庙商代文化早于郑州二里岗商代文化下层是没有多大问题的。"[17]

洛达庙的发掘更重要的是发现了"商代洛达庙期"。这个"商代洛达庙期"也就是后来的二里头文化，这是二里头文化首次被命名，然而，命名中加的前缀"商代"影响了中国学术界几十年，直至偃师商城的发现，越来越多的学者才认为二里头文化是夏代文化。安金槐先生在洛达庙遗址的发掘报告中将洛达庙遗址二里头文化遗存分为洛达庙一至三期[18]，因为这时偃师二里头遗址已经发掘多年，并建立二里头文化分为四期的方案，所以，安先生将其与二里头遗址对应，认为洛达庙一至三期分别相当于二里头文化二至四期。在结语中，安先生指出"洛达庙二期和洛达庙三期是前后相衔接的两期，文化特征比较接近，因而洛达庙二期的时代，应属于商代早期阶段。至于洛达庙一期，虽然它和洛达庙二期之间在不少陶器特征上表现出前后承袭的关系，但有些器形与洛达庙二期的差别较大，并且，器表除饰绳纹外，还有少量的篮纹。这些变化和差异可能与时代的变革有关，所以我们认为洛达庙一期的时代，可能属于夏代文化的晚期阶段"，这标志着郑州地区的考古工作者完成了对郑州地区早、中商文化分期的建立。需要说明的是，在这之前，夏鼐先生已经倡议用二里头文化作为这类遗存所代表的考古学文化[19]，并得到大部分学者的认可；邹衡先生已经提出了二里头文化为夏文化，偃师商城也已经被发现。时至今日，郑州一些学者仍然认可这个分期体系。

（三）玉村遗址的发现

郑州洛达庙期遗存的发现则要更早。这里又要提到韩维周先生的贡献。1953 年 4 月，河南省人民政府文化事业管理局文物工作队分一个小组清理白沙水库范围以内的玉村古文化遗址[20]。韩维周先生主持发掘并公布了简报，提出遗址下层遗物与殷墟文化和二里岗文化均不同，"玉村与二里岗遗址，似属于两个文化系统，可是拿它的印纹陶片和白陶爵的成就来衡量，似可与二里岗遗址的文化相提并论"。韩维周先生这点认识是基于对于周边遗址的熟悉，"在禹县和登封之间，这种遗址，为数甚多，玉村遗址的规模还不算大，恐怕还不是这个文化的重点"。孙庆伟先生高度评价了韩维周先生的这种认识，并认为如果学术界采纳了这个判断，夏商考古可能是另一个走向[21]。

（四）南关外遗址的发现

1955 年冬，河南省文物工作队第一队发掘了南关外遗址，这个遗址发现之初就是一个搅局者。在发掘简报的开头，作者开门见山地提到"又发现一层不同于二里岗下层的商代文化层——郑州商代南关外层"[22]，"又"是因为半年前洛达庙的简报中旗帜鲜明地提出洛达庙期早于二里岗下层，这个"又"也把南关外与洛达庙之间的关系问题摆上台面。南关外发掘简报公布的遗物并不多，但对其意义给予了极高的评价，在结语中，赵霞光先生写道"郑州南关外商代遗址第四文化层的发现，从文化层次的堆积关系来看，比郑州二里岗商代遗址下层要早些是没有问题的，从这层中出土的陶器形制作风来看，也代表较早的特点，但有些器形似和龙山文化遗址中出土的有些接近。所以说，南关外商代文化层的发现，对研究商代历史是极为宝贵的资料"。这个观点在现在看来显得很有预见性，之后南关外遗址第四层成为学术界争执的焦点之一。

这一阶段，郑州地区考古发掘集中于郑州商城内各个地点，考古研究主要是确定二里岗文化早于殷墟时期、洛达庙文化和南关外下层早于二里岗文化下层，而洛达庙文化与南关外下层的关系、二里岗文化下层承袭哪支考古学文化并未得到关注。在化工三厂 H1 发现之前，学者们主要的争论都是以这一阶段的发掘和结论为基础。

二、三方分立：地方、高校与中央（1960～2001 年）

（一）安金槐先生的反复再认识

1961 年，安金槐先生在论证郑州商城为中商时期的隞都时，根据考古发掘材料，再次确认"郑州二里岗商代文化遗址是晚于洛达庙商代遗址"[23]。这篇论文系统地论证了以郑州商城为代表的二里岗文化处于商代中期，在二里岗文化之前的二里头文化则属于早商时期。由于郑州作为隞都在诸多文献出现过，早在邹衡先生的学位论文中，就列举了郑州作为商代隞都的地望[24]。对于郑州商城可能是商代隞都，已经在当时的学界形成了一定的共识。在这篇论文发表的两年前，徐旭生先生基于文献记载将豫西地区作为寻找夏氏族活动区域之一[25]。这次调查中发现了二里头遗址，徐旭生先生对于遗址本身描述不多，"这一遗址的遗物与郑州洛达庙、洛阳东干沟的遗物性质相类似，大约属于商代早期"，对于遗址性质花了很大篇幅进行讨论，推测二里头遗址"那在当时实为一大都会，为商汤都城的可能性很不小"。上述描述可以看出，徐旭生先生是认可二里头文化为早商文化，并把二里头遗址与汤都西亳联系起来。我们做个假设，如果没有偃师商城和郑州小双桥的发现，二里头遗址和郑州商城无论在文献上还是在遗存规模上都与亳都和隞都对应，在对于考古资料认识不足的情况下，过早地与文献对应无疑会有一定的风险。值得注意的是，虽然学术界的主流观点是二里岗文化是早商文化，但郑州地区的一些学者仍坚持认为二里岗文化是中商文化，而以二里岗文化堆积为主的郑州商城是隞都，直至 2015 年出版的《郑州商城陶器集萃》仍沿用此说[26]。

1973 年，安金槐先生根据南关外的发掘材料，把南关外下层称为南关外期，再次确认南关外期早于二里岗期下层。并提出二里岗期下层"主要是承袭郑州洛达庙期发展而来的，但其中也有少量商代南关外期的因素。"[27]其后，安金槐先生根据洛达庙的发掘材料，认为"洛达庙三期与二里头文化四期相当或稍晚……洛达庙遗址上层（洛达庙三期）是否还可以分期，需待今后进一步工作"。并再次确认洛达庙三期时代与二里岗文化下层接近，且略早于二里岗文化下层，两者有承袭关系[28]。同年，安先生把南关外中层的一部分陶器归入南关外期，重申南关外期和二里岗期没有直接的承袭关系，"而商代南关外期则是在商代洛达庙期的晚期时"从淮河中游迁入南关外[29]。在这前一年，安金槐先生把郑州地区二里岗期下层细化为二里岗文化下层一期、二里岗下层二期两期，并对典型器物进行分期排队[30]，这是对二里岗文化分期的一个回应。更为重要的是，安金槐先生对洛达庙期与南关外之间的关系给出了明确的说法："商代南关外期则是在商代洛达庙期的晚期时，从外地迁到郑州南关外一带居住的人们遗留下来的文化遗存。因之这部分人使用的陶器则和商代洛达庙期有着明显的不同，所以商代南关外期应稍晚于商代洛达庙期。"[31]张文军、张玉石、方燕明等先生在

《关于郑州商城的考古学年代及其若干问题》一文中，把郑州地区和偃师商城的材料进行了梳理，确认了洛达庙一期—洛达庙二期—洛达庙三期—南关外下层—二里岗下层早段—二里岗下层晚段的发展序列[32]。安金槐先生在毕生巨著《郑州商城》报告中，重申了二里岗文化下层来源于洛达庙期，南关外期来源于淮河中游地区，二里岗文化下层分为早晚两期的观点[33]。

为何安金槐先生对上述问题要反复再认识，是因为郑州地区的二里头文化时期和二里岗文化时期不同遗存的关系引起了学术界的极大关注。学术界对其进行了热烈的讨论，并提出了不同的观点，尤以邹衡先生的意见具有代表性。

（二）邹衡先生的另辟蹊径

1977 年冬，在登封县召开的"河南登封告成遗址发掘现场会"被认为是"考古学的春天"。会上安金槐、赵芝荃、邹衡和夏鼐先生分别对于夏文化问题进行了发言[34]。此次会议发表了四种观点：第一种意见认为夏文化相当于河南龙山文化晚期和二里头文化一、二期；第二种意见认为夏文化相当于二里头文化一、二期，两者同时认为偃师二里头文化三、四期的宫殿遗址属于商代早期，即商汤所都的西亳；第三种意见认为夏文化相当于从龙山文化晚期到二里头四期；第四种意见认为夏文化相当于二里头文化一至四期。持有后两种意见的先生，实际上认为在偃师二里头文化三、四期的宫殿遗址（学术界一般认为是商汤所都的西亳），也属于夏文化范围了[35]。其中，安金槐和赵芝荃先生观点大体相同，都承认郑州商城为商代中期都城。邹衡先生则明确强调二里头文化一至四期全部是夏文化[36]。接下来的一系列论文，让邹衡先生的观点成为主流的观点之一。会后不久邹衡先生明确在论文中提出了郑州商城是亳都的说法[37]。《试论夏文化》则是对登封会议上的观点详细论证，诚如李宏飞先生评价"第三篇《试论夏文化》是全书的核心，首次对考古学上的'夏文化'进行全面系统论证，奠定了二里头文化是夏文化的学术观点。这篇论文深刻影响了中国考古学，构建了当今夏商周考古学科框架体系，是研究中国上古史的经典论著之一"[38]。当然这篇经典论著，不仅讨论了夏文化的问题，而且讨论了郑州商城的一些材料。邹衡先生将二里岗下层和上层各自分为早段和晚段，将南关外中层和下层的合并在一起，称为先商文化南关外型。上述观点，不仅有对于二里岗文化分期的继续细化，也有对考古发掘的地层重新划分。这些看法引起了大家的激烈讨论，以南关外的讨论为例，据笔者不完全统计，关于南关外中层和下层分合的讨论至少有二十多种不同的观点。作为郑州商城的主要发掘者之一，安金槐先生对这些研究和质疑当然要有所回应，这才有了上文的安金槐先生反复再讨论同样的问题。

（三）杜金鹏先生的细化

偃师商城的发现与命名。1983 年 3 月，中国社会科学院考古研究所洛阳汉魏故城工作队在配合偃师县首阳山电厂的建设中发现了一座二里岗文化的城址。基于当时的学术风向，在发现之初，就将这座位于偃师县塔庄乡的城址命名为偃师商城。这是 20世纪夏商遗址的命名被学术研究牵着鼻子走的典型例子。从遗址命名的角度来说，这是不合适的，比如在二里头遗址为西亳说流行时期，二里头遗址 1 号宫殿的发掘简报的名字为《河南偃师二里头早商宫殿遗址发掘简报》[39]，偃师商城的发现则建立了新的西亳说，虽然关于 1 号宫殿建造时间是不是进入早商时期还没有定论，但以学术观点命名遗址无疑是不客观的。因此，对遗址的命名应该多参考夏鼐先生《关于考古学上文化的定名问题》一文[40]。

先前社科院考古所的众位先生接触到二里岗文化材料的机会比较少，但偃师商城的持续发掘改变了这种现状，对二里岗文化分期则向前进一步推进。结合偃师商城的发掘材料，赵芝荃[41]、刘忠伏和徐殿魁[42]先生分别同时对偃师商城进行了分期研究。需要说明的是，两篇文章选取的典型单位基本不同，给出的年代判断也是不同的。刘忠伏和徐殿魁先生将偃师商城分为五段，"偃师商城一期 I 段的年代相当于郑州二里冈 H9、南关外 H62 所代表的时代接近"，又指出"根据同类典型器物比较，C1H17 时代大致与偃师商城一期Ⅲ段接近"。这种认识已经表明两位先生在二里岗文化下层早、晚段之间划分出了一段，至于这一段在郑州商城的典型单位则没有提及。值得注意的是，南关外 H62 仍被认为是二里岗下层早段的典型单位。而早在 1990 年，李维明先生在梳理了郑州商文化的地层时，就将二里岗文化下层分为三段，将郑州商城 CWM7、CWM8 和 CWM9 等单位放在二里岗文化中段[43]。这是将二里岗下层划分三段的较早的尝试。

郑州商城二里岗文化分期的再次细化则是杜金鹏先生在对偃师商城二里岗文化遗物分期研究中最终完成。2001 年，杜金鹏先生对南关外中层的材料进行了重新的梳理，把南关外 H62 归入二里岗遗址 H9 和 H17 之间，将郑州地区二里岗文化下层分为早、中、晚三段[44]。至此，郑州二里岗文化下层分期细化完成，更为细致的分期对于判断郑州商城的年代有着积极的意义，但除了郑州商城和偃师商城外，其他二里岗文化遗址很难见到这一段的遗存，而二里岗文化四期的方案则相对来说是一个在各地都可以验证的方案。总而言之，细致的分期有利于研究单个遗址的历时性变化，而讨论区域的历时性变化，粗略的分期则更有可行性，但如果只是发掘者认可，或是只有见到实物资料才行，无疑也是不利于更多的学者参与研究的。

（四）化工三厂 H1 的发现

1990 年 10 月，河南省文物考古研究所郑州工作站发掘了位于郑州市商城路中段以南的化工三厂，其中 H1 以棕色泥质陶为主，纹饰以中绳纹为主，与郑州各考古学文化都有明显的区别，"似应与先商文化的源流有关，相当于先商文化较晚阶段，略早于二里岗下层时期"[45]。其后，王立新先生对早商文化进行了系统的研究，对于二里岗文化下层分期并没有新的见解，不过王先生第一次系统地把二里岗期所有已公布陶器进行了详细的类型学研究，并认为洛达庙三期、南关外下层和化工三厂 H1 都不是二里岗文化下层的前身，但三者都与二里岗文化有着一定的联系[46]。

郑州地区这一阶段的考古研究还是集中于对第一阶段的发现的遗址和提出的概念的讨论，主要分为：

1. 二里岗文化的来源问题

以安先生为代表的学者认为洛达庙期是二里岗文化下层的直接来源；以邹先生为代表的学者认为南关外类型（包括二里岗文化下层早段）是早商文化的来源；以王立新先生为代表的学者认为洛达庙三期、南关外下层和化工三厂 H1 都不是二里岗文化的前身。对于二里岗文化来源的讨论其实也反映了学者对于二里岗文化形成于二里岗文化下层哪一段的分歧较大，虽然在这个问题分歧较大，但是对于化工三厂 H1，各位学者无一例外把它排除在二里岗文化形成的前身之外。

2. 洛达庙三期、南关外下层和二里岗文化下层早段早晚关系

以安先生为代表的学者认为洛达庙三期与南关外期同时，两者均早于二里岗文化下层；以邹先生为代表的学者认为南关外中下层、洛达庙三期和二里岗文化下层早段同时；以张文军等先生为代表的学者提出了洛达庙三期—南关外下层—二里岗下层早段发展序列。

3. 二里岗文化下层分期

以安先生、邹先生为代表的学者认为二里岗文化下层可分为早、晚两段；以杜金鹏先生为代表的学者认为二里岗文化下层可分为早、中、晚三段。虽然在这一阶段，对于二里岗文化下层的分期仍以第一种观点为主，但是随着偃师商城商文化分期体系的建立及杜先生对于郑州商城的再分期，这一观点逐渐为地方、大学所接受，郑州地区二里头文化向二里岗文化过渡研究也到了一个新的阶段。

需要说明的是，随着二里头遗址的持续发掘和分期研究的成熟，郑州地区二里头文化的分期也基本是参照二里头遗址分期。二里头遗址的分期也是在这一阶段成熟。1974 年二里头遗址发掘者首次提出了二里头遗址二里头文化第四期的概念[47]，在之后Ⅲ区的发掘中又提出了四期可以分为偏早偏晚两个阶段[48]，基本上奠定了二里头文化四期分期的基调。

这一阶段，郑州地区考古发现逐渐向商城外扩展，相关发现为这一时期的考古研究提供了更为充实的材料，尤其是化工三厂 H1 的发现，但由于它在这一阶段较晚时期发现，而学术界此时焦点在夏商分界上，所以化工三厂 H1 获得的关注不多。

综上所述，我们可以看到以安金槐先生代表的地方考古机构、以邹衡先生代表的

高校考古机构和以杜金鹏先生代表的中央考古机构，分别依托于各自的平台不断深化着郑州地区二里岗文化的研究，三者之间不断提出新观点、修正老观点，把二里岗文化的研究推入新的高潮。

三、反思：合流与存异（2002 年至今）

（一）郑州地区二里岗文化下层中段的确立

2002 年，郑州市文物考古研究所公布了 20 世纪 90 年代在郑州商城铭功路东发掘资料。发掘者姜楠、丁兰坡、张松林等先生，在分析铭功路东材料时，认为铭功路东 H3 为二里岗文化下层中段，这一期单位在郑州发现多处，"可以考虑将这些单位分出而划为一个单独的文化发展阶段"[49]。这意味着郑州商城的发掘者认可了二里岗文化下层可以分为三段的观点。其后在郑州商城内陆续发现这一时期的遗存，如郑州商城南关街地点，发现了二里岗文化下层中段的灰坑[50]。

（二）洛达庙类型的提出

常年参加郑州商城发掘工作的袁广阔先生在梳理郑州商城二里头文化时期的材料后，提出了洛达庙类型。洛达庙类型包括洛达庙遗址，郑州商城黄委会青年公寓、1998 年夯土墙等遗址中的单位，并把这些单位分为两期，认为这两期与二里头文化四期早段年代相当。袁先生又把二里岗文化下层一期分为早晚段，早段以电力学校 H6 为代表，晚段以二里岗遗址 H9 为代表。"早商二里岗文化来源于本地的洛达庙类型，而后者又是从豫东鹿台岗先商文化发展而来。"[51]其后，袁先生把郑州地区洛达庙类型全部梳理出来，并调整了部分观点，把洛达庙类型一段的年代调整为相当于二里头文化三期晚段，把化工三厂 H1 和电力学校 H6 归入洛达庙类型二段[52]。李伯谦先生基本赞同袁广阔先生上述观点，但在表述中略有不同，认为"郑州二里岗文化下层一期早商文化与洛达庙类型中的商文化因素的承袭关系更为直接"[53]。

（三）对过渡期遗存的再讨论

基于博士论文中的认识，王立新先生进一步讨论了二里岗文化形成前的过渡期遗存。他认为，郑州地区"南关外期遗存、郑州化工三厂遗存是以下七垣文化因素为主，洛达庙三期遗存则以二里头文化因素为主导"，三者基本同时且早于二里岗文化下层早段[54]。2008 年郑州市文物考古研究院在郑州市铭功路东发掘了老坟岗，发现了二里岗文化下层早期的灰坑，发掘者指出部分因素是来源于辉卫文化[55]。这点提醒了学界关注辉卫文化因素在二里岗文化形成过程中的作用。其后，王立新和胡保华先生细化了观点，把南关外期和化工三厂 H1 归为辉卫文化，早商时期"漳河型文化和夏文化中的优秀成分已成社会主流所公认的时代风尚"[56]。把南关外期归为辉卫文化因素是一个巨大的进展。之前关于南关外的渊源问题讨论中流行的观点有陈旭[57]、杜金鹏[58]和栾丰实[59]等先生提出的来源于岳石文化和袁广阔先生提出的来源于盘龙城类型[60]。从一个更大的范围来看，二里岗文化形成之前，辉卫文化对于郑洛地区有着很大的影响，在二里头遗址四期晚段的遗存中可以见到不少来源辉卫文化的因素，郑州商城附近的大师姑遗址也有此类现象。辉卫文化的地位研究为盘龙城文化构成的研究提供了方向。

侯卫东先生则把洛达庙三期、南关外期和二里岗文化下层早段归入过渡期，认为"过渡期文化面貌复杂多样，二里头文化因素、漳河型因素、辉卫型因素、岳石文化因素常常在同一个遗迹内共存，融合风格的器物较多"，是一种多元文化的格局，漳河型因素出现打破了此前的文化格局和稳定态势[61]。这种观点一定程度上是对邹衡先生观点的延续。

李宏飞先生则一定程度上沿用二里岗文化下层早段之前为过渡期的观点，认为在过渡期时，豫东的漳河文化、岳石文化和豫北的辉卫文化分布在郑州商城不同地点[62]，这一时期是漳河文化和岳石文化从豫东开始向西推进，逐步取代豫东和郑州地区的二里头文化[63]。二里岗文化下层早段，郑州商城内形成了统一面貌的二里岗文化。

（四）郑州商城左近地区二里头文化四期晚段的发现

这一阶段初期，河南省文物考古研究所在郑州商城西北的荥阳地区发掘了薛村遗址，简报公布一个二里头文化四期晚段灰坑。灰坑中出土了典型的二里头文化的深腹罐、圆腹罐、大口尊及捏口罐等遗物[64]。

几年后，郑州市文物考古研究院在郑州商城南部的新郑市发掘了望京楼遗址，发现了二里头文化和二里岗文化的城址，并发现了水池、房址、窑、水井、灰沟、灰坑和墓葬等，出土了陶、石、骨、角、牙、蚌、玉、铜、原始瓷器和卜骨等遗物[65]。这些遗物中部分年代相当于二里头文化四期晚段，具有典型的二里头文化特征。更为重要的是发掘者指出"望京楼二里头文化属于以偃师二里头遗址为代表的二里头文化二里头类型"。需要注意的是，郑州地区的二里头文化遗存一直被部分学者称为"洛达庙文化"[66]，直至《郑州商城陶器集萃》[67]仍沿用此说。

这一阶段的考古研究，河南地方考古机构逐渐承认李维明和杜金鹏先生对于二里岗文化下层三段的划分，并且公布了更加丰富的材料；以袁广阔先生为代表的学者提出的洛达庙类型也得到部分学者的认同，为二里岗文化的来源提供新的思路；以王立新、侯卫东和李宏飞先生为代表的学者倾向于郑州地区二里头文化四期晚段为过渡期，面貌复杂，多种文化因素共存于一个遗址，但是三方的观点又不同程度沿袭先前不同学者的观点，所以分歧仍然存在。

四、沉寂：研究视角与城市考古的困局

郑州商城报告出版之后和夏商周断代工程结题，对于郑州地区二里头文化向二里岗文化的如何过渡的讨论逐渐走向低谷。个中的缘由比较多，主要的原因可能与中国考古的研究视角的转变和城市考古的困境有关。

20 世纪现代考古学引入中国之时，中国考古的主要任务是建立从旧石器时代到夏商周时期的年代序列，随着殷墟、仰韶、龙山和郑州商城等遗址的发掘，这个任务基本完成。接下来在各地考古工作持续进展的背景下，各地区的年代序列的建设及不同考古学文化之间如何过渡被提上了议程。对于郑州地区二里头文化如何向二里岗文化过渡则是当时学界关注的热点之一。在当时新的考古材料不断发现情况下，学者们提出了各种不同的假说。随着各种假说的提出，但是文献资料和考古材料并未有新的发现。而新砦、洹北商城、台家寺、郭元咀、西吴壁等遗址的发现及陕西、山西、湖北等地两周诸侯国墓地的发现，吸引着关注三代考古的学者的目光。从整个中国考古的研究导向上来说，秦汉以后的考古研究及动物、植物、生业等偏向自然科学手段的考古研究成为中国考古新潮流，各研究机构及学者逐渐加强对这些方面的关注。上述考古界的变化，导致学界对于郑州地区的二里头文化和二里岗文化的讨论明显变少。

对于郑州地区二里头文化向二里岗文化过渡讨论的归于沉寂也反映了当今城市考古的困境。郑州商城位于郑州市区内，一直是以配合郑州市的基础建设为主。郑州商城被发现就是配合郑州市基础建设，郑州商城遗址的发掘直至现在也主要以配合基础建设为主。主动性发掘的缺失导致郑州商城考古发掘学术性目的较少。商城报告出版之后，河南文物考古研究院及郑州文物考古研究院虽然做了不少工作，但是只是对郑州商城之前发掘的一种补充，并未有较大的进展。诸如郑州商城内的道路网、水系、功能分区等问题仍然没有新的进展。郑州商城的最高等级墓葬位置、郑州商城聚落演变过程仍待发掘证实。当然，郑州商城不是城市考古困境的个例，这个困境也不是一朝一夕就能解决的。如何协调城市建设与考古发掘的矛盾，如何在配合基建的发掘中确定学术课题，这些都需要整个社会共同努力。同时，对于聚落的持续性发掘也是郑州地区考古机构尚不足的地方。众所周知，聚落考古存在持续时间长、成果慢、关注程度低等问题。做好聚落考古得有长期的发掘计划和学术目的，这都需要考古机构投入巨大的人力、物力。郑州大师姑、新郑望京楼等重要遗址并不在城市核心区域，不存在郑州商城遗址发掘的种种限制，但这两处遗址只做了数年工作就不再发掘。对于这两座区域中心聚落布局、功能分区等仍需要进行考古发掘。

注　　释

［1］ 梁思永：《后冈发掘小记》，《安阳发掘报告》（第四期），中央研究院历史语言研究所，1933 年。

［2］ 赵全嘏：《河南几个新石器时代遗址报导》，《新史学通讯》1951 年第 1 期。

［3］ 赵全嘏：《河南几个新石器时代遗址报导》，《新史学通讯》1951 年第 1 期。

［4］ 河南省文化局文物工作第一队通讯组、郑州商代古城发掘小组：《在反右派斗争战线上》，《文物参考资料》1957 年第 11 期。

［5］ 河南省文化局文物工作队：《郑州二里冈》，科学出版社，1959 年，第 1 页。

［6］ 虞宁：《纪念郑州商城发现 60 周年暨韩维周、安金槐、邹衡先生学术成就研讨会在郑州召开》，《中原文化研究》2015 年第 5 期。

［7］ 考古研究所河南调查团：《河南成皋广武区考古纪略》，《科学通报》1951 年第 7 期。

［8］ 安志敏：《一九五二年秋季郑州二里冈发掘记》，《考古学报》1954 年第 11 册。

［9］ 河南省文化局文物工作第一队通讯组、郑州商代古城发掘小组：《在反右派斗争战线上》，《文物参考资料》1957 年第 11 期。

［10］ 赵全嘏：《郑州二里冈的考古发现》，《新史学通讯》1953 年第 6 期。

［11］ 虽然二里岗遗址有时也会写作"二里冈"，但研究表明这只是书写方式的变革，"二里岗才是正确的写法"。

［12］ 邹衡：《试论郑州新发现的殷商文化遗址》，《考古学报》1956 年第 3 期。

［13］ 郑州市文物工作组：《郑州市殷商遗址地层关系介绍》，《文物参考资料》1954 年第 12 期。

［14］ 河南省文化局文物工作队：《1957 年郑州西郊发掘记要》，《考古通讯》1958 年第 9 期。

［15］ 河南省文化局文物工作队第一队：《郑州旮旯王村遗址发掘报告》，《考古学报》1958 年第 3 期。

［16］ 河南省文物考古研究所：《郑州商城：1953～1985 年考古发掘报告》，文物出版社，2001 年，第 21、22 页。

［17］ 河南省文化局文物工作第一队：《郑州洛达庙商代遗址试掘简报》，《文物参考资料》1957 年第 10 期。

［18］ 河南省文物研究所：《郑州洛达庙遗址发掘报告》，《华夏考古》1989 年第 4 期。

［19］ 夏鼐：《中国文明的起源》，文物出版社，1985 年。

［20］ 韩维周、丁伯泉、张永杰等：《河南登封县玉村古文化遗址概况》，《文物参考资料》1954 年第 6 期。

［21］ 孙庆伟：《追迹三代》，上海古籍出版社，2015 年，第 276 页。

［22］ 赵霞光：《郑州南关外商代遗址发掘简报》，《考古通讯》1958 年第 2 期。

［23］ 安金槐：《试论郑州商代城址——隞都》，《文物》1961 年第 4、5 期。

［24］ 邹衡：《试论郑州新发现的殷商文化遗址》，《考古学报》1956 年第 3 期。

［25］ 徐旭生：《1959 年夏豫西调查"夏墟"的初步报告》，《考古》1959 年第 11 期。

［26］ 杨育彬、贾连敏、曾晓敏：《郑州商城发现历程和出土陶器综论》，《郑州商城陶器集萃》，大象出版社，2015 年。

［27］ 河南省博物馆：《郑州南关外商代遗址的发掘》，《考古学报》1973 年第 1 期。

［28］ 河南省文物研究所：《郑州洛达庙遗址发掘报告》，《华夏考古》1989 年第 4 期。

［29］ 安金槐：《对于郑州南关外商代遗址分期的再认识》，《华夏考古》1989 年第 1 期。

［30］ 安金槐：《关于郑州商代二里岗期陶器分期问题的再探讨》，《华夏考古》1988 年第 4 期。

［31］ 安金槐：《对于郑州南关外商代遗址分期的再认识》，《华夏考古》1989 年第 1 期。

［32］ 张文军、张玉石、方燕明：《关于郑州商城的考古学年代及其若干问题》，《郑州商城考古新发现与研究（1985～1992）》，中州古籍出版社，1993 年。

［33］ 河南省文物考古研究所：《郑州商城：1953～1985 年考古发掘报告》，文物出版社，2001 年，第 137～140、146～188 页。

［34］ 张立东、任飞：《手铲释天书：与夏文化探索者的对话》，大象出版社，2001 年，第 52 页。

［35］ 余波：《国家文物局在登封召开告成遗址发掘现场会》，《中原文物》1978 年第 1 期。

［36］ 邹衡：《试论夏文化》，《夏商周考古学论文集》，文物出版社，1980 年。

［37］ 邹衡：《郑州商城即汤都亳说》，《文物》1978 年第 2 期。

［38］ 李宏飞：《稽古夏朝：解读〈试论夏文化〉》，中国社会科学出版社，2022 年，第 4 页。

［39］ 中国科学院考古研究所二里头工作队：《河南偃师二里头早商宫殿遗址发掘简报》，《考古》1974 年第 4 期。

［40］ 夏鼐：《关于考古学上文化的定名问题》，《考古》1959 年第 4 期。

［41］ 赵芝荃：《论偃师商城始建年代的问题》，《中国商文化国际学术讨论会论文集》，中国大百科全书出版社，1998 年。

［42］ 刘忠伏、徐殿魁：《偃师商城的发掘与文化分期》，《中国商文化国际学术讨论会论文集》，中国大百科全书出版社，1998 年。

［43］ 李维明：《郑州商文化陶器编年增补》，《郑州大学学报（哲学社会科学版）》1990 年第 4 期；李维明：《关于先商文化诸类型的相应年代》，《中州学刊》1990 年第 6 期。

［44］ 杜金鹏：《郑州南关外中层文化遗存再认识》，《考古》2001 年第 6 期。

［45］ 河南省文物考古研究所郑州工作站：《郑州化工三厂考古发掘简报》，《中原文物》1994 年第 2 期。

［46］ 王立新：《早商文化研究》，高等教育出版社，1998 年，第 29、30、207～210 页。

［47］ 中国科学院考古研究所二里头工作队：《河南偃师二里头早商宫殿遗址发掘简报》，《考古》1974 年第 4 期。

［48］ 中国社会科学院考古研究所二里头工作队：《偃师二里头遗址 1980～1981 年Ⅲ区发掘简报》，《考古》1984 年第 7 期。

［49］ 郑州市文物考古研究所：《郑州市铭功路东商代遗址》，《考古》2002 年第 9 期。

［50］ 郑州市文物考古研究院：《郑州市南关街商代遗址发掘简报》，《华夏考古》2016 年第 1 期。

［51］ 袁广阔：《先商文化新探》，《中原文物》2002 年第 2 期。

［52］ 袁广阔：《二里头文化研究》，郑州大学博士研究生学位论文，2005 年。

［53］ 李伯谦：《对郑州商城的再认识》，《古都郑州》2005 年第 4 期。

［54］ 王立新：《也谈文化形成的滞后性——以早商文化和二里头文化的形成为例》，《考古》2009 年第 12 期。

［55］ 郑州市文物考古研究院：《郑州市老坟岗商代遗址发掘简报》，《中原文物》2009 年第 4 期。

［56］ 王立新、胡保华：《试论下七垣文化的南下》，《考古学研究（八）：邹衡先生逝世五周年纪念文集》，科学出版社，2011 年。

［57］ 陈旭：《豫东岳石文化与郑州商文化的关系》，《中州学刊》1994 年第 4 期。

［58］ 杜金鹏：《郑州南关外下层文化渊源及其相关问题》，《考古》1990 年第 2 期。

［59］ 栾丰实：《试论岳石文化与郑州地区早期商文化的关系——兼论商族起源问题》，《华夏考古》1994 年第 4 期。

［60］ 袁广阔：《关于"南关外期"文化的几个问题》，《中原文物》2004 年第 6 期。

［61］ 侯卫东：《试论二里岗文化构成的演变》，《江汉考古》2016 年第 4 期。

［62］ 李宏飞：《二里冈文化形成之际郑州商城诸遗存分析》，《考古学集刊》（第 20 集），社会科学文献出版社，2017 年。

［63］ 李宏飞：《二里头文化第四期晚段遗存年代下限的探讨》，《考古》2018 年第 11 期。

［64］ 河南省文物考古研究所：《河南荥阳市薛村遗址 2005 年度发掘简报》，《华夏考古》2007 年第 3 期。

［65］ 顾万发主编、郑州市文物考古研究院编著：《新郑望京楼：2010～2012 年田野考古发掘报告》，科学出版社，2016 年。

［66］ 河南省文物考古研究所：《郑州商城：1953～1985 年考古发掘报告》，文物出版社，2001 年。

［67］ 杨育彬、贾连敏、曾晓敏：《郑州商城发现历程和出土陶器综论》，《郑州商城陶器集萃》，大象出版社，2015 年。

关于洹北商城都邑布局的构想*

何毓灵

（中国社会科学院考古研究所）

洹北商城发现于 1999 年，此后进行了系统地勘探与发掘，取得了重要的收获，引起了学术界的广泛关注。郭城、宫城、宫殿、手工业区、一般居住区等功能区的确立，使得洹北商城都邑布局也逐渐明朗。很多学者就洹北商城的年代、性质、形制、布局、功能区划等进行过深入的研究。虽然成果十分丰硕，但仍存在诸多关键问题尚未解决。笔者在已知资料基础上就洹北商城都邑布局提出几点认识，以期对今后此类问题的深入讨论有所启示。

一

洹北商城位于太行山东麓、华北平原腹地，发源于太行山以东丘陵地区、古黄河的一级支流洹河在城址以南约 0.5 千米流过。位于"水"之阳，且距河流较近，既避河流泛滥、冲刷毁城之害，又得取水用水之利，这是中国古代城邑选址的普遍法则[1]。

洹北商城的郭城、宫城、宫殿方向一致，均为北偏东 13°，遵循商人以"东北"方位为尊的理念。郭城大体呈方形，南北长 2200、东西宽 2150 米，面积约 4.7 平方千米。发掘者称洹北商城的北、西、东郭城墙由内、外双基槽组成，城墙宽 7～11、基槽深 4 米，内槽以不经夯打，或略加夯打的土构成，而外槽则夯打较好[2]。不过这种认识也曾引起诸多学者的质疑[3]。笔者认为，所谓的内、外双槽对应的是不同时期的遗迹，具体来说内槽对应的是洹北商城早期的城壕，而外槽则是晚期之时在清理内槽的基础上扩建而成的城墙，但种种痕迹，特别是南城壕内仍是淤土表明，晚期城墙并未建成，这可能与整个都城突然废弃有关[4]。

宫城位于郭城中部偏南，南北长 800、东西宽 500 米，面积约 40 万平方米。宫城

---

* 本文为科技部国家重点研发计划"公元前 1500 年至公元前 1000 年中华文明早期发展关键阶段核心聚落综合研究·黄河流域商晚期都邑综合研究"（课题编号 2022YFF0903602）、国家社科基金重大项目"安阳洹北商城铸铜、制骨、制陶作坊发掘资料整理与研究"（项目编号：21ZD&239）阶段性研究成果。

北墙经过解剖，宽 6.2 米，有深约 0.75～1.25 米的基槽。但因现代建筑物叠压等因素，宫城西墙、南墙情况不明，东墙位于飞机场内，目前只经过勘探[5]。已知的宫殿区位于宫城中部偏北，目前只发掘了一、二号宫殿，其余建筑基址均是由勘探及解剖沟调查所知，基址之间的距离宽窄不一，相互之间少有打破关系。

宫城之外、郭城之内的北、西、东部区域也有遗存发现。其中宫城北墙以北约 500 米处发现有铸铜、制骨、制陶手工业作坊区，工业区面积不少于 8 万平方米，生产活动持续了整个洹北商城时期，也即洹北商城早、晚期[6]；西部区域有多次发现，特别是青铜墓葬、窖藏以及规模较大的夯土建筑等发现表明该区域内应有等级较高的贵族生产、生活于此[7]。西南区域曾报道有小型城址，后经发掘证明是误判。宫城东墙以东区域因在飞机场内，只进行过勘探工作，发现有小规模的居址[8]。

以上认知是建立在 20 余年勘探与发掘工作基础之上的，但仍需在此基础之上进一步拓展。

二

在洹北商城线图（图一）上分别画出郭城的南北（线段 2）与东西（线段 5）中轴线，郭城南北向西（线段 1）、东（线段 3）三分线，郭城东西向北（线段 4）、南（线段 6）三分线，以及宫城东西向中轴线（线段 7）。如此可以清晰地观察到如下现象：

其一，线段 5，即郭城东西向中轴线基本与宫城北墙重合。从宫城北墙的勘探与解剖发掘，以及北墙南北两侧遗存分布情况来看，宫城北墙的位置十分确定。那么郭城东西向中轴线与宫城北墙大体重合，这应是有意规划而为之，不是巧合。如此，宫城全部位于郭城以南。

其二，郭城南北向中轴线（线段 2）从手工业区中部穿过，已知的宫城绝大部分位于线段 2 东侧，如此则整个宫城基本偏于郭城东南部。于此，笔者推测目前所绘制的宫城西墙位置尚有问题。2005～2007 年在进行宫城勘探与发掘时，对西墙的位置就不十分确定。2018 年，笔者曾在假定的西墙中部（现安阳市第五水厂院内）进行东西向拦截勘探，并未发现有城墙迹象。

偃师商城小城时期的宫城也位于郭城的中部偏南，值得注意的是，宫城基本处于郭城东、西城墙之间的居中位置。如果洹北商城采用同样的居中布局方法，那么进行对称复原可知，宫城西部应向西迈过京广铁路，到达现蔬菜研究所区域，东西达 930 米，面积约 75 万平方米。当然，这有待今后进一步的勘探与发掘来证实或证伪。

其三，经勘探，宫城东墙可以肯定，且南北拐角也曾探出。令人称奇的是，宫城的东西向中轴线（线段 7）与郭城东西向南部三分线（线段 6）完全重合，从一、二号宫殿之间的空隙穿过。结合下述王陵与洹北商城的关系，笔者相信，这种重合同样是有意规划的结果。

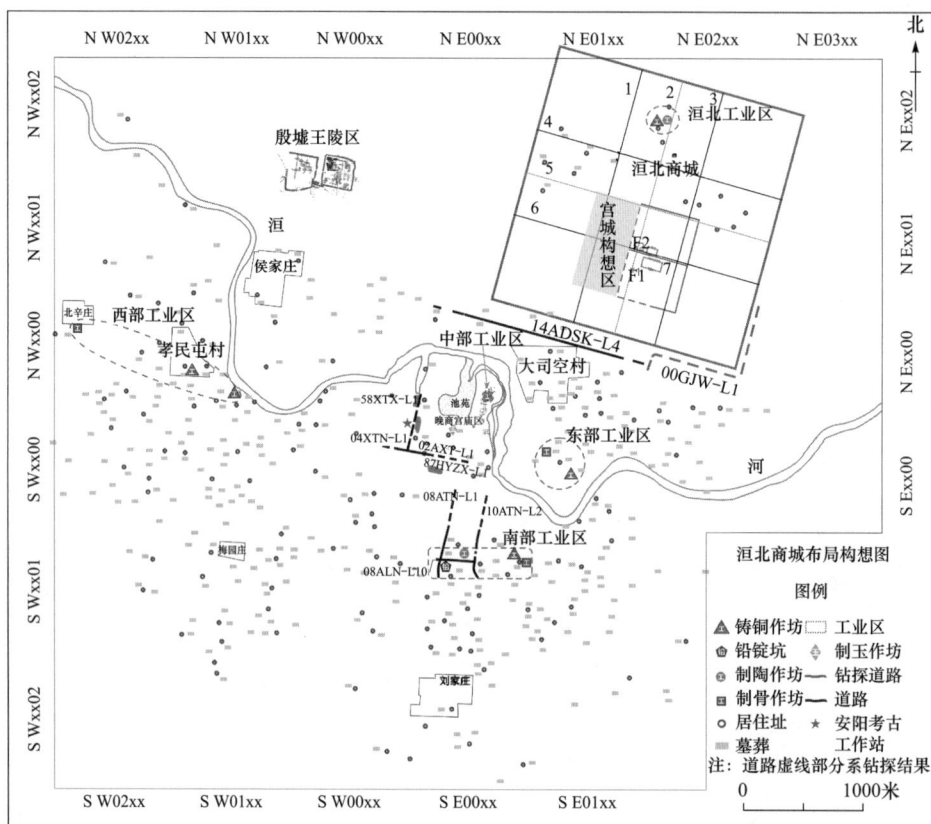

图一　洹北商城布局构想图

　　有学者注意到早期都邑的三分区划理念。张立东推测郑州商城内城是"六门三街"格局，其中南北向一条街对应南、北城门，东西向两条街对应东、西城墙各有两个城门[9]，只是受地形、地势的影响，郑州商城内城的六门三街没有严格按中轴对称或三分的原则进行规划，但也大体符合这样的规律。洹北商城宫城东西向中轴线与郭城东西向南部三分线重合，极强地提示洹北商城郭城与宫城布局采用了中轴对称及三分区划的理念。

　　其四，偃师商城经历了小城与大城阶段，大城是在小城基础之上依据地形、地貌扩建而成的。如果单纯梳理小城阶段的布局可以发现，小城时期的宫城位于小城的中部偏南、左右居中位置。而宫城之内宫殿分为东西两排，西排密集，东排稀疏，似未完全建成。对应的时间段为偃师商城一期。随着大城的扩建，宫城墙也几经翻建，宫殿也填充整个区域，形成左右对称的宫殿建筑格局。对比偃师商城可知，洹北商城宫城内有规模巨大的建筑，从一号宫殿往北至宫城北墙，有二十余处规模不等的夯土建筑，但目前对其具体规划理念知之甚少。一号宫殿的南部、西部因现代建筑而无法进行系统勘探，零星的钻探未发现有大型的建筑遗存，其东部也因现代机场而调查不充分。如果洹北商城继承了早期城址建筑理念的话，那么宫城之内一定还会有更多的成组建筑分布。这也有待于今后工作的证实。

三

洹北商城未发现之前，殷墟王陵就已是学界热点，抛开陵墓与商王对应的难解之谜不谈，单就王陵始建于何时，也因牵扯到殷墟分期等问题而变得扑朔迷离、莫衷一是。而洹北商城的发现、发掘与研究，似乎为解决王陵始建问题带来了一线生机。

20世纪80年代之前，一些学者推断王陵区有相当于盘庚、小辛、小乙王之时的陵墓，如邹衡[10]、张光直[11]等，但也有学者反对，如杨锡璋[12]。到了21世纪初，越来越多的学者认为王陵区有盘庚、小辛、小乙的陵墓，这更多的是基于洹北商城的发现与发掘，进一步推进了学者对于殷墟一期早段文化特征的理解与认识，学者们频繁提到的78M1就是最佳例证，如郑振香[13]、杨宝成[14]、胡进驻[15]等。鉴于78M1以前发表材料的不完整性[16]及该座墓葬的重要性，唐际根等人重新整理、发表了78M1的材料[17]，并认为是"一座商代中期墓葬""墓主或为洹北商城时期的一位国王，若非，也当为地位极高的王室成员""该墓便是目前所知的最早的一座商王朝王陵"。这样的认识也得到了朱凤瀚的认同[18]。

2021年重启的王陵区勘探结果表明，西部的王陵大墓区和东部的祭祀主体区分别被两个东西大体并列的近方形环壕包围，东、西环壕间有通道连接[19]。

王陵与洹北商城郭城西城壕相距约1400米。王陵与洹北商城呈东西并列之势，王陵对应的是郭城南部，郭城南部三分线（线段6，也是宫城东西向中轴线）向西延长线与王陵东环壕北段十分接近。

如果王陵区内有洹北商城时期的国王陵墓，那么这种都城（王之在世场所）与王陵（王之去世场所）东西并列的布局方式显然是有意而为之。实际上，殷墟时期宫殿区与王陵区分处洹河南北，给频繁的王陵祭祀活动带来了诸多不便，这种不合常理的布局方式显然并非殷墟时期的商王所愿，而是因为洹北商城时期王陵就已确定位置，洹北商城不明原因地废弃，宫殿区由洹北迁至洹南，而王陵仍处洹北。

笔者目前仍认为洹北商城始于盘庚。以前有学者认为，洹北商城对应于文献中的河亶甲居相[20]。学者们有这样的认识，一方面是基于文献研究，另一方面则着眼于以前洹北商城早、晚期考古发掘材料的差异，认为洹北商城晚期已不具备都城特征，沦落为一般聚邑。笔者自2015年以来在洹北商城作坊区连续八年进行手工业考古，结果表明，以铸铜、制骨、制陶为代表的手工业生产从洹北商城早期持续到晚期，并未有中断的迹象，这表明洹北商城仍是商王朝的都城。

据文献记载，河亶甲居相时间很短，后又经历祖乙迁邢、南庚迁奄，才至盘庚迁殷。如果认为洹北商城为河亶甲居相，则短短九年的居相时段难以与洹北商城早期都城规模相匹配；如果是经历几十年荒废后盘庚再度迁都于此，那么势必要重建城池、宫室，但从宫殿区勘探与发掘来看，基址间几乎不见叠压、打破关系。这也难以解释手工业作坊从早至晚连续生产、从未中断的场景。

　　综上所述，笔者认为，洹北商城是盘庚迁殷之地，城邑与王陵东西并列的布局方式是有意规划的结果，特别是王陵与宫城核心区东、西相呼应，这应不是巧合。78M1是目前所知最早王墓或高等级的王室成员墓葬。但从其出土的牌形笄首的骨笄分析，78M1的年代不属洹北商城早期，而是洹北商城晚期，甚至再晚一点。因为截至目前在洹北商城晚期制骨作坊区内尚未发现这种牌形笄首的骨笄残次品。那么洹北商城早期有没有国王去世、是否葬于王陵区，这有待于今后进一步的考古勘探、发掘与研究。

<h1 style="text-align:center">四</h1>

　　如果说都城、王陵与王之生死对应，其空间位置具有明确的人为规划含义，那么还有一类地理空间关系，虽然规划"迹象"较弱，但从都邑、聚落的角度来看，同样属于都城布局的重要组成部分，也具有重要的功能。

　　已如前述，洹北商城郭城、宫城废弃之后，王室宫殿迁移至洹南小屯，十分明确的是自武丁至帝辛共 250 余年均建都于此。但在成为宫殿宗庙区之前的洹北商城时期，洹南小屯及其附近并非洹北商城外围普遍的"乡野郊区"，而是等高级的族邑聚落。

　　2021 年，在洹北商城以北近四千米的安阳县柏庄镇陶家营村北发现一处洹北商城时期的聚落，被称为陶家营遗址[21]。这一发现迅速引起了学术界的极大关注。

　　初步勘探发现陶家营遗址东西约 560、南北约 330 米，总面积约 18.5 万平方米。遗址东部有方形环壕（外壕），南北长约 330、东西宽约 300 米，面积近 10 万平方米。南壕沟口宽 4.4～5.6、底宽 1.06～1.8、深 1.50～1.86 米，方向 102°。西壕沟南部口宽 4.5～6.25、底宽 1.36～2.62、深 1.65～1.72 米，方向为 6°。

　　环壕内侧中部偏北发现一条东西沟，长约 135、宽约 3.5～4 米，沟两端均向南呈直角状延伸，表明还应有内壕，内环壕西北部发现大面积的夯土遗迹。

　　2021 年发掘区位于遗址的西南部，面积约 2050 平方米，其中商代中期遗迹最为丰富，包括灰坑（含窖穴）66 处，墓葬 26 座，另有壕沟、陶窑、夯土基址、水井等遗迹。

　　共清理商代墓葬 27 座，保存完好，其中 25 座主要集中南壕沟西段北侧，呈南北两排分布，十分规整。共出土各类器物约 172 件，包括有铜器、陶器、玉石器、骨器、蚌器、贝等。其中铜器与陶器数量最多，铜器共计 70 余件，器型有鼎、瓿、爵、斝、瓶、壶、钺、戈、矛、戣、刀、镞、铲、锯、锛、凿、削、勺、栖等。陶器器形有鬲、簋、瓿、爵、斝、瓶、罍、爵形器、盆、豆、圆陶片等。其中 M12、M28、M29、M30 形制较大，出土器物较多。

　　M12[22] 位于这批墓葬北排的中部，方向 6°。墓口长 2.82、宽 1.59～1.62、深 2.46 米。葬具为木质一椁一棺。墓主为男性，头北面东，俯身直肢。殉狗 3 条。

　　M12 出土各类器物 37 件，其中青铜器共计 24 件，青铜礼器有铜瓿 2、爵 1、斝 1、鼎 2、瓿 1、壶 1，共 8 件，青铜兵器有钺 1、戈 3、戣 3、矛 1、镞 1，青铜工具有刀、锛、锯、凿、铲、勺、牌形器各 1 件。其他的有玉器 6、绿松石 2、石器 3、蚌器 2 等。

陶家营遗址的发现与发掘，极大地改变了我们对洹北商城外围同时期遗存的认知。从聚落形态分布可以推知，在洹北商城外围一定存在大量的同时期各级聚落，特别是中小型聚落。但二十年来的调查与发掘分析表明，洹北商城之外同时期遗存发现相对较少，这可能与工作不够充分有关，也可能因为目前调查、发掘的区域不够大。正因如此，陶家营遗址的发现，打破了这一僵局。勘探与发掘表明，这是一处规模中等、布局严谨的环壕聚落，两重环壕、夯土建筑、制陶作坊、居住生活区、墓葬区等，规划清晰。特别是发掘比较充分的墓地，清楚表现出家族墓地的特征。

与洹北商城相比，陶家营遗址显然是低一等级的族邑聚落，显然这也并非商代中期最低等级的居民生产、生活遗址，这表明洹北商城时期，聚落形态至少有三个层级。

陶家营遗址的发现启示给予了我们极大的启示，洹北商城之外应有刻意规划的次级族邑聚落，这类聚落其功能是复合型的，可谓是洹北商城之外的"卫星城"，拱卫、供应、受惠于作为王城的洹北商城。如此，可以推知，陶家营遗址只是卫星城的其中之一，这促使我们重新思考小屯宫殿区内诸如 M232、M333 等墓葬的性质。

20 世纪 30 年代在小屯宫殿区内陆续发掘了一批墓及少量灰坑，许多研究者认为其年代为"殷墟文化第一期第一组"[23] 或"殷墟一期早段"[24]。唐际根则对中商文化重新定义与分期，并认为"小屯遗址发现的中商遗存并非全属同一时期，大体也可以分为两个阶段，分别与中商二期和中商三期相当""30 年代小屯发现的几座著名的墓葬，就以 M333 年代最早，其次是 M232 和 M388，M331 年代最晚，可能相当于殷墟大司空村一期阶段"[25]。总而言之，在小屯遗址内有洹北商城时期的贵族墓葬。

M232[26] 位于乙组基址西南，墓口南北长 3.4、宽 2.26～2.3、深 1.75 米。有棺、椁，墓底有腰坑。在东、西、南三边的棺与椁间夹缝处共有 8 个殉人，填土与腰坑内殉狗 4 条。共随葬铜器 17、玉石器 31、骨器 13、龟蚌器 3、陶器 2、木器残件 2、绿松石镶饰品 3，以及 558 片绿松石。青铜器分别为斝 2、觚 2、爵 2、瓿 1、鼎 1、盘 1、戈 6、铜 1，其中青铜容器共 10 件。

M333[27] 位于丙组基址以北，M388 以东。墓口南北长 3.13、东西宽 1.75～1.8、深 1.16 米。有棺、椁及腰坑。有殉人 2、殉狗 3。共随葬青铜器 14（含 3 残片）、石器 24（含 9 残片）、骨器 32、蚌器 2、陶器 2、木器痕迹 1。青铜器分别为觚 2、爵 2、斝 2、瓿 2、鼎 2，共 10 件，另有戈 1。

M388[28] 南北长 3.8、东西宽 2.2～2.27、深 1.42 米。有棺、椁及腰坑，有殉人 2、殉狗 2。共随葬青铜器 15、石器 34、陶器 2。其中铜觚 2、爵 2、斝 2、瓿 2、鼎 1、壶 1，共 10 件容器，铜戈 5 件。

M333 与 M388 东西并列，规模相当，殉人、殉牲基本相同，与 M232 一样，都有 10 件青铜容器，组合以觚、爵、斝、瓿、鼎为主，另有盘、壶等。值得注意的是在 M333 白陶埙及 M388 白陶豆上，均刻有"戊"字，这应不是巧合，二者应是同一个家族。实际上 M232 与 M333、M388 相距也不远，这说明在小屯遗址区内，像陶家营遗址一样，有商代中期的贵族墓地。从墓葬的形制、规模、随葬品等分析，M232、M333、M388 与陶家营 M12 基本相当，直接体现墓葬等级的青铜礼器都是以觚、鼎、斝、瓿为主，另有壶和盘，总计 10 件左右。陶家营 M12 是其墓地中规模最大的墓葬，这说明族邑墓地内，如此等级的墓葬应是最高等级了。

与陶家营遗址一样，小屯遗址内不仅有贵族墓地，同样有同时期的遗存，从发掘报告的介绍可知，还有被上述墓葬打破的灰坑等遗存。也早有学者指出，小屯遗址内有些遗存的年代早于武丁时期[29]。这表明商代中期，小屯遗址与陶家营遗址一样，都是洹北商城外围的族邑聚落。

除陶家营、小屯遗址这种具有"卫星城"意义的次级族邑聚落外，相信在洹北商城其他区域应同样还有此类聚落，这有待今后的考古工作（图二）。

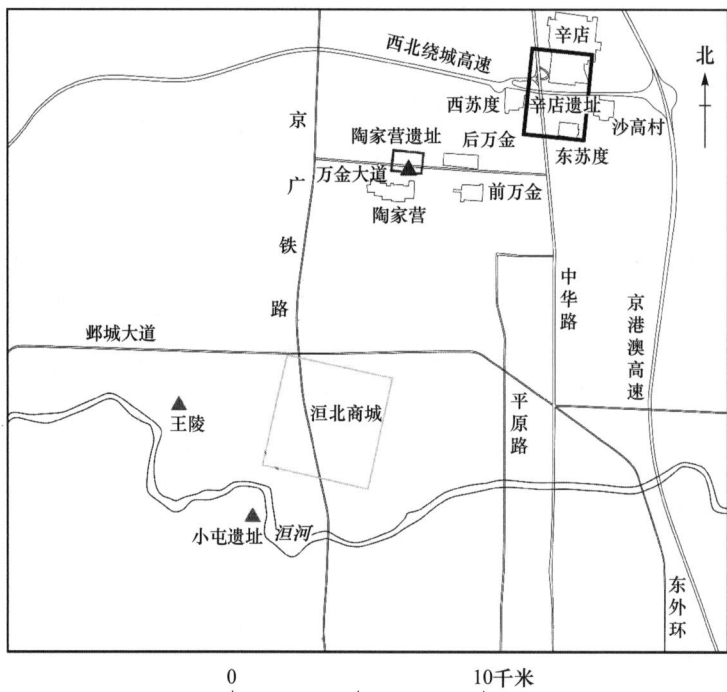

图二　洹北商城聚落示意图

五

作为都邑，洹北商城的建造一定具有规划性，而非随意的、无序的。在已有的认识基础上，本文按照中轴对称原则、三分原则等指出其规划，并指出按照这样的原则，洹北商城的宫城、宫殿、城门、道路、街区等可能的规划形式。当然这还需要今后长期的勘探与发掘工作加以验证。笔者认为，无论最终的结果如何，都会极大地推动洹北商城都邑布局研究，也会极大丰富与促进中国古代都城制度研究。

本文指出，洹北商城与西部原本被认为是殷墟时期（指的是殷墟文化一期晚段之后）的王陵有着关联性，作为王的生、死之地，都是都邑的核心功能区。众多学者指出王陵区内有年代早于武丁时期的高等级墓葬，且与洹北商城的年代相符合，这表明西部的王陵规划开启于商代中期。近几年的勘探与发掘表明，目前王陵区还有许多未知之谜有待解开，仍有必要对以前的发掘资料进行梳理与研究。

在更大的区域范围内，都邑一定不会是孤立存在的，其周边分布着众多中小型聚落，从诸多方面为都城的有效运转提供支撑。陶家营、小屯遗址应是此类中小型聚落的代表，聚落之内有一个主导型家族，功能区完善，可能肩负着对于商王的某一类职责，至少有拱卫王都的责任。但如果与早商时期的郑州商城与其周边的卫星城，如东赵、望京楼城址相比，陶家营、小屯遗址的规模要小，这是否说明在洹北商城周边，还有规模更大一些的次级聚落，这也同样有待于今后的工作。

注　释

［1］ 何毓灵：《洹北商城与殷墟的水系及相关问题》，《考古》2021年第9期。

［2］ 中国社会科学院考古研究所安阳工作队：《河南安阳市洹北商城的勘察与试掘》，《考古》2003年第5期。

［3］ 许宏：《大都无城：中国古都的动态解读》，生活·读书·新知三联书店，2016年。

［4］ 何毓灵：《洹北商城与殷墟的水系及相关问题》，《考古》2021年第9期。另，2022～2023年，经再次的勘探与解剖发掘，目前认为所谓的"外槽"应是湖沼类黑黏土堆积，而非夯土。如此，1999年发现的洹北商城的"方形遗迹"应是城壕，而非城墙。至于城壕内侧是否还有城墙，尚待进一步的工作。

［5］ 中国社会科学院考古研究所安阳工作队、中加洹河流域区域考古调查课题组：《河南安阳市洹北商城遗址2005～2007年勘察简报》，《考古》2010年第1期。

［6］ 中国社会科学院考古研究所安阳工作队：《河南安阳市洹北商城铸铜作坊遗址2015～2019年发掘简报》，《考古》2020年第10期；中国社会科学院考古研究所安阳工作队：《河南安阳洹北商城手工业作坊区墓葬2015～2020年的发掘》，《考古学报》2020年第3期。

［7］ 中国社会科学院考古研究所安阳工作队：《1998～1999年安阳洹北商城花园庄东地发掘报告》，《考古学集刊：纪念殷墟发掘七十周年论文专集》（第15集），文物出版社，2004年。

［8］ 中国社会科学院考古研究所安阳工作队、中加洹河流域区域考古调查课题组：《河南安阳市洹北商城遗址2005～2007年勘察简报》，《考古》2010年第1期。

［9］ 张立东：《郑州商城城门探寻》，《江汉考古》2015年第4期。

［10］ 邹衡：《试论殷墟文化分期》，《北京大学学报（人文科学版）》1964年第4期。

［11］ 张光直：《殷墟五号墓与殷墟考古上的盘庚、小辛、小乙时代问题》，《中国考古学论文集》，生活·读书·新知三联书店，1999年，第415页。

［12］杨锡璋：《关于殷墟初期王陵问题》，《华夏考古》1988 年第 1 期。

［13］郑振香：《侯家庄 1001 号大墓的年代与相关问题》，《揖芬集——张政烺先生九十华诞纪念文集》，社会科学文献出版社，2002 年。

［14］杨宝成：《试论殷墟文化的年代分期》，《考古》2000 年第 4 期。

［15］胡进驻：《殷墟晚商墓葬研究》，北京师范大学出版社，2010 年，第 81 页。

［16］中国社会科学院考古研究所安阳工作队：《安阳侯家庄北地一号墓发掘简报》，《考古学集刊》（第二集），中国社会科学出版社，1982 年。

［17］中国社会科学院考古研究所安阳工作队：《1978 年安阳殷墟王陵区侯家庄北地一号墓发掘报告》，《江汉考古》2017 年第 3 期。

［18］朱凤瀚：《殷墟西北冈大墓年代序列再探讨》，《考古学报》2018 年第 4 期。

［19］中国社会科学院考古研究所安阳工作队：《殷墟商王陵区新发现 2 个围沟、400 余座祭祀坑》，《中国文物报》2022 年 1 月 18 日。

［20］文雨：《洹北花园庄遗址与河亶甲居相》，《中国文物报》1998 年 11 月 25 日第 3 版。

［21］安阳市文物考古研究所：《安阳陶家营遗址发现商代中期环壕聚落》，《中国文物报》2022 年 2 月 25 日第 8 版。

［22］河南省文物考古研究院、安阳市文物考古研究所：《安阳陶家营遗址 M12 发掘简报》，《江汉考古》2022 年第 4 期。

［23］邹衡：《试论夏文化》，《夏商周考古学论文集》，文物出版社，1980 年。

［24］郑振香：《论殷墟文化分期及其相关问题》，《中国考古学研究——夏鼐先生考古五十年纪念论文集》，文物出版社，1986 年；中国社会科学院考古研究所：《殷墟的发现与研究》，科学出版社，1994 年，第 271、272 页。

［25］唐际根：《中商文化研究》，《考古学报》1999 年第 4 期。

［26］石璋如：《小屯第一本·殷墟墓葬之三·南组墓葬附北组墓补遗》，"中央研究院"历史语言研究所，1973 年。

［27］石璋如：《小屯第一本·殷墟墓葬之五·丙区墓葬（上、下）》，"中央研究院"历史语言研究所，1970 年。

［28］石璋如：《小屯第一本·殷墟墓葬之五·丙区墓葬（上、下）》，"中央研究院"历史语言研究所，1970 年。

［29］唐际根：《殷墟一期文化及其相关问题》，《考古》1993 年第 10 期。

殷墟（大邑商）都城规划与布局研究的回顾与新进展

——2021～2022 年殷墟洹河北岸地区的考古新收获

牛世山

（中国社会科学院考古研究所）

众所周知，殷墟是商代晚期的都城大邑商所在，也是中国考古圣地。殷墟晚商文化遗存最为丰富，其中大型宫殿建筑、商王陵、甲骨刻辞、青铜器和玉器等冠绝当时，实证中国有文字可靠的历史早到 3000 年前的商代，也见证了中国古代青铜时代鼎盛时期的辉煌文明、国家政治形态以及技术水平，在古代世界中彰显出中国古代文明的独特风格。

殷墟考古开始于 1928 年，是中国最早开展考古工作的遗址之一，工作已历 90 多年。工作历时之长、发掘次数之多、发现的地下遗存之丰富、研究之深入，在中国古代遗址中居于前列，但对其分布范围与规模、文化内涵、分期与年代等"基本面"仍然要持续关注，以更好地研究大邑商的规划和建设，构建包括商文明在内的上古史；在比较文明的视野下，探讨中国古代文明的演进道路，阐释其当代意义。

90 多年的殷墟考古，其中搞清殷墟（大邑商）的规模、布局以及内部功能区划一直是一项基础性、也是最重要的工作，21 世纪以来的工作仍然是以往工作的继续和深化[1]。本文在梳理有关殷墟（大邑商）布局研究学史的基础上，遵循大遗址（城址）考古的理念，以 2021～2022 年殷墟洹河北岸地区的考古进展为例，讨论殷墟考古工作理念的变化、工作进展以及具体工作经验等，以为今后工作的参考。

一

1908 年，罗振玉确认甲骨文出于河南安阳的小屯，确认小屯一带为殷墟所在[2]。在此前后，殷墟甲骨文物不断被盗出、流散。1928～1937 年间，中央研究院历史语言研究所（以下简称"史语所"）在殷墟开展了 15 次考古发掘[3]，对探讨殷墟的布局有开创性贡献。工作思路经历了从起初的为了保护殷墟甲骨文物不被私掘滥盗，到探寻殷墟的范围和内部功能区划，再到构建包括商代在内的中国上古史、实证中国有文字可靠的历史早到 3000 年前的商代的历程。1928～1929 年间的前 3 次发掘都选小屯为工作点，具体在村东北、村中和村南。1929 年的第 2 次发掘，此次工作中已经注意到殷墟的范围不限于小屯村一带[4]。1931 年安阳第 4 次考古时，大家都相信，"要了解小屯，必须兼探四境""想用由外求内的方法，发掘小屯四境，以解决小屯"，于是在小屯村西边的四盘磨、小屯村东南的后冈选点发掘[5]，所知小屯殷商一类遗存的范围不限于小屯一地。后制定二十年的考古计划，为了探求殷墟的范围，把工作范围向外扩大，即向洹河两岸十里以内寻找与殷墟同时的文化遗物及遗址，以殷墟的遗物为标准，进行比较研究[6]。实际工作地点扩展到更大区域，在殷墟遗址所在的洹河流域发现 60 多处遗址[7]，其中王裕口、霍家小庄、五道沟、大司空、四面碑、南霸台、侯家庄南地、侯家庄西北冈、高井台子、范家庄等遗址在今天所知殷墟遗址范围内。1934 年春在侯家庄南地抢救性发掘出土著名的大龟七版，另收缴甲骨 36 片，自此出土甲骨文地点自小屯、后冈外，又增加一处侯家庄南地。在 1934 年秋到 1935 年秋在西北冈的第 10～12 次发掘，发掘 10 座带墓道的殷商大墓、1 座未完成的大墓及 1000 多座小墓（其中大部分是祭祀坑），墓葬有带四条墓道的"十"字形、带二条墓道的"中"字形、带一条墓道的"甲"字形，还有无墓道的中小型，规模宏大，随葬器物精美，殉人众多，据此可确定其为商王陵所在。这些发现在殷墟考古和中国考古学史上，在商王朝乃至中国上古史研究上都具有重要意义。总之，殷墟前 15 次考古发掘取得了丰硕成果，其中最重要的是在小屯村一带发掘出土了商代晚期的甲骨卜辞、大型夯土建筑基址，从而确认了商王的宫殿区所在；在侯家庄的西北冈发现了商王陵，据这些殷墟考古史上的重大成果获知殷墟这个商代晚期都城遗址的中心以及宫城与商王陵区两个最重要功能区的建置方位。

20 世纪 50 年代，在国家规划布局工业基地、建设现代城市的新形势下，殷墟考古中配合基建的项目明显增多。50 年代后期，考古学家明确提出探索殷墟的范围与布局的课题[8]，对其规模以及功能区划的认识也在不断加深。60 年代初，根据当时所掌握的殷墟遗址地下埋藏信息，估计殷墟的面积约在 24 平方千米以上[9]，并划出了殷墟遗址的保护范围。1969～1977 年对殷墟西区墓葬的大规模发掘，发现这一带的墓葬大体分多个片区，发掘报告据各片出土青铜器上带族氏的铭文，认为各片墓地是以家族为主的族墓地[10]。有学者进一步认为，大邑商（殷墟）这个晚商都城的内部结构，从人群（社群）角度看，是由以家族为主体的族氏聚邑组成，其中王邑（即王宫区）是最重要的一个，其他族邑围绕着王邑（即王宫区）建置；大邑商的聚落形态主要可划分出王室（王族）生活区和墓葬区、其他各族群的生活和墓葬区等两大层次，即王邑和族邑层次；并初步析出 10 多个族邑及其建置位置，这是从人群（社群）和城市聚落的角度探讨大邑商布局的一次尝试[11]。90 年代中期出版的《殷墟的发现与研究》认为[12]，到商代晚期偏晚阶段的第四期时，范围达到东西长约 6 千米、南北宽约 5 千米，总计达 30 平方千米。《殷墟的发现与研究》中，把各类重要考古现象（居址、手工业作坊区如铸铜和制骨、墓葬区）标绘成图，从中可见，到80年代，对殷墟遗址的范围、功能区划等方面有了新的认识。后有学者继续讨论了商邑的构成要素和大邑商的内部建置[13]，或按此思路，进一步讨论以殷墟晚商王宫（小屯宫殿区）的功能区划为重点，进一步探讨殷墟商邑的都城发展模式[14]。从中国古代城市规划和建设的角度看，大邑商是在规划基础上建设的。前辈学者总结包括将殷墟（大邑商）在内的中国古代城市的出现和形成模式分为有机生长方式、人为规划建设两种模式[15]，或有新建、扩建说[16]。笔者认为，就都城这一级来看，古代都城的建设具有明显规划痕迹，区别只是在都城的规划是具有全面总体规划还是只有局部规划上。中国古代都城按空间格局分为三大类型，它们实际上代表了中国古代都城规划和建设的三种基本模式：初始总体规划模式、二次总体规划模式、局部规划模式，其中殷墟大邑商属于第三种模式规划和建设的结果[17]。殷墟与东北边的洹北商城的建设代表了两种完全不同的规划思想[18]。

20世纪90年代以来，随着安阳市城市化进程的加快，殷墟考古工作以配合城市建设的基建考古为主要形式，也发现了一些重要现象。举其大者，如小屯宫殿区以南、今安钢大道南的三横两纵的干道；从殷墟遗址西部、今安钢厂区向东南延伸到中州路东的干渠及其支渠，长度超过3.1千米[19]；在大司空地区发现两横一纵的干道[20]。这样一些构成城市骨干框架的要素的发现，使殷墟（大邑商）布局越来越清晰，也促使殷墟考古工作者思考，今后的工作中需要特别关注并寻找这类影响城市格局的大型遗迹现象，进一步细分工作区域，逐一搞清区域功能区划。

在殷墟考古不断取得重要成果的同时，为了更好地研究殷墟以及商文化，考古队对殷墟所在的洹河流域有计划地开展了多次区域考古调查。20世纪30年代初，史语所对安阳一带的洹河（今天的安阳河）流域做了考古研究调查[21]，总共调查和发现遗址52处。1961年夏，安阳市文管会与中国科学院考古研究所（即中国社会科学院考古研究所）安阳队合作调查[22]，这次普查为在洹河流域进行后续考古调查提供了重要的线索。1962年和1963年秋，中国科学院考古研究所安阳队与北京大学历史系考古专业连续两年对安阳洹河流域的56个遗址作了调查[23]。1977～1979年，安阳市博物馆对安阳市所辖的洹水两岸区段，进行了两次文物调查[24]，其中对南士旺永安寨、秋口同乐寨、秋口高井台子、柴库、鲍家堂等遗址等作了重点调查。1997～1998年，中美洹河流域考古队又做了系统调查，调查范围以殷墟为中心，向东、向西各约20千米，向北、向南各约10千米左右[25]；此次对蒋台屯、柴库、三家庄3处遗址作重点调查，并对洹北花园庄遗址进行了大规模钻探，由此发现洹北商城[26]。

现在所知，在殷墟范围内，小屯一带是商王的宫殿区，侯家庄北的西北冈是王陵区，这两个最重要的功能区为商王等最高统治者专有；在其他区域还有众多以家族族邑为形式的居民点[27]。殷墟范围内，还发现有多处手工业作坊遗址，规模有大有小，大的各类手工业作坊区如铸铜、制陶、制骨等集中连片分布[28]；小的功能单一，散居于某个族邑之中或附近，可能附属于某个族邑之下。在殷墟外围，还有一些居民点，如殷墟东北方向近 10 千米的辛店商代晚期遗址，是一个以戈族为主体家族的族邑，考古发掘和研究证明，那里以铸造青铜器为核心业务[29]。

回顾殷墟考古以往的工作，可见一些既有普遍性、也有特殊性的特点。

首先，从考古工作形式看，殷墟考古同其他遗址的工作一样，都有调查、钻探、发掘等方式。现在常规的操作，要快速了解一个遗址的范围、地下文化堆积信息，经常采用调查的方式，实际多是地面踏查形式，以确定遗址的范围；如果可看到断面文化层，会对遗址地下文化堆积也有一定了解。但这在平原地区效果不明显。需要结合钻探、正式发掘才能掌握遗址的详细信息。相比之下，钻探是一种更高效的方式，也能准确了解遗址的范围、文化堆积等信息。如果想要了解一个遗址的范围，采用"十"字形或"米"字形拉线布孔的钻探简单，即使孔距稀疏一点，也能取得良好效果。在殷墟考古中，基建考古中经常采用先钻探的方式，以掌握地下文化信息。现在的问题是，今天仍然对殷墟的外围边界仍然没有比较清晰的确定，主要是对南边界的界定。有关殷墟的面积，或以东西 6 千米、南北 5 千米得出 30 平方千米，或以东西、南北各 6 千米得出 36 平方千米。实际上，已知殷墟遗址的形状大致呈椭圆形，其面积肯定不能按最长与最宽之积来算，实际面积肯定要小于上举数据。笔者曾计算得到殷墟已知面积大致不到 26 平方千米。当然，这个应该不会是殷墟实际的面积数。今后还需对整个殷墟设计钻探方案，加强考古勘探，以找到殷墟遗址比较明确的边界，方能确知殷墟遗址比较准确的面积。还有人将殷墟与东北方向外围 10 千米左右的辛店、东南方向近 10 千米的几个遗址也计入殷墟的范围，说殷墟的面积远远超过 36 平方千米。这实际混淆了殷墟与大邑商的区别。实际上，殷墟就是殷墟，遗址有一个相对明确的边界，殷墟与辛店遗址之间隔着近 10 千米的空间，各自分布范围相互之间并不连续，自然不能算一个遗址。当然，作为大邑商，殷墟的范围是其城区，周围 10 千米左右的其他遗址如辛店等是当时近郊区。从考古发掘看，以往的工作形式有抢救性发掘、配合基建考古、课题意识驱动下的主动考古发掘等。在一个时期，几种考古形式经常交错进行，都有重要发现。1928～1937 年间的殷墟前 15 次考古发掘以抢救性发掘为开端，很快过渡到为搞清殷墟范围的主动发掘，其间还有因抢救性发掘而发现的重大成果，如在侯家庄南地发现的大龟七版、西北冈的商王陵及祭祀坑等。1950～1995 年的工作形式有主动发掘、配合基建的考古，其中中国科学院考古研究所（后隶属为中国社会科学院）安阳队在当时划定的殷墟重点保护区、安阳市文物工作队（后改为安阳市文物考古研究所）在殷墟外围长期从事考古工作。重要成果如发掘妇好墓、花园庄东地甲骨坑等。1996 以来的工作形式有学科课题意识驱动下的主动发掘、配合基建的考古、配合殷墟保护与展示以及殷墟国家考古遗址公园建设的考古工作，重要发现如洹北商城的发现、小屯宫殿区以南的干道与干渠及其支渠、大司空地区的干道等。总之，在考古发掘外，同时牢记全局意识和大视野，多次进行区域调查，设计钻探方案，对殷墟进行大规模钻探，以全面、准确地获得殷墟的信息，为后续工作寻找突破口和方向。

其次，从殷墟各区域考古的频率、面积看，各区域明显不平衡。殷墟范围内的考古工作地点超过 60 个，但主要散布在殷墟西部的安钢厂区、洹河以南尤其是安钢大道以南附近区域以及洹河东的大司空地区，这些地方的工作大多与安阳市的城市化与生产建设布局关联。作为商王宫殿区的小屯村一带，处在安阳市城市西北边缘，虽然基本没有受城市化的波及，由于地下埋藏有重要文物如刻辞甲骨以及青铜器、玉器等，考古发掘次数明显频繁，迄今工作次数达到 11 次。殷墟西部、今安钢厂区一带，区域面积很大，由于安钢等工厂建设和改造，配合基建的考古工作很多，考古发掘次数达到 14 次。大司空一带配合基建的考古工作为主，工作次数超过 16 次。这三大区域是开展考古工作最多的区域。即便像这些区域，工作也明显不足。其他如安钢大道以南的殷墟中南部，由于历史的原因，大多已为城区或城乡接合部，考古工作以配合基建为主，发掘面积视基建区域而定，有大有小，实际经过考古工作的区域与这个区域的巨大体量完全不成比例。将所有考古发掘面积加起来，殷墟考古的总发掘面积超过 60万平方米，以殷墟的面积 30 平方千米计，发掘面积占殷墟总面积的 2%。如果将发掘点及各点的发掘面积标在图上，可见很多地方只是开了一个个小"窗口"，工作明显不足，与全面掌握殷墟地下古代文化遗产的信息、搞清殷墟（大邑商）的布局与规划的目标相距很远。

再次，殷墟考古工作中学术目的明确，20 世纪 90 年代以来，大遗址（城址）考古意识增强，同时文物保护意识不断强化。安阳市进入城市化的快车道，配合基建的考古任务更重。即便在这种高负重状态下，殷墟考古工作者转变工作思路，发掘中注重大面积揭露，以便更全面掌握地下文化遗存的信息。同时，文物保护意识增强，从考古工地打包搬回的遗迹类文物明显增多。

<h1 style="text-align:center">二</h1>

21 世纪以来，随着国家文化强国战略的实施和推进，殷墟以其丰富的文化遗产成为国家文化地标。殷墟保护的新形势、新局面，也更有利于我们开展考古工作。2018年以来，殷墟文物保护的形势持续好转。2012 年开始修订的《殷墟遗址保护总体规划（修编）》（2012～2025），2021 年落地实施，安阳市各级政府加强殷墟保护的宣传力度和措施明显加大。

在新形势下，殷墟国家考古公园建设提速，为配合建设商王陵公园的提升改造工程成为殷墟考古工作的一项重要工作。我们注意到，20 世纪 90 年代以来，在殷墟遗址范围的洹河以南和东面的大司空地区发现商代晚期干道、干渠及其支渠，但这样一些构成大邑商都城骨干框架的重要的现象，在洹河北岸以商王陵区为中心、面积超过5 平方千米的区域都没有发现。以往在这个区域的考古调查、发掘和钻探有 12 次之多，但主要集中在商王陵区，其中 1934～1935 年发掘的商王陵和祭祀坑属于重大考古发现。此后虽然在王陵区还做过一些工作，但对商王陵以外洹河北岸地区的整体情况依然了解有限。20世纪90年代后，这个区域的考古工作基本中断，有关研究也相对滞后。相对于殷墟其他区域越来越多的新发现，越来越清晰的功能区划，这个区域成了最大的一片未知"洼地"。要全面掌握殷墟地下古代文化遗存的详细信息，必须加强这个区域的考古工作，补齐短板。

2021年，在财政部专项经费支持下，中国社会科学院考古研究所规划和实施新一轮殷墟考古工作，期望通过不懈努力，能够获得进一步突破。所以，我们启动了殷墟商王陵及周边区域的考古工作。通过大规模勘探，结合小面积发掘，首先是通过勘探寻找小屯宫殿区到王陵区之间的干道，其次搞清商王陵区的范围，后续搞清洹河北岸地区的功能区划。

2021年8月开始，我们对商王陵及周边进行大规模考古勘探，到2022年11月告一段落。勘探总面积超过239800平方米，其中普探面积130600平方米，重点勘探109200平方米。本次勘探区域较大，但各地点的地层大体相同。以过去在殷墟遗址其他地点发掘所见生土层为基准，可分为4小层。其中第3、4层在不同区域的厚度略有差异，总的情况是偏北部薄，南部略厚。钻探所见，商代晚期前后的古代文化层在第2层下。钻探发现的遗存除晚期遗迹外，主要遗迹有围沟、祭祀坑、墓葬、房址、井、灰沟、窖穴、灰坑、路沟等（图一）。其中重要的如围沟、祭祀坑、路沟等。初步判断，围沟是王陵区的一部分，路沟为大邑商的干道之一。

围沟2条，围绕在王陵区外围，东西相距40米。东围沟（G1）围绕在王陵区东区的大墓和祭祀坑周围，东段、西段间距大致为246米（以沟正中为基准，下同），南段与北段间距236米，近正方形；沟的宽度不一，最宽处超过10米。东段最深处3.5米，北段深1.6米。西围沟（G2）围绕在王陵西区的大墓周围，近梯形，东段、西段间距220米，南段与北段间距280米；沟最宽处超过12米。两个围沟各发现缺口两个，其中各有一个南缺口；东围沟西段的西缺口与西围沟东段的东缺口相对。

探出祭祀坑570座以上，排除以往发现的，新发现祭祀坑460座以上。主要分布在王陵公园东墙外东西110米宽的范围内。长方形口的坑，其中探出骨骼；形制与以往考古发掘的殷墟时期埋人祭祀坑基本相同，不排除少数为墓葬。1977年在王陵区南部探出、现分布于两个围沟之间的6排祭祀坑以南也探明多座方形口坑，分布呈2排，其之南有一座3米左右的方坑，还有一座长28、宽6米的长方形坑，都探出有粗大的骨骼。

在武官东地与小营东地探出南北向干道的路沟，长度超过1.2千米，路土和上部填土中出土陶片都是商周时期的，初步判断，时代早于战国；探出2个路口，其中沿偏北的路口向东探出路沟400米，向西探出250米以上。

此外，还有一些重要发现：

（1）在王陵区西南部一带探明一处古代遗址，遗迹分布密集。发掘确认为西周早

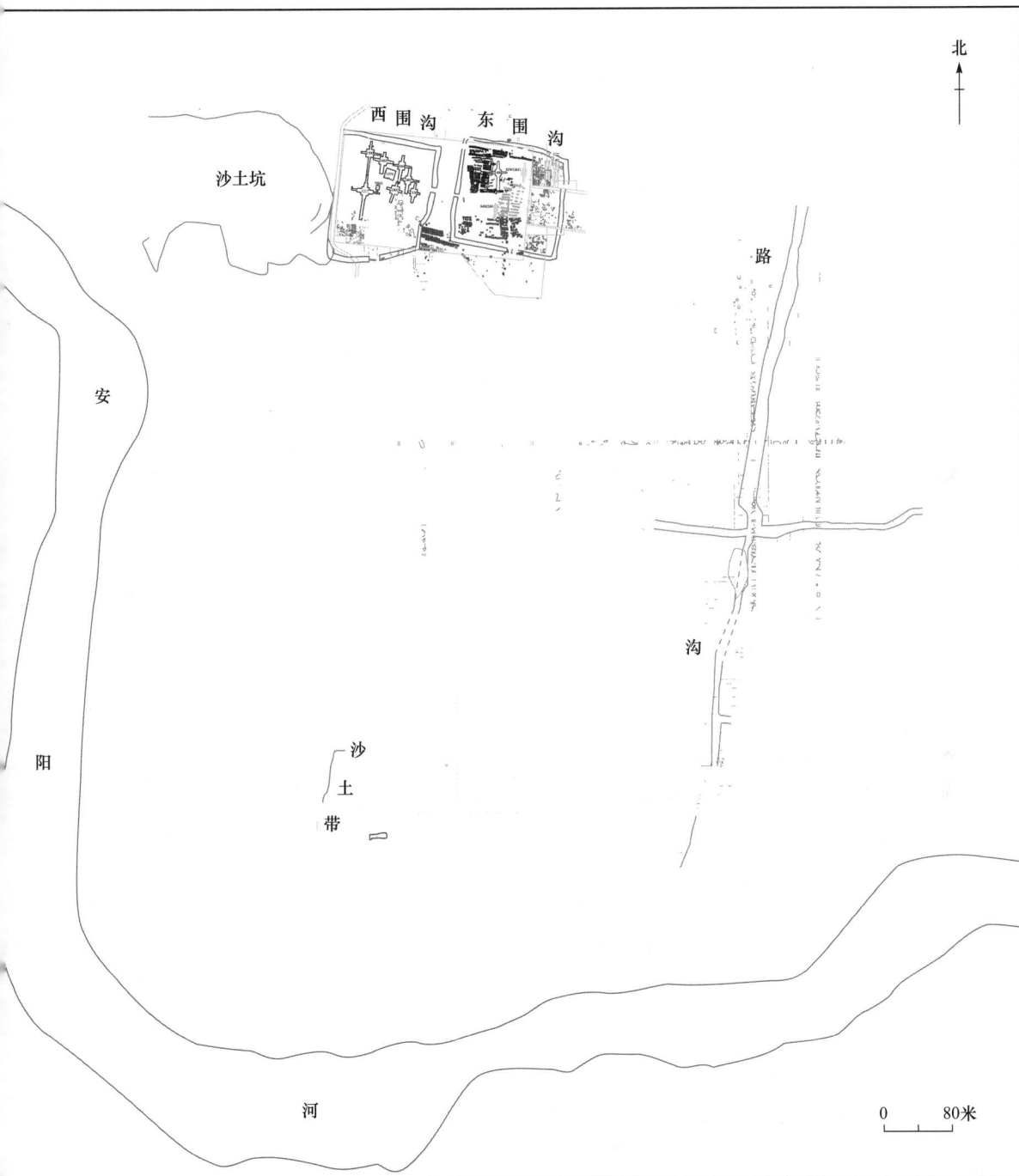

图一 殷墟洹河北岸地区遗迹分布图

期遗址，面积超过 4 万平方米。

（2）在王陵区围沟以东 350、以南 600 米的扇形区域为空白区域，没有发现灰土，只发现后代的墓葬。

（3）在王陵公园以西探出巨型沙坑，探出东西超过 440 米，向西没有探到头，南北超过 360 米，中部探到深 11 米时出水，未能再深探。

（4）在侯家庄南地探出南北宽 100 米的沙土带。距地表 0.7 米探到沙层，往东越深，探到深 7.4 米时无法下探。可能是洹河河道。

为了明确有关重要遗迹的特征和年代，2022 年中国社会科学院考古研究所向国家文物局申请、获准在王陵区发掘 700 平方米。发掘获得了明确证据，证明两个围沟的时代为早于西周早期，开挖和使用时期为商代晚期。清理新探明祭祀坑 30 多座，初步鉴定，有人坑、狗坑、人与狗坑、人与狗和猪坑、人与狗和羊坑五种，又以第三种常见。少数坑中埋青铜器、陶器等，年代都为殷墟二期的妇好墓阶段[30]。

三

2021～2022 年在殷墟洹河北岸地区的考古有了新的突破，是殷墟（大邑商）规划与布局研究的重大进展。收获有以下几个方面：

（1）钻探、并经发掘确认围绕商王陵区的两个围沟是商王陵园的隍壕，是王陵区的外围界标；商王陵区的规模从过去所知的 450 米 ×250 米（10 万平方米）扩展到 560 米 × 近 300 米（16 万平方米），比以往所知扩大一半。以往考古发现所见凤翔秦雍城南的春秋时期秦公陵园，在各组秦公大墓周围有隍壕，殷墟王陵区陵墓隍壕的确认，将此规制上推到商代晚期。将推动对商代陵墓制度乃至于商文化、商史的研究。同时，也为殷墟国家考古遗址公园的建设提供了新的重要资料。

（2）王陵区新发掘祭祀坑有新特点，大半以人与狗的组合坑为主，骨骼完整的多，部分坑埋藏器物，年代明确，为武丁时期，为研究商代社会性质、商代祭祀活动及其形式等提供了新资料。

（3）武官东地与小营东地之间的南北向路沟及两个路口及东西向道路路沟，使殷墟洹河北岸地区干道网络开始明朗，成为后续追踪道路的起点。

（4）王陵区西南部一带的西周遗址面积超过 4 万平方米，这是殷墟范围内发现的面积最大的一处西周遗址，将推动周人灭商以及周王国国家治理方式的研究。

（5）王陵区东、南方向存在大面积的空白区；王陵区以西探出巨型沙坑，在侯家庄南地宽达百米的沙土带，改变了殷墟遗址的景观。

本项勘探工作中的有关理念、具体方法和经验，为今后考古工作提供参考和借鉴：

（1）要目的明确，按照目标要求选择并优化合适的钻探方式。虽然殷墟考古已历时 90 多年，但这个考古历时最长的商代晚期大型都城遗址到底有多大，地下文物埋藏的比较系统的信息是什么状况，谁也说不清，搞清殷墟的范围以及功能区划，成了亟待解决的问题。工作方式就是要进行大规模钻探。按照我们设定的目标，首要的是找大型线性遗迹如干道的路沟，所以采用普通钻探方式（两排间探孔距为 10 米，每排孔距 1～2 米）；以重点钻探详细掌握重点区域地下文物埋藏的详细信息，起初按一般的标准布孔，即每 1 平方米方格的四角各 1 孔、中间加密 1 孔，这种布孔方式由于太密，效率低下，也很耗费人力和经费。后改为 1 米 ×2 米的格子布 5 个探孔，即矩形的四角各布 1 孔、中间加密 1 孔。实践证明，这种布孔既保证不遗漏遗迹现象，也明显提高了钻探效率。

（2）由于本次勘探区域较大，需要更详细鉴别各区域地下的土色、土质，新探出遗迹要明确其开口层位，以确定遗迹年代。以殷墟遗址其他地点发掘所见黄沙质生土层为基准，工作区域的古代地层可分为 4 小层，其中商代晚期前后的古代遗存在第 3 层下，晚于第 3 层的遗迹现象是后代的，这些为发掘验证证实。

（3）野外作业中，准备纸质记录，以 10 米 × 10 米的探方为单元，标记探孔位置，依探孔深度和土层记录信息。在室内将信息填入表格式探孔登记表，要项要全面，既能手工高效填写，也可方便导入考古钻探数据库中，为以后复原殷墟古地貌和基于数字化数据处理的信息挖掘服务。同时将钻探结果及时标绘到基于软件的电子图上，可按需、按分类出图，为后续工作提供重要参考，寻找工作的突破点和方向。

（4）田野考古钻探也是一项“靠天吃饭”的活，即要依“天时”。本项工作启动前一个月的 7 月下旬，安阳经历了百年不遇的连日大雨和暴雨。一个月后我们钻探，可见土壤中含水量适度，探出的土层清晰，找到围沟、祭祀坑等重要现象。但在第二年春天钻探，由于土壤干燥，明显分辨不出遗迹现象了。所以，在北方地区进行钻探，多雨季节比干旱季节能够辨别出更多现象。

总之，田野考古工作是一项集体工作，需要多方面的人员配合。一项考古工作能够成功，最根本的是要组建一支技术过硬的队伍，此外还需天时、地利、人和、机缘。

注　释

［1］ 岳洪彬：《殷墟科学发掘 80 周年大事记（1928～2008 年）》，《殷墟与商文化：殷墟科学发掘 80 周年纪念文集》，科学出版社，2011 年；刘一曼、何毓灵、岳洪彬：《殷墟考古参考文献（1928～2008 年）》，科学出版社，2011 年。

［2］ 罗振玉：《殷商贞卜文字考》，上海古籍出版社，2013 年。

［3］ 石璋如：《考古年表》，“中央研究院”历史语言研究所，1952 年；胡厚宣：《殷墟发掘》，复旦大学出版社，2017 年；李济：《安阳 =Anyang：英汉对照》，外语教学与研究出版社，2012 年；石璋如遗稿，李匡悌、冯忠美辑补：《安阳发掘简史》，“中央研究院”历史语言研究所，2019 年。

［4］ 李济：《十八年秋工作之经过及其重要发现》，《安阳发掘报告》（第二期），中央研究院历史语言研究所，1930 年，第 226、227 页。

［5］ 李济：《安阳最近发掘报告及六次工作之总估计》，《安阳发掘报告》（第四期），中央研究院历史

语言研究所，1933 年。

［6］ 董作宾：《安阳侯家庄出土之甲骨文字》，《田野考古报告》（第一册），中央研究院历史语言研究所，1936 年，第 91 页。

［7］ 石璋如：《考古年表》，"中央研究院"历史语言研究所，1952 年。

［8］ 中国社会科学院考古研究所：《殷墟的发现与研究》，科学出版社，1994 年，第 40 页。

［9］ 中国科学院考古研究所安阳发掘队：《1958～1959 年殷墟发掘简报》，《考古》1961 年第 2 期，第 65 页。

［10］ 中国社会科学院考古研究所安阳工作队：《1969～1977 年殷墟西区墓葬发掘报告》，《考古学报》1979 年第 1 期。

［11］ 郑若葵：《殷墟"大邑商"族邑布局初探》，《中原文物》1995 年第 3 期。

［12］ 中国社会科学院考古研究所：《殷墟的发现与研究》，科学出版社，1994 年，第 41、42 页。

［13］ 唐际根、荆志淳：《安阳的"商邑"与"大邑商"》，《考古》2009 年第 9 期。

［14］ 岳洪彬、岳占伟、何毓灵：《小屯宫殿宗庙区布局初探》，《三代考古》（二），科学出版社，2006 年。

［15］ 中国大百科全书总编辑委员会：《中国大百科全书·建筑 园林 城市规划》，中国大百科全书出版社，2004 年。

［16］ 潘谷西：《中国建筑史》（第七版），中国建筑工业出版社，2003 年，第 53 页。

［17］ 牛世山：《中国古代都城的规划模式初步研究——从夏商周时期的都城规划谈起》，《殷墟与商文化：殷墟科学发掘 80 周年纪念文集》，科学出版社，2011 年。

［18］ 牛世山：《从洹北商城到殷墟商邑：城市规划与建设的嬗变》，《中原文物》2018 年第 5 期。

［19］ 唐际根、荆志淳、岳洪彬等：《洹北商城与殷墟的路网水网》，《考古学报》2016 年第 3 期。

［20］ 中国社会科学院考古研究所安阳工作队：《河南安阳市大司空村东地商代遗存 2012～2015 年的发掘》，《考古》2015 年第 12 期；岳洪彬、岳占伟、牛世山：《河南安阳殷墟大司空村东南地发掘取得重要收获》，《中国文物报》2018 年 5 月 4 日第 8 版；牛世山、岳洪彬、岳占伟：《河南安阳大司空东地考古取得重要收获》，《中国文物报》2018 年 8 月 24 日第 8 版；《安阳殷墟遗址大司空南地 考古人员发现商代道路》，大象网 2021 年 3 月 23 日；《殷墟考古新发现商代道路发掘》，河南新闻广播 2022 年 11 月 7 日。

［21］ 胡厚宣：《殷墟发掘》，复旦大学出版社，2017 年，第 111～113 页。

［22］ 中国社会科学院考古研究所安阳队：《河南安阳洹河流域的考古调查》，《考古学集刊》（第三集），中国社会科学出版社，1983 年。

［23］ 中国社会科学院考古研究所安阳队：《河南安阳洹河流域的考古调查》，《考古学集刊》（第三集），中国社会科学出版社，1983 年。

［24］ 安阳市博物馆：《豫北洹水两岸古代遗址调查简报》，《中原文物》1986 年第 3 期。

［25］ 中国社会科学院考古研究所、美国明尼苏达大学科技考古实验室、中美洹河流域考古队：《洹河流域区域考古研究初步报告》，《考古》1998 年第 10 期。

［26］ 唐际根、刘忠伏：《安阳殷墟保护区外缘发现大型商代城址，为完善商代考古学文化框架提供关键性资料 专家确认为商代考古重大突破》，《中国文物报》2000 年 2 月 20 日第 1 版。

［27］ 郑若葵：《殷墟"大邑商"族邑布局初探》，《中原文物》1995 年第 3 期；唐际根、荆志淳：

《安阳的"商邑"与"大邑商"》，《考古》2009年第9期。

［28］ 孟宪武、李贵昌、李阳：《殷墟都城遗址中国家掌控下的手工业作坊》，《殷都学刊》2014年第4期；唐际根、荆志淳、岳洪彬等：《洹北商城与殷墟的路网水网》，《考古学报》2016年第3期；常怀颖：《夏商都邑铸铜作坊空间规划分析》，《中原文物》2018年第5期。

［29］ 孔德铭、孔维鹏、于浩等：《安阳辛店铸铜遗址的年代、性质和布局探讨》，《南方文物》2019年第5期。

［30］ 中国社会科学院考古研究所安阳队：《2022年河南安阳市殷墟遗址商王陵区考古发掘简报》，《考古》2023年第7期。

"大邑商"四题

岳占伟

（中国社会科学院考古研究所）

一、何为"大邑商"？

"大邑商"最早见于殷墟第五期甲骨卜辞（《甲骨文合集》36482、36507、36511、36530，图一），还见于西周初年所铸青铜器何尊上的铭文（《殷周金文集成》修订增补本06014，图二）。罗振玉、王国维、胡厚宣、林泰辅、郑杰祥、郑若葵、唐际根等学者认为"大邑商"是指商朝晚期都城，即今安阳殷墟[1]。董作宾、岛邦男、钟柏生、张光直等学者认为"大邑商"为殷人之古都，即今河南商丘[2]。陈梦家则怀疑大邑商

《甲骨文合集》36530

图一　甲骨文中的"大邑商"

《殷周金文集成》06014

图二　金文中的"大邑商"

在晚商重要的狩猎区，即今河南沁阳[3]。韦心滢认为"大邑商"指商末王都朝歌，即今河南淇县[4]。杨升南、杨宽等学者认为"大邑商"泛指商王朝的王畿之地[5]。

殷墟第五期甲骨卜辞还见"天邑商"（《甲骨文合集》36541、36543、36535，图三；《英国所藏甲骨集》2529），"天邑商"还见于西周初年文献《尚书·多士》："肆予敢求尔于天邑商。"罗振玉认为天邑即大邑之讹。郑杰祥认为古字"天"与"大"相通用，即"天邑商"就是"大邑商"，皆指晚商都城安阳殷墟[6]。董作宾认为"天邑商"是指商王在外随地设立的行宫，地点不固定[7]。陈梦家怀疑"天邑商"为古朝歌之商邑，即今河南淇县[8]。岛邦男认为"天邑商"当在今河南商丘[9]。李学勤认为"天邑商"指商朝后期的王畿，并不是特指一个具体的城邑[10]。韦心滢认为"天邑商"是商王国王畿之称，亦可作为对商王国的称呼，"天邑商"包含商末都城朝歌"大邑商"[11]。笔者认同郑杰祥的观点，即"天邑商"就是"大邑商"，特指晚商都城安阳殷墟。

殷墟甲骨卜辞对王都的称法，甲骨第一期有"兹邑""王邑"，甲骨第二期有"邑"，甲骨第三、四期有"大邑"，甲骨第五期才出现"大邑商"的称法，可见"大邑商"分明是一种逐渐发展固定下来的尊称[12]。甲骨第一期为商王武丁及以前商王盘庚、小辛、小乙时期，相当于殷墟文化第一期和第二期偏早阶段；甲骨第二期为商王祖庚、祖甲时期，相当于殷墟文化第二期偏晚阶段；甲骨第三期为商王廪辛、康丁时期，甲骨第四期为商王武乙、文丁时期，甲骨第三、四期相当于殷墟文化第三期；甲骨第五期为商王帝乙、帝辛时期，相当于殷墟文化第四期。殷墟甲骨卜辞对王都称谓的不断变化应该与殷墟都邑规模从殷墟文化第一期到第四期不断扩大有关。自盘庚迁都以来，殷墟都邑规模一直在不断发展和壮大，到了殷墟文化第四期，即帝乙、帝辛时期时，其都邑规模达到了前所未有的高峰[13]。所以，此时的商朝人自豪地称自己的都城为"大邑商"或"天邑商"。

综上，更准确地说，"大邑商"是指殷墟甲骨第五期，相当于殷墟文化第四期，即帝乙、帝辛时期的王都安阳殷墟。

《甲骨文合集》36535

图三 甲骨文中的"天邑商"

二、"大邑商"的范围

随着殷墟的考古发掘和科学研究的不断深入，学者们对殷墟范围的认知也有一个不断深入的过程。20 世纪二三十年代，我国第一代考古学者们来到了殷墟，不但找到并发掘了殷墟小屯宫殿宗庙、侯家庄西北冈王陵、高楼庄后冈三叠层等殷墟都邑中的重要区域，还在殷墟大司空村、四盘磨村、王裕口村、霍家小庄、范家庄、侯家庄南地、侯家庄高井台子、武官村南霸台等地进行了发掘或试掘。20 世纪五六十年代，学者们提出了探索殷墟范围的课题，并对殷墟多个区域进行了考古勘探和发掘，依据所掌握的考古资料，估计殷墟的范围大约在 24 平方千米以上[14]，并依此划出了殷墟的保护范围。20 世纪 90 年代前后，学者们又依据新的考古资料，认识到殷墟的范围东西长约 6 千米，南北宽约 5 千米，面积约 30 平方千米[15]。21 世纪前后，殷墟保护区外围的东、南、西三面均发现新的殷墟时期遗址，尤其南部新发现的遗址不仅多，而且重要。这些新发现的遗址与殷墟遗址紧密相连，俨然就是殷墟都邑不可分割的一部分。据此有学者初步测量，殷墟南北直线距离约 5.5 千米，东西直线距离约 6.5 千米，总面积约 36 平方千米[16]；此后又认为殷墟范围南北约有 6 千米，东西约有 6.5 千米的距离[17]。不过，有学者指出，因已知殷墟遗址的形状大致呈椭圆形，故其面积肯定不能按最长与最宽之积来算。他计算得到殷墟已知面积大致不到 26 平方千米。但他又同时指出，这个数据应该不会是殷墟实际的面积，今后需要加强考古勘探，找到殷墟遗址比较明确的边界，方能确知殷墟遗址比较准确的面积[18]。

近些年，随着安阳市城市规模的不断扩张，安阳市文物考古研究所在殷墟保护区外围更远处又发现了多处殷墟时期的遗址，依据这些新发现，有学者提出了"大殷墟"的概念[19]；又有学者对"大殷墟"进行了较为详细的论述，认为"大殷墟"的地理范围东西有 28 千米，南北应有 20 千米[20]。这些新发现的遗址尤以 2016 年发现的辛店铸铜遗址最为重要，该铸铜遗址面积达 100 万平方米以上，年代为殷墟文化第二期至第四期[21]，遗址内铸造的青铜器以礼器为主，其产品主要用来供应殷墟都邑是毋庸置疑的，故该铸铜遗址也应属于殷墟都邑的重要组成部分。辛店铸铜遗址到殷墟宫殿区的直线距离约 10 千米，若以此为半径画一个圆为殷墟范围的话，殷墟的面积高达 300 余平方千米。即便如此，这也不一定是殷墟，即"大邑商"的全貌，今后随着殷墟考古的新发现，"大邑商"的真容会逐渐清晰起来。

三、"大邑商"的总体布局

学者们对殷墟的布局也有个逐渐深入的过程。20 世纪 60 年代，学者们已认识到殷墟的布局大体以小屯村附近的殷代王宫为中心，其周围环绕着居民点、手工业作坊和墓葬等，在以小屯为中心区的外围形成了大小不同的聚落，且分布较为密集，至于距离中心区较远的地方，聚落的分布较为稀疏[22]。20 世纪八九十年代，学者们已认识到殷墟的都邑模式属于"族邑模式"，都邑形态是由若干族氏小邑簇拥着王邑构成，这些族氏小邑和王邑单元的有机分布，构成了殷墟都城的总体布局[23]。

近些年，随着殷墟考古资料的增多，尤其殷墟外围的考古新发现，殷墟的总体布局越来越清晰起来，即是由数十个乃至上百个族邑构成的。王族邑位于殷墟洹河南岸的小屯、花园庄及其附近，商王及其直系亲属居住在王族邑内的宫殿宗庙区，且在洹河北岸侯家庄西北冈设有专门的陵墓区，商王、部分王后、部分王室成员埋葬于此，但也有部分王后（如妇好）、部分王室成员（如子渔）埋葬在宫殿宗庙区内。王族内其他成员，包括旁系贵族和平民等居住并埋葬在王族邑内宫殿宗庙区外围的其他区域。如 2003 年在小屯西地发现的"中"字形大墓的主人应是王族贵族，发现的数十座小型墓葬的主人应是王族平民[24]。

殷墟都邑内的其他族邑分布在王族邑的周围。这些族邑分层级拱卫着王族邑，与王室关系密切的族邑一般来说会距离王族邑近些，面积大些，反之可能会距离王族邑远些，面积一般会小些。这些族邑与王族邑一样，均有自己的活动区域，且各自相对独立。本族邑成员，包括族尹、贵族和平民等皆在自己族邑内生活和生产，死后也埋葬于本族邑内。

从殷墟考古材料看，各族邑（包括王族邑）的发展演变模式和主要文化要素大致相同。首先对族邑内部区域进行功能区划，即规划出池苑、居址、墓地等主要遗迹单元的大致位置；接着进行建设，因族邑内中心区域的居址多为台式四合院建筑群，故建设过程中需要大量的土资源，所需土方就从已规划好的池苑的位置挖取，房子建好后，池苑也就形成了，池苑还起到蓄水、排水以及供族邑成员游玩的作用；与居址相配套的水井、窖穴、垃圾坑等遗迹单位以及墓地分布在居址附近，部分窖穴和墓葬还位于四合院建筑的庭院内，这时族邑聚落初步形成；此后随着族邑人口的不断增多，有的居址废弃后成了墓地，有的墓葬上盖起了房子，有的池苑废弃后成了掩埋垃圾的场所等等，如此反复数十年乃至上百年，族邑内的居址、墓葬、窖穴、水井、垃圾坑等遗迹单位相互叠压或打破现象非常复杂，并且族邑内的"空白地带"越来越少，乃至有的族邑不得不把一部分分支迁到其他区域组建新的族邑。

殷墟都邑的族邑布局模式是动态的。从殷墟的考古材料看，殷墟第一期时都邑内已出现了较多的族邑，不过各族邑人口较少，规模也较小，族邑之间的"空白地带"较多，更像是一个个"居民点"。殷墟第二期时都邑内增加了不少新的族邑，且各族邑人口有所增多，族邑规模有所扩大，都邑格局基本形成。殷墟第三、四期间新增的族邑虽不多，但各族邑人口数量继续增多，族邑规模也越来越大，尤其殷墟第四期（帝乙、帝辛时期）时这种现象更为明显。靠近都邑中心区域的族邑之间的"空白地带"越来越少，最终连成了一片[25]；都邑外围区域的族邑虽分布比较稀疏，但原有族邑的规模也在不断扩大，且出现了一些新的族邑，最终形成了方圆达 300 平方千米以上的"大邑商"。

综上，殷墟第四期，即帝乙、帝辛时期，"大邑商"的总体布局大致可分为内、外两大区域，内部区域为族邑高密度分布区，其范围大致为 20 世纪 60 年代所规划的殷墟保护区及其紧邻的南部（含东南和西南）区域[26]，面积约 30 平方千米左右。内部区域以殷墟宫殿宗庙区为核心，以王族邑为中心，其他族邑紧紧围绕在王族邑周围，族邑间的"空白地带"很少，几乎连成了一片，该区域也可称为殷墟"大邑商"的"城区"。外部区域为族邑低密度分布区，近些年安阳市文物考古研究所在殷墟东北新发现的辛店遗址[27]，在殷墟东南新发现的郑家村遗址[28]、大定龙遗址[29]、桑园遗址[30]，在殷墟西南新发现的大坡遗址[31]等晚商遗址都在殷墟"大邑商"的低密度族邑分布区内，外部区域的族邑规模多较小，但也有少量大型族邑（如辛店遗址），族邑间有一定的距离，"空白地带"较多，该区域也可称为殷墟"大邑商"的"郊区"（图四）。

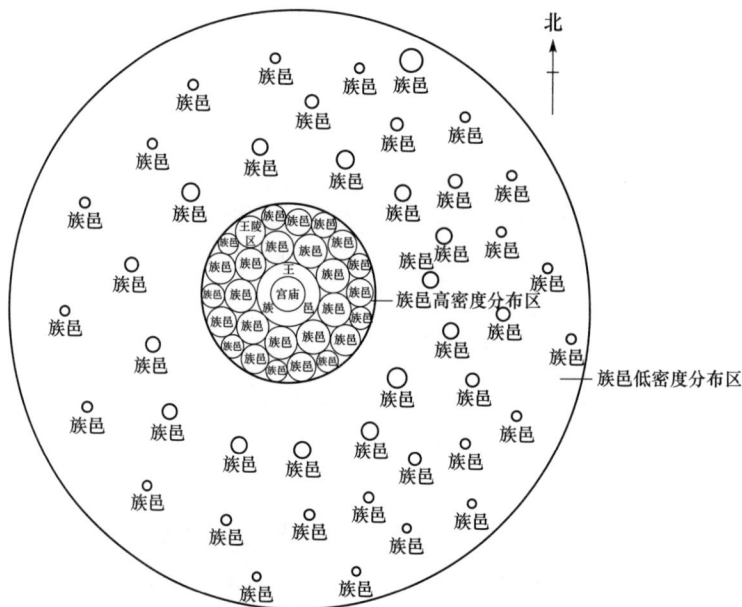

图四　"大邑商"总体布局示意图

四、"大邑商"的"大都无城"

殷墟已发掘 90 余年，迄今没有发现城墙，殷墟都邑没有城墙已是不争的事实。究其原因，我们认为主要有以下三个方面。

一是从殷墟都邑总体布局按族邑分布的特点来判断，殷墟都邑无须建造城墙。殷墟的核心区即宫殿宗庙区被周围的族邑分层级重重簇拥和拱卫着，这些众多族邑可以很好地把宫殿宗庙区保护起来，殷墟都邑外围虽然族邑分布比较分散，但不乏较大型族邑，如辛店遗址，其功能不仅是为殷墟都邑提供重要的铸铜产品，还有一大功能是用来防御来自东北的外族威胁，再如殷墟都邑东南部的郑家村、大定龙、桑园等遗址，虽面积小，但它们较为密集，也能很好地防御来自东南方的外族威胁。

二是从商王朝的总体政治地理构架看，殷墟都邑也没有建设城墙的必要。商王朝的总体政治地理构架是：中心为殷墟都邑，向外依次为王邑区、王畿区、王疆区、归服区、联盟区、影响区等，这些不同层级的区域重重包围着殷墟都邑，对殷墟都邑起到了很好的保护作用。尤其商王直接管理的王邑区和商王派各级内服官员管理的王畿区，更能有效防御外敌对殷墟都邑的入侵（图五）。

三是从商王朝的综合实力看，殷墟都邑更无须建设城墙。当商王武丁把宫殿宗庙从洹河北岸迁至洹河南岸时，王朝经过盘庚、小辛、小乙等三王的经营，实力已比较强大；经过商王武丁的经营，殷墟都邑出现了繁荣景象；直到商王帝乙、帝辛时期，殷墟都邑一直是商王朝的政治、经济、文化、科技等中心，商王朝疆域内外方国诸侯没有一个能与之抗衡，故无须修建工程浩大且费时耗力的城墙来保护自己。

综上，殷墟都邑不需要建设城墙，这应是"大都无城"的真正含义，也应是殷墟晚期"大邑商"的真实体现。

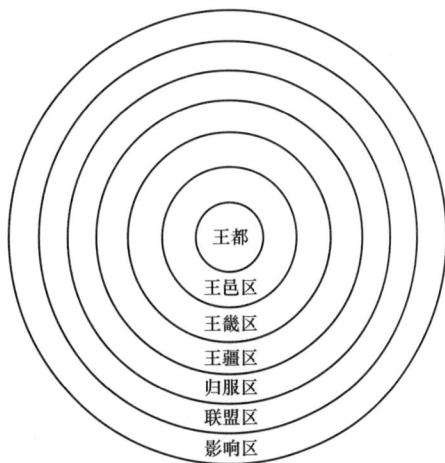

图五　商朝政治地理构架示意图

注　释

［1］罗振玉：《增订殷虚书契考释》，东方学会，1927 年；王国维：《观堂集林·说商》，中华书局，1959 年；胡厚宣：《甲骨学商史论丛二集》，齐鲁大学国学研究所，1945 年；〔日〕林泰辅：《甲骨文地名考》，中山大学历史语言研究所集刊第十集第 105 期；郑杰祥：《商代地理概论》，中州古籍出版社，1994 年；郑若葵：《殷墟大邑商族邑布局初探》，《中原文物》1995 年第 3 期；唐际根、荆志淳：《安阳的"商邑"与"大邑商"》，《考古》2009 年第 9 期。

［2］董作宾：《殷历谱》，《历史语言研究所专刊》第二十三本，1945 年；董作宾：《卜辞中的亳与商》，《大陆杂志》第六卷第 1 期，1953 年；〔日〕岛邦男：《殷墟卜辞研究》，日本弘前大学文理学部中国学研究会，1958 年；钟柏生：《殷商卜辞地理论丛》，台北艺文印书馆，1989 年；张光直：《商名试释》，《中国青铜时代》，生活·读书·新知三联书店，1999 年。

［3］陈梦家：《殷墟卜辞综述》，科学出版社，1956 年。

［4］韦心滢：《殷墟卜辞中的"商"与"大邑商"》，《殷都学刊》2009 年第 1 期。

［5］杨升南：《殷墟甲骨文中的邑和族》，《人文杂志》1991 年第 1 期；杨宽：《中国古代都城制度史研究》，上海古籍出版社，1993 年。

［6］罗振玉：《增订殷虚书契考释》，东方学会，1927 年；郑杰祥：《商代地理概论》，中州古籍出版社，1994 年。

［7］董作宾：《殷历谱》，《历史语言研究所专刊》第二十三本，1945 年。

［8］　陈梦家：《殷墟卜辞综述》，科学出版社，1956 年。

［9］　〔日〕岛邦男：《殷墟卜辞研究》，日本弘前大学文理学部中国学研究会，1958 年。

［10］　李学勤：《殷代地理简论》，科学出版社，1959 年。

［11］　韦心滢：《殷墟卜辞中的"商"与"大邑商"》，《殷都学刊》2009 年第 1 期。

［12］　孙亚冰、林欢：《商代地理与方国》（商代史·卷十），中国社会科学出版社，2010 年。

［13］　岳占伟：《从考古材料看殷墟第四期的文化面貌》，《南方文物》2020 年第 4 期。

［14］　中国科学院考古研究所安阳发掘队：《1958～1959 年殷墟发掘简报》，《考古》1961 年第 2 期。

［15］　郑振香：《殷墟发掘六十年概述》，《考古》1988 年第 10 期；杨锡璋、刘一曼：《殷墟考古七十年的主要收获》，《考古学集刊：纪念殷墟发掘七十周年论文专集》（第 15 集），文物出版社，2004 年；中国社会科学院考古研究所：《殷墟的发现与研究》，科学出版社，1994 年。

［16］　孟宪武：《安阳殷墟考古研究》，中州古籍出版社，2003 年，第 10 页。

［17］　孟宪武、李贵昌、李阳：《殷墟都城遗址中国家控制下的手工业作坊》，《殷都学刊》2014 年第 4 期。

［18］　牛世山：《殷墟考古三题》，《三代考古》（九），科学出版社，2021 年。

［19］　孔德铭：《安阳辛店商代晚期铸铜遗址的发现与发掘》，《大众考古》2017 年第 6 期。

［20］　〔日〕黄川田修：《试论大殷墟》，《南方文物》2019 年第 5 期。

［21］　孔德铭、申明清、李贵昌等：《河南省安阳市辛店商代铸铜遗址发掘及学术意义》，《三代考古》（七），科学出版社，2017 年。

［22］　中国科学院考古研究所安阳发掘队：《1958～1959 年殷墟发掘简报》，《考古》1961 年第 2 期。

［23］　郑若葵：《殷墟大邑商族邑布局初探》，《中原文物》1995 年第 3 期。

［24］　中国社会科学院考古研究所安阳工作队：《河南安阳市殷墟小屯西地商代大墓发掘简报》，《考古》2009 年第 9 期。

［25］　岳洪彬、何毓灵、岳占伟：《殷墟都邑布局研究中的几个问题》，《三代考古》（四），科学出版社，2011 年。

［26］　于浩：《殷墟南区考古新发现和布局探索》，《南方文物》2019 年第 5 期。

［27］　孔德铭：《安阳辛店商代晚期铸铜遗址的发现与发掘》，《大众考古》2017 年第 6 期。

［28］安阳市文物考古研究所资料。

［29］安阳市文物考古研究所资料。

［30］安阳市文物考古研究所资料。

［31］安阳市文物考古研究所资料。

有此冀方：三代空间传统中的晋南与冀州

李 旻

（加利福尼亚大学洛杉矶分校）

考古学与文献传统之间存在至少三种关联：一是考古学为文献研究提供辅助材料，达到正经补史的目标；二是考古学独立于文献传统之外，以其自有的方法论构建社会与文化变化趋势；三是以考古学独立构建的历史趋势来考察文献叙事的知识前提与流传谱系，在作为客位概念的考古学文化传统分类与作为主位概念的古代历史山川之间形成一种持续的对话。本文从考古学角度观察古人历史山川中的晋南视角——作为古人的空间观念，晋南（河东）视角与它所属的冀州中心传统源自哪里？又经历哪些变化？这个空间单位的考古学意义是什么？晋南是已故刘绪教授考古学术生涯中始终挂怀之地，在他生前我们曾反复交流文中涉及的观点，谨以此文表达由衷的怀念。

一、文献传统中的三代空间

黄河中下游河道如横置的"S"形穿越华北，以晋陕之间的南流黄河为东西两个大拐弯的共享边界。开口向南的西大弯沿贺兰山、阴山山脉与蒙古高原南缘衔接，沿线河套与鄂尔多斯（大弯之内长城以北的地带）是与北方社会交汇的前沿地区。在长城以南，黄河中游的支流在黄土高原形成树枝状河谷走廊，成为连接黄土高原与关中社会的通道。在《禹贡》九州传说地理中，西大拐弯之内地区、黄河上游河谷、河西走廊都属雍州地界。

开口向北的东大弯今天分属三个省份，即太行以西的山西（晋）、太行以东的河北（冀），以及太行东南的河南（豫）。然而在早期文献传统中，整个东大弯内区域都被命名为"冀州"。冀州的"U"形边界为南流黄河（西河）、南河（潼关以东的东流黄河）、东河（自武陟县北流的古黄河下游河道，即《禹贡》大河）三条河道所定义。因此，对冀州最简洁的描述是两河之间的晋地（《吕氏春秋·有始览》《尔雅·释地》）。与现代三省对比，冀州是古代中国历史地理传统中始终存在的一个空间单位，将晋南盆地、晋地黄土高原、太行与黄河之间的华北平原整合在一起。虽然今日以太行为省界突出山脉作为分水岭的地貌特征，以黄河中下游河道为边界的冀州则凸显出太行东西两翼社会由于河谷相连而共生的互动态势——横贯太行山的"太行八陉"，连接太行以西的黄土高原和以东的古黄河下游冲积平原，使得山脉两侧形成一个文化连续体。同时，冀州南端的晋南通过汾河流域的一系列高原盆地与北端的蒙古高原相通，导致冀州内部存在东西、南北交错的通道。

以山西中部的霍太山为分水岭，黄土高原西半部属黄河中游水系，东半部属古黄河下游水系——沁河、卫河、漳河、滹沱河、海河等水系东流穿越太行，或汇入古黄河下游河道，或在渤海湾西岸古黄河三角洲附近入海。因此，太行两翼加河济之间的兖州构成上古黄河下游地域——早期中国的黄河流域全境基本是个高地水系。黄河在三代之后改道向南，并逐渐成为地上河，导致这些横穿太行的河流脱离黄河下游流域。上古黄河下游水系与夺古济水入海形成的现代黄河下游河道成为差异显著的水系，导致今天很少把太行两翼社会视为整体。考古学分析中常用的黄淮平原则涵盖河济之间的兖州、济水与泰山之间的青州、淮河中下游的徐州，以及荆州、黄河之间豫州东部的淮河上游地区。

冀州不仅是一个古代地理单位，而且是古人时空体系的核心——其主导性是先秦经典传统的结构性特征。文献传统多以冀州为九州之首，冀州因之成为九州天下的代称——《楚辞·九歌·云中君》说："览冀州兮有余，横四海兮焉穷。"顾炎武也在《日知录》中说："古之天子常居冀州，后人因之，遂以冀州为中国之号。"《礼记·王制》中古人用冀州三河作为推算天下幅员的基点："自恒山至于南河，千里而近；自南河至于江，千里而近。自江至于衡山，千里而遥；自东河至于东海，千里而遥。自东河至于西河，千里而近；自西河至于流沙，千里而遥。西不尽流沙，南不尽衡山，东不近东海，北不尽恒山，凡四海之内，断长补短，方三千里，为田八十万亿一万亿亩。"

作为想象与描述文明空间的骨架，冀州不仅具有空间性，而且具有贯穿三代历史的时间性。其"U"形三段河道成为冀州内外河东、河内、河南三个区域的边界，河东与河内在冀州"U"形河道之内，河南在南河以南。三河之地又与三代文明紧密相连："夫三河之地，昔唐人都河东，殷人都河内，周人都河南。夫三河在天下之中，若鼎足，王者所更居也，建国各数百千岁。"（《史记·货殖列传》）

汉人的河东是西河以东，包括汾河下游的晋西南盆地，以及盆地周边霍太山以南、沁河以西的山地，位于冀州的西南角，在文献传统中与陶唐氏、有虞氏、夏墟传说相连[1]。自"唐人都河东"始，经历三代，到司马迁著《史记》，历时约两千年。通过《禹贡》中各贡路的终端可以推出位于龙门（河津禹门口）以南、渭汭以东、孟津以西的晋南盆地是禹迹传说地理中帝都所在，因此是冀州的核心。《左传》（哀公六年）楚昭王不祭河神段落所引《夏书》中"惟彼陶唐，帅彼天常，有此冀方，今失其行，乱其纪纲，乃灭而亡"的说法以及《左传》（定公四年）叔虞封唐故事共同显示，陶唐、夏墟、冀方三个传说之地存在空间上的重叠。这种空间化的历史，由于《诗经》等经典的传颂而成为东周社会普遍的知识。因此，在鲁观周乐的季札如此评价《唐风》：

"思深哉，其有陶唐氏之遗民乎，不然，何忧之远也，非令德之后，谁能若是。"（《左传》襄公二十九年）《汉书·地理志》也说："河东土地平易，有盐铁之饶，本唐尧所居，诗风唐、魏之国也。"以三河为界的冀州与河东（晋南）中心的视角紧密相连——从大到小，冀州、河东、晋南盆地是环环相套的三个地理单位。

"殷人都河内"的说法凸显出殷商王朝的河内视角。汉人的河内指禹贡大河与太行之间的古河北地，核心范围在黄河以北，太行以东，漳河以南，属于冀州的东北角，今天称为豫北。河内常与河东、河外（河南）并称，所以张守节说："古帝王之都多在河东、河北，故呼河北为河内、河南为河外。"（《〈史记〉正义》）河内与殷商的时空关系在秦汉时期是历史地理常识。殷墟在太行山脉与古黄河下游河道之间，黄河是殷商核心地标，因此《史记·周本纪》引用伯阳甫"河竭而商亡"的说法作为王朝灭亡的征兆。《史记·项羽本纪》中项羽曾与秦将章邯约定会盟于"洹水南殷虚上"。后来项羽因司马卬"定河内，数有功，故立卬为殷王，王河内，都朝歌"，直到刘邦"下河内，虏殷王，置河内郡"。殷墟与洹水的关系在郦道元《水经注》、李泰《括地志》都有记录，并为吕大临《考古图》等宋人金石学著作继承[2]。完整的商史叙事还包括早商在河南的事业，段宏振综合文献和卜辞的记载，概括商族起源与迁徙轨迹："遥远始祖萌生发源于河东汾川，远祖至近祖兴盛并游移于河济平原，并与东邻夷族发生某种程度的融合，直至灭夏功成于河南伊洛。"[3]因此，冀州、豫州（包括商丘）是商文明史的两个重要舞台。

"周人都河南"指周人在洛阳盆地营建洛邑。汉人的河南指南河之南的河南郡，前身是战国时代韩国在黄河、洛河、伊河三河流域设置的三川郡，其范围大致包括嵩山北麓的伊、洛河谷和嵩山东麓的北汝河、双洎河等淮河上游河谷，属于南河之南的豫州。因此，《尔雅·释地》说"河南曰豫州"。河南加上属于嵩山南麓颍川郡的颍河流域，构成考古上常用的嵩洛地区。从大到小，豫州、嵩洛、河南、洛阳盆地是环环相套的地理单位。

西周金文中"宅兹中国"和《史记·周本纪》中周公"四方入供道里均"的说法都强调了以河南为中心的豫州视角。在《逸周书·度邑解》的表述中，周人以"天下之中，有夏之居"为历史地理坐标定都洛邑，赋予这种河南视角以时间维度。《史记·周本纪》中"昔伊、洛竭而夏亡"的说法也把伊洛河流域与夏文明的遗产相连。与少康复国相关的夏史传说地标，如洛表、洛汭、斟𬩽都在河南。河南是商汤灭夏的地方，因此成为徐旭生在1959年将偃师二里头判断为汤都西亳的文献依据[4]。

冀州的河东是唐、夏故地，豫州的河南则是夏、早商、周故地。两处夏地的关系，是理解三代文明起源的关键。在《日知录》中，顾炎武综合《左传》中魏绛（襄公四年）、伍员（哀公元年）二人的传述推出夏史从冀州向豫州转折的趋势："尧、舜、禹皆都河北，故曰冀方。至太康始失河北，而五子御其母以从之，于是侨国河南，传至相，卒为浞所灭。"从河北与冀方关系的描述来看，文中的河北指晋南。在顾炎武看来，夏文明是一个以晋南为中心的政权，因为后羿代夏，占据晋南，夏政权中心才转向河南："夏之都本在安邑，太康畋于洛表，而羿距于河，则冀方之地入于羿矣，惟河之东与南为夏所有。"从《禹贡》到《日知录》，冀州为先、豫州为次的观念在古史传统中连绵不绝。其背后的知识背景可以从考古学建构的时空态势进行观察[5]。

二、考古学空间特征

本文以太行为界分中原为高地和低地两部，各据东西，以南河为界把中原分为南、北两部，尝试不同空间分类方案有助于更清晰地揭示考古学文化空间分布特征。近年公布的系统 ^{14}C 测年将龙山时代与二里头时代时间范畴平均下调两个多世纪，从《史记》时代上推两千年进入考古学中的龙山时代中晚期。若以冀州内外三河之地为空间框架来分析考古所见早期中国的政治发展趋势，可见自龙山时代起，河东、河南、河内、关中四个地理单元依次成为中心舞台。由于经典文献中的三代文明观也围绕这四个地理单元建立，在这个时空框架中分析政权的兴衰，可以帮助我们了解周人历史叙事的知识来源。

晋陕高原和晋南盆地是高地龙山社会中的两个核心区域。在西河东侧的河东，公元前 3 世纪晚期的襄汾陶寺（约 300 万平方米）、曲沃 / 翼城的南石－方城（约 300 万平方米）、绛县周家庄（约 300 万平方米）、绛县西吴壁（约 100 万平方米）等大中型高地龙山聚落集中分布于晋南盆地，使河东成为龙山时代早期中国人口最为密集的区域[6]。中条山南侧又有内涵丰富的清凉寺墓地[7]。西河西侧的关中盆地人口则相对稀少，新发现的太平遗址（约 100 万平方米）可能是其重要中心[8]。

晋陕高原之上，高地龙山中心都邑石峁（约 400 万平方米）位于西河西侧的陕北高原，属于传说地理中的雍州[9]。在西河东岸，清水河后城咀（约 138 万平方米）、兴县碧村（约 75 万平方米）、保德林遮峪（约 40 万平方米）三个重要龙山聚落自北向南沿河分布，可能属于连接晋陕两地的渡口城镇。后城咀和碧村城垣结构、陶器风格、用玉传统都与石峁高度相似[10]。在吕梁山东麓的太原盆地，汾阳杏花村四期遗存出土的双鋬鬲、单把鬲、双耳罐与石峁文化传统基本连成一片，形成分布范围辽阔的高地龙山陶器传统（图一）[11]。同时，石峁文化与陶寺中晚期关系密切，陶寺中晚期陶器中的双鋬肥足鬲、单把鬲、双耳罐都有所体现[12]。陶寺与石峁墓葬出土的齿环形铜璧造型基本相同，也是龙山社会中仅有的两个出土地点。

在河内地区，博爱西金城（约 30 万平方米）、辉县孟庄（约 25 万平方米）、温县徐堡（约 20 万平方米）、安阳后岗（约 10 万平方米）、安阳大寒（约 33 万平方米）、汤阴白营（约 3 万平方米）等中小型龙山聚落遗址沿着太行山南麓、东麓分布[13]。由于临近太行山通道，这些聚落成为黄土高原与华北平原不同龙山传统杂糅之处。在汤阴白营龙山时代早期遗存中，来自太行西侧高地社会的双鋬鬲与来自东方平原的篮纹高足鼎并存（图二）[14]。

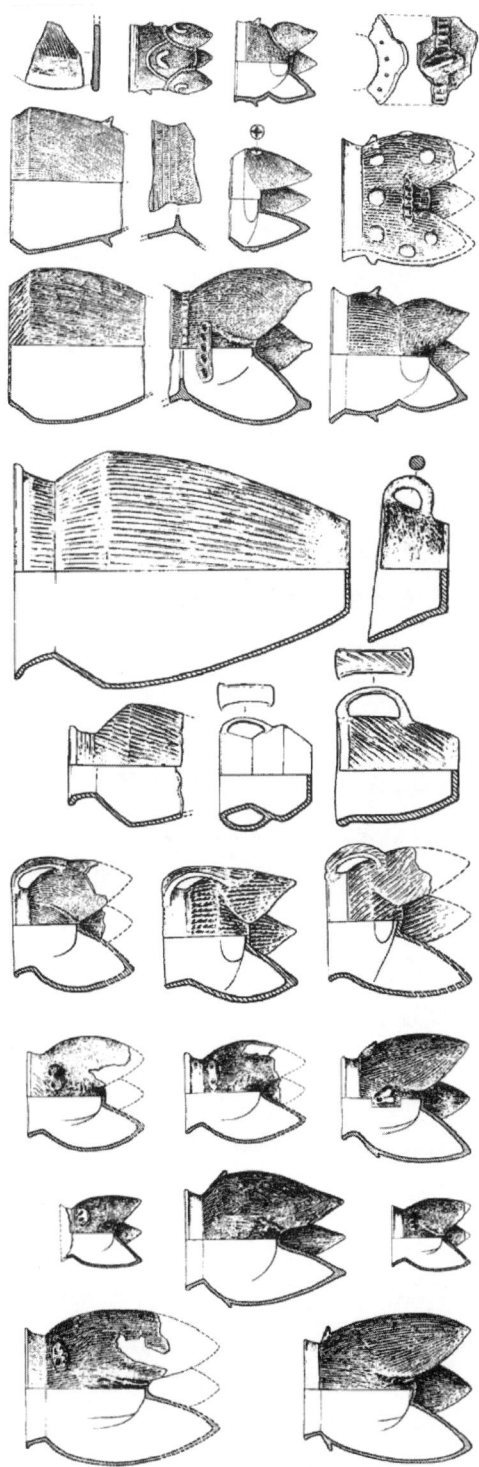

图一　太原盆地杏花村四期（龙山时代）陶器

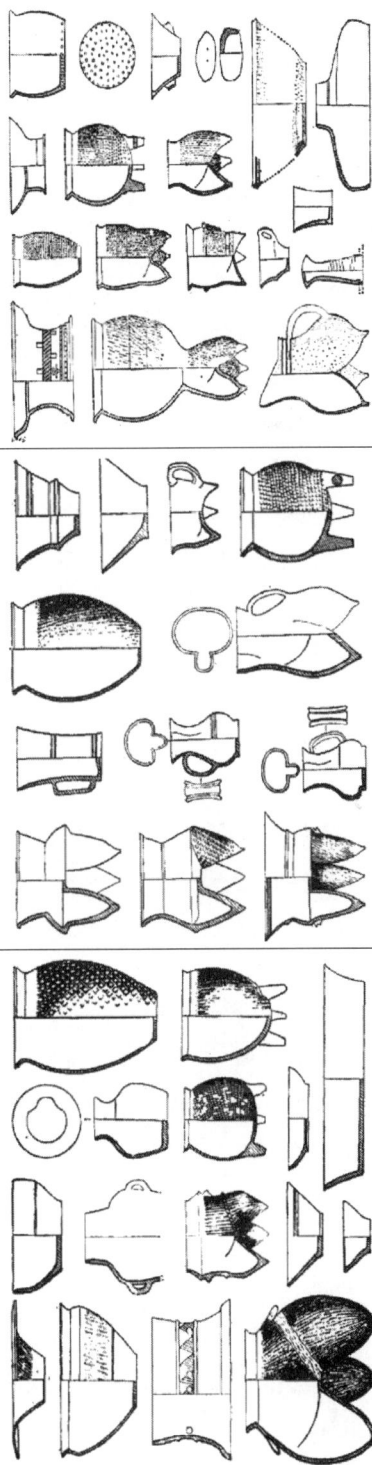

图二　汤阴白营龙山时代陶器

龙山时代晚期

龙山时代中期

龙山时代早期

在黄河以南的嵩洛地区，嵩山北麓洛阳盆地中尚没有发现百万平方米以上的大型龙山中心。嵩山南麓，淮河上游河谷沿线的禹州瓦店（约 100 万平方米）、叶县余庄（约 100 万平方米）、登封王城岗（约 50 万平方米）、平顶山蒲城店（约 20 万平方米）、周口时庄（约 10 万平方米）、漯河郝家台（约 7 万平方米）、淮阳平粮台（约 5 万平方米）、新密古城寨（约 17 万平方米）、新密新砦（约 70 万平方米）等中小型龙山城址的集中发现显示嵩洛地区在龙山时代曾存在重要的政治势力[15]。

虽然河内与嵩洛两地发现的龙山城址规模普遍小于晋南都邑，两地仍然是龙山时代的重要政治舞台。它们与晋南龙山文化聚落的关系很难通过规模与物质文化差异来探讨，因为聚落考古使用的等级分析主要适用于同一个区域内相对稳定的社会结构。对于跨文化交流网络发达的龙山社会，城邑之间的往来可能主要体现在政治、礼仪与宗教层面，以及贵重物品的交流，例如朱砂、绿松石、玉器、货贝、毛皮等[16]。日常陶器传统中表现出来的文化交流，可能只是冰山一角。

晋南与嵩洛两地龙山时代贵族大墓的墓葬制度都呈现出张弛描述的“龙山化”趋势，其动源来自大汶口晚期的东方社会[17]。位于淮河上游沙河河谷的余庄墓地是豫州域内最为重要的龙山时代墓地，拥有大型墓近二十座，在墓地布局、墓葬规模、墓向及随葬品等方面各有规范。个别墓葬随葬獐牙的做法延续了大汶口文化传统。这些单棺竖穴土坑墓随葬成套宴饮陶器，包括鼎、豆、甗、杯、高柄杯、长颈壶、折腹盆、罐等，并拥有制度化的组合方式与摆放位置。豆、甗、杯、高柄杯四种器物出现七件成组的形式，个别墓葬中的豆、甗五件成组，这些与陶寺大墓中豆通常是奇数组合，即三、五、七件一套的礼器特征相通，呈现出以特定数量的列器象征身份地位的趋势。其中 M10 大墓有一人陪葬，在规模、随葬器物、等级各方面都居豫州之首。随葬陶器中豆、甗、杯各七件，呈现鲜明的礼制色彩[18]。

晋南龙山社会在贵族墓葬的规模与随葬器物多样性等方面，比河内与嵩洛地区具有显著的优势。陶寺大墓出土彩绘龙盘、石磬、鼍鼓、土鼓、绿松石镶嵌腕饰、玉器、宴饮器具所代表的礼、乐器组合雏形，以及陶寺具有仪式特征的铜铃、镂空铜璧、铜蟾蜍，至今为龙山社会所仅见[19]。如果说余庄代表东方大汶口—龙山社会墓葬中以礼制化方式表达社会分化的趋势，那么陶寺出土的货贝与铜器则代表高地史前社会在经历“东方化”过程的同时，间接参与欧亚大陆互动网络的考古遗存——东西与南北互动网络的交汇给龙山时代的晋南社会带来空前丰富的知识、技术与制度方面的创新潜力[20]。这些都在晋南与石峁、芦山峁、碧村等黄土高原遗址存在密切互动的前提下发生。

在公元前 2 世纪早期开启的二里头时代出现河东衰落、河南独大的政治格局。晋南盆地龙山社会经历了大规模的社会崩溃，人口锐减[21]。嵩山南麓淮河上游河谷沿线的龙山聚落也相继废弃。洛阳盆地中二里头都邑（约 300 万平方米）的崛起标志着政治中心从河东向河南的转移[22]。黄土高原的石峁文化、西北的齐家文化、嵩山南北煤山与王湾三期文化、淮河中游的造律台文化、江汉的肖家屋脊（后石家河）文化等区域传统对二里头都邑物质文化传统的形成都有贡献[23]。然而，代表二里头手工业技术与礼制文化成就的青铜冶金则是高地龙山社会的遗产[24]。

张莉的研究显示位于洛汭的花地嘴是高地龙山传统南下河南洛阳盆地的关键[25]。二里头一期时的新兴政权曾与新砦形成东西对峙，之后东扩，据有以新砦为中心的郑州，完成河南内部的整合[26]。至二期，二里头政权在郑州一带建立郑州东赵（约 7 万平方米）、荥阳大师姑（约 51 万平方米）、新郑望京楼（约 160 万平方米）三个城址以扼守东方门户[27]。二三期之交，二里头文化分布区已经到达豫东，与从河内南下的下七垣文化和从山东西扩的岳石文化在尉氏、杞县、鹿邑一带形成犬牙交错的分布特征[28]。二里头文化向南方的扩张则是沿伊河河谷南下，进入淮河上游的颍河和汝河河谷，向南经南阳盆地南下江汉，向东南进入淮河中游[29]。

河东的角色也因为二里头时代冶金业的发展而改变，晋南盆地中发现绛县西吴壁（约 70 万平方米）、夏县东下冯（约 25 万平方米）、闻喜千金耙、襄汾大柴等遗址，多与盐业、矿冶相关，属于资源输出性聚落，缺乏与二里头规模相匹敌的政治中心[30]。垣曲古城遗址的发掘则进一步显示晋南社会通过轵关陉与洛阳盆地中的二里头政权相连[31]。从考古学角度来看，二里头是一个以豫州（河南）为中心的青铜时代早期政权，并将其政治网络渗透到冀州的河东与河内西部（沁水以西地带）。

二里头时代的晋陕高原，相当于二里头时代的石峁文化传统晚期至二里岗文化上层时期之间经历了重要的社会与文化变化。曹大志指出，高原农牧社会在龙山时代之后人口锐减，"黄土丘陵相当于二里头、二里岗阶段的遗存稀少（这与发现了成千上万聚落的公元前 3 世纪形成了鲜明对比），而位于黄土丘陵北端的朱开沟是当时所知唯一持续到公元前 2 世纪中期的文化"[32]。西河两岸龙山时代以双鋬鬲为主的陶器传统逐渐为蛇纹鬲为主的朱开沟文化所取代，晋陕高原与晋南社会物质文化传统的差异比龙山时代更加显著[33]。在西河西侧，石峁都邑的衰落与遗址上蛇纹鬲的数量上升平行发生[34]。在西河东侧，碧村遗址在相当于二里头时代早期（约公元前 1900～前 1700 年）由盛转衰，仪式建筑空间结构也发生变动[35]。

在吕梁腹地石楼，曹大志指出当地二里头时期陶器传统与殷墟时代当地的李家崖文化在陶质、陶色、纹饰等方面高度近似，并与吕梁山以东的白燕四期文化（又称东太堡类型）有显著联系。这种以高领长颈鬲为代表的晋中北地区陶器传统在二里头时期的太原盆地、忻定盆地和长治盆地特别发达，并在吕梁地区与西河西侧的朱开沟文化并行[36]。刘绪指出，二里头时代在忻定盆地、太原盆地和长治盆地发达的白燕四期（或东太堡类型）陶器传统与太行以东的下七垣文化和以北的朱开沟文化都存在相似性[37]。与龙山时代晋南与黄土高原在物质文化方面的紧密联系相比，二里头时代的黄土高原社会在陶器方面与基于河南的二里头文化传统差异显著——高原社会以鬲、斝、蛋形瓮为主，河南则是盆形鼎、深腹罐的世界[38]。河东、河内两地都是高地陶器传统与来自河南的二里头文化交汇之处。

从公元前 2 世纪中叶开始，商代政治中心的移动可以概括为河内→河南→河内——早商二里岗文化扩张以河南郑州为中心，整合河东与河内，晚商则河内独大，基本放弃河东与河南。从殷墟、二里岗的陶器传统上溯，可以确认"在豫北和河北省中南部，相当于二里头文化晚期时是先商文化，即邹衡先生所谓漳河型与辉卫型，李伯谦先生所谓下七垣文化"[39]。漳河与辉卫都在河内东部，因此先商势力曾在河内东部，隔沁水与河内西部的二里头文化对峙。

基于对陶器传统的分析，邹衡指出，商人崛起轨迹的第一步是太行两翼的东西移动——从太原盆地，经过太行诸陉进入河内，为冀州之内的迁移[40]。在二里头时代鹤壁刘庄墓地的发掘显示，下七垣文化传统、来自晋中的白燕四期文化传统、来自晋南的东下冯文化传统在先商聚落中共存，显示商文明起源的文化多元性。在黄河以南，豫东岳石文化、下七垣文化和二里头文化交汇区随着二里头文化分布范围的退缩逐渐向西推移[41]。到二里头文化四期，三种物质文化传统已经在郑州一带共存，形成具有下七垣文化与岳石文化混合特征的南关外下层文化遗存[42]。第二步是从河内跨越南河进入河南，在豫东到郑州一带与岳石文化所代表的东方势力结盟，最终西进洛阳盆地取代二里头政权。在这个轨迹中，下七垣文化陶器传统指向河内，豫东下七垣与岳石文化交汇区则指向传说地理中的先商故地商丘。在公元前 2 世纪中叶出现在河南的两个物质文化传统都与当地的二里头文化存在显著区别。

早商政权在洛阳盆地内外建立偃师（约 300 万平方米）和郑州（约 1500 万平方米），河南因此成为早商政权的中心舞台。支持政权兴替的考古证据来自二里头与二里岗两个陶器传统的显著差异，正如刘绪指出"二里头遗址基本不见典型的二里岗下层单位，偃师商城也基本不见典型的二里头四期单位"[43]。偃师与郑州两处都邑虽然位于河南，其物质文化传统却来自黄河北岸河内的下七垣文化，与河南当地的二里头文化传统没有连续性[44]。此后，从郑州、偃师，到二里岗文化向四方扩张建立的藁城台西、济南大辛庄、鹿邑栾台、阜阳台家寺、黄陂盘龙城、荆州荆南寺、岳阳铜鼓山、石门皂市、商洛东龙山、西安老牛坡、耀县（现耀州区）北村、焦作府城、辉县孟庄、太谷白燕、汾阳杏花村、忻州尹村等遗址，早商腹地与外围重镇的文化联系都是通过二里岗文化陶鬲的时空分布衔接。早商政权从物质文化上看是河内传统，政治空间传统则延续二里头建立的豫州（河南）中心格局。

在冀州境内，刘绪指出"二里岗下层文化在北方的分布范围限于今山西南部、河北中南部与河南北部，基本与古冀州之域相合"[45]。在河东，早商的扩张基本遵循了二里头政权的路径。因此在东下冯、西吴壁、垣曲等河东遗址出现的早商聚落都与二里头时代聚落相邻或重叠。东下冯（约 25 万平方米）城内发现四五十座纵横排列的圆形建筑，显示存在集中管理的大规模仓储设施。二里岗时代的西吴壁、千金耙、东下冯等晋南遗址依然以铜盐等矿业活动为主[46]。其中，西吴壁二里头、二里岗文化时代聚落面积皆在约 70 万平方米左右，并存在冶铜活动，是晋南最大的青铜时代早期聚落[47]。西吴壁墓地发现二里岗下层（公元前 16 世纪～前 15 世纪）十六座晋南早商高级贵族大墓，其中 M16 大墓拥有两位殉人，随葬青铜礼器、绿松石镶嵌、玉、陶、贝、漆器等。大中型墓葬随葬鼎（或鬲）、斝、爵铜（或陶）礼器组合。其中典型商式、晋南土著传统与黄土高原传统陶鬲共存[48]。这些早商晋南聚落通过垣曲商城、平陆前庄等古道沿线遗址与位于河南的郑州相连。平陆前庄发现的铜方鼎等重要器物，与郑州窖藏基本相同。

太行两翼社会自二里头时代就已经存在的频繁互动，导致崛起于太行东麓的商文化快速扩散至太行西麓诸盆地[49]。二里岗上层文化时期，早商势力已经到达与河内相邻的晋东南长治盆地，并沿汾河北上，到达晋中太原盆地（白燕、杏花村）、晋北忻州盆地（尹村）（图三）。向西，二里岗上层文化分布达到西河两岸，向北则到达壶流河流域，出现不同物质文化传统犬牙交错的分布格局[50]。曹大志的研究显示，在二里头时代的晋中曾经相当繁盛的白燕四期文化，"进入二里岗时期后在山西高原的大部分地方急剧地衰落，在晋中的白燕等遗址则经历了二里岗文化的强烈影响"[51]。在吕梁以东的高原河谷中，频繁出现高地传统陶器与来自河内的早商传统陶器杂糅的状态，例如太原盆地中的白燕五期和杏花村六期遗存[52]。在吕梁山腹地的三川河上游，离石后石墓地早商时代 M32 和 M21（约公元前 16 世纪～前 14 世纪）是晋陕高原已知规模最大、等级最高的墓葬。M32 墓室内共发现六具殉人，形制均为土坑竖穴墓，墓底无腰坑，出土器物包括来自高地龙山陶器传统的三足瓮残片。M32 出土柳叶形青铜短剑具有北亚物质文化特征。此墓下葬之后遭到毁坏与焚烧，可能是高地社会不同势力或政权之间冲突的结果（图四）[53]。

大约在公元前 14 世纪末，商政权北渡黄河重回河内故地，定都安阳，先在洹北，后移居洹南，城市规模达到 36 平方千米。同时，在东方以外的地域都在殷商时代经历普遍退缩[54]。在晋南盆地东缘，殷商王朝沿着中条山西麓构筑防线，以抵御高地族群，守护中条山铜矿和运城盐池："酒务头和桥北均位于中条山西麓，一南一北，再往北是灵石旌介，则此三者呈南北一线，共同构成了商文化的西北屏障。"[55]晚商晋南盆地内则人口稀少："晋西南商王朝最早占领的运城、临汾两盆地已不见商文化存在，而且在晚商时期也不见其他任何考古学文化遗存，似乎成为无人区。运城和临汾两地区是山西省考古工作开展最早、最多的地区，专古学文化编年序列自仰韶文化以来，基本齐全，唯独缺少殷墟阶段遗存。这当然不是考古工作开展少的缘故，应属客观实际。"[56]太行山西麓殷墟文化分布区仅有临近河内的长治盆地[57]。

早商王朝统治中心所在的河南也在晚商经历人口衰落："在黄河以南，河南省洛阳以西同样缺少这一阶段的文化遗存。往东即使到郑州一带，晚商遗存，特别是相当于殷墟三、四期时的遗存，发现也极少。"[58]从冀州视角来看，曾经据有河内、河东、河南三河之地的商王朝在殷墟时代回归河内，放弃河东与河南。后世文献中殷商与河

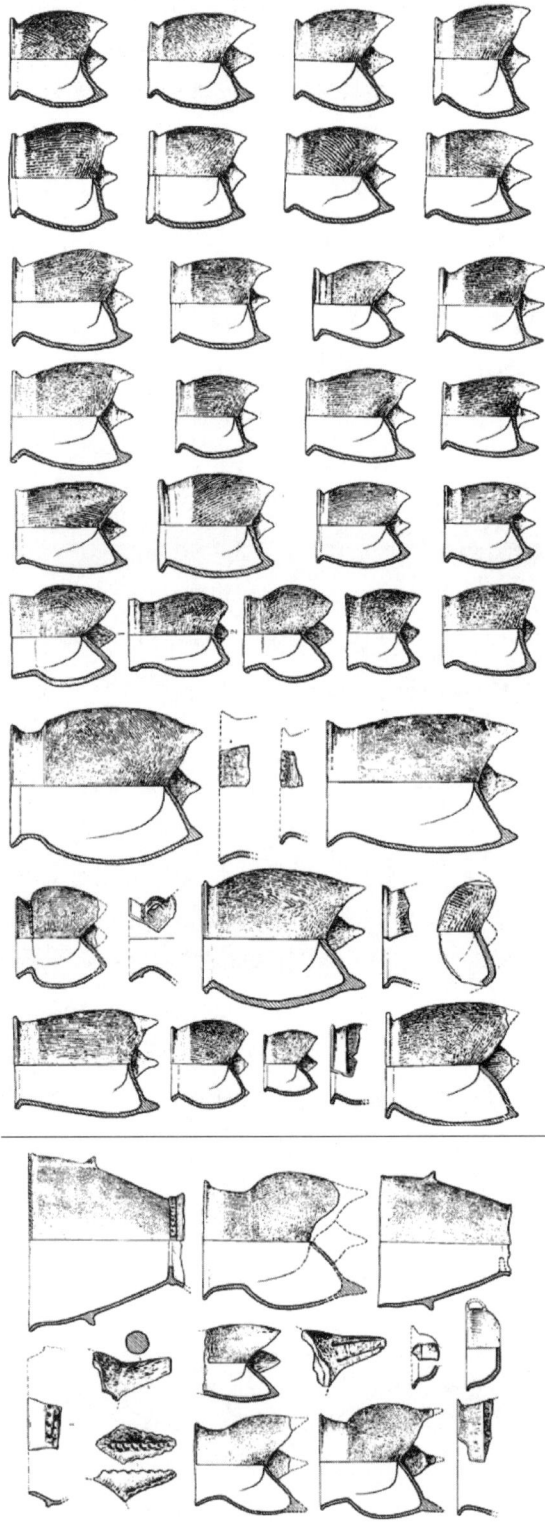

图三　太原盆地杏花村公元前 2 世纪中叶陶鬲两类型

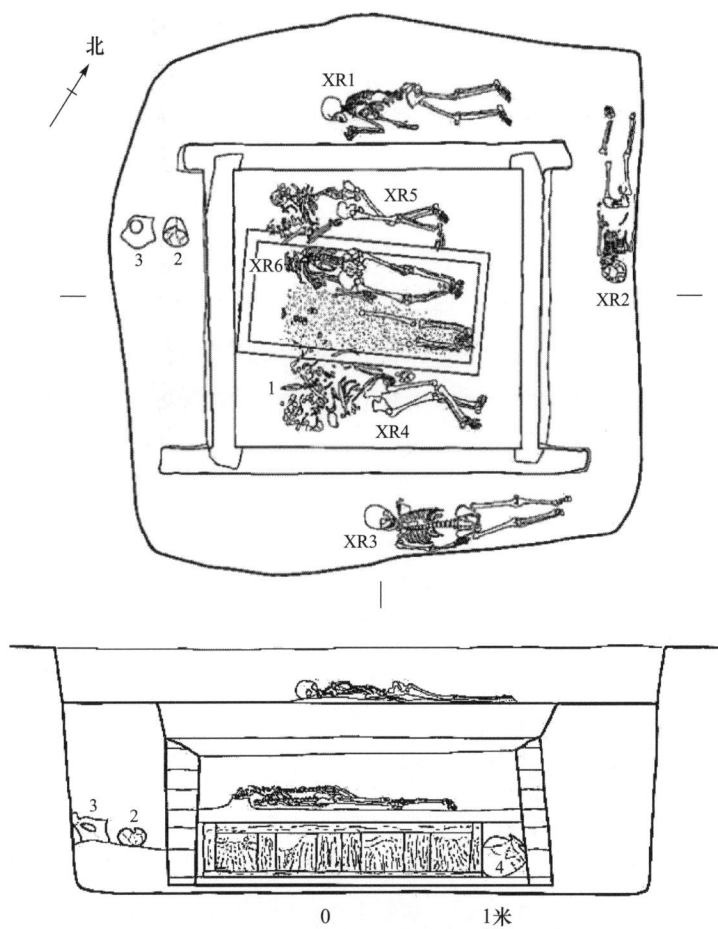

图四　离石后石墓地早商时代 M32 大墓平、剖面图

内的紧密联系在此时形成，例如《史记·孙子吴起列传》说"殷纣之国，左孟门，右太行，常山在其北，大河经其南"。

晚商时代的西河两岸黄土高原已经是甲骨文中舌方、土方、羌方等高地方国的天下，传世文献称这些政治势力为鬼方[59]。在西河西侧，朱开沟文化传统为西坬渠类型所继承，其陶器群主体依然是蛇纹鬲[60]。戈壁与北亚外贝加尔地区遗址发现的蛇纹鬲显示北亚渔猎牧人传统与黄土高原农牧传统之间存在持续的互动[61]。在西河东侧的汾河右岸及吕梁山区，晚商时代为以长颈鬲为代表的李家崖文化所主导，并出现林遮峪、桃花庄、二郎坡、后兰家沟等墓地[62]。曹大志认为李家崖文化源头是："向西发展的白燕四期文化，它在二里头时期开始出现于黄土丘陵东部，可能在二里岗时期受到中原早期国家的压迫向西发展，在洹北至殷墟时期演变为李家崖文化。"[63]清涧李家崖、清涧辛庄、柳林高红等李家崖文化中心聚落中均发现有夯土建筑或大型宫殿基址。辛庄以东的清涧寨沟出土晚商时代"甲"字形大墓，可能属于高地方国的领袖人物。高红遗址发现二十多个夯土基址，大得堪比殷墟宫殿[64]。从高红遗址沿三川河上溯约五十千米就是早商时代的后石墓地，可能三川河流域一直是吕梁山土著集团的腹地[65]。这些晚商时代高地社会既拥有北方造型的青铜器，又有来自殷商作坊的产品[66]。在太原盆地，晋中杏花村墓地陶器相当于殷墟一期，并与河内殷商传统基本一致[67]。晋中地区"相当于殷墟三、四期的考古学文化尚未辨识出来"，当地社会与商文化的关系也未知[68]。在黄土高原北线，从张家口到京津一带分布的是源出高地陶器传统的围坊一期文化，并出现具有北方特征并杂糅各种物质文化特征的平谷刘家河大墓[69]。

在公元前2世纪末，崛起于关中的周人，先后穿越河东与河内，征服河内殷商腹地。周人灭商后，早期中国政治中心从东方的河内西移到属于雍州的关中。同时，以《左传》为代表的文献传统描述周王朝在河东夏墟封建唐（晋）侯，迁入怀姓九宗（鬼方）人口来充实晋南盆地，在河南"有夏之居"营建洛邑，从安阳迁入殷遗民充实洛阳盆地，在河内"殷墟"建立卫国，监视殷商故地，三河之地全入囊中。从考古空间上看，三处重镇分别对应浚县辛村、天马-曲村、洛阳北窑三处西周聚落遗址与贵族墓地，又分别对应安阳殷墟（河内）、陶寺代表的晋南龙山社会（河东）、二里头（河南）三个在商周鼎革之前一千年间先后显赫一时的政治中心[70]。晋南和洛阳两个盆地的情况尤为明显，龙山与二里头分别代表两个盆地千年之间最为辉煌的时代，在周初已经是沉寂数百年的空无人区。周人以夏墟遗产为名重建中原腹地晋南与洛阳两个人口稀少的盆地社会，填补了周邦腹地关中和殷商腹地河内之间距离辽远带来的分裂威胁[71]。

三河之外，王朝建立鲁、齐等国经略其东方版图，属于九州传说地理中的青州和徐州，相关考古遗址为高青陈庄和曲阜鲁故城的发现所代表[72]。周人又在江汉建立随（曾）等"汉阳诸姬"控制荆州，考古遗迹为随州叶家山曾侯墓地所代表[73]。虽然周人在黄土高原西部设置了姚河塬等重镇，晋陕高原整体却经历人口下降[74]。曹大志的调查显示，西周时期高原上聚落稀少，铜器埋藏也终止于此时，"除了陕北地区的南缘，整个黄土丘陵都未见有西周早期和中期文化因素的陶片，西周晚期的陶片也只有零星发现。这有力地说明，黄土丘陵在西周的大部分时间内人口稀少，只是到了西周晚期人口才渐渐恢复"[75]。这些现象或与先周建立时期高原人口南迁进入关中盆地与叔虞封唐时将属于鬼方的怀姓九宗迁入晋南盆地等一系列事件有关。晋南大河口墓地与横水墓地出现的壁龛墓、俯身葬等做法，晋南贵族妇女墓中具有朱开沟传统的陶器都可能是相关证据[76]。

三、文献中晋南传统的知识来源

基于以上的考古时空框架，我们可以看到文献传统中三河之地历史叙事的知识来源。20世纪50年代徐旭生选择以晋南和嵩洛两地作为夏墟考察首要目标，以及二里头与陶寺的先后发现，都在这些文献线索指导下发生[77]。河东与河南两地青铜时代早期社会的关系，也随着 ¹⁴C 测年数据的完善和考古学文化谱系的发展逐渐明晰。二里头20 世纪 80 年代 ¹⁴C 测年数据基本覆盖夏纪年全部（公元前 20 世纪～前 16 世纪），支持邹衡二里头代表夏文明全部的观点。据此，刘绪指出二里头文化东下冯类型就是晋南夏墟的考古遗迹："在二里岗下层文化之前，运城和临汾两地区属二里头文化东下冯类型的分布范围，典型遗址就是夏县东下冯和襄汾大柴。这两个地区又是文献所记真正的'夏墟'所在，其中夏县还有安邑、鸣条之地。目前所知，二里岗下层文化和东下冯类型的分布范围基本重合，临汾以北（以霍太山为界）二者都没有发现。学术界较普遍认为二里头文化东下冯类型即夏文化，若此，则商人在占领太行山以西时，彻底占领了夏王朝故地。"[78] 资源是二里头扩张到晋南的主要动机："商王朝早期何以对'夏墟'之地重视非常，目的主要有二：一是掌控夏人。此乃情理中事，势所必然；二是占有资源。中条山之铜与解州之盐不能不是觊觎之物。"[79] 由于东下冯类型属于二里头文化的晋南传统，因此晋南盆地与洛阳盆地共属夏地，由位于河南的二里头政权所主导。

在夏商周断代工程的系统测年之后，龙山—二里头年代普遍下调，二里头无法覆盖夏纪年全部，而龙山时代已经进入文献传统中的夏纪年。于是出现两个解决方案，刘绪指出第一个方案是在中原龙山文化中寻找早期夏文化："不管'夏文化'下限断在何处，无论是上世纪的 ¹⁴C 测年，还是本世纪的 ¹⁴C 测年，二里头文化一期或新砦期的测年结果都达不到公元前 21 世纪，所以，不少学者把中原地区龙山文化晚期视作早期夏文化。"[80] 中原龙山文化中又以河南龙山文化为主要线索。刘绪概括《夏商周断代工程 1996～2000 年阶段成果报告简本》对夏文化的判断："其中关于夏代的历史年代，《简本》估定在公元前 2070～前 1600 年之间，与传统看法相同。关于夏文化和早商文化，则认为河南龙山文化晚期和二里头文化一至四期是夏文化，以郑州商城和偃师商城为代表的二里岗文化是早商文化。"[81]

第二个方案是缩短夏纪年。刘绪指出："有关夏代积年，学界多相信古本《竹书纪年》之说，即'自禹至桀十七世，有王与无王，用岁四百七十一年'。"夏代十四世十七王，每世平均近三十四年，年代过长，"若三代每世平均按 20 或 23 年计算，夏代始于公元前 18 世纪～前 19 世纪是很有可能的，这与 ¹⁴C 新的测年结果亦大致吻合"[82]。这个方案维持邹衡视二里头为夏文化全部的传统，放弃文献传统中"用岁四百七十一年"的夏纪年。同时，刘绪也指出，其他文献有禹至桀三十一世之说。

无论是以王城岗—新砦—二里头为夏史，还是以二里头为夏史，两个解释方案都支持以豫州（河南）为中心的政治秩序。第一方案将晋南龙山社会排除在早期夏文明的轨迹之外。第二方案将东下冯类型视为二里头政权在晋南的外围据点——作为资源输出地区存在，没有政治主导地位。因此，当今王城岗—新砦—二里头为夏史的考古学框架无法解释文献传统中以冀州（河东）为核心区域的结构性特征。同样，早商

（二里岗文化）和晚商（殷墟文化）政权分别代表河南与河内视角，与河东中心的冀州政治空间格局并不兼容。晚商时代晋南基本是无人区，更不可能是晋南中心政治秩序的知识来源。

作为一个文献现象，夏文明是存在于两周经典文献中的文化传统，因此我们应该关注文献传统中内在的结构性特征与知识基础。基于冀州与河东在传说地理中的主导性特征，理解晋南视角的知识来源是整合考古与文献传统的关键。当今考古学测年框架中，晋南龙山传统向二里头的转折可以支持冀州（河东）在古史传说地理中主导地位，以及豫州（河南）政权的崛起。在四个中原地理单元中，考古所见陶寺→二里头→下七垣/殷墟→周原/丰镐/洛邑/天马-曲村所代表的三代空间秩序，与古史中河东（冀州）→河南（豫州）→河内（冀州）→关中（雍州）+河南（豫州）+河东（冀州）的时空秩序基本平行[83]。

先秦文献中以冀州为先的天下观念凸显出晋南在三代文明传统中的主导地位，其中晋南、唐（陶唐）、冀方、夏墟几个空间概念紧密相连，构成冀州之核心。在叔虞封唐之前千年之间，陶寺所处的龙山时代是河东唯一占据主导地位的时期。以双耳罐和空三足器所代表的高地龙山社会互动网络，连接甘肃与太行之间的广阔地区，横跨九州传说地理中冀、雍、梁三州。同时，高地龙山社会是东亚、北亚、中亚三个互动圈交汇之处，因此成为早期中国向青铜时代转折的前沿。这些都赋予晋南龙山社会独特的政治与文化地位。

二里头与二里岗时期都是以豫州域内河南为政治中心，完成对晋南地区的经济与政治整合——河东始终是资源输出地。黄土高原之上，即使在早商二里岗文化扩张的巅峰时期，也始终缺乏全面的文化整合。殷墟时代更是河内独大，河东、河南皆为空地，与黄土高原上李家崖文化所代表的政治势力基本处在敌对状态。

周人叔虞封唐的历史叙事强调了河东（晋南）、唐（有此冀方）、夏墟之间的时空联系。叔虞进入的是晚商以来人烟稀少的晋南盆地，周人没有理由为一片旷野而系统性地营造一套以晋南为中心的历史观包括在晋国使用夏历。千年之前的晋南龙山都邑的遗产，依然通过历史山川、传世古物、遗民口述等多重方式传承，成为封建唐侯的坐标[84]。同时，虽然洛阳盆地在二里头时代终结之后已经沉寂数百年，周人以为"天下之中，有夏之居""四方入贡道里均"的理由建立洛邑的说法，则是基于洛阳盆地中二里头政权的政治遗产，形成"周人都河南"的豫州中心空间观念。此后，周人建构起来的冀州（以晋南盆地为中心）、豫州（以洛阳盆地为中心）、雍州（以关中盆地为中心）空间组合成为秦汉帝国核心区域的基本结构，汉武帝据此诏告天下："祭地冀州，瞻望河洛，巡省豫州，观于周室。"（《汉书·武帝纪》）

注　　释

[1]　李零：《山西考古断想》，《文物季刊》2022 年第 1 期。

［2］ 刘绪：《夏商周考古》，山西人民出版社，2021 年，第 41 页。

［3］ 段宏振：《商族起源东方说的困境与突围》，《中国社会科学报》2023 年 4 月 3 日。

［4］ 徐旭生：《1959 年夏豫西调查"夏墟"的初步报告》，《考古》1959 年第 11 期。

［5］ 文献传统中有将冀州沿卫河划分为冀、并两州的说法，而且并州之名已存在于《逸周书》《周礼》中。本文使用的是《禹贡》冀州边界。

［6］ 山西省临汾行署文化局、中国社会科学院考古研究所山西工作队：《山西临汾下靳村陶寺文化墓地发掘报告》，《考古学报》1999 年第 4 期；中国社会科学院考古研究所、山西省临汾市文物局：《襄汾陶寺——1978～1985 年考古发掘报告》，文物出版社，2015 年；中国国家博物馆田野考古研究中心、山西省考古研究所、运城市文物保护研究所：《运城盆地东部聚落考古调查与研究》，文物出版社，2011 年；中国国家博物馆田野考古研究中心、山西省考古研究所、运城市文物保护研究所：《山西绛县周家庄遗址 2007～2012 年勘查与发掘简报》，《考古》2015 年第 5 期；中国国家博物馆田野考古研究中心、山西省考古研究所、运城市文物保护研究所：《山西绛县周家庄遗址居址与墓地 2007～2012 年的发掘》，《考古》2015 年第 5 期；中国国家博物馆田野考古研究中心、山西省考古研究所、运城市文物保护研究所：《山西绛县周家庄遗址 2013 年发掘简报》，《考古》2018 年第 1 期；何驽：《对于陶寺文化晚期聚落形态与社会变化的新认识》，《新世纪的中国考古学（续）——王仲殊先生九十华诞纪念论文集》，科学出版社，2015 年，第 158～171 页；戴向明：《中国史前社会的阶段性变化及早期国家的形成》，《考古学报》2020 年第 3 期。

［7］ 山西省考古研究所、运城市文物工作站、芮城县旅游文物局：《清凉寺史前墓地》，文物出版社，2016 年。

［8］ 中国社会科学院考古研究所：《陕西西安太平》，《中国文物报》2023 年 4 月 7 日。

［9］ 孙周勇：《公元前第三千纪北方地区社会复杂化过程考察——以榆林地区考古资料为中心》，《考古与文物》2016 年第 4 期；邵晶：《试论石峁城址的年代及修建过程》，《考古与文物》2016 年第 4 期；孙周勇、邵晶、邸楠：《石峁文化的命名、范围及年代》，《考古》2020 年第 8 期。

［10］ 山西省考古研究所、兴县文物旅游局：《2015 年山西兴县碧村遗址发掘简报》，《考古与文物》2016 年第 4 期；山西省考古研究所、山西大学历史文化学院考古系、兴县文物旅游局：《2016 年山西兴县碧村遗址发掘简报》，《中原文物》2017 年第 6 期；王晓毅：《山西吕梁兴县碧村遗址出土玉器管窥》，《故宫博物院院刊》2018 年第 3 期；王辉、王晓毅、张光辉：《山西兴县碧村遗址聚落选址的地貌背景》，《南方文物》2021 年第 5 期；内蒙古自治区文物考古研究院：《内蒙古清水河后城咀龙山时代石城瓮城发掘述要》，《考古与文物》2022 年第 2 期；山西省考古研究院：《山西林遮峪遗址发现龙山时期石城等重要遗迹》，《中国文物报》2020 年 8 月 7 日。

［11］ 国家文物局、山西省考古研究所、吉林大学考古学系：《晋中考古》，文物出版社，1998 年；杨慧：《龙山晚期至商代晋陕高原地区考古学文化格局和谱系研究》，山东大学硕士研究生学位论文，2023 年。

［12］ 邵晶：《石峁遗址与陶寺遗址的比较研究》，《考古》2020 年第 5 期；田建文：《陶寺、石峁的夏代遗存》，《华夏考古》2022 年第 6 期。

［13］ 中国科学院考古研究所安阳工作队：《1972 年春安阳后冈发掘简报》，《考古》1972 年第 5 期；中国社会科学院考古研究所安阳工作队：《安阳后冈新石器时代遗址的发掘》，《考古》1982 年

第 6 期；中国社会科学院考古研究所安阳工作队：《1979 年安阳后冈遗址发掘报告》，《考古学报》1985 年第 1 期；中国社会科学院考古研究所安阳队：《安阳大寒村南岗遗址》，《考古学报》1990 年第 1 期；河南省文物考古研究所：《辉县孟庄》，中州古籍出版社，2003 年；毋建庄、邢心田、韩长松等：《河南焦作徐堡发现龙山文化城址》，《中国文物报》2006 年 12 月 29 日；河南省文物管理局南水北调文物保护办公室、山东大学考古系：《河南博爱县西金城龙山文化城址发掘简报》，《考古》2010 年第 6 期。

[14]　安阳地区文物管理委员会：《河南汤阴白营龙山文化遗址》，《考古》1980 年第 3 期；河南省安阳地区文物管理委员会：《汤阴白营河南龙山文化村落遗址发掘报告》，《考古学集刊》（第三集），中国社会科学出版社，1983 年。

[15]　河南省文物考古研究所：《禹州瓦店》，世界图书出版公司，2004 年；河南省文物研究所：《登封王城岗与阳城》，文物出版社，1992 年；北京大学考古文博学院、河南省文物考古研究所：《登封王城岗考古发现与研究（2002～2005）》，大象出版社，2007 年；〔澳〕刘莉著，陈星灿、乔玉、马萧林等译：《中国新石器时代：迈向早期国家之路》，文物出版社，2007 年；河南省文物考古研究所、平顶山市文物局：《河南平顶山蒲城店遗址发掘简报》，《文物》2008 年第 5 期；张海：《公元前 4000 至前 1500 年中原腹地的文化演进与社会复杂化》，北京大学博士研究生学位论文，2007 年；北京大学震旦古代文明研究中心、郑州市文物考古研究院：《新密新砦：1999～2000 年田野考古发掘报告》，文物出版社，2008 年。

[16]　谢端琚：《论中国史前卜骨》，《史前研究——西安半坡博物馆成立四十周年纪念文集（1958～1998）》，三秦出版社，1998 年；〔澳〕刘莉著，陈星灿、乔玉、马萧林等译：《中国新石器时代：迈向早期国家之路》，文物出版社，2007 年；孙波：《聚落考古与龙山文化社会形态》，《中国社会科学》2020 年第 2 期；庞小霞：《中国出土新石器时代绿松石器研究》，《考古学报》2014 年第 2 期；栾丰实：《试论陕北和晋南的龙山时代玉器——以石峁、碧村和陶寺为例》，《中原文物》2021 年第 2 期。

[17]　张弛：《龙山化、龙山时期与龙山时代——重读〈龙山文化和龙山时代〉》，《南方文物》2021 年第 1 期。

[18]　河南省文物考古研究院、平顶山市文物局、叶县文化广电和旅游局：《河南叶县余庄遗址 M10 发掘简报》，《华夏考古》2022 年第 4 期。

[19]　铜铃见中国社会科学院考古研究所、山西省临汾市文物局：《襄汾陶寺——1978～1985 年考古发掘报告》，文物出版社，2015 年，第 666、667 页；镂空铜璧见高江涛、何努、田建文：《山西省襄汾县陶寺遗址大型建筑基址》，《考古中国重大项目成果（2018～2020）》，文物出版社，2021 年，第 34 页；铜蟾蜍见中国社会科学院考古研究所、临汾市旅游发展委员会：《中国陶寺遗址出土文物集萃》，天津古籍出版社，2018 年。

[20]　彭柯、朱岩石：《中国古代所用海贝来源新探》，《考古学集刊》（第十二集），中国大百科全书出版社，1999 年；李水城：《西北与中原早期冶铜业的区域特征及交互作用》，《考古学报》2005 年第 3 期；李水城：《耀武扬威：权杖源流考》，上海古籍出版社，2021 年；李旻：《天下之九州：龙山社会与龙山世界》，《考古学研究（十五）：庆祝严文明先生九十寿辰论文集》，文物出版社，2022 年。

[21]　〔法〕史宝琳（Pauline Sebillaud）：《中原地区公元前三千纪下半叶和公元前两千纪的聚落分布

研究》，吉林大学博士研究生学位论文，2014 年。

[22] 中国社会科学院考古研究所：《偃师二里头：1959 年～1978 年考古发掘报告》，中国大百科全书出版社，1999 年；陈星灿、刘莉、李润权等：《中国文明腹地的社会复杂化进程——伊洛河地区的聚落形态研究》，《考古学报》2003 年第 2 期；中国社会科学院考古研究所：《二里头（1999～2006）》，文物出版社，2014 年；中国社会科学院考古研究所、中澳美伊洛河流域联合考古队：《洛阳盆地中东部先秦时期遗址：1997～2007 年区域系统调查报告》，科学出版社，2019 年；刘莉、陈星灿：《中国考古学：旧石器时代晚期到早期青铜时代》，生活·读书·新知三联书店，2017 年。

[23] 许宏、刘莉：《关于二里头遗址的省思》，《文物》2008 年第 1 期；张天恩：《试论关中东部夏代文化遗存》，《文博》2000 年第 3 期；张天恩：《二里头文化青铜铸造业发展基础管窥》，《西部考古》（第二辑），三秦出版社，2007 年；张天恩：《论关中东部的夏代早期文化遗存》，《中国历史文物》2009 年第 1 期；张天恩：《关中商代文化研究》，文物出版社，2004 年；宋建：《二里头文化中的南方因素》，《二里头遗址与二里头文化研究》，科学出版社，2006 年；段天璟：《二里头文化时期渭河流域的文化变迁——从"老牛坡类型远古文化"遗存谈起》，《中原文物》2006 年第 6 期；吴倩：《试论二里头文化的来源》，郑州大学硕士研究生学位论文，2007 年；韩建业：《论二里头青铜文明的兴起》，《中国历史文物》2009 年第 1 期；许宏：《最早的中国》，科学出版社，2009 年；陕西省考古研究院、商洛市博物馆：《商洛东龙山》，科学出版社，2011 年；戴向明：《陶寺、石峁与二里头——中原及北方早期国家的形成》，《夏商都邑与文化（二）：纪念二里头遗址发现 55 周年学术研讨会论文集》，中国社会科学出版社，2014 年；孙周勇、邵晶：《石峁遗址皇城台大台基出土石雕研究》，《考古与文物》2020 年第 4 期。

[24] 胡博：《齐家与二里头：远距离文化互动的讨论》，《远方的时习——〈古代中国〉精选集》，上海古籍出版社，2008 年；李水城：《东风西渐：中国西北史前文化之进程》，文物出版社，2009 年；宫本一夫：《二里头遗址二里头文化至二里岗文化过渡期的青铜器生产》，《南方文物》2019 年第 2 期。

[25] 郑州市文物考古研究所、北京大学考古文博学院：《河南巩义市花地嘴遗址"新砦期"遗存》，《考古》2005 年第 6 期；张莉：《从龙山到二里头——以嵩山南北为中心》，北京大学博士研究生学位论文，2012 年。

[26] 张莉：《从龙山到二里头——以嵩山南北为中心》，北京大学博士研究生学位论文，2012 年；张莉：《文献之外的夏代历史——考古学的视野》，《中国文化研究》2018 年第 3 期。

[27] 顾万发主编、郑州市文物考古研究院编著：《新郑望京楼》，科学出版社，2016 年；郑州市文物考古研究所：《郑州大师姑（2002～2003）》，科学出版社，2004 年；郑州市文物考古研究院、河南省文物管理局南水北调文物保护办公室：《荥阳娘娘寨遗址二里头文化遗存发掘简报》，《中原文物》2014 年第 1 期；郑州市文物考古研究院、北京大学考古文博学院：《郑州市高新区东赵遗址小城发掘简报》，《考古》2021 年第 5 期；庞小霞：《二里头文化时期的东方》，《华夏考古》2022 年第 6 期。

[28] 郑州大学文博学院、开封市文物工作队：《豫东杞县发掘报告》，科学出版社，2000 年；郑州大学历史学院考古系、张国硕、赵俊杰：《民权牛牧岗与豫东考古》，科学出版社，2013 年；

郑州大学考古专业、开封市文物工作队、杞县文物管理所：《河南杞县鹿台岗遗址发掘简报》，《考古》1994 年第 8 期；河南省文物研究所：《河南鹿邑栾台遗址发掘简报》，《华夏考古》1989 年第 1 期；北京大学考古系、商丘地区文管会：《河南夏邑清凉山遗址发掘报告》，《考古学研究》（四），科学出版社，2000 年；庞小霞：《二里头文化时期的东方》，《华夏考古》2022 年第 6 期。

［29］ 栾丰实：《二里头遗址中的东方文化因素》，《华夏考古》2006 年第 3 期；〔澳〕刘莉著，陈星灿、乔玉、马萧林等译：《中国新石器时代：迈向早期国家之路》，文物出版社，2007 年；向桃初：《二里头文化向南方的传播》，《考古》2011 年第 10 期；河南省文物考古研究所：《伊川考古报告》，大象出版社，2012 年；郑州大学历史文化遗产保护研究中心编著，韩国河、张继华主编：《登封南洼：2004～2006 年田野考古报告》，科学出版社，2014 年；张弛：《龙山—二里头——中国史前文化格局的改变与青铜时代全球化的形成》，《文物》2017 年第 6 期；庞小霞：《二里头文化时期的东方》，《华夏考古》2022 年第 6 期。

［30］ 中国社会科学院考古研究所山西工作队：《山西襄汾县大柴遗址发掘简报》，《考古》1987 年第 7 期；刘绪：《东下冯类型及其相关问题》，《中原文物》1992 年第 2 期；刘绪：《夏商周考古探研》，科学出版社，2014 年；刘绪：《夏商周考古》，山西人民出版社，2021 年。

［31］ 中国历史博物馆考古部、山西省考古研究所、垣曲县博物馆：《垣曲商城（一）：1985～1986 年度勘查报告》，科学出版社，1996 年；中国国家博物馆田野考古研究中心、山西省考古研究所、垣曲县博物馆：《垣曲商城（二）：1988～2003 年度考古发掘报告》，科学出版社，2014 年。

［32］ 曹大志：《李家崖文化遗址的调查及相关问题》，《中国国家博物馆馆刊》2019 年第 7 期，第 70 页。

［33］ 内蒙古自治区文物考古研究所、鄂尔多斯博物馆：《朱开沟——青铜时代早期遗址发掘报告》，文物出版社，2000 年；魏坚、冯宝：《试论朱开沟文化》，《考古学报》2020 年第 4 期。

［34］ 陕西省考古研究院、榆林市文物考古勘探工作队、神木县石峁遗址管理处：《陕西神木县石峁城址皇城台地点》，《考古》2017 年第 7 期；陕西省考古研究院、榆林市文物考古勘探工作队、神木市石峁遗址管理处：《石峁遗址皇城台地点 2016～2019 年度考古新发现》，《考古与文物》2020 年第 4 期；陕西省考古研究院、榆林市文物考古勘探工作队、神木市石峁遗址管理处：《陕西神木石峁遗址皇城台"蛇纹鬲"遗存石砌院落发掘简报》，《考古与文物》2022 年第 2 期。

［35］ 山西省考古研究院：《山西兴县碧村遗址》，《中国文物报》2023 年 4 月 7 日。

［36］ 曹大志：《李家崖文化遗址的调查及相关问题》，《中国国家博物馆馆刊》2019 年第 7 期，第 71 页。

［37］ 刘绪：《夏商周考古探研》，山西人民出版社，2021 年，第 178 页。

［38］ 常怀颖：《夏商时期古冀州的考古学研究（文化谱系篇）》，上海古籍出版社，2022 年，第 713 页。

［39］ 刘绪：《夏商周考古探研》，山西人民出版社，2021 年，第 50 页。

［40］ 邹衡：《夏商周考古学论文集》，文物出版社，1980 年。

［41］ 庞小霞：《二里头文化时期的东方》，《华夏考古》2022 年第 6 期。

［42］ 邹衡：《试论夏文化》，《夏商周考古学论文集》，文物出版社，1980 年，第 107、108 页；张国硕：《论夏末早商的商夷联盟》，《郑州大学学报（哲学社会科学版）》2002 年第 2 期。

［43］ 刘绪：《夏商周考古》，山西人民出版社，2021 年，第 36 页。

［44］ 赵海涛：《二里头都邑聚落形态新识》，《考古》2020 年第 8 期；许宏：《先秦城邑考古》，金城出版社、西苑出版社，2017 年。

［45］ 刘绪：《夏商周考古》，山西人民出版社，2021 年，第 50 页。

［46］ 中国社会科学院考古研究所、中国历史博物馆、山西省考古研究所：《夏县东下冯》，文物出版社，1988 年；刘绪：《东下冯类型及其相关问题》，《中原文物》1992 年第 2 期；杨建华、蒋刚：《公元前 2 千纪的晋陕高原与燕山南北》，科学出版社，2008 年。

［47］ 中国国家博物馆考古院、山西省考古研究院、运城市文物保护研究所：《山西绛县西吴壁遗址 2018～2019 年发掘简报》，《考古》2020 年第 7 期。

［48］ 中国国家博物馆等：《山西绛县西吴壁遗址商代墓地》，《中国文物报》2023 年 4 月 7 日。

［49］ 刘绪：《夏商周考古探研》，科学出版社，2014 年，第 168～172 页。

［50］ 常怀颖：《夏商时期古冀州的考古学研究（文化谱系篇）》，上海古籍出版社，2022 年。

［51］ 曹大志：《李家崖文化遗址的调查及相关问题》，《中国国家博物馆馆刊》2019 年第 7 期，第 71 页。

［52］ 刘绪：《夏商周考古探研》，科学出版社，2014 年，第 171 页；晋中考古队：《山西太谷白燕遗址第一地点发掘简报》，《文物》1989 年第 3 期，第 1～21 页。

［53］ 山西省考古研究院、吕梁市文物考古研究所：《山西离石后石商代墓葬》，《中国国家博物馆馆刊》2021 年第 12 期，第 6～15 页。

［54］ 刘绪：《夏商周考古》，山西人民出版社，2021 年，第 67、68 页。

［55］ 刘绪：《夏商周考古》，山西人民出版社，2021 年，第 65 页。

［56］ 刘绪：《夏商周考古探研》，科学出版社，2014 年，第 173 页。

［57］ 常怀颖：《夏商时期古冀州的考古学研究（文化谱系篇）》，上海古籍出版社，2022 年。

［58］ 刘绪：《夏商周考古探研》，科学出版社，2014 年，第 173 页。

［59］ 王国维：《鬼方、昆夷、獫狁考》，《观堂集林》第十三卷，中华书局，1959 年；吕智荣：《鬼方文化及相关问题初探》，《文博》1990 年第 1 期。

［60］ 张天恩：《陕北高原商代考古学文化简论》，《中国国家博物馆馆刊》2016 年第 9 期，第 18～30 页；段天璟、董霄雷：《陕北地区石峁遗址相关遗存的性质及其形成的阘谱观察》，《边疆考古研究》（第 24 辑），科学出版社，2018 年。

［61］ 刘观民：《苏联外贝加尔地区所出几件陶鬲的分析》，《中国原始文化论集——纪念尹达八十诞辰》，文物出版社，1989 年，第 371～377 页；李水城：《中国北方地带的蛇纹器研究》，《文物》1992 年第 1 期。

［62］ 陕西省考古研究院：《李家崖》，文物出版社，2013 年；曹大志：《贸易网络中的黄土丘陵》，北京大学出版社，2021 年；赵艺蓬：《晋陕高原晚商聚落新识》，《中国国家博物馆馆刊》2019 年第 10 期。

［63］ 曹大志：《李家崖文化遗址的调查及相关问题》，《中国国家博物馆馆刊》2019 年第 7 期，第 42～75 页。

［64］ 刘绪：《夏商周考古探研》，科学出版社，2014 年，第 175 页。

［65］ 山西省考古研究所：《2004 柳林高红商代夯土基址试掘简报》，《三晋考古》（第三辑），山西人民出版社，2006 年，第 116～127 页；山西省考古研究所、吕梁市文物局、柳林县文物旅游局：《山西柳林高红遗址 2007 年发掘简报》，《中原文物》2019 年第 6 期，第 4～27 页。

［66］ 戴应新：《陕北和晋西北黄河两岸出土的殷商铜器及有关问题的探索》，《考古学研究——纪念陕西省考古研究所成立三十周年》，三秦出版社，1993 年；蒋刚、杨建华：《陕北、晋西北南流黄河两岸出土青铜器遗存的组合研究》，《文物世界》2007 年第 1 期；陕西省考古研究院编著、曹玮主编：《陕北出土青铜器》，巴蜀书社，2009 年；常怀颖：《山西保德林遮峪铜器墓年代及相关问题》，《考古》2014 年第 9 期；山西省考古研究所、山西博物院编著，韩炳华主编：《晋西商代青铜器》，科学出版社，2017 年；曹大志：《贸易网络中的黄土丘陵》，北京大学出版社，2021 年。

［67］ 国家文物局、山西省考古研究所、吉林大学考古学系：《晋中考古》，文物出版社，1998 年。

［68］ 刘绪：《夏商周考古探研》，科学出版社，2014 年，第 175 页。

［69］ 北京市文物管理处：《北京市平谷县发现商代墓葬》，《文物》1977 年第 11 期；刘绪：《夏商周考古探研》，科学出版社，2014 年，第 175、176 页；常怀颖：《夏商时期古冀州的考古学研究（文化谱系篇）》，上海古籍出版社，2022 年。

［70］ 郭宝钧著、中国科学院考古研究所编：《浚县辛村》，科学出版社，1964 年；北京大学考古学系商周组、山西省考古研究所编著，邹衡主编：《天马－曲村（1980～1989）》，科学出版社，2000 年；洛阳市文物工作队：《洛阳北窑西周墓》，文物出版社，1999 年。李零根据《世本·居篇》佚文"唐叔虞居鄂"的说法指出，叔虞封地在汾水之西的鄂，燮父迁翼，到达汾东的翼城曲沃一带。鄂、翼皆属唐地。参见李零：《山西考古断想》，《文物季刊》2022 年第 1 期，第 69 页。

［71］ 李旻：《重返夏墟：社会记忆与经典的发生》，《考古学报》2017 年第 3 期。

［72］ 山东省文物考古研究所：《山东高青县陈庄西周遗存发掘简报》，《考古》2011 年第 2 期；山东省文物考古研究所、山东省博物馆、济宁地区文物组等：《曲阜鲁国故城》，齐鲁书社，1982 年。

［73］ 李学勤：《由新见青铜器看西周早期的鄂、曾、楚》，《文物》2010 年第 1 期；方勤：《曾国历史与文化——从"左右文武"到"左右楚王"》，上海古籍出版社，2018 年；湖北省博物馆、湖北省文物考古研究所、随州市博物馆：《随州叶家山——西周早期曾国墓地》，文物出版社，2013 年；湖北省文物考古研究所、随州市博物馆：《湖北随州叶家山 M111 发掘简报》，《江汉考古》2020 年第 2 期。

［74］ 宁夏回族自治区文物考古研究所、彭阳县文物管理所：《宁夏彭阳县姚河塬西周遗址》，《考古》2021 年第 8 期。

［75］ 曹大志：《李家崖文化遗址的调查及相关问题》，《中国国家博物馆馆刊》2019 年第 7 期，第 72 页。

［76］ 山西省考古研究所、运城市文物工作站、绛县文化局：《山西绛县横水西周墓发掘简报》，《文物》2006 年第 8 期；杰西卡·罗森（Jessica Rawson）、康斯坦丁·丘贡诺夫（Konstantin Chugunov）、葛觉智（Yegor Grebnev）等：《从殷墟葬式再看商文化与欧亚草原的联系》，《青铜器与金文》（第四辑），上海古籍出版社，2020 年；山西省考古研究院、临汾市文物局、翼

城县文物旅游局联合考古队等：《山西翼城大河口西周墓地一号发掘》，《考古学报》2020 年第 2 期；李零：《山西考古断想》，《文物季刊》2022 年第 1 期。

[77] 徐旭生：《1959 年夏豫西调查"夏墟"的初步报告》，《考古》1959 年第 11 期；高炜、高天麟、张岱海：《关于陶寺墓地的几个问题》，《考古》1983 年第 6 期；高炜、张岱海、高天麟：《陶寺遗址的发掘与夏文化的探索》，《中国考古学会第四次年会论文集》，文物出版社，1983 年；高天麟、张岱海、高炜：《龙山文化陶寺类型的年代与分期》，《史前研究》1984 年第 3 期；何驽：《陶寺文化谱系研究综论》，《古代文明》（第 3 卷），文物出版社，2004 年；冯时：《"文邑"考》，《考古学报》2008 年第 3 期；李旻：《层叠书就的学术史：二里头考古与夏文明探索》，《读书》2021 年第 1 期。

[78] 刘绪：《夏商周考古探研》，科学出版社，2014 年，第 170 页。

[79] 刘绪：《夏商周考古探研》，科学出版社，2014 年，第 170 页。

[80] 刘绪：《夏商周考古》，山西人民出版社，2021 年，第 19 页。

[81] 刘绪：《夏商周考古》，山西人民出版社，2021 年，第 21 页。

[82] 刘绪：《夏商周考古》，山西人民出版社，2021 年，第 34 页。

[83] 马赛：《聚落与社会：商周时期周原遗址的考古学研究》，北京大学博士研究生学位论文，2009 年；陕西省考古研究院、北京大学考古文博学院、宝鸡市周原博物馆：《周原遗址东部边缘：2012 年度田野考古报告》，上海古籍出版社，2018 年。

[84] 李旻：《西周社会历史记忆的传承与失散》，《历史记忆与考古发现》，商务印书馆，2022 年。

墓葬、城址与人群

陶寺文化老年群体墓葬研究[*]

武钰娟

（中国社会科学院大学）

陶寺遗址的考古工作迄今已经进行了四十多年，在遗址范围内曾发现或大或小数处墓葬区。目前发掘并公布的主要有两部分墓地，一部分是《襄汾陶寺——1978～1985 年考古发掘报告》（下文简称为《陶寺报告》）中揭露的位于东坡沟村西北、南沟沟头与赵王沟之间的，以早期和晚期墓葬为主的墓地[1]，另一部分，是 21 世纪初在陶寺"大城"南部的"中期小城"内发现的中期墓地[2]。许多学者对陶寺遗址墓地进行了全方位的考量，从墓葬分期及年代的研究[3]，到随葬品组合体现的等级和礼仪制度[4]，再到具体的随葬品的使用[5]、特殊遗迹现象的解读[6]，以及墓地布局背后所反映的社会组织[7]……学者们从宏观到微观不遗余力地诠释着陶寺遗址墓地所承载的古代社会的信息，为后人提供了众多可资利用的材料和参考的观点。然而，也应看到，目前对墓葬行为主体的研究多停留在随葬品差异所体现的等级、身份差别，即社会结构方面的考察上，对丧葬仪式背后所体现的社会思想的阐释是相对缺乏的。准此，本文试图利用《陶寺报告》所发表的相关材料，结合多元统计分析的数学方法，在深入挖掘陶寺遗址墓地各组成成分内在联系的基础上，希望能够揭示出陶寺社会丧葬行为中潜藏的、针对不同年龄群体的葬制差异，进而在探索陶寺文化社会心理这一方向做些尝试。

一、"老年"之界定

人的一生大致可以分为少年、青年、中年和老年四个阶段，然而，我们对老年起始年龄的界定存在着很大的分歧。这是因为老年的定义归根到底不是一个纯粹的自然和生理问题，而是一个社会科学的概念。

现代国家基本以平均预期寿命作为制定老年起始年龄的依据。1956 年，法国学者

———————

* 本文受"中华文明探源研究中原和海岱地区文明进程"课题"以陶寺遗址宫城为核心的宫室制度文明特征研究"（2020YFC1521602）资助。

皮撤（Pichat）等人受联合国委托出版了《人口老龄化及其社会经济后果》[8]一书，该书主要聚焦西方发达国家，而当时发达国家的平均预期寿命大约是 66 岁（同时期发展中国家的平均预期寿命仅有 42 岁），故书中使用 65 岁作为老年的起点。26 年后，联合国在维也纳召开的"老龄问题世界大会"提出了将 60 岁作为老年的起点，此时世界人口的平均预期寿命已上升到 66 岁[9]。

因此我们可以得出这样的结论，时代变迁和地域分化造成了平均预期寿命的差异，老年的起点便也不尽相同。同时，平均预期寿命也可以作为比较不同社会老年起始年龄的相对参数，即平均预期寿命相似的社会，其通行的老年期的起始点也大致相同。

这便为沟通史前与历史社会构建出了桥梁。根据陶寺遗址墓地中出土的可供进行骨骼鉴定的墓主可知，陶寺遗址人口的平均预期寿命为 38.45 岁[10]。而位于同一地理单元的，以曲村墓地、上马墓地、乔村墓地为基础所进行的墓地人口的自然结构研究显示，临汾盆地西周时期总人口的平均预期年龄为 33.15 岁，春秋时期总人口的平均预期年龄为 38.82 岁，战国时期总人口的平均预期年龄为 36.02 岁[11]。临汾盆地陶寺、西周、春秋、战国时段各年龄组人口构成情况基本一致（图一），所以并不存在因某一时间段某年龄层数据特殊而导致平均预期年龄失调的情况。此外，该结论充分考虑到了临汾盆地两周墓地较低的儿童死亡率（这或许与儿童埋葬区域的独立或对儿童遗体特殊的处理风俗有关），并根据现有研究将其修定为总人口的 40%。鉴于平均预期寿命与死亡率的负相关关系[12]，加之陶寺遗址人口平均预期寿命的计算未考虑到上述状况，故总体看来两周时期临汾盆地人口的平均预期寿命与陶寺文化时期相差不大。而这时与陶寺文化时期最大的不同，便在于它有文献的记载。在这一时期留下的典籍中，对于老年期生理状况，以及社会角色的转变都有所记述。

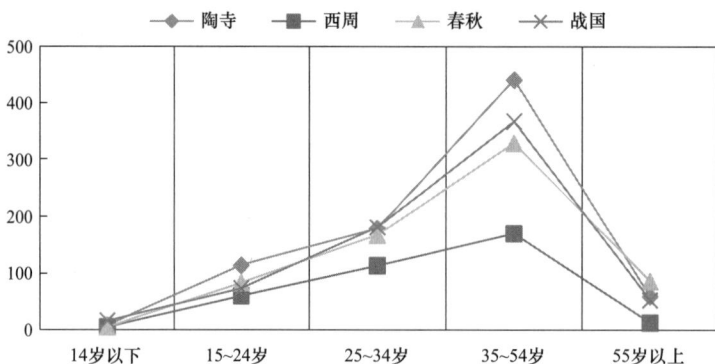

图一　临汾盆地不同时段各年龄组人口构成情况比较[13]

《礼记·曲礼》有云："五十曰艾，服官政。六十曰耆，指使。七十曰老而传。八十、九十曰耄……虽有罪，不加刑焉。百年曰期，颐。"郑玄所注："艾，老也。"[14]足见，看似以七十岁为老，但五十岁已属老年的开始，《礼记·王制》亦云："五十异粮……五十始衰……五十杖于家……五十不从力政……五十不为甸徒……五十而爵。"[15]
来自先秦的记录者对于人类身体机能、社会身份转变的捕捉自五十始：以五十岁为开
端，人的饮食需求与壮年有所不同，可在家里行拄杖之礼。庶人不再参与耕种、筑城
等劳役工作，亦不供军赋不田猎，致仕之人五十岁可被加官封爵。《礼记·王制》还有
"凡五十养于乡"[16]的规制，年满五十岁的长者，可以在地方行养老礼。

通过这些文献可见，先秦时期将五十岁作为老年期的开端，再结合这一时期考古
研究所提供的平均预期年龄数据与陶寺文化时期不大的差距，可以将陶寺文化时期的
老年初始年龄也定为五十岁。

二、陶寺文化墓葬多元统计分析

鉴于陶寺遗址陶寺文化中期墓地发表的材料并没有公布墓主人的年龄信息，因此
本文的研究对象主要集中于1978～1985年陶寺遗址墓葬区实际发掘的1309座墓葬，
排除墓葬填土、灰坑、兽洞或地层中所出的人骨，可资鉴别年龄的墓主遗骸有977个
个体，占发掘总数的74.63%。

为了更清晰地考察陶寺遗址墓葬的人口年龄结构，这里采用特殊年龄分组的方法，
根据上文的结论，将人口划分为0～14岁，15～49岁，50岁及以上3个组，即儿童少
年组、成年组和老年组。而它们在年龄结构中的占比分别为0.6%、79.3%以及20.1%。

在对墓葬数据进行量化统计分析时，由于遇到的定性变量（如年龄结构、性别、
墓葬规格等）与离散变量（如随葬品数量等）较多，无法直接进行数字计算，所以选
择交叉表，通过相对频率的考察和皮尔逊卡方检验来比较陶寺遗址各年龄群体的埋葬
情况。本文分析所遵循的基本假设是，如果该社会并不因资历的差异导致不平等的待
遇，那么各年龄层的入殓方式以及随葬品的选择，在频率上，应符合该年龄层在人口
年龄结构中的自然占比。故本文考察的重点，则在于那些存在明显差异的数据。

1. 对陶寺遗址墓葬规格的定量分析

发掘者在《陶寺报告》中以墓圹规模、有无葬具和尸殓、有无随葬品以及随葬品
的种类、数量、质料、纹饰间的悬殊差距为依据，将墓葬大致分为六类十二型。其中，
一类甲型墓5座，不仅规模宏大、随葬品丰富，还拥有龙盘，以及作为礼乐重器的鼍
鼓和特磬；一类乙型墓1座，其墓室规模与甲型墓大致相仿，但随葬品中没有鼍鼓、
特磬等礼乐重器。二类墓30座，其墓室规模抑或随葬品的种类、数量都比一类墓略
低，根据其随葬的彩绘或朱绘陶器、木器、玉石器所构成的礼器群的差异，又可以细
分为四个亚型。三类墓149座，墓室规模普遍小于二类墓，按随葬器物与使用动物牺
牲等不同情形，分为三型。四类墓29座，用木棺而无礼器。五、六类墓均没有葬具，
占据了可分类墓葬中的72.2%，五类墓存在部分使用尸殓的情况，并伴有少量随葬品，

而六类墓则无[17]。

因此，这里首先从墓葬规格与不同年龄层之间的关系入手。在剔除了 309 座无法辨识墓葬规格的墓例后，儿童少年组、成年组和老年组分别有 3、508 和 157 例，在年龄结构中的占比分别为 0.4%、76.0%，以及 23.5%（表一）。

表一　陶寺遗址墓葬规格及年龄层交叉表

				年龄层		合计
			儿童少年组	成年组	老年组	
墓葬规格	一类甲	计数	0	2	0	2
		墓葬规格中的百分比（%）	0	100	0	100
		总数的百分比（%）	0	0.3	0	0.3
	一类乙	计数	0	1	0	1
		墓葬规格中的百分比（%）	0	100	0	100
		总数的百分比（%）	0	0.1	0	0.1
	二类	计数	0	1	0	1
		墓葬规格中的百分比（%）	0	100	0	100
		总数的百分比（%）	0	0.1	0	0.1
	二类甲	计数	0	3	4	7
		墓葬规格中的百分比（%）	0	42.9	57.1	100
		总数的百分比（%）	0	0.4	0.6	1
	二类乙	计数	0	7	0	7
		墓葬规格中的百分比（%）	0	100	0	100
		总数的百分比（%）	0	1	0	1
	二类丁	计数	0	2	0	2
		墓葬规格中的百分比（%）	0	100	0	100
		总数的百分比（%）	0	0.3	0	0.3
	三类甲	计数	0	78	26	104
		墓葬规格中的百分比（%）	0	75	25	100
		总数的百分比（%）	0	11.7	3.9	15.6
	三类乙	计数	0	12	1	13
		墓葬规格中的百分比（%）	0	92.3	7.7	100
		总数的百分比（%）	0	1.8	0.1	1.9
	三类丙	计数	0	6	0	6
		墓葬规格中的百分比（%）	0	100	0	100
		总数的百分比（%）	0	0.9	0	0.9

续表

			年龄层			合计
			儿童少年组	成年组	老年组	
墓葬规格	四类	计数	0	19	5	24
		墓葬规格中的百分比（%）	0	79.2	20.8	100
		总数的百分比（%）	0	2.8	0.7	3.6
	五类	计数	1	158	71	230
		墓葬规格中的百分比（%）	0.4	68.7	30.9	100
		总数的百分比（%）	0.1	23.7	10.6	34.4
	六类	计数	2	219	50	271
		墓葬规格中的百分比（%）	0.7	80.8	18.5	100
		总数的百分比（%）	0.3	32.8	7.5	40.6
合计		计数	3	508	157	668
		墓葬规格中的百分比（%）	0.4	76	23.5	100
		总数的百分比（%）	0.4	76	23.5	100

注：为了便于阅读，下文中交叉表以可视化形式出现

通过表一可以看出，老年群体在二类甲型墓、三类甲型墓、五类墓占比中具有优势地位。结合发掘者对于不同等级墓葬人群身份的推测可知，二、三类墓墓主应是掌握了部分权力，分属高、低不同等级的贵族。

高、低等级贵族可能由于优渥的生活环境，个体获得较长寿命的占比较大。特别是三类甲型墓的墓主，随葬具有使用痕迹的石钺，其身份很可能属于武士阶层，而在贵族中伤亡率较高的该阶层却能够拥有占比突出的老年群体，在一定程度上也能体现出其生前享有的物质条件的丰厚。二类甲型墓的规格略小于一类大墓，其生前地位仅次于统治者和王室成员。而这类高等级贵族超过半数由年长者所居，很可能暗示着在陶寺文化早期，统治集团内部便已经存在着"元老"一类的社会角色。

五类和六类墓的所有者同属没有特权的平民，但是五类的随葬品数量和墓圹面积明显较六类高，结合此类超过半数的老人拥有随葬品的现象，可见老年群体在平民中富有者或声望高者居多。加上其中普遍地随葬有相似的头部饰品，不排除有用此类装饰品作为特定身份的标识品的可能。

2. 对陶寺遗址墓葬随葬遗存的定量分析

如上所述，陶寺遗址墓地可资鉴别年龄的墓主遗骸有 977 个，但可进行墓葬规格分类的墓葬仅 668 座，为了尽可能充分地利用这些墓主死亡年龄明确的墓葬材料，接下来对这 977 个样本的随葬遗存进行定量分析。

就尸殓、葬具和朱砂的使用情况（图二～图五）来看，老年群体大多占有超出平均水平的比例。尸殓是墓中保留下的用以殓尸的遗存，有覆面、贴身衣衾、棺底或墓底的铺垫物、尸身以上的覆盖物、周身包裹物等，陶寺遗址墓葬中可见的或用其中一种，或包裹、铺、盖、兼用，或一层或多层。虽然随时间流逝尸殓腐化的可能性较高，但在相同的保存条件下，老年群体尸殓的保存率应与其他年龄群体别无二致。

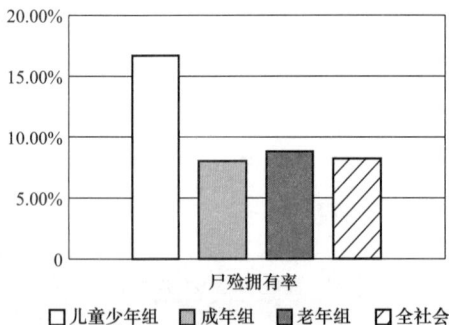

图二　各年龄层的尸殓拥有率　　　　图三　各年龄层的葬具拥有率

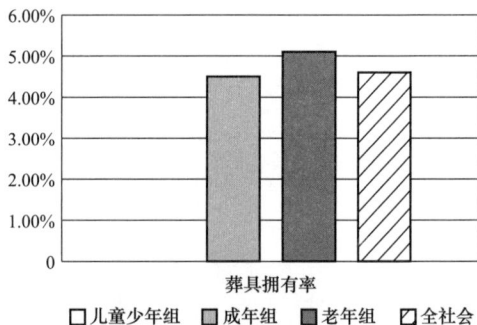

在陶寺遗址墓地中，葬具属于罕见物资，仅有不到总数5%的墓葬发现有木质葬具或其痕迹，也非所有贵族都能享有木棺殓尸的待遇。因此，发掘者在区分墓葬规格时，独立出一组鲜有随葬品但用木棺的墓例作为第四类，并猜测其身份或为"平民中的富有者"[18]，这类墓葬占据了拥有葬具者的一半数量。同时，拥有木质葬具的贵族墓总体上在随葬品数量方面略丰富于没有葬具的同等级贵族墓，由此可见，木质葬具的使用在陶寺社会的确可以在一定程度上作为昭显墓主人财富的象征。通过上文对墓葬规格与不同年龄层的考察可知，老年群体在第四类墓中的占比并不显著，而老年群体对于葬具的拥有率却又超出社会平均水平，因而可以知晓，即便在贵族中，老年群体仍然体现出突出地位，他们有着比其他年龄群体更多地享有葬具的权力。

朱砂自仰韶文化以来便作为人骨、随葬品上的涂料，或墓圹填土的一部分参与到丧葬仪式之中。据发掘者称，陶寺遗址高规格墓葬中朱砂的使用是一种普遍现象[19]，因而在当时的社会背景下，葬仪中能够使用朱砂者显然具有一定的社会身份。由于伴有朱砂的墓葬往往骨殖腐蚀严重，故许多此类墓葬无法鉴定出墓主人的年龄，无法纳入本文的研究对象。但从现有的既能识别年龄、又保有朱砂遗痕的墓例来看，老年群体也占有很大比例，这在三类甲型墓和四类墓中尤为显眼。在三类甲型墓墓主人群体中，年长者仅占25%，而这些长者却占据了该类群体中朱砂使用者的33.3%，足显其身份的特殊。同样的现象在第四类墓中也存在。

尸殓、葬具的存在均体现了对墓主人遗体的保护，朱砂因其鲜红的色彩，往往与太阳、鲜血联系在一起，具有避灾图祥的意义。老年群体中这三项指标的拥有率高于社会通常水平，可见该群体入葬时，生者对其遗体的重视程度之深。

　　而从随葬品的选择上来看，老年群体中炊食饮器、礼乐用器、工具以及装饰品的拥有率均高于社会平均水平（图六～图一二）。后者在前文中已经提到，或许可作为一种专有身份的辨识标志。而前者在陶寺上层社会重食的风尚和鲜少随葬食器的社会背景下尤为重要。结合先前对墓葬规格与年龄层的考察可知，老年群体在邦国领袖和王室成员阶层间均不占优势，因而炊食饮器和礼乐用器的直接控制者群体实际是不以老年群体为主导的。然而，即便在这样的社会背景下，老年群体仍然能够取得高于社会平均水平的"奢侈品"占有率，这也在一定程度上体现出老年群体对于相关仪式活动的参与或至少是象征性质的参与。

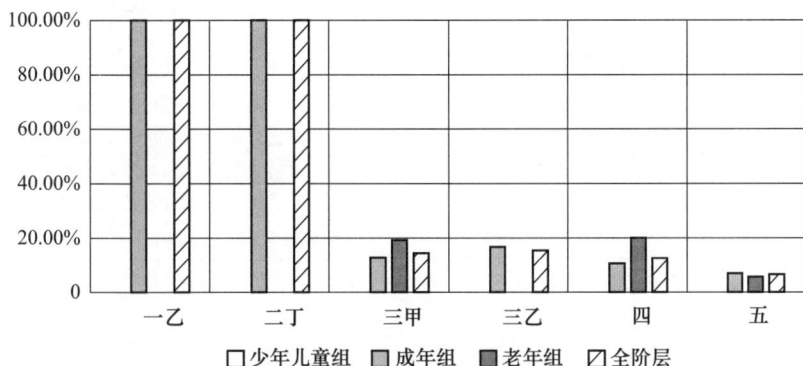

图四　社会各等级各年龄层朱砂拥有率

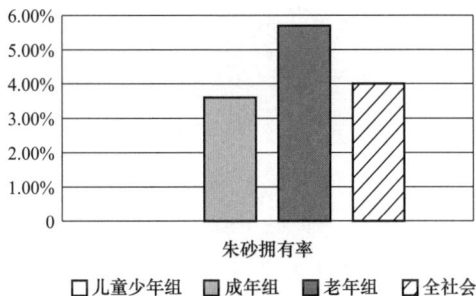

图五　各年龄层朱砂拥有率

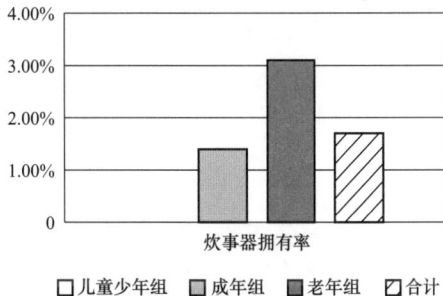

图六　各年龄层炊事器拥有率

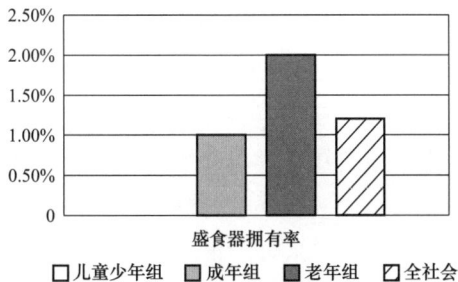

图七　各年龄层盛食器拥有率

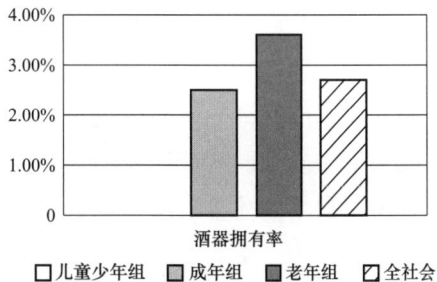

图八　各年龄层酒器拥有率

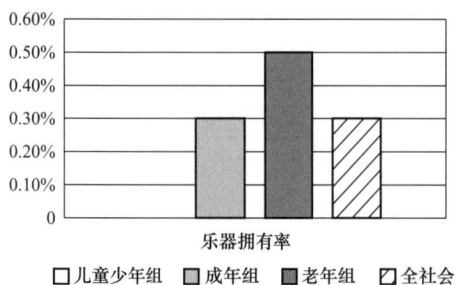

图九　各年龄层乐器拥有率

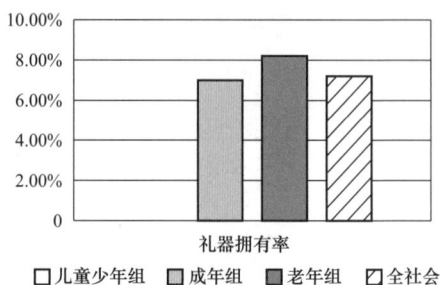

图一○　各年龄层礼器拥有率

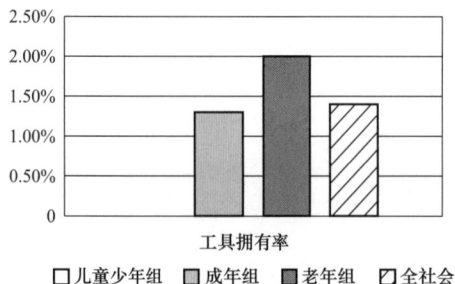

图一一　各年龄层工具拥有率

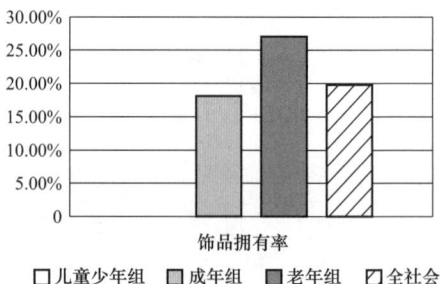

图一二　各年龄层饰品拥有率

值得一提的是，随葬有桶形木器的 M2168 和 M2172 墓主人均系老年群体。该器自上而下由木瓿、两重圆形木桶和"十"字形木架组成，是包括饮酒器瓿和储酒器或酿酒器桶在内的一套用具。目前的材料显示，这套完整的酒礼器具似乎为长者专掌，若真如此，老年群体在涉及酒的仪式过程中扮演的重要角色便由此凸显。

三、关于陶寺墓地所见老年群体突出地位的阐释

一般认为，墓葬的葬仪不仅与死者的身份地位有关，而且也受到死者的社会以及悼念者的地位与行为的影响[20]。墓葬行为主体对于丧葬用品种类、数量的拣选，实际上体现了行为主体对当时既有的社会观念的内化，他们在其影响下，挑选的不仅仅是供墓主在死后世界享用的生活用具，更是一种象征物，折射的是墓主的身份地位。

这样看来，在陶寺墓地所见的老年群体的卓越地位，必然是当时陶寺社会所普遍存在的一种社会观念的体现，而面对这样的社会观念，大致存在两种解释思路：

一方面，可以将上述社会观念的产生，视为经济基础的直接作用。也就是说，很有可能是因为老年群体存活时间较其他年龄层长，可供其从事生产的时间更久，因此这个群体所积累的社会财富也就更多。然而，在医疗水平有限、劳动强度大的陶寺时期，老年群体的体质并不全都能够继续从事高强度劳作，从残存的遗骸来看，享有优越待遇的老人中就有不少身患残疾者，患有骨科疾病以至于难以工作者亦不在少数，

例如报告中公布的胸腰关节增生连桥以及膝关节增生的病例便以年长者居多[21]。在平民群体中，富有者主要集中于四类墓中，而老年群体在该类人群中的占比较低。实际上，从墓葬资料中能够观察到年长者在平民中的优势并不在财富，而主要体现在对礼仪用器和装饰物的占有上。在贵族群体中，虽然年长者较多地享有木质葬具，但是相应地，他们对于炊食饮器、礼乐用器以及装饰品的把握亦具有突出水平，因此，暂时无法判断他们的富有是出于年龄的积累还是源于对仪式活动的掌控。

继而可以转向另一种解释途径，即在当时的陶寺社会，很有可能存在着尊老敬老的社会心理，老年群体的社会地位相较于其他年龄层较高，这也符合当时的生产力和生产关系。根据唯物主义观点，生产本身分为两种，一种是构成人类社会存在和发展基础的物质资料生产，另一种是人类自身生产，即种族的繁衍[22]。人们从血缘上崇敬长者，这是以人类自身的再生产为基础，所产生的一种天然、质朴的社会心理。然而，在人类文明的蒙昧期，食物来源毫无保障，人们在极其险恶的环境中艰难生存，敬老尊老的物质资料生产基础薄弱，因而这种天性被压制了。民族学证据亦可作为辅证，在物质资料极为贫乏的氏族社会，弃老、弑老、食老的"野蛮"风俗比比皆是，例如火地岛原始部落在冬季食物严重匮乏时，会先食老妇，再食猎狗，仅因老妇无法进行狩猎活动[23]。而到了陶寺文化时期，生产力水平较以往已经取得了长足的进步，无论是农业部门还是手工业部门均产生了较多的剩余产品，具备了供养长者、擢升其社会地位的经济条件。同时，物质资料的再生产，使得人们重视传承生产经验和劳动技术，陶寺墓地所见的老年群体工具持有率的突出数据，便可证明他们在生产领域的象征意义上的指导地位。年长者们由于富有社会经验、政治智慧和财产的支配权而易处于整个制度的顶端，自然受到高度的尊敬与重视。

四、广义"孝"观念的显现

陶寺遗址是中华文明起源与早期国家探索中的关键支点性都邑遗址[24]，是考古探索、推动"尧舜禹传说时代"成为信史的肯綮之所，关于陶寺文化谱系与族属性质探讨必然成为重中之重的研究课题。自1982年徐殿魁先生撰文暗示陶寺类型可能与文献记载的唐尧或夏禹有关[25]始，经几代学者们的不懈努力，学界基本达成了陶寺文化与尧或尧舜文化有关的共识。其中，何努先生是彼辈集大成者，提出了系列考古证据链证明陶寺城址为尧舜之都[26]。在此基础上解读陶寺墓地所反映的当时尊老敬老的社会风尚，则显得异常重要。

文献中描绘的尧舜时代无不以"德""孝"作为社会核心价值观。《尚书·尧典》写帝尧"克明俊德，以亲九族。九族既睦，平章百姓，百姓昭明，协和万邦"[27]，尧将人伦观念作为整个社会伦理政治的起始，从和睦九族关系着手，继而实现对整个社会的文德治理。帝尧在挑选继任者时，四岳以舜"克谐以孝烝烝"[28]作为举荐的理由，可见社会上层对于孝行的推崇。又《尚书·舜典》记帝舜即位后，"慎徽五典，五典克从"[29]，将父义、母慈、兄友、弟恭、子孝这五种伦常关系定为规制，作为社会教化的手段，并命契"作司徒，敬敷五教"[30]，在全社会广泛地推行这样的人伦模式，这就为陶寺人无意识地将尊老敬老内在化并纳入自身形成传统提供了客观条件和社会经历，《礼记·王制》中也有"有虞氏贵德而尚齿"[31]的说法。凡养老之礼，有虞氏"深衣"[32]而行，对于不同等级的贵族老者，于不同的地点，均施以燕礼。孔颖达引崔氏云："燕者淆烝于俎，行一献之礼，坐而饮酒，以至于醉"[33]，以酒敬老，文献中描述的这一行为似乎也可与陶寺墓地反映出的老年贵族群体高于社会平均水平的酒器拥有率形成对应。

爬梳史料可以发现，《礼记》中可循的这一时期养老礼的细节，几乎占据了文中有虞氏篇幅的全部，养老礼仪作为为数不多能够被后世传扬的虞舜遗风，在当时社会的影响力可见一斑。同时也应当注意到，在"礼不下庶人"的时代背景下，古籍中记录的片段基本只能体现出上层社会群体敬老尊老的礼节，即便是"养庶老于下庠"[34]，庶老依然出身于低等级贵族群体。那么，在陶寺墓地中所能见到的平民中的老年群体所遵循的丧葬传统——即老年群体对礼仪用器和装饰品突出的占有率，显然能够为文献中缺失的昔日踪迹作些补充。

如是，陶寺墓地反映出来的尊老敬老的社会心理，实际已经以丧葬传统的形式，表达出"孝"的伦理道德观念。二者的区别在于，伦理道德观念是随社会经济关系的发展和社会组织的复杂化，与社会规范、法则、制度相结合进而升华出来社会心理，属于上层建筑的范畴[35]。据《说文》，孝为"善事父母者"，虽然从目前能见的墓葬资料来看，尚不能明确这类"孝"观念是否是后世"孝道"中狭义的事亲之举，但孝"从老省，从子。子承老也"[36]，殆其本，应针对族中所有年长者（包括父母）而言。《礼记·礼运》亦云："人不独亲其亲"[37]，暗示着这一阶段上广义的敬老孝德。此外，陶寺文化时期的社会结构已经向着更大的地域组织发展，血缘关系的影响开始被地域关系的影响取代。这也为敬老、养老的社会传统逐渐突破早期氏族时期血族关系的范围提供了基础，社会上年高德劭者受到这个地域组织中的成员的普遍尊敬和供养，广义上的"孝"观念已基本形成。

五、结　　语

在中国古代社会所形成的一切伦理道德中，"孝"是最基本、最占据主导地位的伦理原则，极能代表着中国的文化性格和社会特征。在传统社会，它表现为服务于统治制度的意识形态，从强调家族内部子对父、幼对长的遵从，到构建出全国范围内臣对君、幼对长、下对上、卑对尊的道德服从，在全社会人群的思想观念中根深蒂固。然而，在摈除其的片面道德服从等统治阶级为了维护自身统治而强行构建的文化糟粕后，孝文化无疑属于中华优秀传统文化的杰出代表，在和谐家庭关系与社会关系方面发挥着积极作用。在陶寺墓地中所见的尊老敬老的社会传统，实际以丧葬制度的形式，揭示出陶寺群体业已具备广义上的"孝"文化观念。陶寺文化时期作为"孝"文化的摇篮期，通过它遗留下的物质文化遗产，客观地呈现出了这一品格形成伊始的淳厚和美好。

附记：本文从选题到撰写再到修改的全过程中，都受到了中国社会科学院考古研究所何努先生的启发与鼓励，中国社会科学院大学硕士研究生高范翔同学也提供了宝贵的修改意见，特此致谢！

注　释

[1]　中国社会科学院考古研究所、山西省临汾市文物局：《襄汾陶寺——1978～1985 年考古发掘报告》，文物出版社，2015 年。

[2]　中国社会科学院考古研究所山西队、山西省考古研究所、临汾市文物局：《陶寺城址发现陶寺文化中期墓葬》，《考古》2003 年第 9 期；王晓毅、严志斌：《陶寺中期墓地被盗墓葬抢救性发掘纪要》，《中原文物》2006 年第 5 期。

[3]　高炜、高天麟、张岱海：《关于陶寺墓地的几个问题》，《考古》1983 年第 6 期；田建文：《陶寺2002ⅡM22 的年代问题》，《文博》2019 年第 5 期；何努：《关于陶寺早期王族墓地的几点思考》，《三代考古》（八），科学出版社，2019 年。

[4]　张弛：《社会权力的起源：中国史前葬仪中的社会与观念》，文物出版社，2015 年。

[5]　何努：《山西襄汾陶寺城址中期王级大墓ⅡM22 出土漆杆"圭尺"功能试探》，《自然科学史研究》2009 年第 3 期。

[6]　方辉：《论史前及夏时期的朱砂葬——兼论帝尧与丹朱传说》，《文史哲》2015 年第 2 期；何努：《怎探古人何所思：精神文化考古理论与实践探索》，科学出版社，2015 年，第 222～265页；高江涛：《试析陶寺遗址的"毁墓"现象》，《三代考古》（七），科学出版社，2017 年。

[7]　戴向明：《陶寺墓地分析》，《南方文物》2019 年第 6 期。

[8]　UN. *The Aging of Populations and Its Economic and Social Implications*. Population Studies, 1956: 7.

[9]　中国对外翻译出版公司：《老龄问题研究：老龄问题世界大会资料辑录》，中国对外翻译出版公司，1983 年，第 1 页。

[10]　中国社会科学院考古研究所、山西省临汾市文物局：《襄汾陶寺——1978～1985 年考古发掘报告》，文物出版社，2015 年，第 1193 页。

[11]　鲁大立：《临汾盆地两周时期墓地人口自然结构及相关问题研究——以曲村墓地、上马墓地、乔村墓地为例》，西南民族大学硕士研究生学位论文，2015 年。

[12]　刘铮主编、李竟能副主编：《人口理论教程》，中国人民大学出版社，1985 年，第 62、63 页。

[13]　本图年龄组的划分遵循各遗址人骨鉴定的原始划分方法，数据分别来自中国社会科学院考古

研究所、山西省临汾市文物局：《襄汾陶寺——1978~1985 年考古发掘报告》，文物出版社，2015 年；北京大学考古学系商周组、山西省考古研究所：《天马-曲村（1980~1989）》，科学出版社，2000 年；山西省考古研究所：《上马墓地》，文物出版社，1994 年；山西省考古研究所：《侯马乔村墓地（1959~1996）》，科学出版社，2004 年。

［14］（清）孙希旦撰，沈啸寰、王星贤点校：《礼记集解》，中华书局，1989 年，第 12~14 页。

［15］（清）孙希旦撰，沈啸寰、王星贤点校：《礼记集解》，中华书局，1989 年，第 382~385 页。

［16］（清）孙希旦撰，沈啸寰、王星贤点校：《礼记集解》，中华书局，1989 年，第 382 页。

［17］中国社会科学院考古研究所、山西省临汾市文物局：《襄汾陶寺——1978~1985 年考古发掘报告》，文物出版社，2015 年，第 528 页。

［18］中国社会科学院考古研究所、山西省临汾市文物局：《襄汾陶寺——1978~1985 年考古发掘报告》，文物出版社，2015 年，第 528 页。

［19］中国社会科学院考古研究所、山西省临汾市文物局：《襄汾陶寺——1978~1985 年考古发掘报告》，文物出版社，2015 年，第 412 页。

［20］张弛：《社会权力的起源：中国史前葬仪中的社会与观念》，文物出版社，2015 年，第 7 页。

［21］中国社会科学院考古研究所、山西省临汾市文物局：《襄汾陶寺——1978~1985 年考古发掘报告》，文物出版社，2015 年，第 1190 页。

［22］中共中央马克思　恩格斯　列宁　斯大林著作编译局：《马克思恩格斯选集》（第 4 卷），人民出版社，1995 年，第 2 页。

［23］〔苏〕A. N. 季塔连科主编、黄其才等译、潘文学校：《马克思主义伦理学（1980 年修订版）》，中国人民大学出版社，1984 年，第 58 页。

［24］何驽、高江涛：《薪火相传探尧都——陶寺遗址发掘与研究四十年历史述略》，《南方文物》2018 年第 4 期。

［25］徐殿魁：《龙山文化陶寺类型初探》，《中原文物》1982 年第 2 期。

［26］何努：《试论传说时代历史重建的方法论——以陶寺遗址考古实践为例》，《华夏考古》2021 年第 4 期。

［27］（清）孙星衍撰，陈抗、盛冬铃点校：《尚书今古文注疏》，中华书局，1986 年，第 7~9 页。

［28］（清）孙星衍撰，陈抗、盛冬铃点校：《尚书今古文注疏》，中华书局，1986 年，第 30 页。

［29］（清）孙星衍撰，陈抗、盛冬铃点校：《尚书今古文注疏》，中华书局，1986 年，第 32 页。

［30］（清）孙星衍撰，陈抗、盛冬铃点校：《尚书今古文注疏》，中华书局，1986 年，第 64 页。

［31］（清）孙希旦撰，沈啸寰、王星贤点校：《礼记集解》，中华书局，1989 年，第 1229 页。

［32］（清）孙希旦撰，沈啸寰、王星贤点校：《礼记集解》，中华书局，1989 年，第 385 页。

［33］（清）孙希旦撰，沈啸寰、王星贤点校：《礼记集解》，中华书局，1989 年，第 379 页。

［34］（清）孙希旦撰，沈啸寰、王星贤点校：《礼记集解》，中华书局，1989 年，第 385 页。

［35］何驽：《怎探古人何所思：精神文化考古理论与实践探索》，科学出版社，2015 年，第 216~218 页。

［36］（汉）许慎撰、（清）段玉裁注：《说文解字注》，上海古籍出版社，1981 年，第 398 页。

［37］（清）孙希旦撰，沈啸寰、王星贤点校：《礼记集解》，中华书局，1989 年，第 582 页。

随州叶家山曾国墓地出土的
乳丁龙纹盆式簋

——兼论商周之际周人的兼容并蓄与族群迁徙

孙　明

（长沙市文物考古研究所）

湖北随州叶家山西周早期曾国墓地是商周考古的一个重大发现，2011 年发掘的 M46 出土了 1 件乳丁龙纹盆式铜簋（M46：17）[1]。簋口外侈，平折沿，沿面微弧，方唇，深弧腹，圜底近平，喇叭状高圈足（图一）。器腹上部以三兽首为中心各展开两个相对的夔纹，圈足也有这样相应分布、两两相对的夔纹，下腹装饰五排乳丁及以乳丁为中心的菱格纹。口径 25.5、腹深 11.9、足径 18、高 16.1 厘米，重 2.035 千克。该器特殊之处是，圈足的下端一侧有一处矩形缺口，与缺口对称的另一侧有修补遗留的补丁，圈足近底处有两个对称分布的圆孔。

盆式簋是先周文化的代表性器物，圈足上的矩形缺口此前偶见于商人铜器，圆孔仅见于三星堆二号祭祀坑出土铜尊、罍，这两种现象非常特殊，在一件先周文化铜器共存上，极其罕见，具有特别的研究价值。本文拟从圈足上的矩形缺口、圆孔入手，对这件铜簋及其所反映的商周之际周人的兼容并蓄与族群迁徙等进行探讨。

图一　叶家山曾国墓地出土乳丁龙纹盆式
簋（M46：17）

一、矩　形　缺　口

圈足上的矩形缺口，在二里岗文化至殷墟时期铜簋、瓯、斝上偶有发现（图二）。1952 年河南辉县出土铜瓯，圈足上端有三个"十"字形镂孔，圈足下折处有三个矩形缺口[2]。1982 年郑州二七路商墓出土的铜瓯（M2：11），圈足有三个等距分布的扁

图二　带矩形缺口的圈足铜器
1. 1952 年河南辉县出土铜觚　2. 盘龙城遗址杨家湾铜觚 PYWM3：2　3. 盘龙城遗址李家嘴铜簋 PLZM2：2
4. 盘龙城遗址杨家湾 M17 铜觚　5. 山东济南刘家庄 M121 铜簋 M121：60
6. 1973 年山东邹城千泉小西苇村"父丙"铜觯

"十"字形镂孔，镂孔下面的圈足边缘各有一个小缺口，缺口高 0.5、宽 0.2 厘米[3]。1975 年山东邹城千泉街道小西苇村出土"父丙"觯圈足有"U"形缺口[4]。2011 年山东济南刘家庄遗址 M121 出土铜簋（M121：60）圈足下端也发现有矩形缺口[5]。湖北黄陂盘龙城遗址多次出土此类铜器，如杨家湾出土的铜觚 PYWM3：2 圈足有三个"十"字形镂孔和矩形缺口，铜觚 PYWM11：51 圈足下折处与"十"字形镂孔对应位置亦有矩形缺口，盘龙城城址外采集的铜觚 P：050 圈足下折处与"十"字形镂孔对应位置也有三个矩形缺口[6]，2016 年杨家湾 M17 出土的带鋬铜觚上亦有四个矩形缺口[7]，李家嘴 M2 出土铜簋（PLZM2：2）圈足下端上也有发现[8]。

除铜器外，郑州商城和殷墟出土的部分圈足陶器、象牙器上也发现有类似的矩形缺口（图三）。郑州铭功路西制陶遗址出土的一件二里岗下层二期的陶杯（C11T103②：136），圈足底部有三个矩形缺口；该遗址出土的另一件属于二里岗上层一期的陶器座（C11H109：9），圆形平顶，座壁斜直，底部周围刻划有三个等距的平顶上窄下宽外弧形缺口[9]。郑州白家庄二里岗上层一期墓葬出土的一件象牙觚（C8M2：9），圈足底部与三个"十"字形镂孔相对应的位置，均雕刻有一个矩形缺口[10]。安阳小屯殷墟一

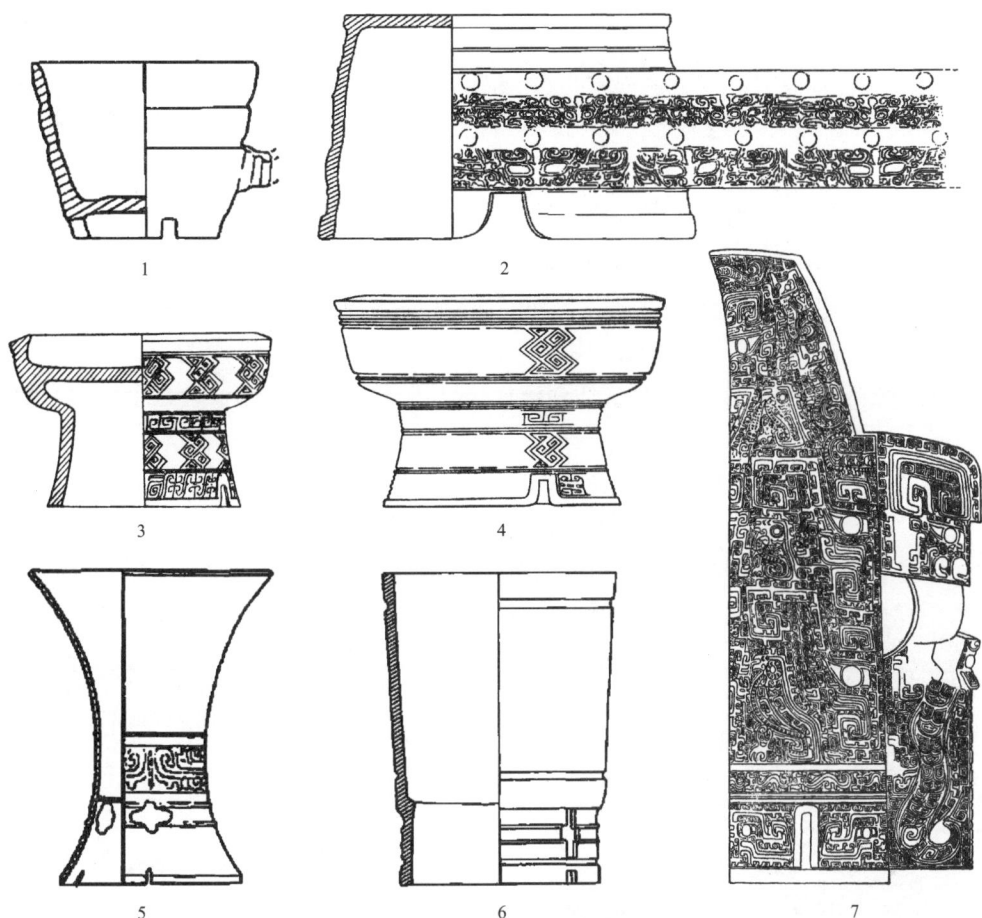

图三　带矩形缺口的圈足器

1、2. 郑州商城出土陶杯（C11T103 ②：136）、陶器座（C11H109：9）　3、4. 殷墟出土白陶豆（YM388、
YM331）　5. 郑州二七路商墓出土铜觚（BM2：11）　6. 郑州白家庄商墓出土象牙觚（C8M2：9）
7. 殷墟妇好墓出土象牙杯（M5：99）

期墓葬（YM388、YM331）出土的部分白陶豆的圈足底部也有类似的矩形缺口状的装饰[11]，殷墟妇好墓出土的象牙杯（M5：99）[12]及侯家庄 M1003 出土象牙筒形器[13]的圈足底部也雕刻有矩形缺口。

对于盘龙城、郑州商城等地出土铜觚、铜簋圈足上存在的这种矩形缺口，学界已有关注[14]。张昌平先生最先指出了这一特殊现象，惜未作进一步的探讨[15]。刘煜女士提出这种缺口是在铸造过程中用来定位的[16]，然无论是铜觚、铜簋还是铜觯，圈足底端带矩形缺口者均为极少数，形制、纹饰及铸型分范技术与其相同或相似而圈足底端未见缺口者比比皆是。因此，此类器物铸造过程中工匠若赖此缺口定位陶范，实无必要。根据现有材料可知，就器类而言，矩形缺口主要出现在铜觚圈足下折处，铜簋、铜觯圈足及部分圈足陶器偶有发现[17]，殷墟出土白陶豆和象牙杯圈足上的矩形缺口状的装饰，并非真实的缺口，而是刻划的缺口状纹饰。就时代而言，带有矩形缺口的铜器的时代主要为二里岗文化上层时期，殷墟时期铜器上偶有发现，矩形缺口在陶器上出现的时间至少为二里岗下层二期，上限略早于铜器，殷墟出土白陶豆和象牙杯圈足上的矩形缺口状纹饰已经徒具其形。就分布地域而言，带有矩形缺口的铜器主要发现于湖北盘龙城遗址，河南郑州商城、辉县褚丘遗址，山东济南刘家庄、邹城小西苇村等地偶有发现，陶器和象牙器主要出现在郑州商城和安阳殷墟。

　　因此，圈足上的矩形缺口，应该是商人特有的一种文化现象。陶器、象牙器上的矩形缺口是一种装饰，代表了商人内部少数族群或团体的某种特殊的文化习俗或使用需求。铜器上的矩形缺口应该是模仿陶器而来，是在铜器最初拥有和使用者的要求下，铸造工匠刻意设计的。

二、圈足上的圆孔

　　圈足上的圆孔，目前集中发现于四川广汉三星堆遗址二号祭祀坑出土的铜尊、罍（图四、图五）。如三牛尊 K2②：112，形制为圆形，敞口，方唇，束颈，窄斜肩，直腹微内收，高圈足，颈下部饰三周凸弦纹，肩部饰三个等距离的浮雕兽首，其间以云雷纹为地饰兽面纹，腹部以三条与肩部对应的扉棱为界分为三个区域，每个区域内饰以云雷纹为地的兽面纹，圈足上部有三个长方形镂孔，其下亦饰以扉棱间隔的三组兽面纹，圈足下部有六个小圆孔[18]。三牛尊 K2②：109 圈足下部连珠纹上有一周圆孔，孔距约8 厘米，大小不等[19]。三羊尊 K2②：127、K2②：129 形制与三牛尊 K2②：112 相似，圈足下部皆有小圆孔[20]。四羊罍 K2②：88 形制为圆形，窄沿微折，方唇，直颈微

图四　三星堆遗址二号祭祀坑出土的铜尊、罍及其圈足小圆孔

1、2. 铜尊（K2②：129、K2②：112）　3、4. 铜罍（K2②：159、K2②：88）

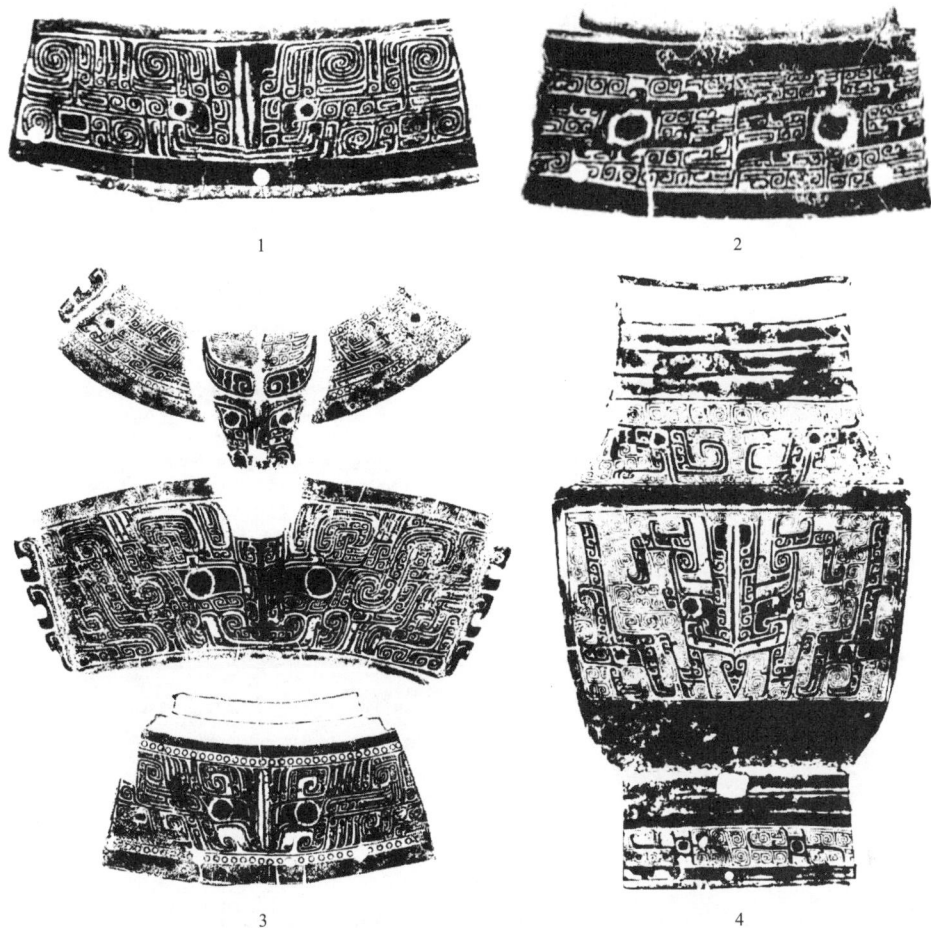

图五 三星堆遗址二号祭祀坑出土铜尊、罍纹饰及圆孔拓片
1、3. 圆尊（K2②：112、K2②：109） 2. 圆罍（K2②：88） 4. 方罍（K2②：205）

束，斜肩微鼓，深腹，腹壁微弧，圈足较高。颈部饰三周凸弦纹，肩部饰四组龙纹，间以四个高浮雕卷角兽面，腹部纹饰自上而下分为三部分，上部为龙纹，中部为兽面纹，下部为目云纹，圈足饰以云雷纹为地的目纹，圈足下部有八个小圆孔[21]。另一件四羊罍 K2②：159 形制与 K2②：88 相似，圈足上部长方形镂孔的旁边有小的方形镂孔，下部有六个小圆孔[22]。方罍 K2②：205、K2②：205-1，形制为方唇，窄沿，口微敛，颈较长，斜肩微弧，直腹，平底，高圈足，圈足上部正中各有一方形镂孔，下沿各有一圆形镂孔[23]。

三星堆二号祭祀坑出土的铜尊、罍的形制虽然与湖北沙市、湖南岳阳费家河、鲂鱼山等地出土铜尊、罍相似，但是后者圈足并未发现类似的圆孔，因此这些孔洞应当是铜器铸成后钻凿的。三星堆文化已经掌握了铜器钻凿孔洞的技术，在二号坑的一件突目面具上，可清楚地观察到额上方孔是铸器后凿成的，三星堆的人头像或人面具的耳垂或有孔，也系铸器后钻出的[24]。因此，铜器圈足上的圆形钻孔，应该是三星堆遗址所属族群刻意为之，也是三星堆文化在这些尊、罍上留下的独特印记，代表了某种特殊的文化习俗，或是具有某种特殊的功能，譬如许杰先生提出这些小孔很可能是用于将其系附于其下另一件器物上[25]，而二号坑出土的青铜顶尊跪坐人像（K2③：48）和顶尊的铜神坛（K2③：296）[26]暗示我们，这些容器被安装在人头像上的可能性是存在的。

　　此外，1973年陕西扶风法门镇美阳村出土的一件铜高足杯和2012年宝鸡石鼓山M3出土的一件铜簋（M3：10），圈足可能也存在此类小孔。扶风美阳出土的高足杯，简报判断可能为墓葬随葬品[27]，墓葬时代为殷墟四期[28]。该器形制为侈口，斜腹，高圈足外侈，腹部饰一周连珠纹为界的兽面纹，圈足中部饰"十"字形镂孔。该器腹部纹饰和圈足上的"十"字形镂孔是典型的商文化风格，但器形不见于其他地区，具有明显的地方特色。值得注意的是，该器圈足中部两个"十"字形镂孔之间偏下位置有一小孔，小孔呈圆形，形制规整，边缘光滑，与形制不规整的"十"字形镂孔差异明显，不似特意铸造，亦非破损形成，很可能是后期使用过程中有人特意钻出的（图六）。宝鸡石鼓山M3的时代为商末周初至西周早期，该墓所出铜簋（M3：10）为带双耳的乳丁菱格纹簋[29]，形制、纹饰与叶家山铜簋（M46：17）相似。值得注意的是，该器圈足近底处有一小孔，小孔略呈圆形，边缘光滑，虽未见实物，但根据已经发表的照片、线图资料显示，该器纹饰精美、器体厚重（重5.22千克）、铸造精良，圈足所见小孔，不似器体破损形成，而应该是铸造后人为有意钻出（图七）。

图六　陕西扶风美阳出土铜高足杯及圈足圆孔

图七　陕西宝鸡石鼓山 M3 出土铜簋（M3：10）

三、铜簋（M46：17）与商周之际周人的兼容并蓄、族群迁徙

盆式簋是先周文化的代表性器物，关中地区的丰镐、周原、宝鸡、泾河上游等地多有发现[30]。邹衡先生在《论先周文化》中提出盆式簋"陕西发现特别多，绝不像是从别处移来"的观点，虽将其归入"商式铜器"探讨，但认为其形制、花纹虽与殷墟铜器基本相同，却是周人工匠铸造的产品[31]。胡嘉麟认为，从盆式簋形制发展过程来看，主要呈现为口径由小到大，腹部由深到浅，腹径由窄到宽，早期纹饰主要是粗线条的阳线菱格纹，是先周文化本土特色，晚期出现菱格内填回形纹的样式，是在模仿商式菱格纹，但仿制效果较差，回形纹的大小和布局都不均匀，乳丁由细小微尖变得粗壮细长，装饰越来越密集，早期使用三块外范，颈部兽首装饰模糊不清，后来使用六块外范，并以兽首为中心分范，颈部兽首装饰逐渐变得精致[32]。李宏飞认为，殷墟文化三、四期之际，关中地区盆式簋腹部所饰菱格纹由纵向转变为斜方格，乳丁在高圆凸的基础上转变为高尖刺，商周之际殷墟所出者乳丁仍为圆饼状，而关中地区所出者则保持高尖刺特征[33]。

叶家山 M46 出土的盆式簋，腹部较宽，菱格内填不规则的回形纹，乳丁细小微尖，采用六块外范合铸，分范痕迹明显（图八），形制、铸型设计与 1983 年沣西毛纺厂 M1 出土盆式簋（M1：2）相同，器物尺寸也基本一致（图九），均为仿商式菱格纹盆式簋。沣西毛纺厂 M1 随葬青铜礼器为一鼎一簋，未见酒器，与殷墟商墓葬俗不同，应是周人习俗，年代在周灭商以前[34]。张良仁将沣西 M1 归入先周文化第五期，并认为第五期的先周文化陶器与西周早期陶器已相当接近，所以属于殷墟第四期[35]。胡嘉麟将沣西毛纺厂 M1：2 定为乳丁纹龙纹盆式簋Ⅳ式典型器，Ⅳ式簋集中发现于文王"做邑于丰"的丰镐地区，年代为商周之际，上限不早于殷墟末期[36]。

图八　叶家山 M46：17 器表残留分范痕迹

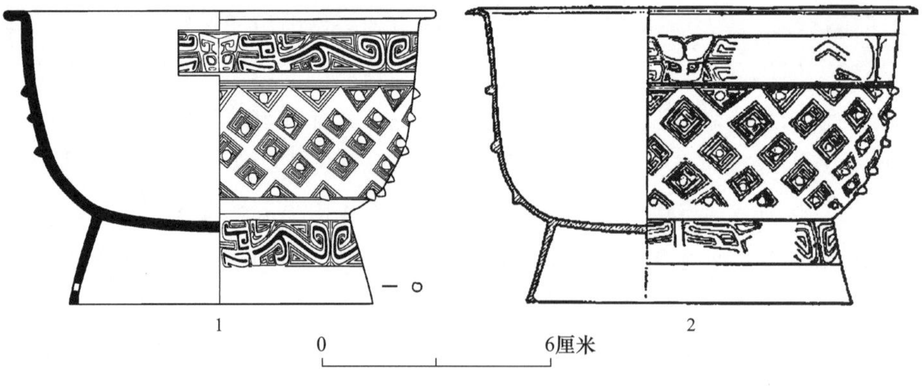

图九　叶家山 M46 与沣西毛纺厂 M1 乳丁龙纹盆式簋

1. 叶家山 M46：17　2. 1983 年沣西毛纺厂 M1：2

叶家山 M46 资料尚未完全公布，根据已公布资料可知，该墓为不带墓道的长方形土坑竖穴墓，规模较大，与 M2、M3、M25、M26、M50、M65 等接近[37]，随葬器物丰富（图一〇），铜器包括簋（M46：17）、“[illegible]父丁”爵（M46：14）、“亚禽父丙”觯（M46：11）、“[illegible]祖乙”卣（M46：12），日用陶器包括陶甗（M46：30）、鬲（M46：5、

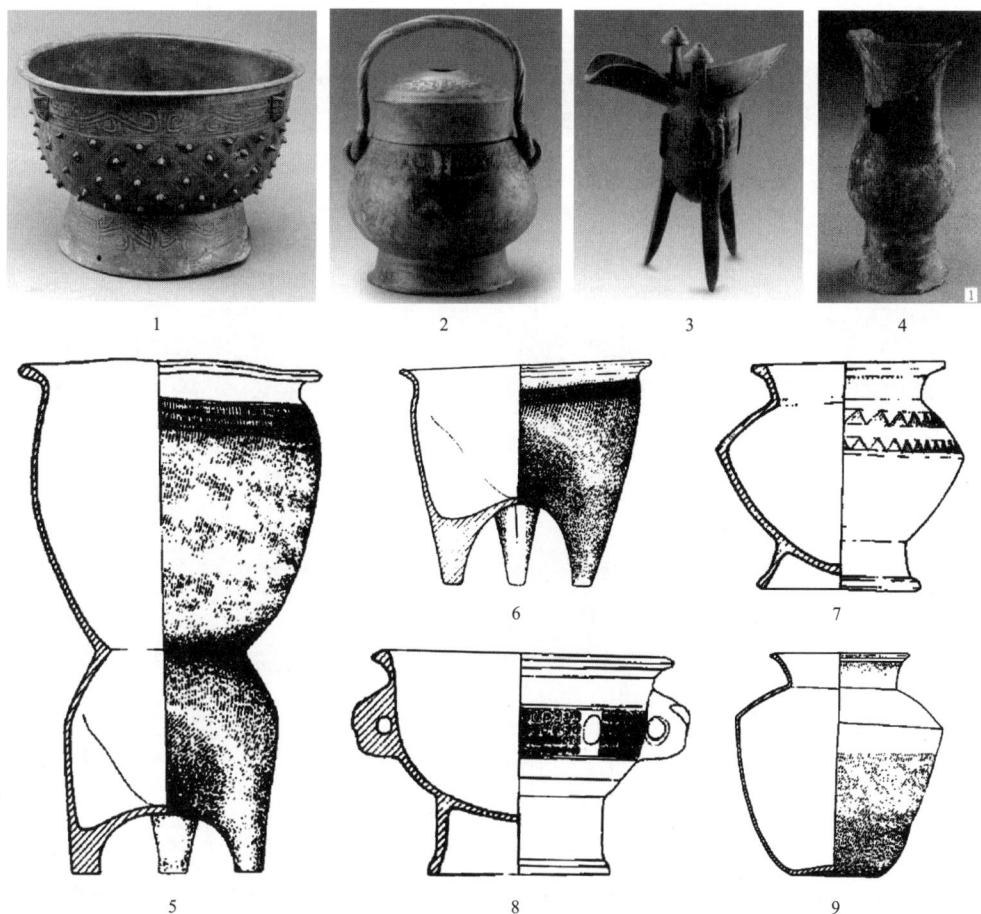

图一〇　叶家山 M46 出土器物

1. 铜簋（M46：17）　2. "🐦祖乙"卣（M46：12）　3. "🐦父丁"爵（M46：14）　4. "亚禽父丙"觯（M46：11）

5. 陶甗（M46：30）　6. 陶鬲（M46：45）　7. 陶圈足罐（M46：22）　8. 陶簋（M46：9）　9. 陶平底罐（M46：10）

45）、簋（M46：9）、尊（M46：28）、罐（M46：10、22）[38]。从随葬品类别来看可能属于女性墓，其墓主人也可能为曾侯夫人[39]。从随葬日用陶器的形制分析，墓葬年代可能属于西周早中期之际到西周中期早段[40]。

铜器铭文上的"曾"国，即是传世文献所载的"随"国，曾人自称为"曾"，楚人有时称"随"[41]。"汉东之国，随为大"[42]，曾国是西周王朝所封汉阳诸姬中最大的诸侯国，"稷之后也"[43]。曾侯先祖辅佐文王、武王灭商而被分封建国于汉东，"白适上帝，左右文武，达殷之民，（抚）（定）天下。王遣命南宫，絷宅汭土，君此淮夷，临有江夏"[44]。曾侯可能是与周王室同宗的周初重臣南宫适一脉，叶家山 M65 的墓主人曾侯谏为曾国始封诸侯，曾侯谏和更早的曾国族群首领㠱，很可能是南宫适的子辈，因其父辈南宫适辅佐文王、武王灭商，或其本人亲自参加了武王克商和周公东征平定武庚禄父与三监之乱的军事行动，而被封到今天的湖北随州叶家山一带建立曾国，封侯的同时还获得周王室大量的赏赐。曾之立国，所封之地既非关中周人本土，亦非中原新获殷商故地，名为周王分封，实则需靠武力去争取，这与平王东迁后，赐襄公岐以西之地的情形类似[45]。商周之际，盛行族兵，如"禽师"（《合集释文》06051）、"禽氏众"（《合集释文》00028）、"贾师"（《合集释文》00777）[46]。2019 年湖北随州枣树林曾国墓地 M169 出土的曾公畎编钟铭文中，曾公畎在追述曾国先祖丰功伟绩时提到"皇祖建于南土，蔽蔡南门，质应京社，适于汉东。南方无疆，涉政淮夷，至于繁阳"[47]，其所依赖者当以其家族及所属氏族成员为主，举族皆兵。"皇祖"所至之"繁阳"即《左传》襄公四年"楚师为陈叛故，犹在繁阳"之"繁阳"，其地在今河南新蔡县北[48]，西距殷商之亚禽族所在的正阳润楼遗址仅约 50 千米，叶家山 M46、M65 所出"亚禽"铭文铜器可能与曾国皇祖"涉政淮夷，至于繁阳"有关，亚禽族的灭亡与族人流散亦可能与此有关。

叶家山 M46 出土的乳丁龙纹盆式簋（M46：17），铸造年代为商周之际，在武王灭商之前，是周人工匠在丰镐或周原地区仿商人乳丁菱格纹簋而铸造的。出土乳丁龙纹盆式簋的叶家山 M46 的墓主人可能为曾国后继之君的夫人，下葬年代为西周早中期之际到西周中期早段，葬入 M46 之前，此簋经历了长时期、远距离的流传（图一一）。铜簋圈足上的矩形缺口，一处形制规整，但切割痕迹明显，应该是铸后切割形成的，与其对应的另一侧有一处明显的补铸痕迹，应该也是一处类似的矩形缺口。圈足上的两个小圆孔，乃铸后钻成，对称分布，形制规整。这两种铸后形成的特殊现象，共存一器，不见于丰镐、周原等地出土的同时期盆式簋，应该与铸造地无关，既非铸造工匠和最初使用者的初衷，亦非先周文化传统，而是商周之际或西周早期周原、丰镐地区的周人贵族在与中原地区商人、西南巴蜀地区三星堆遗址所属族群交往互动过程中，对两者某些独特文化因素的主动性的、尝试性的模仿。

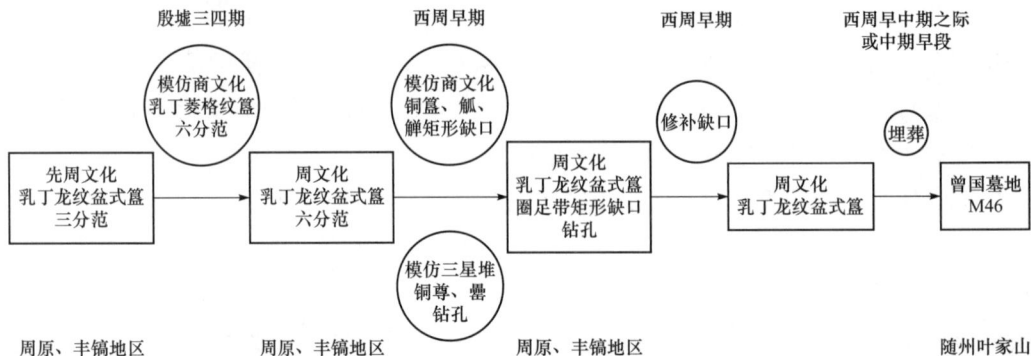

图一一　叶家山铜簋（M46：17）器形起源与形制演变示意图

商代晚期，周人与商人联姻，"挚仲氏任，自彼殷商；来嫁于周，曰嫔于京。乃及王季，维德之行。大任有身，生此文王"[49]，部分商人贵族甚至主动西奔归顺周人，

"太师疵、少师强抱其乐器而饹周"[50]"诸侯多叛纣而往归西伯"[51]。周人虽臣服殷商王朝，但也保持了一定的独立性，并逐渐蚕食商王朝在关中地区的势力范围和影响力，"后稷之孙，实维太王；居岐之阳，实始翦商"[52]"西伯归，乃阴修德行善，诸侯多叛纣而往归西伯。西伯滋大，纣由是稍失权重"[53]，西伯决虞、芮之讼，伐犬戎、密须、邘，败耆国，伐崇侯虎而作丰邑，自岐下而徙都丰[54]。目前学界虽然对周人与商王朝之间的臣服从属关系略有争议，但周人对殷商先进青铜铸造技术和礼乐文化的模仿学习是毋庸置疑的。商周之际武王克商和成王、周公东征后，周人基本掌控了商王朝统治区域，大量殷商贵族归顺周人，大批殷商遗民被迁徙至沣西等周人统治核心区[55]，周人还全盘接收殷商青铜铸造作坊及工匠，并以此为基础在周原、丰镐及成周洛阳新建铸铜作坊，为己所用。殷墟陶器、象牙器圈足上的矩形装饰，部分铜器圈足上的矩形缺口，可能对部分周人产生了一定影响，叶家山出土的乳丁龙纹盆式簋上的矩形缺口，很可能就是在这一大的历史背景下出现的，是部分周人贵族在主动模仿学习商文化的这种独特的文化因素。

商代晚期至西周早期，关中地区西部的周人及附属族群弜国，与四川盆地的三星堆遗址、金沙遗址所属族群之间存在一些交流。《尚书·牧誓》载，武王伐纣，蜀人从之，武王与其誓于商郊牧野[56]。周原卜辞有占卜"伐蜀"的残片（H11∶68）[57]。李海荣通过对关中地区出土的商时期青铜器文化因素的分析，认为以"三角援戈、骹下部两侧有对称环耳的柳叶形矛、有肩圆刃钺、牛头形饰、人面形饰和尖顶圆泡"为代表的晚商 H 组铜器"为文献中记载的蜀和兴起于关中的周的联系作了佐证，反映了早期蜀文化对关中地区的影响"[58]。

此外，宝鸡茹家庄 M1 出土一件男性铜立人像（BRM1 乙∶67），人像双臂弯曲至右肩，双手似有所握，呈圆环状（图一二，1）[59]。茹家庄 M2 出土一件女性铜立人像（BRM2∶22），双臂左右分开，左上右下，双手似有所握，呈圆环状（图一二，2）[60]。相似手势的铜人像在三星堆遗址二号祭祀坑也有出土，如大型铜立人像（K2②∶149、K2②∶150），手臂粗大，颇为夸张，左臂弯曲至胸前，右臂弯曲至右肩，双手似有所握，呈圆环状（图一二，3）[61]。另一件铜兽首冠人像（K2②∶264），两臂平伸，两手在前方呈执物状，右手在上，左手在下，似有所握（图一二，4）[62]。宝鸡竹园沟 M13 出土 1 件"覃父癸"铜爵（BZM13∶6；图一三，3）[63]，彭县（现彭州市，下同）竹瓦街铜器窖藏曾出土 1 件"覃父癸"铜觯（图一三，4）[64]。覃是殷商时期的一个重要部族，"覃"铭铜器在殷墟也有发现，《邺中片羽》收录一件"覃"罍，一件"亚覃"匕，二器均传出安阳（图一三，1、2）。竹园沟 M13 出土的"覃父癸"铜爵与彭县出土的"覃父癸"铜觯，铭文的行款、字体相同，很有可能为一人所铸，后被分置两地。成都金沙遗址"青羊兴城建"地点出土 1 件乳丁纹盆式簋（VT0105⑤∶2；图一四），该簋形制、纹饰与宝鸡石鼓山、宝鸡旭光村、长安沣西毛纺厂等关中地区出土的乳丁龙纹盆式簋相近，但纹饰粗疏，三分范且铸造缺陷明显，合金成分也明显不

图一二　陕西宝鸡茹家庄与四川广汉三星堆出土铜立人像

1. 茹家庄男性铜立人像（BRM1 乙：67）2. 茹家庄女性铜立人像（BRM2：22）

3. 三星堆二号坑大型铜立人像（K2②：149、K2②：150）4. 三星堆二号坑小型铜兽首冠人像（K2②：264）

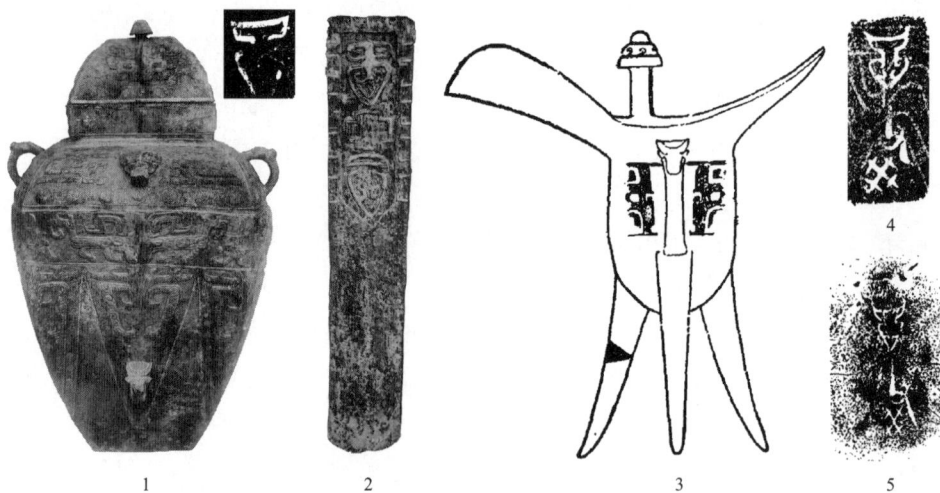

图一三　彭县竹瓦街、宝鸡竹园沟和传出安阳的"覃"铭铜器

1.《邺中片羽》收录的"覃"罍 2.《邺中片羽》收录的"亚覃"匕

3、4. 宝鸡竹园沟出土"覃父癸"爵 5. 彭县竹瓦街出土"覃父癸"觯

同[65]，因此应是金沙遗址仿关中地区先周时期周人三分范的盆式篢铸造的。三星堆遗址二号祭祀坑出土一件铜顶尊跪坐人像（K2③：48），形制为喇叭形座，座顶用补铸法铸有一头顶铜尊的踞坐人像，人像头顶圈足尊，两手上举捧尊（图一五，1）[66]。把铜尊顶在头上的动作表现的应该是铜尊在祭祀时的一种使用方式，该器造型虽然特殊，但并非独一无二。山西大河口西周霸国墓地 M1 出土一件铜踞坐人顶盘（M1：271-4），

人像身着立领衣，有矩形垫肩，右衽，窄长袖，跽坐，头顶圈足铜盘（图一五，2）[67]。值得注意的是，铜跽坐人顶盘人像的矩形垫肩，在陕西宝鸡茹家庄出土的两件铜立人像也有发现（图一二，1、2）。

图一四　金沙遗址出土乳丁纹盆式簋（VT0105⑤：2）

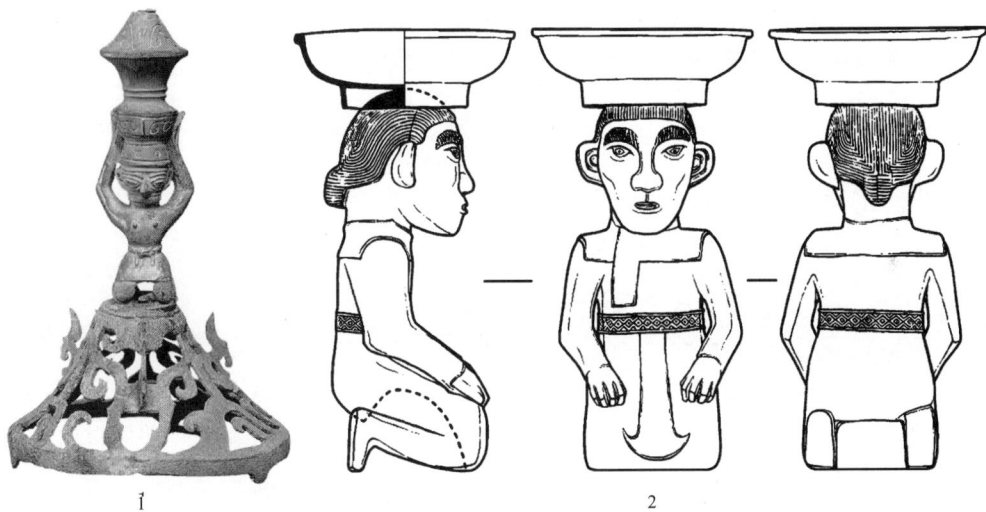

图一五　铜顶尊跽坐人像、跽坐人顶盘
1. 四川三星堆遗址二号坑出土的铜顶尊跽坐人像（K2③：48）
2. 山西大河口霸国墓地一号墓出土的铜跽坐人顶盘（M1：271-4）

据此可知，商代晚期至西周早期，关中地区的周人与四川盆地的三星堆遗址和金沙遗址所属族群之间存在一些双向的交流互动，即：中原和关中地区铜器流入四川盆地，周人的乳丁纹盆式簋被金沙遗址所属族群追捧仿铸，而四川盆地的三星堆遗址、金沙遗址也对关中地区西部的周人及邻近族群的产生了一定的影响，三星堆遗址的某些特殊的文化因素被关中地区的周人等族群主动吸收、借鉴，铜器圈足钻孔即是其中之一。鉴于另外两件圈足钻孔的高足杯（1973扶风美阳）和铜簋（2012宝鸡石鼓山M3）均出自关中地区，叶家山铜簋（M46：17）圈足上的钻孔可能是在关中地区完成的，后来才流传至湖北随州叶家山所在的曾国。城洋地区是连接以三星堆为代表的四川盆地与关中和中原地区的重要通道，城洋地区晚商时期的铜器主要集中在殷墟二期或稍晚时期，这一时期是三星堆文化发展的鼎盛期，也应该是此条通道最为兴盛的时期[68]。

受材料限制，虽然我们目前无法准确判定矩形缺口、圆形钻孔在叶家山铜簋（M46：17）圈足上出现的具体年代、先后顺序和发生地点，但有一点是可以肯定的，即周人对商人圈足器上预留矩形缺口、三星堆铜器上钻孔的模仿，应该是浅尝辄止的，并未持续地、大范围地推广，因为圈足钻孔的铜器目前所知只有三件，叶家山 M46 出土的乳丁龙纹盆式簋是目前所知唯一的一件先周（乳丁龙纹盆式簋）、商（圈足矩形缺口）和三星堆（圈足钻孔）三种文化因素集于一体的铜器，而且圈足上的矩形缺口在这件铜簋的后期流传、使用的过程中，竟被不明所以然的后代使用者修补为完整的圈足，并以修补后的状态随其最后一位拥有者、使用者葬入叶家山 M46，可见这种特殊的现象或习俗在西周早中期之际已被周人彻底废弃或遗忘。之所以如此，可能与武王克商后，大量殷商遗民的社会地位逐渐降低，随着时间的推移，其不同于周人的文化特色逐渐消退，殷遗民逐渐放弃自身的文化传统，自觉或者不自觉地融合到周人文化的民族大融合的历史进程有关。

注　释

［1］ 湖北省博物馆、湖北省文物考古研究所、随州市博物馆：《随州叶家山——西周早期曾国墓地》，文物出版社，2013 年；湖北省文物考古研究所、随州市博物馆：《湖北随州市叶家山西周墓地》，《考古》2012 年第 7 期。

［2］ 中国青铜器全集编辑委员会：《中国青铜器全集·第 1 卷·夏、商（一）》，文物出版社，1996年，器号 156。

［3］ 河南省文物考古研究所：《郑州商城——1953～1985 年考古发掘报告》，文物出版社，2001 年，第 813 页。

［4］ 中国出土青铜器全集编委会：《中国出土青铜器全集·第 5 卷·山东·上》，科学出版社、龙门书局，2018 年，第 70 页。

［5］ 中国出土青铜器全集编委会：《中国出土青铜器全集·第 5 卷·山东·上》，科学出版社、龙门书局，2018 年，第 38 页；济南市考古研究所：《济南市刘家庄遗址商代墓葬 M121、M122 发掘简报》，《中国国家博物馆馆刊》2016 年第 7 期。

［6］ 湖北省文物考古研究所：《盘龙城——1963～1994 年考古发掘报告》，文物出版社，2001 年，第 248、276、414 页。

［7］ 张昌平：《二里头文化至殷墟文化时期青铜器鎣的铸造技术及其发展》，《文物》2016 年第 9 期。

［8］ 湖北省文物考古研究所：《盘龙城——1963～1994 年考古发掘报告》，文物出版社，2001 年，第 175 页。

［9］ 河南省文物考古研究所：《郑州商城——1953～1985 年考古发掘报告》，文物出版社，2001 年，第 639、781、782 页。

［10］ 河南省文物考古研究所：《郑州商城——1953～1985 年考古发掘报告》，文物出版社，2001 年，

第 823、824 页。

[11] 中国社会科学院考古研究所：《殷墟的发现与研究》，科学出版社，1994 年，第 230 页。

[12] 中国社会科学院考古研究所：《殷墟的发现与研究》，科学出版社，1994 年，第 397 页。

[13] 梁思永、高去寻：《侯家庄 1003 号大墓》，"中央研究院"历史语言研究所，1967 年，第 98 页。

[14] 孙明：《商周时期的青铜瓿及相关问题研究》，《中原文物》2020 年第 2 期。

[15] 张昌平：《盘龙城出土的商代青铜容器类说》，《商周时期南方青铜器研究》，商务印书馆，2016 年，第 20～32 页；刘煜：《圈足上的镂孔：试论商代青铜器的泥芯撑技术》，《南方文物》2014 年第 3 期。

[16] 刘煜：《圈足上的镂孔：试论商代青铜器的泥芯撑技术》，《南方文物》2014 年第 3 期。

[17] 殷墟文化及更晚时期铜方彝、方座簋等器物圈足上的缺口为装饰性，与此类不同，故不在本文讨论范围之内。

[18] 中国出土青铜器全集编委会：《中国出土青铜器全集·第 18 卷·四川·重庆·云南·贵州·青海》，科学出版社、龙门书局，2018 年，第 3 页。

[19] 四川省文物考古研究所：《三星堆祭祀坑》，文物出版社，1999 年，第 238、240 页。

[20] 中国出土青铜器全集编委会：《中国出土青铜器全集·第 18 卷·四川·重庆·云南·贵州·青海》，科学出版社、龙门书局，2018 年，第 5、6 页。

[21] 中国出土青铜器全集编委会：《中国出土青铜器全集·第 18 卷·四川·重庆·云南·贵州·青海》，科学出版社、龙门书局，2018 年，第 7 页。

[22] 中国出土青铜器全集编委会：《中国出土青铜器全集·第 18 卷·四川·重庆·云南·贵州·青海》，科学出版社、龙门书局，2018 年，第 8 页。

[23] 四川省文物考古研究所：《三星堆祭祀坑》，文物出版社，1999 年，第 263、264、276 页。

[24] 张昌平：《论殷墟时期南方的尊和罍》，《考古学集刊》（第 15 集），文物出版社，2004 年。

[25] 许杰：《古蜀异观：三星堆塑像的重现与解读》，《美成在久》2015 年 11 月总第 8 期。

[26] 四川省文物考古研究所：《三星堆祭祀坑》，文物出版社，1999 年，第 238、240 页。

[27] 罗西章：《扶风美阳发现商周铜器》，《文物》1978 年第 10 期。

[28] 李海荣：《关中地区出土商时期青铜器文化因素分析》，《考古与文物》2000 年第 2 期。

[29] 石鼓山考古队：《陕西省宝鸡市石鼓山西周墓》，《考古与文物》2013 年第 1 期。

[30] 胡嘉麟：《石鼓山墓地考古学文化研究之二——商周之际的先周青铜器》，《三代考古》（八），科学出版社，2019 年，第 221～256 页。

[31] 邹衡：《论先周文化》，《夏商周考古学论文集》，文物出版社，1980 年，第 317 页。

[32] 胡嘉麟：《石鼓山墓地考古学文化研究之二——商周之际的先周青铜器》，《三代考古》（八），科学出版社，2019 年，第 221～256 页。

[33] 李宏飞：《论游凤七器——关中地区先周时期铜器群探索之二》，《考古与文物》2020 年第 4 期。

[34] 中国社会科学院考古研究所丰镐发掘队：《长安沣西早周墓葬发掘记略》，《考古》1984 年第 9 期。

[35] 中国社会科学院考古研究所：《中国考古学·两周卷》，中国社会科学出版社，2004 年，第 32、33 页。

[36] 胡嘉麟：《石鼓山墓地考古学文化研究之二——商周之际的先周青铜器》，《三代考古》（八），科学出版社，2019 年，第 221～256 页。

[37] 方勤：《随州叶家山西周早期曾国墓地的发现与研究》，《随州叶家山——西周早期曾国墓地》，

文物出版社，2013 年，第 11～15 页。

[38] 湖北省文物考古研究所、随州市博物馆：《湖北随州市叶家山西周墓地》，《考古》2012 年第 7 期；何晓琳：《叶家山西周墓葬出土日用陶器浅析》，《江汉考古》2014 年第 2 期。

[39] 方勤：《随州叶家山西周早期曾国墓地的发现与研究》，《随州叶家山——西周早期曾国墓地》，文物出版社，2013 年，第 11～15 页。

[40] 何晓琳：《叶家山西周墓葬出土日用陶器浅析》，《江汉考古》2014 年第 2 期。

[41] 张懋镕：《李学勤与"曾国之谜"》，《江汉考古》2020 年第 2 期。

[42] 杨伯峻编著：《春秋左传注》，中华书局，1981 年，第 110 页。

[43] 张懋镕：《李学勤与"曾国之谜"》，《江汉考古》2020 年第 2 期。

[44] 张懋镕：《李学勤与"曾国之谜"》，《江汉考古》2020 年第 2 期。

[45] 郭长江、凡国栋、陈虎等：《曾公畎编钟铭文初步释读》，《江汉考古》2020 年第 1 期。《史记·秦本纪》载："平王封襄公为诸侯，赐之岐以西之地。曰：'戎无道，侵夺我岐、丰之地，秦能攻逐戎，即有其地。'与誓，封爵之。襄公于是始国，与诸侯通使聘享之礼。"[（汉）司马迁：《史记》卷五《秦本纪》，中华书局，1959 年，第 179 页]

[46] 胡厚宣：《甲骨文合集释文》，中国社会科学出版社，1999 年。

[47] 郭长江、凡国栋、陈虎等：《曾公畎编钟铭文初步释读》，《江汉考古》2020 年第 1 期；田成方：《曾公畎钟铭初读》，《江汉考古》2020 年第 4 期。

[48] 陈絜：《两周金文中的繁地与西周早期的东土经略》，《中原文物》2020 年第 1 期。

[49] （清）王先谦撰、吴格点校：《诗三家义集疏》，中华书局，1987 年，第 828、829 页。

[50] （汉）司马迁：《史记》卷四《周本纪》，中华书局，1959 年，第 121 页。

[51] （汉）司马迁：《史记》卷三《殷本纪》，中华书局，1959 年，第 105 页。

[52] （清）王先谦撰、吴格点校：《诗三家义集疏》，中华书局，1987 年，第 1079 页。

[53] （汉）司马迁：《史记》卷三《殷本纪》，中华书局，1959 年，第 105 页。

[54] （汉）司马迁：《史记》卷四《周本纪》，中华书局，1959 年，第 117、118 页。

[55] 张礼艳：《沣西地区殷遗民的社会地位及其变迁》，《考古与文物》2013 年第 2 期。

[56] （清）孙星衍撰，陈抗、盛冬铃点校：《尚书今古文注疏》，中华书局，1986 年，第 285 页。

[57] 陕西周原考古队：《陕西岐山凤雏村发现周初甲骨文》，《文物》1979 年第 10 期。

[58] 李海荣：《关中地区出土商时期青铜器文化因素分析》，《考古与文物》2000 年第 2 期。

[59] 卢连成、胡智生：《宝鸡强国墓地》，文物出版社，1988 年，第 315 页。

[60] 卢连成、胡智生：《宝鸡强国墓地》，文物出版社，1988 年，第 375 页。

[61] 四川省文物考古研究所：《三星堆祭祀坑》，文物出版社，1999 年，第 162～169 页。

[62] 四川省文物考古研究所：《三星堆祭祀坑》，文物出版社，1999 年，第 162～169 页。

[63] 四川省文物考古研究所：《三星堆祭祀坑》，文物出版社，1999 年，第 66 页。

[64] 王家祐：《记四川彭县竹瓦街出土的铜器》，《文物》1961 年第 11 期。

[65] 刘祥宇、周志清、王占魁：《成都金沙遗址出土铜簋》，《文物》2018 年第 9 期。

[66] 四川省文物考古研究所：《三星堆祭祀坑》，文物出版社，1999 年，第 169、170 页。

[67] 山西省考古研究院、临汾市文物局、翼城县文物旅游局联合考古队等：《山西翼城大河口西周墓地一号墓发掘》，《考古学报》2020 年第 2 期。

[68] 黎海超：《资源与社会：以商周时期铜器流通为中心》，中国社会科学出版社，2020 年，第 108 页。

长江下游地区商周时期城址的考古学观察[*]

唐锦琼[1]　牛煜龙[2]

（1. 中国社会科学院考古研究所　2. 苏州市考古研究所）

进入 21 世纪以来，长江下游商周时期的考古工作从以往重视对墓葬的发掘转向关注以城址为核心的整体性研究上来，先后在多处重要城址展开工作，取得了丰厚的成果。这些发现不仅深化了对诸城址本身的认识，更是引发诸多新的思考。以下，仅通过对相关城址的简单梳理，就相关问题略作阐发，或可对长江下游商周时期考古研究和历史进程的认识有所裨益。

一、城址的发现

长江下游地区发现的商周时期城址主要有：皖南地区的牯牛山城，浙北地区的安吉古城、下菰城、邱城、小古城，苏南地区的葛城、佘城、淹城、固城、阖闾城和木渎古城，以及江淮地区的天目山城等[1]。

1. 牯牛山城[2]

牯牛山城位于安徽省南陵县石铺乡，地处黄山余脉的山前地带，青弋江与漳河的支流分别在城址东西两侧流过。城址平面呈长方形，南北长约 900、东西宽约 750 米，面积近 70 万平方米。城址四周有宽 20～30 米的护城河环绕，并有水道与周边及城内水系相连通。城内有明显的功能分区。城内北侧有五个相互独立的高土台，堆积较厚，文化层平均厚度达 3 米。北侧的三个土台的堆积复杂，可能是以生产活动为主的区域；偏南侧的两个土台有大范围的红烧土分布，并有夯土遗迹，可能为居住区域。城址南侧文化层较薄。在城址西南角和东南角各有一面积 100 多平方米的小土台。城内文化遗存可分为三期，从西周早期一直延续到西周晚期到春秋初期。在城址周围分布着密集的西周时期土墩墓，包括千峰山土墩墓群[3]、龙头山土墩墓群[4]等。

---

* 本文写作得到国家社科基金重大项目"长江下游社会复杂化及中原化进程研究"（20&ZD247）资助。

2. 安吉古城[5]

安吉古城位于湖州市安吉县梯铺镇。城址坐落在一处环状的半封闭式盆地中，周边以九龙山为起点有一列山地环抱，东西两侧分别有苕溪和沙河流过。城址平面略呈方形，东西长 600、南北宽 550 米，城区面积约 33 万平方米，包括护城河在内总面积 40 余万平方米。城墙保存较好，平地堆土筑成，不见基槽及明显的夯层和版筑迹象，墙基宽 24 米，现存残高 6 米左右。城址周边有宽约 50~80 米护城河遗迹环绕。在城址周边发现有附属建筑。城址东北有一处与城址内早期堆积同时期的方形高台遗址。城址北侧有一座人工堆筑，中心部位分布有大面积红烧土堆积，为高 2 米左右的土台。

对于城址的时代，各方对城址延续使用到晋代的意见较为统一，而对城址的上限，则有不同认识，这对于城址的最终定性具有决定性意义。对于城址的定性，学者多根据《括地志》的记载，认为是秦代鄣郡的郡治所在[6]。但在周边发现的大批东周时期墓葬[7]，以及发现的青铜盉[8]、郢爰[9]这些较早时期的遗物都表明在东周时期此地已是一处有相当等级的聚邑。但其是始建于战国时期[10]，还是如有学者提出"城址内文化堆积丰厚，上至春秋，下达西晋"，是早期越国都邑[11]，则需要材料进一步的公布和深入研究。

城址周边分布着大量土墩墓，总数在 1100 座以上。这些墓葬可分为两个墓区——南侧的龙山墓区和北侧的笔架山墓区。各墓区又可分为五六个墓群。各墓群是以一座较大的土墩为主，其余中小型土墩排列有序，呈团状或串状围绕中心大墩分布。其中一些大型墓葬有着高大封土，周边有隍壕环绕，有学者推断墓主应属王侯级。最近在其中八亩墩的发掘，确认其由中心主墓和周围 31 座陪葬墓组成，周围有隍壕环绕，构成一处完整的墓园。墓葬时代为春秋晚期。

3. 下菰城[12]

该城位于湖州市南郊云巢乡。城址北倚和尚山，南侧有东苕溪和里江流经。两者在城址东南隅交会。

城址分为内外两重，均呈圆角等边三角形。外城对边距离约 800~820 米，现存周长约 1800 米，东北和西北城垣都比较完好，未见南城垣。内城位于外城南部偏东，方向与外城基本一致，对边距离约 400~410 米，现存周长约 1200 米，除南城垣比较残破外，其余部分保存比较完好。

城址位于山脚下，地势高隆，突兀于地表。内外城的城墙均用黄土夯筑而成，结实而坚硬。现存城垣一般高度在 9 米上下，内城北部更高，达 15 米左右；上部宽皆5~6 米，底部宽 30 米上下，横断面略呈梯形，内侧坡度约 40°，比较平缓，外侧接近直角，十分陡峭。城内地势北高南低。在内城发现有 6 处缺口，外城城垣上有 3 处缺口，或为城门遗迹。有学者推测内城有 4 处城门，外城有 3 处城门，均需发掘确认。在城内采集的器物以商周时期的几何印纹陶片为大宗，以及良渚时期、汉晋唐宋时期的遗物。在城址周边的山地上发现有石室墓。

对城址的时代，以往多根据文献所载，认为是楚春申君黄歇所筑，修建于战国后期。但有学者根据城内采集的商周印纹陶片来推断其始建年代在西周或者春秋时期[13]。陈元甫先生根据近年调查和钻探成果，确认下菰城为商代城址，是一座马桥文化城址[14]。但诸家对城址延续使用的下限尚没有明确的认识。

4. 邱城[15]

邱城位于浙江省湖州市白雀乡小梅口，地处太湖南岸。其西侧背倚黄龙洞山，东侧为广袤的太湖平原，东侧有水道通向太湖。城址由两座规模略等、南北相连的城垣构成，两座城垣分别把南北两座小山（北邱城山、南邱城山）包围在城内。城墙用泥土夯筑。北城（又称子城）地势较高，平面略呈东西向的长方形，城墙周长约 1500 米。城墙呈外陡内缓的不等腰三角形，以东城墙保存最佳，上宽 5～8、底宽 20～30、高 8～10 米。南、北城墙有城门各一[16]，北门偏东，南门偏西，门宽 20 米。南城位于北城东南面，略呈南北向的长方形，西城墙长约 500 米，北端与子城南城门东侧相接，南城墙长约 300 米，北城墙西半段亦即子城南城墙，东半段沿子城东南角向东而筑。城墙底宽 11.5 米，顶宽 10 米左右，残高 4 米。北城的南、北城墙有城门，北门偏东，南门偏西，门宽 20 米。城墙是由灰黑色灰土和黄褐色山土相间组成，土质坚硬，有明显的夯打痕迹，但夯层并不整齐。

此城址前后经过四次发掘。第一次发掘时，将城内堆积分为三个比较明确的文化层，其中上文化层包括城墙夯土、灰土层和遗址第一层。之后的发掘明确该文化层属马桥文化和亭林时期遗存。此外还发现有汉代中期墓葬打破城墙的现象。由这些现象可推断城址的建造年代应该是在马桥文化和东周之间[17]。有学者根据城内采集的东周时期遗物，结合周边山地上分布的土墩墓和石室土墩墓等情况，推断城址的时代在春秋时期[18]。

5. 小古城[19]

小古城是通过遥感分析发现的。城址位于浙江省余杭区潘板乡，地处北苕溪中下游，南侧和东侧为北苕溪及其支流。城址西北依靠一座孤山——妙山。城址内外分三层，中间的内城为方形，东西长约 450、南北宽约 400 米，面积约 18 万平方米。在北侧还残存有一段长约 450、宽约 5 米的土墙。城外有宽约 25 米的城壕环绕。子城位于内城东南角，呈方形，高出地面约 5 米，顶较平，东西长约 250、南北宽约 150 米，四周有城墙痕迹，宽约 15 米，北侧和西侧有宽约 50 米的护城河。在城西北的妙山西北坡有一段宽 25～40、高约 5 米的弧形坝，推测为挡水坝，发现者将其视作外城。经过发掘，城址的时代属于马桥文化时期。

6. 葛城[20]

葛城位于江苏省丹阳市珥陵镇祥里村，处于宁镇丘陵山地与平原的过渡地带。葛城遗址中心部分为一不规则长方形古城，东西长约 200、南北宽约 150 米，城内地表高出周围约 3 米。城墙普遍高出城内地表约 5 米。现除西城墙外，其余城墙均遭破坏。经解剖，城墙经过较长时间的使用，并有过修补，可分为早中晚三个时期。早期城墙采用夯筑方式，中期和晚期城墙采用堆筑方式。其中除了西城墙外移，是在早、中期的城壕上构筑外，其余三面城墙均是在前段城墙的基础上覆土堆筑而成。早、中、晚各期城墙外侧均有两道对应的城壕。壕沟之间相距 50～60 米。四面城墙均有城门，城门宽约 6 米左右。南北城门与东西城门之间有断续存在的道路，路宽 3～4 米。钻探表明城内西部地下存在近 1 米厚的红烧土堆积，推断为建筑区。根据出土遗物推断，葛城遗址的延续时代为西周中期到春秋晚期。早期城墙始筑时代为西周中期，中期城墙始筑时代为西周晚期至春秋早期，晚期城墙始筑时代为春秋中晚期，整个城址废弃于春秋晚期。

此外在城址西北 1.5 千米处发现的神河头遗址[21]是一处从西周延续使用至战国时期的祭台遗址，与城址同时存在，有着密切的关联。

7. 佘城[22]

位于江苏江阴云亭镇花山村。城址西侧不远处为独立小山——花山。城址平面大致呈圆角长方形，南北长 800、东西宽 500 米，面积约 30 万平方米。城址所处地势较高，西侧有河流流过，东、南、北三面为地势低于城址 4～5 米的稻田。通过解剖可知城墙宽约 20 米，残存最高达到 5 米。城墙直接修建在生土之上，采用的是干湿土混用的堆筑方法。另在城外西北部，是与城址基本同时、面积约 10 万平方米的花山遗址[23]。两者应密切相关。

通过对出土物的判断，发掘者认为城址的时代为夏商时期。另有学者将城址的时代推定为商到西周时期[24]，或可信从。

8. 淹城[25]（及留城、胥城）

淹城位于江苏省常州市湖塘镇。地处太湖冲积平原上，西南为滆湖。城址东西长 850、南北宽 750 米，总面积约 65 万平方米。城址处于一相对高地上。城址由四重土城墙构成，由内向外分为子城、内城、外城和外城廓，其中子城、内城、外城的外侧均有护城河环绕。城址仅有西侧一处出口。外城呈不规则圆形，南北对径约 600、东西对径 800、城墙周长约 2500 米。内城略似方形，位于外城东北，城墙周长 1500 米。子城平面近方形，在内城西北，城墙周长约 500 米。

该城址 20 世纪 30 年代即引起学界的关注。1958 年在淹城出土过一批文物[26]，引起学界对城址的重视。此后在淹城又多次发现两周时期遗物[27]。

通过对城址的发掘，了解到淹城城墙的始筑时代可能为西周晚期，筑成时代和增筑时代为春秋早期，城址的废弃在春秋中期。

对于城址的性质，有学者曾提出是奄国南迁的遗迹[28]。也有学者提出该城是春秋晚期吴公子季扎所封的延陵邑[29]。更有学者直接将其指认为春秋中期吴国都城[30]。由于城址本身未有明确指明其性质的材料，发掘者较为笼统地推断是淹城是长江下游地区诸多方国之一的国都[31]。

在城址周边还有两座附属性小城——留城和胥城。三座城址呈三角形分布，胥城位于东侧，留城位于西侧，两者相距约 5 千米。淹城又在留城的西南约 2.5 千米处。这两座城址与淹城成组分布，或为同时存在的一批遗存。

留城[32] 平面呈方形，周长约 500 米，面积约 1 万平方米。城墙用泥土堆筑，未经夯打，底宽 25～30、上宽 10～15、残高 4～5 米。城垣南侧为一条大河，其余三面有城壕围绕。城址四周及城内曾出土过印纹硬陶器和原始青瓷片，推测年代为春秋晚期。

胥城[33] 平面呈长方形，东西长 80、南北宽 60 米，面积约 5000 平方米。城墙底宽 25、上宽 10～12、残高 4～5 米。城垣四周有宽约 20 米的城壕。城内出土过原始青瓷器和印纹硬陶片。年代大致为春秋晚期。

9. 固城[34]

固城位于高淳县固城镇，南濒胥河，西南隔山即为固城湖。周边有山地环绕。城址整个城址东南高、西南低，分为内城和外城两部分。外城平面呈不规则的多边形，东西向长约 1450、南北向宽约 600 米。城垣的四面留有似城门的豁口。城外有护城壕痕迹。内城位于城内中轴线偏西，呈长方形，南北长 190、东西宽 120 余米，四周亦有宽约 13.5 米的城壕。在城址内发现有上自西周、下至唐宋的遗物，尤以两汉时期遗物最为丰富。对于城址的时代，有学者认为是春秋到汉[35]，但另有观点认为城址时代属汉代，东周时期城址可能在西部，固城村北的位置，地面有城墙留存，曾在此处发现西周铜戈、春秋时期的甬钟、青铜剑、铜镞、郢爰等[36]。

10. 阖闾城[37]

阖闾城分属无锡滨湖区胡埭镇和常州武进区雪堰桥镇，位于太湖西北角。城址北侧为胥山，闾江从城址中穿过。这座城址于 20 世纪 50 年代发现位于西北角的东西小城。2007 年，江苏省考古研究所等对城址重新调查，发现外侧的大城。但通过对卫星影像资料的比较研究，阖闾城的大城可能并不存在[38]。

东西小城东西并列，共用一段隔墙。小城的北墙已不存，南垣和隔墙皆保存较好。两座小城东西长约 1000 米，南北最宽处约 500 米。残存的城墙高出地面 1 米左右，最高处约 4 米。墙基宽约 30～32 米。城墙外有环壕围绕。在小城内发现有大型建筑基址、水井、水路城门等遗迹。建筑基址主要集中在西城内。通过钻探、调查可知东西小城的时代在春秋晚期至汉代之间。

在城址北侧的龙山山脉山顶和山脊上发现有石城墙和石室土墩墓。石城墙叠压在石室土墩墓之上。龙山石城墙蜿蜒分布，依山势高下而筑。石城墙两面用大石块垒砌，中部填土，为"石包土"的建筑形式。石城墙宽约 1 米，残高约 0.4～0.7 米。龙山山顶和山脊的石室土墩墓时代为春秋早期至春秋中期。

11. 木渎古城[39]（及附属千年寺小城、吴城、越城、合丰小城）

苏州木渎古城位于苏州市吴中区木渎镇和藏书镇。地处太湖东北角。城址位于灵岩山、大焦山、五峰山、穹窿山、香山、胥山、尧峰山、七子山等山地环绕的山间盆地中。城址内发现南北两处城墙遗存。北侧的五峰段城墙东南侧起自狮子山脚下，呈曲尺形向西北延伸到五峰山下。该段城墙总长 1150 米，宽约 20～26 米，高出地面约 0.5～3 米。城墙外侧有宽约 10～30 米的城壕平行分布。城壕深 1～2 米。城壕经 D2、D3 间的水门与城内相通。东南侧的新峰段城墙处于清明山和尧峰山之间山口的北侧。城墙总体呈东西走向，总长约 560 米，在西侧有一豁口，两侧城墙分别向南延伸，形成"两墙夹一河"的基本布局。城墙向南延伸部分长约 360 米，并有可能继续延伸。现存地表墙体宽 15～45 米。木渎古城周边群山环绕，仅能通过五处山口与外界相通。木渎古城有可能未构筑完整的城墙，而是在山口处因地制宜地构筑防御设施，利用周边的山体作为天然的城墙，从而构筑起较为完备的防御体系。

城内遗存分布呈现"小聚居、大散居"的特点，较为集中地分布在五峰地点、新峰地点，以及西南侧的合丰地点、中部的廖里地点等。在合丰地点发现合丰小城。合丰小城位于香山东麓，呈圆角长方形，南北长约 500、东西宽约 450 米，面积约 22 万平方米。现北侧和东侧仍有城墙遗迹残存。地面残存城墙长约 600、残宽 10～20、残高约 2 米。城墙外侧有城壕分布，宽约 8、深约 2 米。合丰小城内外分布着大量的土墩遗存。通过试掘，确认小城的始建年代在西周晚期至春秋早期。廖里地点发现大量马桥时期遗存。

城外的清明山南麓有千年寺小城。小城平面呈方形，边长 170 米，面积约 2.9 万平方米，方向约 355°。小城的时代在战国早中期。小城紧贴着太湖岸边。控制了太湖经胥江进入城内的胥口。

木渎古城有着复杂的发展演变过程。西周晚期至春秋早期即有合丰小城出现，在春秋晚期出现大型城址，到战国时期仍然沿用，并有所增益，并一直沿用到汉代。

木渎古城周边有真山大墓[40]、严山玉器窖藏[41]等重要发现。城址周边还发现一些附属性城址，包括吴城、越城等。吴城和越城位于木渎古城东侧，上方山附近。越城在山下，越溪东岸，吴城在山上，越溪东岸，两者夹越溪而峙。吴城[42]，又称鱼城，位于上方山的余脉磨盘山上，依托山势而建。城址东侧和南侧因破山取石而荡然无存，仅余西部和北部。北城墙残长约 1 千米。城墙剖面呈梯形，底部宽近 30、残高约 4.15 米。城墙为夯土堆筑而成，发现有圆形夯窝。夯土中夹杂有西周至春秋时期陶片和小型石器，故城墙修筑的时代不早于春秋时期。越城[43]，又称越王城、勾践城或黄壁山。遗址原为高出地面 5 米的土墩，由于历年破坏，到 20 世纪 50 年代，高出周围地面仅 1.5 米。遗址南北长约 450、东西宽约 400 米，面积约 18 万平方米。在遗址北侧和西侧还残留有高 4.5 米的夯土城垣。试掘确定此遗址的上层属春秋时期。

12. 天目山城[44]

天目山城址位于江苏省泰州市姜堰区，处于古长江北岸的沙嘴上。这个城址分布在东西长约 220、南北宽约 200 米的范围内。在城址周边有河道围绕。城址有内外两重城墙。外城城墙沿河内侧分布，城址平面略呈椭圆形，东西长 170、南北宽 160 米，面积约 25000 平方米。外城城墙仅不连续地保留有北侧和西侧的部分城墙，东侧城墙与内城合一。内城城墙保留相对较完整，位于外城内的东北部，以西城墙、南城墙与外城相隔离，内城边长约 70 米，面积约 4000 平方米。城墙采用小板块方式堆筑而成。在城址内发现有台基及其上部立柱式房址，以及灰沟、灰坑、墓葬等遗迹。城址的时代从西周早期一直延续到两周之际。发掘者推测该城址与干国有密切关系。

二、基 本 特 征

通过对以上江浙皖地区十余处城址的列举，可见在夏商周时期，长江下游地区已存在相当数量的古代城址。

1. 疏水和亲水的二元统一

城市的选址深受地理环境的影响和制约。"楚越之地，地广人稀，饭稻羹鱼，或火耕而水耨，果隋蠃蛤，不待贾而足，地势饶食，无饥馑之患，以故呰窳偷生，无积聚而多贫。是故江淮以南，无冻饿之人，亦无千金之家。"（《史记·货殖列传》）表明当时人们还处于种植与渔猎、采集相结合的原始农业时期。有学者指出，当时江南地区的农业经济要落后黄河流域四五百年以至千余年[45]。究其原因，是由于当时本地特定的地理环境导致的。"淮、海惟扬州：……筱簜既敷，厥草惟夭，厥木惟乔。厥土惟涂泥。厥田唯下下，厥赋下上，上错。"（《尚书·禹贡》）根据对孢粉的综合研究，在距今 2500 年前后，气温较高，降水量大，属温暖湿润的气候环境[46]。此外，太湖地区发现有多处泥炭层分布。这些泥炭层除了沿着被埋藏的古河道分布外，也有呈块状分布的洼地型泥炭。这些泥炭出现的时间段是距今 2000~2500 年前后[47]。泥炭层形成往往与湖泊、沼泽等湿地环境有关。综合表明本区域内基本的地理环境是有大量的湿地、沼泽分布。

这种地理条件下，"江南卑湿，丈夫早夭"（《史记·货殖列传》）。曾有学者对孙吴时期走马楼吴简中的有关疾病资料的分析，认为其中 90% 左右的病例是与南方地区流行的血吸虫病和麻风病有关，且男子的疾病率和死亡率远远高于女性[48]。

同处江南的长江下游地区也面临着同样的难题。人们趋利避害，居址多采用干栏式建筑的形式，从新石器时代以来，已成为本地的建筑传统。在居址的选择上，往往选择高出地面的高地、土墩等。曾昭燏、尹焕章先生总结湖熟文化遗址分布情况时指出，"这些遗址共同的特点，即都是突出地面的土墩，我们称之为'台形遗址'。它们的形状多圆形或椭圆形，也有条形和少数不规则形状的。突出地面一般是 6～7 米左右，但也有低到 2 米和高到 10 米以上的……这些遗址多分布在河流或湖沼的沿岸，紧靠山岗成群地存在着"[49]。同样，当时的城址也大多选择高亢之处，以避开低湿的环境。这些城址中，除淹城和天目山城地处平原地带外，其余大多位于山前地带。这在各处城址的描述中已有介绍，此处不再赘述。木渎古城城内的遗存大多分布在山前地带[50]，也是这一规律具体而微的体现。

但考虑到生活、防御和交通的需求，人们又不可能完全脱离水源。因此在城址的布局和分布等方面也体现出一定的亲水性。首先表现在城址周围一般都有城壕环绕，除了防卫和防洪，也为城内居民提供了稳定的用水来源。木渎古城的五峰段城墙有水门将城外的水引入城内[51]，淹城的子城内发现有水井[52]。这些当是满足人们生活需求的保障措施。

"南船北马"是中国古代交通方式最为直接的概括，江南地区水网密集，乘船出行是最为方便的出行方式。因此这些城址都有通向周围的水道。牯牛山城西侧即通向青弋江。小古城在北苕溪流域，北苕溪汇入东苕溪。下菰城和邱城位于东苕溪畔。邱城、阖闾城和木渎古城在太湖岸边，可直接进入太湖。

2. 城址面积狭小

由附表可见，这些城址的面积普遍不大，大的如牯牛山城、下菰城和淹城等均在 65 万～70 万平方米之间，小的如葛城和天目山城仅 2 万～3 万平方米。与同时期中原地区的城址比较起来，显得极为迷你。

这一情况应该和当时本区域地广人稀的状况是相符合的。在"最是红尘中一二等富贵风流之地"的苏州地区，先秦时期虽有一定的遗址存在，但遗址数量仍然偏少。如马桥文化时期遗址仅有绰墩遗址、澄湖遗址、广福村遗址、姜里遗址等数处[53]，现在发现的墓葬仅有俞墩 M7[54]。此类遗迹稀少的状况直到战国时期才有所改观。到汉代以后，长江下游地区的南岸地区分属于会稽郡、丹阳郡。根据学者研究，会稽郡人口 483 万人，县平均户 8129，县平均口 32 万人[55]，其中更多的是集中在吴县等郡治所在地，周边人口更为稀少。如此情况下，先秦时期的城址规模小是情理之中的事了。

前文已述，木渎古城位于山间盆地中，并以周围的山体作为防御屏障。若是以盆地的面积计算的话，城址面积可能达到 30 平方千米，远远超过同时期同区域的城址面积，不遑同时期中原地区的都城遗址。这似乎与本区域城址普遍偏小的规律不符合。其原因还需要随着资料的积累继续加以研究。

三、城址的时空考察

这些城址有时间跨度长、分布地域广的特点，考虑到这些城址大多刚开展工作，城址内部的诸多细节尚不明晰，难以深入展开比较，以下仅从宏观角度对各城址间加以浅尝辄止的讨论。

城址的产生和发展是社会发展到某一阶段的特定产物，因此对这些城址的考察有必要置于当时历史背景下，还原到所处的时间轴度和空间关系中，方能更接近于历史的真实，从而对当时的社会历史进程有些许新的认识。

1. 时间轴度的考察

通过《史记・吴太伯世家》的记述，构建起本区域历史进程的大体框架："吴太伯，太伯弟仲雍，皆周太王之子，而王季历之兄也。季历贤，而有圣子昌，太王欲立季历以及昌，于是太伯、仲雍二人乃奔荆蛮，文身断发，示不可用，以避季历。……太伯之奔荆蛮，自号句吴。荆蛮义之，从而归之千余家，立为吴太伯。……王寿梦二年，楚之亡大夫申公巫臣怨楚将子反而奔晋，自晋使吴，教吴用兵乘车，令其子为吴行人，吴于是始通于中国。"

由这段记载可见本区域历史进程中两个重要的节点性事件——"泰伯奔吴"与"始通中国"。随着这两个事件的发生，本地的原有历史进程添加了新的推动力，出现了崭新的文化因素，如西周早期在本区域大量出现的青铜礼乐器[56]，战国时期典型楚文化墓葬在长三角核心区域的出现等。学者多有论述，不再赘言。伴随着这两个事件的发生，本区域与周边地区，特别是与中原地区的交流日益密切。这些文化交流的表现形式不仅仅是外来文化因素进入本区域，本地逐步融入中原文化的过程，同时也是本地独具特色的文化因素向外传播的过程[57]。新的文化因素的出现对本区域的历史进程起到了极大的促进作用，在考古学文化面貌上，也促进新的文化因素的出现和发展。

这些历史进程也与本区域内城址的发展过程是大致同步的。三代时期，长三角地区城址出现时间明显晚于中原地区，数量明显少。在相当于中原地区的夏商时期，本区域内发现的城址仅有三座——小古城、下菰城和佘城。城址的大量出现是在西周时期，多地纷纷涌现出多座城址，如葛城、牯牛山城、淹城等，在木渎古城范围内有合丰小城率先出现。这些都是中原文化因素对本区域影响所导致的。到春秋晚期，随着楚文化因素的进入，以及吴楚争霸和吴越战事的展开，城址又有了显著的发展，邱城、木渎古城和阖闾城在太湖岸边出现，安吉古城可能出现时代较晚，但附近发现的大量春秋晚期墓葬，或预示此处应该有了相当等级的遗址存在。

2. 空间维度的考察

城址作为古代遗址的高级形式，发挥着一般遗址无法比拟的作用。这些城址除了作为某一区域的政治中心外，更多的是发挥着资源的控制及分配、交通网络的节点等作用。

长江下游地区的皖南地区是先秦时期铜资源重要产地[58]。根据对牯牛山城所在南陵县的调查，发现 33 处与铜矿开采、冶炼相关的遗址，其中有 12 处属于西周时期[59]。在大工山古铜矿遗址发现炼渣分布面积达 1.5 平方千米，总重量在 50 万吨以上，通过测算，提炼的粗铜 5 万吨以上[60]。如此庞大的冶炼规模，必须有相应的控制和管理机构。位于附近的牯牛山城正好能担负起这一职责，与矿冶相关的机构人员即是分布在城中。

长江下游另一个重要资源是原始瓷。现今发现数量最丰富的窑址群主要分布在以德清为中心的东苕溪流域，这些窑址从夏代开始，历经商、西周、春秋，直至战国，延绵不绝，不曾间断，是目前国内已知出现时间最早、持续时间最长的窑区，且窑址密集，生产规模大，产品种类丰富且质量高[61]。其产品除了供应本地周边地区，还远及中原地区。如此大的生产规模也要有相应的生产管控和分配机构。下菰城正位于东苕溪进入平原地区的山口附近，邱城则扼制东苕溪进入太湖的要道。表明两座城址与原始瓷的生产、运输和分配等有着密切关联（图一）。

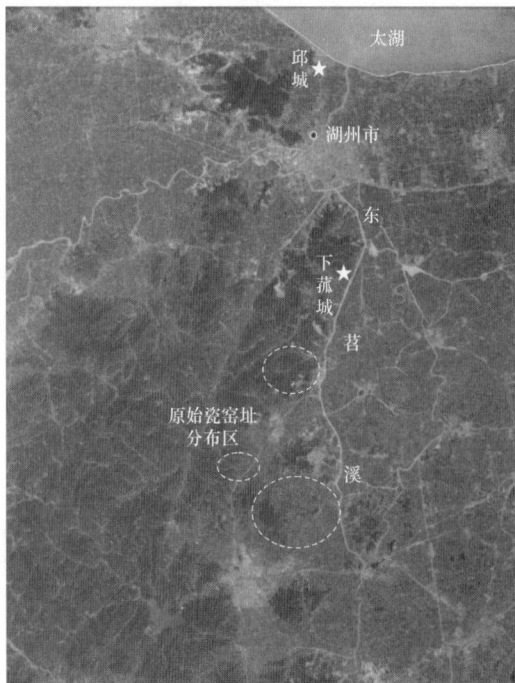

图一　下菰城、邱城与原始瓷产地示意图

3. 城址与交通线路

这些城址还在当时的道路交通系统中起到节点作用。根据文献记载，到春秋晚期，吴国都城迁移到今天苏州地区。此时，吴国主要有两个主要经略方向：北上中原争霸，向南压制越国。

对于舟车楫马的吴国来讲，水路是最为便捷，也最为依仗的交通方式。北上伐楚的线路一般认为是溯淮水西上，顺大别山北麓进入楚境。进入淮水是利用巢肥运河[62]。巢肥运河由濡须水沟通长江与巢湖。濡须水入长江的濡须口位于今安徽含山县西南六十里濡须山与无为县西北五十里七宝山之间[63]。濡须口隔江相对的即是芜湖的青弋江水系的入江口。《读史方舆纪要》卷20江宁府溧阳县"广通镇"条有载，"《志》云，春秋时，吴王阖闾伐楚，用伍员计，开河运粮，东通太湖，西入长江，因名胥溪河。其后渐湮"。胥溪介于江苏高淳、溧阳二县之间，西连固城湖、石臼湖，经青弋江水系通于长江，东接荆溪与太湖连通。这条通道较走长江入太湖的航线短约170千米[64]。固城遗址正在这条线路上，掌控着这条重要水路。

另一条北上线路则是通过邗沟。《左传·哀公九年》："吴城邗，沟通江淮。"杜预注云："于邗江筑城穿沟，东北通射阳湖，西北至末口入淮，通粮道也，今广陵韩江是。"《水经注》云："昔吴将伐齐，北霸中国。自广陵城东南筑邗城，城下掘深沟，谓之韩江，亦曰邗溟沟。"邗沟南引江水，向北过高邮后折向东北，经射阳湖后又拐向西北，在淮安与淮河交会。在邗沟的南段有邗城，多认为在扬州城北的蜀冈上，在地面捡拾到几何印纹陶遗存[65]。这座城址由于被汉魏时期的广陵城所叠压，具体情况尚不明晰。

此外沿海岸线也是一条南北交通线。《左传·哀公十年》："公会吴子、邾子、郯子伐齐南鄙，师于鄎。齐人弑悼公，赴于师。吴子三日哭于军门之外。徐承帅舟师，将自海入齐，齐人败之，吴师乃还。"《史记·吴太伯世家》则记载为"乃从海上攻齐。齐人败吴，吴王乃引兵归。"天目山城即位于古长江北岸的沙嘴上，离海岸线不远，或许与这条交通线相关。

由于本区域材料较少，且发表很不充分，以上只是对长江下游地区商周时期城址情况浮光掠影式的简单梳理，仅就现有发现提出了若干种可能性的解释。相较于拘泥将这些古代城址与文献中各种模糊和不确定的记载直接对应，贴合考古材料本身的探讨或许更容易阐释出一些问题。此外，我们还需要充分考虑到与长江下游地理环境相适应的聚落形态。在出土铜器数量最多的镇江地区有着多个台型遗址组成的大港遗址群。有学者推测其为吴国早期政治和手工业中心[66]。这就为我们探讨本区域的聚落形态提供了另一种可能，需要跳出找"圈子"的心态来重新审视长江下游的古代城址。

附表 长江下游地区商周时期城址统计表

序号	名称	区域	环境	内外城			面积（平方米）	使用时代						备注
				单体	两小城	多重		夏	商	西周	春秋	战国	汉	
1	牯牛山城	皖南	山前	√			70万				—	—		
2	安吉古城	浙北	山前	√			40万					—	—	
3	下菰城	浙北	山前	√			68万[67]		—	·····	·····	·····	—	
4	邱城	浙北	山前		√		30万[68]							
5	小古城[69]	浙北	山前		√		18万							
6	葛城	苏南	山前	√			3万				—	—		

续表

序号	名称	区域	环境	内外城			面积（平方米）	使用时代						备注
				单体	两小城	多重		夏	商	西周	春秋	战国	汉	
7	佘城	苏南	山前	√			30万	····	—	—				
8	淹城	苏南	平原			√	65万				—	—		附属有胥城、留城
9	固城	苏南	山前			√					····	····	—	
10	阖闾城	苏南	山前		√	√	50万							
11	木渎古城	苏南	山前			√					—	—	—	附属有千年寺小城、吴城、越城等
12	天目山城	江淮				√	2.5万							

注：—表示此时期有遗存分布；····表示此时期可能有遗存分布

注　释

［1］ 一些城址只见于文献，未得到考古工作证实。如越国都城均称在今绍兴市，但一直未予开展工作，具体情况均不明晰。因此对于这些城址的地望、情况等，研究者多是靠后世的志书等加以推演，缺乏可信性，此处暂且不予讨论，留待日后资料丰富再予以考察。

［2］ 宫希成：《南陵县牯牛山周代城址》，《中国考古学年鉴·1999》，文物出版社，2001年，第182、183页；宫希成、杨则东：《安徽省南陵县千峰山一带土墩墓及石铺塘西古城遗址遥感调查》，《光电子技术与信息》1998年第11卷5期。

［3］ 安徽省文物考古研究所：《安徽南陵千峰山土墩墓》，《考古》1989年第3期。

［4］ 安徽省文物考古研究所、南陵县文物管理所：《安徽南陵龙头山西周土墩墓群发掘简报》，《文物》2013年第10期。

［5］ 程亦胜：《早期越国都邑初探——关于古城遗址及龙山墓群的思考》，《东南文化》2006年第1期。

［6］ 《括地志·卷四·湖州》下"长城县……秦兼天下以为鄣郡，今湖州长城县西南八十里故鄣城是也。"

［7］ 浙江省文物考古研究所、安吉县博物馆：《浙江安吉笔架山春秋战国墓葬发掘简报》，《东南文化》2009年第1期；浙江省文物考古研究所、浙江安吉县博物馆：《浙江安吉龙山越国贵族墓》，《南方文物》2008年第3期；浙江安吉县博物馆：《浙江安吉垅坝D12土墩墓发掘简报》，《南方文物》2003年第3期。

［8］ 安吉县文物保护管理所：《浙江安吉出土春秋青铜盉》，《文物》2006年第11期。

［9］ 程亦胜：《浙江安吉古城发现楚金币》，《考古》1995年第10期。

［10］ 浙江省文物考古研究所、安吉县博物馆：《浙江安吉笔架山春秋战国墓葬发掘简报》，《东南文化》2009年第1期。

［11］ 程亦胜：《早期越国都邑初探——关于古城遗址及龙山墓群的思考》，《东南文化》2006年第1期。

［12］劳伯敏：《湖州下菰城初探》，《中国考古学会第五次年会论文集》，文物出版社，1988 年。

［13］劳伯敏：《湖州下菰城初探》，《中国考古学会第五次年会论文集》，文物出版社，1988 年。

［14］陈元甫：《湖州下菰城的初步勘查与探索》，转引自黄翔、王建文：《"'城市与文明'国际学术研讨会"纪要》，《东南文化》2014 年第 5 期。

［15］梅福根：《江苏吴兴邱城遗址发掘简介》，《考古》1959 年第 9 期；林华东、汪济英：《浙越城址考略》，《广西民族研究》1987 年第 3 期；浙江省文物管理委员会：《浙江省吴兴县邱城遗址 1957 年发掘报告初稿》，《浙江省文物考古研究所学刊》（第七辑），杭州出版社，2005 年；浙江省文物考古研究所：《浙江省湖州市邱城遗址第三、四次的发掘报告》，《浙江省文物考古研究所学刊》（第七辑），杭州出版社，2005 年。

［16］原文为"南、北城墙有门十一"。结合上下文，怀疑有误，应为"南、北城墙有门各一"。

［17］浙江省文物考古研究所：《浙江省湖州市邱城遗址第三、四次的发掘报告》，《浙江省文物考古研究所学刊》（第七辑），杭州出版社，2005 年。

［18］林华东、汪济英：《浙越城址考略》，《广西民族研究》1987 年第 3 期。

［19］张立、刘树人：《浙江余杭市瓶窑、良渚地区遗址的遥感地学分析》，《考古》2002 年第 2 期。

［20］南京博物院、镇江博物馆、丹阳市文化局：《江苏丹阳葛城遗址考古勘探与发掘简报》，《东南文化》2010 年第 5 期。

［21］南京博物院、丹阳市文化局：《江苏丹阳神河头遗址发掘简报》，《东南文化》2010 年第 5 期。

［22］江苏余城遗址联合考古队：《江阴余城遗址试掘简报》，《东南文化》2001 年第 9 期。

［23］江苏花山遗址联合考古队：《江阴花山夏商文化遗址》，《东南文化》2001 年第 9 期。

［24］曹峻：《亭林类型初论》，《中国考古学会第十四次年会论文集（2011）》，文物出版社，2012 年。

［25］南京博物院、常州博物馆、淹城旅游区管理委员会等：《淹城：1958～2000 年考古发掘报告》，科学出版社，2014 年。

［26］倪振逵：《江苏淹城遗址出土一批印纹硬陶器》，《考古通讯》1958 年第 8 期；谢春祝：《淹城发现战国时期的独木船》，《文物》1958 年第 11 期；倪振逵：《淹城出土的铜器》，《文物》1959 年第 4 期。

［27］南京博物院、常州博物馆、淹城旅游区管理委员会等：《淹城：1958～2000 年考古发掘报告》，科学出版社，2014 年，第 8、9 页，表四。

［28］陈志良：《奄城访古记》，《新闻报》1935 年 5 月 29、30 日。

［29］车广锦：《淹城即季扎延陵邑考》，《江苏省考古学会 1983 年考古论文选》，1983 年。

［30］肖梦龙：《淹城吴都考》，《东南文化》1996 年第 2 期。

［31］南京博物院、常州博物馆、淹城旅游区管理委员会等：《淹城：1958～2000 年考古发掘报告》，科学出版社，2014 年，第 194 页。

［32］毛颖、张敏：《长江下游的徐舒与吴越》，湖北教育出版社，2005 年，第 139 页。

［33］毛颖、张敏：《长江下游的徐舒与吴越》，湖北教育出版社，2005 年，第 139 页。

［34］濮阳康京：《江苏高淳固城遗址的现状与时代初探》，《东南文化》2001 年第 7 期。

［35］刘建国：《吴国中部古城考》，《江苏省哲学社会科学联合会 1980 年年会论文选》（考古学分册），1981 年。

［36］濮阳康京：《江苏高淳固城遗址的现状与时代初探》，《东南文化》2001 年第 7 期。

［37］ 张敏：《阖闾城遗址的考古调查及其保护设想》，《江汉考古》2008 年第 4 期。

［38］ 许宏：《先秦城邑研究》，金城出版社、西苑出版社，2017 年，第 313、314 页。

［39］ 中国社会科学院考古研究所、苏州市考古研究所苏州古城联合考古队：《江苏苏州市木渎春秋城址》，《考古》2011 年第 7 期；中国社会科学院考古研究所、苏州市考古研究所苏州古城联合考古队：《苏州木渎古城 2011～2014 年考古报告》，《考古学报》2016 年第 2 期。

［40］ 苏州博物馆：《真山东周墓地：吴楚贵族墓地的发掘与研究》，文物出版社，1999 年。

［41］ 吴县文物管理委员会：《江苏吴县春秋吴国玉器窖藏》，《文物》1988 年第 11 期；姚勤德、龚金元：《吴国王室玉器》，上海人民美术出版社，1996 年。

［42］ 朱薇君：《苏州市吴城春秋遗址》，《中国考古学年鉴·1985》，文物出版社，1985 年；国家文物局：《中国文物地图集·江苏分册》，中国地图出版社，2008 年；南京博物院：《江苏越城遗址的发掘》，《考古》1982 年第 5 期；南京博物院：《苏州市和吴县新石器时代遗址调查》，《考古》1961 年第 3 期。

［43］ 南京博物院：《江苏越城遗址的发掘》，《考古》1982 年第 5 期。

［44］ 南京博物院、泰州市博物馆、姜堰市文物管理委员会：《江苏姜堰天目山西周城址发掘报告》，《考古学报》2009 年第 1 期。

［45］ 中国农业科学院、南京农学院、中国农业遗产研究室：《中国农学史（初稿）》，科学出版社，1984 年。

［46］ 中国科学院南京地理与湖泊研究所：《太湖》，海洋出版社，1993 年，第 58 页。

［47］ 中国科学院南京地理与湖泊研究所：《太湖》，海洋出版社，1993 年，第 78～80 页。

［48］ 高凯：《从吴简蠡测孙吴初期临湘侯国的疾病人口问题》，《史学月刊》2005 年第 12 期。

［49］ 曾昭燏、尹焕章：《试论湖熟文化》，《考古学报》1959 年第 4 期

［50］ 唐锦琼：《苏州木渎古城水环境蠡测》，《三代考古》（五），科学出版社，2013 年。

［51］ 中国社会科学院考古研究所、苏州市考古研究所苏州古城联合考古队：《苏州木渎古城 2011～2014 年考古报告》，《考古学报》2016 年第 2 期。

［52］ 南京博物院、常州博物馆、淹城旅游区管理委员会等：《淹城：1958～2000 年考古发掘报告》，科学出版社，2014 年，第 29、30 页。

［53］ 闵行区政协学习和文史委员会、上海市闵行区马桥镇人民政府编、陈杰主编：《马桥文化探微——发现与研究文集》，上海书店出版社，2018 年。

［54］ 苏州市考古研究所：《苏州阳山俞墩土墩墓发掘简报》，《东南文化》2012 年第 4 期。

［55］ 魏嵩山：《太湖流域开发探源》，江西教育出版社，1993 年，第 30、31 页。

［56］ 此区域内的商代青铜礼乐器数量极少，仅有安吉等处发现的数件。但从西周早期开始，在镇江大港—谏壁一代、仪征破山口、屯溪奕棋等地出现大量青铜器。

［57］ 对吴越文化向外传播的问题，学者多有论述，不再赘言。譬如吴越文化在山东地区的传播可参见刘延常、曲传刚、穆红梅：《山东地区吴文化遗存分析》，《东南文化》2010 年第 5 期；刘延常、徐倩倩：《山东地区越文化遗存分析》，《东方考古》（第 9 集），科学出版社，2012 年。

［58］ 杨立新：《皖南古代铜矿的发现及其历史价值》，《东南文化》1991 年第 2 期。

［59］ 安徽省文物考古研究所、南陵县文物管理所：《安徽南陵县古铜矿采冶遗址调查与试掘》，《考古》2002 年第 2 期。

［60］ 刘平生：《安徽南陵大工山古代铜矿遗址发现和研究》，《东南文化》1988 年第 6 期。

［61］ "瓷之源"课题组：《"瓷之源"课题与瓷器起源研究的重大进展》，《原始瓷起源研究论文集》，文物出版社，2015 年。

［62］ 杨钧：《巢肥运河》，《地理学报》1958 年第 24 卷第 1 期；许昭堂、贾猛、许志鹏：《巢肥运河的形成与历史演变蠡测》，《巢湖学院学报》2015 年第 17 卷第 1 期。

［63］ 史为乐主编，邓自欣、朱玲玲副主编：《中国历史地名大辞典》，中国社会科学出版社，2005 年，第 2946 页。

［64］ 朱诚、林承坤、马春梅等：《对江苏胥溪河成因及其开发利用的新探讨》，《地理学报》2005 年第 60 卷第 4 期。

［65］ 陈达祚、朱江：《邗城遗址与邗沟流经区域文化遗存的发现》，《文物》1973 年第 12 期；林华东：《吴越城址探研》，《东方博物》（第二辑），杭州大学出版社，1998 年。

［66］ 许鹏飞、何汉生、宁娜等：《江苏镇江大港吴国遗址群聚落形态及相关问题》，《东南文化》2022 年第 3 期。

［67］ 对于城址面积，经查有 20 万平方米、44 万平方米和 68 万平方米等说法。此处选取的 68 万平方米的数据，采自于湖州市文物保护管理所官方网站（http://www.huzhouwbs.com/unit-detail.aspx?NewsId=19）。

［68］ 对于城址的面积，发掘报告中未予直接说明，且仅提供南城的大小。由提供的平面图可知，南北城大小相当，故以南城的面积倍之作为城址的总面积，约 30 万平方米。

［69］ 城址发现者认为"小城所在的位置有可能属新石器时代"，但由城址形制、城墙规模推断，亦有可能为商周时期城址。城外最外侧的土墙，可能为挡水坝，因此仅以内城面积计算城址面积。

考古所见西周王朝西南地区的人群与文化

徐良高

（中国社会科学院考古研究所）

据《尚书·周书·牧誓》记载，参与灭商的牧野之战的周人盟友有庸、卢、彭、濮、蜀、羌、微、髳等[1]。周原凤雏甲组基址的灰坑中也曾出土带"蜀"字的甲骨[2]。《左传·昭公九年》记载，周王室大臣詹桓伯说："我自夏以后稷，魏、骀、芮、岐、毕，吾西土也。及武王克商，蒲姑、商奄，吾东土也；巴、濮、楚、邓，吾南土也；肃慎、燕、亳，吾北土也。"[3]《史记·楚世家》记载："当周夷王之时……熊渠甚得江汉间民和，乃兴兵伐庸、扬粤，至于鄂。"春秋时期，庸国一度称雄于楚、巴、秦之间，如《左传·文公十六年》记载："庸人帅群蛮以叛楚。麇人率百濮聚于选，将伐楚。"由这些文献记载可知，在西周王朝的西南地区存在蜀、庸、濮、巴等族群或国家，他们与周人关系密切，其中的蜀、庸、濮还参加了商周之际的灭商之战。

随着中国考古学的飞速发展，我们自然希望知道这些族群或国家的物质文化面貌如何？西周王朝时期西南地区的考古学文化有哪些重要发现？他们与这些文献中的古国古族关系如何？考古学文化显示出周王朝、周文化与西南地区的古国、古族之间存在怎样的政治、经济与文化关系？

一、以金沙遗址为核心的蜀国与蜀文化

有关古代蜀人、蜀国与蜀文化的文献记载见于较晚期的《华阳国志》[4]里，内容充满神话传说色彩。考古发现，尤其是以三星堆遗址8座祭祀坑和金沙遗址出土文物为代表的考古发现震惊了世界，为我们揭示了商周时期蜀文化的真实面貌，使我们对蜀文化的特色与成就有了直观、真切的感受。

从考古学文化来说，四川盆地商周时期的考古学文化是三星堆—金沙文化，该文化与中原地区的二里头文化、商周文化大致同时并存在互动、交流关系。其中与中原地区西周阶段大致同时并存密切关系的是该文化后段的金沙文化。

1929年广汉市西郊三星堆遗址月亮湾台地玉石器的发现[5]和1934年在华西协和大学博物馆工作的美国人葛维汉（David Crockett Graham）的开展发掘[6]拉开了蜀文

化考古的序幕。1949 年以后，围绕蜀文化的起源与早期发展开展了大量的考古工作。经过近九十年的工作，初步建立了四川盆地从宝墩文化经三星堆—金沙文化、新一村文化到战国时期蜀文化的先秦时期考古学文化框架和分期断代体系，发现一批重要遗址、遗迹和遗物，从考古学上初步厘清了早期蜀国与蜀文化的来龙去脉[7]。

金沙文化，过去学术界一般称之为"十二桥文化"，但由于十二桥遗址的堆积为洪水冲积形成的二次堆积，出土的早晚不同时代的文物混在一起，学术界意识到该命名不够科学，一些学者提出以更具有典型性的金沙遗址来命名该考古学文化，称之为"金沙文化"[8]。从文化面貌上看，三星堆文化与金沙文化继承关系明确，属于同一支考古学文化，而不是截然不同的两支考古学文化，所以有学者提出将二者合并，统称为"三星堆—金沙文化"[9]。笔者认同这一观点。

从发展脉络看，成都平原早期的宝墩文化和长江上中游地区的史前文化是三星堆文化的源头，紧接三星堆文化的金沙文化虽然新出现圈足罐、敛口罐、高领罐、圈足盆、平底盆、尖底罐、尖底杯、尖底盏等器物，但也继承了小平底罐、盉、壶、瓶、觚形杯、高柄豆、鸟头、器盖等三星堆文化的代表性器物，尤其在祭祀文化、宗教信仰、青铜制品与人物造像、黄金制品、玉器等方面表现出一致性，显示出两者之间的文化传承关系。

从三星堆文化阶段到金沙文化阶段，三星堆—金沙文化无疑发生了某种变化。除了前面提到的陶器等物质文化面貌的变化外，重要的是政治、宗教中心发生了转移，即从成都平原北部沱江流域的三星堆遗址转移到中部岷江流域的金沙遗址。随着金沙遗址从三星堆文化阶段的一般聚落变为中心聚落，三星堆遗址则由中心聚落衰落为一般聚落。三星堆遗址 8 座祭祀坑[10]的形成时间与这一中心转移和三星堆遗址衰落现象处于同一时间段，两者之间很可能存在某种关联性，我们认为祭祀坑的形成原因并不是如许多学者所推测的那样与宗教祭祀有关，而是某一重大政治事件的产物。这一政治中心的转移现象是什么原因造成的？是否是三星堆—金沙文化体内不同集团或家族政治、宗教主导权变化的反映？值得我们深入研究。

我们应该特别关注和研究的是，从三星堆遗址到金沙遗址这一中心转移的时段也正是关中地区周人兴起和商周更替时期，两者之间是否存在某种关联和互动？尤其是周人的兴起对三星堆—金沙文化的变化是否产生了某种影响？

根据目前的考古发现，三星堆—金沙文化分布在以沱江流域和岷江流域为核心的成都平原地区，北侧大致以石亭江两岸为界，西侧靠近岷江出川西山地扇形地带边缘，东抵龙泉山西麓，南到岷江右岸。

金沙遗址是以三星堆—金沙文化为代表的西周时期蜀文化的政治、宗教中心，是当时的中心聚落。尽管由于该遗址地处成都市区，破坏严重，考古工作难度大，但一系列重要的考古发现，还是使我们对这个中心聚落的结构布局有了一个大致的了解。

金沙遗址位于成都市西郊，面积约 3 平方千米，由于遗址地处市内，多数区域被现代道路、房屋占压[11]。据不完全统计，迄今金沙遗址已开展发掘近 70 次。根据考古发现，遗址包括宗教礼仪活动区、大型房屋建筑区和一般居住区等，迄今未发现城墙、城壕等遗迹。梅苑地点为祭祀区，位于遗址的南部偏中，与北部的大型建筑遗址区隔摸底河相望，平面呈长方形，整体为一土台，高出原始地表。在土台之上除了祭祀遗存之外，未见同时期其他遗存。在该区域考古发现祭祀遗存 20 余处，出土的大量青铜器、金器、玉石器和象牙等器物均来自地层和器物坑，近方形祭祀坑和圆形祭祀坑，与三星堆祭祀区的祭祀坑几乎一样。器物以本地文化因素为主，外来文化因素为辅，比如 479 件铜器中，绝大多数是立人像、戈形器、扇贝形挂饰这类本地文化因素铜器，新出现无胡戈与镞，明显属于中原地区殷商文化因素的尊、罍等容器未见。出土玉器的种类也与三星堆祭祀坑相似，如有领璧、璋、戚形璧、戈、斧、凿等，其中有领璧、璋、戈等都可以在中原文化中找到原型。石器如跪坐人像、石虎、石蛇、大量石璧等具有自身特色。该祭祀区的使用时代与金沙遗址的繁荣时期大致相当。从梅苑遗址的位置、遗迹特点和出土遗物的品种、纹饰等特征和埋藏现象看，该祭祀遗址与三星堆祭祀区相似，性质应该相同[12]。在摸底河以北的黄忠一带迄今发现 9 座大型建筑基址，应是宫殿区所在[13]。墓葬分布于黄忠、兰苑、星河西、国际、春雨、蜀风、博雅和阳光等多个地点，如阳光地点发现墓葬 200 余座，以窄长方形墓为主，随葬器物以陶器居多，品种有尖底盏、尖底杯、圈足罐、尖底罐、瓮、高柄杯形器等。普通建筑和灰坑等居址遗存在遗址内分布广泛，各地点都有发现，小型墓葬和居址往往同处一地，呈现出"居葬合一"的特点，如兰苑地点发现有大量木骨泥墙式房屋建筑、成排的窖穴、400 余座灰坑、100 余座竖穴土坑墓和 3 座陶窑，出土了大批陶器和少量的玉石器、铜器与金器[14]。

围绕金沙这一中心聚落分布着诸多中小型遗址，构成一组以金沙遗址为中心的聚落群。不过，由于迄今的考古工作很有限，这些聚落的结构布局、功能等级等尚不清楚。其中，东边的十二桥遗址发现于 1985 年，有保存良好的早期古蜀文化建筑遗存，出土了大量陶器，遗址年代跨度大，从殷墟早期延续到战国早期，其中包括商末周初至西周早期阶段的遗存[15]。虽然过去学术界因该遗址出土陶器丰富而提出"十二桥文化"的考古学文化命名，并以此来称呼继三星堆文化之后，相当于中原地区西周阶段的成都平原蜀文化，但近年来，越来越多学者认识到十二桥遗址的堆积不是原生堆积，而是洪水冲积形成的二次堆积[16]，因而不具有典型性。郫都区盛家院遗址发现有西周时期的半倒焰式陶窑，生产金沙文化的筒形器、敛口罐、尖底杯等陶器，其中陶窑内还残存摆放整齐的筒形器[17]。

彭县竹瓦街遗址介于金沙遗址与三星堆遗址之间，1959 年和 1980 年分别在该遗址发现 2 处青铜器窖藏，出土青铜器 40 件，包括容器 9 件罍、2 件觯、1 件尊以及戈、戟、钺、矛等兵器，时代约为西周早期。也有学者提出两处窖藏的埋藏时间是西周末期或春秋初期[18]。其中 1959 年出土的 21 件铜器放置于一个大陶缸中。这些铜容器的器形属于中原地区的典型器类，9件铜罍大小相次，大者通高79厘米，小者仅36厘米，其中两件铜觯上还有中原商文化铜器上常见的族徽铭文，其来源应是中原地区的商文化或周文化。兵器戈、矛、钺和工具锛有本地文化特色[19]。有学者认为罍、尊组合和列罍制度具有当地蜀文化礼制文化特点。徐中舒对2件有铭铜觯进行研究，提出该批铜器是蜀人参与伐商战争获胜后分享的战利品——商人青铜器，甚有道理[20]。距窖藏地点约200多米处是同时期青龙村遗址，发现有墙体材料的红烧土块等，显示遗址内可能存在过较大型的建筑[21]。

随着三星堆—金沙文化的政治、宗教中心转移到岷江流域的金沙遗址，位于沱江流域的三星堆遗址沦为以金沙遗址为中心的聚落群中的一处中小型普通聚落遗址。聚落内的早期青关山大型建筑区、月亮湾手工业作坊区和三星堆祭祀区被废弃，城墙也被废弃，主要壕沟开始淤塞并被灰坑打破。遗存分布点显著减少，面积不足1平方千米，只在三星堆、西泉坎、月亮湾、青关山等地分布着普通居住区。南墙外的重要祭祀坑分布区仅发现有普通的灰坑、灰沟和小型沟槽式建筑等遗存，说明到西周时期该区由重要祭祀区沦为一般居民区[22]。

另外，在金沙遗址东北方的羊子山发现一座大型土台遗址，形制为正方形三级土台形状，底部面积约为103平方米，顶部面积约31平方米，台高10余米。周边未见大型聚落遗址或祭祀遗存。发掘者认为该土台遗存的时代约为西周晚期至战国时期[23]，性质可能属于礼仪性建筑。林向判断为商代早期至战国晚期[24]，孙华认为在战国早期至公元前316年或之后[25]。

除这些重要遗址外，还有诸多小型遗址分布在三星堆、金沙遗址周围，比如据四川省文物考古研究院对三星堆遗址上游的鸭子河流域约55平方千米开展的系统考古调查，新发现商周时期遗址16处[26]。

从聚落群的结构看，在三星堆—金沙文化分布区内，从三星堆遗址到金沙遗址，都呈现出一种唯一政治、宗教中心独大现象，缺乏多层多级聚落等差分布的聚落结构形态。与之对应的是墓葬、人群的分层现象不明显，宗教祭祀活动成为社会活动的中心，宗教产品高度发达，社会大量剩余财富被消耗在宗教祭祀活动中。这应该是当时社会组织状况和政治形态的反映，即蜀国是一种神权政治高度发达、世俗社会分层和政治体系不够成熟的社会，与同时期中原地区通过系统化礼乐制度所呈现的具有复杂社会分层与分工、成熟世俗政体和理性务实风格的周文化不同。早期蜀文化的这种社会与政治特色当与长江流域自新石器时代以来一直存在的浓厚的巫鬼信仰传统有关，三星堆—金沙文化中以青铜神像、面具、神树、金面罩和金杖等为代表的文化现象正是长江流域巫鬼信仰体系和神、巫造像传统的表现和影响的结果，是一种神权与世俗权力相结合的行为表现及其产物。神权政治高度发达的三星堆—金沙文化，即早期蜀文化，在两周时期周文化、西北多支族群文化、楚文化和秦文化的不断影响和冲击下，逐渐接受礼乐文化大传统，放弃神权政治传统，最终融入"多元一体"的中华文明之中。

三星堆—金沙文化在西周晚期至春秋早期之间衰落，被新一村文化代替，分布范围急剧收缩，文化面貌发生巨大变化。两者之间除了在陶器方面有些关联之外，其他方面差别都很大。三星堆—金沙文化常见的玉器、石器和象牙不见于新一村文化之中。新一村文化的铜器基本是世俗铜器，如作为炊器的釜、鍪和柳叶剑、柳叶矛、戈、钺等兵器，以及斤、凿、削等工具，不见三星堆—金沙文化中用于祭祀活动的宗教类铜器。多数铜器为本地文化特有，外来文化因素虽不断进入，但始终不占主导地位。新一村文化的墓葬多以船棺为葬具，漆器也以楚式漆器为主，不同于三星堆—金沙文化。

这一时期，作为中心聚落的金沙遗址，面积缩小，不再有祭祀活动区、大型建筑区等，只在星河西、阳光、国际、黄河等地点发现有单纯的墓地，年代相当于春秋早期至春秋晚期。随葬铜器只见兵器、工具和小型饰件，包括柳叶剑、柳叶矛、三角援戈、单胡戈、钺、斤、凿、削等[27]。有学者认为本阶段的金沙遗址不再是一个大聚落，而是分裂成以各个独立墓地为主体的小型聚落群。

是什么原因导致金沙文化的衰落？有学者认为是成都平原的族群主体发生了变动，从蜀族改变为来自楚地的族群。我们认为这种说法还值得讨论，物质文化面貌的变化未必与人群改变有关，也可能是政治格局的变化所导致的外来文化影响的结果。从文化联系上看，成都平原的三星堆—金沙文化与中原地区的商周文化一直关系密切，对此文献记载和考古发现都已证明。从时间上看，三星堆文化阶段向金沙文化阶段的转变，三星堆政治、宗教中心向金沙中心的转移与周人兴起、灭纣代商这一重大历史事件在同一时段发生，而金沙文化的衰落、新一村文化的兴起也与西周王朝的衰落和春秋争霸的出现处于同一历史时期，两者之间很可能有某种关联。实际上，作为蜀文化分支和蜀国与周王朝联系桥梁、纽带的宝鸡夨国墓地的消失已经暗示蜀国统治集团在西周晚期失去了周王朝的支持，蜀文化与中原文化的密切交流中断。这种来自周王朝的强力政治支持和密切经济文化交流的失去，加之西北地区游牧族群的崛起与迁徙所带来的战争与文化传播，很可能是导致三星堆—金沙文化和金沙政治、宗教中心衰落和新一村文化兴起的重要原因。无论是浓厚而神秘的宗教文化传统的消失，世俗文化传统的兴起，还是发达的兵器所显示的突出的尚武好战文化，以及缺乏大型中心遗址所显示的小群体散居社会组织结构特色都具有典型的西北游牧文化特色，况且四川盆地西部与西北地区自古就存在密切的文化联系。

蜀文化与周文化的关系

以三星堆—金沙文化为代表的古蜀文化雄踞成都平原，辐射周边文化。川西山地东部边缘青衣江流域沙溪[28]、王华[29]遗址，大渡河流域的三星[30]、麻家山[31]等遗址都发现有三星堆—金沙文化因素的器物，如小平底罐、高柄豆和尖底杯等。三星堆—金沙文化与中原地区商周文化的密切关系在考古学上也是清晰而明确的，甚至可以说，古蜀文化的发展与中原文化的影响密切相关。

早期阶段，三星堆文化中的兽面铜牌饰，盉、豆等陶器，璋、戈、圭等玉器与二里头文化同类器物极为相似，当是从二里头文化传来。从三星堆青铜器的铸造技术来看，也使用的是中原三代文化所特有的范铸技术。从青铜器出土情况看，关中地区的周原遗址王家嘴地点出土过商代的三星堆—金沙文化风格高柄杯[32]，三星堆文化中的青铜器尊、罍在形制和纹饰上均与中原商代同类铜器一致，在巫山双堰塘大昌镇大宁河畔、宜都陆城镇王家渡遗址、湖北江陵岑河镇陈龙村、汉中城固铜器群中都发现有类似的尊、罍，说明三星堆文化通过峡江地区的东线和汉中地区的北线与中原、关中地区商文化进行交流互动。

据《尚书·周书·牧誓》记载，商末周初时，蜀人曾参与周人伐纣灭商的战争，周原遗址凤雏甲组建筑基址出土的甲骨也提到"蜀"。进入西周时期，伴随着三星堆—金沙文化进入以金沙遗址为中心聚落的金沙文化阶段，成都平原的蜀文化中不仅出现有典型商周文化风格的陶器、铜器，如罐、盆、罍、尊、觯、戈等以及商人族徽铭文铜器等[33]，还将自身文化扩展到关中地区，如宝鸡地区竹园沟、纸坊头、茹家庄一带的西周弸国墓地和居址被认为属于蜀文化的分支遗存，应是作为参与伐纣灭商的周人西部盟友之一的蜀国在灭商胜利后受赏而留在周王朝王畿地区的一支。弸国墓葬和遗址中出土了众多三星堆—金沙文化特色器物，如尖底罐、青铜人像、青铜短剑、与三星堆祭祀坑金杖上图案内容相似的族名——"弸"等[34]，这些文化现象不见于周文化区的其他墓地之中，显示弸国墓地与三星堆—金沙文化的密切联系，墓主人家族应是属于古蜀文化的一支。从文化面貌上看，宝鸡弸国墓地的竖穴土坑墓室形制、棺椁制度、以鼎簋为核心的青铜礼器系统、车马随葬制度、玉器种类组合、连裆鬲与折肩罐类陶器以及鱼伯与姬姓井氏家族的联姻等等现象都显示其同时具有浓厚的周文化因素。以弸国墓地为代表的弸伯家族从周初至西周中期一直居住于周王朝的王畿地区，文化上在认同、接受周王朝统治和周文化体系的同时也保留着诸多自身的文化传统，这些现象从考古学上展现了蜀国与周王朝之间在政治上的密切联系和文化上的交流融合。

从地理位置来看，宝鸡弸国墓地正处于关中地区与四川盆地的重要通道——陈仓道上，再往南的凤县龙口村郭家湾西周遗址的文化面貌也呈现出典型的周文化与蜀文化共存现象，如既有典型的周文化特征遗物连裆鬲、卜骨等，也有典型的金沙文化特征遗物尖底罐[35]。从宝鸡经凤县到四川盆地正是传统的翻越秦岭，沟通关中与汉中和成都平原的重要通道——陈仓道的路线。由此可以推测，后世的陈仓道在西周时期已经存在，并在周蜀关系中发挥着重要的作用。

另外，在宝鸡弸国墓地和凤县龙口村遗址中都出土了西北寺洼文化的典型器物——马鞍形口双耳罐，与该地区地处西北戎狄文化、西南蜀文化和东部周文化三者交汇地带有关，反映了西周时期三种文化的交流互动关系。

二、巴国与巴文化的考古发现

随着重庆、川东和陕南一带两周考古广泛而深入地开展，近年来学术界兴起了利用考古新资料探索古代巴国和巴文化的热潮，学者们提出了许多新的观点，极大地推动了巴国、巴文化的历史研究，使我们对东周时期巴国的社会面貌、组织结构，巴文化的特征、演变过程，巴文化与周边文化的互动关系及其在"多元一体"中华民族文化形成过程中的作用与地位等方面都有了更为具体而深入的了解，大大超越了传统的依据文献记载对巴国、巴文化历史的认识。不过，迄今对于早期巴国、巴文化，即西周至春秋早中期的巴国、巴文化历史尚知之甚少。

关于早期巴国、巴文化的考古学探索，笔者曾有专文讨论[36]。据文献记载，巴国的起源有两种说法：第一种说法来自神话传说。据传说，最早的巴国是由五个氏族部落联合而成的一个大型部落集团，其中巴人以武力和船技上的优势，获得了集团的领导权，巴人首领务相成为首任领袖，称廪君。他们以白虎为图腾。第二种说法为西周封建说。据《华阳国志·巴志》载，"昔武王既克殷，以其宗姬封于巴，爵之以子"，巴国由此而来。

中国考古学兴起后，出现第三种说法。根据考古发现，有学者认为宝鸡弪国墓地、城固铜器群是巴人的早期遗存[37]，也有学者提出鄂西三峡地区的路家河二期后段遗存和以城固陶器群为代表的宝山文化属于早期巴文化[38]。我们认为，宝山文化和宝鸡弪国墓地所代表的文化应是以三星堆遗址为代表的蜀文化向北发展的分支，而不是早期巴国遗存。

关于巴国为姬姓、源于周初分封的记载，有两种解读：第一种解读，西周分封巴国说是东周时期巴国的冒荫和附会，即通过对自己国家历史记忆与叙事的构建，为自己在华夏文化认同主导的东周世界体系中获取合法性和话语权提供历史依据，犹如东周的吴国自称是太伯、仲庸之后，越国自称是大禹之苗裔，汉时匈奴自称为夏后氏之苗裔等一样。第二种解读，西周时，周王确实分封过巴国，但在文献中失去了准确记载，迄今考古也还未发现直接证据。我们认为第二种解读更可能，即巴国为姬姓、源于周初的分封建国。

虽然，迄今我们尚未见到与早期巴国明确相关的重要考古发现，但安康出土的"史密簋"给我们带来了某种线索。

1986年安康汉滨区关庙镇王家坝遗址出土了西周中期偏晚铜器史密簋，簋底有93字的长篇铭文，记载了周王命令师俗率领齐国的军队、族徒和遂人等，史密率领族人、莱伯、嫠、夷等一起征伐反叛的东夷、南夷诸国，围攻长必这一事件[39]。对于这篇铭文如何断句、释读，相关国族和地名位于何处，学术界争议甚大[40]，但铭文中所提到的卢、虎、僰、夷等与西周时期的西南方及南方地区诸部族密切相关，如参与牧野之战的卢，以虎为图腾，盛行白虎崇拜的巴以及《华阳国志·巴志》所记的巴国所属的夷，等等。出土史密簋的王家坝遗址面积约 15 万平方米，文化层厚约 2 米，夹杂大量西周至秦汉时期遗物。

考虑到史密簋的出土地点以及巴、蜀、庸之间的相对位置和彼此关系，我们是否可以推论，《史密簋》铭文所记载的内容可能就是姬姓巴国的贵族史密受命率领自己的家族武装和巴国所辖的一些部族武装参与对东方一些反叛部族的战争，围攻长必，最终获胜的历史事件？如果这个推论成立的话，那么，出土史密簋的陕西安康一带可能就是西周时期的巴国所在地。

从相对地理位置来说，如果我们以关中为周之京畿与中心之所在，安康恰恰在王畿之南，符合所谓"巴在周之南土"的记载。

由此，我们是否可以进一步推测，原来在陕南、川东北地区有多个部族，如濮、夷、苴等，其中在安康一带的部族可能称"巴"。这些部族由来已久，但无国家政权，姬姓周贵族被分封到该地后，以封地名为国名，称"巴"，巴国由此出现，巴国统领巴地及其周边的多个部族。

当然，现在这个观点还只是一种根据文献记载和相关青铜器铭文记载的推论。从科学研究的角度来说，巴国在西周时期是否已经存在？巴国是周人分封的姬姓国家，还是当地土著巴人受到周边周、蜀、庸、楚等国家的影响而自我独立发展起来的国家？巴国始于周王室的传说是不是巴人为赋予自己政权合法性和提升自我文化优越感而建构的一种历史叙述与历史记忆？所有这些问题都有待于安康及其以南的巴地西周时期考古新发现来回答。寻找这一地区的西周时期文化遗存，尤其是具有政治中心性质的聚落遗址和居于统治地位的高等级贵族墓葬，分析它们的文化面貌及其与周边文化的关系，弥补从夏商以来的土著文化到东周时期巴国巴文化之间的考古学文化缺环，既是巴文化考古，也是陕南、重庆、川东和鄂西一带区域考古的重要课题。

从考古发现的物质文化面貌来看，重庆地区已发现的两周遗存主要在峡江地区。在忠县瓦渣地、哨棚嘴、中坝等遗址中均有这一时期的堆积，在云阳李家坝有墓葬、遗址。这些遗址中的陶器以寰底器为主，有部分尖底器和少数圈足器与平底器。器类主要有绳纹寰底釜、寰底盏、寰底瓮、角状尖底杯、尖底盏、圈足簋、圈足杯等。从陶器看，这些遗存所显现出的文化面貌与川西同时期遗存既有共性，又有区别，比如共有寰底釜和尖底盏，但川西多尖底罐、长腹罐等，而重庆地区多尖底杯。

巴地文化虽然在诸多文化面貌上与蜀文化相似，但与蜀文化相比，西周时期的巴文化地区迄今未发现三星堆、金沙那样的宗教、政治中心，也没有发现以青铜神像、面具、神树、金面罩、金杖和玉璋、玉璧等各种玉器为代表的宗教神像、祭祀用品，巴地文化明显缺乏蜀文化那样浓重的宗教政治色彩。迄今被学术界普遍认同的早期巴国高等级遗址与墓葬当属春秋晚期至战国早期的罗家坝墓葬[41]。从已经明确的巴文化的面貌看，除日用品陶器具有自身特色外，政治、宗教性器物主要属于中原礼乐文化大传统，这也是巴文化在政治形态和上层文化上与周文化更一致的体现。

　　基于以上推论，我们认为，早期巴国北隔秦岭而毗邻周之京畿，东与庸、楚相邻而居，西方和西南方向则与以宝鸡弤伯家族墓地、成都金沙遗址为代表的蜀国蜀文化相邻，南侧是更南的土著文化人群。

三、郧县辽瓦店子遗址与庸文化

　　据文献记载，庸是两周时期与巴、楚毗邻的一个重要诸侯国。那么，庸在何处？考古上是否有相关线索的发现？

　　《尚书·牧誓》孔安国传云："庸、濮在江汉之南。"《史记·楚世家》张守节正义引《括地志》云："房州竹山县，本汉上庸县，古之庸国。昔周武王伐纣，庸蛮在焉。"据学者研究，商周的庸，立国于南方江汉流域的今湖北竹山一带，秦汉以来至 20 世纪几乎没有异词[42]。《水经注·沔水中》记载："堵水又东北径上庸郡，故庸国也。"以此推测，庸国应在堵水之滨。

　　堵河，一名庸水，又称武陵水，北源竹溪汇湾河，南源官渡河。堵河干流自两河口东流经田家坝、潘口、城关、三台、楼台、文峰，在郧县辽瓦乡注入汉江。考古工作恰恰在辽瓦乡发现一处重要的商周遗址——辽瓦店子遗址。

　　湖北郧县辽瓦店子遗址位于堵河与汉江交会处，是一处延续时间长，遗存堆积丰富的古代大型聚落遗址。2005～2009 年武汉大学和湖北省文物考古研究所为配合南水北调工程对该遗址开展了连续 5 年的考古发掘，发掘面积达 1.2 万余平方米。通过发掘可知，这是一处堆积极为丰富的古文化遗址，以新石器时代、夏、商、两周时期的遗存最为丰富。其中夏时期的文化面貌与中原二里头文化存在明显的联系，商时期的文化面貌和中原商文化如出一辙，显示出中原地区夏商文化对该地区的强烈影响。商末周初以后，该遗址文化面貌发生质的变化，出现一组以扁足鬲为代表的新文化类型。大约在西周早期，陶器以夹砂深腹扁柱足鬲或圆柱足鬲以及长颈圆肩深腹罐为典型器类，呈现出一种极具特色的文化面貌。中期除深腹扁柱足鬲和圆柱足鬲外，新出现瘪裆鬲、盂和豆，晚期则以襄宜平原楚文化陶器鬲盂罐豆为典型组合。从陶器的整体面貌来看，早期自身文化特征明显，中期增加了典型的周文化因素，晚期楚文化因素浓厚[43]。

　　辽瓦店子遗址地处庸国的范围内，笔者认为该遗址应该属于庸国遗存，反映了庸文化的部分面貌。当然，现有的考古发现都属于一般生活遗存，真正能直接与西周庸国联系起来的高等级贵族墓葬、城址和高等级建筑等还有待于将来的考古发现。

　　从历史地理角度看，辽瓦店子遗址地处堵河与汉江交汇之处，可能是庸国对外交通的关键节点。我们知道，自新石器时代至今，绿松石历来是人们所钟爱的宝石，二里头文化的绿松石龙和铜牌更是闻名遐迩，承载了重要的政治、宗教、文化等方面的功能和历史文化价值。鄂西北的郧县、郧西、竹山一带分布着诸多绿松石矿，是中国古代重要的绿松石产地。辽瓦店子遗址处于该区域的堵河、汉江水路交通要道上，笔者大胆推测辽瓦店子遗址在夏商周三代时期的绿松石开采、运输、交易与管理上曾发挥重要作用[44]。

至于辽瓦店子遗址在西周晚期时楚文化因素突出这一现象的原因，有学者解释为该遗址是西周晚期楚句亶王的封地[45]。从西周时期的政治格局和西周晚期至春秋早期楚国与庸国的关系看，并结合《史记·楚世家》中有关周夷王时熊渠伐庸记载来分析，我们倾向于认为该现象是西周晚期庸文化接受正在兴起于江汉之间的楚文化影响的一种表现。

西周时期，庸在东，巴在西，两者毗邻而居，但似乎庸强而巴弱。从文献记载看，庸国国君世代为侯伯，而巴仅为子爵。进入东周以后，庸国不断扩张，春秋时期，庸国称雄于楚、巴、秦之间，曾几次入侵、打败楚国，以至于给楚国造成迁都的威胁。直到公元前 611 年，楚与秦、巴三国联军伐庸，才最终灭庸。

此外，据文献记载，在庸附近还分布着一些受其影响、控制的部族、附庸，如百濮、麋等，这些均有待于今后的考古发现。

以上这些考古发现使我们对西周王朝西南地区的人群和文化面貌有了初步认识，弥补了文献记载的不足。

注　释

［1］（汉）孔安国撰、（唐）孔颖达疏：《尚书正义》，《十三经注疏》，中华书局，1980 年，第 388 页。

［2］陕西周原考古队：《陕西岐山凤雏村发现周初甲骨文》，《文物》1979 年第 10 期。

［3］（春秋）左丘明撰、（晋）杜预注、（唐）孔颖达疏：《春秋左传正义》，《十三经注疏》，中华书局，1980 年，第 2056 页。

［4］（晋）常璩撰、刘琳校注：《华阳国志校注（修订版）》，成都时代出版社，2007 年。

［5］林名均：《广汉古代遗物之发现及其发掘》，《说文月刊》1942 年第 3 卷第 7 期。

［6］David C. Graham. A Preliminary Report of the Hanchow. *Journal of the West China Border Research Society*, 1934(6).

［7］四川省文物考古研究所：《四川考古论文集》，文物出版社，1996 年；孙华：《四川盆地的青铜时代》，科学出版社，2000 年；江章华、王毅、张擎：《成都平原先秦文化初论》，《考古学报》2002 年第 1 期。

［8］孙华：《成都十二桥遗址群分期初论》，《四川考古论文集》，文物出版社，1996 年，第 123～144 页；江章华：《成都十二桥遗址的文化性质及分期研究》，《四川大学考古专业创建三十五周年纪念文集》，四川大学出版社，1998 年，第 146～164 页；于孟洲、夏微：《成都平原商周时期考古研究的重要成果——〈成都十二桥〉读后》，《考古》2013 年第 6 期；万娇：《成都十二桥遗

址早期堆积的性质及成因分析》，《文物》2017 年第 12 期。

[9]　徐学书：《论"三星堆—金沙文化"及其与先秦蜀国的关系》，《考古学、民族学的探索与实践》，
　　　　四川大学出版社，2005 年，第 17～26 页；施劲松：《论三星堆—金沙文化》，《考古与文物》
　　　　2020 年第 5 期。

[10]　四川省文物考古研究所：《三星堆祭祀坑》，文物出版社，1999 年；冉宏林：《三星堆城址废弃
　　　　年代再考》，《四川文物》2021 年第 1 期。

[11]　成都市文物考古研究所：《成都金沙遗址的发现与发掘》，《考古》2002 年第 7 期；江章华：
　　　　《金沙遗址的初步分析》，《文物》2010 年第 2 期。

[12]　成都市文物考古研究所：《成都金沙遗址 I 区"梅苑"地点发掘一期简报》，《文物》2004 年第 4
　　　　期；成都市文物考古研究所：《成都金沙遗址 I 区"梅苑"东北部地点发掘一期简报》，《成都考
　　　　古发现（2002）》，科学出版社，2004 年，第 96～171 页；朱章义、张擎、王方：《成都金沙遗
　　　　址的发现、发掘与意义》，《四川文物》2002 年第 2 期；李明斌：《从三星堆到金沙村——成都
　　　　平原青铜文化研究札记》，《四川文物》2002 年第 2 期；陈显丹：《成都金沙遗址出土文物相关
　　　　问题的讨论》，《中华文化论坛》2003 年第 4 期。

[13]　朱章义、刘骏：《成都市黄忠村遗址 1999 年度发掘的主要收获》，《成都考古发现（1999）》，科
　　　　学出版社，2001 年，第 164～181 页。

[14]　成都市文物考古研究所：《金沙遗址蜀风花园城二期地点试掘简报》，《成都考古发现（2001）》，
　　　　科学出版社，2003 年，第 33～53 页；成都市文物考古研究所、四川大学考古系：《成都市金
　　　　沙遗址"兰苑"地点发掘简报》，《成都考古发现（2001）》，科学出版社，2003 年，第 1～32
　　　　页；成都市文物考古研究所：《成都金沙遗址 2001 年黄忠村干道规划道路 B 线地点试掘简
　　　　报》，《成都考古发现（2002）》，科学出版社，2004 年，第 42～61 页；成都市文物考古研究
　　　　所：《成都金沙遗址万博地点考古勘探与发掘收获》，《成都考古发现（2002）》，科学出版社，
　　　　2004 年，第 62～95 页；成都市文物考古研究所：《成都金沙遗址"置信金沙园一期"地点发
　　　　掘简报》，《成都考古发现（2002）》，科学出版社，2004 年，第 1～41 页；成都市文物考古研
　　　　究所：《2001 年金沙遗址干道黄忠 A 线地点发掘简报》，《成都考古发现（2003）》，科学出版
　　　　社，2005 年，第 44～88 页；成都市文物考古研究所：《金沙村遗址人防地点发掘简报》，《成
　　　　都考古发现（2003）》，科学出版社，2005 年，第 89～119 页；成都市文物考古研究所：《金沙
　　　　村遗址芙蓉苑南地点发掘简报》，《成都考古发现（2003）》，科学出版社，2005 年，第 1～43
　　　　页；成都文物考古研究所：《成都市金沙遗址"春雨花间"地点发掘简报》，《成都考古发现
　　　　（2004）》，科学出版社，2006 年，第 217～254 页；成都文物考古研究所：《金沙遗址"国际花
　　　　园"地点发掘简报》，《成都考古发现（2004）》，科学出版社，2006 年，第 118～175 页；成都
　　　　文物考古研究所：《成都市金沙遗址"西城天下"地点发掘》，《成都考古发现（2005）》，科学
　　　　出版社，2007 年，第 244～272 页；成都文物考古研究所：《金沙遗址强毅汽车贸易有限公司
　　　　地点发掘简报》，《成都考古发现（2007）》，科学出版社，2009 年，第 73～103 页；成都文物
　　　　考古研究所：《金沙遗址星河路西延线地点发掘简报》，《成都考古发现（2008）》，科学出版社，
　　　　2010 年，第 75～140 页；成都文物考古研究所：《金沙遗址"龙嘴 B 延线"地点发掘简报》，
　　　　《成都考古发现（2008）》，科学出版社，2010 年，第 141～150 页；成都文物考古研究所：《四
　　　　川如阳实业发展有限公司商住楼地点古遗址发掘简报》，《成都考古发现（2008）》，科学出版

社，2010年，第194～205页；成都文物考古研究所：《成都金沙遗址总装后勤部供应站地点发掘简报》，《成都考古发现（2011）》，科学出版社，2013年，第196～234页；成都文物考古研究所：《成都市金沙遗址"黄河"地点墓葬发掘简报》，《成都考古发现（2012）》，科学出版社，2014年，第177～217页；成都文物考古研究院、成都金沙遗址博物馆：《金沙遗址：阳光地带二期地点发掘报告》，文物出版社，2017年。

[15] 四川省文物管理委员会、四川省文物考古研究所、成都市博物馆：《成都十二桥商代建筑遗址第一期发掘简报》，《文物》1987年第12期；四川省文物考古研究院、成都文物考古研究所：《成都十二桥》，文物出版社，2009年；孙华：《成都十二桥遗址群分期初论》，《四川考古论文集》，文物出版社，1996年，第123～144页；江章华：《成都十二桥遗址的文化性质及分期研究》，《四川大学考古专业创建三十五周年纪念文集》，四川大学出版社，1998年，第146～164页。

[16] 于孟洲、夏微：《成都平原商周时期考古研究的重要成果——〈成都十二桥〉读后》，《考古》2013年第6期；万娇：《成都十二桥遗址早期堆积的性质及成因分析》，《文物》2017年第12期。

[17] 成都文物考古研究院、重庆师范大学西南考古与文物研究中心：《成都市郫都区盛家院遗址发现的商周时期陶窑》，《江汉考古》2022年第2期。

[18] 四川省博物馆、彭县文化馆：《四川彭县西周窖藏铜器》，《考古》1981年第6期；冯汉骥：《四川彭县出土的铜器》，《冯汉骥考古学论文集》，文物出版社，1985年，第19～26页；李明斌：《彭县竹瓦街青铜器窖藏考辩》，《南方文物》2002年第1期。

[19] 王家祐：《记四川彭县竹瓦街出土的铜器》，《文物》1961年第11期；四川省博物馆、彭县博物馆：《四川彭县西周窖藏铜器》，《考古》1981年第6期。

[20] 徐中舒：《四川彭县濛阳镇出土的殷代二觯》，《文物》1962年第6期。

[21] 中国社会科学院考古研究所四川工作队、成都文物考古研究所、彭州市文化局等：《四川彭州市青龙村遗址发掘简报》，《考古》2007年第8期。

[22] 四川省文物考古研究所：《三星堆祭祀坑》，文物出版社，1999年。

[23] 四川省文物管理委员会：《成都羊子山土台遗址清理报告》，《考古学报》1957年第4期。

[24] 林向：《羊子山建筑遗址新考》，《四川文物》1988年第5期。

[25] 孙华：《羊子山土台考》，《四川文物》1993年第1期。

[26] 四川省文物考古研究院：《四川鸭子河流域商周时期遗址2011～2013年调查简报》，《四川文物》2014年第5期。

[27] 成都文物考古研究所：《成都市金沙遗址"黄河"地点墓葬发掘简报》，《成都考古发现（2012）》，科学出版社，2014年，第177～217页；成都文物考古研究所：《金沙遗址"国际花园"地点发掘简报》，《成都考古发现（2004）》，科学出版社，2006年，第118～175页；成都文物考古研究所：《金沙遗址星河路西延线地点发掘简报》，《成都考古发现（2008）》，科学出版社，2010年，第75～140页。

[28] 四川省文物管理委员会、四川省文物考古研究所、四川省雅安地区文物管理所：《雅安沙溪遗址发掘及调查报告》，《南方民族考古》（三），四川科学技术出版社，1990年，第293～339页；四川省文物考古研究院、雅安市文物管理所：《2005年雅安沙溪遗址发掘简报》，《四川文

物》2007 年第 3 期。

［29］ 成都文物考古研究所、眉山市文物局、洪雅县文物管理所：《洪雅县王华遗址调查简报》，《成都考古发现（2013）》，科学出版社，2015 年，第 338～345 页。

［30］ 四川省文物考古研究院、雅安市文物管理所、石棉县文物管理所：《四川石棉县三星遗址发掘简报》，《四川文物》2008 年第 6 期。

［31］ 大渡河中游考古队：《四川汉源县 2001 年度的调查与试掘》，《成都考古发现（2001）》，科学出版社，2003 年，第 306～383 页；四川省文物考古研究院、雅安市文物管理所、汉源县文物管理所等：《大渡河瀑布沟水电站淹没区文物调查简报》，《四川文物》2008 年第 1 期；陈剑：《麻家山类型初识——大渡河中游的商周遗存》，《三星堆与长江文明》，四川文艺出版社，2005 年，第 279～283 页。

［32］ 罗西章：《扶风美阳发现商周铜器》，《文物》1978 年第 10 期。

［33］ 王家祐：《记四川彭县竹瓦街出土的铜器》，《文物》1961 年第 11 期；四川省博物馆、彭县博物馆：《四川彭县西周窖藏铜器》，《考古》1981 年第 6 期；徐中舒：《四川彭县濛阳镇出土的殷代二觯》，《文物》1962 年第 6 期。

［34］ 卢连成、胡智生：《宝鸡强国墓地》，文物出版社，1988 年。

［35］ 陕西省文物管理委员会：《凤县古文化遗址清理简报》，《文物参考资料》1956 年第 2 期。

［36］ 徐良高：《周之南土：巴国与巴文化刍议》，《四川文物》2018 年第 4 期。

［37］ 尹盛平：《略论巴文化与巴族的迁徙》，《文博》1992 年第 5 期。

［38］ 赵丛苍：《从考古新发现看早期巴文化——附论巴蜀文化讨论中的相关问题》，《华中师范大学学报（人文社会科学版）》2006 年第 4 期。

［39］ 李启良：《陕西安康市出土西周史密簋》，《考古与文物》1989 年第 3 期。

［40］ 张懋镕、赵荣、邹东涛：《安康出土的史密簋及其意义》，《文物》1989 年第 7 期；吴镇烽：《史密簋铭文考释》，《考古与文物》1989 年第 3 期；李仲操：《史密殷铭文补释》，《西北大学学报》1990 年第 1 期；李学勤：《史密簋铭所记西周重要史实考》，《中国社会科学院研究生院学报》1991 年第 2 期；沈长云：《由史密簋铭文论及西周时期的华夷之辨》，《河北师院学报（社会科学版）》1994 年第 3 期。

［41］ 四川省文物考古研究院、达州市文物管理所、宣汉县文物管理所：《宣汉罗家坝》，文物出版社，2015 年。

［42］ 蔡靖泉：《庸人·庸国·庸史》，《江汉论坛》2010 年第 10 期。

［43］ 辽瓦店子考古队：《湖北郧县辽瓦店子遗址考古获重要发现》，《中国文物报》2008 年 1 月 9 日第 2 版；武汉大学考古与博物馆学系：《郧县辽瓦店子遗址》，《湖北省南水北调工程重要考古发现（Ⅰ）》，文物出版社，2007 年。

［44］ 徐良高、赵春燕：《“绿松石之路”的价值及其探索的可行性讨论》，《三代考古》（四），科学出版社，2011 年。

［45］ 黄凤春：《郧县辽瓦店子与楚句亶王——楚熊渠分封三王地理的检讨之一》，《江汉考古》2010 年第 2 期。

烟墩山一号墓与吴国早期历史[*]

黄一哲

（北京大学考古文博学院　美国加州大学洛杉矶分校中国研究中心）

一、宜侯夨簋铭文引起的问题

1954 年，有村民在丹徒烟墩山翻土时无意发现了一批铜器，其中最为人所知的便是宜侯夨簋，该簋四耳高圈足，腹部饰有一周涡纹，为西周早期风格铜器，学界多断为康王时期。簋腹内的长篇铭文记录了周王将虞侯夨改封宜侯的历史事件[1]。当地文物工作者旋即清理出三个紧邻的器物坑，并认为是一座大墓和两座小陪葬墓，不过后续的整理认为三个坑中的器物更应看作是一座墓内的器物组合，因此学界一般将这三个器物坑视作一墓，即烟墩山一号墓[2]。由于"吴""虞""夨"三字可作互通[3]，关于铭文中的"虞侯夨"是否为江南地区吴国早期国君的争论便一直聚讼不已，总的来说这些观点可分为三派。

第一派观点认为，铭文中的"虞"就是江南吴国，宜侯夨簋印证了文献中对江南吴国早期历史的记载[4]，或据此推断太伯所奔吴地就在夨簋的出土地丹徒[5]。

第二派观点认为，宜侯夨簋铭文中出现的"虞"并非江南吴国，而可能位于陕西、山西等地[6]，或进而认为文献中江南吴国的早期历史是在晚期被建构起来的[7]。

第三派观点是捏合了上两者的折中派：或认为文献记载中"太伯奔吴"的地点原不在江南，但宜侯夨簋又说明这个"吴国"后来被改封到江南了[8]；或认为"太伯奔吴"故事可信，江南地区原有吴国，但并非宜侯夨簋中的"虞"[9]。

在这些争论中，有三个问题被暴露出来：其一是在对文献中"虞国"地理位置的解读存在很大的分歧；其二是对宜侯夨簋铭文能否验证以"太伯奔吴"事件为代表的吴国早期历史有截然不同的看法；其三则是研究多围绕宜侯夨簋铭文展开，少有对考古出土背景的考察。因此下文的思路首先是分别从文献、考古材料的角度出发，厘清"虞国"的地望与烟墩山一号墓的墓主身份，然后在此基础上讨论"太伯奔吴"与吴国早期历史的关系问题。

---

[*]　本文受中国国家留学基金资助（留金选［2022］87 号）。

二、"虞国"地望考

通过梳理，本文发现文献中先秦时期存在四个不同的虞国，按记载出现的时间顺序分别为：有虞国、夨国、句吴国、北虞国。下将结合文献与金文材料对这四个虞国的地望进行论述。

1. 有虞国

虞夏是三皇五帝中唯二有记载世系的[10]，其重要性可见一斑。然而《史记·五帝本纪》三家注中对虞舜所在地的理解却存在着冲突。《索隐》曰："虞，国名，在河东大阳县。"而《正义》载："蒲州河东县本属冀州。《宋永初山川记》云：蒲坂城中有舜庙，城外有舜宅及二妃坛。"[11] 可见司马贞认为虞舜所在地为河东大阳县，而张守节认为在蒲州河东县。

查成书更早的相关文献。如《尚书·尧典》载："帝曰：我其试哉！女于时，观厥刑于二女。厘降二女于妫汭，嫔于虞。"孔颖达《正义》云："妫水在河东虞乡县历山西，西流至蒲坂县南，入于河，舜居其旁。"[12] 可知在早期文献记载中，虞舜地在蒲坂，也就是今山西永济地区附近，因此当以《正义》所记为是，而《索隐》所载的河东大阳县，实为周代北虞国所在。

夏禹之时，有虞国被改封至宋州虞城县，即今河南商丘虞城县。《正义》："谯周云：以虞封舜子，今宋州虞城县。括地志云：虞国，舜后所封邑也。或云封舜子均于商，故号商均也。"[13] 夏代虞国时封时废，其事见于《史记·陈杞世家》："陈胡公满者，虞帝舜之后也。昔舜为庶人时，尧妻之二女，居于妫汭，其后因为氏姓，姓妫氏。舜已崩，传禹天下，而舜子商均为封国。夏后之时，或失或续。至于周武王克殷纣，乃复求舜后，得妫满，封之于陈，以奉帝舜祀，是为胡公。"[14]

综上可得有虞氏之虞国，建于虞舜时，地在蒲坂。夏初改封至虞城，后废。直到周武王克殷后，才再封有虞氏后人妫满，建立陈国。目前尚未有与有虞国相关的铜器铭文发现。

2. 夨国

《诗·大雅·绵》中讲述了虞国与相邻的芮国发生纷争，想让文王调停的虞芮争讼事件，即"虞芮质厥成，文王蹶厥生"[15]。此事在《史记·周本纪》中有更详细的记载："西伯阴行善，诸侯皆来决平。于是虞、芮之人有狱不能决，乃如周。入界，耕者皆让畔，民俗皆让长。虞、芮之人未见西伯，皆惭，相谓曰：吾所争，周人所耻，何往为，只取辱耳。遂还，俱让而去。"[16]

关于这一虞国的地望,《集解》引《地理志》曰:"虞在河东大阳县,芮在冯翊临晋县。"[17]河东大阳县上文已经提及,在今山西平陆地区,实为周代北虞国所在之地。而冯翊临晋县,在《汉书·地理志》有载:"临晋,故大荔,秦获之,更名。有河水祠。芮乡,故芮国。"[18]也就是在今天的陕西大荔地区。《集解》中关于虞、芮地望的说法遭到了张守节的驳斥,《正义》曰:"注引《地理志》芮在临晋者,恐疏。然闲原在河东,复与虞、芮相接,临晋在河西同洲,非临晋芮乡明矣。"说的是临晋县在河西而大阳县在河东,两地相距甚远,并不接壤,不可能因边境土地争执而发生冲突。所以《正义》又引《括地志》曰:"故虞城在陕州河北县东北五十里虞山之上,古虞国也。故芮城在芮城县西二十里,古芮城也。"[19]即认为芮地在今山西芮城地区,这样就与地处平陆地区的虞国相邻。

尽管张守节注意到了早期注解中虞芮不接壤这一问题,但他的解释同样存在着不足,具体来说有两点。第一,今山西芮城之得名其实起于春秋。《左传·桓公三年》:"芮伯万之母芮姜恶芮伯之多宠人也,故逐之,出居于魏。"[20]《读史方舆纪要》载芮城县下古芮城为"桓三年,芮伯万为母所逐,出居于魏,谓即此城云。"[21]可知今芮城是因芮伯万被驱逐至魏时所居之城而得名,也就是说晚商时期该地并不叫芮城。第二,根据《史记·周本纪》所记,文王在断虞芮之讼之后,才开始"明年伐犬戎。明年伐密须。明年败耆国……明年伐邘。明年伐崇侯虎。而作丰邑,自岐下而徙都丰。"[22]《尚书大传》也记载:"文王受命一年,断虞芮之质,二年伐邘,三年伐密须,四年伐犬夷,五年伐耆,六年伐崇,七年而崩。"[23]这说明虞芮争讼之时,文王还未东征,周地势力范围仍在岐下,这与晋南的虞、芮不仅相距甚远,而且中间还隔着崇等归属殷商的方国势力,而虞、芮找文王调解,则说明三国在地理位置上比邻,因此当时的虞、芮并不在河东。简言之,张守节以及其他更早学者的普遍问题,是将晚商的虞、芮与周代的虞、芮混淆了。

因此近人学者才又提出晚商虞、芮在陕西陇县附近的看法,其核心论据主要是根据《汉书·地理志》,指出陇县附近亦有吴山和芮水[24]。这一观点的优势在于,彻底解决了虞、芮、周三地毗连的地理关系问题,且有越来越多的考古材料可作实证。本文就认为,在承认"夨""虞"二字可作互通的前提下,虞芮争讼之虞就是金文体系中的"夨国",理由有三:

第一是地望的相符。20世纪80年代,卢连成、尹盛平先生就曾结合陇县、宝鸡地区墓葬和居址中出土的夨器,与散氏盘中"自瀗涉以南,至于大沽"的记载,指出夨国在汧水流域的宝鸡、陇县一带[25]。近年来随着考古发现"夨器"的增多,有学者通过全面的材料梳理,同样得到"夨器"集中分布于陇县、宝鸡、汧阳一带的结论,且夨国相关的考古遗存年代早至商代晚期,并延续至西周晚期[26]。这就表明陇县一带在商周之时确为"夨人"的活动范围,与争讼之虞的存续时间、活动范围相匹配。

第二是身份的一致。因为散氏盘中"夨王"铭的出现,所以王国维先生早在20世纪 20 年代就据此判断过矢国的存在[27]。当然，"矢君称王"是一个涉及氏族、政体等诸多方面且尚存争论的复杂问题，在此本文认可王明珂先生的观点，即认为称王代表了与周的同盟关系[28]，这就将矢国与其他受周王分封建立的诸侯国区分开来。而下文将要涉及的句吴、北虞，皆为周初周王册封，西周时期其国君也只能称公、侯，不能称王。尽管文献中没有明确记载虞芮争讼时两国国君的称号，但从事件本身可见晚商时期虞、芮、周为政治地位平等的三个地方势力，因此也只有这一虞国有称王的可能。

第三是社会背景的吻合。散氏盘中记载了矢、散两国的土地纠纷，与虞芮争讼事件所反映的实质相同，即因数个小地方政权集中在关中盆地西部，而容易产生领土摩擦的人文地理环境。

此外的一点佐证是，近年来的考古与古文字研究表明，商周之际汧陇地区很可能存在着一个非姬姓的芮国，也就是虞芮争讼之芮[29]。综上可知，若要与传世文献中的虞国相对应，那么矢国就只有可能是虞芮争讼之虞。

3. 句吴国

句吴国之"吴"在文献中常可作"虞"。如太伯之弟，吴国的第二代国君仲雍，在《史记·吴太伯世家》中被称作吴仲雍，在《史记·周本纪》《左传·僖公五年》中作虞仲，在《逸周书·世俘解》中作虞公。又见《汉书·地理志》载："大伯初奔荆蛮，荆蛮归之，号曰句吴。大伯卒，仲雍立，至曾孙周章，而武王克殷，因而封之。又封周章弟中于河北，是为北吴，后世谓之虞。"[30]可知地处江南的吴国可被称为虞，而位于黄河以北的虞国也可被称作吴，两国本来就是国名相同的兄弟之国，只是所封位置不同。仅从文献记载的角度出发，吴、虞分称可能是后世为方便区分而刻意为之，也有可能是句吴国后来脱离了中原统治圈，自然而然导致了分化。

金文方面，董珊先生曾有专书对吴越题铭作过系统的研究，其中对本文有所启示的是器主为吴王余祭的两柄铜剑上的铭文。一柄是藏于保利博物馆的吴剑，其铭文为："工（句）鹵（吴）大歔矣工（句）鹵自元用。"[31]铭文中表示国名的鹵字，从虍鱼声，读若鱼，隶定为"鹵"字。而平日常见的"虞"字，从虍吴声，读若鱼。两字同样是从虍鱼声，因此"鹵"实际就是"虞"字在吴越系文字中的写法。另一柄是出土于杭州南湖的吴王余祭剑，其铭文为："工（句）吴王歔矣工（句）吴择其吉金，台（以）为元用。又（有）勇无勇，不可告人其智（知）之。"[32]铭文中表示国名的吴字，也就是常见的"吴"字。这两例剑铭上对句吴之"吴"的不同写法，说明直到春秋晚期，句吴国仍可写作句虞国。因此本文更倾向于将日后"北虞作虞，南虞作吴"的写法理解为后世文献书写者的刻意区分[33]。

关于句吴始具体所在有不下十种说法[34]，目前学界比较流行吴国都城早期位于宁镇地区，而后向东南迁徙至苏州的国都迁徙说[35]。但无论何种观点都认可句吴地在今日的苏南地区。

4. 北虞国

北虞所在历来无甚争议。《史记·吴太伯世家》："是时周武王克殷，求太伯、仲雍之后，得周章。周章已君吴，因而封之。乃封周章弟虞仲于周之北故夏墟，是为虞仲，列为诸侯。"《集解》："徐广曰：在河东大阳县。"《索隐》："夏都安邑，虞仲都大阳之虞城，在安邑南，故曰夏墟。"[36]可知北虞所在即河东大阳县。

北虞最著名的事件莫过于假途灭虢，事见于《左传·僖公二年》，其中晋国所假之途，乃是虞国北边的虞坂古道。《太平寰宇记》载："太行山有路，名曰虞坂，周武王封仲雍之后虞仲于夏墟，因虞为称，谓之虞坂。"[37]晋南运城盆地与豫西之间有中条山隔绝，平陆东北的虞坂道是穿越中条山的重要隘口，也是晋国南下入中原的必经之途。因此假途伐虢实际反映了北虞所处地理位置的重要性，也从侧面证明了其地确在今山西平陆附近。

目前可能与北虞相关的铜器仅虞侯政壶一件，该壶长颈鼓腹，颈部左右有双兽首形耳，颈部饰鸟纹，腹部饰十字带纹，圈足饰有窃曲纹。高崇文先生判断其年代为西周晚期[38]。壶内颈部有铭文："惟王二月初吉壬戌，虞侯政作宝壶其万年子子孙孙永宝用。"[39]可作北虞存在于西周的证据。

5. 小结

上文总结了文献记载中先秦时期出现过的四个虞国（表一），其出现时间和地理位置各不相同。在梳理文献之时，不难看出早期注疏家在注解各虞国地理位置时也难免出现混淆，后人学者在引用这些注疏若不加分析则更容易产生分歧，因此厘清这些虞国的地理位置是后续讨论的基础。

表一　虞国地望示意表

名称	出现时代	地点
有虞	虞	山西永济
	夏	河南商丘
矢	晚商	陕西陇县
句吴	晚商	苏南地区
北虞	周初	山西平陆

三、烟墩山一号墓的墓主身份

本部分将在暂不考虑宜侯矢簋铭文的情况下，讨论下烟墩山一号墓墓主人的身份问题。首当其冲的是墓葬的年代问题，宜侯矢簋断在康王时期的争议不大（图一，3），而持否定矢簋铭文能够代表吴国早期历史观点的学者的一个重要论据，就是认为宜侯矢簋的年代明显早于烟墩山一号墓，因此宜侯矢簋是辗转流入的早期遗留物，自然不能代表江南句吴历史。但其实烟墩山一号墓中的许多铜器有年代较早的特征，比如圆鼎腹部较深（图一，1），属西周早期晚段风格[40]；簋侈口深腹高圈足（图一，4），盘高圈足（图一，6、7），盉身为敞口圜底罐形（图一，8），皆是承自商末周初的器物造型[41]；牺尊器腹的大鸟纹（图一，9），也是流行于西周早中期[42]。总之，烟墩山一号墓中凡是可以与中原地区铜器进行风格比较的器形特征，其能反映的年代信息大体一致，落在西周早中期之际这个区间内。这在以往认为烟墩山一号墓年代较晚的研究中也是被认可的[43]。以往认为烟墩山一号墓中年代较晚的一些论据，如小型"越式鼎"（图一，2）、立耳款足弧裆鬲（图一，5），以及状若"蟠虺纹"的勾连纹，其实都是东南地区铜器的区域性特色，不能用作断代依据，更不能仅因这些作器风格没有在中原地区西周早中期出现，就将其判断为晚期[44]。

图一　烟墩山一号墓随葬青铜礼器
1、2. 鼎　3、4. 簋　5. 鬲　6、7. 盘　8. 盉　9. 牺尊　10. 角状器

烟墩山一号墓还出土了三件原始瓷器，可以作为年代判断的补充。这三件原始瓷豆与碗，在器形上可以与屯溪 M1、M3 所出同类器相比（图二），江南地区原始瓷豆、碗类器的整体演变规律为器腹变深、圈足变矮[45]，因此单从原始瓷器形上看，烟墩山一号墓的年代要略早于屯溪 M1、M3，而屯溪 M1、M3 的年代目前可以断在西周中期[46]，那么烟墩山一号墓原始瓷与铜器所反映的年代信息就是一致的，皆为西周早中期之际。

墓葬等级的问题则比较好解决，张小帆先生曾做过统计，烟墩山一号墓出土 5 鼎、2 簋、1 鬲、2 盉、盘、2 牺尊、2 兕觥（角状器）、1 杖首、1 杖墩，共计 18 件青铜

图二　烟墩山一号墓与屯溪 M1、M3 随葬原始瓷器比较

1. 烟墩山一号墓，无号　2~4. 屯溪（M3：62、M1：5、M3：51）

礼乐器，在宁镇地区所有西周时代墓葬中，其青铜礼乐器的数量、规格是最高的[47]。因此毫无疑问烟墩山一号墓的墓主可以被视为宁镇地区的区域首领。

综上，烟墩山一号墓的墓主应是西周早中期之际，宁镇地区一个区域政权的首领，只是这个政权的具体统治范围目前还很难有准确的答案。

四、吴国早期历史的可能性解读

在以往许多关于宜侯夨簋的研究中存在一个理论预设，即认为"文献中的吴国早期历史"和"西周句吴国的存在"是同一个问题的两面。如此便自然会出现本文开篇提到的前两种解释路径：一种是通过宜侯夨簋论证西周句吴国存在，然后得出文献关于吴国早期的记录可信，进而认为太伯所奔吴或就在宁镇地区的"信史派"；一种则是通过论证宜侯夨簋和句吴国没有关系，进而认为文献中的吴国早期历史是春秋吴国构建的历史记忆的"疑古派"与"历史记忆派"。但本文认为"文献中的吴国早期历史"和"西周句吴国的存在"完全可以拆分为两个问题来看待，下面将从这两点分别展开叙述。

1. "太伯奔吴"的叙事形成与奔吴地点

"太伯奔吴"是文献中吴国早期历史的核心故事，同时也是一个典型的层累形成的历史叙事。这个叙事在出现时，只有太伯出奔的记载，见于《左传·闵公元年》："士蒍曰，大子不得立矣，分之都城，而位以卿，先为之极，又焉得立，不如逃之，无使罪至，为吴大伯，不亦可乎，犹有令名，与其及也。"[48]大概同时期也有将太伯、仲雍并举的，见《左传·僖公五年》："大伯，虞仲，大王之昭也，大伯不从，是以不嗣。"[49]

到了春秋晚期，这个叙事增加了太伯、仲雍如何管理所奔之地的内容。《左传·哀公七年》："大伯端委以治周礼，仲雍嗣之，断发文身，裸以为饰，岂礼也哉，有由然也。"[50] 这里将太伯和仲雍的治理方式做了一个对比，太伯推行的是周礼，而后继的仲雍则用土著习俗。

在《史记》的记载中，这个叙事的内容被进一步丰富。《周本纪》："古公有长子曰太伯，次曰虞仲。太姜生少子季历，季历娶太任，皆贤妇人，生昌，有圣瑞。古公曰：我世当有兴者，其在昌乎？长子太伯、虞仲知古公欲立季历以传昌，乃二人亡如荆蛮，文身断发，以让季历。"[51]《吴太伯世家》："吴太伯，太伯弟仲雍，皆周太王之子，而王季历之兄也。季历贤，而有圣子昌，太王欲立季历以及昌，于太伯、仲雍二人乃奔荆蛮，文身断发，示不可用，以避季历。季历果立，是为王季，而昌为文王。太伯之奔荆蛮，自号句吴。荆蛮义之，从而归之千余家，立为吴太伯。"[52]

《史记》与《左传》叙事的一点不同在于，《史记》中的太伯至吴地后也是入乡随俗，并没有推行周礼。这里的差别很有可能是因为具体语境下对"太伯奔吴"事件的需求不同所致。《左传·哀公七年》的叙事背景是伯嚭召见季康子，季康子让子贡代为辞谢，伯嚭认为季康子不亲自前来是失礼的行为，子贡于是举了太伯、仲雍推行不同治理方式的例子来回应伯嚭的刁难，认为失礼与否需要看具体场合。而《史记》的文本背景是想表明吴国是太伯建立的国家，自然会更加强调太伯个人行为和土著习俗的统一性。总之，"太伯奔吴"的叙事形成过程，具有明显的"工具论"倾向[53]，事件讲述者会根据自身需求对该事件的具体内容进行更改，如此事件具体内容的真实性便值得怀疑了。

在这个文本形成的背景下，结合考古学所透露的一些信息，再考虑太伯所奔吴是不是江南句吴这一问题，本文倾向于给出否定的答案，具体理由有二：

第一，时间的不吻合。按照太伯奔吴故事，太伯在晚商偏晚时期至江南地区建立地方政权。但是从考古学材料来看，江南地区在商代新出现的区域中心地点有两处，一处位于东苕溪流域，自北向南依次有毘山、下菰城、小古城等中心聚落，另一处则是位于太湖北岸的佘城城址[54]。但是这两个地区中心聚落的出现时间皆是在中商时期[55]，早于"太伯奔吴"的时间。

第二，地位的不匹配。太伯是周人政权原本的嫡长子，后人周章又是在武王"遍寻"的前提下被加封，那么西周初年吴国的政治地位显然不会太低。即使考虑远离西周王朝中心的因素，吴国的势力或许比不上中原地区的一些诸侯国，但在华夏东南边缘地区的地位理应是首屈一指的。而烟墩山一号墓的规格虽然可以视作宁镇地区的首领墓，但若与同时期相邻黄山地区的屯溪 M1、M3 相比[56]，其规格就逊色一些（表二）。

表二　烟墩山一号墓与屯溪 M1、M2 随葬品比较

墓葬单位	青铜礼器										原始瓷器
	鼎	簋	鬲	尊	牺尊	卣	盘	盉	其他	共计	
烟墩山一号墓	5	2	1		2		2	2	4	18	3
屯溪 M1	4	2		2		2	2		6	18	68
屯溪 M3	6	6			1	2	5	1	14	35	89

当然，烟墩山与屯溪在器用制度上存在一些不同，比如青铜礼器方面，烟墩山用鬲、兕觥、权杖等，而屯溪不用；屯溪用卣、有柱器等，而烟墩山不用。再比如屯溪用大量的原始瓷器，除了数量众多的瓷豆、盉类器，还见鼎、尊、盉等瓷礼器，而烟墩山则只有少量瓷豆。总之，器用制度上的不同暗示着两地并不处于同一礼制系统中，烟墩山和屯溪在西周早中期大概都形成了各自的区域小政权。但两相比较下，屯溪地区的等级规模无疑要高于烟墩山所代表的宁镇地区。如果认为宁镇地区就是太伯所奔之吴，就与句吴国在西周王朝的重视下受到加封的历史背景不符了。

上述理由也可以总结为一点，即江南地区商末周初的社会发展形态与太伯奔吴叙事中的历史背景相差较大。因此"太伯奔吴"事件即使真实存在，太伯所奔吴也不太可能是江南地区的句吴。

至于太伯所奔吴的具体地点究竟在何处，目前并没有坚实的证据支持任何一种说法。从文献中涉及的另外三个"虞国"的地理位置来看，都存在不合理之处："有虞"在夏代就"或失或续"，晚商时期是否存在本就无从考证[57]；"矢国"的地理位置距离周人太近，无法达到出奔的目的，而且西周"矢王"的存在又反映其国君不太可能为姬姓[58]；"北虞"同样缺少在晚商时期就存在的证据[59]。因此关于"太伯奔吴"具体地点的讨论，或许只有等更明确的出土文献资料被发现后才能有所推进。

2. 西周时期句吴国的存在性问题

西周句吴国是否存在，是一个可以完全独立于文献记录的吴国早期历史来进行讨论的话题，或者说这两个问题本就完全不能构成相互印证的关系：即使论证了江南地区西周时期有吴国，也无法论证文献中的吴国早期历史记录为真。试想一下，如果在宜侯矢簋以外，江南地区又出土了多件可以论证此处为吴地的金文材料，确认了江南地区在西周时期存在一个吴国。但根据历史记忆的理论，仍然可以将其理解为，西周时期的土著政权为了利于自身的发展需要，建构了与中原王朝相关的族群关系，因此将太伯奔吴叙事与自身族群历史捏合起来。反之亦然，即使论证了太伯所奔吴不在江南，同样也不能否定江南地区西周时期吴国就已经存在。

在明确了这一点后，便可以完全抛开太伯奔吴故事来思考西周时期句吴国的存在性问题。诚然宜侯矢簋作为目前唯一的金文证据，存在孤证不立的情况，这个问题的

彻底坐实也确实需要日后更多出土文献证据的支持。但本文倾向于认为西周时期江南吴国是存在的，而且就是春秋时期句吴国的前身，具体理由有二：

第一，春秋时期句吴国的贵族墓，与烟墩山一号墓处于同一墓区。不管从文献记载还是考古发现的角度，丹徒在春秋时期属于句吴国是毫无争议的[60]。而烟墩山一号墓所处的大港—谏壁沿江一带，分布着许多西周春秋时期的高等级铜器墓，考虑到宁镇地区的铜器墓几乎全部集中在这一地区，无疑可以将此处确定为春秋时期句吴国的贵族墓区。而烟墩山一号墓出土的青铜杖首、杖墩，反映了宁镇地区以权杖为身份标志物的特色，这一习俗又被春秋时期处于同一墓区的北山顶、青龙山等句吴国高级贵族墓所继承[61]。这些线索说明烟墩山一号墓的身份表征与春秋句吴国贵族一脉相承。

第二，宜侯夨簋与烟墩山一号墓的身份象征意义是完全相同的。过往许多研究希望通过铭文内容来直接证明宜侯夨簋中的“虞”就在江南地区，这或许是徒劳的，因为铭文本身并没有提供精确的地理位置信息。比如铭文中出现了“东国”，一些研究者就据此认为铭文中的虞国，只有可能是地处东南的句吴国。可实际上如果以丰镐作为周人的基点，那么夨国以外的其余几个虞国全部可以被视为“东国”。因此仅靠铭文无法判断宜侯夨簋铭文中“虞侯”的具体所在。

但若从铭文和考古背景的象征意义的角度出发，这个问题可以有更明确的答案。正如上文提到的，烟墩山一号墓墓主是西周早中期之际吴地的区域首领，而宜侯夨簋的铭文也反映其为西周早期虞国君主的受封物，两者皆象征了西周吴/虞的政权首领身份。如果认为宜侯夨簋中的“虞侯”原本并不指句吴国国君，必然需要很大的巧合，才能让一件代表虞国首领的铜器恰巧流入另一个同时期“虞国”的首领手中，并作为身份标志物随葬。当然除了这种概率极低的偶发可能性外，还有两个方案可以解释这一现象：其一是，江南地区在西周早期就存在一个叫“虞”的地方政权，不管是出于周人有意为之，还是这个地方政权有意寻觅也好，这个地方政权的首领获得了另一个虞国首领的器物，并转而用作自身政权的身份象征物；其二是，这个位于江南地区的地方政权偶然得到了虞国首领的器物，并从此以“虞”自名。可是考虑到句吴国在春秋中晚期前都没有发展出自己的文字系统，这表明他们在缺少周人的帮助下，几乎不可能认识到宜侯夨簋是虞国国君器物。因此最大的可能还是周人主动给了这个地方政权一件虞国器物。但这又会牵扯到另一个问题，周初诸侯国受封是重大政治事件，周人是否会将记录如此事件的重器主动转手给另一个地区政权，是值得怀疑的。由此可见，建立在宜侯夨簋器主不是江南吴国国君基础上的推论，要么需要极大的偶然性，要么就需要非常迂回复杂的解释。相比之下，最为简单直接的解释无疑是认为宜侯夨簋铭文就是在描述西周早期江南吴国国君受封的事件。不过无论是上述哪种解释，从结果上看，宜侯夨簋器主和烟墩山一号墓墓主的身份象征是统一的，即是西周时期的吴/虞国首领。

五、结　语

本文认识可以总结为如下三点：

（1）文献中先秦时期存在四个"虞国"，其出现时间与具体地望各不相同。

（2）烟墩山一号墓的墓主身份是宁镇地区西周早中期之际的区域政权首领。

（3）"太伯奔吴"故事中的"吴"是否在江南地区，与江南地区是否在西周时期就存在一个吴国，是两个不同的问题。对于前者，目前的证据倾向于否定的答案，对于后者则可以认为江南地区的吴国在西周时期应已存在，而且就是后来春秋时期句吴国的前身。

注　释

［1］ 江苏省文物管理委员会：《江苏丹徒县烟墩山出土的古代青铜器》，《文物参考资料》1955年第5期；江苏省文物管理委员会：《江苏丹徒烟墩山西周墓及附葬坑出土的小器物补充材料》，《文物参考资料》1956年第1期。

［2］ 江苏省丹徒考古队：《江苏丹徒大港土墩墓发掘报告》，《文物》1987年第5期；肖梦龙：《江苏丹徒大港烟墩山二号墓的发掘与研究》，《江苏社联通讯》1988年第1期；张敏：《宜侯夨簋轶事》，《东南文化》2000年第4期。

［3］ 李伯谦：《叔夨方鼎铭文释释》，《文物》2001年第8期；陈剑：《据〈清华简（五）〉的"古文虞"字说毛公鼎和殷墟甲骨文的有关诸字》，《古文字与古代史》（第五辑），"中央研究院"历史语言研究所，2017年，第281～286页。

［4］ 唐兰：《宜侯夨簋考释》，《考古学报》1956年第2期；李学勤：《宜侯夨簋与吴国》，《文物》1985年第7期；杨向奎：《"宜侯夨簋"释文商榷》，《文史哲》1987年第6期。

［5］ 肖梦龙：《吴国王陵区初探》，《东南文化》1990年第4期。

［6］ 胡顺利：《对"宜侯夨簋考释"一文的看法》，《江汉考古》1982年第2期；黄盛璋：《铜器铭文宜、虞、夨的地望及其与吴国的关系》，《考古学报》1983年第3期；刘建国：《宜侯夨簋与吴国关系新探》，《东南文化》1988年第2期；曹锦炎：《关于〈宜侯夨簋〉铭文的几点看法》，《东南文化》1990年第5期；顾孟武：《从宜侯夨簋论周初吴的战略地位》，《学术月刊》1992年第6期；王永波：《宜侯夨簋及其相关的历史问题》，《中原文物》1999年第4期；胡进驻：《夨国、虞国与吴国史迹略考》，《华夏考古》2003年第3期；田率：《宜侯夨簋铭文相关史地国族问题补论》，《古代文明》2019年第1期。

［7］ 王明珂：《华夏边缘：历史记忆与族群认同》，浙江人民出版社，2013年，第182～188页；徐良高：《考古学文化、文献文本与吴越早期历史的建构》，《考古》2020年第9期。

［8］ 刘启益：《西周夨国铜器的新发现与有关历史地理问题》，《考古与文物》1982年第2期。

［9］ 杨善群：《西周宜国史考究》，《史林》1989年第4期；王冰：《试论宜侯夨非吴君世系——兼及太伯奔吴为信史》，《东南文化》2008年第3期。

［10］ 杨向奎：《应当给"有虞氏"一个应有的历史地位》，《文史哲》1956年第7期。

［11］（汉）司马迁撰、（宋）裴骃集解、（唐）司马贞索隐、（唐）张守节正义：《史记·五帝本纪第一》，中华书局，1982年，第31、32页。

［12］王鸣盛著、陈文和主编：《尚书后案·虞夏书·尧典》，中华书局，2010年，第36页。

［13］（汉）司马迁撰、（宋）裴骃集解、（唐）司马贞索隐、（唐）张守节正义：《史记·五帝本纪第一》，中华书局，1982年，第45页。

［14］（汉）司马迁撰、（宋）裴骃集解、（唐）司马贞索隐、（唐）张守节正义：《史记·陈杞世家第六》，中华书局，1982年，第1575页。

［15］程俊英、蒋见元：《诗经注析》，中华书局，1991年，第764页。

［16］（汉）司马迁撰、（宋）裴骃集解、（唐）司马贞索隐、（唐）张守节正义：《史记·周本纪第四》，中华书局，1982年，第117页。

［17］（汉）司马迁撰、（宋）裴骃集解、（唐）司马贞索隐、（唐）张守节正义：《史记·周本纪第四》，中华书局，1982年，第117页。

［18］（汉）班固撰、（唐）颜师古注：《汉书·地理志第八上》，中华书局，1962年，第1545页。

［19］（汉）司马迁撰、（宋）裴骃集解、（唐）司马贞索隐、（唐）张守节正义：《史记·周本纪第四》，中华书局，1982年，第117页。

［20］杨伯峻：《春秋左传注》，中华书局，1990年，第99页。

［21］（清）顾祖禹撰，贺次君、施和金点校：《读史方舆纪要·山西三·平阳府·芮城县》，中华书局，2005年，第1913页。

［22］（汉）司马迁撰、（宋）裴骃集解、（唐）司马贞索隐、（唐）张守节正义：《史记·周本纪第四》，中华书局，1982年，第79页。

［23］（清）皮锡瑞：《尚书大传疏证·卷三·殷传·西伯戡耆》，中华书局，2015年，第141页。

［24］齐思和：《西周地理考》，《中国古史探研》，中华书局，1981年，第38页；张筱衡：《散盘考释（下）》，《人文杂志》1958年第4期。

［25］卢、尹两位先生认为散盘铭文中的"瀗"就是汧水。参见卢连成、尹盛平：《古矢国遗址、墓地调查记》，《文物》1982年第2期。

［26］孙元成：《矢国有铭铜器整理与研究》，吉林大学硕士研究生学位论文，2017年，第49页。

［27］王国维：《散氏盘考释》，《古史新证——王国维最后的讲义》，清华大学出版社，1994年，第100页。

［28］王明珂：《西周矢国考》，《金文文献集成》（第四十册），线装书局，2005年，第452～456页。

［29］张天恩：《芮国史事与考古发现的局部整合》，《文物》2010年第6期。

［30］（汉）班固撰、（唐）颜师古注：《汉书·地理志第八上》，中华书局，1962年，第1667页。

［31］《保利藏金》编辑委员会：《保利藏金——保利艺术博物馆精品选》，岭南美术出版社，1999年，第253、254页。此处引董珊先生释文，参见董珊：《吴越题铭研究》，科学出版社，2014年，第13页。

［32］曹锦炎：《工吴王叡狐工吴剑铭文考释》，《西泠印社"重振金石学"国际学术研讨会论文集》，西泠印社出版社，2010年，第121～124页。此处引董珊先生释文，参见董珊：《吴越题铭研究》，科学出版社，2014年，第13页。

［33］《汉书·地理志》中"是为北吴，后世谓之虞"的记载其实也暗示了两国国名的分化是后世有意区分。

［34］ 肖梦龙：《吴国的三次迁都试探》，《吴文化研究论文集》，中山大学出版社，1988 年，第14～32 页。

［35］ 冯普仁、张敏、付琳三位先生都认为吴国都城早期位于宁镇地区，而后向东南迁徙至苏州。参见冯普仁：《吴越文化》，文物出版社，2007 年，第45～47 页；张敏：《吴国都城初探》，《南方文物》2009 年第 2 期；付琳：《江南地区两周时期墓葬研究》，吉林大学博士研究生学位论文，2014 年，第148～150 页。

［36］（汉）司马迁撰、（宋）裴骃集解、（唐）司马贞索隐、（唐）张守节正义：《史记·吴太伯世家第一》，中华书局，1982 年，第 1447 页。

［37］（宋）乐史撰、王文楚等点校：《太平寰宇记·河东道七·解州·安邑县》，中华书局，2007 年，第 967 页。

［38］ 高崇文：《两周时期铜壶的形态学研究》，《考古类型学的理论与实践》，文物出版社，1989 年，第177～233 页。

［39］ 曾广亮：《山西省文物商店收进春秋虞侯壶》，《文物》1980 年第 7 期。

［40］ 王世民、陈公柔、张长寿：《西周青铜器分期断代研究》，文物出版社，1999 年，第27～29 页。

［41］ 朱凤瀚：《中国青铜器综论》，上海古籍出版社，2009 年，第 126、127、281、282、297、298 页。

［42］ 陈公柔、张长寿：《殷周青铜容器上鸟纹的断代研究》，《考古学报》1984 年第 3 期。

［43］ 李朝远：《烟墩山墓青铜器的时代及其他》，《吴越地区青铜器研究论文集》，两木出版社，1997 年，第31～47 页。

［44］ 东南地区的越式鼎、勾连纹等文化因素在年代为西周中期的屯溪 M1、M3 中就已经出现；弧裆鬲也不能因其肩部微鼓，就直接和中原地区春秋时期出现的折肩鬲相比。

［45］ 付琳：《江南地区周代墓葬的分期分区及相关问题》，《考古学报》2019 年第 3 期。

［46］ 黄一哲：《屯溪八墓与东南区铜器墓的年代问题》，《中国国家博物馆馆刊》待刊。

［47］ 张小帆：《繁昌汤家山西周墓的再认识》，《南方文物》2014 年第 1 期。

［48］ 杨伯峻：《春秋左传注》，中华书局，1990 年，第 259 页。

［49］ 杨伯峻：《春秋左传注》，中华书局，1990 年，第 307 页。

［50］ 杨伯峻：《春秋左传注》，中华书局，1990 年，第 1641 页。

［51］（汉）司马迁撰、（宋）裴骃集解、（唐）司马贞索隐、（唐）张守节正义：《史记·周本纪第四》，中华书局，1982 年，第 115 页。

［52］（汉）司马迁撰、（宋）裴骃集解、（唐）司马贞索隐、（唐）张守节正义：《史记·吴太伯世家第一》，中华书局，1982 年，第 1445 页。

［53］ 王明珂：《华夏边缘：历史记忆与族群认同》，浙江人民出版社，2013 年，第15～17 页。

［54］ 江苏佘城遗址联合考古队：《江阴佘城遗址试掘简报》，《东南文化》2001 年第 9 期；罗汝鹏：《浙江杭州小古城遗址》，《马桥文化探微——发现与研究文集》，上海书店出版社，2018 年，第23～25 页；闫凯凯：《浙江湖州毘山遗址》，《马桥文化探微——发现与研究文集》，上海书店出版社，2018 年，第34～37 页。

［55］ 黄一哲：《"后马桥文化"辨析》，《东南考古研究（第五辑）》待刊。

［56］ 李国梁：《屯溪土墩墓发掘报告》，安徽人民出版社，2006 年。

［57］ 考古学界还存在一种观点，将有虞氏和句吴直接联系起来。该观点的逻辑是认为江南地区夏商

时期的考古学文化很明显受到了龙山文化王油坊类型的影响，而王油坊类型可以被视作有虞氏的文化，那么句吴之吴的源头其实是有虞氏之虞。这个逻辑成立与否的关键在于是否承认王油坊类型就是有虞氏的文化，但目前看来这是可疑的。因为如果认为二里头文化就是夏文化，那么按文献记载有虞氏在龙山时期应该位于山西永济地区，到二里头时期才迁到河南商丘地区。这样龙山时期位于豫东的王油坊类型和有虞氏就没有关系了。当然关于夏文化的探讨难有定论，与之相关的有虞氏问题自然也仍有讨论空间。参见张敏、韩明芳：《虞舜南巡狩与勾吴的发端》，《南京大学学报（哲学·人文科学·社会科学版）》1990 年第 3 期。

［58］ 此外宜侯矢簋铭文中，矢明确称自己为"虞侯"，自己父亲为"虞公"。这里明示宜侯矢簋铭文中的虞国也不太可能是可以称王的矢国。

［59］ 若考虑太伯后代为姬姓，位于山西平陆地区的北虞是可能性最大的选择。不过这个说法的前提是要认可太伯奔吴事件是确实发生过的。

［60］ 按文献记载，丹徒即"朱方"，属吴国疆域。据考古发现，春秋晚期吴国的势力范围已向北越过长江，证据如六合程桥墓。丹徒本地也有诸如出土吴王余眜矛的北山顶春秋大墓的发现，可以明确此处地属吴地。参见江苏省文物管理委员会、南京博物院：《江苏六合程桥东周墓》，《考古》1965 年第 3 期；江苏省丹徒考古队：《江苏丹徒北山顶春秋墓发掘报告》，《东南文化》1988 年第 Z1 期。

［61］ 丹徒考古队：《丹徒青龙山春秋大墓及附葬墓发掘报告》，《东方文明之韵——吴文化国际学术研讨会论文集》，岭南美术出版社，2000 年，第 10～37 页。

论春秋战国之际的晋国随葬车马坑[*]

印 群

（中国社会科学院考古研究所）

晋国作为春秋五霸之一，其贵族墓的随葬车马坑反映了该时期贵族墓主生前的等级身份及社会生产、生活状况。随葬车马制度属于墓葬制度。因为有学者将赵、魏、韩被封为诸侯的时间即公元前403年作为战国时期开端，所以出现了有的所谓春秋晚期晋墓的时间下限实际上已进入了战国早期[1]，如山西太原晋国赵卿墓[2]和临猗程村墓地M1058车马坑的两座主墓（M1056、M1057）[3]。本文暂将上述这些墓葬称之为春秋战国之际的晋墓，其随葬车马坑则为春秋战国之际的晋国随葬车马坑。既然上述墓葬与车马坑的年代下限已进入战国早期，那么战国中期的三晋墓如邯郸百家村战国墓[4]当可续其后。本文拟对春秋战国之际的山西临猗程村墓地随葬车马坑（M1058）以及同属于该时期的太原晋国赵卿墓随葬车马坑予以探讨，并分别与河南洛阳唐宫路战国早期随葬车马坑[5]及河北邯郸百家村战国中期车马坑进行对比，由此考察其发展变化及社会历史变迁。

一、考古发现的春秋战国之交的晋国贵族墓随葬车马坑

（一）山西临猗程村墓地随葬车马坑

山西临猗程村晋国墓地的发掘者认为M1058车马坑的两座主墓M1056和M1057的年代属于《临猗程村墓地》春秋时期分期的第四期第四段，具体为公元前500～前450年，即属于春秋晚期。无独有偶，太原晋国赵卿墓的发掘者也认为太原晋国赵卿墓的具体年代属于春秋晚期，约为公元前475～前450年。《临猗程村墓地》之所以将临猗程村M1058车马坑的主墓与太原晋国赵卿墓的年代置于春秋晚期，显然是把公元前403年作为了战国的开端。不过，若按照学术界的主流说法将公元前475年作为战国的起始年代，那么临猗程村墓地M1058车马坑与太原晋国赵卿墓车马坑之主墓的

---

* 本文是2017年度国家社科基金重点项目"东周墓葬制度研究"（项目批准号：17AKG003）的成果之一。

年代即属于春秋战国之交。

　　临猗程村墓地发掘了 8 座车马坑，其中 6 座年代可辨者被发掘者定为春秋时期，而属于春秋战国之交的则是 M1058 车马坑。该车马坑的两座主墓 M1056 和 M1057 大致东西并列平行，位于车马坑西，皆随葬有鼎、盘等青铜礼器与车马器，而两座墓随葬品的区别是 M1057 出土戈、镞等青铜兵器，却未见装饰品，而 M1056 正相反，没有兵器，但随葬了精美装饰品，它们应为夫妻异穴合葬墓。该墓地的车马坑均为竖穴土坑，方向大约 90°，车辕都朝东。M1058 车马坑未遭扰动，保存得好，该坑属于多车一坑者，其马坑并没有加大，车坑由于车多而加长了。在距坑口 1.7 米以下部分，马坑和车坑之间有一宽 0.4 米、南北走向的生土隔梁把两坑隔开，马坑在前，车坑居后。按马坑计，隔梁高度是 1.1 米；按车坑计，则高 0.95 米。马坑里的马骨架排列不太规整，可并无挣扎状，应是杀后埋入。坑内南、北、西三壁有生土二层台，南、北两壁的二层台各宽 0.6 米，西壁的宽 0.4 米。二层台高 0.5 米，低于东边生土隔梁 0.45 米，这与其他车马坑二层台和车、马两坑之间的隔梁等高之结构不同。车坑内所埋的 3 辆车，均为独辕双轮木车，由前向后分别编为 1 至 3 号车。1 号车两轮紧贴于马坑和车坑之间的隔梁，车辕等伸入马坑，摆于马骨架上。2 号车紧靠 1 号车舆，3 号车舆前部和辕均压于 2 号车后栏与车轼上。当时掩埋的顺序或是先将处死的马摆放于马坑后，再把车按 1 到 3 号的顺序置入车坑。在 3 号车舆右侧，有 1 只呈伏卧状的殉狗，头朝左前方，背朝右上方，其颈部发现由 10 枚青铜管所串成的链。鉴于未见其挣扎痕迹，可能是杀后放置的。在车马坑的左侧北壁下面发现了 3 根截面为圆形的长杆，杆的后端粗而前端细。M1058 车马坑与其他车马坑一样，车、马上的青铜车器和青铜、骨质的马具皆被拆下来埋在主墓中（表一；图一）。

表一　山西临猗程村墓地 M1058 车马坑简表

名称	车马坑形制结构	车马摆放状态	方向	随葬品
程村墓地 M1058 车马坑	车马坑平面形状为长方形，前面是马坑，有 6 匹马；后面是车坑，有 3 辆车。在离坑口 1.7 米以上，马坑与车坑同是一体。离坑口 1.7 米以下，马坑和车坑之间存在一生土隔梁把二者隔开。前为长方形马坑，南北横长 4、东西纵长 1.5 米。后是近方形的车坑，东西长 3.95、南北宽 4 米，深度浅于马坑	马坑里的 6 匹马，4 匹马头朝东，向前；2 匹马头朝西，向后。车坑里从东朝西的 1 至 3 号车中，后车的舆几乎皆压于前车上，1 号车向前至隔梁处，2 号、3 号车之车辕上扬。车辕朝东，车坑底平，无轮槽。3 号车舆轴下面埋 1 只狗	车马坑呈东西向，车辕方向是 90°	车马器包括軎、辖各 3 套 6 副等，共埋于其 2 座主墓里

（二）山西太原晋国赵卿墓随葬车马坑

　　山西太原晋国赵卿墓随葬车马坑与赵卿墓毗邻。赵卿墓位于靠西的位置，而车马坑则在墓葬东北侧，二者直线距离为 7.5 米，即车马坑的西南角和赵卿墓东北角的直线距离只有 7.5 米。该车马坑未遭盗扰。车马坑里的填土都经过了不同程度的夯实，夯层

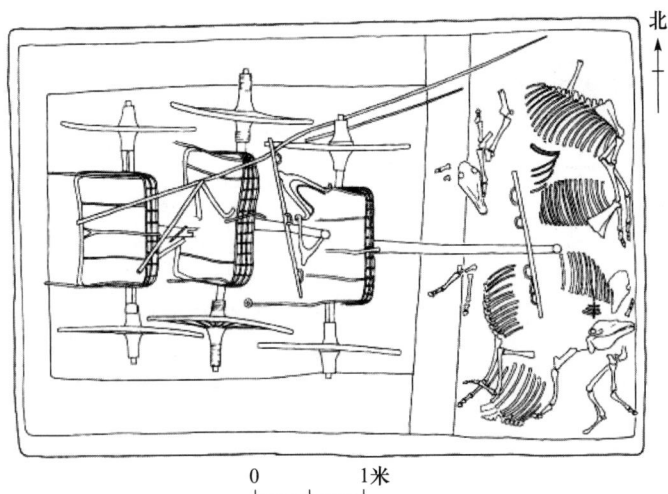

图一　临猗程村墓地 M1058 车马坑平面图

（采自《临猗程村墓地》图 137）

的厚度为 0.1～0.2 米[6]。车马坑包括车坑与马坑两部分，二者交界处的马坑一侧发现土台隔梁。但车辕和马头骨分别越过了隔梁，呈交错状。车马坑东西总长 14.8、南北总长 12.6 米。坑壁大致垂直。车马坑被晚期墓打破。马坑深 4 米左右。坑西侧的生土二层台宽 0.85～1、高 0.4 米左右，贯通南北跟前述隔梁相连。坑北半部的马骨较稀疏，南半部则比较密集，绝大部分的马骨南侧部分叠压另一排的北侧，这些马匹是被杀后自北朝南依次放置的。在曲尺形西南端的车坑深为 4～4.5 米。挖掘过程中，车坑中部有车辆受损。位于最东面的 12 号车辕伸进马坑，压在马骨的上面。墓里所发现的大量青铜车马器，大概就是由车子上面卸下而随葬到墓里的。这些马车属于实用车辆（表二；图二）。

表二　山西太原晋国赵卿墓随葬车马坑简表

名称	车马坑形制结构	车马摆放状态	方向	随葬品
太原晋国赵卿墓随葬车马坑	车马坑平面形状呈曲尺形，车坑与马坑的深度不同，交界处马坑一侧发现宽约1、高0.4米左右的土台隔梁。马坑位于曲尺形之东北端，南北长12.6、东西宽2.75～3米。坑的西侧发现生土二层台。车坑在曲尺形之西南端。东西长12、南北宽6米，坑底部顺着车坑方向挖了3道斜壁的轮槽	马坑总共葬44匹马，马头大多枕于二层台上。马骸骨大体上有序排列，多呈侧卧状，马头皆向西，面朝车坑。车坑内现存的15辆木车分为整齐的南北两列。车轮放在轮槽里，车轴紧贴于坑底。所有车子皆是车辕向东，置入坑内时自西朝东，先放入者之车辕被后放入者之车厢所压	车坑方向是289°，马坑方向为19°	在2号与4号车之车栏杆上，发现骨质及铜质的小型管状车饰件。在1号与7号及8号车右侧的轮舆之间，分别发现一具狗骨架，似是殉犬

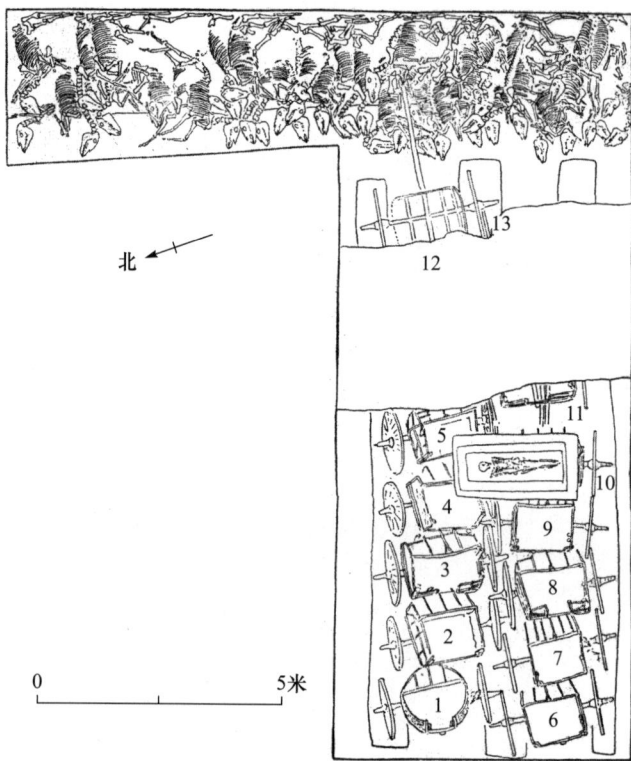

图二　太原晋国赵卿墓随葬车马坑平面图

（采自《太原晋国赵卿墓》图八八）

（三）山西临猗程村墓地 M1058 车马坑与太原晋国赵卿墓随葬车马坑的相似处

（1）马坑与车坑之间皆有土台隔梁。太原晋国赵卿墓随葬车马坑包括车坑和马坑两个部分。车坑和马坑深度不同，在其交界处的马坑一侧发现了宽1、高 0.4 米左右的土台隔梁，不过车辕和马头骨分别越过了土台隔梁。临猗程村墓地 M1058 车马坑在距离坑口 1.7 米以下的部分，马坑和车坑之间存在一条宽 0.4 米，呈南北走向的生土隔梁，把两个坑隔开。马坑在前，车坑居后。

（2）车辕都朝东。太原晋国赵卿墓车马坑的车坑里现存的 15 辆车与程村墓地 M1058 车马坑的三辆车（1号、2号、3号车），所有车子均是车辕朝东。

（3）这两个车马坑都发现了殉狗，具体是在车轮、舆之间或舆轴下面。

（4）太原晋国赵卿墓随葬车马坑的车坑方向为 289°，临猗程村墓地 M1058 车马坑为东西向，二者方向接近。

（5）程村墓地 M1058 车坑里从东朝西的 1 至 3 号车中，后车的舆几乎均压于前车之上；太原晋国赵卿墓随葬车马坑里，先放入者的车辕被后放入车子的车厢所叠压。

二、考古发现的河北邯郸百家村战国墓地
和河南洛阳"天子驾六"车马坑

（一）河北邯郸百家村墓地随葬车马坑

邯郸百家村墓地是战国时期的赵国墓地，所发掘的是贵族墓区。百家村墓地发掘了49座战国墓，绝大多数较大墓被盗，小型墓完整者比较多。这些战国墓均为长方形竖穴土坑墓，按规模分为大、中、小型，按墓口计算，长4～7、宽3～5米的有12座，属于大型墓；长在3～4、宽2～3米的有15座，属于中型墓；长在3米以下，宽在2米以下者有22座，属于小型墓。其中，墓主头朝北者29座，向东者12座，向西、向南者各1座，头向不明者6座；有椁有棺者计28座，无椁有棺者计13座，无棺有椁者计2座，椁棺不明者计6座，棺、椁的形状都是长方形，已发掘的墓葬皆为单人葬。有30具伸直葬与11具屈肢葬，还有8具葬式不明者。出土2629件随葬品。每座墓里均有发现，不过少的只有4件，多的竟有152件，一般在10～30件。出土遗物分为青铜、铁、陶、玛瑙及玉石、水晶、蚌、骨器等。墓里的基本陶器组合为鼎、豆、壶，其次为碗、鉴、盘。该墓地出土的陶器，小墓和大墓之间有所不同。大墓的陶器，种类多，器形大而厚重。小墓的陶器，体小且简单。代表早晚特征的鬲和盒均无发现，所以该墓地战国墓的具体年代应同属于战国中期。

邯郸百家村战国墓地共计6座车马坑，即编号为1至6号的车马坑，其中马坑两座，而马和车皆有者4座，编号为1号、3号、4号、5号，本文所探讨的即是这四座马与车皆有的车马坑。不过1号、3号、4号、5号车马坑虽皆有车马，但车辆损毁严重，车辆具体数量不详。邯郸百家村战国墓地所发掘的6座车马坑中，凡发现车坑的，必有殉狗骨骼（表三）。

表三 邯郸百家村战国墓地随葬车马坑简表

名称	车马坑形制结构	车马摆放状态	方向	随葬品	年代	备注
1号坑	平面形状为长方形，坑南部被打破，南北残长21.2、东西宽约2.4米	坑里发现26具马骨，均为东西横卧，最北的一具是朝北卧，相近四匹呈对蹄而卧状，其余21匹皆是面朝南排列	马头朝东	无	战国中期	
3号坑	平面形状为曲尺形，南北是车坑，东西则是马坑。车坑长13.8、宽3.2～3.6米。坑四周发现高0.96米的生土二层台。另外，坑里有生土台，长5.5米左右，宽同于底	生土台上放置马具，仅能看出朽木痕，似有车轮、车辕及车箱。马坑长6.5、宽2.2米，坑里横放8具马骨	马头朝东	出土两具狗骨，其位置在车辕痕迹前后，附近还发现苇席痕迹	战国中期	

续表

名称	车马坑形制结构	车马摆放状态	方向	随葬品	年代	备注
4号坑	平面形状呈"凸"字形，车坑和马坑之间发现一道生土隔梁，中间留出一个缺口。马坑呈长方形，长3.6、宽1.6～1.76米，比车坑小，坑北壁发现一生土二层台，台长3.6、宽0.4米。车坑规模比马坑大，近似正方形，长4.58、宽2.86米	坑里发现四具马骨，均横卧。或因坑窄小，马头大多放置在台上。车坑里东、北、南三壁，发现生土二层台，台高为0.75米，车坑中间有一具狗骨	马头朝东	无	战国中期	因遭盗扰，未见其他遗物
5号坑	平面形状为长方形，南北长6.43、东西宽3.42～3.46米。坑四周发现高0.28米的生土二层台	坑里排放着8具马骨，皆横卧，是两匹马对脊而卧	马头朝西	坑底出土8件小铜环，或为马饰	战国中期	因遭盗扰，未见其他遗物

（二）河南洛阳"天子驾六"战国车马坑

洛阳是春秋战国时期周王室的所在地，是当时政治、文化以及经济的中心区域。东周时期中原地区随葬车马坑不但发现于晋国及后来的三晋贵族墓地，还见于洛阳一带的王畿地区。在洛阳的考古工作中，包括周王室在内的东周时期贵族墓随葬车马坑被发掘得不少，而其中年代确定的"天子驾六"车马坑则是洛阳唐宫路战国车马坑[7]。该车马坑是2006年在洛阳东周王城遗址区东北部的王陵区里所发掘的，包括K1和K2两座车马坑，其中的K1车马坑不仅是一座所谓"天子驾六"车马坑，而且保存得较为完整，使用的车马器档次也比较高，颇具典型性。发掘者认为洛阳唐宫路战国车马坑的年代为战国早期[8]。

虽然在2002～2003年对洛阳王城广场东周墓[9]所进行的考古发掘中，其一座随葬车马坑（ZK5）里有一辆车用了六匹马，发掘者认为"该车马坑应属天子的规格，当为天子墓所陪葬"[10]。但令人遗憾的是，其正式出版的考古发掘报告中，并没能够确定该车马坑的具体年代分期。由此，唐宫路车马坑就成为迄今洛阳唯一发掘的战国时期"天子驾六"车马坑。

洛阳唐宫路的"天子驾六"战国车马坑K1坑里填黄褐色的夯土，夯土里有少量陶片，夯打得结实，有明显夯层，夯层厚0.08～0.12米。在每层夯土面上发现圆形夯窝，夯窝直径0.03～0.05、深0.01～0.02米。该车马坑里葬有一辆车和六匹马。在马骨架上、下皆发现了席纹的痕迹，表明在葬马时下面铺了席子，其上面亦盖席子。这些马摆放得较为整齐，应当是被杀之后埋葬的。木质结构的车皆已朽，车舆前部有车轼，在稍呈弓形的车轼上发现了纵横相连的小木条。在车舆前部留有几处朱红色的漆痕。K1车马坑的面积虽比较小，不过车辕的两侧有六匹马分成了两排放置，前排为两匹，后排是四匹。该车轴两端的青铜辖軎与车厢上的方形青铜饰都贴了金，反映出该车之级别相当高。K2坑在K1坑南部的0.15～0.3米处，K2车马坑里面填的是五花夯土，夯土里有少量东周时期的陶片，夯层比较明显，每层厚度为 0.08～0.12 米，其夯窝和 K1 坑里的夯窝相同。K2 车马坑里发现了两辆车及四匹马。1 号车在北部，2 号车则位于南部。这两辆车都是木质结构，皆已朽。1 号车的衡、辕和马头皆压在 2 号车舆下。2 号车舆长 1.2、宽 1.1 米。K1 和 K2 两座车马坑里出土的遗物以青铜器与骨器为主，从车马坑所填的夯土里亦发现了少量的陶器（表四；图三）。

表四　洛阳唐宫路战国车马坑简表

名称	车马坑形制结构	车马摆放状态	方向	随葬器物	年代
K1 车马坑	车马坑近于长方形，南北长 4.3 米，东西宽 3.7～3.8 米	其六匹马都呈侧卧状，前面的两匹马背靠背，后边的四匹马则是两两相背。车衡位于车辕前端两匹马的颈上，在车衡下面发现了车辄的痕迹。车舆只存有下部，东西长 1.2、南北宽 1.1 米	170°	方形贴金铜饰、贴金铜辖軎、铜镈、骨管（管外绘有黑色窃曲纹）	战国早期
K2 车马坑	车马坑平面形状接近长方形，南北残长 5.7～6.9、东西宽 3.5 米	有两辆车及四匹马。每辆车车辕的两侧分别置有一匹马，马呈侧卧状，而马背相对。1 号车保存了车舆、车辕、车轴、车轮与车衡等；2 号车保存有车舆、车辕及车轮等，车衡遭破坏	175°	铜角柱、骨管	战国早期

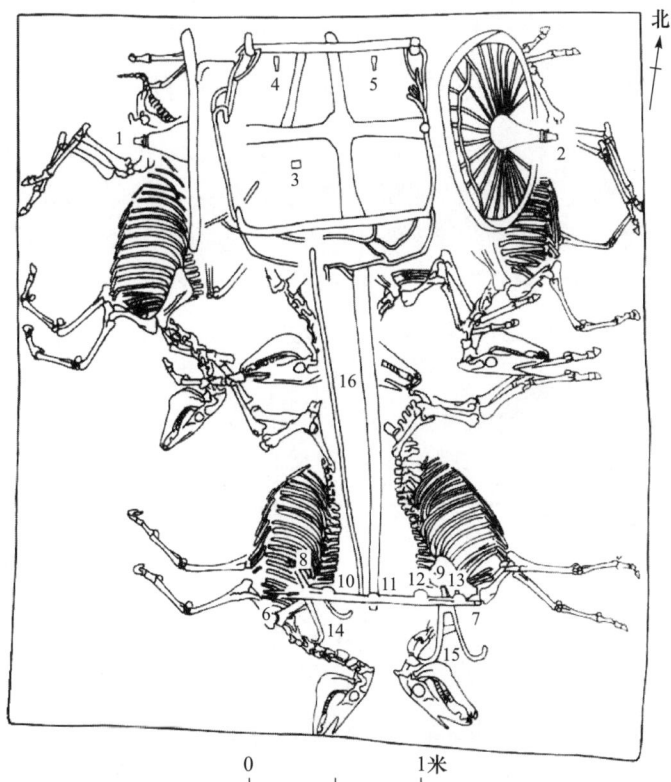

图三　洛阳唐宫路战国车马坑（K1）平面图
（采自《河南洛阳市唐宫路战国车马坑》图二）

三、春秋战国之际晋国与战国时期三晋贵族墓随葬车马坑及洛阳"天子驾六"车马坑的比较

（一）春秋战国之际的晋国和战国中期三晋贵族墓随葬车马坑特点对比

春秋战国之际的晋国随葬车马坑以山西临猗程村 M1058 车马坑和太原晋国赵卿墓随葬车马坑为代表，战国中期三晋贵族墓随葬车马坑以邯郸百家村战国墓随葬车马坑为代表。

1. 山西太原晋国赵卿墓随葬车马坑与河北邯郸百家村战国墓随葬车马坑的相似之处

太原晋国赵卿墓随葬车马坑具有曲尺形车马坑，车坑与马坑之间有生土隔梁，车坑里有殉犬以及马头朝西的特点。邯郸百家村战国墓随葬车马坑也有平面形状呈曲尺形的车马坑（百家村 3 号坑）以及车马坑之间带有生土隔梁者（百家村 4 号坑），亦有马头朝西的（百家村 5 号坑），坑里也有殉一只狗（百家村 4 号坑）乃至殉两只狗者（百家村 3 号坑）。

2. 山西临猗程村墓地 M1058 车马坑与河北邯郸百家村战国墓随葬车马坑的相似之处

（1）程村墓地 M1058 车马坑的平面形状为长方形；百家村墓地车马坑 1 号坑、5 号坑平面形状皆为长方形。

（2）程村墓地 M1058 车马坑的马坑和车坑之间存在着一道生土隔梁把二者隔开；百家村 4 号坑的车坑与马坑之间也发现了一道生土隔梁。

（3）程村墓地 M1058 车马坑中，马坑里的 6 匹马有 4 匹马头朝东，朝向前，有 2 匹马头朝西，朝向后；百家村墓地 1 号坑、3 号坑和 4 号坑的马头朝东，5 号坑（8 具马骨）的马头朝向西。

（4）程村墓地 M1058 车马坑里，3 号车舆轴的下面埋有 1 只狗，百家村 4 号坑车坑中间发现了一具狗骨架。

（二）春秋战国之际的晋国贵族墓随葬车马坑和洛阳"天子驾六"战国车马坑特点对比

春秋时期以后晋文化成了周文化的一个主要代表[11]，晋国贵族墓随葬车马坑与周王室所在的洛阳王畿地区的随葬车马坑一同代表了当时中原地区的随葬车马坑。在春秋战国之际晋国贵族墓随葬车马坑中，太原晋国赵卿墓的车马坑尤为值得关注，因为其墓主是晋国六卿之一的赵鞅，其时犹同诸侯，不仅身份地位显赫，墓葬规格高，而

且该墓未遭破坏，像该墓这样的车马坑，在大致同期的晋国墓地尚未发现能与之相提并论者，在洛阳王畿地区也就是发现于洛阳唐宫路的"天子驾六"车马坑与其相对接近。洛阳唐宫路战国车马坑的年代是战国早期，由此就以山西太原晋国赵卿墓随葬车马坑和临猗程村 M1058 车马坑所代表的春秋战国之交的晋国随葬车马坑与洛阳唐宫路战国车马坑相对比。

1. 洛阳"天子驾六"战国早期车马坑和春秋战国之际山西太原晋国赵卿墓随葬车马坑特点的对比

洛阳唐宫路"天子驾六"战国早期车马坑 K1 坑里填的是夯打结实的黄褐色夯土，厚 0.08～0.12 米的夯层较明显，每层夯土面上的圆形夯窝直径为 0.03～0.05 米。K2 坑里所填的也是夯土，夯层厚度亦为 0.08～0.12 米，夯窝也和 K1 坑里面之夯窝相同。K1 车马坑的六匹马都是侧卧的，或背靠背，或两两相背；K2 车马坑的两辆车和四匹马中，每辆车辕两侧分别置一匹侧卧的马，马背则相对。太原赵卿墓车马坑之马坑总共葬有 44 匹马，马头大多是枕于二层台上面。马骸骨大体排列有序，多数呈侧卧状。车马坑里的填土都经过了不同程度的夯实，夯层厚度 0.1～0.2 米。

2. 洛阳"天子驾六"战国早期车马坑和春秋战国之际山西临猗程村 M1058 车马坑特点的对比

河南洛阳唐宫路的"天子驾六"战国早期车马坑和山西临猗程村 M1058 车马坑所属的主墓墓主身份有明显差别，不过亦有一定相近之处。二者车马坑里的马匹均呈侧卧状，临猗程村 M1058 车马坑 1 号车的两轮紧靠着马坑和车坑之间的隔梁，车辕的前部及衡、轭皆伸入了马坑，摆放于马骨架之上。据 M1058 车马坑的平面图及全景照片[12]，该车马坑的马是侧卧于车辕两侧的，这与洛阳唐宫路的"天子驾六"车马坑相一致。不过，临猗程村 M1058 的填土未有经夯实的迹象，这既有别于洛阳唐宫路的"天子驾六"车马坑，也不同于太原晋国赵卿墓随葬车马坑。在春秋战国之交的山西临猗程村 M1058 车马坑和太原晋国赵卿墓随葬车马坑及战国早期洛阳唐宫路"天子驾六"车马坑里，其马匹均为侧卧状，而战国中期的三晋（赵国）邯郸百家村随葬车马坑里，因车辆腐朽过甚以至于马匹与车辆的相对位置不明。

四、结　语

（一）春秋战国之际的晋国随葬车马坑一致性较强

春秋战国之际晋国贵族墓随葬车马坑的相似特点相当多，如：太原晋国赵卿墓与临猗程村 M1058 车马坑都有土台隔梁分隔车坑与马坑、车辕均朝东、后车的车舆几乎均压到前车上、车坑里皆有殉狗等，反映出虽然二者直线距离约达340余千米，但当时晋墓随葬车马坑的一致性较强。

（二）春秋战国之际的晋国与战国中期三晋贵族墓随葬车马坑共同点较多，似有一定的承继关系

春秋战国之际的太原晋国赵卿墓随葬车马坑有曲尺形车马坑、车坑和马坑之间有生土隔梁、马头朝西、车坑内有殉狗；战国中期的邯郸百家村战国墓随葬车马坑亦有平面形状呈曲尺形的车马坑及车坑与马坑之间带有生土隔梁者，也有马头朝西的，坑里还发现有一只或两只殉狗。春秋战国之际的山西临猗程村墓地M1058车马坑的平面形状为长方形，马坑和车坑之间有一道生土隔梁，车坑里有殉狗，而这些在战国中期的河北邯郸百家村墓地车马坑里也都有发现。所以，春秋战国之际的晋国与战国中期三晋贵族墓随葬车马坑的相似性较多，反映出虽然经过了战国早期的变迁，战国中期三晋（赵国）贵族墓随葬车马坑对于春秋战国之际晋国随葬车马坑的特点仍存在一定的承继性。

（三）春秋战国之际的晋国贵族墓随葬车马坑和战国早期洛阳"天子驾六"车马坑之间的共同点与相似性

（1）战国早期洛阳唐宫路"天子驾六"车马坑的K1坑里填的是夯打结实的黄褐色夯土；K2坑里所填的也是夯土。K1、K2坑里的马都是侧卧的。山西临猗程村M1058车马坑里的马亦皆侧卧；太原晋国赵卿墓车马坑里共发现44匹马，其中大多数亦呈侧卧状。太原赵卿墓车马坑和洛阳唐宫路车马坑的墓主身份相对接近，前者车马坑里的填土都经过了程度不同的夯实；后者车马坑里的填土是夯土，且有明显的夯层，二者相似。

（2）以晋国及洛阳王畿为代表的东周时期中原地区随葬车马坑车辆的排列方式皆呈纵向排列[13]。河南洛阳唐宫路车马坑的随葬车辆呈纵向排列，其K1车马坑里是单辆车，而K2车马坑里所发现的两辆车呈纵向排列，其中的1号车位于北部，2号车居于南部。山西临猗程村M1058车马坑里的3辆车，亦呈纵向排列。这3辆车由前向后编为1～3号车，1号车的车辕等伸入了马坑，2号车紧靠着1号车的车舆，3号车舆前部及辕则压于2号车后栏和车轼上。太原晋国赵卿墓车马坑里现存的15辆车分成整齐的南北两列，这些车的车辕均向东，先放入坑内之车辆的车辕被后放入者的车厢所压。东周楚墓随葬车马坑的车辆排列方式以横排并列为特点[14]，与晋国及洛阳王畿所代表的东周时期中原地区随葬车马坑车辆的纵向排列方式存在着明显的不同。

综上所述，春秋战国之际的晋墓随葬车马坑有较明显的统一性，该时期的晋国与战国中期三晋贵族墓随葬车马坑似存在一定的继承性。春秋战国之际的晋国贵族墓随葬车马坑与洛阳"天子驾六"战国早期车马坑的对比显示出不仅车马坑里马匹侧卧的

方式相一致，而且在墓主身份相对接近的山西太原晋国赵卿墓随葬车马坑和河南洛阳唐宫路"天子驾六"战国早期车马坑之间，车马坑里的填土都同样经过了夯打，有相近性。更为重要的是，与东周楚墓随葬车马坑车辆的横排并列方式明显不同，山西临猗程村 M1058 车马坑与太原晋国赵卿墓和河南洛阳唐宫路"天子驾六"车马坑车辆的排列方式均呈纵向排列，其随葬车辆排列上的这种共同性被发现于彼此相距遥远的春秋战国之际晋国贵族墓随葬车马坑与河南洛阳唐宫路"天子驾六"车马坑之中，或在一定程度上暗示出了属于姬周王室贵族的晋国国君[15]与周王室之间所存在的紧密关系。

注　释

［１］ 按照学术界的主流观点，公元前 475 年是战国时期的起始年代。

［２］ 山西省考古研究所、太原市文物管理委员会：《太原晋国赵卿墓》，文物出版社，1996 年；山西省考古研究所、太原市文物管理委员会：《太原金胜村 251 号春秋大墓及车马坑发掘简报》，《文物》1989 年第 9 期。

［３］ 中国社会科学院考古研究所、山西省考古研究所、运城市文物局等：《临猗程村墓地》，中国大百科全书出版社，2003 年。

［４］ 河北省文化局文物工作队：《河北邯郸百家村战国墓》，《考古》1962 年第 12 期。

［５］ 洛阳市文物工作队：《河南洛阳市唐宫路战国车马坑》，《考古》2007 年第 12 期。

［６］ 山西省考古研究所、太原市文物管理委员会：《太原晋国赵卿墓》，文物出版社，1996 年，第194 页。

［７］ 洛阳市文物工作队：《河南洛阳市唐宫路战国车马坑》，《考古》2007 年第 12 期。

［８］ "K1 与 K2 的年代应为战国早期。"参见洛阳市文物工作队：《河南洛阳市唐宫路战国车马坑》，《考古》2007 年第 12 期。

［９］ 洛阳市文物工作队：《洛阳王城广场东周墓》，文物出版社，2009 年。

［１０］ 洛阳市文物工作队：《洛阳王城广场东周墓》，文物出版社，2009 年，第 518 页。

［１１］ 印群：《论春秋楚墓随葬车马制度的特点》，《南方文物》2018 年第 4 期，第 159 页。

［１２］ 中国社会科学院考古研究所、山西省考古研究所、运城市文物局等：《临猗程村墓地》，中国大百科全书出版社，2003 年，图 137、图版 119。

［１３］ 因毁坏严重，邯郸百家村战国车马坑随葬车辆的具体情况不详。

［１４］ 印群：《论战国楚墓随葬车马坑》，《东方考古》（第 17 集），科学出版社，2020 年，第 150 页。

［１５］ 关于晋国始封君的文献记载："晋唐叔虞者，周武王子而成王弟……是为晋侯。"（《史记·晋世家》。引自《史记》卷三十九，中华书局，第 1635、1636 页）

手工业与重要遗物

商周都城考古中"工业（园）区"概念辨析*

卢中阳

（陕西师范大学）

21 世纪初，考古学者引入现代"工业区"或"工业园区"（industrial zones）概念，用以指称殷墟、周原、郑韩故城、赵邯郸城、临淄齐故城、易县燕下都、侯马晋都等商周手工作坊相对集中的区域[1]。然而，"工业区"或"工业园区"作为经济学上的概念，在内涵与表现形式上都与商周时期的手工作坊不可同日而语。

一、生产单位不同

"工业区"或"工业园区"是建立在私人劳动普遍化基础上的社会分工[2]。涂尔干提出社会劳动分工是"根据每个人的能力来分配工作"，他认为"只有在没有环节结构的地方，分工才会存在"。他所说的"环节结构"，是指以氏族为基础的社会，而"分工一经产生，就很快使环节结构瓦解"[3]。在他看来，分工与氏族社会相对立，唯有破除氏族残余，才能真正产生劳动分工。因此，手工生产专业化的定义，强调它是"超越家庭规模的活动"[4]。桑巴特更是指出作为经济制度的手工业，"经济主体在法律上和经济上都是独立的技术劳动者"[5]。

商周时期的手工生产单位却与前者迥然不同。周初分封鲁、卫"殷民六族"和"殷民七族"，有学者认为施氏为旌旗工，陶氏为陶工，锜氏为错刀工或釜工，繁氏为马缨工，长勺氏、尾勺氏为酒器工，终葵氏为锥工，索氏为绳索工，樊氏为篱笆工[6]。赵世超先生指出，这些族氏"在制造某种产品方面较有传统"，所以就指定他们"分别为侯国公室生产绳索、酒器、陶器、旌旗、马缨或负责编制篱笆"[7]。此外，春秋时期鲁国匠氏、晋国匠丽氏等都是世代从事手工生产的家族[8]。以族从事手工生产还获得出土资料的佐证，张光直先生通过研究青铜器族徽，指出商代"各族群的职业明显

---

* 本文所属基金项目：国家社会科学基金中国历史研究院重大历史问题研究专项 2021 年度重大招标项目"中华文明起源与先秦君主政体演进研究"（LSYZD21007）；陕西师范大学中央高校基本科研业务费专项资金重点项目"全球视野下的指定服役制度研究"（15SZZD02）。

趋向于专一化”，其中就包括“生产各种手工业品”的族氏[9]。从周原齐家制玦作坊和庄李铸铜作坊手工生产者墓葬的人骨鉴定来看，性别上既有男人又有女人，年龄从十几岁到五十岁不等。齐家村北可以鉴定性别的 6 座西周墓葬中，3 人为女性，3 人为男性。其中 2 人年龄在 50 岁左右，4 人年龄在 14～25 岁之间[10]。庄李西周墓葬中，可鉴定性别的有 5 座墓，4 人为男性，1 人为女性。其中 2 人年龄在 13～15 岁之间，3 个人年龄在 25～40 岁之间[11]。这种性别共存、年龄不等的现象，合理的解释就是这些人属于同一个家族。甚至到了战国时期，在王室控制的手工生产中仍然保持着“工不族居，不足以给官”的传统[12]。

二、生产目的相异

“工业区”或“工业园区”生产的目的是满足社会需要[13]。“工业区”和“工业园区”作为一种产业，是国民经济各行业的总称，指“为满足社会某类需要而划分的从事产品生产和作业的各个部门”[14]，即工业产品的生产根据社会需求而定。换句话说，工业产品不是服务于某个人，而是为了多数人的需要[15]。满足社会需要的方式是使工业产品成为商品。马克思认为，不“作为生产者自己直接的生存资料来生产”，便可能成为商品[16]。恩格斯指出“物品生产出来不仅是为了供应生产者使用，而且也是为了交换的目的。”[17]在商品经济社会中，当产品超出个人需求的范畴，进入市场流通，便成为满足全社会需要的商品。

商周时期手工生产的目的是满足统治者和共同体需要。战国以前作为社会基本单位的是族，这些族不仅履行着“恤族”和“庇族”的职能，而且是独立的政治经济实体。就周代而言，不仅周王室和诸侯拥有“百工”，各级卿大夫也有自己的“百工”。如《公臣簋》铭文中虢仲命公臣司理百工（《集成》04184），《师毁簋》记载伯龢（和）父命师毁监管其家内百工（《集成》04311）。这一现象得到商周考古发掘资料的证实。在殷墟遗址，不仅王族居住的小屯宫殿宗庙区内保有铸铜、玉石、制骨作坊，而且作为其他族氏聚居地的大司空、孝民屯、苗圃北地、薛家庄也都不同规模地拥有铸铜、制骨、制陶等作坊[18]。在周原遗址，除了周王室占有手工作坊外，传统认知中作为采邑存在的周公庙、孔头沟等遗址亦同时发现了铸铜、制陶等作坊[19]。而在族与族之间，也有为统治者或更大共同体从事生产的族氏。如《左传》定公四年分封鲁国的殷民六族，其族氏首领要“帅其宗氏，辑其分族，将其类丑”“使之职事于鲁”。孔颖达认为“六族之长各自帅其当宗同氏”“合其所分枝属”“将其族类人众”“是以使之共职事于鲁”[20]。另有学者通过族徽的分析，指出殷墟地区苗圃北地亚禽、子丌族邑承担王室铜器生产，周原地区齐家的璋、爻两族负责为周王制玦[21]。商周时期从族到国，本质上都属于血缘共同体，且直到战国时期血缘关系仍未能完全退却。然而商品经济作为血缘共同体的对立物[22],在商周时期不可能十分发达。此外,作为商周手工产品大宗的青铜器与玉石器,很多都出自墓葬和窖藏,并且镌刻有归属性标识的族徽和铭文。马克思指出,"古代人盛行本来意义上的财宝贮藏,这说明他们有许多剩余产品闲置不用""为私人消费而创造的财富相对来说是少的,只是因为集中在少数人手中,而且这少数人不知道拿它做什么用,才显得多了"。在商品经济不发达的社会,面对这些剩余产品,"古代人连想也没有想到把剩余产品变为资本"。因此,马克思称这些手工产品为"艺术品",代替了用于交换的商品[23]。

三、分工发展阶段有别

"工业区"和"工业园区"中的"业"是指"产业",对应英文"industry",又可译为"工业"或"行业"。"产业"作为社会分工的产物,产品生产者已经脱离农业劳动,并以付出生产劳动和技术为生。因此,恩格斯将手工业与农业的分离作为第二次社会大分工的标志[24];桑巴特也把"受糊口观念的支配"视作手工业者的"生计顾虑"[25];还有学者将"不从事其他生产活动以获得自己需要的物品和服务"及"专业人员会得到某种形式的报酬以维持生活",作为手工业生产专业化的两个必备条件[26]。

商周手工生产并未脱离农业。考古学者在这一时期手工劳动者的居址、墓葬和作坊中发现了大量农具。在殷墟小屯宫殿宗庙区的作坊遗址内发现几千件石镰,其中纵二甲支、纵五癸东、纵二甲乙、横十三丙北支、大连坑、E181A、横十三、二五乙等坑位都出土百件以上[27]。这些石镰均有使用过的痕迹,因此有学者指出:"石刀(镰)不是初造的,而是久经使用的。"[28] 在1982~1984年殷墟苗圃北地铸铜、制陶、制骨作坊区的发掘中,发现蚌镰40多件、骨铲4件、石镰2件、石铲1件,另有石刀和石斧多件[29]。孝民屯手工劳动者遗存中也发现了数量不等的农业工具[30]。有学者对周原遗址庄李、孔头沟和周公庙三处铸铜遗存中的生产工具进行统计,结果显示农业生产工具在各类工具中所占的比例,周原为7%,周公庙和孔头沟分别为17%和30%以上[31]。在上述遗址中,农具实际的保有量可能会更多,因为当时作为主要生产工具的木质耒耜都没有保留下来。虽然如此,这些农业生产工具的发现,足以说明当时手工生产者并不脱离农业。根据先秦文献记载,包括手工生产在内的田猎、备藏、修路、筑城、建桥等活动,均要求遵循"时以作事""时用民""使民以时""不夺民时",其根本之点在于这些活动都要"不违农时"[32]。换句话说,各种活动都没有彻底从农业劳动中分离出来。俞伟超先生指出,商周"城市聚落内虽已集中了当时规模最大的、技术最复杂的手工业生产,但许多居住区的出土物内容,同当时一般村落遗址一样,也有许多农具,不少居民显然就近进行农业生产"[33]。商周时期手工生产并不脱离农业,恩格斯谈到的第二次社会大分工便还未真正到来。

四、结　语

综上可知，在生产单位、生产目的和分工发展阶段上，"工业区"或"工业园区"都与商周时期手工作坊存在显著差异。实际上，作为近代工业革命发祥地的英国，在18世纪以前几乎不使用"工业"一词[34]。布罗代尔认为"工业"一词大约在18世纪才取得为我们所熟知的含义[35]。而"工业园区"的使用也仅是19世纪末才出现在英国和美国等工业化国家[36]。早已有学者指出，泛用"工业"的概念，"诸如古代工业和中世纪工业，那么就是一种术语的误用"[37]。在人类社会的早期发展阶段，尤其是在礼物交换或指令经济阶段，还属于一种非市场经济社会[38]，物品通过"互惠"与"再分配"进行流动[39]，与以市场为导向的国家"工业"无涉，更无从谈起"工业区"或"工业园区"。这种经济形式，也决定了当时上层建筑和社会性质。因此，商周时期都城考古中必须慎用"工业区"或"工业园区"概念。

注　释

[1]　胡洪琼、何毓灵：《殷墟遗址内西周遗存分布原因管窥》，《南方文物》2016年第4期；何毓灵：《论殷墟手工业布局及其源流》，《考古》2019年第6期；郭士嘉、雷兴山、种建荣：《周原遗址西周"手工业园区"初探》，《南方文物》2021年第2期；常怀颖：《两周都邑铸造作坊的空间规划》，《三代考古》（七），科学出版社，2017年，第527、533、545页。

[2]　鲍宏玮主编，周业旺、王庆副主编：《产业经济学》，中国经济出版社，2018年，第1、2页。

[3]　〔法〕涂尔干著、渠敬东译：《社会分工论》，生活·读书·新知三联书店，2017年，第136、213、262页。

[4]　手工生产专业化界定，见 Arnold Jeanne E., Ann Munns. Independent or Attached Specialization: The Organization of Shell Bead Production on California. *Journal of Field Archaeology*, 1994, 21(4).

[5]　〔德〕桑巴特著、李季译：《现代资本主义》（第1卷），商务印书馆，1936年，第117页。

[6]　杨伯峻编著：《春秋左传注》，中华书局，1990年，第1536～1538页；李亚农：《殷代社会生活》，上海人民出版社，1955年，第50页。

[7]　赵世超：《指定服役制度略述》，《陕西师范大学学报（哲学社会科学版）》1999年第3期。

[8]　《左传》襄公四年、《左传》成公十七年。

[9]　〔美〕张光直著，张良仁、岳洪彬、丁晓雷译，陈星灿校：《商文明》，生活·读书·新知三联书店，2013年，第253、254页。

[10]　孙周勇：《西周手工业者"百工"身份的考古学观察：以中原遗址齐家制玦作坊墓葬资料为核心》，《华夏考古》2010年第3期。

[11]　张君：《陕西扶风县周原遗址庄李西周墓出土人骨鉴定》，《考古》2008年第12期。

[12]　《逸周书·程典解》。

[13]　尹继瑞：《工业经济学》，哈尔滨工业大学出版社，1986年，第30页。

［14］　李晓鹏、张国彪：《中国的产业规划》，中国发展出版社，2018 年，第 9 页。

［15］　〔日〕水野滋著，宋永林、陆霞译：《全企业综合质量管理》，中国计量出版社，1989 年，第 4 页。

［16］　〔德〕马克思著、中共中央马克思　恩格斯　列宁　斯大林著作编译局译：《资本论（纪念版）》（第一卷），人民出版社，2018 年，第 197 页。

［17］　中共中央马克思　恩格斯　列宁　斯大林著作编译局编：《马克思恩格斯选集》（第三卷），人民出版社，1972 年，第 381 页。

［18］　何毓灵：《论殷墟手工业布局及其源流》，《考古》2019 年第 6 期；岳洪彬、岳占伟：《殷墟宫殿宗庙区内的墓葬群综合研究》，《三代考古》（四），科学出版社，2011 年，第 270～272 页。

［19］　周公庙考古队：《陕西岐山周公庙遗址考古收获丰硕》，《中国文物报》2004 年 12 月 31 日；种建荣、张敏、雷兴山：《岐山孔头沟遗址商周时期聚落性质初探》，《文博》2007 年第 5 期。

［20］　《十三经注疏》，上海古籍出版社，1997 年，第 2134 页。

［21］　郑若葵：《殷墟"大邑商"族邑布局初探》，《中原文物》1995 年第 3 期；雷兴山：《论周原齐家制玦作坊的族徽与社会机构》，《古代文明》（第 10 卷），上海古籍出版社，2016 年，第 225 页。

［22］　〔德〕马克思著、中共中央马克思　恩格斯　列宁　斯大林著作编译局译：《资本论》（第一卷），人民出版社，2018 年，第 107 页。

［23］　中共中央马克思　恩格斯　列宁　斯大林著作编译局译：《马克思恩格斯全集》（第二十六卷第二册），人民出版社，1973 年，第 603 页。

［24］　〔德〕恩格斯著、中共中央马克思　恩格斯　列宁　斯大林著作编译局编译：《家庭、私有制和国家的起源》，人民出版社，2018 年，第 182 页。

［25］　〔德〕桑巴特著、李季译：《现代资本主义》（第 1 卷），商务印书馆，1936 年，第 117 页。

［26］　Arnold Jeanne E., Ann Munns. Independent or Attached Specialization: The Organization of Shell Bead Production on California. *Journal of Field Archaeology*, 1994, 21(4).

［27］　何毓灵：《论殷墟手工业布局及其源流》，《考古》2019 年第 6 期。

［28］　佟柱臣：《二里头文化和商周时代金属器代替石骨蚌器的过程》，《中原文物》1983 年第 2 期。

［29］　中国社会科学院考古所安阳队：《1982～1984 年安阳苗圃北地殷代遗址的发掘》，《考古学报》1991 年第 1 期。

［30］　中国社会科学院考古研究所安阳工作队：《1969～1977 年殷墟西区墓葬发掘报告》，《考古学报》1979 年第 1 期。

［31］　雷兴山、种建荣：《周原地区商周时期铸铜业刍论》，《商周青铜器的陶范铸造技术研究》，文物出版社，2011 年，第 173～182 页。

［32］　《左传》文公六年、《左传》成公十八年、《论语·学而》《孟子·梁惠王上》《国语·周语中》。

［33］　俞伟超：《中国古代都城规划的发展阶段性——为中国考古学会第五次年会而作》，《文物》1985 年第 2 期。

［34］　〔英〕威廉斯著、刘建基译：《关键词：文化与社会的词汇》，生活·读书·新知三联书店，2005 年，第 237、238 页。

［35］　〔法〕费尔南·布罗代尔著、施康强译、顾良校：《十五至十八世纪的物质文明、经济和资本主

义》（第二卷：形形色色的交换），生活·读书·新知三联书店，1993 年，第 311 页。

［36］ 雷鹏：《产业集聚与工业园区发展研究》，东南大学出版社，2009 年，第 66 页。

［37］ 张卫良：《现代工业的起源——英国原工业与工业化》，光明日报出版社，2009 年，第 3 页。

［38］〔英〕约翰·希克斯著、厉以平译：《经济史理论》，商务印书馆，1987 年，第 17、25 页；〔法〕马塞尔·莫斯著，汲喆译、陈瑞桦校：《礼物：古式社会中交换的形式与理由》，商务印书馆，2016 年，第 82、120 页；〔英〕C. A. 格雷戈里著，杜杉杉、姚继德、郭锐译：《礼物与商品》，云南大学出版社，2001 年，第 5、10、11 页。

［39］〔英〕卡尔·波兰尼著，黄权扺译：《巨变：当代政治与经济的起源》，社会科学文献出版社，2017 年，第 98～104 页；〔美〕马歇尔·萨林斯著，张经纬、郑少雄、张帆译：《石器时代经济学（修订译本）》，生活·读书·新知三联书店，2019 年，第 222、229～277 页。

试论镐京西周晚期陶窑中发现的牲畜粪便[*]

王　迪

（中国社会科学院考古研究所）

　　沣东遗址和沣西遗址分居沣河的东西两岸，正是西周都城的镐京和丰京（简称丰镐）所在。丰京和镐京共存互补，共同组成西周的都城。20 世纪 60 年代，据陕西长安沣东的试掘简报（下文简称简报）披露，沣东落水村西发现西周晚期的窑址群[1]：部分暴露或者完全暴露在地面或断崖上的陶窑，初步统计就有十多个，选择发掘其中的 6 座，都是竖穴升焰窑。5 号陶窑火膛底部有 20 厘米厚的草本和木本植物灰烬，其中还夹杂着大量的牲畜粪便。其他五座陶窑也有同样发现。发掘者认为牲畜的粪便是当时烧陶的燃料，也可能作保存火种使用。有学者认为这些窑址内发现的牲畜粪便，更可能是保存火种使用[2]。本文尝试讨论这一发现反映的粪便用途、制陶业与畜牧业的关系等问题，以求证于方家。

一、陶窑火膛中牲畜粪便的背景分析

　　从披露的资料看，当时烧陶的燃料应该有草本植物、木本植物和粪便，三者混杂在一起。粪便的具体形态不清。

　　六座陶窑都是竖穴升焰窑，从下到上由火膛、窑箅和窑室组成。现有资料只能判断陶窑属于西周晚期，无法进一步划分各陶窑早晚关系，且陶窑集中分布在落水村西，故可以看作是西周晚期的一处作坊。在丰镐遗址，西周晚期的陶窑往往零散分布，表明当时的不少陶器都是由一两座窑规模的小制陶作坊生产的。依据对丰镐西周时期陶窑分布情况的统计，落水村西作坊是西周时期镐京规模最大的两大制陶作坊之一[3]。在落水村西 6 座陶窑和操作坑填土中包含大量陶片，很多是废品，另有少量器皿残坯，陶片种类最多的是盂和罐，其次是豆和瓦，鬲和瓮最少[4]，所以这些陶窑的主要产品应该是泥质日用陶器和陶瓦。

　　火膛是烧陶时候陶窑内燃料燃烧的地方。如果考古发现陶窑火膛底部有基本纯净

---

　　* 本文写作得到社科基金青年项目"商周都邑制陶作坊研究"（批准号：018CKG02）资助。

的灰烬，一般认为这些灰烬是当时烧陶后留存下来的，属于没有被扰动的原生堆积。而集中在一处地点的 6 座陶窑火膛底部都是同样的堆积，也帮助说明这些牲畜粪便灰烬可能是没有受到扰动的原生堆积。下文结合这些陶窑火膛中粪便的背景信息，进一步讨论对这些粪便的认识。

二、对牲畜粪便用途的认识

（一）牲畜粪便可以作为烧陶燃料

民族学上，用牲畜粪便烧陶的实例不少。

我国云南西双版纳傣族曼真寨烧陶的时候，地面堆烧制陶，用牛粪和稻谷皮作燃料[5]。对傣族 12 个村寨的调查发现，云南傣族烧陶是用"燃料封闭法"，烧前清理出浅坑，周边排列长木条或竹条，底部铺树皮、碎木等，其上再铺稻草，器物便排列其上，最后在器物及四周覆盖稻草，再以泥沙和水涂在稻草之上，类似世界其他地区用牲畜粪便和泥涂在草堆上者，故又称"粪灶"[6]。

在当代西藏各地，制陶点的陶窑仍然延续古老的露天烧成法，烧陶燃料基本上靠当地特有的燃料，主要有草皮（高山草甸表皮厚约 10 厘米）、牛粪、羊粪、麦草、柏树、松树等[7]。

在 20 世纪 80 年代的近东地区，陶工会根据需要选择烧陶燃料，快速燃烧的燃料（比如稻草）会过快地释放热量，而慢烧的燃料（比如粪便）更加适合烧陶，粪饼是当地烧陶的燃料之一；而巴基斯坦的陶工会根据陶器掺合料的不同选取燃料：用慢烧的粪便烧制掺和方解石的炊器，用干燥的灌木烧制掺和熟料（陶渣）或者稻草的存储器[8]。

（二）牲畜粪便可能用于创造烧制灰陶需要的还原气氛

草本和木本植物燃烧后形成的灰烬，俗称草木灰，完全燃烧后呈灰白色，不完全燃烧时则呈黑色。不完全燃烧的木本植物更容易残留木炭状的"小树枝"，因而容易肉眼辨识。简报称陶窑 Y5 火膛中的是草本和木本植物灰烬，应是观察到灰烬的颜色和其中夹杂的小块木炭。牲畜粪便的成分主要是草类，如果完全燃烧，也剩下蓬松的灰白色灰烬，其上一旦叠压其他堆积，粪便的形态特征就会被破坏，考古学家难以肉眼辨别。描述称陶窑火膛中有粪便，说明其中的粪便应该尚未完全燃烧，仍然部分保留着粪便形态特征，观者才得以肉眼观察辨识。

从简报的描述看，这些窑的主要产品应是泥质灰陶的日用陶器和陶瓦。而烧制灰陶，需要在烧陶的后期阶段，在窑内创造还原气氛。有学者指出，牲畜粪便可能是压在柴草上使之不完全燃烧产生还原焰，作为"火焰窑"的措施[9]。这一观点强调的是柴草受到粪便的压制，柴草燃烧时因空气不足而产生浓烟，达到创造还原气氛的效果。

学者为了研究殷墟的灰陶烧制，曾经参考商代陶窑的构造重建陶窑烧陶。为了创造烧制灰陶需要的还原气氛，采用了加牛粪和水还原陶器两种方法。这里要重点介绍一下加牛粪还原陶器的具体过程[10]：添加牛粪前，先把牛粪晒干。在窑室温度达到800℃时，停止添加燃料，快速从烟囱向窑内加入足量干燥的牛粪，封上烟囱。同时快速向火膛内加入足量干燥的牛粪，用草拌泥快速封上火门，且这一过程要快，火门也要密封好，才能使牛粪产生的烟雾较多，且较长时间保留在窑室内，使窑室内的陶器充分还原成灰陶。学者应是参考了民族学的资料，利用牛粪燃烧慢，产生烟雾多的特性，为复烧殷墟灰陶创造必需的还原气氛。

笔者以为，落水村西这些陶窑中发现的粪便，应是烧制灰陶过程中还原工序的产物。在烧陶的后期特意添加粪便，以帮助维持窑内还原气氛，烧成后没有完全燃烧的粪便就保存下来，得以被肉眼辨识。同时，由于描述称粪便和草木灰烬是掺杂一起的，所以烧制灰陶的还原阶段，可能使用了包括粪便、草类、小树枝等在内的混合燃料。结合上述民族学资料和考古实验，笔者以为落水村西陶窑所用的牲畜粪便很可能是牛、马等植食性动物的粪便。

（三）可能有稳定的粪便供给

集中于一地的同时期6座窑的火膛中都有粪便，应该不是偶然。从丰镐制陶遗存的考古发现来看，粪便作为烧陶燃料并不是普遍现象。考古所见商至战国时期的烧陶燃料普遍是草本和木本植物。只有这六座陶窑有粪便作燃料，足见其特殊性。

值得注意的是，在地表或断崖可见的尚未发掘的陶窑有十几座，这仅仅是经过发掘的6座陶窑，这一作坊实际的陶窑数量可能更多，那么实际上使用粪便烧陶的陶窑数量可能在6座以上。牲畜粪便应该已经是这一制陶作坊生产中普遍使用的烧陶燃料。

制陶的燃料消耗非常巨大，即使是还原阶段使用，消耗量也非常可观。在这样一个大规模的作坊中，作为常用烧陶燃料，粪便储量应该稳定而充沛。因此，笔者以为这一制陶作坊区当时应该有稳定的、足量的粪便燃料供给。

牛、马等牲畜已经是商周时期贸易和交通的重要工具。畜牧业由于提供畜力、肉食和祭祀用牲，备受贵族阶层重视。商代社会中的畜牧业已经是一个独立的经济部门[11]。而丰镐遗址曾发现六处西周时期的制骨遗存，仅冯村北一处地点，清理灰坑3座，就出土骨料150多斤[12]，说明西周时期丰镐的畜牧业发达，饲养着大量牲畜，而大量牲畜必然产生大量粪便。

商周时期都城的手工业生产已经有很强的专业化分工，各类手工业各司其职。该制陶作坊主要生产泥质陶，规模大，反映出制陶的专业化，所需的大量牲畜粪便，可能是从作坊外的牲畜养殖业中获得。制陶业和畜牧业分属不同家族，在平等的条件下，制陶作坊要从畜牧场获得稳定的粪便，协调和长期维持合作关系较为困难，而经由地位高于制陶作坊和畜牧场的高等级贵族的协调，合作则容易实现。落水村西是镐京两个最大的制陶作坊之一，主要生产泥质日用陶器，又为宫殿建筑烧制瓦，附近有多处共时的宫殿基址，说明该制陶作坊性质可能是供应王室或者高等级贵族的依附性生产。依附性生产处于贵族的控制和管理下，贵族就可以协调生产，为制陶提供很多帮助。可能是出于满足陶器质量和产量的需要，高等级贵族出面协调制陶作坊与畜牧场的关系，要求畜牧场为该制陶作坊提供稳定、充足的粪便燃料。而丰镐其他制陶作坊，目前没有发现粪便作燃料的情况，可能说明其他制陶作坊未使用粪便作燃料。

商代已经采用人工放牧和圈栏牢圈饲养相结合的方式饲养牲畜[13]。对陕西周公庙遗址出土动物骨骼的 C、N 稳定同位素分析，表明西周时期关中地区周人对牛、羊采取野外放养和家庭圈养相结合的饲养方式[14]。《诗经·王风·君子于役》中"日之夕矣，羊牛下来"，描绘了夕阳西下，牛羊归栏的场景。在西周社会中，白天放牧牛羊野外吃草，晚上牛羊归栏，人工放牧和圈栏饲养相结合，应是当时习见的牲畜饲养方式。相比之下，牲畜在放牧的时候，粪便散布野外，而从圈栏处收集牲畜粪便则方便很多。普通百姓之家，饲养的牛羊等牲畜有限，粪便的数量亦有限，而王室和贵族的牧场中，饲养的牲畜规模大，每天圈栏处的粪便数量稳定、可观、易收集，应该是满足落水村西制陶作坊牲畜粪便需求的最佳选择。同时，畜牧业也可以从和制陶业的合作中获益：大规模的牲畜圈养，每天产生的粪便量巨大，烧陶可能也帮助畜牧业及时解决粪便积压的问题。

三、牲畜粪便作为烧陶燃料的信息获取

在该作坊中普遍使用的牲畜粪便，在丰镐的其他作坊中却不见踪迹。在我国商周时期的考古发现中，陶窑里也难觅粪便。造成这种情况的原因很多，至少有以下几种可能：①其他陶窑中都没有使用粪便燃料，所以不见；②其他制陶作坊曾经使用粪便作燃料，但是在烧陶时候燃烧殆尽，或者燃烧达到失去粪便形态的程度，肉眼难以分辨出来；③可能只有少数制陶作坊能获得稳定的牲畜粪便，因而发现得少；④可能只有落水村西特殊的烧制灰陶技术传统需要用粪便燃料；⑤没有在考古发掘中足够重视烧陶燃料。

为了解决商周时期制陶中是否普遍使用粪便燃料，是否在特定的还原阶段使用粪便燃料的问题，本文认为可以从肉眼观察和科技手段检测两方面考虑。

（一）肉眼观察

考古发掘过程中，肉眼观察可以帮助发掘者判断陶窑火膛底部的灰烬是否为原生堆积，这是判断是否有必要取样进行燃料种类检测的基础。肉眼观察有时还可以帮助初步确定燃料的种类。比如，沣西的发掘中曾在陶窑火膛内观察到保存很厚的草灰和小木炭，从而判断烧陶的燃料是草类和小树枝[15]。沣东白家庄陶窑火膛底部发现一层

8厘米厚的木炭屑，可以判断燃料是树枝[16]。如果燃料是树枝等木本植物，火膛灰烬中可能会残留木炭，其尺寸和形态上可能说明燃料的木材粗细。发掘中肉眼观察发现木炭、未完全燃烧的草本植物茎秆等，可妥善收集，以备检测种属。

由于牛、马等牲畜粪便的成分本身是草本植物，在完全燃烧后失去粪便形态，和草木灰无异，肉眼就难以辨识。我国考古发现的先秦陶窑数量甚多，在发掘中一般都会注意记录陶窑火膛底部灰烬的特征，所以如果粪便形态得以保存，应该不会被一直遗漏。目前罕有粪便烧陶现象的发现，很可能说明肉眼上确实难以判断是否使用粪便作燃料。这时科技手段的介入就非常必要。

（二）科技手段检测

1. 检测粪便是否是烧陶燃料

陶窑火膛中的燃料经过燃烧和长时间的埋藏，其形态可能很难保存下来，但是灰烬中保存下来的植硅体会为判断燃料种类提供帮助。如果当时人们使用的烧陶燃料是树枝，虽然木质部和树皮中的植硅体并不丰富，但是大多数木质植硅体的形状是不规则的，可以作为判断燃料中是否有木材或树皮的重要指标。树皮中还含有另一种被称为硅质聚集体的特征性生物成分，由当地的多种土壤矿物组成，这些矿物质渗透进木材维管系统，然后嵌入到一个生物性的二氧化硅基质中，这种二氧化硅与植硅体中的二氧化硅不同，除了含有硅元素，还含有大量铝、铁、钾等其他元素[17]。由于动物主要吃的可能是野生和驯化草本植物，所以如果当时烧陶的燃料是动物粪便，发现的植硅体组合就很可能呈现源自这两者的混合形态，并且植硅体折射率能显示出它们是否被烧过[18]。

此外，牲畜粪便在陶窑火膛中的不完全燃烧，可能会有少量粪便得以保存在火膛底部的灰烬中，只是已经很难通过肉眼识别出来。如果采集火膛中的灰烬进行土壤微形态的分析，借助显微镜观察是否有粪便特有的团聚体[19]，也能帮助判断当时是否利用牲畜粪便烧陶。

2. 检测粪便用于烧陶的哪个阶段

要进一步解决在烧陶的各个阶段中使用的燃料是否相同，是否只是在烧制灰陶的还原阶段才使用粪便燃料等问题，笔者以为取样时还需要注意观察灰烬的堆积层次。这里说的"层"分两种情况，一种是肉眼可以观察到的分层，一种是肉眼不可见情况下的水平分层取样。对植硅体研究和土壤微形态研究，取样方法上有一些区别。

对于植硅体的研究，对肉眼观察可分层的灰烬堆积，可以根据各层灰烬的质地、颜色，分层取样；对肉眼观察不分层的灰烬堆积，则可以考虑以1厘米，甚至更小的厚度，从上到下逐层取样。

对于土壤微形态的研究，理想的取样是用 PVC 管、铝质饭盒、石膏绷带等，取下包括各层灰烬堆积的一整块样品，再逐层收集一些灰烬散样。

在操作时，为了同时满足上述两类研究的取样需要，保证取样层次的准确，可以考虑先解剖清理部分灰烬堆积，根据对平剖面的观察，为土壤微形态研究整体取下一整块灰烬堆积后，再按照剩余灰烬的堆积层次逐层取样，以满足植硅体研究的需要。

在实际的考古发掘中，陶窑火膛底部的灰烬未必是一次烧陶活动后形成并完整保留下来的，也可能是反复经过烧陶、废弃、清理、垫土的结果，实际的分析检测结果应该和现场观察到的遗迹形成过程相结合，充分考虑烧陶活动的复杂性。

粪便燃料是否用于泥质陶而不用于夹砂陶，是否用于烧砖瓦，是否只是区域性的烧陶燃料等问题，笔者以为也需要把检测结果和考古背景相结合，在资料积累到一定程度后，才能获得较好的回答。

四、结　语

落水村西陶窑火膛中发现粪便燃料的情况，在考古发掘中颇为罕见。结合出土背景的分析，本文认为这可能反映了商周时期烧制灰陶时创造还原气氛的一种技术传统。该作坊还生产陶瓦，粪便燃料的使用是否和烧制陶瓦有关，也有待进一步研究。本文的相关讨论可以增加对商周时期灰陶烧制技术的了解，对西周时期丰镐官营大型制陶作坊的生产组织情况，制陶业与畜牧业的联系的认识。为了研究商周时期灰陶烧制技术中是否普遍使用粪便燃料创造还原气氛的问题，除了肉眼观察，至少需要从植硅体和土壤微形态两个角度进行研究，并做好相关的考古现场取样工作。

注　释

［1］ 关于陶窑火膛底部牲畜粪便的基本资料，参见中国科学院考古研究所丰镐考古队：《1961～62年陕西长安沣东试掘简报》，《考古》1963 年第 8 期，第 406、407 页。

［2］ 胡谦盈：《三代都址考古纪实——丰、镐周都的发掘与研究》，中国社会科学出版社，2009 年，第 90 页。

［3］ 王迪：《从陶窑看西周时期丰镐的陶器生产》，《南方文物》2021 年第 5 期，第 112 页。

［4］ 中国科学院考古研究所丰镐考古队：《1961～62 年陕西长安沣东试掘简报》，《考古》1963 年第 8 期，第 406 页。

［5］ 张季：《西双版纳傣族的制陶技术》，《考古》1959 年第 9 期，第 489 页。

［6］ 汪宁生：《云南傣族制陶的民族考古学观察》，《考古学报》2003 年第 2 期，第 247 页。

［7］ 古格·齐美多吉：《西藏地区土陶器产业的分布和工艺研究》，《西藏研究》1999 年第 4 期，第 30 页。

［8］ Owen S. Rye. *Pottery Technology: Principles And Reconstruction*. Washington: Australiannational University Press, 1981(4): 10.

［9］　中国科学院自然科学史研究所：《中国古代建筑技术史》，科学出版社，1985年，第258页。

［10］　岳占伟、荆志淳、岳洪彬等：《殷墟出土灰陶器的制作与烧制实验研究》，《南方文物》2014年第3期，第107页。

［11］　杨升南、马季凡：《商代经济与科技》，中国社会科学出版社，2010年，第176页。

［12］　付仲杨：《丰镐遗址的制骨遗存与制骨手工业》，《考古》2015年第9期，第93页。

［13］　杨升南、马季凡：《商代经济与科技》，中国社会科学出版社，2010年，第235页。

［14］　李楠、何嘉宁、李钊等：《陕西周公庙遗址人和动物骨骼的C、N稳定同位素分析》，《南方文物》2021年第5期，第173页。

［15］　考古研究所沣西发掘队：《1955～57年陕西长安沣西发掘简报》，《考古》1959年第10期，第517页。

［16］　中国社会科学院考古研究所沣西发掘队：《1979～1981年长安沣西、沣东发掘简报》，《考古》1986年第3期，第206页。

［17］　Stephen Weiner. *Microarchaeology: Beyond The Visible Archaeological Record*. Cambridge University Press, 2010: 145.

［18］　Stephen Weiner. *Microarchaeology: Beyond The Visible Archaeological Record*. Cambridge University Press, 2010: 145.

［19］　曲彤丽：《土壤微形态分析在史前考古中的应用与意义》，《中国文物报》2011年12月23日第6版。

从制作技术看九连墩墓地出土的青铜鼎

——基于"同模品"与制作痕迹分析的战国时期青铜器生产体制及其供给形式的探讨[*]

〔日〕丹羽崇史[1] 著　唐丽薇[2] 译

（1. 日本奈良文化财研究所　2. 大阪大学文学博士）

一、研究背景及问题所在

春秋战国时期被视为一个由职业氏族构成的生产组织瓦解、而由官僚机构或民间成立的生产组织出现的历史分水岭（佐藤 1962）。围绕这些生产组织的相关问题，根据铭文记载的内容对青铜器生产管理机构进行复原的考察和研究活动已进行了多年（佐藤 1962，郝 1972，黄 1974，西村 1983，佐原 1984，江村 1986、2000，李 1994，杨 2003，下田 2004、2008）。进而关于晋[1]、齐、楚、徐等其他国家的青铜器生产状况以及流动工人的存在等问题亦有学者指出（佐藤 1962）。此外，近年来针对历史上位于今湖北省北部随枣地区的曾国，有关其武器和青铜器生产体制的研究也在进行之中（吉开 1994，张 2009，石谷 2016）。

笔者为明确春秋战国时期青铜器生产和流通的实况，曾以青铜器的制作痕迹及其形态为中心，对其考古学属性（attribute、指考古资料所有的性质）进行了探讨。在以长江流域为中心的华中地区，以广域内形成了特定式样圈的所谓"楚系"青铜器（刘 1995）为中心，出土者数量众多，但是关于这些青铜器的生产体制、其本来面貌如何，长期以来并不明确。笔者通过对比讨论青铜鼎上遗留的多处制作痕迹，指出战国时期的青铜器生产中存在着多个技术系统。以此为前提，笔者认为，在作为楚地中心的江汉地区以外的各地，很有可能一直以来也存在着属于当地的制作者集团（丹羽 2006[2]）。笔者还指出，在包山 2 号墓，天星观 2 号墓，望山 1、2 号墓等江汉地区的大型墓葬之中，存在着所属时期及谱系各不相同的青铜鼎群随葬于同一墓中且随葬情形因墓葬单位而异的现象（丹羽 2008[3]）。进而通过收集该地区青铜容器的"作器者"铭文，指

---

　　* 日文原著：丹羽崇史. 2021. 製作技術からみた九連墩墓地出土青銅鼎—「同模品」と製作痕跡の分析による戦国時代青銅器生産体制・供給形態の検討—. 持続する志 – 岩永省三先生退職記念論文集. 岩永省三先生退職記念事業会. 本文为 JSPS 科研费 JP16H05946、JP20H01365 等成果的一部分。

出终春秋战国之世，干预青铜器生产的是楚及其周边诸侯国的贵族阶层，且带有"作器者"铭文的青铜器具有集中分布于汉水流域、随枣地区、淮河流域等华中地区北部的倾向（丹羽2019），但是关于上述华中地区北部大型墓葬中所见青铜器的生产体制以及供给形态并未进行讨论。

本文以湖北省北部随枣地区战国时期大型墓葬九连墩墓地出土的青铜器为对象，从与制作痕迹相关的分析入手，对其背后的生产体制及流通形态进行讨论。如笔者在旧稿（2006）中所述，华中各地很有可能存在多个不同的制作者集团，而九连墩墓地出土的青铜器对于探讨随枣地区青铜器的生产体制和供给形态而言，可以说是非常重要的资料。

二、资料和方法

（一）关于九连墩墓地

九连墩墓地位于湖北省枣阳市，是战国中期后段的一处墓葬遗址（图一）。该墓地的发掘工作于2003年进行，发现大型墓葬2座，出土青铜器、漆器、陶器、玉器等诸多遗物。经鉴定，1号墓出土人骨为一50～60岁的男性，2号墓出土人骨为一45～55岁的女性[4]。王红星等研究者根据随葬品的规格以及墓圹、棺椁的结构，推测墓主或为楚国"大夫"或"上大夫"级别的夫妻（湖北省文物考古研究所2003，王2005、2007a，湖北省博物馆编2007，湖北省文物考古研究所等2018，湖北省文物考古研究所等2019）。在正式的发掘报告出版之前，主要资料已见诸发掘简报、图录、论文等出版物（王2007a，湖北省博物馆编2007，湖北省文物考古研究所等2018，湖北省文物考古研究所等2019）。

图一 九连墩墓地全景

（湖北省博物馆编 2007，笔者在原图基础上略作修改）

关于九连墩墓地出土青铜器的产地及其来源已有学者进行过论述。王红星将 2 号墓出土的矮足青铜鼎（表二，31）视为三晋地区的式样，认为该器物有可能是墓主的陪嫁、来自其出身地（王 2007a）。另外，秦颖等研究者通过对 1、2 号墓出土的多件青铜器的圈足及其足内残存的范土进行取样并实施植物硅酸体分析以及其他成分分析（XRF、XRD、中子活化分析、稀土元素分析），结果显示，外来式样的青铜器与在侯马、洛阳、周原等黄河流域铸造遗迹出土的范呈现出共通倾向，所以它们"在中国北方（黄河流域）进行铸造后再输入楚国的可能性很高"[5]（秦等 2008，魏等 2011）。但是，正如笔者在旧稿（2006、2008）中所做的探讨那样，对于这些青铜鼎上残存的多处制作痕迹以及考古类型学的属性分析并未实施，因此有必要运用考古学的方法进行与其生产、供给相关的讨论。

（二）对象资料及其特征

笔者先后于 2010 年 1 月、2018 年 6 月两次得到在湖北省博物馆展厅观察九连墩墓地出土青铜器的机会[6]。在这两次调查中，笔者对 1、2 号墓出土的 31 件青铜鼎中能够进行详细观察的 29 件做了记录。

在 2018 年 6 月进行第二次调查时，笔者观察展出的 5 件青铜升鼎，注意到在所有兽形饰件的同一位置上均明确存在多处形状相同的"伤痕"[7]（图二、图三）。关于这些"伤痕"的来源，可供考虑的有以下三种可能性：①来自范（铸型）；②来自用于制范的模（原型）；③来自用于制作模的"模范"或"原始模"（苏 2020）。包括作为本文对象时期的战国时期在内，商周时期的青铜容器范为土制，像容器那样具有立体形态的器物在经铸造后必须要将范毁坏才能取出青铜制品[8]。因此，青铜容器范在多数情况下难以进行二次利用，而实际出土于铸造遗址的泥范也几乎以碎片为主体。并且，这一时期的多数青铜器是通过以模制范的方法制作而成的。基于这样的状况，关于"伤痕"的来源，假说①成立的可能性较低，而假说②和③更具合理性。对于这些"模""模范"和"原始模"，从某种意义上来说，可以认为它们有可能被同一作坊或制作者集团使用，就像日本古代用于制瓦的"瓦范"有跟随生产地移动的事例一样[9]（山崎 2003），出于某种理由而成为制品"样板"的"模""模范""原始模"随生产地转徙的可能性也不能否认。饰有本例兽形饰件的是出土于同一墓葬且形制相同的青铜鼎群，笔者认为，与其说在多个不同产地、使用同样的"模""模范"或"原始模"将这些青铜器制作出来并"偶然性地"将其供应给同一墓葬，不如说它们更可能是由同一作坊或制作者集团、抑或是由邻近的作坊、制作者集团制作出来再供应给同一墓葬的。不过，因墓主人离世而导致对青铜器的大量需求、从而使得原本由某个作坊或制作者集团单独拥有的"模""模范""原始模"也为其他作坊或制作者集团共用或在其间传递的可能性或许也有必要考虑。

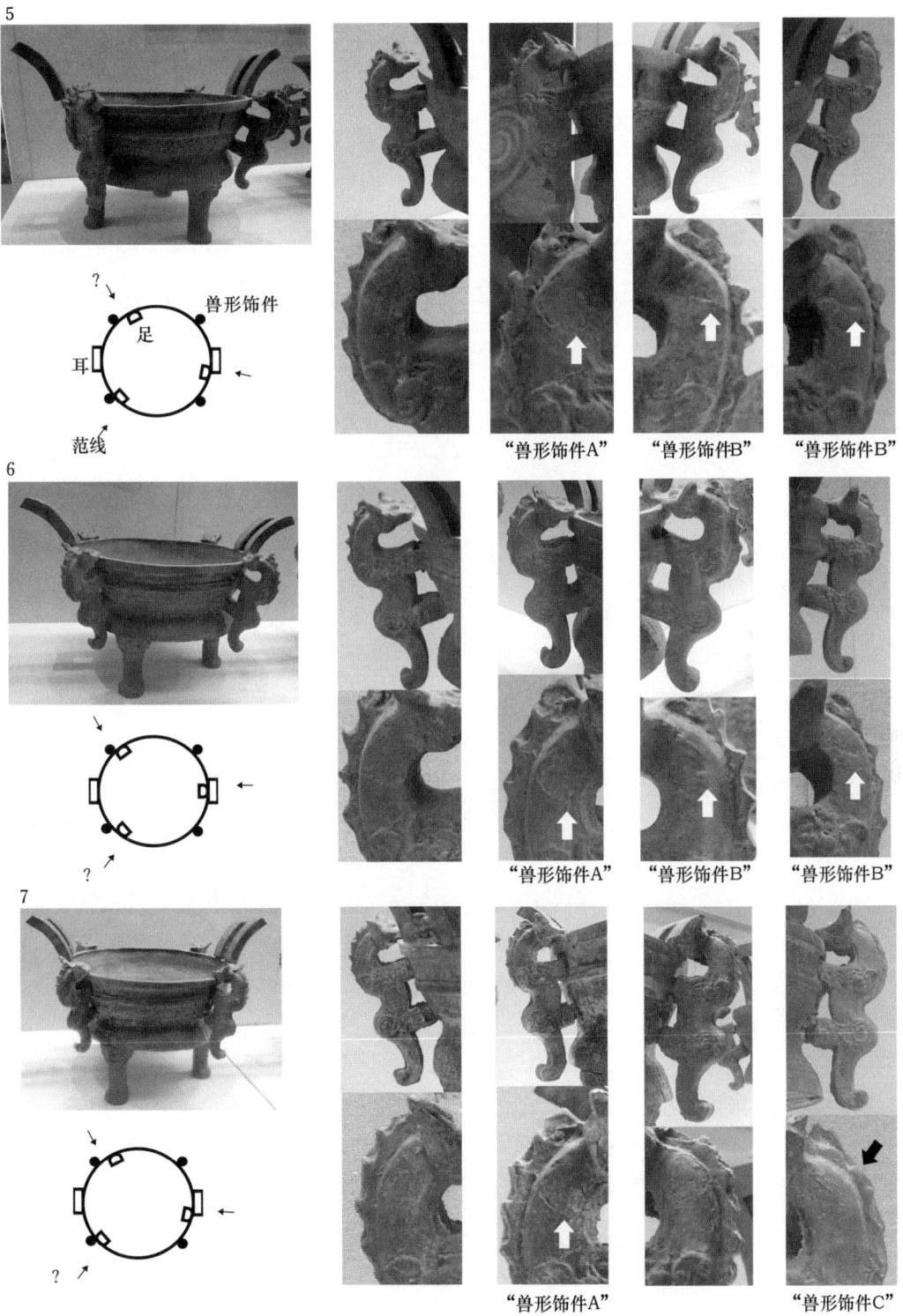

图二 九连墩 1 号墓出土青铜升鼎（一）

8

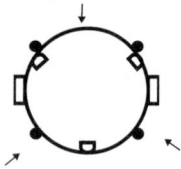

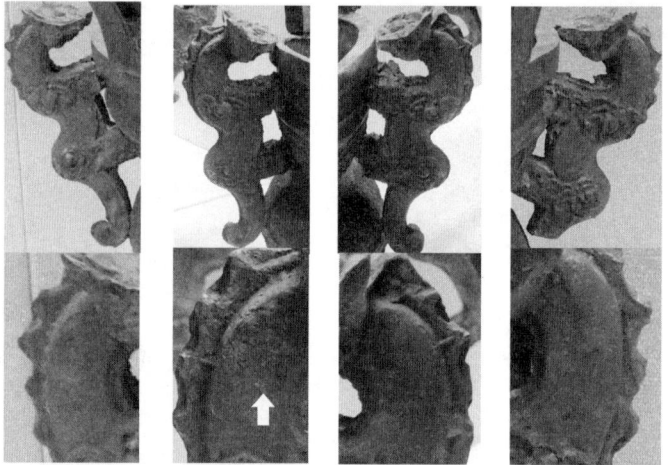

"兽形饰件A"

9

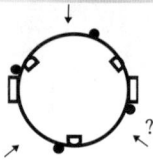

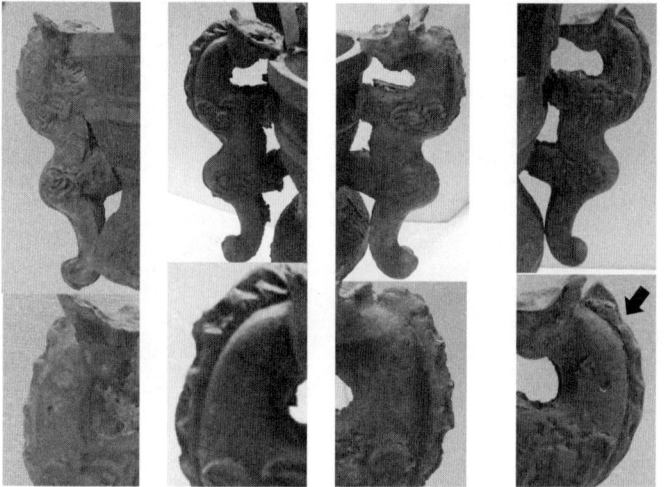

"兽形饰件C"

用榫头焊接痕迹

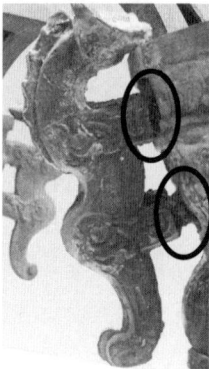

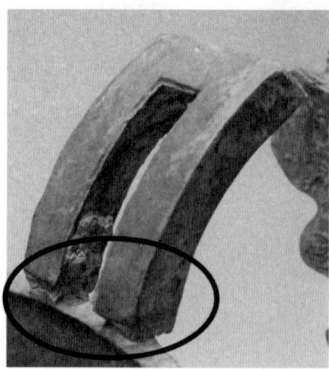

7　　　　　　　　7　　　　　　　　9

图三　九连墩 1 号墓出土青铜升鼎（二）

如上所述，拥有相同"伤痕"这一点虽然并不能成为青铜制品出自同一作坊或制作者集团的直接依据，但是，通过进行含有其他特征在内的多重属性的分析，探讨青铜器的生产和供给这一问题是具有充分可行性的。由于目前难以断言假说②③之中的哪一种具有更高的可能性，所以本文无论是对于假说②还是假说③所涉及的情况，便宜起见统称为"同模品"。

上述被确认为"同模品"的制品以出土于1号墓的5件青铜升鼎为代表，同时包括出土于1、2号墓的多件形制相同的鼎，即所谓的"列鼎"。笔者在旧稿（2008）中探讨过江汉地区的大型墓葬，"列鼎"上的制作痕迹与细部形态也各不相同的事例真实存在[10]。虽然目前不能对九连墩墓地出土的全部青铜容器进行观察和讨论，但通过以成套的"列鼎"为对象资料，对包含江汉地区在内的其他地区所见青铜器及与之相关的生产体制、供给形态进行对比讨论，笔者认为是可行的。

（三）方法

本文沿用了旧稿（2006、2008）的分析方法，以制作痕迹[11]为代表，基于对青铜器的形态、纹饰等属性的分析，对其背后的生产体制和供给形式予以讨论[12]。笔者对青铜鼎所做的制作痕迹分类如图四所示。另外，笔者对制作痕迹的分类虽然总体上承袭旧稿（2006、2008），也对其中的部分名称做了变更。

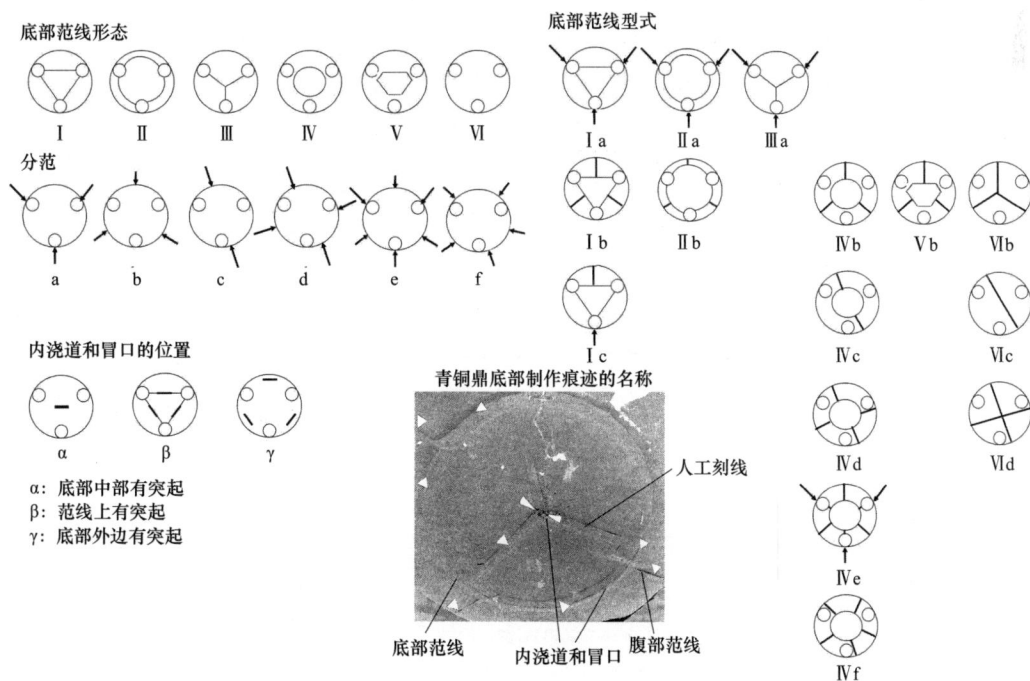

图四　青铜鼎制作痕迹的名称和分类

1. 底部范线的型式[13]

铸造时，由于高温金属液流经范分割处的接缝，制品表面便会产生"范线"这一凸线状痕迹[14]。笔者总体上根据旧稿（2006、2008）中6种底部范线形态和6种分割方式的组合，将底部范线分为15个类型[15]。另外，由于存在分割数量相同但分割部位不同的情况，笔者对分割位置也一并记录。

2. "同模品"

上述兽形饰件的"同模品"也作为分析对象纳入讨论范围。以对比兽形饰件"伤痕"的形状及其纹饰，以及头部到背部鬣的形状为前提而确认"同模品"，将其分别称作"兽形饰件A、B、C"。

3. 内浇道和冒口的位置

在旧稿（2006、2008）中是指用于浇铸和排气的"浇口、冒口"的痕迹，制品表面有凸起状痕迹残留。如果参照现代工业铸造的浇铸系统，则它是由作为金属液注入口的"直浇道（浇口）"、金属液流动路径的"横浇道"以及从横浇道到制品的注入口"内浇道"等部分组成的（加山1985，苏2020），所以将青铜器表面有凸线状残留的、注入熔融金属的部位叫作"内浇道"较为妥当。因此，本文将旧稿（2008）中的相应称谓改为"内浇道、冒口"。同时继承旧稿（2008）的做法，以凸起状痕迹所在的部位为基准，将其分为3个类型。另外，冒口虽然是指用于排出铸型内气体的通气口，但正如笔者在旧稿（2006）中述及的那样，由于注入熔融状态金属的内浇道与冒口在多数情况下难以分辨，所以笔者在此使用二者并记的"内浇道和冒口"这一称谓。

4. 垫片

指用于支撑青铜器外范和内范（芯）的小型金属片，见于在青铜器的表面和内面。由于本次观察是在展厅内进行的，所以本文只明示青铜器器身表面能够确认的垫片数目及其排列特征等能够观察到的范围[16]。另外，对于在足部、耳部、盖等附属部位能够确认的垫片资料也在表中一并记录。

5. 人工刻线

即在旧稿（2008）中被视为"加强筋"的、见于青铜鼎底部的痕迹。"加强筋"指筋状的加固材料。但是，有研究者设想，这种痕迹不仅具有"加强筋"的功能，还起到了装饰或在浇铸时减少铸造缺陷等多种作用（苏等1988，丹羽等2015）。此种痕迹因刻线于范而形成，所以笔者称之为"人工刻线"。

笔者对于上述与制作痕迹相关的属性，以及青铜鼎的口沿、底部、耳部、足部等部位的属性变异沿用了旧稿（2008）的分类，本次还追加了一些新见的内容（图五）。青铜鼎的型式名称参考丹羽（2006、2009）[17]。纹饰采用刘彬徽（1995）所做的分类，对其中未包含的纹饰使用林巳奈夫（1989）设定的型式名称。关于尺寸，若实测图已由发掘简报公布，则记录发掘简报公布的测量值。另外，如同笔者在旧稿（2008）中所做的讨论，如果以探讨青铜鼎的使用状况为前提，则有无煤的附着也会成为一项有效属性，所以对于这一点的观察结果笔者也会进行记录[18]。

口部
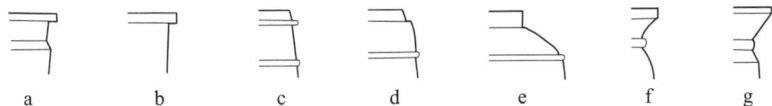
a   b   c   d   e   f   g
口部
a: 折沿，束颈   b: 折沿，近口沿壁较直   c: 唇上伸，近口沿处的外壁有一周凸棱
d: 口沿内折，唇上伸，形成子口   e: 唇上伸，小口   f: 器身中部束腰，腹部较深
g: 器身中部束腰，口部斜直上伸

底部
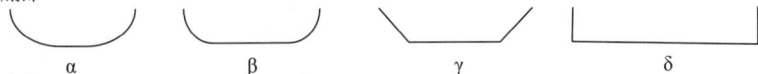
α   β   γ   δ
底部
α: 圆底，鼓腹   β: 小平底，鼓腹   γ: 平底，底腹间弯曲   δ: 平底，底腹间直弯

耳部
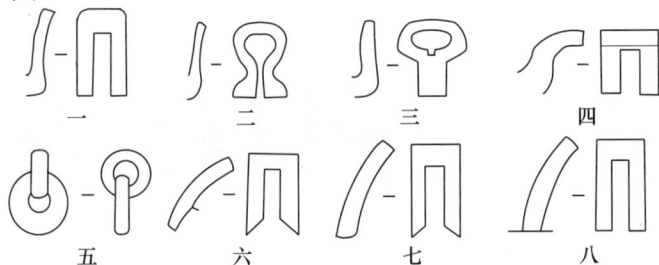
一   二   三   四
五   六   七   八
耳部
一：附耳，附着于器身外面，方形   二：附耳，附着于器身外面，环形
三：附耳，附着于器身外面，钩形   四：附耳，附着于器身外面，纵截面S字形
五：附耳，附着于器身外面，圆环形   六：立耳，附着于器身内面，耳口紧密贴合
七：立耳，附着于器身内面，耳口间有缝隙   八：立耳，附着于口部，耳口间有缝隙

足部
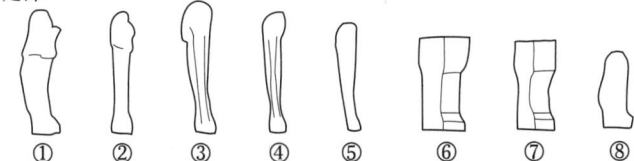
①   ②   ③   ④   ⑤   ⑥   ⑦   ⑧

足部纹饰因变异较多或
漫漶不清不便细分，
此处仅略作分类。

足部
①圆柱形，附着于体部，高径比（足高/足径）小于5.0   ②圆柱形，附着于体部，高径比（足高/足径）大于5.0
③有棱数条，附着于体部，高径比（足高/足径）小于7.0   ④有棱数条，附着于体部，高径比（足高/足径）大于7.0
⑤铁足，附着于体部   ⑥剖面半圆形，附着于底部，兽面纹
⑦剖面半圆形，附着于底部，纹饰简略或无纹   ⑧剖面半圆形，附着于体部，纹饰简略或无纹

图五　青铜鼎各部位的属性变异模式图

三、分　析

（一）1号墓出土青铜鼎（图二、图三、图六；表一）

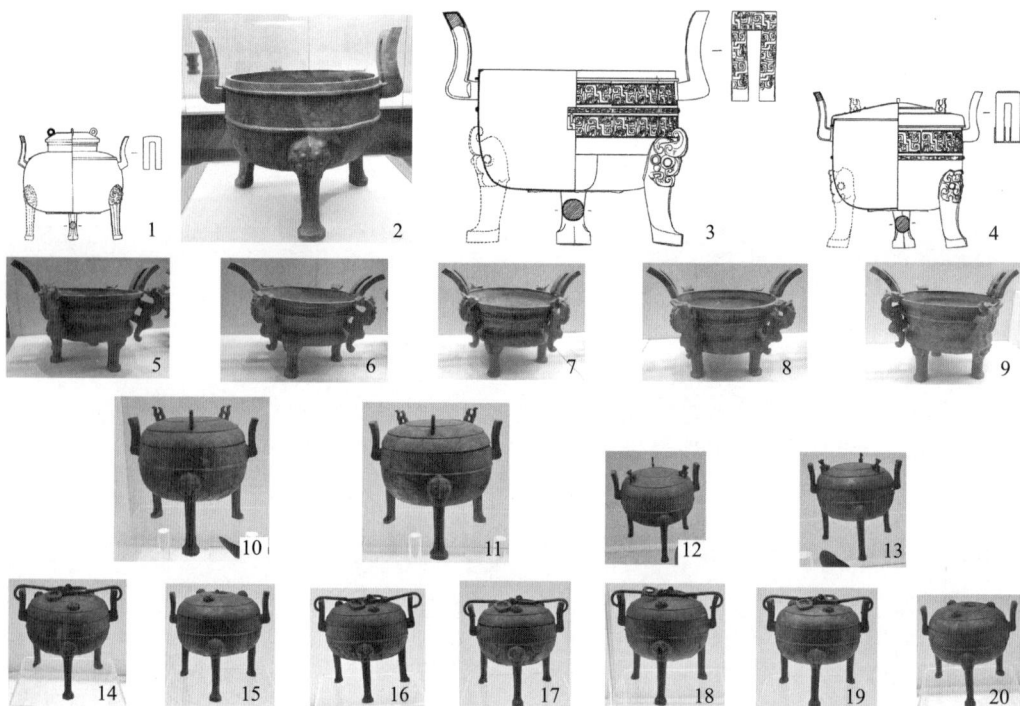

图六　九连墩1号墓出土青铜鼎（实测图1/30）

　　1号墓出土20件青铜鼎。这批青铜鼎之中除了战国中期后段（相当于笔者编年的第7期）出现的I3型，还含有器形近似于春秋后期到战国早期（第4、5期）出现的E3型、G2型、H2型等型式的器物，其中早于前一阶段出现的型式占据了近半数。

　　从制作痕迹来看，H2型以外的底部范线型式整体上以Ⅳb为主体，内浇道和冒口的位置也以设在范线上的β为主体。与江汉地区不同的是，1号墓出土的青铜鼎中未发现设置人工刻线的事例，不同个体的垫片也未表现出显著的差异。但是也有2件较为特殊，1号标本是其内浇道和冒口设置在底部中心，2号标本是底部范线五分的分割方式"f"。

　　被称为升鼎的H2型中的任意一件均可归类为器身范线三分的"分割方式b"，但范线的位置和耳、足的接着位置各不相同，特别是范线位置靠近足部的5～7号标本以及范线位于足间的8号和9号标本能够被明确地区分开来，而9号标本兽形饰件的位置又与其他4件不同。至于耳、足与器身之间存在的空隙则表明这些部位应当是通过

表一　九连墩1号墓出土青铜鼎属性一览表

| 编号 | 实测图 | 照片 | 简报原始编号 | 名称 | 型式 | 底部范线 | | 分范位置 | 兽形饰件 | 内浇道和冒口 | 垫片 | 人工刻线 | 煤 | 部位 | | | | 尺寸（厘米） | | | 纹饰 | 备注 |
						范线形态	分范							口部	底部	耳部	足部	腹径	器高	足长		
1	○	○	683	汤鼎	E3?	IV	b	足间		α	—	—	附着于底部	e	α	—	③	40.7	27.4	22.2		笔者观察
2	×	×	?	镬鼎	G2?	IV	f	与足部无关		β	—	—	附着于底部	c	β	—	①				蟠螭纹?	笔者观察
3	○	○	43	镬鼎	G2?		b			β		—		c	β	—	①	80	47.3	43.6	蟠螭纹?	
4	○	○	50	镬鼎	G2?	IV	b	足间		β	器身整体1片以上，足部29片以上	—	附着于底部	c	β	—	①	52.8	36.4	30.9	蟠螭纹?	笔者观察
5	×	○	?	升鼎	H2		b	足部	AB	—	—	—		g	δ	八	⑥				尖浮龙纹 重鳞纹	笔者观察
6	○	○	166	升鼎	H2		b	足部	AB	—	—	—		g	δ	八	⑥	36.4	15.5	14.6	尖浮龙纹 重鳞纹	笔者观察
7	×	○	?	升鼎	H2		b	足部	AC	—	正面2片以上	—		g	δ	八	⑥				尖浮龙纹 重鳞纹 蟠螭纹?	笔者观察
8	×	○	?	升鼎	H2		b	足间	A	—	正面1片以上	—		g	δ	八	⑥				尖浮龙纹 重鳞纹 蟠螭纹?	笔者观察
9	×	○	?	升鼎	H2	IV	b	足间	C	—		—		g	δ	八	⑥				尖浮龙纹 重鳞纹 蟠螭纹?	笔者观察
10	×	△	?	馈鼎	I3	IV	b	足间		β	正面6片以上（分散）	—	附着于底部	d	β	—	③					笔者观察
11	×	△	?	馈鼎	I3	IV	b	足间		β	正面3片以上（分散）	—	附着于底部	d	β	—	③					笔者观察

续表

编号	实测图	照片	简报原始名称、编号	型式	范线形态	分范	分范位置	兽形饰件	内浇道和冒口	垫片	人工刻线	煤	口部	底部	耳部	足部	腹径	器高	足长	纹饰	备注
12	×	×	?馈鼎	I3	IV	b	足间		β	—	—	附着于底部	d	β	—	③					笔者观察
13	×	×	?馈鼎	I3	IV	b	足间		β	—	—	附着于底部	d	β	—	③					笔者观察
14	△	○	?馈鼎	I3	IV	b	足间		β		—	附着于底部	d	β	—	③	(29.1)	(15.5)	(19.1)		笔者观察
15	△	○	?馈鼎	I3	IV	b	足间		β	—	—	附着于底部	d	β	—	③	(29.1)	(15.5)	(19.1)		笔者观察
16	△	○	?馈鼎	I3	IV	b	足间		β	正面2片以上	—	附着于底部	d	β	—	③	(29.1)	(15.5)	(19.1)		笔者观察
17	△	○	?馈鼎	I3	IV	b	足间		β	正面1片以上	—	附着于底部	d	β	—	③	(29.1)	(15.5)	(19.1)		笔者观察
18	△	○	?馈鼎	I3	IV	b	足间		β	正面3片以上（列置?）	—	附着于底部	d	β	—	③	(29.1)	(15.5)	(19.1)		笔者观察
19	△	○	?馈鼎	I3	IV	b	足间		β	—	—	附着于底部	d	β	—	③	(29.1)	(15.5)	(19.1)		笔者观察
20	△	○	?馈鼎	I3	IV	b	足间		β	正面1片以上	—	附着于底部	d	β	—	③	(29.1)	(15.5)	(19.1)		笔者观察

【凡例】

• "实测图""照片"两栏中的"○"表示本例见于简报、图录、论文等已刊发的文献；"×"表示本例未刊发；"△"表示本例未刊发，即已刊发资料的具体情况语焉不详，未必与笔者实际观察到的资料相符。另外，"□"事例出处见于简报、图录等，系简报等文献出处中未注明数据的资料。

• 型式名称的设定以丹羽 2006、2009 为准。

• "垫片"一栏记录垫片的数量和排列形式。

• 纹饰名称以刘 1995、林 1989 为准。

• 实际可见但具体情形不明确或无法确认其有无的各类属性均以"—"表示。

焊接技术接合在一起的，类似的还包括兽形饰件或耳与器身之间存在的榫头（图三）。笔者认为这是由于在器身以及其他各部位接合、组装的过程中，某种不确定的原因导致了"多种方式"。

如前文所述，这批资料的兽形饰件中存在着相同形态的"伤痕"处于同一位置的"同模品"，可分为"兽形饰件 A""兽形饰件 B"。对比兽形饰件的"伤痕"和细部形态可知，5～8 号标本兽形饰件的"伤痕"与"兽形饰件 A"的"伤痕"一致，5 号、6 号标本还同时具有"兽形饰件 B"的"伤痕"；而 7 号与 9 号标本兽形饰件头部到背部的鬣具有相同的细节特征，可设定为"兽形饰件 C"[19]。由于观察在展厅中进行，难免有一些标本的背部特征无法确认，所以目前很难确定"同模品"的实际数量，但能够肯定的是至少在上述 5 件标本之间存在着共有"同模品"的现象。

（二）2 号墓出土青铜鼎（图七；表二）

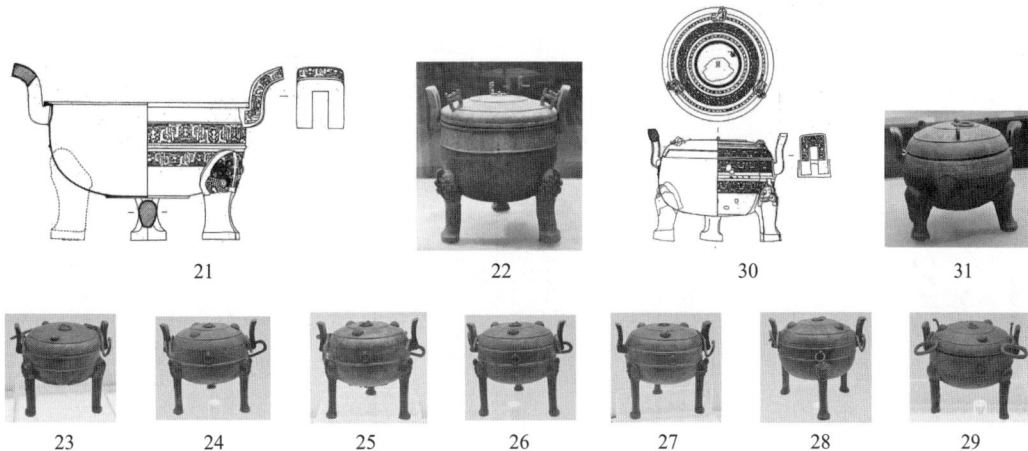

图七　九连墩 2 号墓出土青铜鼎（实测图 1/30）

2 号墓共出土青铜鼎 11 件，其中不仅包括同样见于 1 号墓中的 I3 型，以及器形近似于 G2 型者，还发现了 1 号墓中未见的、出现于战国早期（第 5 期）的 F3 型以及继承了华北地区（三晋地区）系统的矮足圆鼎[20]。

7 件 I3 型鼎由正面附有圆环的 2 件及无圆环的 5 件组成，其余形态特征大致相同。但是，每件鼎的底部范线型式以及垫片等与制作痕迹相关的特征却各不相同。特别是能够确认的底部范线型式共计IVb、IVd、IVc、VI c 四种，与 1 号墓的情形相去甚远。

除此之外，包括内浇道和冒口设在底部中心的 22 号标本在内，2 件矮足圆鼎在底部范线型式或垫片的配置形式等方面的差异也显而易见。

表二 九连墩2号墓出土青铜鼎属性一览表

编号	实测图	照片	简报原始编号、名称	型式	底部范线 范线形态	底部范线 分范	分范位置	兽形饰件	内浇道和冒口	垫片	人工刻线	煤	部位 口部	部位 底部	部位 耳部	部位 足部	尺寸（厘米）腹径	尺寸（厘米）器高	尺寸（厘米）足长	纹饰	备注
21	○	○	24镬鼎	F3	IV	b	足间		α	器身整体7片以上（分散）	—	附着于底部	b	β	一	①	73.3	34.4	32.2	蟠螭纹	
22	×	×	?镬鼎	G2?	IV	—	—		—	—	—	附着于底部	c	β	一	①				蟠螭纹	笔者观察
23	×	○	?馈鼎	I3	IV	d	与足部无关		—	—	—	—	d	β	一	③					笔者观察
24	×	○	?馈鼎	I3	IV	b?	足间（可能为九分）		—	—	—	（有黑色痕迹）	d	β	一	③					笔者观察
25	×	○	?馈鼎	I3	IV	c	与足部无关		—	—	—	（有黑色痕迹）	d	β	一	③					笔者观察
26	○	○	99馈鼎	I3	IV	c	与足部无关		β	—	—	（有黑色痕迹）	d	β	一	③	26.6	13.3	17.8		笔者观察
27	×	○	?馈鼎	I3	VI	c	与足部无关		β	—	—	（有黑色痕迹）	d	β	一	③					笔者观察
28	×	○	?馈鼎	I3	IV	b	足间		—	正面7片以上（分散）	—	（有黑色痕迹）	d	β	一	③					笔者观察
29	×	○	?馈鼎	I3	IV	d	与足部无关		—	器身整体6片以上（列置）、盖23片以上	—	（有黑色痕迹）	d	β	一	③					笔者观察
30	○	○	284羞鼎		IV	b	足间		—	—	—	附着于底部	d	β	一	⑧	43.3	23.3	20	双钩龙纹	笔者观察
31	×	○	?羞鼎		IV	b?	足间		—	—	—	附着于底部	d	β	一	⑧				捻索纹	笔者观察

四、考　察

基于上述内容，笔者就九连墩 1、2 号墓出土青铜鼎的生产体制及其供给形式试做如下探讨。

（一）关于 1 号墓出土的升鼎

关于 1 号墓出土的升鼎（H2 型），笔者在前一节的讨论中指出，从范线和足的位置关系能够看到标本 5～7 号与 8 号、9 号之间的差异，并且虽然各个部位（足、耳、兽形饰件）的接合处存在细微差别，但是就"兽形饰件"而言，这 5 件鼎属于共通的"同模品"。比如，在把器身、足、耳、兽形饰件等各个部位个别铸造的阶段，虽然制作"同模品"有可能使用了共通的"范本"，但出于某种原因，范线位置（范分割处）与耳、足接合处的状况各不相同。不过就像前文提到的那样，由于器身和足、耳、兽形饰件之间存在榫头，所以组装前的接合位置已经得到了一定程度的固定[21]。在此基础上，器身的榫头处、即各个部位接合处又由于某种原因发生了移动。关于这种现象，笔者设想可能存在这样两种情形：①由单一集团[22]进行器身以及其他部位的制范和铸造；②由多个集团进行器身以及其他部位的制范和铸造。以下分别对二者试做讨论。

就情形①而言，至少存在两种可能性，比如：预先完成的制品离开生产地、在没有这一"样本"的情况下完成剩余制品制作的这一过程会导致整个制作期间内产生时间差；或者是出于某种原因有意识地将榫头的位置、即各个部位的接合处或范的分割处制作成多种形态。至于情形②，则有可能是制范的"范本"被多个集团同时共有，虽然能够制作出规格相同的部件，但器身榫头的位置或范的分割位置则由各个集团独自决定；抑或是某个集团在完成了制品制作后又将"范本"移交给下一个集团，由接替者完成其余制品的制作。目前来看，虽然上述①②两种情形都具有一定的可能性，但由于 5 件升鼎随葬于同一墓中，所以笔者认为即便是情形②，从这些鼎使用了共通的"范本"这一点来看，其背后存在的也应当是一些关系较为密切的集团[23]。

"升鼎"在以往的"用鼎制度论"中以"列鼎"的形式出现（愈、高·1978-9），一般认为，在周代社会中，其数量差体现了身份的差异。实际上，虽然这些鼎在春秋时期随葬于高等级墓葬之中[24]，但包含战国时期江汉地区出土品在内的资料却显示出制作粗糙化的倾向。从本文举出的事例中也能够看到，耳、足、兽形饰件的接合位置各不相同，即便是接合也采用更为简易的焊接技法，明显的"偷工"或者可以说是"应急处理"的制作痕迹清晰可见[25]。另一方面，与其他青铜鼎不同，或许从未能确认煤的附着这一点可以窥见这些升鼎在用途层面的特殊性，同时也可将其存在看作一种"形式化的稀少性"[26]。因此，笔者认为 1 号墓出土的升鼎是生产体制有别于其他青铜鼎的产物。

（二）1 号墓、2 号墓出土青铜鼎的比较探讨

以下对 1 号墓、2 号墓出土青铜鼎的特征进行梳理。

首先，关于两座墓中都有随葬的 I3 型鼎，相对于 1 号墓出土品的制作痕迹大致相同这一情况，2 号墓出土品在底部范线型式以及垫片个数、配置形式等方面存在较大的个体差异，由此可以推想 2 号墓出土的 I3 型鼎群应当拥有不同于 2 号墓其他鼎的生产体制和供给形式。而且，王红星也指出，从 2 号墓出土的矮足青铜鼎（30 号、31 号标本）的形态和纹饰来看，它们出自华北地区（特别是三晋地区）（王 2007a），显然为外来品。另一方面，出土于 1 号墓的 1 号标本是其内浇道和冒口设置在底部中心，2 号标本是底部范线五分的分割方式，这种制作痕迹虽与前文讨论过的升鼎（H2 型，5～9 号标本）相异，却与 I3 型大致相通。

耐人寻味的是，尽管 1 号墓的 H2 型、2 号墓的 I3 型分属于不同的型式，但二者的共通之处在于，同墓的"列鼎"之中均包含有制作痕迹呈现多样性的资料群。而且，虽然两墓出土的青铜鼎底部多有煤的附着痕迹，但出土于 1 号墓的 H2 型均无此迹象；2 号墓出土的 I3 型虽留有黑色痕迹，是否确为煤的附着痕迹尚未可知。因此，从制作痕迹以及煤的附着这一使用痕迹的层面来看，1 号墓的 H2 型与 2 号墓的 I3 型均与其他青铜鼎群不同。这表明，与其他青铜鼎群相比，1 号墓的 H2 型、2 号墓的 I3 型在各自的随葬墓中都属于一种"异质的存在"，是具有不同谱系的青铜器群在同一墓葬中共存的体现（图八）。

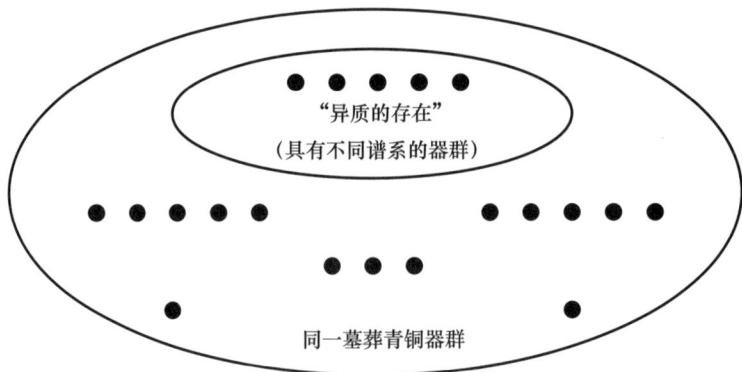

图八　同一墓葬青铜器群中的"异质的存在"概念图

罗泰（Lothar von Falkenhausen）提出了东周时期墓葬中的礼器与同时期用于宗庙的礼器有所不同这一见解。他认为，见于东周时期大型墓葬的青铜器群可分为两组，即仿古（西周时期）的"特殊器物群"以及除此之外的"一般器物群"，由此可见时期或谱系相异的青铜器群可共存于同一墓葬，并推想从祖先祭祀行为上升到更加复杂

的宗教性仪式这一变化的存在是上述现象产生的背景（ファルケンハウゼン 2006；p.238，276）。然而在九连墩墓地中，作为 1 号墓"特殊器物群"的 H2 型升鼎成了"异质的存在"，而 2 号墓中应当归属于"一般器物群"的 I3 型鼎也同样成了"异质的存在"。笔者认为，1 号墓的 H2 型和 2 号墓的 I3 型这种"异质性"青铜器在形式上的区别有可能反映了两座随葬墓在墓主人性别方面的差异[27]。

（三）与江汉地区大型墓葬的比较探讨

最后作为比较对象的是前文探讨过的江汉地区大型墓葬出土品。

九连墩 1、2 号墓随葬的青铜鼎，比如不施纹饰的 I3 型在形态层面具有与江汉地区出土品类似的倾向。但是另一方面，一些细节之处的差异也显而易见，比如江汉地区常见的"S"形耳、钩形耳（图五的"耳二、三"）未曾出现，施于 G2 型、F3 型青铜鼎的纹饰种类也与江汉地区常见的纹饰不同，等等。

从青铜鼎的类型组合关系来看，战国中期后段与此前的类型共存于同一墓葬这一点在江汉地区的大型墓葬之间也是共通的。在江汉地区，同一型内存在早晚关系的式共存于同一墓葬，然而九连墩 1、2 号墓的出土品却并未表现这样的种倾向。假定它们均产自本地，那么有可能单纯是因为最新的型式尚未从江汉地区传入随枣走廊一带，所以或许很难指出，该地区的出土品也像江汉地区那样相互之间存在显著的年代差。

从制作痕迹来看，同一墓葬出土青铜鼎的制作痕迹具有多样性这一现象也见于同时期江汉地区的大型墓葬之中。然而，包山 2 号墓，天星观 2 号墓，望山 1、2 号墓等江汉地区大型墓葬出土品的底部范线型式虽然存在多样性，但也表现出范的分割数目与制品的尺寸大小在一定程度上具有相关性这一倾向，笔者在旧稿中也对该倾向的可能性进行了叙述，即相较于系统差，分割范的差别更多地取决于相应制品的尺寸大小。另外，内浇道、冒口位置不明的资料虽然较多，但已判明的资料中的多数为设置于范线上的 β，像出土于九连墩 1、2 号墓的 1 号和 22 号标本那样将内浇道和冒口设置于底部中心的 α 即使在整个江汉地区也十分罕见[28]。相反，以天星观 2 号墓为中心，施人工刻线的制品在各类型之中仅显示出个别存在的倾向。

综上，虽然不能否定九连墩 1、2 号墓随葬的青铜鼎中间可能含有作为楚地腹心的江汉地区的制品，但笔者认为这些青铜鼎也并非全部由江汉地区生产进而入葬九连墩墓地，而是在一定程度上产自本地，或者还含有一部分其他地区[29]的制品[30]。

另外，江汉地区天星观 2 号墓出土的 H2、H3 型升鼎在器形、纹饰、制作痕迹等方面存在个体差异。笔者在旧稿中推测，这些差异应当是由纹饰、装饰或制作技术的日渐简略化，以及器形整体变窄这一连续性和联动性的变化所致[31]。这种形态相同且成组的"列鼎"中产生个体多样性的现象，与前文提到的九连墩 1 号墓出土的 H2 型以及 2 号墓出土的 I3 型共通。可见，多种多样的属性或类型之间虽然各有差别，但谱系相异的青铜器群共存于同一墓葬的现象在两个地区却都是可以确定的。

五、结　　语

本文基于湖北省博物馆藏九连墩墓地出土青铜鼎的观察调查成果，为复原其生产体系和供给形式，不仅对器形、纹饰，还从底部范线型式、内浇道和冒口的位置、垫片、人工刻线乃至见于升鼎的兽形饰件的"同模品"等方面进行了探讨。

首先，关于1号墓出土的、包含有"同模品"的升鼎（H2型），虽然可能有共通的"范本"被用于其兽形饰件"同模品"的制作，但出于某种原因，范线的位置（范的分割处）与耳、足接合处的状态却产生了多样性。尽管目前还不能确定这种情况的产生是由于单一的制作者集团还是多个制作者集团，但升鼎却极有可能是自身生产体制不同于其他青铜鼎的产物。

其次，笔者指出，与其他青铜鼎群相比，制作痕迹以及煤的附着这一使用痕迹层面的差异见于1号墓的H2型、2号墓的I3型等"列鼎"之间，因而这两个型式的列鼎可谓是一种"异质的存在"。至于1号墓的H2型与2号墓的I3型这样具有"异质性"的青铜器在类型方面的不同，则有可能反映了男性（夫）墓、女性（妻）墓等墓葬属性的差异。

由于九连墩1、2号墓随葬的青铜鼎与江汉地区大型墓葬的出土品相比，在人工刻线的有无、内浇道和冒口的位置以及耳部形态等方面存在的差异明确可见，所以笔者认为随葬于九连墩两墓出土的青铜鼎并非全部产自江汉地区，而是在一定程度上产自本地，或者还有一部分其他地区的制品包含其中。

笔者目前仅对一部分青铜器进行了探讨，今后还需进行追加调查，在整体性讨论的基础上明确其生产体系和供给形式。另外，由于近年来该地区的出土资料日渐积累，笔者今后拟将现阶段的讨论继续推进。

附记：本文以日本中国考古学会2018年大会（奈良县立橿原考古学研究所·2018年11月4日）召开之时的口头发表内容为框架，后又加以补充探讨而成文。脱稿之际，湖北省博物馆的王先福副馆长不仅允许笔者拍摄、使用和公布相关照片，还对九连墩墓地出土的青铜器进行了详细的讲解，笔者在此表示由衷的感谢。另外，以下诸位也予以了笔者多方指点，附记于此以表谢意。

石田由纪子、菊池望、宫本一夫、山本尧（以日文五十音为序，敬称略）

注　释

[1] 研究者对晋国侯马铸铜遗址系青铜器的传播扩散及其背景也进行了探讨（吉开2008，山本2018）。

[2] 下文称作"旧稿（2006）"。

[3] 下文称作"旧稿（2008）"。

[4] 也有叙述称1号墓出土人骨为35～40岁左右的男性、2号墓出土人骨为26～30岁左右的女性（胡2007，王2007b），孰是孰非尚不明确。

[5] 秦颖、魏国锋等研究者的论文将2号墓出土的铜壶（M2：48）、铜鉴（M2：56）、铜鼎（M2：120、M2：333）视为外来式样的青铜器。其中，M2：333与图录（湖北省博物馆2007）记载的编号一致，相当于本文编号为30号标本的资料，但由于其他2件资料的照片或实测图并未公布，所以目前还不能加以对照。

[6] 笔者于2010年1月、2018年6月在湖北省博物馆参观的九连墩墓地出土遗物陈列还展示了简报、图录以及有关论文中未刊发的资料。关于本文在论证中使用了简报、图录、相关论文中未刊发的资料，以及公布笔者拍摄的照片等事宜，承蒙湖北省博物馆副馆长王先福先生允准。

[7] 关于这些兽形饰件并非发掘后的修复品、其所在位置也未发生改变等细节承蒙王先福先生告知。

[8] 如果是对于铜镜那样平面状的器物，以两枚范合在一起的形式便可进行铸造，缺损部位若得以修补则可供二次利用。

[9] 关于瓦范移动的先行研究承蒙石田由纪子女士告知。

[10] 关于所谓的"列鼎"，例如"曾侯乙"墓出土者，不仅形态相同，纹饰和制作痕迹也具有共通性。

[11] 笔者对于截至旧稿（2008）所涉及的制作痕迹已另行属文整理（丹羽2015）。

[12] 通过对出土于埋葬设施等遗迹的制品群所共有的各项属性进行对比讨论，笔者在旧稿（2008）中对如何复原其背后的生产体制和供给形式也做了探讨。旧稿（2008）发表后，谏早直人、铃木勉通过对福冈县月冈古坟出土镀金铜制品的加工痕迹进行分析，从中发现了6个不同制作集团的存在、进而对包含各个集团间技术关系的生产体制进行了探讨（谏早、铃木2015），本文的分析也以之作为参考。

[13] 张昌平先生引用了笔者在2005年楚文化研究会（湖南省长沙市）上的参会资料［后发表于《楚文化研究论集》7（丹羽2007）］和旧稿（2006），袁艳玲女士引用了旧稿（2008）的中文译文（丹羽2009），二位研究者均指出，范线形态的差异并非地域性差异或谱系差异，而是为广域内的人群所共有并自然而然产生的（张2009，袁2019）。诚如二位研究者所指出的，与制作技术有关、因属性变异而产生的差异并非与谱系差异直接相关，笔者也在旧稿（2008）中，对本文列举的多种制作痕迹见于江汉地区同一墓葬出土的青铜鼎上这一现象进行了叙述（丹羽2008、2009）。但是，在旧稿（2006）、旧稿（2008）之中笔者不只提到了范线的形态，对于本文提到的人工刻线的有无、内浇道和冒口的位置以及垫片等多个属性也有涉及，并在旧稿（2006）指出，不同地域所见的差异有可能反映了本地制作者集团的存在（丹羽2006）。笔者认为，同一属性之中所见的多样化不仅显示了同一制作者集团内部技术分工等现象的存在，也反映了制作者集团的特性或时段上的变化，导致其出现的主要原因和背景也不尽相同。为明

确这一论点，笔者认为重要的是以梳理方法论或建立理论模型为前提，不只针对范线形态这项单一属性，对人工刻线的有无、内浇道和冒口的位置、垫片的使用方式等多个属性也需进行分析，从而对器物的形态、纹饰、大小等做出富于条理性的考古学探讨。承蒙张先生、袁女士引用拙稿并予以真诚的讨论，笔者谨在此致以深切的谢意。另外，对于旧稿（2006）仅出示了各项属性的一览表而并未给出显示各地区比例差异的数据这一不足之处还需检讨，笔者今后会将旧稿（2006）发表后得出的数据也包含在内，另行刊文公布。

［14］ 但是，青铜器表面残留的范线并不仅仅局限于反映范分割部分的全貌（张 2020），对于范线形态并不完全等同于外范的分割结构本身这一点也必须予以考虑。

［15］ 本次发现了 5 分范这一分割方式（f）的事例，因此追加了范线分类的类型数目。

［16］ 关于垫片，除了数量的差异，其排列状况也显示了某些倾向性，例如，根据纹饰边界线设置垫片的事例见于安徽省城北、城西窑场 2 号墓出土的青铜鼎等（丹羽 2006）；将垫片置于青铜器底部中心的事例见于湖北省苏家垅墓地出土的青铜鼎等（张 2009）；在浇铸时将垫片集中排列于范底面的事例见于天理参考馆所藏的“铸客”炉（据传出土于安徽省朱家集李三孤堆遗址）（丹羽等 2016），等等。对于上述事例笔者目前还未能提出客观的分类基准方案，拟将该课题留待今后讨论。

［17］ 本文使用日本考古中的类型学用语。本文将基于功能和用途的分类单位称为“形式”，将归属于同一“形式”但因具体特征不同而需进一步细分的分类单位称为“型式”。关于类型学编年的详情笔者计划另行发文予以说明，在此对因自身懈怠而导致的相关成果未能及时公布这一点表示歉意。

［18］ 由于本次调查在展厅内进行，很多资料的背面未能观察到。今后若能通过更进一步的直接观察并获得新的认识，笔者会公布相关成果。

［19］ 笔者在日本中国考古学会 2018 年大会（奈良县立橿原考古学研究所·2018 年 11 月 4 日）就本文内容进行口头发表时曾认为“兽形饰件 A”见于 5 号、6 号、7 号标本，同时“兽形饰件 B”也见于 5 号、6 号标本。但此后笔者又再次进行了探讨，至此确认“兽形饰件 A”也见于 8 号标本，并且 7 号、10 号标本具有鬣的细部形态特征共通的“兽形饰件 C”。

［20］ 由于华中地区资料较少，所以在笔者的编年体系内未进行该地区出土品的类型划分。另外前文也提到，王红星认为 2 号墓的墓主为出身于三晋地区的女性，而这类鼎则应当是来自其出身地的陪嫁（王 2007a）。

［21］ 王先福先生告知笔者，兽形饰件所在位置的器身一侧有榫头、而兽形饰件一侧则有孔。笔者在与菊池望的讨论中意识到，由于榫头位于器身，所以各个部件的接合位置实际上早在制作器身之初就已经确定。

［22］ 由于制范、熔铜、铸造、拆范和修整、接合等一系列步骤通常由多人分工协作而非一人之力所能完成，所以此处为便于行文将其称作“单一集团”。

［23］ 铸造器身和部件的阶段与接合、组装阶段的生产体制是否具有共通性这一点也受到所谓的“工程项目分工”有无的影响。而这种“工程项目分工”是长期的还是一时的，对于如何评价相应的青铜器生产体制以及当时社会而言，则很有可能会引出不同的结论。此处笔者对 1 号墓出土升鼎生产体制的问题暂持保留意见，但是关于这种“工程项目分工”，在笔者的其他文章（丹羽 2018）中也有所涉及。

［24］ 山本尧先生在出席日本中国考古学会 2018 年大会时指出，由于升鼎与其他青铜鼎之间存在明显的等级差异，所以二者可能具有谱系相异的生产背景这一点也需考虑。山本氏早于笔者注意到了这一点，特此注明。

［25］ 但是因为焊接技法自战国时期起已成为一项规范化的技术，所以笔者认为本文所举事例的焊接痕迹同时也反映了时代的倾向。

［26］ 2 号墓还出土了 5 件与 1 号墓青铜升鼎形态相似的漆木升鼎。另外，小泽正人指出，春秋后期襄樊山湾 11 号墓这样的小型墓葬也随葬了仿青铜"升鼎"的陶鼎，因此随葬器类的选择可能反映了丧葬制度等级性的弱化或者墓主个人嗜好的存在（小泽 1989）。但是，纵观春秋战国时期，有资格随葬青铜升鼎的墓葬在一定程度上还是有限的。

［27］ 宫本一夫先生在出席日本中国考古学会 2018 年大会时指出，应当考虑这样一种情况，即 1、2 号墓在墓主性别方面，即是男性（夫）墓还是女性（妻）墓这一墓葬属性上的差异可能会通过随葬品的区别体现出来。

［28］ 将内浇道和冒口设置于底部中心（α）是春秋时期起见于汉水流域等地区青铜器的一项特征（丹羽 2006），所以也有理由推测九连墩 1、2 号墓出土的 1 号和 22 号青铜鼎可能受到了来自这一地区的影响。

［29］ 即正如王红星指出的，前文所述 2 号墓出土的 30 号、31 号青铜鼎来自三晋地区这一观点（王 2007a）。

［30］ 乔瓦尼·莫雷利（Giovanni Morelli）指出，不为人重视的耳部、手部等处的特定细节表现正是容易显露画家个性之处，并援引实例予以了解说（上田 2002、2003）。岩永省三论述了这种"莫雷利鉴赏法"适用于考古学的可能性（岩永 1994），指出物的加工痕迹分析即包含于这一研究方法的范畴之内（田尻 2001）。本文所探讨的制作痕迹以及耳部形态等应当也是容易体现制作集团特征的属性。但是，如注释［13］所述，笔者认为制作集团特征的形成原因和背景多种多样，除了制作者集团的个性，技术分工、时间变化等因素带来的影响也不可忽视，所以对其考古学背景的探讨还应同时着眼于多个方面。

［31］ 按照笔者旧稿（2008）中的观点，天星观 2 号墓出土升鼎外部的尖浮龙纹和兽形饰件的形态各有不同这一现象反映了连续性和联动性的变化，但还需要借助新资料做进一步验证。

引 用 文 献

【日文（以五十音为序）】

［1］ 諫早直人·鈴木勉，2015.古墳時代の初期金銅製品生産　福岡県月岡古墳出土品を素材として.古文化談叢 73，149-209.

［2］ 石谷慎，2016.曽国青銅器の製作工人群とその系譜.中国考古学 16，221-245.

［3］ 岩永省三，1994.蟹満寺本尊·薬師寺金堂本尊を巡る諸問題.古文化談叢 32，113-142.

［4］ 上田恒夫，2002.ジョヴァンニ·モレッリ『イタリア絵畫論：ローマのボルゲーゼ美術館とドーリア＝パンフィーリ美術館』翻訳（1）「序文」と「基本理念と方法」.金沢美術工芸大学紀要 46.13-56.

［5］ 上田恒夫，2003.ジョヴァンニ·モレッリ『イタリア絵畫論-歴史的·批判的研究 - ローマのボルゲーゼ美術館とドーリア＝パンフィーリ美術館』翻訳（2）　第一章ボルゲーゼ美術館

（序論からジローラモ・ジェンガまで）. 金沢美術工芸大学紀要 47.1-31.

［6］ 江村治樹, 1986. 戦国三晋の都市の性格. 名古屋大学文学部研究論集 史学 32，33-63.（后来收于江村 2000）

［7］ 江村治樹, 2000. 春秋戦国秦漢時代出土文字資料の研究. 汲古書店，東京.

［8］ 王紅星（小澤正人 訳），2007a. 棗陽九連墩楚墓の主要収穫と荊州楚墓との相違. 早稲田大学長江流域文化研究所年報 5，22-42.

［9］ 小澤正人, 1989. 東周副葬礼器の表すもの 湖北省西・北部を例に. 古代 88，177-194.

［10］ 加山延太郎, 1985. 鋳物のおはなし. 日本規格協会，東京.

［11］ 佐藤武敏, 1962. 中国古代工業史の研究. 吉川弘文館，東京.

［12］ 佐原康夫, 1984. 戦国時代の府・庫について. 東洋史研究 43-1，31-59.

［13］ 下田誠, 2004. 鄭韓故城出土銅兵器の基礎的考察. 学習院大学人文科学論集 13，73-104.（后来收于下田 2008）

［14］ 下田誠, 2008. 中国古代国家の形成と青銅兵器. 汲古書院，東京.

［15］ 蘇栄誉（大平理紗・丹羽崇史 訳），2020. 商周青銅鋳造土製范・原型をめぐる七つの問題. 対照実験を主軸とした東アジア鋳造技術史解明のための実験考古学的研究（丹羽崇史 編），pp.40-59. 奈良文化財研究所，奈良.

［16］ 田尻義了, 2001. 弥生時代青銅器生産における生産体制論 北部九州出土の鋳型資料の分析から. 九州考古学 76，11-33.

［17］ 張昌平（大平理紗・丹羽崇史 訳），2020. 中国青銅器研究における実験考古. 対照実験を主軸とした東アジア鋳造技術史解明のための実験考古学的研究（丹羽崇史 編），pp.60-71. 奈良文化財研究所，奈良.

［18］ 西村俊範, 1983. 中山王墓出土銅器の鋳造関係銘文. 展望アジアの考古学 樋口隆康教授退官記念論集，pp.536-548. 新潮社，東京.

［19］ 丹羽崇史, 2006. 春秋戦国時代華中地域における青銅器生産体制復元のための基礎的検討 青銅鼎の製作技術の分析から. 中国考古学 6，165-186.

［20］ 丹羽崇史, 2008. 製作技術からみた戦国時代江漢地域出土青銅鼎 包山 2 号墓・天星観 2 号墓・望山 1，2 号墓出土青銅鼎の検討. 九州と東アジアの考古学 九州大学考古学研究室五十周年記念論文集，pp.859〜878. 九州大学考古学研究室五十周年記念論文集刊行会，福岡.

［21］ 丹羽崇史, 2015. X 線 CT 調査と中国青銅器製作技術研究. 三次元デジタル計測技術を活用した中国古代青銅器の製作技法の研究.pp.461-469. 泉屋博古館・九州国立博物館，京都・福岡.

［22］ 丹羽崇史, 2018. 書評 鈴木舞著『殷代青銅器の生産体制：青銅器と銘文の製作からみる工房分業』. 東洋史研究 77（2），94-107.

［23］ 丹羽崇史, 2019. 銘文からみた春秋戦国時代華中地域における青銅器生産 「作器者」銘の分析を中心に. 東洋文化 99，103-122.

［24］ 丹羽崇史 編，2020. 対照実験を主軸とした東アジア鋳造技術史解明のための実験考古学的研究. 奈良文化財研究所，奈良.

［25］ 丹羽崇史・廣川守・新郷英弘・樋口陽介・八木孝弘，2015. 中国青銅器の製作技法解明のため

の対照実験（3）. アジア鋳造技術史学会研究発表概要集 9, 6-8.（後来収于丹羽編 2020）

［26］丹羽崇史・三船温尚・太田三喜・劉治国・石谷慎, 2016. 天理参考館蔵「鋳客」炉の研究（2）器身・足部・鎖の製作技法に関する調査. FUSUS8, 31-42.

［27］林巳奈夫, 1989. 春秋戦国時代青銅器の研究　殷周青銅器総覧 三. 吉川弘文館, 東京.

［28］山崎信二, 2003. 平城宮・京と同范の軒瓦および平城宮式軒瓦に関する基礎的考察. 古代瓦と横穴式石室の研究, pp.79-134. 同成社, 東京.

［29］山本尭, 2018. 流動する彝器　春秋時代における生産・流通・権力. 泉屋博古館紀要 34, 67-107.

［30］吉開将人, 1994. 曽侯乙墓出土戈・戟の研究　戦国前期の武器生産をめぐる一試論. 東京大学文学部考古学研究室紀要 12, 1-49.

［31］吉開将人, 2008. 中国古代における生産と流通　青銅製品を中心に. 現代の考古学 4　生産と技術の考古学（高濱秀　編）, pp.95-112, 朝倉書店, 東京.

［32］ロータール・フォン・ファルケンハウゼン（吉本道雅　訳）, 2006. 周代中国の社会考古学. 京都大学学術出版会, 京都.

【中文（以拼音为序）】

［1］〔日〕丹羽崇史：《春秋战国时代华中地区的青铜器生产体制的基础研究——从各地区青铜器的制造技术谈起》,《楚文化研究论集》（第七集）, 岳麓书社, 2007 年, 第 278~288 页。

［2］〔日〕丹羽崇史著、〔日〕近藤晴香译、彭小军校：《从制作技术看战国时代江汉地区出土青铜鼎——论包山 2 号墓・天星观 2 号墓・望山 1、2 号墓出土青铜鼎》,《三代考古》（三）, 科学出版社, 2009 年, 第 378~400 页。

［3］郝本性：《新郑"郑韩故城"发现一批战国铜兵器》,《文物》1972 年第 10 期, 第 32~40 页。

［4］湖北省博物馆：《九连墩——长江中游的楚国贵族大墓》, 文物出版社, 2007 年。

［5］湖北省文物考古研究所：《湖北枣阳市九连墩楚墓》,《考古》2003 年第 7 期, 第 10~14 页。

［6］湖北省文物考古研究所、襄阳市文物考古研究所、枣阳市文物考古队：《湖北枣阳九连墩 M2 发掘简报》,《江汉考古》2018 年第 6 期, 第 3~55 页。

［7］湖北省文物考古研究所、襄阳市文物考古研究所、枣阳市文物考古队：《湖北枣阳九连墩 M1 发掘简报》,《江汉考古》2019 年第 3 期, 第 20~70 页。

［8］胡雅丽：《九连墩 1、2 号墓综述》,《九连墩——长江中游楚国贵族大墓》, 文物出版社, 2007 年, 第 18~23 页。

［9］黄盛璋：《试论三晋兵器的国别和年代及其相关问题》,《考古学报》1974 年第 1 期, 第 13~44 页。

［10］李京华：《从战国铜器铸范铭文探讨韩国冶铸业管理机构与职官》,《中原古代冶金技术研究》, 中州古籍出版社, 1994 年, 第 153~157 页。

［11］刘彬徽：《楚系青铜器研究》, 湖北教育出版社, 1995 年。

［12］秦颖、姚政权、魏国锋等：《利用植硅石示踪九连墩战国楚墓出土青铜器产地》,《中国科技大学学报》, 2008 年第 38 卷第 3 期, 第 326~330 页。

［13］苏荣誉、华觉明、李克敏等：《中国上古金属技术》, 山东科学技术出版社, 1995 年。

［14］苏荣誉、卢连成、胡智生等：《㢴国墓地青铜器铸造工艺考察及金属器物检测》,《宝鸡㢴国墓

地》，文物出版社，1988 年，第 530~638 页。

［15］ 杨宽：《战国史》，上海人民出版社，1955 年。

［16］ 王红星：《九连墩 1、2 号楚墓的年代与墓主身份》，《楚文化研究论集》（第六集），湖北教育出版社，2005 年，第 430~438 页。

［17］ 王红星：《九连墩一、二号墓用鼎制度研究》，《楚文化研究论集》（第七集），岳麓书社，2007年，第 468~475 页。

［18］ 魏国锋、秦颍、姚政权等：《利用泥芯示踪九连墩楚墓青铜器的产地》，《岩石矿物学杂志》2011 年第 4 期，第 701~715 页。

［19］ 俞伟超、高明：《周代用鼎制度研究（上）》，《北京大学学报（哲学社会科学版）》1978 年第1 期；俞伟超、高明：《周代用鼎制度研究（中）》，《北京大学学报（哲学社会科学版）》1978年第 2 期；俞伟超、高明：《周代用鼎制度研究（下）》，《北京大学学报（哲学社会科学版）》1979 年第 1 期。

［20］ 袁艳玲：《楚系青铜礼器的生产与流通》，科学出版社，2019 年。

郑州书院街"金覆面"等新发现刍议

许 宏

（中国社会科学院考古研究所）

一

2022 年 9 月 16 日，国家文物局"考古中国"重大项目重要进展工作会披露了 2021～2022 年考古工作者在郑州市管城回族区书院街发现并发掘的商代贵族墓葬的新发现，其中包括著名的、出有"金覆面"的 2 号墓[1]。一时引起公众和学界的巨大关注。该区域距郑州商城南城墙约 200 米，距东城墙约 450 米，属郑州商城内城东南部。2 号墓等 3 座随葬有青铜器的墓，被推定为属"白家庄期"，即二里岗文化晚期晚段[2]。

既往的认识大致可总括为：到了这一阶段，郑州商城遗存的数量急剧下降，整个聚落呈现衰落态势。由于内外城垣以及内城垣东北部的夯土基址遭到了废弃，城市不再像以往围绕城垣布局，而成为几个零散的聚落点。与高等级人群活动相关的铸铜生产也不见于这一时期。在内城以外的铭功路、二里岗发现了这一时期随葬青铜器的墓葬，几处窖藏发现的部分青铜器亦晚至此时，表明该时期的聚落仍存在高等级人群活动的迹象。然而，城市内部缺乏高等级的中心，手工业作坊迅速消亡，不同地点也未见功能相对单一的区划布局，这些都表明城市功能的逐步退化。与此相呼应的是，体现高等级社会活动和部分手工业生产的遗存集中出现在西北部的小双桥遗址。郑州商城衰落之后，聚落的中心开始向西北转移，原先城市的核心地带逐步变成了边缘地区[3]。

这一发生于二里岗文化晚期晚段的现象，被不少学者解释为商王仲丁由郑州的亳都迁至 20 千米以外的小双桥隞都[4]。发掘者在正式考古报告中也坚持这一观点，认为"就整个小双桥遗址而言，其宏大的规模，重要且高规格的文化内涵等，都是除郑州商城、偃师商城、安阳洹北商城和安阳殷墟以外的其他商代前期遗址所无法比拟的，结合其独特的地理位置和征伐蓝夷这种特定历史事件在遗址中的体现等，使我们完全有理由相信小双桥遗址即商王仲丁所迁之隞都"[5]。但即便是坚持二里岗文化末期商都迁移至小双桥的学者，也不得不承认郑州商城彼时仍存在高等级人群活动的迹象，至于出土大型铜方鼎等的窖藏坑[6]，或被解释为与在故都的祭祀等活动有关。无论如何，昭示王权和二里岗青铜文明最高水准的器物仍在郑州商城范围内现身，这是令人瞩目的。

据统计，截至到约 2016 年前，可确认的郑州商城区域白家庄期的遗迹有 40 余处，其中建筑基址 4 座、壕沟 2 条、随葬青铜器的墓葬 9 座、青铜器窖藏坑 3 处、手工业作坊 2 处。其中建筑基址、壕沟位于内城，墓葬和手工业作坊多位于内外城之间，青铜器窖藏坑位于内城外的近城墙处[7]。

既往发现的白家庄期铜器墓，不仅见于内外城之间，还见于内城西南部[8]，新发现的书院街墓葬见于内城东南角，填补了此期铜器墓分布的空白。内城东北部长期沿用的建筑、内城以外近旁的青铜器窖藏，以及散见各处的随葬青铜礼容器的贵族墓葬，都表明郑州商城此期已衰落甚至废弃的认识难以成立。

<h2 style="text-align:center">二</h2>

此次书院街发现的"明星墓"——2 号墓，被誉为郑州商城目前发现的随葬品数量最多、种类最丰富、等级最高的墓葬。据前述报道，该墓长 2.6、宽 1.1 米，共出土随葬品 200 余件。另据最新统计，其中青铜器 21 件、玉器 11 件、金器 7 件、铜箭镞 50 枚、贝币 123 枚，以及以金箔为地、镶嵌绿松石的牌饰等。铜器有鼎、爵、斝、盉、鬲、觚、罍、盘、斗、戈、斨、刀、箭镞等；玉器有钺、戈、柄形器、玉猪、玉鱼等；金器有金覆面、金泡、金箔等；绿松石有管、片、牌饰等。最新报道还首次披露了该墓"金铜覆面同出"[9]。墓葬底部有六处殉狗坑，分别位于墓主人的头部、腰部及四肢（图一）。

国家文物局"考古中国"重大项目新闻发布会的当天，即有题为《探寻郑州商代王陵》的万字长文配合刊出[10]。该文作者认为"几代考古人追寻几十年的郑州商王陵的梦想，出现希望的曙光"，提出书院街 2 号墓的墓主人"或许是某一代高级贵族、王室成员甚至不排除是特殊时期的商王"的推断意见。那么，该如何看待这一推想呢？还是要从既往的发现与研究史上找答案。

由邹衡先生执笔的北京大学《商周考古》教材早已建立起了较为系统的商代墓葬等级划分标准，书中将从二里岗文化到殷墟文化的商代墓葬分为大、中、小三类，各类中又细分为二、三小类，编为由甲种至庚种 7 个层级[11]。这套尺度充分考虑了墓葬面积、葬具、随葬品和葬俗等因素，至今仍有重要的借鉴意义。需要说明的是，殷墟遗址西北冈王陵区的两座大墓在书中被列为商代早期大型墓的墓例，现在通常将这两座墓葬归属商代晚期[12]。

准此，墓室面积在 30～100 平方米以上，带 2～4 条斜坡墓道，随葬品丰富，多见殉人的甲、乙两类大型墓，就完全不见于前殷墟时代。中型墓中稍大的丙类墓只有一座，即湖北武汉盘龙城的李家嘴 2 号墓[13]，墓室面积逾 10 平方米，随葬大量器物，

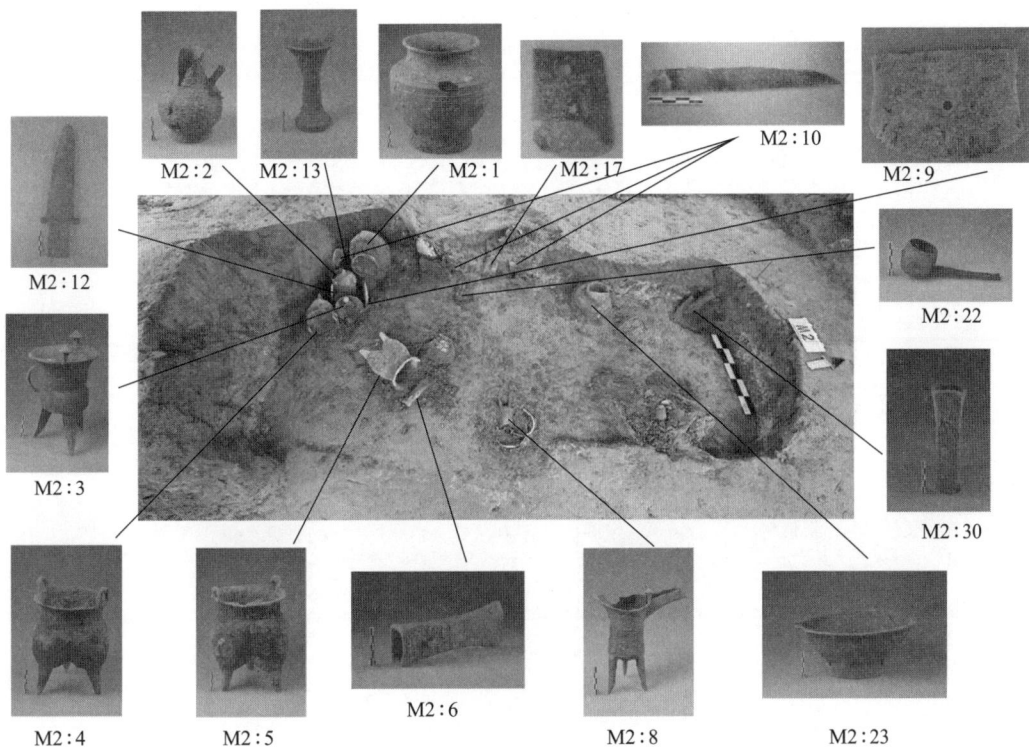

图一 书院街 2 号墓及其随葬器物[14]

仅铜器就达 60 余件,其中礼容器 23 件。而郑州商城迄今所知最大规模的贵族墓,墓室面积仅达 4 平方米左右,出土青铜礼容器约 10 件左右(图二)[15],属于《商周考古》分类中的中型墓偏小的丁种。

新发现的书院街 2 号墓,墓口长 2.93 米,墓底长 2.6、宽 1.1 米,推测墓室面积在 4 平方米左右;从报道中披露的信息看,可确认的随葬青铜礼容器的数量至少为 9 件(报道中提及 8 个器类,由图一可知,其中鬲为 2 件)。如是规格,该墓确属目前所知郑州商城二里岗文化最高等级的一类墓,列入前五名应没有问题。而在上述墓葬分类框架下,该墓也只能属于中型墓中偏小的丁种墓。如果我们以殷墟王陵区的商王大墓为比照标准看,它距离王陵有多大的层级差,是可以显见的。

无独有偶,不惟二里岗时代的主都郑州商城没有发现"王陵",考古工作者曾宣称在二里头时代的二里头都邑发现的"大墓",后来也被证明是夯土井[16]。这样,在进入广域王权国家的二里头时代和二里岗时代的四百多年时间里,第一等级的贵族墓没有超过 2~6 平方米者,即没有发现复杂社会等级结构"金字塔"的塔尖部分。我们当然不能排除今后发现王陵的可能性,但就现有材料而言,对这一时期存在"贵族共和"体制的推测,都不能认为是无稽之谈。

从新石器时代晚期开始,面积超过 6 平方米(3 米 ×2 米)甚至 20 多平方米且随

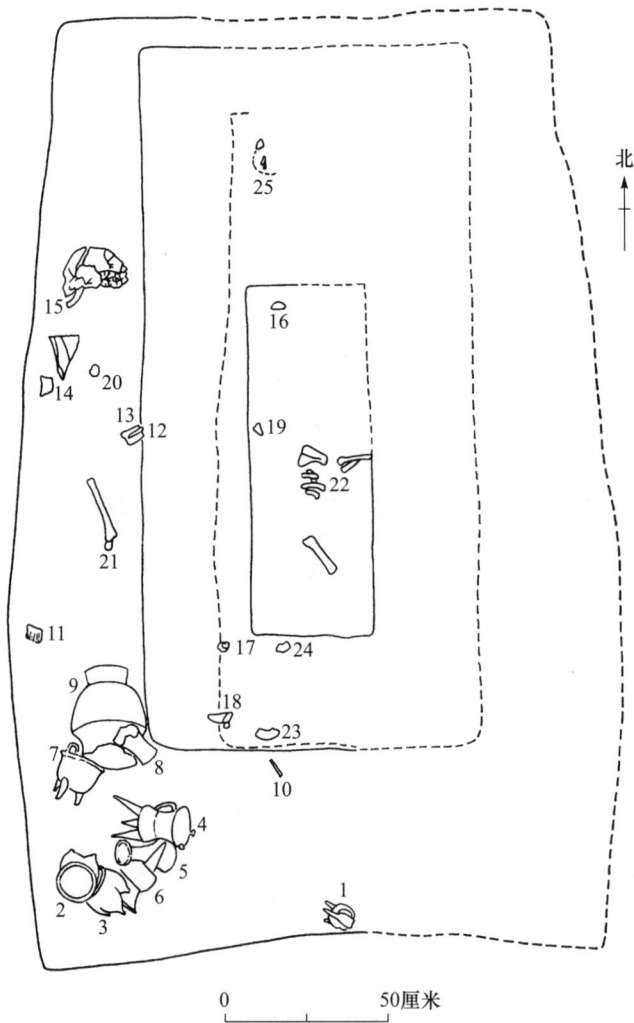

图二　郑州二里岗文化白家庄期贵族墓 C8M3 平面图
（墓室面积 3.4 平方米，随葬青铜礼容器 10 件）

葬品丰富的贵族墓开始登场，如浙江杭州良渚、山西襄汾陶寺、山东临朐西朱封遗址所见。这类早期国家形成期的贵族甚至王族墓葬，考古学界认为就可以称为"大型墓"或"大墓"，有些甚至可以称为"王墓"[17]。与此形成对照，二里头时代和二里岗时代社会金字塔的塔尖——"王陵"的付诸阙如令人瞩目。而从二里头时代至西周时代，盛行"居葬合一"的聚落空间分布形态[18]，缺乏集中而长期延续的墓地，以君王为中心的独立的"王陵区"，在殷墟时代前尚未出现，是可以肯定的。

　　回到郑州书院街的发掘现场。据报道，综合分析 2 号墓的居中位置、出土遗物、墓葬区结构组成及功能性质等，可以认定该墓为墓葬区的主墓。整个墓地残存面积约 1 万平方米，由壕沟、通道、墓葬和祭祀坑等组成（图三）。墓地南北两侧发现两条东西

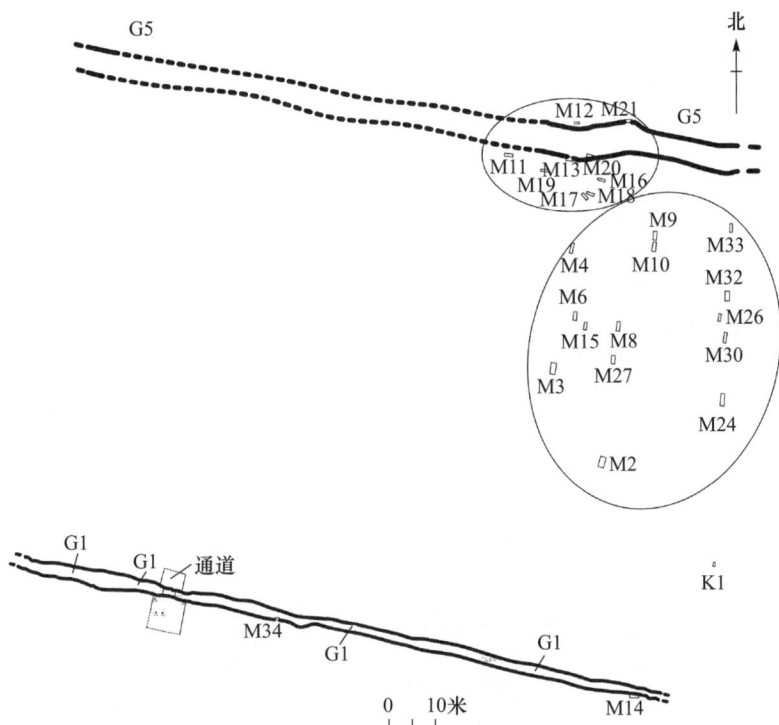

图三　书院街发现的沟壕与墓葬[19]

走向的壕沟，间距约 130 米。墓葬主要分布于两条壕沟之间的区域，共发现 25 座，其中 3 座墓葬出土青铜器，6 座疑似祭祀坑，其余 16 座推测为陪葬墓，均无棺椁葬具和陪葬器物。

据报道，两道沟壕目前暂未发现转角合围的迹象，且二沟之间尚有大量空白地带。发掘者推断其"很可能具备了商代最早的'兆域'结构雏形"，尚有待进一步的证据支持。在专家论证会上，北京大学教授雷兴山即指出，书院街墓葬区的"兆域"结构还需要进一步发掘证实，考虑到墓葬区在城内的位置，以及当时居葬合一的习俗，目前南北两条沟也有可能是聚落功能分区的界标，而不单纯是陵园界线。这种功能性的界沟，在同时期的考古遗址上也有发现，加深聚落研究后可能会对这一区域有更深的认识[20]。这实际上是含蓄地指出了另外的可能性。

<h1 style="text-align:center">三</h1>

在"明星墓"书院街 2 号墓中，最亮眼、最引发大众关注的"明星器物"，当属"一件被掩埋数千年依然金光闪耀的金覆面"，这件器物是所有媒体都不会放过，甚至被不少记者列入醒目标题的。

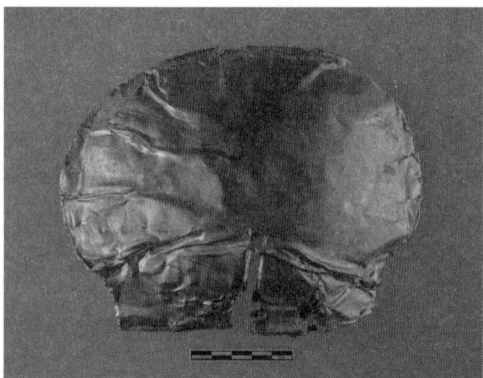

图四　郑州书院街 2 号墓出土"金覆面"[21]

据测量，这件捶揲而成的薄胎金器长 18.3、宽 14.5 厘米，重约 40 克，含金量 88%。其四边略微向内弯曲，专家推测，其下钩挂有机质的衬托物。不少观者提及第一眼的印象：感觉就是个大贝壳，具体说像个大扇贝。是的，它被推定为"金覆面"，但却是全球范围内出土覆面（面罩）中唯一一件没有表现出五官的（图四～图六）。据报道，之所以被推定为"金覆面"，是因为出土时"覆盖在墓主人脸上"。这是论定该件金器性质功能的最重要的依据。据发掘者介绍："发掘出土时，金覆面贴在墓葬 M2 西侧的墙壁上，正位于墓主人头侧，大小基本能覆盖一个成人的面部。"

图五　四川广汉三星堆 5 号坑出土金面具

图六　内蒙古奈曼旗辽陈国公主墓出土金覆面

　　据报道，书院街 2 号墓为南北向，方向为 198°，也就是头向南（图七）。注意上图最右"M2"的标牌旁有一个小箭头，那是指北针的标识，墓主人的头在其相对的一侧。而这件金器"贴在墓葬 M2 西侧的墙壁上"，处于长方形墓室的长端，由是可知它被放置在墓主人的左臂一带，而不是"正位于墓主人头侧"。也即，这件金器不是出土于覆面应该在的头部。

　　或有人会问是否有器物移位的现象。按考古资料的记录和刊布规范，目前公之于世的关于该墓的照片，都应是清理了上部扰乱堆积之后的墓葬的"原生态"，而绝不应是扰动后的状态。所以这些器物在墓葬中的出土位置，都应是原位。

　　与这件"金覆面"同时出土的还有 4 个金泡、金箔，以及以金箔为地、镶嵌绿松石的饰件等（图八）。

　　上面谈及贝壳状金器被推定为"金覆面"，但其出土位置并不在墓主人的面部。不过在早于二里岗文化的河南登封南洼遗址二里头文化墓葬[22]、被认为属"先商文化"

的河北邯郸南城村遗址下七垣文化墓葬[23]，的确发现过以贝壳覆面的葬俗（图九）。因而郑州书院街2号墓出土的这件金器是否就肯定不是"覆面"，仍难遽断。

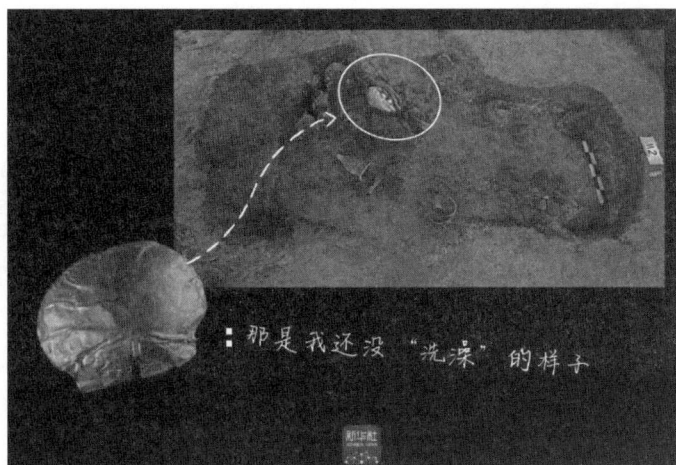

图七 2号墓"金覆面"的出土状态[24]

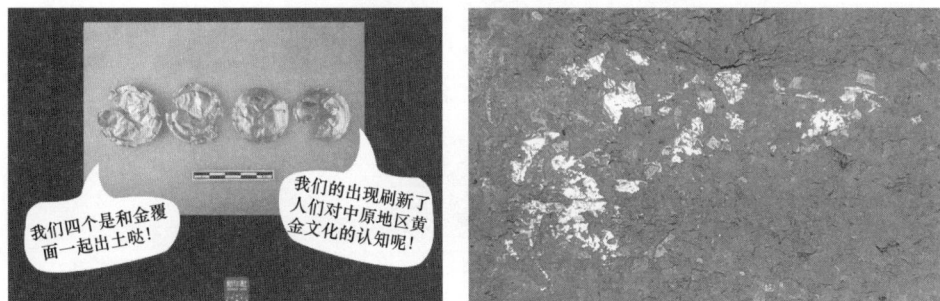

图八 2号墓出土的金泡和以金箔为地、镶嵌绿松石的饰件[25]

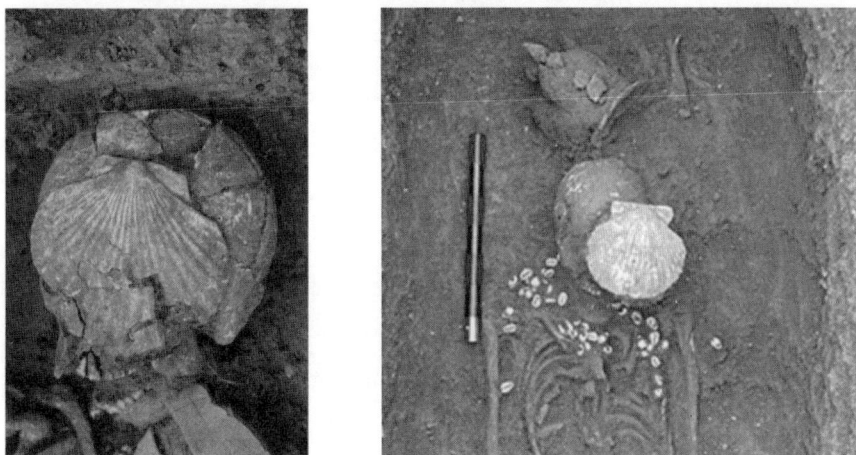

图九 河南登封南洼（左）、河北邯郸南城村（右）墓葬中的贝壳覆面

　　内蒙古伊金霍洛旗朱开沟遗址相当于二里岗文化晚期的墓葬中，还见有一件铜质仿贝壳器，发掘者称为"鍪"[26]，似不确。"鍪"的释义，一为炊器，一为头盔。但这件铜器在墓主人头旁而不在面部，且上下两端各有 2 个小孔，应非覆面。

四

　　在东亚地区，目前考古发现可确认的、最早的黄金制品是四坝文化的甘肃玉门火烧沟、瓜州鹰窝树、民乐东灰山等几处遗址和墓地出土的金耳环、耳饰和金鼻环（图一〇）[27]，年代约公元前 1700～前 1500 年[28]。再向西，属于中亚的新疆西天山地区温泉县阿敦乔鲁墓地出土的包金铜环，年代约公元前 19 世纪～前 17 世纪[29]，与欧亚大陆中西部更早的黄金饰品文化相接。

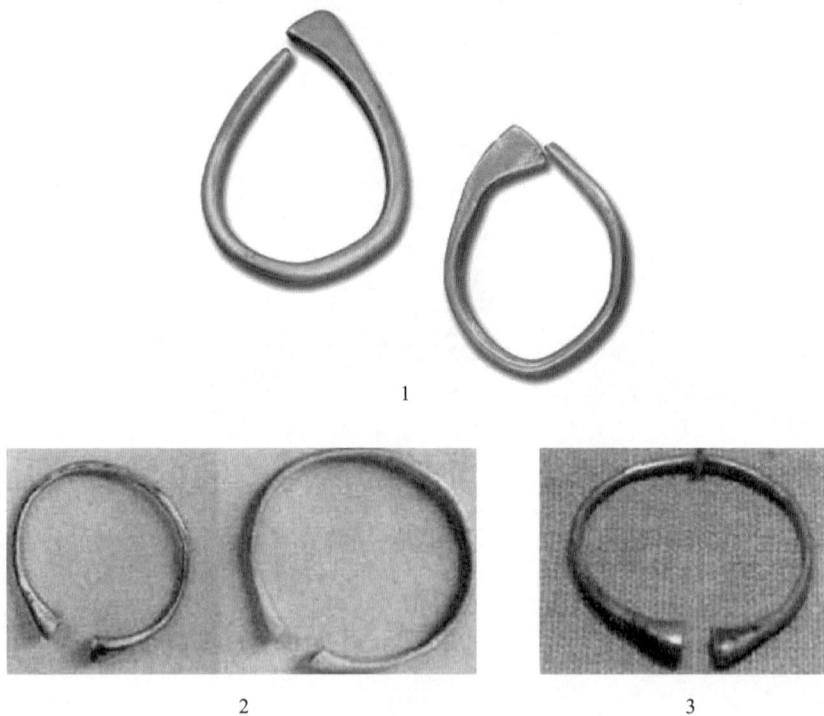

图一〇　甘肃玉门火烧沟（1、2）、民乐东灰山（3）出土的金耳环、鼻环

　　向东，金耳环也见于甘肃临潭磨沟齐家文化晚期[30]、内蒙古敖汉旗大甸子、北京昌平雪山夏家店下层文化遗存[31]，金臂钏见于河北香河庆功台夏家店下层文化遗存[32]。这些黄金饰品的形制和当时的青铜饰品基本相同，应是当地青铜技术的一种延伸。就年代而言，有的可早到二里头文化时期，有的则相当于二里岗文化时期[33]。

　　从更大的视角来看，东亚大陆自新石器时代晚期社会复杂化以来，对美玉的拥有和展示也逐渐成为一种炫耀身份或彰显社会地位的手段。用玉制作的首饰几乎覆盖了人体适于装饰和炫耀的所有部位。即便进入青铜时代的早期王朝时期，在人体装饰领域，玉器仍占有无可替代的地位，考古发现中少见精美的金属首饰[34]。相比之下，中亚和更北的西伯利亚始终以黄金为贵，一直流行以黄金来制作首饰，黄金的应用也远早于东亚。"在中国北方诸考古学文化中，无论是黄金还是青铜的首饰中都不时能够看到来自西方的影响，所以中国北方文化集团流行使用黄金首饰的观念无疑同它们与西方具有较多的联系有关。"

郑州商城在既往的发掘中就发现过金器。如 1955 年在内城北城墙东端的一处"狗坑"内，曾出土了一团极薄的金箔片，展开之后是一件夔龙纹金叶，很可能是镶嵌在某种器物上的装饰（图一一）。这件金饰属二里岗文化晚期早段[35]，早于新发现的"金覆面"等金器。

此外，郑州小双桥遗址、山东济南历城区大辛庄遗址二里岗文化遗存中也曾发现过金箔[36]。

与郑州书院街 2 号墓镶绿松石金箔饰件类似的器物，还有湖北武汉盘龙城二里岗文化贵族墓中出土的一件绿松石镶金饰件（图一二）[37]。该遗址也是前殷墟时代东亚大陆金器分布的最南端。

图一一　郑州商城出土的金箔饰

图一二　湖北武汉盘龙城出土的绿松石镶金饰件

综上，东亚地区的金器最早见于二里头时代西北地区的四坝文化和齐家文化晚期，随后分布到北方地区的内蒙古、北京、河北地区的夏家店下层文化，它与东亚青铜潮的形成与初步发展大致同步。而首饰应是黄金应用的第一个领域，此后，独特的黄金首饰更成为北方文化集团区别于中原文化的一种标识。金器尚不见于中原地区的二里头文化，但为随后的二里岗文化所吸收，又由于二里岗文化的大幅度扩张，散见于黄河中下游和长江中游等地，且以金箔、金片与绿松石片的组合为多见。至于其分布范围的进一步扩大和广泛应用，则已晚至殷墟时代及西周时代，三星堆—金沙文化的金器，显然是这一波更大的金属文化潮——青铜潮的产物。北京大学朱凤瀚教授在郑州书院街考古新发现座谈会发言中指出，这一时期的一系列考古发现证明了这样的论点：商王朝自郑州地区向安阳地区的迁移，是由于和北方文化的碰撞与交流造成的，这在书院街 2 号墓中出土的"金覆面"中可以寻找到相关的线索[38]。

注 释

［1］ 李瑞：《四项考古新成果揭示史前与夏商城址建制和文化发展脉络》，"国家文物局官网"，2022年 9 月 16 日，http://www.ncha.gov.cn/art/2022/9/16/art_722_177279.html；新华社新媒体中心、新华社河南分社、郑州市文物考古研究院：《首次发现！比三星堆黄金面具年代还早》，"新华社"微信公众号，2022 年 9 月 16 日。

［2］ 河南省文物考古研究所：《郑州商城：1953～1985 年考古发掘报告》，文物出版社，2001 年。

［3］ 孙卓：《郑州商城与偃师商城城市发展进程的比较》，《考古》2018 年第 6 期。

［4］ 陈旭：《商代隞都探寻》，《郑州大学学报（哲学社会科学版）》1991 年第 5 期；陈旭：《郑州小双桥商代遗址的年代和性质》，《中原文物》1995 年第 1 期；邹衡：《郑州小双桥商代遗址隞（嚣）都说辑补》，《考古与文物》1998 年第 4 期。

［5］ 河南省文物考古研究所：《郑州小双桥：1990～2000 年考古发掘报告》，科学出版社，2012 年。

［6］ 河南省文物考古研究所、郑州市文物考古研究所：《郑州商代铜器窖藏》，科学出版社，1999 年。

［7］ 张新耀：《郑州商城白家庄期遗存分析》，郑州大学硕士研究生学位论文，2017 年。

［8］ 河南省文物考古研究所：《郑州商城新发现的几座商墓》，《文物》2003 年第 4 期。

［9］ 黄富成、侯新佳、郝世华：《礼器煌煌鉴商都：河南郑州商都书院街墓地 M2 出土遗物》，《大众考古》2023 年第 4 期。

［10］ 齐岸青、卓鹏：《探寻郑州商代王陵》，"顶端新闻"，2022 年 9 月 16 日。

［11］ 北京大学历史系考古教研室商周组：《商周考古》，文物出版社，1979 年。

［12］ 王炜：《郑州商城铜器墓研究》，《中国国家博物馆馆刊》2013 年第 9 期。

［13］ 湖北省文物考古研究所：《盘龙城：1963～1994 年考古发掘报告》，文物出版社，2001 年。

［14］ 陈苗、温小娟、张体义：《重磅！郑州商城首次发现"金面罩"》，"河南日报客户端"，2022年 9 月 16 日。

［15］ 河南省文物考古研究所：《郑州商城：1953～1985 年考古发掘报告》，文物出版社，2001 年。

［16］ 许宏：《二里头遗址"1 号大墓"学案综理》，《中原文物》2017 年第 5 期。

［17］ 严文明：《中国王墓的出现》，《考古与文物》1996 年第 1 期。

［18］李宏飞：《藁城台西商代遗址再分析——兼论商文化"居葬合一"的特质因素》，《中国国家博物馆馆刊》2019 年第 7 期。

［19］陈苗、温小娟、张体义：《重磅！郑州商城首次发现"金面罩"》，"河南日报客户端"，2022 年 9 月 16 日。

［20］齐岸青、卓鹏：《探寻郑州商代王陵》，"顶端新闻"，2022 年 9 月 16 日。

［21］陈苗、温小娟、张体义：《重磅！郑州商城首次发现"金面罩"》，"河南日报客户端"，2022 年 9 月 16 日。

［22］郑州大学历史文化遗产保护研究中心：《登封南洼：2004～2006 年田野考古报告》，科学出版社，2014 年。

［23］石磊、王会民、梁亮：《河北磁县南城遗址浅析》，《早期夏文化与先商文化研究论文集》，科学出版社，2012 年。

［24］新华社新媒体中心、新华社河南分社、郑州市文物考古研究院：《首次发现！比三星堆黄金面具年代还早》，"新华社"微信公众号，2022 年 9 月 16 日。

［25］新华社新媒体中心、新华社河南分社、郑州市文物考古研究院：《首次发现！比三星堆黄金面具年代还早》，"新华社"微信公众号，2022 年 9 月 16 日。

［26］内蒙古自治区文物考古研究所、鄂尔多斯博物馆：《朱开沟——青铜时代早期遗址发掘报告》，文物出版社，2000 年。

［27］甘肃省博物馆：《甘肃省文物考古工作三十年》，《文物考古工作三十年：1949～1979》，文物出版社，1979 年；甘肃省文物考古研究所、吉林大学北方考古研究室：《民乐东灰山考古：四坝文化墓地的揭示与研究》，科学出版社，1998 年；甘肃省文物考古研究所、北京大学考古文博学院：《河西走廊史前考古调查报告》，文物出版社，2011 年。

［28］许宏：《东亚青铜潮：前甲骨文时代的千年变局》，生活·读书·新知三联书店，2021 年。

［29］中国社会科学院考古研究所、博尔塔拉蒙古自治州博物馆、温泉县文物局：《新疆温泉县阿敦乔鲁遗址与墓地》，《考古》2013 年第 7 期。

［30］甘肃省文物考古研究所、西北大学文化遗产与考古学研究中心：《甘肃临潭县磨沟齐家文化墓地》，《考古》2009 年第 7 期。

［31］中国社会科学院考古研究所：《大甸子——夏家店下层文化遗址与墓葬发掘报告》，科学出版社，1996 年；北京大学历史系考古教研室商周组：《商周考古》，文物出版社，1979 年。

［32］廊坊市文物管理所、香河县文物保管所：《河北香河县庆功台村夏家店下层文化墓葬》，《文物春秋》1999 年第 6 期。

［33］许宏：《东亚青铜潮：前甲骨文时代的千年变局》，生活·读书·新知三联书店，2021 年。

［34］许宏：《东亚青铜潮：前甲骨文时代的千年变局》，生活·读书·新知三联书店，2021 年。

［35］河南省博物馆、郑州市博物馆《郑州商化城遗址发掘报告》，《文物资料丛刊》（第 1 辑），文物出版社，1977 年。

［36］河南省文物考古研究所：《郑州小双桥：1990～2000 年考古发掘报告》，科学出版社，2012 年；山东大学历史文化学院考古系、山东省文物考古研究所：《济南大辛庄遗址 139 号商代墓葬》，《考古》2010 年第 10 期。

［37］武汉大学历史学院、盘龙城遗址博物院：《武汉市盘龙城遗址杨家湾商代墓葬发掘简报》，《考

古》2017 年第 3 期；盘龙城遗址博物院、湖北省博物馆：《武汉市盘龙城遗址杨家湾商代墓葬出土绿松石器》，《江汉考古》2022 年第 4 期。

［38］ 齐岸青、卓鹏：《探寻郑州商代王陵》，"顶端新闻"，2022 年 9 月 16 日。

商周冑族考论

徐 熠

（清华大学历史系）

在中国历史进程中，"族"长期都是社会的基本构成，只是在组成结构、规模等方面有不同之处，从而产生氏族、贵族、豪族、宗族等类型[1]。"族"既为社会的基本构成，从"族"的视角观察历史社会的运行与演变无疑是很合适的。

冂族是商周时期的赫赫大族，相关铜器有近百件之多，出土地点遍及河南、陕西、辽宁、湖北、安徽等多省，时代跨度也较大，相关材料可谓十分丰富。但目前罕见甚至不见冂族的研究文章，该族氏具有很大的探索空间。与中古史的家族史研究不同，商周时期的族氏基本不见于文献，相关研究主要依赖于综合墓葬考古资料以及铜器铭文等资料进行抉隐发微，从而初步构建起族氏的发展史。本文期望通过对商周时代冑族发展史的探索，理解商周变革对于基层社会组织"族"的具体影响轨迹。

一、"冂"的释读

首先需要讨论的是"冂"这一字形的释读问题。该字的字形简单且稳定，仅见冂、冂、冂三种字形，一、二两种字形区别仅在于上方一撇是向左或向右，第三种字形上部一撇歧出，应是作器者别出心裁。一、二两种字形较为常见，第三种字形仅见于冂父丁爵（《集成》8495）、冂父丁罍（《集成》9787）等少数几件铜器铭文。该字似不见于甲骨文，亦可能未被辨识，且该字在金文中仅作为族氏名使用，似未见于文句或词语中，缺乏辞例，使得学者释读该字面临很大困难。薛尚功《历代钟鼎彝器款识法帖》第四卷"己举爵"一条将"冂"释为"举"[2]，薛氏的"释举说"对后世产生很大影响。阮元《积古斋钟鼎彝器款识》第一卷"举父己卣"条云"饮酒谓之举，卣为中尊，故以铭之，不特爵觯有是名也。或曰古甲字有作丫者，此其倒文，亦通"[3]。此外吴大澂、徐同柏[4]等晚清金石名家亦对"释举说"表示了不同程度赞同，认为"象手持器饮酒形"[5]。将该字释为"举"实为臆测之说，缺乏依据，铭此字的铜器也并非皆属酒器，认为该字"象手持器饮酒形"并将之与酒器挂钩显然是不符合实际的。刘心源认为"释举甚谬"[6]，又提出释"宀"，"盖取庙室之意"[7]的观点。"冂"确与

"宀"《说文》小篆字形非常像，故从字形而言，释为"宀"显然比释为"举"合适很多，不过，表示庙室之意的"宀"在商周时期一般写作"∩"，与"𠆢"形体还是存在一定差别。由于前人诸说皆存在疑问，李孝定对该字释读持审慎态度，认为该字"不可识……疑像器盖或车轨之形，未能遽定"[8]。故长期以来学者在引用相关材料时往往对该字不予隶定，照录原文。

张亚初先生在《殷周金文集成引得》中将该字释为"尺"，未说明原因，吴镇烽先生《商周青铜器铭文暨图像集成》中亦将该字释为"尺"。"尺"《说文》小篆作"𡰠"，形体与"𠆢"较相近。但目前"尺"古文字字形最早见于楚帛书，甲骨金文中未见，"𡰠"与"𠆢"之间缺少了数百年发展轨迹，无法遽定两者之间存在关联。20 世纪 90年代赵平安先生曾提出该字应是"冕"初文，由于赵先生该文章非专门考释该字，仅仅附带提及，所以似乎未引起学界的充分关注。文中指出[9]：

> 《金文编》1100 页附录一字，作𠆢（《父丁簋》）、𠆢（《且丙觯》）之形。
> 此字旧不识，从字形看，与免字所从相似，所不同者在于冕缘一个内收一个外张。查冒（帽）胄诸字，帽缘胄缘内收或外张无别，知𠆢当即冕字的象形。
> 从𠆢的金文还有𡫳字（《金文编》附录上 1100 页）……𡫳是𡨄的异体字……

由以上所引论述可知，赵平安先生认为𠆢、𡫳、𡨄均是"免"字，亦即"冕"的初文。𡨄是"免"字亦即"冕"的初文是学界公认的定论，但𠆢、𡫳与𡨄是否一字可能还难以直接下定论。甲骨文中免作"𠒆"（《合集》33069，无名类），晚商金文中免作"𡩋"（《免鼎》，《近出殷周金文集录》171 ）、"𡩜"（《𠂤免觚》，《集成》7067 ）等形，西周金文中免作"𡨄"（《集成》6006 ）。由此可见，免字直至西周时期才写作"𡨄"，其象冕的上部上有一撇，与"𠆢"形较接近，然而"免"在商代甲金文中的写法均无冕上一撇，与同时期的"𠆢"显然是不同的。此外，由于族氏铭文是一个家族的标示，形体结构较为稳定，其细节虽然会发生一些变化，但总体结构是一致的。免鼎、𠂤免觚中的"免"均是作为族氏铭文，与同样作为族氏铭文的"𠆢""𠆢"差异很大，若说"𠆢""𠆢"与"𡩋""𡩜"为一字而表一族，总是令人感到疑惑的。不过，赵平安先生将𠆢与商金文中出现的𡫳联系起来十分关键。"𡫳"见于𡫳爵（《集成》7696 ）、𡫳□爵（《集成》8272 ）、𡫳戈（《集成》10669 ）等晚商铜器铭文中，与𠆢一样均用作族氏名。𠆢、𡫳均见于同时期晚商金文，而将𡫳所从之"目"去除以后，则形与𠆢全同，可见𠆢应为𡫳所从。由于"面部五官中最足引人注目者莫过于目"[10]，商周古文字中往往以"目"指代脸部或头部，例如𦣻（面）、𢌞（民）。既然"目"可指代脸部或头部，字形象半包裹脸部或头部的𡫳所从的𠆢很可能是帽子头盔之类的物品。

商代铜胄出土于殷墟 M1004、山东滕州前掌大墓地、山西柳林高红遗址、江西新干大洋洲商墓等地。如图一、图二所示，商代铜胄剖面呈扁圆形，一般高 20 余厘米，重

2~3千克，胄体或有纹饰或光素无纹。胄的顶部有向上竖立的缨管，用以安装尖枪缨饰[11]。这种头盔顶端安装缨饰的做法沿袭数千年，后世常见。⩗所从的入正像安装有缨饰的胄。商周甲骨金文中已有胄字，字形作⩗（《合集》36492）、⩗（《周原甲骨文》H11：174）、⩗（虢簋，《集成》4167），那么入、⩗与⩗、⩗、⩗等形体的关系是什么呢？

图一　殷墟 M1004 出土铜胄

图二　山西柳林高红遗址出土商代铜胄

　　早期学者对族氏铭文是否属于文字多有争论，经过长期讨论学界大致都已认同族氏铭文属于文字，不过不可否认的是族氏铭文中确实保留了许多原始象形的字形。入与⩗在铜器铭文中均作为族氏铭文，保留了原始字形，应是"胄"字的象形初文，而⩗、⩗、⩗等形体是加注了声符"由"以后产生的形声字，其上部为声符"由"，下部为形符，入、⩗发展为⩗、⩗经历了一个"变形音化"[12]的过程。而其中"⩗"的斜笔应是古文字演变过程中出现的饰笔，类似的案例如甲骨文中"⩗"亦作"⩗"。此外值得注意的是，⩗、⩗从目而⩗不从目，可见其形符大约有从目或不从目两类写法，这与其初文亦有入与⩗两类写法的情况恰好是一致的，当非巧合。裘锡圭先生曾指出，"古人造字的时候，由于有的物体孤立地画出来不容易被人们认识，就在这些物体的象形字里连带画出它们所附着的主体"，并举"眉""枼""果"等字为例说明[13]。从"目"的⩗、⩗、⩗正属于裘先生所描述的这种情况。"目"在⩗、⩗、⩗中均引申象征头部，只是为方便说明"胄"作为头盔的含义，故有时也可省略。综上，"胄"文字形体演变轨迹如图三所示。

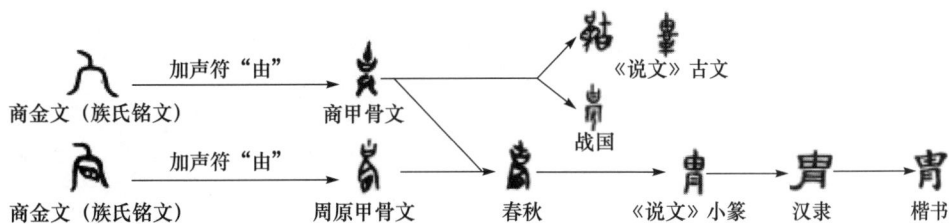

图三　"胄"形体演变轨迹示意图

前文提到，入族铜器众多，应为商代强宗大族，但甲骨文中似未见入，如今已知其为"胄"之象形初文，即可由此探寻甲骨文中的"入（胄）"。卜辞有：

（1）癸卯卜，宾贞，卑（毕）胄来归，丁若。十三月。（《合集》4078，宾三类）

（2）丙午卜，才（在）伎，贞，王其乎（呼）……征（延）执胄人方□，焚……弗每（悔）。才（在）正月。隹（唯）来正（征）……（《合集》36492，黄类）

姚孝遂先生在《甲骨文字诂林》"胄"条下按曰："在卜辞为方国名。"[14] 由上引（2）辞中的"胄人"来看，姚先生所言确有道理，亦正与我们所论入族（国）身份暗合。入族（国）并非不见于甲骨文，而是在甲骨文中字形作，故未被辨识出来。

二、商 代 入 族

表一统计商代入铭铜器总计 78 件（有一些商末周初的亦归入商）。其中鼎 5、簋7、卣 5、卣盖 1、尊 3、觯 4、瓿 8、瓶 2、爵 31、盉 5、斝 1、戈 2、削 1、器型不明者 1、器盖 1、玺 1。以下对发展演变轨迹较为明显的鼎、簋类铜器进行简略分析，以探知器物时代。

表一　商代入铭铜器统计表

编号	著录号	器名	出土地	铭文	器影
1	1157	入鼎		入	
2	1672	入父癸鼎		入父癸	
3	2990	入簋		入	

编号	著录号	器名	出土地	铭文	器影
4	2991	入簋	河南安阳（传）	入	
5	2992	入簋	陕西省武功县游凤乡黄南窑村墓葬	入	
6	3152	入父乙簋		入父乙	
7	3174	入父丁簋		入父丁	
8	4764	入卣	陕西省岐山县京当乡贺家村 M1：6	入	
9	4765	入卣		入	
10	4881	入安卣		入安	
11	4983	入辛父卣盖		入辛父	

续表

编号	著录号	器名	出土地	铭文	器影
12	5493	入尊		入	
13	5494	入尊		入	
14	6202	入祖丙觯		入祖丙	
15	6233	入父乙觯		入父乙	
16	6234	入父乙觯	陕西省宝鸡市戴家湾	入父乙	
17	6308	入父辛觯		入父辛	
18	6765	入觚		入	
19	6766	入觚		入	
20	6767	入觚		入	
21	6832	入丁觚	河南省安阳市殷墟西区 355 号墓 M355：3	入丁	
22	7098	入父乙觚		入父乙	

编号	著录号	器名	出土地	铭文	器影
23	7129	入父己觚		入父己	
24	7237	入戈父丁觚		入戈父丁	
25	7688	入爵		入	
26	7689	入爵		入	
27	7690	入爵		入	
28	7691	入爵		入	
29	7692	入爵		入	
30	7693	入爵		入	
31	8037	入己爵		入己	
32	8316	入祖乙爵		入祖乙	
33	8317	入祖乙爵		入祖乙	
34	8338	入祖己爵		入祖己	
35	8365	入祖癸爵		入祖癸	
36	8417	入父乙爵		入父乙	

编号	著录号	器名	出土地	铭文	器影
37	8491	入父丁爵		入父丁	
38	8492	入父丁爵		入父丁	
39	8575	入父己爵		入父己	
40	8654	入父辛爵		入父辛	
41	8655	入父辛爵		入父辛	
42	8729	入父癸爵		入父癸	
43	9321	入盉		入	
44	9363	入父癸盉		入父癸	
45	10519	入父丁器		入父丁	
46	《新》133	入己鼎	河南省安阳市殷都区铁西街道苗圃村 M47：1	入己	
47	《新》134	入觚	河南省安阳市殷都区铁西街道苗圃村 M58：4	入	

编号	著录号	器名	出土地	铭文	器影
48	《新》148	入器盖	河南省安阳市殷都区相台街道戚家庄 M269：25	入	
49	《新》846	入父辛卣	陕西省麟游县九成宫镇后坪村四岭山窖藏	入父辛	
50	《新》1821	入父辛尊		入父辛	
51	《铭》6844	入爵	河南省安阳市殷都区铁西街道苗圃村 M58：1	入	
52	《铭》6845	入爵	河南省安阳市殷都区铁西街道苗圃村 M58：2	入	
53	《铭》6847	入爵		入	
54	《铭》6848	入爵		入	
55	《铭》14633	入父乙盉		入父乙	

续表

编号	著录号	器名	出土地	铭文	器影
56	《铭》14642	入父辛盉		入父辛	
57	《铭》16192	入戈	河南省安阳市花园庄殷墟宫殿宗庙区 M54：126	入	
58	《铭续》289	入簋	河南省安阳市刘家庄北地 M70：8	入	
59	《铭续》563	入爵	河南省安阳市刘家庄北地 M70：3	入	
60	《铭续》564	入爵		入	
61	《铭续》595	入甲爵		入甲	
62	《铭续》748	入父乙斝		入父乙	

编号	著录号	器名	出土地	铭文	器影
63	《铭续》898	入瓴	河南省安阳市刘家庄北地 M70∶2	入	
64	《铭续》956	入父辛盉		入父辛	
65	《铭续》1356	入削		入	
66	《铭续》1376	入玺	河南省安阳市刘家庄北地 H77∶1	入入	
67	《铭三》20	入鼎		入	
68	《铭三》701	入父爵		入父	
69	《铭三》736	亚入口爵		亚入口	
70	《铭三》1089	入父辛卣		入父辛	

编号	著录号	器名	出土地	铭文	器影
71	《铭三》1172	入瓿		入	
72	《安阳殷墟青铜器》P5	入簋	河南省安阳市殷都区铁西街道苗圃村 M67：4	入	
73	《安阳殷墟青铜器》P91	入乙爵	河南省安阳市东八里庄 M52	入乙	
74	《河南安阳市殷墟刘家庄北地 2010～2011 年发掘简报》	入爵	河南省安阳市刘家庄北地 M413	入	
75	《河南安阳市殷墟刘家庄北地 2010～2011 年发掘简报》	入鼎	河南省安阳市刘家庄北地 M448	入	
76	7696	入爵		入	
77	8272	入□爵	河南省安阳市小屯村殷墟妇好墓 M5：670	入□	
78	10669	入戈		入	

　　入鼎（《集成》1157，编号 1）蹄足粗壮，上粗下细，深腹圜底，颈饰兽面纹环带，足上部亦饰兽面纹，与妇好墓出土亚弜鼎相近，属于甲 AcⅠ式鼎，时代约殷墟二期。入父癸鼎（《集成》1672，编号 2）分裆，高柱足，方唇立耳，器腹饰外卷角兽面纹，与殷墟西区 M1713 出土亚鱼鼎相近，属于甲 CⅢ式鼎，此类鼎流行于殷墟四期至西周早期。入己鼎（《新收》133，编号 46）蹄足粗壮，腹较浅，腹饰大兽面纹，有四道扉棱，属于甲 AcⅡ式鼎，时代在殷墟三期。入鼎（《铭三》20，编号 67）立耳稍外撇，柱足细长，腹饰外卷角兽面纹，属于甲 CⅢ式鼎，时代约在殷墟四期。

入簋（《集成》2990，编号 3）深腹，腹壁向外斜直，饰兽面纹，有四道扉棱，圈足较高，饰夔纹，属于 ABIV 式簋，此类簋流行于殷墟三期。入簋（《集成》2991，编号 4）束颈，腹较浅，下部外鼓，属 AaIII 式簋，时代在殷墟三期。入簋（《集成》2992，编号 5）侈口，口沿下饰浮雕兽首，腹较浅，外壁饰斜方格乳钉纹，与戈父丁簋（《集成》3172）近似，属 BaI 式簋，时代约殷墟二期。该器出于陕西，应是周初分器之故。入父乙簋（《集成》3152，编号 6）侈口，腹壁向外斜直，腹饰斜方格雷纹乳钉纹，双耳下有方形垂珥，总体与殷墟刘家庄 M1046 出土的亚乩簋器型相近，属 BaIV 式簋。亚乩簋时代在殷墟四期，入父乙簋腹较深且腹壁更为斜直，年代可能稍早，或在三、四期之间。入父丁簋（《集成》3174，编号 7）器型亦为 BaIV 式，时代在三、四期间。入簋（《铭续》289，编号 58）敞口，斜收腹，颈饰浮雕兽首，腹饰方格乳钉纹，属 AbIII 式簋，此式簋流行于二、三期。

由上述入族鼎、簋类铜器器型、时代分析可知，商代入族所作铜器时代区间为殷墟二期至殷墟四期，相应的，商代入族的出现时代应不晚于殷墟二期。前引（1）、（2）两条卜辞，一为宾三类，时代约殷墟二期晚段，一为黄类，时代为殷墟四期，由此可见，卜辞所见"胄"国（族）的存在时代区间与商代入族生活时代区间也是吻合的。

上表罗列的几件有出土信息的商代入族铜器中，除了有几件出于陕西，其余全部出于河南安阳。商代入族铜器出于陕西，可能是周初分器导致的，也可能是入周以后商代入族被迁往关中，将祖先器物埋入窖藏或墓葬。具体情况需要结合墓葬背景讨论。

入簋（《集成》2992，编号 5）出于陕西武功县游风乡黄南窑村一座残墓，同墓出土还有鼎、罍、戈等铜器，整理者认为铜鼎时代为西周早期，铜罍时代为晚商，墓葬年代为西周早期[15]。入卣（《集成》4764，编号 8）1955 年出土于陕西岐山京当贺家村，出土情况不详，传闻出自窖藏，与之同出还有一件晚商时期的戈甗。1973 年发掘的贺家村 M1 曾出土为数众多的晚商不同族氏的青铜器，而墓葬时代为西周早期[16]，学者一般认为，西周早期墓葬出现大量晚商不同族氏铜器是周初分器所致[17]。入卣很可能也属于周初分器。入父乙觯（《集成》6234，编号 16）系民国时期地方军阀党玉坤自宝鸡戴家湾盗掘所得铜器之一。李学勤先生曾指出"随着商朝的灭亡，有很多珍贵的青铜器落入周人之手，这便是好多周初青铜器群中夹杂商代器物的原因"[18]，并举例周灭商后几个分器现象实例，其中就列举了戴家湾铜器。入父辛卣（《新》846，编号 49）出于陕西麟游县九成宫后坪村的一处青铜器窖藏，整理者判断该批铜器属商末周初之器，并说明"这批青铜器从族徽看，竟然无一相同"[19]。可知这一批青铜器窖藏也应是周初分器的一个实例。

由以上所论可知，目前公布的出土于陕西的晚商入族铜器基本上是周初分器所致，其出土单位时代皆已入周，晚于铜器铸造时代。晚商入族铜器在上述几个出土单位发现，无法说明晚商时期上述几地居住过入族人，不可以之探讨晚商入族的活动轨迹。

商代入族铜器集中出于安阳殷墟，说明入族族居地应较为单一，可能即在安阳一带。下文还将论及。

这几件出于安阳的商代入族铜器按照出土单位可以分为几组：

一、殷墟西区 M355。出土入丁觚（编号 21）；二、殷都区铁西街道苗圃村（苗圃南地）M47、M58、M67。M47 出土入己鼎（编号 46），M58 出土入觚（编号 47）、入爵（编号 51、52），M67 出土入簋（编号 72）；三、殷都区相台街道戚家庄 M269。出土入器盖（编号 48）；四、花园庄殷墟宫殿宗庙区 M54。出土入戈（编号 57）；五、小屯村殷墟妇好墓。出土入□爵（编号 77）；六、刘家庄北地 M70、H77、M413、M448。M70 出土入簋（编号 58）、入爵（编号 59）、入瓿（编号 63），H77 出土入斝（编号 66），M413 出土入爵（编号 74），M448 出土入鼎（编号 75）；七、东八里庄 M52（M13）。出土入乙爵（编号 73）。

一组：殷墟西区 M355 属于韩建业先生划定的第三墓区Ⅴ分区（3）组[20]。该墓方向 5°，长 2.94、宽 1.34、深 3.75 米，有腰坑殉狗，有棺，墓主仰身直肢，随葬陶觚、爵、铜觚、爵、鼎、簋、瓿、戈、矛，铅戈，玉块贝等物品。发掘者判定该墓时代为殷墟三期[21]。该墓属于中型墓葬，墓主应为低级贵族。M355 另出土有一件铜瓿，有族氏铭文"_羊"，一件铜鼎，有族氏铭文"_羊"，一件铜簋，有族氏铭文"_羊"，铭文虽漫漶，但依旧可辨认是同一族氏铭文。M355 随葬铜器仅出"_羊"与"入"两类族氏铭文，而铭"_羊"者铜器有三件，铭"入"仅一件，说明墓主很可能是"_羊"族氏。入族铜器出于该墓或是出于赗赙。

二组：殷都区铁西街道苗圃村（苗圃南地）发掘较早，但发掘资料至今尚未完全公布。目前以《安阳殷墟青铜器》一书中公布的相关资料最为详细。该书收录的《殷墟南区墓葬青铜器群综合研究》一文有《殷墟南区墓葬出土青铜礼器登记表》。依据该表可知，M47 墓葬方向 15°，墓室面积 5.44 平方米，有棺，随葬一鼎、一戈、二矛，墓葬时代在殷墟三期；M58 墓葬方向 15°，墓室面积 2.65 平方米，有棺，有腰坑，随葬一觚、二爵，墓葬时代在殷墟二期；M67 墓葬方向 280°，墓室面积 7.59 平方米，有棺，随葬二鼎、一簋、一壶、一觚，四戈，一锛，一凿，墓葬时代在殷墟二期[22]。

苗圃南地墓地一共有 50 多座墓，以小型墓为主，出土铜器的墓葬仅几座，且出土铜器铭文中仅有"入"这一族氏名，而不见其他族氏名。M67 与 M58 年代在殷墟二期，M47 年代在殷墟三期，可见入族人入葬该墓地是持续性行为。整理者认为该墓地即是入族的一处族墓地[23]。近年来学者倾向于反思晚商"族墓地"的性质与认定，认为晚商殷墟的墓地结构复杂，过去提出的一些"族墓地"未必尽然[24]。由于缺乏发掘报告，尚无法知晓苗圃南地墓葬空间分布、聚集情况，亦无从知晓墓地其他墓葬葬俗、随葬品信息，无法断定该墓地即是一处族墓地。但综合来看，该墓地为入族族墓地的可能性是较高的。从墓地规模而言，该墓地对应的是若干核心家庭构成的扩展家庭，但尚不足以构成族邑。M67 是该墓地规模最大墓葬,随葬器物亦最为丰富,其墓主应是该支入族的某一代宗族长。张明东先生将晚商墓葬划分为六个等级,其中墓室面积 3~9 平方米的墓葬属于第四等级,墓主身份多为中小贵族[25]。M67 墓室面积达 7.59 平方米,且随葬成套青铜礼器,其墓主身份估计为中级贵族。

三组:与苗圃南地墓地一样,戚家庄 M269 亦属于殷墟南区墓葬,也是戚家庄东墓地中未被盗的较大规模墓葬之一。该墓出土大量青铜礼、乐、兵器及几件陶器,由陶器、铜器类型特点可知,墓葬年代约殷墟三期。出土的 58 件铜器中有铭者近 30 件,其中铭"爰"者 25 件,此外还有几件铭其他族氏名的青铜器。发掘者据此推定墓主属于"爰"族,而铭"入"(发掘者释为"入")的铜器是"送与死者的祭器"[26]。这一推断是正确可从的。近期还有学者据戚家庄墓地出土大量玉石器及制玉工具推定该墓地是制玉从业者墓地,而其中规模较高者可能是制玉作坊管理者[27]。入族铜器出于该墓可能与墓主制玉作坊管理者的身份有关。

四组:花园庄东地 M54 位于殷墟宫殿宗庙区内,距妇好墓 500 米,距花东 H3 甲骨坑仅 50 米。该墓墓室面积达 26.5 平方米,超越妇好墓,且未被盗掘,随葬品十分丰富,计各类随葬品 577 件,其中青铜器多达 265 件[28]。整理者结合墓葬所在地层及出土陶器、铜器判定该墓时代不晚于殷墟二期晚段,墓主应是一位军权在握、地位极高的贵族,属于"亚长"族。值得注意的是,该墓有铭铜器计 131 件,但铜器铭文种类十分单一,除了标本 M54:126(即入戈)以及标本 M54:167 分裆鼎[29] 的铭文外,其余铜器铭文均为"亚长"或"长"[30]。晚商贵族墓葬往往多见不同族氏铜器,作为墓主赗赙,而且"高等级墓葬中的族徽来源比中低等级墓葬要复杂"[31],M54 墓主身份等级极高却几乎不见其他族氏铜器,这种情况是十分罕见的。在这一情况下,入戈作为仅有出现的其他族氏铜器,其器主与 M54 墓主的关系必定非同寻常。同墓出土与入戈形制规格一致的铜戈六件,虽无铭文,但应是同一器主所作。M54 未出其他族氏所作的赗赙铜器,或因 M54 墓主入葬时未受到其他族氏赗赙,也可能是墓主家属未接受其他族氏赗赙作为墓主随葬。墓中这批入族铜戈最可能是 M54 墓主生前近侍所有兵器,近侍殉葬时随葬其武器。M54 一共有 15 具殉人,其中有六具出现于棺椁之间,其余均出于二层台或填土之中。相对而言,出现于棺椁之间的殉人与墓主关系较为亲切。人骨检测显示此六具殉人中有的是十八岁的女性和十余岁的少年,此类殉人可能与墓主存在亲缘关系。六具殉人之中唯有殉人 XZ8 较为特殊,整理者指出"值得注意的是,在 XZ8 的背部放置有数件錾刻圆形盘铜器,从形制和大小来看,似为防护用的铜盾牌"[32]。XZ8 生前应为 M54 墓主近侍。入族铜戈亦出于棺椁之间,与 XZ8 位置相近,有可能是 XZ8 生前使用的武器,也就是说,XZ8 有可能出于入族。

五组:妇好墓发掘整理者将墓中随葬品分为六大类,其中第(四)与第(五)类可以合并成"方国或族的贡品",此类器物例如铭有"卢方名为人戈五"的铜戈[33],表示卢方名为的人贡献了五把铜戈。该墓出土的口爵大约也属于此类物品。

六组：刘家庄北地位于殷墟南部，东临苗圃村，西南方不远即戚家庄，北距殷墟宗庙宫殿区约 1000 米。中国社会科学院考古研究所安阳工作队于 2006、2008、2010 年对该区域进行三次发掘。第三次发掘面积近 3 万平方米，发现殷墟时期道路、沟渠、陶窑、夯土基址、祭祀坑、墓葬、水井、灰坑等遗迹，并出土大量遗物。发掘者将第三次发掘区域划分为Ⅰ～Ⅴ五个区，出土入簋（编号 58）、入爵（编号 59）、入瓿（编号 63）的 M70 位于Ⅲ区西部，出土入爵（编号 74）的 M413 位于 M70 南约 20 多米处，亦位于该区，出土入鼎（编号 75）的 M448 则未标示，不知具体所在。

M70 方向 5°，墓底长 2.45 米，最宽 1 米，有腰坑殉狗。该墓填土、二层台、棺内等处出土青铜器、陶器、玉器、卜骨等 9 件遗物，青铜器有鼎、瓿、簋、爵、觚、刀，其中瓿、簋、爵皆有"入"铭。发掘者综合地层关系、随葬器物判断该墓时代属殷墟二期[34]。从出土器物及墓葬规模看，该墓墓主属于入族，身份为低级贵族。M70 的相关信息已在简报中公布，但 M413 则仅标出其在地图上的位置且提到该墓出土有入爵。由于该墓距离 M70 很近且亦出土入族铜器，可知该墓墓主亦当属入族，或为 M70 墓主近亲。此外 M448 虽未标示位置，但该墓位于此次发掘区且出入族铜器，其墓主很可能亦属于入族。

依据简报，M70 出土的入瓿入葬前曾被敲击导致严重变形，而入簋以及铜鼎、刀已碎成多块，似亦人为造成。"在Ⅲ区西部一片相对集中的墓葬区内，墓葬表现出较为相似的特征：墓葬东西向者居多，不随葬陶器、随葬青铜礼器有故意打碎的现象"，如 M70、M220、M413、M508[35]。在商末周初的一些灰坑、窖藏中可见一些打碎弃置的青铜器，如同区域（刘家庄北地）2008 年发掘的 J30、J31、H326，但这些遗迹单位年代都已经至殷墟四期晚段，发掘者指出可能与周灭商的历史事件相关[36]。M70 时代在殷墟二期，且遗迹性质为墓葬，墓中随葬变形、破碎铜器只能理解为一种特殊葬俗，如同周人毁兵葬一般。商代碎物葬较多见于二里岗文化时期，常见的是用打碎的陶器陪葬，见于偃师商城与郑州商城，铜器碎物葬则主要见于湖北盘龙城商代墓葬，至晚商时期此类葬俗已经较为少见[37]，成为一种特殊葬俗。墓向是东西向抑或南北向，墓葬是否随葬陶器，都具有一定随机性，但特殊葬俗的使用往往具有族群指示性，在一定区域范围内，同使用此类碎物葬的墓葬，其墓主应属同一宗族。由此，已知 M70、M413、M448 墓主均属于入族，则有相同葬俗的 M220、M508 亦属于该族，再以此数座墓位置所在划定一个区域，该区域当即该支入族墓地所在。

出土入玺的 H77 位于 M70 西北方约 60 米处，发掘者认为该灰坑是一处人祭坑，时代为殷墟二期。坑内出土铜印章（入玺）、陶鸮身人面像、陶片、兽骨、原始瓷以及两层人骨等。商代玺印较为少见，此前曾见著录几方传世玺印，皆传出殷墟[38]。科学考古发掘商代玺印数量极少，亦皆出于殷墟。除此入玺外，另外两方玺印分别出于殷墟东南部的安阳市水利局院内以及殷墟西南部王裕口村南地 M103，出于王裕口村南地 M103 的𡥏玺与宾组卜辞贞人𡥏时代相同[39]，其所有者𡥏与贞人𡥏很有可能为一人。

商代铜玺印十分罕见，或许与使用者身份、职业存在某种关联性。不过，H77 就位于入族墓地边上，且与该墓地几座主要墓葬时代相同，玺印一般作为私人凭信，入玺为何会出现于发掘者认为的"人祭坑"，其缘由还需要再做研究。

七组：东八里庄位于殷墟宗庙区西南约 3 千米。1986～1992 年间，为配合基建，安阳市文物工作队发掘了 18 座商墓，其中有 5 座位于东八里庄村。出土入乙爵的 M52 是其一，后该墓被发掘者重新标号为 M13。M52（M13）方向 173°，长 2.34 米，宽 1.08 米，有壁龛，腰坑殉狗，墓中出土陶簋、盘、壶，仿铜陶觚、爵，铜爵、戈、铃，卜骨等，发掘者判定该墓时代为殷墟四期。墓中出土的入乙爵是该墓地出土唯一有铭铜器，发掘者认为出入乙爵的"东八里庄村东的这处殷代墓地的族属应与苗圃南地墓地有关"[40]。

以上将具备相应考古资料的商代入族铜器分为七组加以梳理，可以认识到几点：一、殷墟入族的生活时代自殷墟二期延续至殷墟四期，依据目前考古发现，二期与三期的入族铜器及墓葬相较丰富，表明入族在该时段内可能相对活跃。二、苗圃南地以及刘家庄北地Ⅲ区西部均为入族墓地所在，苗圃南地入族墓地使用时间自殷墟二期延续至三期，刘家庄北地Ⅲ区西部入族墓地使用主要集中于殷墟二期，两处墓地使用时间上存在重叠。由此可推入族在这一时期内至少已分化为两支。而从墓葬规模看，苗圃南地的 M67、M47 墓室面积达 5～7 平方米，刘家庄北地Ⅲ区西部已公布的 M70 墓室面积不超过 2.5 平方米，苗圃南地入族身份地位显然更高，可能是入族主支。三、两处墓地入族葬俗存在较大差别。刘家庄北地Ⅲ区西部的几座入族墓都有碎物葬现象，但此类葬俗似不见于苗圃南地入族墓地。葬俗的差异一方面说明两支入族确实存在差异，另一方面也启发我们思考葬俗与族群的对应性问题。已有学者开始反思文化因素分析法的使用程度、范围、层次等问题[41]，认为"使用同一种考古学文化的人群，有可能根本就分属两个族群"[42]，从这一省思理路出发，使用同一葬俗的未必是同一族群，这种观点亦已为越来越多的考古发现及研究证实。但另一方面也值得注意到，使用不同葬俗的未必都是不同族群，甚至有可能不仅是同一族群，而是同一族氏，且是生存时空相近的同一族氏。夏鼐先生很早指出"根据民族学的资料，同一部落或民族所用的物件，有时有着两种完全不同的类型"[43]，这种自民族学观察得出的结论，可能亦适用于考古。四、出土入族铜器的苗圃南地墓地、戚家庄 M269、刘家庄北地墓地、东八里庄墓地均位于殷墟南区，可见入族的大致生活范围。五、入族铜器能出于妇好墓、花园庄东地 M54 等商王朝高级贵族墓葬中，反映出入族人与商王朝存在较密切的联系。六、碎物葬多见于偃师商城、郑州商城以及湖北盘龙城等早商时期遗址，中商时期已急剧减少，晚商少见，刘家庄北地Ⅲ区西部入族墓地的碎物葬俗源自早商时期商人传统，由此看入族应是具有悠久历史的传统商人族氏。

此外还可以回答入族族居地或早期起源地问题。前辈学者曾提出入族是属于周族一支著名氏族，并认为入族早期曾居住于山西太原附近，后迁至陕西，灭商后某些支族迁至洛阳等地。认为入族早期曾居住于山西太原附近的依据之一是《考古图》第五卷著录的入己爵（《集成》8038）得于"寿阳紫金山"，而该器时代在殷墟三期[44]。依据以上七组殷墟出土入族铜器以及出土背景的分析，可知入族至少殷墟二期就已居住于殷墟，且居住时间延续至于商末。得于"寿阳紫金山"的入己爵缺乏明确出土信息，而且"寿阳紫金山"并不在山西太原附近，而是在今安徽省寿县八公山乡紫金山。该器的时代较晚，应在商末周初，甚至很可能已进入周初，出于"寿阳紫金山"当是周初分器或入族人在周代商以后迁徙等原因导致，因此无法以之推测入族早期族居地所在。还有学者认为"关中西部出土入器最多，绝非偶然，那一带很可能就是入人的家乡"[45]，也是值得商榷的。首先出于关中的入器与殷墟相较并不多，更重要的是前文已经说明出于关中的商代入族铜器均出于周初墓葬，应是周初分器。此前已有学者提到"殷墟出土如此多的入铭青铜器，并有较明确的家族墓地，且有出土于祭祀坑内的铜质印章，这将促使学术界重新考量入族的起源问题"[46]，确有道理。商代入族可能很早就已定居殷墟，且长期定居于殷墟。

综合以上讨论，可梳理出商代入族的大致发展脉络："入"可能是"胄"象形初文，该族族氏名亦可作"𩱞"。入族是历史悠久的商人族氏，兴起时间不晚于殷墟二期。终晚商二百余年，该族氏长期生存活动于殷墟一带，尤其集中于殷墟南区，似乎未迁徙至殷墟以外地区。殷墟地区至少形成了两处入族墓地，使用时间分别在殷墟二三期以及殷墟二期，不同的葬俗选择表明在这一时期殷墟入族可能已经出现族氏内部的分化，形成主支与旁支。从入族铜器出于妇好墓、花园庄东地 M54 亚长墓这样的高等级贵族墓来看，入族人可能与一些商王朝高级贵族存在较密切的联系，亦可能参与国家政治、军事活动。从统计到的商代入族铜器数量以及一些可以确认的入族墓葬规模看，该族人口数量应较为庞大，其宗族长身份一般约为中级贵族。

三、西　周　入　族

表二统计西周时期入铭铜器 49 件，其中甗 2、鼎 9、簋 3、卣 8、尊 9、觯 5、爵 13。相比商代入铭铜器，在器类方面主要减少了觚、瓿、盉、斝、戈、削、玺，增加了甗。从比例看，鼎的比例从商代的 6.4% 上升至西周的 18.4%，觯、尊、卣的比例从 17.9% 上升至 44.9%；但爵的比例则从 39.7% 降至 26.5%。觚的消失与觯的增加表明在随葬铜器组合方面由爵觚传统转变为爵觯传统，这是殷遗族氏入周后的一个较为普遍性的转变[47]。从器用角度言，兵器、杂器不见，仅剩食器、酒器，食器（包括鼎、簋、甗）占比从 15.4% 升至 28.6%，酒器（包括爵、觚、觯、斝、尊、卣、盉等）占比从 78.2% 变为 71.4%，具体而言，炊煮器鼎的比例大幅上升，甗则首次出现，但盛食器簋的比例实际变动似乎不大。饮酒器爵的比例有较大下降，值得注意的是盛酒器觯、尊、卣占比的大幅上升，这也是酒器占比变化幅度较小的原因（表三）。

表二 西周入铭铜器统计表

序号	著录号	器名	出土地	铭文	器影
1	《集成》783	入甂	河南省洛阳市	入	
2	《集成》812	入父乙甂	陕西省扶风县齐家村 M19：22	入父乙	
3	《集成》1154	入鼎		入	
4	《集成》1155	入鼎		入	
5	《集成》1156	入鼎	陕西省陇县韦家庄墓葬	入	
6	《集成》1601	入父戊鼎		入父戊	
7	《集成》1648	入父辛鼎		入父辛	
8	《集成》1649	入父辛鼎		入父辛	
9	《集成》1671	入父癸鼎		入父癸	
10	《集成》1696	入父戊鼎	河南省洛阳市	入父戊	
11	《集成》3144	入父甲簋	辽宁省喀左县山湾子窖藏		

序号	著录号	器名	出土地	铭文	器影
12	《集成》3430	入父丁簋		入。乍（作）父丁彝	
13	《集成》4766	入卣		入	
14	《集成》4921	入父乙卣		入父乙	
15	《集成》4940	入父丁卣		入父丁	
16	《集成》4982	入父辛卣		入父辛	
17	《集成》5254	猷卣	河南省洛阳市	猷乍（作）宝尊彝。入	
18	《集成》5608	入祖辛尊		入祖辛	
19	《集成》5621	入父乙尊		父乙入	

序号	著录号	器名	出土地	铭文	器影
20	《集成》5622	入父乙尊		入父乙	
21	《集成》5633	入父丁尊		入父丁	
22	《集成》5892	猷尊	河南省洛阳市	猷乍（作）且（祖）辛宝尊彝。入	
23	《集成》5989	作册睘尊		才（在）序，君令余乍（作）册睘安尸（夷）白（伯），尸（夷）白（伯）宾用贝、布，用乍（作）朕文考日癸旅宝。入	
24	《集成》6235	入父乙觯	陕西省宝鸡市纸坊头 M1：14	入父乙	
25	《集成》6278	入父己觯	陕西省宝鸡市竹园沟 M4：5	入父己	
26	《集成》6309	入父辛觯		入父辛	

续表

序号	著录号	器名	出土地	铭文	器影
27	《集成》6310	入父辛觯		入父辛	
28	《集成》7694	入爵		入	
29	《集成》7695	入爵		入	
30	《集成》8038	入己爵	安徽省寿县紫金山	己入	
31	《集成》8320	入祖丙爵	陕西省陇县东风镇南村墓葬	入且（祖）丙	
32	《集成》8493	入父丁爵		入父丁	
33	《集成》8494	入父丁爵		入父丁	
34	《集成》8496	入父丁爵		入父丁	

序号	著录号	器名	出土地	铭文	器影
35	《集成》8591	入父庚爵		入父庚	
36	《集成》8733	入父□爵		入父□	
37	《近出》397	入父辛簋		入父辛	
38	《近出》871	入父乙爵		入父乙	
39	《新收》792	入卣	陕西省泾阳县高家堡 M4：17	入	
40	《新收》793	入卣	陕西省泾阳县高家堡 M4：28	入	
41	《新收》1801	入盉		入	
42	《新收》1912	入父丁尊		入	

续表

序号	著录号	器名	出土地	铭文	器影
43	《铭图》10479	八父癸觶	湖北省随州市叶家山 M27：11	八父癸	
44	《铭续》90	八父戊父丁鼎		八父戊父丁	
45	《铭续》647	八父辛爵	湖北省随州市叶家山 M28：172	八父辛	
46	《铭续》811	易卣		八。易乍（作）且（祖）丙彝	
47	《铭三》753	八祖乙爵		八祖乙	
48	《铭三》778	八◇父乙爵	湖北省随州市叶家山 M107：10	八◇父乙	
49	《铭三》973	八祖乙尊		祖乙八	

表三　入铭铜器器类统计表

器类	鼎	簋	甗	卣[48]	尊	觯	觚	瓿	爵	盉	斝	戈	削	不明	玺
晚商	5	7	0	7	3	4	8	2	31	5	1	2	1	1	1
	6.4%	9%		9%	3.8%	5.1%	10.3%	2.6%	39.7%	6.4%	1.3%	2.6%	1.3%	1.3%	1.3%
西周	9	3	2	8	9	5	0	0	13	0	0	0	0	0	0
	18.4%	6.1%	4.1%	16.3%	18.4%	10.2%	0	0	26.5%	0	0	0	0	0	0
总数（件）	14	10	2	15	12	9	8	2	44	5	1	2	1	1	1
比例	11%	7.9%	1.6%	11.8%	9.4%	7%	6.3%	1.6%	34.6%	3.9%	0.8%	1.6%	0.8%	0.8%	0.8%

据张礼艳先生统计，丰镐地区西周墓葬出土铜容器中，鼎、簋、爵、觯、觚、尊、卣的比例分别为 35.6%、16.2%、12.6%、6.3%、4.1%、3.2%[49]。将西周入铭铜器与之相较，可以看出很显著的差别，与丰镐地区西周墓葬出土食器占所有青铜器类核心地位不同，入铭酒器在西周时期依旧占据核心地位，食器只占次要地位，可见周代商以后入族人在铜器器用方面一定程度上维持了商人传统，与周人核心腹地人群铜器器用存在一定差别。纵向比较看，西周入族铜器器用较晚商时期则已发生较大改变，鼎占比的提高与甗的出现应是受到周人重食组合传统[50]的影响。酒器方面，爵的占比有较明显的下降，但殷墟晚期兴起的尊卣组合传统却进一步发展，这大概是因为同时期周人亦吸收继承了商人的这种尊卣组合传统[51]。故从这几个方面看，西周入族人在铜器器用方面亦无可避免地受到周人传统某种程度的渐染。

根据以上收集的具有出土信息的入族铜器，可以将西周入族铜器出土地分为：一、湖北随州；二、河南洛阳；三、安徽寿阳；四、辽宁喀左；五、陕西扶风、宝鸡、陇县、泾阳。

1. 湖北随州

随州叶家山墓地多出殷遗族氏铜器。目前统计到出土于随州的入族铜器有三件，均出于叶家山曾国墓地。分别为：入父癸觯（《铭图》10479，编号 43）、入父辛爵（《铭续》647，编号 45）、入◇父乙爵（《铭三》778，编号 48）。

入父癸觯出于 M27。据发掘简报及相关图录、专著可知[52]，M27 位于 M2 南 25 米，M28 东约 12 米，方向 100°。墓口东西长 6.7、南北宽 4.9 米，随葬品有铜器、陶器、漆木器、原始瓷器、玉器等。其中铜器有方鼎、圆鼎、甗、鬲、簋、爵、觚、觯、尊、卣、罍、觥、盉、盘等。学者曾指出出土两件中型方鼎的墓葬多属方国国君[53]，依据 M27 出土"曾侯"铭铜鼎，但随葬器物不见兵器且出土大量陶器和原始瓷器的特点，可知墓主为曾侯夫人[54]，又通过墓位关系、出土铜器铭文等因素可以进一步认定 M27 墓主与 M28 墓主应为夫妻关系[55]。关于 M27 的时代也有较多争议，发掘者认为 M27 在昭王晚期或昭穆之间，李学勤先生认为不早于昭穆之世，朱凤瀚先生则认为不晚于康王晚期[56]。综合考虑诸家观点当以昭王晚期为是。

除㐰以外，M27 出土的族氏铭文还有举、戈、冉、守、𤔲等。其中𤔲相较少见，举、戈、冉、守、㐰都是商代常见族氏。多种族氏铭文出于一座周墓中很容易就使人联想到周初分器。但一般而言，分器墓的年代都较早，多为西周早期早段或中段，也就是武成康时期，但 M27 时代已属西周早期晚段。其次，假如是分器，器物时代必定早于西周。该墓出土的族氏铜器似乎存在一定时代跨度，有的看器型确实较早，例如墓中出土的守父乙觯（M27∶9）侈口长颈，鼓腹，通体光素无纹，形制与安阳刘家庄 M9∶36 出土的举父癸觯（《近出》663）相近，此类器型时代在商末周初。但也有时代偏晚的族氏铜器例如举妣夒壶（M27∶3），其形制与西安长安区沣东斗门镇花园村 17 号墓出土的𤔲𣪘壶（《集成》9595）几乎完全一致，时代在昭穆时期。该器或为学者推测该墓年代下限的依据之一。虽然守父乙觯器型时代较早，无法遽定，但同墓出土的举妣夒壶不可能是分器，最有可能是当时某举族人对墓主的赗赙。㐰父癸觯的器型不是很典型，不易判断时代。该器敞口，弧腹下垂，颈弧束，喇叭形高圈足外撇。圈足以上部分与扶风召李 M1 出土的一件觯相似，召李 M1 出土的觯时代在西周早期晚段，其喇叭形外撇圈足则像长安花园村 M15 出土的一件觯，花园村 M15 出土的觯时代约西周中期早段。综合来看㐰父癸觯时代亦当归在西周早期晚段左右，与墓葬约略同时。其性质应与举妣夒壶相似，以㐰族对墓主的赗赙可能性为大，不可能是周初分器。

㐰父辛爵出于 M28，该墓规模宏大，随葬品十分丰富，其中铜器多达 606 件，其中有铭青铜器 21 件，大量带"曾侯""曾侯谏"铭文，发掘者判定该墓为某位曾侯墓，并结合出土器物形制、纹饰等因素综合判断墓葬时代为昭王前期[57]。㐰父辛爵出于该墓北二层台偏东，该爵形制接近朱凤瀚先生划分的 Db 型Ⅲ式爵[58]，此类型爵时代跨度自殷墟四期至西周早期，难以遽定更为确切的时代。但考虑到 M28 墓主与 M27 墓主为夫妻关系，而 M27 出土的㐰时代较晚，可能是对 M27 墓主的赗赙，㐰父辛爵的性质可能也是赗赙，时代稍早于㐰父癸觯，约康王晚期或昭王早期。除㐰父辛爵外，M28 出土的异族铜器还有举母辛觯（M28∶168）。

还有一件㐰◇父乙爵出于 M107。M107 是位于叶家山墓地中部的一座中型墓葬，该墓出土的 11 件青铜容器绝大多数都有铭文和族氏名，且大部分铭文族氏名相异，表明该墓存在一定特殊性。发掘者结合墓葬规模、位置以及墓中出土的一件"曾伯作西宫宝尊彝"爵判定墓主是一位不知名的曾伯。发掘者认为该墓出土"多日名多族徽"铜器的现象符合黄铭崇定义的"局部分器墓"的特征，但同时也说明"分析 M107 这些铜器器型纹饰等特征，可以看出这些器物铸造年代不会太早，有些器物已到西周早中期之际。因此，M107 与所谓的商周之际的'分器墓'又有明显的差异。M107 铜器铭文表现出的这些特殊现象值得关注"[59]。既然器物时代已入周，甚至已到西周早中期之际,无疑不是周初分器[60]。

入族虽为商周时期的大族,但却罕见该族与他族的复合氏名。入◇父乙爵是少见的该族与他族组成复合氏名的铜器。◇族亦为商周时期大族,该族氏名有时亦填实作◆[61],相关铜器颇多,且存续时代较长。从相关铜器出土地看,该族在晚商时期亦居于殷墟。◇族当非入族分支,复合氏名"入◇"更可能是表示两者间存在联姻或联盟关系[62]。

2. 河南洛阳

目前统计到出土于洛阳的入族铜器有四件,分别为:入甗(《集成》783,编号1)、入父戊鼎(《集成》1696,编号10)、猷卣(《集成》5254,编号17)、猷尊(《集成》5892,编号22)。

入父戊鼎圆腹圜底,腹较深,三足呈圆柱形,上粗下细,口沿下一周饰若干组夔纹和圆涡纹相间的纹饰带,与宝鸡竹园沟出土的丰公鼎(《集成》2152)形制接近,时代约西周早期晚段。猷卣、猷尊是少有的记录器主私名的入族铜器。私名为猷者,还有南公有司猷鼎(《集成》2631)铭文的器主,但该器形制较晚,已到西周中晚期,与猷卣、猷尊的器主应该无涉。猷卣属于《分期断代》划分的Ⅱ型1式a类卣,此类扁圆体罐形卣流行于西周早中期。猷尊属于Ⅱ型2式尊,此类器型流行于西周早期后段。从以上几件铜器看,西周早中期当有一支入族人居于成周。

3. 安徽寿阳

出于安徽寿阳紫金山(今寿县)的入己爵(《集成》8038,编号30)前文已经述及。

4. 辽宁喀左

入父甲簋(《集成》3144,编号11)出于辽宁喀左平房子乡山湾子村窖藏。该窖藏出土青铜器22件,包括鼎1、鬲1、甗3、盂1、尊1、卣1、罍3、簋10、盘状器1。其中有铭文的15件,有子荷戈甗、伯矩甗、鱼尊、舟父甲卣、史方罍、父乙簋、入父甲簋、庚父戊簋、尹簋、倗万簋、鼀伯簋。发掘者指出山湾子窖藏无论从形制、纹饰、铭文、器类、年代、铸造工艺等方面都可以看出它们不是成套的组合,而是一个汇合体,有的器物使用磨损,有的器物经过补修,并认为铜器年代有小部分属于商末,大部分在西周初期。这批铜器组合复杂,徽号不一,可能是周初将战争中掠夺来的殷器分给下属贵族造成的[63]。该窖藏的情况较为复杂,并非全为周初分器[64],应是综合了自铸、分器、馈赠、赏赐等来源。入父甲簋形制与铭文记录周公东征的禽簋相接近,年代或在周公摄政时期。由于周公东征之时可能亦有分器行为,故部分作于武王伐纣至于成王嗣位时期的殷遗族氏铜器也有作为分器的可能。以上两方面原因造成难以判断山湾子窖藏所出入父甲簋的具体性质。

5. 陕西扶风、宝鸡、陇县、泾阳

西周时期入族铜器主要出于陕西，呈现数量多、遗址多的特点。

（1）扶风

入父乙甗（《集成》812，编号 2）1978 年出于扶风齐家 M19。该墓方向 347°，墓口小底大，剖面呈梯形，墓底长 4.2、宽 2.6 米，墓底距今地表 7.6 米。有腰坑殉狗。墓葬保存完好，共出器物 70 余件，其中铜器 12 件，其余为陶器、玉器等。发掘者结合墓葬出土器物判断墓主身份为士，墓葬时代为穆王末年或共王初年，未说明墓主族属[65]。

依据墓葬简报披露可知，该墓是十分典型的殷遗墓。理由大约有几点：一、该墓有腰坑殉狗。二、墓葬出土仿铜陶礼器。而随葬仿铜陶礼器的现象多见于西周早期洛阳、丰镐、周原等地殷遗墓葬中[66]。三、该墓所出鼎 2、簋 2、爵 2，且各自器型一致，很符合雷兴山先生提出的西周殷遗墓葬随葬组合中存在的"偶数同形"现象[67]。四、出土铜器包括爵觯、盘盉等西周初年殷遗民墓葬惯用的酒、水器组合。

墓中所出仅入父乙甗铭文提供了具体私人信息，发掘者已经指出，入父乙甗在形制与纹饰方面与长安普渡村长由墓所出铜甗极为相似[68]，而长由墓时代公认在穆王时期。由此可知，入父乙甗的铸造时代与墓葬年代相隔不会很久，入父乙甗有可能是墓主自作器，也不排除是当时入族人对墓主的赗赠或馈赠。

该墓所在的位置也值得注意。自 1949 年以来，扶风齐家村已陆续出土十余批墓葬或窖藏西周铜器。其中有很大一部分是殷遗民所作，例如戈父己鼎（《新收》670）、父丁爵（《集成》7921）、父己觯（《集成》6121）、亚牧鬲（《铭图》2674）、亚牧瓿（《铭图》9781、9782）、牧父己爵（《铭图》8098）、父庚爵（《铭图》7617）、日己方尊（《集成》5980）、日己方彝（《集成》9891）、日己觚（《集成》9302）等。这些铜器的时代分布自西周早期至西周中期，尤以西周早期晚段及西周中期早段铜器为多。铭文族氏不一，出土单位分散，或出于窖藏，或出于墓葬。由此可见西周早期至西周中期这一段时期内该地区有多支殷遗族氏生存，但单支族氏的规模不会很大，可能仅由几个家庭构成。

（2）宝鸡

出于宝鸡地区的入族铜器有两件，一名入父乙觯（《集成》6235，编号 24），一名入父己觯（《集成》6278，编号 25），前者出于宝鸡纸坊头 M1，后者出于宝鸡竹园沟 M4。

宝鸡纸坊头墓地、竹园沟墓地及茹家庄遗址、墓地、车马坑等均属于西周早中期强国相关遗址。20 世纪七八十年代，在宝鸡茹家庄、竹园沟、纸坊头等地曾先后发现强国墓葬，2003 年 9 月又发现纸坊头 M2、M3[69]，目前总计发掘墓葬 29 座，车马坑、马坑若干座，出土文物近三千件。

整理者依据纸坊头 M1 出土陶器、铜器判断墓葬时代约成王前期，是可信的。入父乙觯的时代不会晚于此时。弜国属于周人团结的西土友邦之一，参加灭商战争从而获得分器是不难想见的[70]。2003 年发掘的纸坊头 M2、M3 亦出土了殷商族氏铜器如史父乙盉（《铭图》14650）、□册作父己甗（《铭图》3308）、山父丁壶（《铭图》12069）、□□祖乙簋（《铭图》4212）等，时代早至商末，也是弜国人灭商以后带回的分器。

出土入父己觯的竹园沟 M4 时代要晚于纸坊头 M1，整理者结合墓葬出土铜器及铜器铭文等分析认为墓葬时代约为昭王晚期，墓主是弜国宗族支庶之一弜季。从时代而言，弜季相当于纸坊头 M1 墓主弜伯的孙辈，用其祖上遗留的分器作为随葬品是存在可能的。入父己觯属于朱凤瀚先生《中国青铜器综论》划分的 C 型 I 式觯，此型流行于商末周初，是祖上遗留周初分器的可能性比较大。

（3）陇县

出于陇县一带的入族铜器有两件，入鼎（《集成》1156，编号 5）出于陇县韦家庄墓葬，入祖丙爵（《集成》8320，编号 31）出于陇县东风镇南村墓葬。

1977 年陇县天成镇韦家庄发现西周早期墓葬一座，清理出土青铜礼器、兵器、车马器及卜骨等文物 70 余件，该墓未出专门发掘简报，《陕西金文集成》第六册可见一些简略的信息。该墓出土有铭铜器 7 件，其中有一件牧正尊（《集成》5575）很值得留意。四川彭县竹瓦街窖藏曾出一件牧正父己觯（《集成》6406），徐中舒先生指出是蜀人参加武王伐商的战利品，或周王颁赐的掳掠物[71]。牧正父己觯与牧正尊应是同人所作，由此可知陇县韦家庄的牧正尊大约也是周初分器所得。该墓时代不晚于成王时期[72]，出土铜器没有明确组合，且有多种族氏铭文，可以归入黄崇铭先生划分的"典型分器墓"。入鼎年代在商末周初，也应是墓主所得战利品或分器。

出于陇县东风镇南村西周墓的入祖丙爵与入鼎情况相似。

（4）泾阳

入卣（《新收》792，编号 39；《新收》793，编号 40）均出于陕西泾阳高家堡戈国墓地 M4。两件卣大小不一，但是形状、花纹全同，可能是一组器。两件入卣器体椭圆，拱形提梁，器盖中间有一菌状提纽，器肩部有一圈带状纹，两面中间均饰浮雕兽首，器身深腹下垂外鼓，圜底，矮圈足外撇呈喇叭形。此型卣流行于商末周初。除以上两件入卣外，高家堡戈国墓地还出有例如覃、天、保、又等族氏铜器多件。张懋镕先生指出该墓就现象而言确为分器，但是性质属于"商制墓"[73]。身为殷遗的戈族却获得了分器，是因为"戈族一支很早来到高家堡，可能也参与了伐商，所以分得很多他族的物品，墓中会出现其他族徽的青铜器"[74]。整理者已指出该墓地一号墓的时代上限可早至于文王时期，时在灭殷前[75]，表明这支戈族人很早就已进入关中，二号墓出土圆鼎铭文"亚夫父辛册册"则表明该家族可能王朝担任作册官职，张说可信。类似高家堡戈国墓葬这样，墓主属于殷遗民，然而墓葬出土其他殷商族氏铜器又是周初分器的情况较为特殊，有其独特历史背景，值得注意。

以上分析梳理了出土于陕西一带的西周入铭铜器，其中除了出于扶风齐家村 M19 的入父乙甗可能为墓主自作器或同时期入族人对墓主的赠赙以外，其余的入铭铜器基本可以归为分器。前文分析商代入铭铜器时，提到了数件亦为分器且出于陕西的入铭铜器。就性质而言，这些入铭铜器均为分器，但时代略有区别，前者铸于晚商，后者可能铸于武王伐纣至于周公东征这一段时间，考古学中将这段时期称为"文化融合时期"。其中涉及对周初分器一些新的认知，另有专文讨论。

西周时期有明确出土信息的入铭铜器已如上述，这些铜器铭文都很短，往往只记录族氏名以及日名，只能结合其出土背景做出蠡测。在所有商周入铭铜器中，唯有一件作册睘尊（《集成》5989，编号 23）铭文记录了具体事件。其铭曰：

> 才（在）庠，君令余乍（作）册睘安尸（夷）白（伯），尸（夷）白（伯）宾用贝、布，用乍（作）朕文考日癸旅宝。入。

除此之外，作册睘所作器还有吴式芬等人旧藏的作册睘卣（《集成》5407），其铭为：

> 隹（唯）十又九年，王才（在）庠，王姜令乍（作）册睘安尸白（夷伯），尸白（夷伯）宾睘贝、布，扬王姜休，用乍（作）文考癸宝障（尊）器。

合观两篇铭文可知所记为一件事，两器器主作册睘为一人，因此作册睘卣虽无标示族氏名"入"，亦属于入族铜器。类似未标示族氏名但亦属某族氏铜器的情况估计还很不少，但如今已不可确知。

学界关于两器时代主要有成王、昭王两种观点。由于成王、昭王在位时间均不少于十九年，学者断代的依据主要在于铭文中"王姜""王在庠"这两条线索。由此两条线索又牵扯到许多周初铜器例如令方彝等，并涉及"康宫问题"，这其中牵涉的问题太大，非本文所能解决的。这里仅提出一点猜测，笔者以为西周早期金文中应有两位王姜，一为武王之后邑姜，一为康王之后王姜。就两器器型以及铭文字体风格而言似乎稍晚，铭文中的王姜或是康王之后，昭王之母。

铭文记载睘的官职为作册，作册一职已见于晚商甲骨、金文，著名的有作册般。西周早期也有不少作册，例如作册夨令、作册旂等，这些作册均使用族氏名、日名，一般是殷遗民。学者多有论及[76]。王朝作册属于王室贵族近臣，晚商以来即是如此，例如作册般鼋（《新收》1553）铭文记录商王帝辛在洱水射猎，作册般赞射[77]。两件作册睘器铭文记录作册睘为王姜安夷伯，所谓"安夷伯"，就是"向夷伯问安"，夷伯应是位于山东的夷国君长，《左传·隐公元年》："纪人伐夷"，杜预注"夷国在城阳庄武县"，《左传·桓公十六年》载"卫夷公卒于夷姜"，可见夷国是姜姓国[78]。夷国大概是王姜母国，夷伯应是王姜之父或兄弟。"安夷伯"属于王姜下达的私人事务，承担此事的作册睘显然深得信任，其身份或类似蔡簋（《集成》4340）铭文中"司王家""出入姜氏命"的蔡。

除了作册睘尊、卣以外，西周早期名睘者作器还有伯睘卣（《集成》5326、5327），族氏铭文为"五"，与作册睘非一人。

四、结　语

经过本文讨论，可知"入"可能是"胄"象形初文，该族族氏名亦可作"𠂤"。入族是历史悠久的传统商人族氏，兴起时间不晚于殷墟二期。终晚商二百余年，该族氏长期生存活动于殷墟一带，似未迁徙。从统计到的商代入族铜器数量以及一些可以确认的入族墓葬规模看，该族人口数量应较为庞大，其宗族长身份一般约为中级贵族。从族墓地以及葬俗来看，该族在商代可能已出现内部分化。

周代商进程中，不同入族人面对周人态度的差异，导致了不同的境遇。有的入族人可能属于抵抗派，这一类入族人遭到周人镇压，所作铜器被周人瓜分。出土于陕西武功游凤乡黄南窑村、麟游九成宫后坪村、宝鸡戴家湾、宝鸡竹园沟、纸坊头、陇县韦家庄等地的入族铜器大概都是分器性质。

还有入族人选择了妥协与合作。这类入族人被迁往姬姓曾国、成周、关中等地居住，这一迁徙安置方式与商周时期的束族完全一致，当时经历类似迁徙安置方式的殷遗族氏还有不少。由此可知《多士》记录践奄归来以后对殷遗多士讲话称要"移尔遐逖"，当是有具体规划的，周初可能有几个固定的殷遗族氏迁徙安置点，这种迁徙安置点的选定应出于一定目的。与束族一样[79]，一些有能力有才干的入族人被吸纳进王朝政府供职。例如作册睘尊、卣铭文记载入族人作册睘被王姜派遣出使慰问母国，很受周人信任。

入族所经历的种种离散与迁徙、怀柔与吸纳过程在商周嬗代之际的历史浪潮中并非个例，朱凤瀚先生曾论述冀族在西周的境遇，总结道"冀氏在西周初期即被周人瓜分，一部分族人随召公家族迁于燕地，成为燕侯下辖的武士；一部分可能被迁到关中王畿地区，成为独立的贵族家族（如庚氏）；另一些族人则分属于王或其他周人高级贵族，作为王的扈从或周人贵族之家臣。但冀氏尽管已被拆散，而其分到各处之分支族属却依然使用着举作为其宗族名号"[80]，本文所叙入族所经历的与之相似。类似的还有戈族，西周时期的戈族铜器在长安普渡村、泾阳高家堡、洛阳北窑、房山琉璃河等地均有出土，有的墓葬有一定规模，表明墓主人身份较高，总的看西周时期戈族大约也经历了离散、迁徙、怀柔、吸纳的过程。同时需要说明的是，经历这一过程的似大多为殷商时期的强宗大族，举、戈两族所作铜器均以上百计，自不待言，本文所论的入族所作铜器亦有数十件之多，超过大多殷商族氏。宫长为、徐义华两先生曾总结周人迁徙殷遗民的策略道"下层商人因为宗族势力较小，与政治中心权力关系疏远，不会产生强烈的复国情绪，所以大多留在当地，而有势力和反抗情绪与能力的大族和上层贵族，则多被迁往各地，以消弭隐患。"[81]所论极确。此外，西周时期殷墟的文化遗存寥寥可数，而在殷墟周边却存在大量遗址，文化传统表现为浓厚的殷商风格。这是因为文献记载的殷遗民，其主体甚至大多数人是原居住于殷商王都中的以家族为单元的族群。周公东征后，对这些族群进行强制性分徙措施，从而使兴盛两百余年的殷商王都空心化[82]。也就是说，周人离散、迁徙的对象，主要还是原先居住于殷商王都中的强宗大族。殷墟二、三期时就已经迁居王都居住的入族，自然是在此离散迁徙对象范围之内的。同样的，周人怀柔与笼络的也是这些原先的强宗大族[83]，入周以后，最高层的殷遗民成为"周王之客"，少数殷遗民可不坠厥位，维持贵族身份，而多数殷遗民已沦为平民，虽未必降于皂隶，然亦罕能跻身显贵。周人对殷遗民采取区分层次、区别对待的办法。

商周嬗代对于入族带来的影响不仅仅是居地的转移与阶层的流动，还体现在具体器物层面。入族所作铜器中，鼎的比例从商代的6.4%上升至西周的18.4%，觯、尊、卣的比例从17.9%上升至44.9%，但爵的比例则从39.7%降至26.5%。鼎的比例上升很大程度上是受到周人"重食"传统的影响；觚的消失与觯的增加表明在随葬铜器组合方面由爵觚传统转变为爵觯传统；尊、卣数量的增加则表明自商末以来的尊卣组合传统得到了进一步的发展。

另一方面，目前收集到的入族铜器似未有晚于西周中期，表明大约以西周中期为界，入族人可能已不再标示族氏名，在称名方面已经逐渐摒弃传统，融入周人浪潮。梳理其余殷遗族氏材料可知，这种大约发生于西周中期的转变并非个例。

注　释

［1］　徐义华：《中国古史分期问题析论》，《中国史研究》2020年第3期。

［2］　（宋）薛尚功：《历代钟鼎彝器款识法帖》，《金文文献集成》（第九册），线装书局，2005年，第29页。

［3］　（清）阮元：《积古斋钟鼎彝器款识》，《金文文献集成》（第十册），线装书局，2005年，第81页。

［4］　（清）徐同柏：《从古堂款识学》，《金文文献集成》（第十册），线装书局，2005年，第442页。

［5］　（清）吴大澂：《愙斋集古录》，《金文文献集成》（第十二册），线装书局，2005年，第419页。

［6］　（清）刘心源：《奇觚室吉金文述》，《金文文献集成》（第十三册），线装书局，2005年，第240页。

［7］　（清）刘心源：《奇觚室吉金文述》，《金文文献集成》（第十三册），线装书局，2005年，第444页。

［8］　李孝定、周法高、张日升：《金文诂林附录》，香港中文大学，1977年，第625（2260）条。

［9］　赵平安：《金文释读四篇》，《语言研究》1994年第1期。

［10］　李孝定：《甲骨文字集释》，"中央研究院"历史语言研究所，1970年，第2851页。

［11］ 杨泓：《古代兵器通论》，紫禁城出版社，2005 年，第 86、87 页。

［12］ 刘钊：《古文字构形学（修订本）》，福建人民出版社，2011 年，第 109 页。

［13］ 裘锡圭：《"畀"字补释》，《裘锡圭学术文集》（第一卷　甲骨文卷），复旦大学出版社，2012 年，第 30 页。

［14］ 于省吾主编、姚孝遂按语编撰：《甲骨文字诂林》，中华书局，1996 年，第 716 页。

［15］ 康乐：《武功县出土商周青铜器》，《文博》1986 年第 1 期。

［16］ 陕西省博物馆、陕西省文物管理委员会：《陕西岐山贺家村西周墓葬》，《考古》1976 年第 1 期。

［17］ 黄铭崇：《从考古发现看西周墓葬的"分器"现象与西周时代礼器制度的类型与阶段》，《"中央研究院"历史语言研究所集刊》第八十三本第四分，2012 年，第 607～670 页；第八十四本第一分，2013 年，第 1～82 页。

［18］ 李学勤：《西周时期的诸侯国青铜器》，《中国社会科学院研究生院学报》1985 年第 6 期。

［19］ 麟游县博物馆：《陕西省麟游县出土商周青铜器》，《考古》1990 年第 10 期。

［20］ 韩建业：《殷墟西区墓地分析》，《考古》1997 年第 1 期，第 64 页。

［21］ 中国社会科学院考古研究所安阳工作队：《1969～1977 年殷墟西区墓葬发掘报告》，《考古学报》1979 年第 1 期，第 128 页。

［22］ 安阳市文物工作队、安阳市博物馆：《安阳殷墟青铜器》，中州古籍出版社，1993 年，第 18 页。

［23］ 安阳市文物工作队、安阳市博物馆：《安阳殷墟青铜器》，中州古籍出版社，1993 年，第 19 页。

［24］ 郋向平：《晚商"族墓地"再检视》，《古代文明》（第 12 卷），上海古籍出版社，2018 年，第 123～131 页。

［25］ 张明东：《商周墓葬比较研究》，中国社会科学出版社，2016 年，第 64～70 页。

［26］ 安阳市博物馆：《殷墟戚家庄 269 号墓发掘简报》，《中原文物》1986 年第 3 期。

［27］ 曹芳芳：《殷墟戚家庄东墓地墓主身份辨识》，《考古》2021 年第 4 期。

［28］ 中国社会科学院考古研究所：《安阳殷墟花园庄东地商代墓葬》，科学出版社，2007 年，第 93 页。

［29］ 该鼎铭文为"亚某"，漫漶不清无法辨识，抑或是"亚长"。

［30］ 中国社会科学院考古研究所：《安阳殷墟花园庄东地商代墓葬》，科学出版社，2007 年，第 222～230 页。

［31］ 张天宇：《一墓多族徽与商周分界》，《江汉考古》2016 年第 6 期。

［32］ 中国社会科学院考古研究所：《安阳殷墟花园庄东地商代墓葬》，科学出版社，2007 年，第 80 页。

［33］ 中国社会科学院考古研究所：《殷墟妇好墓》，文物出版社，1980 年，第 15 页。

［34］ 中国社会科学院考古研究所安阳工作队：《河南安阳市殷墟刘家庄北地 2010～2011 年发掘简报》，《考古》2012 年第 12 期。

［35］ 中国社会科学院考古研究所安阳工作队：《河南安阳市殷墟刘家庄北地 2010～2011 年发掘简报》，《考古》2012 年第 12 期。

［36］ 中国社会科学院考古研究所安阳工作队：《河南安阳市殷墟刘家庄北地 2008 年发掘简报》，《考古》2009 年第 7 期。

［37］ 郜向平：《商墓中毁器习俗与明器化现象》，《考古与文物》2010 年第 1 期；李雪婷：《盘龙城遗址碎器葬俗研究》，《江汉考古》2017 年第 3 期。

［38］ 于省吾：《双剑誃古器物图录》，中华书局，2009 年，第 127～132 页。

［39］ 何毓灵、岳占伟：《论殷墟出土的三枚青铜印章及相关问题》，《考古》2012 年第 12 期。

［40］ 安阳市文物工作队：《安阳市殷代墓葬发掘简报》，《华夏考古》1995 年第 1 期。

［41］ 桑栎：《文化因素分析方法的省思——以二里岗文化的研究为例》，《南方文物》2017 年第 1 期。

［42］ 种建荣：《关于考古学"文化因素分析法"的几点思考》，《唐都学刊》2008 年 5 月第 24 卷第 3 期。

［43］ 中国大百科全书总编辑委员会《考古学》编辑委员会、中国大百科全书出版社编辑部：《中国大百科全书·考古学》，中国大百科全书出版社，1986 年。

［44］ 邹衡：《夏商周考古学论文集》（第二版），科学出版社，2001 年，第 310 页。

［45］ 陕西省考古研究所：《高家堡戈国墓》，三秦出版社，1995 年，第 129 页。

［46］ 何毓灵、岳占伟：《论殷墟出土的三枚青铜印章及相关问题》，《考古》2012 年第 12 期。

［47］ 李宏飞：《商末周初文化变迁的考古学研究》，文物出版社，2021 年，第 131 页。

［48］ 晚商部分计入入辛父卣盖（《集成》4983）、入器盖（《新》148）。

［49］ 张礼艳：《丰镐地区西周墓葬研究》，社会科学文献出版社，2015 年，第 120 页。

［50］ 郭宝钧：《商周铜器群综合研究》，文物出版社，1981 年，第 123 页。

［51］ 张明东：《商周墓葬比较研究》，中国社会科学出版社，2016 年，第 194 页。

［52］ 湖北省文物考古研究所、随州市博物馆：《湖北随州叶家山西周墓地发掘简报》，《文物》2011 年第 11 期；湖北省博物馆、湖北省文物考古研究所、随州市博物馆：《随州叶家山——西周早期曾国墓地》，文物出版社，2013 年，第 184～225 页。

［53］ 杨宝成、刘森淼：《商周方鼎初论》，《考古》1991 年第 6 期。

［54］ 刘绪：《湖北随州叶家山西周墓地笔谈》刘绪笔谈部分，《文物》2011 年第 11 期；张昌平：《论随州叶家山墓地 M1 等几座墓葬的年代以及墓地布局》，《中国国家博物馆馆刊》2012 年第 8 期。

［55］ 张昌平：《论随州叶家山墓地 M1 等几座墓葬的年代以及墓地布局》，《中国国家博物馆馆刊》2012 年第 8 期；朱凤瀚：《随州叶家山西周墓地第二次发掘笔谈》朱凤瀚笔谈部分，《江汉考古》2013 年第 4 期。

［56］ 李、朱二位先生观点俱见《湖北随州叶家山西周墓地笔谈》，《文物》2011 年第 11 期。

［57］ 湖北省文物考古研究所、随州市博物馆：《湖北随州叶家山 M28 发掘报告》，《江汉考古》2013 年第 4 期。

［58］ 朱凤瀚：《中国青铜器综论》，上海古籍出版社，2009 年，第 161 页。

［59］ 湖北省文物考古研究所、随州市博物馆：《湖北随州叶家山 M107 发掘简报》，《江汉考古》2016 年第 3 期。

［60］ 实际上，商周时期高等级墓葬中出现多种族氏铭文并不罕见，例如妇好墓，出土铜器铭文中有"亚其""亚启""束泉"等族氏铭文，曹定云先生考定这些铭文主人有的属于王室成员、重臣、方国首领，人物族属既有商族，亦有他族。参见曹定云：《殷墟妇好墓铭文中人物关系综考》，《考古与文物》1995 年第 5 期。而其他铭文的铜器在妇好墓中同时出现，可能有部分是

晚商"赗赙制度"的反映。西周初年此类赗赙习俗也较为常见，可能继承自殷商时期。参见曹玮：《西周时期的赗赙制度》，《商承祚教授百年诞辰纪念文集》，文物出版社，2003年，第299~310页。不过，值得考虑的是，叶家山曾国墓地高等级墓葬此类现象似较为普遍，这在同时期的姬姓诸侯国高等级墓葬中似乎并不寻常，其中涉及殷遗族氏的迁徙安置模式问题，需要另作探讨。宫长为、徐义华先生研究指出，"从殷遗的分布可以看出，周人对殷遗的安置不是随意的，而是与其对全国的控制布局紧密相关"，并将周人安置殷遗民的地区分为三类，其中之一是"原商王朝疆域的边缘地带"，将殷遗民安置于此类边境地区，"一方面可以充实周人的边疆，为周人巩固边土开拓疆域提供力量，一方面可以使他们迫于外来的压力而放弃与周人的对抗，从而减小殷遗复辟的危险"。参见宫长为、徐义华：《殷遗与殷鉴》，中国社会科学出版社，2011年，第159~161页。所论极精当。位于周王朝南土的曾国就属于此类边境地区，周初周人将包括束族、八族在内的诸多殷遗族氏迁入曾国显然是有深意在焉的。

[61] 与◇复合的族氏名和与◆复合的族氏名高度重合，可证◇、◆当为一族。参见吴镇烽：《商周青铜器铭文暨图像集成索引》，上海古籍出版社，2019年，第212、213页。

[62] 复合氏名的性质主要有分支说与联合说两种观点。从大量的复合氏名实例看，单独采用分支说或联合说似乎无法解释所有实例，表联合或表分支，需要结合具体情况。参见严志斌：《复合氏名层级说之思考》，《中原文物》2002年第3期。

[63] 喀左县文化馆、朝阳地区博物馆、辽宁省博物馆：《辽宁省喀左县山湾子出土殷周青铜器》，《文物》1977年第12期。

[64] 伯矩作器多见，铭言"伯矩"者计有15件，此外还有一些单名"矩"的，相关铜器很多，总计约20余件。其中出土于房山琉璃河遗址黄土坡村M251的伯矩鬲铭文言"匽侯赐伯矩贝"，表明伯矩很可能与周初燕国存在关联。曹淑琴先生结合M251同出的癸伯矩盘认为伯矩可能是癸国国君癸伯名矩者，癸国的地望在燕国附近。参见曹淑琴：《伯矩铜器群及其相关问题》，《庆祝苏秉琦考古五十五年论文集》，文物出版社，1989年，第398~407页。伯矩有可能是周初燕山南北某一国族的首领，其所作器自然不是周初分器。再如佣万簋的作器者佣万，大约来自于山西绛县一带的佣国，酄伯簋的作器者酄伯，与利簋作器者利及其父亲檀公或为同一族。这些器物显然都不会是周初分器，最可能是窖藏所有者受到的馈赠。再看族氏铜器，子荷戈甗（何甗）的形制与伯矩甗几乎完全一致，两器应出于同一铸铜作坊，可知该器也不会是周初分器。

[65] 陕西周原考古队：《陕西扶风齐家十九号西周墓》，《文物》1979年第11期。

[66] 李宏飞：《商末周初文化变迁的考古学研究》，文物出版社，2021年，第68页。

[67] 种建荣、雷兴山、陈刚：《周原遗址姚家墓地结构分析》，《古代文明研究通讯》2017年6月第73期。

[68] 陕西周原考古队：《陕西扶风齐家十九号西周墓》，《文物》1979年第11期。

[69] 宝鸡市考古研究所：《陕西宝鸡纸坊头西周早期墓葬清理简报》，《文物》2007年第8期。

[70] 尹盛平：《西周彊氏的族属及其相关问题》，《周文化考古研究论集》，文物出版社，2012年，第145、146页。

[71] 徐中舒：《四川彭县濛阳镇出土的殷代二觯》，《文物》1962年第6期。

[72] 尹盛平：《西周的彊国与太伯、仲庸奔"荆蛮"》，《周文化考古研究论集》，文物出版社，2012

年，第 121 页。

［73］ 张懋镕：《高家堡出土青铜器研究》，《考古与文物》1997 年第 4 期。

［74］ 张懋镕：《西周早期铜器墓的分类与族属——兼论"分器"现象》，《黄河文明与可持续发展》（第 12 辑），河南大学出版社，2017 年，第 5 页。

［75］ 陕西省考古研究所：《高家堡戈国墓》，三秦出版社，1995 年，第 127 页。

［76］ 这一点李亚农先生很早就有论述："我们知道，周族入主中原的时候，他们还是目不识丁的野蛮民族。一切文化工作，都得由殷旧贵族来帮忙。作册、御史一类的史官，全由殷人独占。西周金文中记录下来的史官，无一不是殷人。"参见李亚农：《西周与东周》，上海人民出版社，1956 年，第 106 页。李亚农先生此言稍显绝对，但西周王朝史官主要由殷遗民担任基本成立。刘源先生进一步指出，殷遗史官（如"作册"等官职）世代供职于周王朝及其诸侯国，对殷周时期史书撰述方式、占卜制度等方面继承有深远影响。参见刘源：《周承殷制的新证据及其启示》，《历史研究》2016 年第 2 期。

［77］ 李学勤：《作册般铜鼋考释》，《中国历史文物》2005 年第 1 期。

［78］ 马承源：《商周青铜器铭文选》（第三卷），文物出版社，1988 年，第 65 页。

［79］ 徐熠：《商周时代的束族》，《青铜器与金文》（第八辑），上海古籍出版社，2022 年，第 3～34 页。

［80］ 朱凤瀚：《商周家族形态研究》，天津古籍出版社，2004 年，第 269 页。

［81］ 宫长为、徐义华：《殷遗与殷鉴》，中国社会科学出版社，2011 年，第 159 页。

［82］ 牛世山：《西周时期的殷墟与周边：文化的传承与创新——附论有关殷遗民的若干问题》，《华夏考古》2017 年第 2 期，第 81～94 页。

［83］ 不少周初文献都表明了这一点，不烦赘言，在此举一个不易为人注意而又直接的例子。《逸周书·商誓》是武王伐纣以后在殷墟发表的讲话记录，揆其文句，实为怀柔、笼络殷遗民而作，而开篇言"告尔伊旧何父□□□几、耿、肃、执……"交代了武王此番讲话的对象，裘锡圭先生即指出"几、耿、肃、执""似是商邑的一些大族的名称"，参见裘锡圭：《关于商代的宗族组织与贵族和平民两个阶级的初步研究》，《文史》（第十七辑），中华书局，1983 年，第 13 页。

"成周"铭文铜器考

张程昊

（郑州大学历史学院）

西周早期铜器中有数件仅铸有"成周"二字铭文的具铭铜器，包括两件成周鼎和六件成周戈。相关线索表明，成周鼎、成周戈等"成周"铭文铜器与西周初年营建成周及"成周之会"等重要事件有关，具有特殊的历史意义。现就成周鼎、成周戈等铜器的年代及相关历史背景略作考述。

一、成周鼎的年代

目前所见到的"成周"铭文铜器中有两件成周鼎，一件为山西天马-曲村晋国遗址出土，一件为山西博物院藏品，出土地点不明。

（一）天马-曲村成周鼎

山西天马-曲村遗址 M6195 出土一件成周鼎 M6195：33，该鼎为盆形鼎，通高 20.9、口径 17.8 厘米，双立耳，敛口折沿，三柱足内收，口沿下有三组带状兽面纹，云雷纹衬地，纹饰有磨损，鼎底内有烟痕，器内壁铸有铭文"成周"二字（图一，1、2；图二，5）[1]。

图一　成周鼎及铭文拓片

1、2. 天马-曲村成周鼎 M6195：33 及铭文拓片　3、4. 山西博物院藏成周鼎及铭文拓片关于天马-曲村成周鼎的年代，学界有两种不同的意见。《天马-曲村（1980～1989）》将天马-曲村遗址出土完整青铜礼器的西周墓葬分为六段，出土成周鼎的 M6195 属于第一段[2]，即西周早期早段。也有学者根据天马-曲村成周鼎的深垂腹外扩、三柱足矮粗等特征，认为该鼎在西周同型青铜鼎中年代较早，属于晋南地区西周铜器分期的一期前段，即西周早期前段[3]。不过，也有学者持不同观点，认为天马-曲村成周鼎的年代在康王晚期至昭王时期[4]，或承此说将该鼎归入西周早期晚段[5]。实际上，若结合形制和纹饰特征综合分析，天马-曲村成周鼎的年代应属西周早期早段。

在形制方面，与天马-曲村成周鼎最为接近的器物有天马-曲村 M6080 出土的"作宝鼎"（M6080：13）、陕西岐山贺家村西 M5 出土的羊庚丝鼎（M5：1）以及林巳奈夫《殷周青铜器综览》第一卷收录的西周铜鼎"鼎 243"。

天马-曲村"作宝鼎"（M6080：13）通高 18.6、口径 16.6 厘米，双直立耳，敛口折沿，鼓腹，最大腹径偏下，三柱足下部较上部稍细，口沿下饰一道凸弦纹，内壁铸有铭文"作宝鼎"，所在的 M6080 年代属西周早期前段[6]。岐山贺家村西 M5 出土的羊庚丝鼎（M5：1）高 19.6、口径 17.5、腹深 9.9 厘米，双立耳，敛口折沿，鼓腹，最大腹径偏下，三柱足上下直径差异不大，口沿下部有一道凸弦纹，内壁铸有铭文"羊庚丝作厥文考□宝尊彝"，年代属西周成康时期[7]。

林巳奈夫《殷周青铜器综览》第一卷收录的标号为"鼎 243"的西周铜鼎现藏于瑞典远东古物博物馆，鼎高 17.7 厘米，双直立耳，敛口折沿，垂腹，三柱足，口沿下有一周带状兽面纹组成的纹饰带。林巳奈夫将该鼎的年代定为西周 IIB 期[8]，即西周中期。

上述三件铜鼎中，天马-曲村"作宝鼎"（M6080：13）、岐山贺家村西羊庚丝鼎（M5：1）整体形制与天马-曲村成周鼎接近，故三者的年代均为西周早期早段。《殷周青铜器综览》第一卷收录的"鼎 243"与天马-曲村成周鼎的形制、纹饰均基本相同，年代亦与之相当，不会晚至西周中期。

在纹饰方面，与天马-曲村成周鼎相同或最为接近的带状兽面纹主要集中于殷墟四期至西周早期早段。殷墟四期使用同型纹饰的典型铜器有河南安阳殷墟西区母己簋 GM1573：2[9]（图二，1）、寝鱼簋 M1713：33[10]、大司空东地圆鼎 94ASM7：26、铜簋 94ASM7：34、铜甗 94ASM7：22[11]（图二，2）、大司空村铜斝 M303：118[12]、戚家庄东铜簋 M235：2[13] 以及陕西宝鸡斗鸡台子父乙盉[14]、纸坊头史父乙盉 2003BZFM2：1[15]、石鼓山史母庚壶 M4：101[16] 等。西周早期早段使用同型纹饰的典型铜器有陕西陇县杨家庄冉父乙甗[17]、宝鸡竹园沟铜鼎 BZM13：16[18]、扶风西塬村祖丁簋[19]（图二，3）、泾阳高家堡铜盘 M4：15[20]、河南洛阳我方鼎[21]、马坡村臣辰盘[22]、北窑村伯懋父簋 M37：2[23]（图二，4）等。上列铜器虽属两个不同时段，但所饰带状兽面纹制作精良，纹饰风格一脉相承。

在西周早期晚段，带状兽面纹数量减少，纹饰简化明显，风格趋于草率。以湖北

图二　殷墟四期与西周早、中期铜器所饰带状兽面纹
1. 殷墟西区母己簋 GM1573∶2　2. 大司空东地铜甗 94ASM7∶22　3. 扶风西塬村祖丁簋
4. 洛阳北窑伯懋父簋 M37∶2　5. 天马–曲村成周鼎 M6195∶33　6. 随州叶家山侯用彝盉 M65∶34
7. 浚县辛村铜簋 M76∶1　8. 洛阳北窑铜觯 M410∶6

随州叶家山侯用彝盉 M65∶34[24]（图二，6）、河南浚县辛村铜簋 M76∶1[25]（图二，7）为例，所饰带状兽面纹或简化卷云状角，兽尾卷曲的程度减弱，纹饰线条粗疏，与天马–曲村成周鼎、陇县杨家庄冉父乙甗、扶风西塬村祖丁簋等西周早期早段铜器所饰带状兽面纹严谨整饬的面貌形成鲜明对比。此外，河南洛阳北窑西周墓地 M410 出土一件铜觯 M410∶6，觯颈部、圈足部所饰兽面纹造型极简，无地纹[26]（图二，8），纹饰的简化较叶家山侯用彝盉、浚县辛村铜簋更为明显。根据北窑 M410 出土的考母簋、考母壶等铜器的形制和铭文特征判断，M410 及所出铜觯 M410∶6 的年代应为西周中期早段，相当于穆王时期。北窑铜觯 M410∶6 与湖北随州叶家山侯用彝盉、河南浚县辛村铜簋时代相近，且出土地点不限于一域，足见西周早期晚段以来带状兽面纹的简化并非个别现象。

总的来看，天马–曲村成周鼎所饰带状兽面纹与殷墟四期、西周早期早段的同型纹饰最为接近甚至相同，但与随州叶家山侯用彝盉、浚县辛村铜簋等西周早期晚段铜器的带状兽面纹差异明显。综合形制、纹饰特征分析，天马–曲村成周鼎的年代应为西周早期前段。

（二）山西博物院藏成周鼎

山西博物院所藏成周鼎高 22.4、口径 19.3 厘米[27]，双立耳，敛口折沿，口沿下饰一道凸弦纹，三柱足粗壮，腹部较深，最大腹径偏下，腹内壁铸有铭文"成周"二字（图一，3、4）。与该成周鼎形制相近的有山西曲沃天马–曲村"作宝鼎"

（M6080：15）、伯雍鼎（M6195：34）等西周早期铜器。

天马-曲村 M6080 出土的"作宝鼎"（M6080：15）通高 24、口径 21.2 厘米，双立耳，敛口，三柱足较粗，深腹下部外鼓，口沿下有两道凸弦纹。鼎内壁铸有铭文"作宝鼎"[28]。天马-曲村 M6195 出土的伯雍鼎（M6195：34）通高 14.6、口径 12 厘米，双立耳，敛口折沿，三柱足较粗，鼎腹较深，下腹部外鼓，口沿下饰一道凸弦纹，鼎内壁铸有铭文"伯雍俩宿小妻鼎。⋈"[29]。

山西博物院所藏成周鼎与天马-曲村"作宝鼎"（M6080：15）、伯雍鼎（M6195：34）形制、纹饰接近，尤其是深腹的下垂、外扩以及三柱足的粗细程度基本一致。结合前述天马-曲村 M6195 号墓出土的成周鼎（M6195：33），可知包括山西博物院所藏成周鼎在内的上述三件铜鼎年代相当，均为西周早期早段铜器。

二、成周戈的年代

"成周"铭文铜器中有六件成周戈，其中四件出土地点明确，分别为河南浚县辛村卫国墓地出土一件、北京房山琉璃河燕国墓地出土两件、河南伊川徐阳西周墓地出土一件。另有两件成周戈分别藏于台北故宫博物院、上海博物馆，出土地点不明。

（一）浚县辛村、房山琉璃河出土的成周戈

1933 年，河南浚县辛村 42 号墓出土一件成周戈 M42：80，戈体通长 23、援长 17、厚 0.55 厘米，戈援上扬，尖圆锋，短胡上有一条形穿，内部铸有铭文"成周"二字（图三，1、2）[30]。

1986 年，北京房山琉璃河燕国墓地 M1193 出土两件成周戈，其中一件成周戈（M1193：62）全长 21.6 厘米，戈援上扬，尖圆锋，短胡上有一窄条形穿，有上下阑及侧阑，内部为长方形，后下角向下倾斜，戈内部无穿，一侧铸有铭文"成周"（图三，3）。另一件成周戈（M1193：48）出土时戈援前段已残失，戈内一侧亦铸有铭文"成周"（图三，4）[31]。从残存戈体的形制及铭文字形来看，成周戈（M1193：48）与同墓出土的成周戈（M1193：62）形制相同。

通过比较可知，河南浚县辛村成周戈、北京房山琉璃河成周戈与房山琉璃河墓地 ⅡM205：15[32] 形制相同，属于学者所划分的西周乙类 Dd 型铜戈[33]。结合共存的典型器物分析，浚县辛村及房山琉璃河所出成周铜戈的年代均在西周早期早段。

（二）伊川徐阳出土的成周戈

2015 年，河南伊川徐阳墓地东区 15M4 号墓出土一件成周戈（15M4：6），戈通长 21.4、宽 9.2、中脊厚 0.8 厘米，前锋圆钝，援身近平直，短胡上有一长方形穿，直内尾部分作三叉，一侧铸有铭文"成周"二字（图三，5、6）[34]。学者认为该成

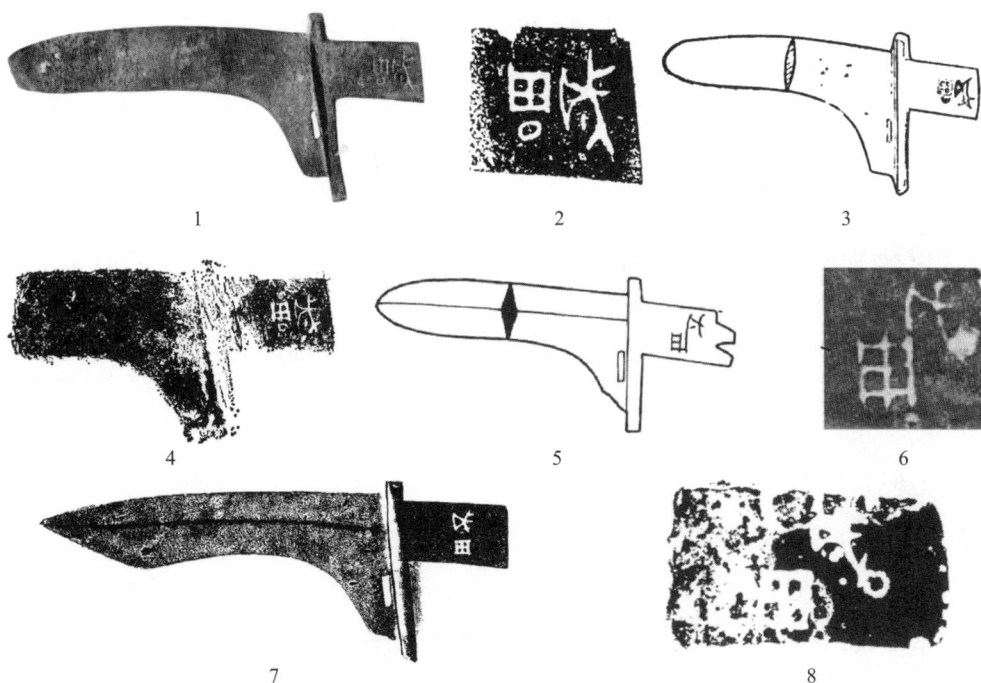

图三 出土及馆藏成周戈

1、2. 浚县辛村成周戈 M42：80 3、4. 房山琉璃河成周戈 M1193：62、M1193：48
5、6. 伊川徐阳成周戈 15M4：6 7. 台北故宫博物院藏成周戈 8. 上海博物馆藏成周戈

周戈与某些西周中期铜戈相似[35]，但事实上，伊川徐阳成周戈与出土的西周早期早段部分铜戈有更多相同或相近之处。

伊川徐阳成周戈的整体形制与北京房山琉璃河铜戈 M1193：104[36]、陕西蓝田安村铜戈[37]、宝鸡竹园沟铜戈 BZM19：61[38]、陇县东南乡低沟村铜戈[39]、甘肃灵台白草坡铜戈 M2：21[40]等铜戈基本相同，上述铜戈中除甘肃灵台白草坡铜戈 M2：21 的年代可能接近西周早期晚段，其余几件铜戈皆为典型的西周早期早段器物。

伊川徐阳成周戈内尾端分作三叉的形制又见于河南洛阳北窑铜戈 M210：23、M210：26、M216：9、铜戟 M5：17[41]，浚县辛村铜戈 M42：62、M42：163[42]以及平顶山应国铜戈 M232：4[43]等西周早期兵器，可见铜戈内尾分叉应是西周早期的一种特殊形制。此外，上引铜戈中的浚县辛村铜戈 M42：62、M42：163 与前述浚县辛村成周戈 M42：80 出土于同一座墓葬，亦可说明伊川徐阳成周戈与浚县辛村成周戈年代基本相当。因此，综合整体及局部形制特征分析，伊川徐阳墓地 15M4 出土的成周戈应为西周早期早段铜器。

（三）台北故宫博物院、上海博物馆所藏成周戈

台北故宫博物院所藏成周戈通长 24.1、援长 18、内长 6、胡长 7 厘米。戈为尖状

锋，戈援上扬，援身起脊，援上刃呈上拱的弧形，下刃中部内凹，短胡上有一条形穿，有上下阑及侧阑，戈内部为长方形，后下角下斜，内部无穿，一侧铸有"成周"二字（图三，7），戈援上有织维痕，可能是纺织品包裹的残迹[44]。该成周戈的形制与洛阳北窑 M121：3、M203：14、M372：4[45]等西周早期铜戈极为接近，可以归入学者所划分的西周乙类 Cb 型铜戈，年代为西周早期成、康时期[46]。

上海博物馆所藏成周戈的图像未见著录，仅见铭文拓片（图三，8）。就铭文字体而言，上海博物馆、台北故宫博物院所藏成周戈铭文"周"字原篆分别作"▦""▦"，与先周晚期至西周早期的铜器、卜甲、陶器、石器文字中部分"周"字[47]写法相同，显示出较早的年代特征，均为西周早期早段铜器。

三、"成周"铭文铜器与成周的营建

如前所论，两件成周鼎与六件成周戈的年代均为西周早期早段，且仅铸有铭文"成周"，据此特征结合西周早期历史分析，上述几件"成周"铭文铜器应与周成王营建成周有关。

周王室在河洛地区营建成周，是对"居中而治"政治观念的重要实践。所谓"居中而治"是指居于天下之中统治四方。清华大学藏战国竹书《保训》篇显示，周文王在临终之前曾以舜、上甲微求测地中的故事向其子周武王阐述执中而受天命的政治观念[48]，足见"居中而治"思想历史悠久且影响深远。《尚书·康诰》云："周公初基作新大邑于东国洛，四方民大和会。"孔颖达《正义》云："所以初基东国洛者，以天下土中故也。"[49]周王室在位居"天下土中"的河洛地区建立新大邑，显然与周人继承"居中而治"的政治理念有直接关系。不过，倘若梳理相关的历史文献和考古发现则不难看到，河洛地区作为"天下土中"之地以及周王室在此营建成周有其更深层次的政治原因。

河洛地区成为"天下土中"，其渊源肇始于夏王朝的建立[50]。《国语·周语上》云："昔夏之兴也，融降于崇山。"韦昭注："崇，崇高山也。"[51]崇高山，即河南嵩山。《逸周书·度邑解》云："自洛汭延于伊汭，居阳无固，其有夏之居。"[52]可知嵩山及河洛地区是夏王朝建国定都的核心地带。距嵩山不远的河南偃师二里头遗址自 1959 年试掘以来，发现了大型宫殿基址群、墓葬、铸铜作坊等遗址，并出土了象征王权和礼制的青铜鼎、盉、爵、斝以及玉刀、璋、圭、戚、钺等礼器[53]，是一处属于夏文化[54]的大型都邑遗址，与文献记载可相互印证。夏王朝的建立开启了延续数千年的"家天下"的政治制度，并以"禹别九州"为基础规划政治版图，在嵩山附近建立王都，形成了以华夏民族为中心统治四方的政治地理格局与政治观念[55]。在此过程中，嵩山及河洛地区由夏王朝的政治中心所在地逐渐演变为封建王权的地理象征，并对商、周两代的政治地理空间规划和都邑营建产生了深远的影响。

商汤灭夏建立商王朝之后,亦在嵩山附近的偃师建立都城"西亳"。《史记·殷本纪》云:"成汤,自契至汤八迁,汤始居亳,从先王居。"裴骃《集解》引皇甫谧曰:"梁国谷熟为南亳,即汤都也。"张守节《正义》引《括地志》云:"宋州谷熟县西南三十五里南亳故城,即南亳,汤都也。宋州北五十里大蒙城为景亳,汤所盟地,因景山为名。河南偃师为西亳,帝喾及汤所都,盘庚亦徙都之。"[56] 1983 年以来,河南偃师商代城址陆续发现城墙、宫殿、池苑、铸铜作坊等遗迹[57],学者根据文献记载的地理位置以及城址相关遗存的年代判断,偃师商城即是商汤所都之"西亳"[58]。偃师商城与偃师二里头遗址相距仅约 6 千米,两处大型都邑的兴废不仅展现了夏、商王朝的政权更迭,更在地理空间层面体现了夏、商两代封建政治的传承。

周武王在灭商之后"因有夏之居"[59],亦在嵩山附近的河洛一带规划新都。周武王时期铜器天亡簋铭云:"(乙)亥,王有大礼,王凡(般)三方,王祀于天室。"(《集成》04261)簋铭显示,周武王于攻克大邑商后不久在"天室"举行祭祀大礼。"天室"又见于《逸周书》。《逸周书·度邑解》云:"王曰:'旦,予克致天之明命,定天保,依天室'……'自洛汭延于伊汭,居阳无固,其有夏之居。我南望过于三涂,我北望过于有岳,丕愿瞻过于河,宛瞻于伊洛,无远天室。'"[60] 上述金文及文献中的"天室"即太室山,亦即今河南嵩山[61]。何尊铭文云:"唯珷王既克大邑商,则庭告于天,曰:余其宅兹中或(域),自之辥(乂)民。"(《集成》06014)表明周武王于克商之后不久即遵循周文王遗训在嵩山附近谋划新都以实现"居中而治"。

文献记载和考古发现表明,夏、商、周三代的礼仪制度虽因政权更迭和时代变迁而有所损益,但核心的政治观念和政治传统却延绵不绝。夏、商、周均在嵩山附近的河洛地区营建王都作为统治四方的政治中心,即表明了一种不断强化的传统政治观念[62]。因此,周王朝"因有夏之居"在河洛地区营建成周,不仅是对"居中而治"这一传统政治观念的实践,也是姬姓周邦"受天命"继承夏、商封建政治制度成为天下共主的重要体现,具有特殊的政治意义。

成周作为周王居中而治的政治中心,与其相关的史实在文献典籍以及西周铜器铭文中多有记载,学者已有整理和研究[63]。然而,与成周关系密切的两件成周王铃却并未得到较多关注。两件成周王铃分别藏于北京故宫博物院和台北故宫博物院(图四),铭文均为"成周王铃"(《集成》00417、00416),前者铭文为阳文,后者为阴文。两件成周王铃上部带有半环钮,铃身横截面呈椭圆形,口部齐平,整体近于扁筒形[64],其形制与河南鹿邑太清宫长子口墓铜铃 M1：154[65]、陕西宝鸡竹园沟西周墓铜铃 BZM4：155[66] 最为接近,均属西周早期。相关研究表明,西周时期的部分铜铃属于车马用器,另有一部分或与旗配合使用,构成一种象征政治权力的器物组合。

旗与铃的组合在西周金文中有明确记载,如:

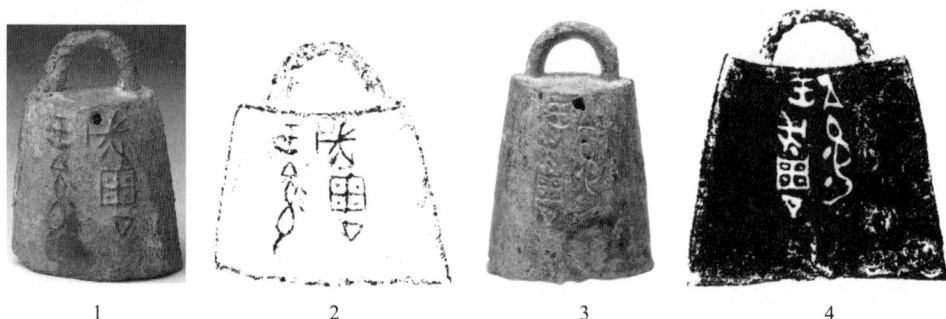

图四　成周王铃及拓本
1、2. 北京故宫博物院藏成周王铃　3、4. 台北故宫博物院藏成周王铃

番生不敢弗帅型皇祖考丕丕元德，用申固大令，屏王位，虔夙夜，溥求
丕潜德，用谏四方，柔远能迩。王令毄司公族、卿事、太史寮，取遗廿爭，
赐……朱旂、旝金、芫、二铃。

（番生簋盖，《集成》04326）

王曰：父厝，已曰煅兹卿史寮、太史寮于父即尹，命汝毄司公族，雩三有
司、小子、师氏、虎臣，雩朕褱事，以乃族捍吾王身。取赏卅爭，赐汝……
马四匹、鋈勒、金𣄻、金膺、朱旂、二铃。

（毛公鼎，《集成》02841）

朱旂为旗之一种，其与铃的组合在文献记载及考古发现的遗物中亦有迹可循。《诗·周颂·载见》云："龙旂阳阳，和铃央央。"毛《传》云："铃在旂上。"[67]《尔雅·释天》"旂"下云："有铃曰旂。"晋郭璞注："悬铃于竿头，画蛟龙于旒。"[68]上述记载阐明了旂与铃的关系，可见番生簋盖、毛公鼎铭文所记朱旂与二铃共同作为赏赐物品并非偶然。另外，河南洛阳北窑西周墓 M453 出土一件西周早期的铜质干首 M453：1，干首整体作三叉形，中间为矛形，两侧为向上弯曲的刺，两刺的下部及骹部两侧共有四个半环状钮[69]，其中位于两刺下部的两个半环状钮用于悬挂铜铃[70]，与番生簋盖、毛公鼎铭文中朱旂与二铃的组合可互相印证。

在先秦时期的礼仪制度中，旗是象征身份和政治地位的重要仪具。《周礼·春官宗伯》云："司常，掌九旗之物名，各有属，以待国事。日月为常，交龙为旂，通帛为旜，杂帛为物，熊虎为旗，鸟隼为旟，龟蛇为旐，全羽为旞，析羽为旌。及国之大阅，赞司马颂旗物：王建大常，诸侯建旂，孤卿建旜，大夫、士建物，师都建旗，州里建旟，县鄙建旐。"[71]而与旗配合使用的铜铃则具备号令众人的政治功能。《说文·认部》云："旂，旗有众铃，以令众也。"更说明旗与铃的配合乃是一种政治权力和地位的象征。上引番生簋盖及毛公鼎铭文显示，周王命令番生职司公族及卿事、太史寮官员，而毛公的职事范围不仅包括卿事、太史两寮官员，更涉及公族与三有司、小子、师氏、虎臣等官员的管理，可知番生、毛公二人地位甚高。结合旗、铃的政治功能分析，周王将朱旂、二铃赐予番生、毛公以作为两人奉命履职和身份地位的象征，其意甚明。结合传世文献、西周金文以及出土遗物来看，两件成周王铃应属周王用以令众之器[72]，是周王居中而治的重要物证。

总而言之，成周的营建体现了周王朝对"居中而治"政治观念的传承，也是周王朝继承夏、商两代封建政治制度的重要标志。由此联想到"成周"铭文铜器的年代和铭文内容，我们完全有理由认为，前述成周鼎、成周戈当是周王为纪念成周营建完成而铸造的铜器。

1973 年以来的数次考古发掘显示，河南洛阳北窑一带存在一处西周时期的铸铜遗址，其年代始于西周初年，废弃于穆王、恭王以后。该遗址中出土有鼎、簋、卣、尊、爵、觚、觯、钟等礼乐器范以及车辖、车軎、銮铃、戈、镞等车马器、兵器范，其中很大一部分属于西周早期。北窑铸铜遗址规模大，铜器产品种类丰富，并出土有"王彝"文字陶范，应是西周宗室的铸铜作坊[73]。此外，在距离北窑铸铜遗址不远的瀍河西岸还发现有西周贵族墓葬，出土了王妊簋、太保戈、虢公戈、毛伯戈、康伯壶等王室、贵族及诸侯铜器[74]，瀍河东岸则发现有西周时期的祭祀遗址[75]。学者根据上述遗存和文献记载认为西周时期的洛邑成周就在今瀍河两岸[76]。北窑铸铜遗址规模大，等级高，是成周的重要组成部分。前述成周鼎、成周戈年代相当，或是成周当地铸铜作坊同时期铸造的一批器物。

四、"成周"铭文铜器的分布与"成周之会"

"成周"铭文铜器中的一件成周鼎、四件成周戈分别出土于山西曲沃天马–曲村遗址、北京房山琉璃河墓地、河南浚县辛村墓地和河南伊川徐阳墓，上述地点在西周时期分别位于晋、燕、卫等诸侯国境内以及王都成周附近。根据相关的文献记载来看，"成周"铭文铜器分散出土于多地很可能与周成王时期的"成周之会"有关。

周成王时期在成周举行的朝会见于西周金文及传世文献。西周早期铜器何尊铭言：

> 唯王初迁宅于成周，复禀珷王礼祼自天。在四月丙戌，王诰宗小子于京室……唯王五祀。（《集成》06014）

簋铭显示，周成王五年迁宅于成周，并于是年四月丙戌日在宗庙之中训诫宗室诸小子。《西清续鉴（甲编）》收录的卿鼎铭云：

唯四月，在成周。丙戌，王在京宗，赏贝。在安典价卿贝，用作宝尊彝[77]。

卿方鼎铭文所记月、日与何尊相同，可知器主卿也参与了周成王在成周举行的朝会。而据《逸周书》记载，周成王在成周建成之后曾大会群臣、诸侯。

《逸周书·王会解》云：

> 成周之会，墠上张赤弈阴羽，天子南面立，絻无繁露，朝服八十物，搢挺。唐叔、荀叔、周公在左，太公望在右，皆絻，亦无繁露，朝服七十物，搢笏，旁天子而立于堂上。
>
> 堂下之右，唐公、虞公南面立焉，堂下之左，尹公、夏公立焉，皆南面。絻有繁露，朝服五十物，皆搢笏。为诸侯之有疾病者，阼阶之南，祝淮氏、荣氏次之，皆西面，弥宗旁之，为诸侯有疾病者之医药所居。
>
> 相者，太史鱼、大行人，皆朝服，有繁露。堂下之东面，郭叔掌为天子绿币焉，絻有繁露。内台西面者正北方，应侯、曹叔、伯舅、中舅。比服次之，要服次之，荒服次之。西方东面正北方，伯父、中子次之[78]。

关于《逸周书》所记载的此次成周之会的时间和背景，宋王应麟主张"成周之会在成王时，《诗序》'周公既成洛邑，朝诸侯'是也。"[79]清何秋涛认为"此篇所言成周之会，则在西京盛时，甫营洛邑之后"[80]，与王应麟说法相近。《王会解》篇中附列于周王左右的唐叔、太公望均为西周初年人物，故成周之会的时间和历史背景当如王应麟所说，是在周成王时期洛邑成周建成后不久，确切的时间很可能就是何尊、卿方鼎铭文所记载的周成王五年四月。

何尊、卿方鼎铭文以及《逸周书·王会解》显示，成周之会的参与者当中既有周公、尹公、郭公、祝淮氏、荣氏、太史鱼、大行人以及宗小子等王畿内的贵族王臣、同宗子弟，也有唐叔、荀叔、唐公、虞公、应侯、曹叔等外服诸侯国君，还有来自四夷的边域族群成员，其盛况可见一斑。值得注意的是，成周之会的诸多参与者来自王畿内外不同地区，尤其是外服诸侯国所涉及的地域十分广泛，这一史实恰与成周鼎、成周戈出土于多个地点的态势相合。若此判断不误，那么对于成周鼎、成周戈出土于成周附近和晋、燕、卫等诸侯国旧地这一现象，较为合理的解释是，在成周之会期间，上述"成周"铭文铜器作为纪念物品由周成王颁赐给来自不同地域的王臣、诸侯，并最终分散至王畿内外的多个地点。

综上所论，包括两件成周鼎、六件成周戈在内的几件"成周"铭文铜器年代均为西周早期前段，是与西周王都成周的营建相关的一批具铭铜器。"成周"铭文铜器年代及相关历史背景的考察不仅有助于理解成周在西周政治地理格局中的特殊地位，同时也可为西周早期铜器的分期断代增添几件年代相对较为明确的典型器物。

注　释

［1］　北京大学考古学系商周组、山西省考古研究所编著、邹衡主编：《天马－曲村（1980～1989）》（第2册），科学出版社，2000年，第361页。

［2］　北京大学考古学系商周组、山西省考古研究所编著、邹衡主编：《天马－曲村（1980～1989）》（第2册），科学出版社，2000年，第334页。

［3］　刘树满：《中国古代青铜器整理与研究·晋南地区卷》，科学出版社，2016年，第71页。

［4］　朱凤瀚：《古代中国青铜器》，南开大学出版社，1995年，第802页。

［5］　吴毅强：《晋铜器铭文研究》，浙江大学出版社，2018年，第123页。

［6］　北京大学考古学系商周组、山西省考古研究所编著、邹衡主编：《天马－曲村（1980～1989）》（第2册），科学出版社，2000年，第396、397页。

［7］　陕西省博物馆、陕西省文物管理委员会：《陕西岐山贺家村西周墓葬》，《考古》1976年第1期；曹玮：《周原出土青铜器》（第七卷），巴蜀书社，2005年，第1307页。

［8］　〔日〕林巳奈夫著，〔日〕广濑薰雄、近藤晴香译，郭永秉润文：《殷周青铜器综览·殷周时代青铜器的研究》（第一卷·图片），上海古籍出版社，2017年，第22页；〔日〕林巳奈夫著，〔日〕广濑薰雄、近藤晴香译，郭永秉润文：《殷周青铜器综览·殷周时代青铜器的研究》（第一卷），上海古籍出版社，2017年，第205页。

［9］　中国社会科学院考古研究所：《殷墟青铜器》，文物出版社，1985年，图版八一、图八〇-2、图八二-1、图八二-2。

［10］　中国社会科学院考古研究所安阳工作队：《安阳殷墟西区一七一三号墓的发掘》，《考古》1986年第8期。

［11］　中国社会科学院考古研究所、安阳市文物考古研究所：《殷墟新出土青铜器》，云南人民出版社，2008年，第296、298、299、301页。

［12］　中国社会科学院考古研究所安阳工作队：《殷墟大司空M303发掘报告》，《考古学报》2008年第3期。

［13］　安阳市文物考古研究所：《安阳殷墟戚家庄东商代墓地发掘报告》，中州古籍出版社，2015年，第201、202页。

［14］　张天恩主编：《陕西金文集成》07·0787，三秦出版社，2016年。

［15］　宝鸡市考古研究所：《陕西宝鸡纸坊头西周早期墓葬清理简报》，《文物》2007年第8期。

［16］　陕西省考古研究院、宝鸡市考古研究所、宝鸡市渭滨区博物馆：《陕西宝鸡石鼓山商周墓地M4发掘简报》，《文物》2016年第1期。

［17］　张天恩主编：《陕西金文集成》07·0787，三秦出版社，2016年。06·0628。

［18］　卢连成、胡智生：《宝鸡𢐗国墓地》，文物出版社，1988年，第52、55页。

［19］　高西省：《扶风唐西塬出土青铜器》，《考古与文物》1989年第1期；张天恩主编：《陕西金文集成》05·0535，三秦出版社，2016年。

［20］　陕西省考古研究所：《高家堡戈国墓》，三秦出版社，1995年，第97、99、103页。

［21］　台北故宫博物院编辑委员会：《故宫西周金文录》，台北故宫博物院，2001年，第34、35页。

［22］　William Charles White. *Bronze Culture of Ancient China*, p141,《金文文献集成》（第46册），线

装书局，2005 年，第 431 页。

［23］ 洛阳市文物工作队：《洛阳北窑西周墓》，文物出版社，1999 年，第 80、85 页。

［24］ 湖北省文物考古研究所、随州市博物馆：《湖北随州叶家山 M65 发掘简报》，《江汉考古》2011 年第 3 期。

［25］ 郭宝钧著、中国科学院考古研究所编：《浚县辛村》，科学出版社，1964 年，第 35 页，图版拾 贰·2、图版伍伍·2。

［26］ 洛阳市文物工作队：《洛阳北窑西周墓》，文物出版社，1999 年，第 215、217、220 页。

［27］ 山西省文物局：《山西珍贵文物档案 10·青铜馆卷》，科学出版社，2020 年，第 48 页。

［28］ 北京大学考古学系商周组、山西省考古研究所编著、邹衡主编：《天马-曲村（1980～1989）》 （第 2 册），科学出版社，2000 年，第 396、397 页。

［29］ 北京大学考古学系商周组、山西省考古研究所编著、邹衡主编：《天马-曲村（1980～1989）》 （第 2 册），科学出版社，2000 年，第 359、361 页。

［30］ 郭宝钧著、中国科学院考古研究所编：《浚县辛村》，科学出版社，1964 年，第 40、41 页。

［31］ 中国社会科学院考古研究所、北京市文物研究所琉璃河考古队：《北京琉璃河 1193 号大墓发掘 简报》，《考古》1990 年第 1 期。

［32］ 北京市文物研究所：《琉璃河西周燕国墓地（1973～1977）》，文物出版社，1995 年，第 207 页。

［33］ 井中伟：《早期中国青铜戈·戟研究》，科学出版社，2011 年，第 74、75 页。

［34］ 郑州大学文物考古研究院（洛阳）、洛阳市文物考古研究院：《河南伊川徐阳墓地东区 2015～ 2016 年发掘简报》，《华夏考古》2020 年第 3 期。

［35］ 孟德会、刘余力：《谈洛阳伊川徐阳墓地出土的两件铭文铜器》，《文博》2022 年第 2 期。

［36］ 中国社会科学院考古研究所、北京市文物研究所琉璃河考古队：《北京琉璃河 1193 号大墓发掘 简报》，《考古》1990 年第 1 期，图五 -1。

［37］ 张天恩主编：《陕西金文集成》07·0787，三秦出版社，2016 年。13·1507。

［38］ 卢连成、胡智生：《宝鸡強国墓地》，文物出版社，1988 年，第 203 页。

［39］ 肖琦：《陕西陇县出土周代青铜器》，《考古与文物》1991 年第 5 期，图三上。

［40］ 甘肃省博物馆文物队：《甘肃灵台白草坡西周墓》，《考古学报》1977 年第 2 期，图一〇-13。

［41］ 洛阳市文物工作队：《洛阳北窑西周墓》，文物出版社，1999 年，第 96、97、102、103 页。

［42］ 郭宝钧著、中国科学院考古研究所编：《浚县辛村》，科学出版社，1964 年，第 41、42 页。

［43］ 河南省文物考古研究所、平顶山市文物管理局：《平顶山应国墓地（Ⅰ）》，大象出版社，2012 年，第 29、30 页。

［44］ 陈芳妹：《故宫青铜兵器图录》，台北故宫博物院，1995 年，第 55 页。

［45］ 洛阳市文物工作队：《洛阳北窑西周墓》，文物出版社，1999 年，第 102、103 页。

［46］ 井中伟：《早期中国青铜戈·戟研究》，科学出版社，2011 年，第 73、74 页。

［47］ 雷兴山：《由周原遗址陶文"周"论"周"地与先周文化》，《古代文明研究通讯》2007 年总第 33 期。

［48］ 冯时：《〈保训〉故事与地中的之迁》，《考古学报》2015 年第 2 期。

［49］ （汉）孔安国传、（唐）孔颖达正义：《尚书正义》卷十四·二，《十三经注疏（清嘉庆刊本）》 （一），中华书局，2009 年，第 430 页。

［50］ 林沄：《天亡簋"王祀于天室"新解》，《史学集刊》1993 年第 3 期。

［51］ 上海师范大学古籍整理组校点：《国语》，上海古籍出版社，1978 年，第 30、31 页。

［52］ （晋）孔晁注：《元本汲冢周书》，国家图书馆出版社，2017 年，第 97 页。

［53］ 中国社会科学院考古研究所：《偃师二里头：1959 年～1978 年考古发掘报告》，中国大百科全书出版社，1999 年；中国社会科学院考古研究所：《二里头（1999～2006）》，文物出版社，2004 年。

［54］ 许顺湛：《夏代文化探索》，《史学月刊》1964 年第 7 期；邹衡：《试论夏文化》，《夏商周考古学论文集》，文物出版社，1980 年。

［55］ 冯时：《文明以止：上古的天文、思想与制度》，中国社会科学出版社，2018 年，第 174～180 页。

［56］ （汉）司马迁撰、（宋）裴骃集解、（唐）司马贞索隐、（唐）张守节正义：《史记》（第一册），中华书局，2013 年，第 121、122 页。

［57］ 中国社会科学院考古研究所：《偃师商城（第一卷）》，科学出版社，2013 年。

［58］ 中国社会科学院考古研究所：《中国考古学·夏商卷》，中国社会科学出版社，2003 年，第 217 页。

［59］ 该引文见（汉）司马迁撰、（宋）裴骃集解、（唐）司马贞索隐、（唐）张守节正义：《史记》（第一册），中华书局，2013 年，第 167 页，注【一二】。

［60］ （晋）孔晁注：《元本汲冢周书》，国家图书馆出版社，2017 年，第 96、97 页。

［61］ 蔡运章：《周初金文与武王定都洛邑——兼论武王伐纣的往返日程问题》，《中原文物》1987 年第 3 期；曲英杰：《先秦都城复原研究》，黑龙江人民出版社，1991 年，第 127 页。

［62］ 林沄：《天亡簋"王祀于天室"新解》，《史学集刊》1993 年第 3 期。

［63］ 王恩田：《"成周"与西周铜器断代——兼说何尊与康王迁都》，《商周铜器与金文辑考》，文物出版社，2017 年。

［64］ 两件铜铃的器形分别著录于故宫博物院：《故宫青铜器》，紫禁城出版社，1999 年，第 157 页；台北故宫博物院编辑委员会：《故宫西周金文录》，台北故宫博物院，2001 年，第 71 页。

［65］ 河南省文物考古研究所、周口市文化局：《鹿邑太清宫长子口墓》，中州古籍出版社，2000 年，第 138、140、141 页。

［66］ 卢连成、胡智生：《宝鸡𢐗国墓地》，文物出版社，1988 年，第 167 页。

［67］ （汉）毛亨传、（汉）郑玄笺、（唐）孔颖达疏：《毛诗正义》卷十九之三·十二，《十三经注疏》（一），中华书局，2009 年，第 1285 页。

［68］ （汉）扬雄撰、（晋）郭璞注：《尔雅：附者序、笔画索引》，中华书局，2016 年，第 53 页。

［69］ 洛阳市文物工作队：《洛阳北窑西周墓》，文物出版社，1999 年，第 135 页。

［70］ 蔡运章：《铜干首考》，《考古》1987 年第 8 期。

［71］ （汉）郑玄注、（唐）贾公彦疏、（唐）陆德明释文：《周礼注疏》卷二十七·十六、十七，《十三经注疏》（二），中华书局，2009 年，第 1783、1784 页。

［72］ 冯时：《二里头文化"常𤪍"及相关诸问题》，《考古学集刊》（第 17 集），科学出版社，2010 年。

［73］ 洛阳市文物工作队：《1975～1979 年洛阳北窑西周铸铜遗址的发掘》，《考古》1983 年第 5 期。

［74］ 洛阳市文物工作队：《洛阳北窑西周墓》，文物出版社，1999 年，第 80、85 页。

［75］ 叶万松、余扶危：《洛阳市瀍河西周车马坑》,《中国考古学年鉴·1985》, 文物出版社, 1985年；朱亮：《洛阳东郊西周车马坑》,《中国考古学年鉴·1994》, 文物出版社, 1997 年；洛阳市文物工作队：《洛阳林校西周车马坑》,《文物》1999 年第 3 期；洛阳市文物考古研究院：《洛阳林校西周车马坑发掘简报》,《洛阳考古》2015 年第 1 期。

［76］ 叶万松、张剑、李德方：《西周洛邑城址考》,《华夏考古》1991 年第 2 期；徐昭峰：《成周城析论》,《考古与文物》2016 年第 3 期。

［77］ （清）王杰等编：《西清续鉴（甲编）》卷一·三六,《金文文献集成》（第 5 册）, 线装书局, 2005 年, 第 22 页。

［78］ （晋）孔晁注：《元本汲冢周书》, 国家图书馆出版社, 2017 年, 第 147 页。

［79］ （晋）孔晁注、（宋）王应麟补注：《〈周书·王会篇〉补注一卷》第 1 页,《〈逸周书〉研究文献辑刊》（第一册）, 国家图书馆出版社, 2015 年, 第 371 页。

［80］ （清）何秋涛：《〈逸周书·王会篇〉笺释三卷》卷上·三,《〈逸周书〉研究文献辑刊》（第八册）, 国家图书馆出版社, 2015 年, 第 496 页。

天文与祭祀

中国史前与玛雅天象崇拜及历法对比研究[*]

何　努

（中国社会科学院考古研究所）

中国史前与中美洲玛雅文明的宇宙观中，天象崇拜都占有极其重要的地位。而历法则支撑着一个将天、四季轮回与农业祭祀统合一体的宗教系统[1]。

在中国史前，天文圣职员则更像天文官，被称为羲氏与和氏，中国历史文献中称他们是两个天文世家。《史记·五帝本纪》曰："乃命羲、和，敬顺昊天。"孔安国曰："重黎之后，羲氏、和氏世掌天地之官。"《集解》："正义吕刑传云重即羲，黎即和，虽别为氏族，而出自重黎也。"

而在古代玛雅，天文圣职员（hierophanies 或 hierophants）试图解读宇宙世界的科学化和精神上的认识[2]。

玛雅与中国史前甚至历史时期的统治者都相信，天人感应是对时间与地点上神圣性强有力的肯定。所以，建筑当中的数学与天文学上的准确性复制"等级秩序的宇宙法则"，构成了宗教思想的基础。准此，史前中国与玛雅的统治者，往往将纪念碑式的大型建筑同某一地貌或地标相关联，以构成有意义的天文准线甚至历法日期。

中国史前与玛雅对于太阳的观测与崇拜，大概都采用过两套观测方法，一套是地平历，一套是立表或圭表。

一、地平历观测方法

地平历观测方法就是观测者站在一个特定的观测点，看远处地平线或山脊线上日出或日落点，来判定所需要的节令或时间节点。也可以反过来，利用人工建筑，将所需要日期明亮的日出或日落的阳光限制成光柱，透射到容易判断的、特意设计的建筑部位。这种地平历观测方法比较简单易行，原理并不高深复杂，只需要足够的经验摸索与积累即可，因此许多人类早期社会或近代比较落后地区的人们，都会采用这种观

* 本文为中华文明探源研究"中原和海岱地区文化进程研究"课题（课题号编号2020YFC1521602）阶段性成果。

测方法。中国史前时期与中美洲玛雅文明也不例外。

1. 中国史前时期的地平历观测以及相关的太阳崇拜

中国史前时期，黄河流域、长江流域与西辽河流域各文明起源中心，都能够发现一些考古遗存，表明当时的人们通过观测太阳地平日出或日落点初步判断冬至、夏至、春分、秋分四个季节节点，进行相关的天象崇拜活动。陶寺文化则更是通过观象台地平历观测日出，制定出缜密的太阳历。

（1）红山文化地平历观测与天象崇拜

根据天文考古调查，距今5000年前的红山文化东山嘴女神庙遗址，很可能也有粗略地观象的功能。站在圆形祭坛g6中心点，观测远处大马架子山脊线上夏至、春秋分日出点。

东山嘴遗址第1号目标点是遗址东北方向大凌河河口东岸大马架子山的第一个山头，比较明显。方位角57° 37′ 08″，很有可能是夏至日出的方位。第2号目标点呈锯齿形，方位角93° 05′ 34″，为真子午线正东，大约是春秋分日出点。第5号目标点为大马架子山的最高峰，非常显著，方位角126° 17′ 12″，很可能是冬至日出点（图一）。遗址真子午线正南、方位角183°的方向有一山头。显然，二分二至山尖标志比较明显，东山嘴有比较完整的地平历观测所需的山脊—天际线[3]。

图一　大马架子山脊日出点图示

（2）大汶口文化地平历观测与天象崇拜

莒县博物馆原馆长苏兆庆先生多次观察距今约4500年的大汶口文化莒县大朱家村遗址，发现春分时太阳从遗址以东不远处的屋楼崮山最高峰处出升，大朱家村遗址和凌阳河墓地出土大汶口陶尊刻画符号图像⚶可能描绘的正是这样的天象（图二）。经天文考古调查，在该遗址的东南侧有块平地称为豆家台，有人工堆筑地层特征，地表采集到很少量的大汶口至龙山时代的陶片。这里很可能是大朱家村遗址的一个相对独立的区域。站在这里观测遗址东部的屋楼崮山主峰日出（图三），方位角真方向122° 13′ 53″，当为春秋分日出点[4]。那么，大汶口文化陶尊上的刻画符号⚶，就是表达春秋分的神徽象征性符号，用以同春秋分祭祀的神灵沟通，在祭祀背景关系中，有了比较固定的含义[5]。

苏兆庆、杜升云先生通过实地勘察和模拟观测认为，莒县凌阳河墓地东部五峰山寺崮山日出，也就是凌阳河大汶口文化墓地陶尊刻画符号⚶描绘的天象，是春分日出的天象[6]。

图二　大汶口文化陶尊刻画符号☉示例

武家璧先生新近研究，对此观点进行修正，他认为，凌阳河遗址的地平历观测点另有一处更佳，新的天文考古研究结果，四姑山（即原称寺崮山）山顶上的日出与节气无关，而与节气有关的是南坡和北坡山坳里的日出，且不仅有春秋分日出，还有冬至日出点观测[7]。

图三　大朱家村东部的屋楼崮山

我认为，武家璧先生的最新研究结果有其可取之处，但是基本上还是肯定了凌阳河地平历观测的远山地平参照系还是寺崮山，并补充了冬至日出天文准线。然而，武家璧的研究结果，否定了凌阳河陶尊上象征符号☉为凌阳河观测寺崮山主峰春秋分日出天象。这从侧面表明大汶口文化陶尊符号☉原创地是大朱家村，描绘的是大朱家村遗址东部屋楼崮山主峰春秋分日出天象。

鉴于这类陶尊象征符号，流行于豫东、皖北和鲁西南地区的大汶口文化，栾丰实先生曾分析认为，可以和古史传说中的太昊系部族相联系，其中就包括莒县凌阳河、大朱家村、蒙城尉迟寺遗址等[8]，徐凤先研究员也认为，☉既表现天象，又可释为"昊"即"皞"[9]。据此我们可以推测，这一系的大汶口文化使用地平历观测技术体系。

（3）石家河文化地平历观测与天象崇拜

石家河城址西城壕西侧的印信台遗址，是一座独立的方形台地，台顶面积约 14300 平方米。2014～2016 年发掘揭露了 1475 平方米。在发掘区内，揭露出台基三处以及围绕着台基的瓮棺葬、扣缸、扣碗、缸套缸、土坑墓、灰坑等众多遗迹，时代主要为石家河文化晚期[10]。

根据武家璧先生的研究，印信台正西 9 千米的天门山，为以印信台为观测点的春秋分日落位置。印信台方位角 26.6° 的大石山，为夏至日落天文准线。而石家河城址西部的背景山脉主峰佛子山位于印信台 8.8 千米，方位角 13.3°，恰是石家河城址印信台春秋分日落点方位角与夏至日落点张角 26.6° 的一半，即春秋分与夏至之间的一个日落点，一定有重要的宗教崇拜意义。武家璧先生认为印信台观测日落方向，其目的就是通过观象授时制定地平历[11]（图四）。

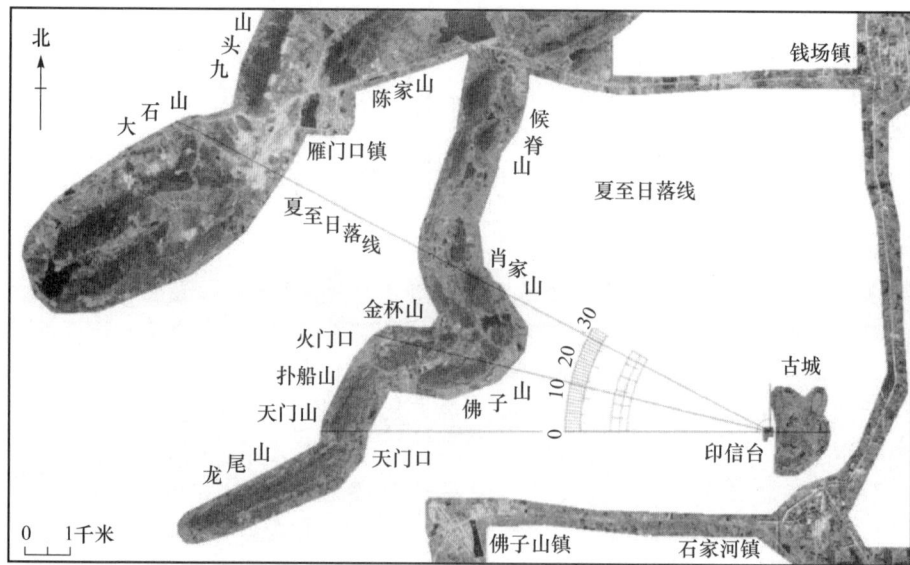

1

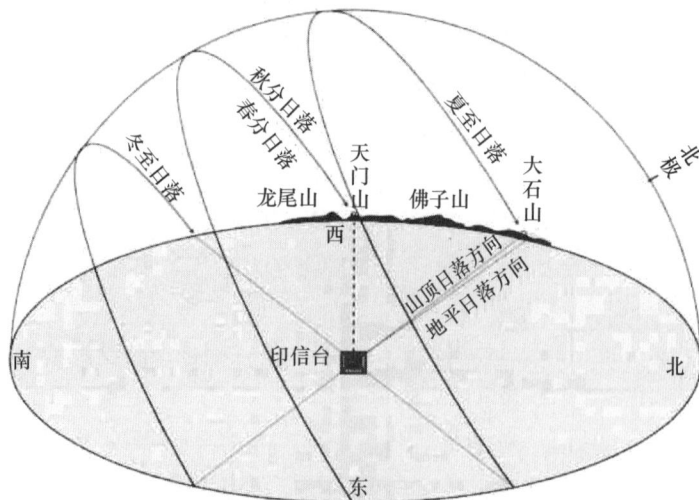

2

图四　印信台二分二至日落点示意图

1. 石家河古城印信台日落方位平面图　2. 印信台二分二至日落点示意图

（引自《石家河城址天文考古与历史地理研究》图三、图 8-111）

（4）陶寺文化观象台与地平历法

中国史前时期乃至世界迄今考古发现的可以制定缜密太阳地平历的最早观象台，当属陶寺观象台（图五），位于今山西省襄汾县陶寺城址中期外郭城外的东南小城内。建筑基址由夯土小版块建成半圆形，朝向东南。整个建筑由环道和台基构成。夯土台基直径40米。生土台基芯直径28米。整个建筑1740平方米。台基本身约1000平方米。夯土基址残深1~6米。根据考古地层和出土遗物，该建筑时代定为公元前2100~前2000年[12]。

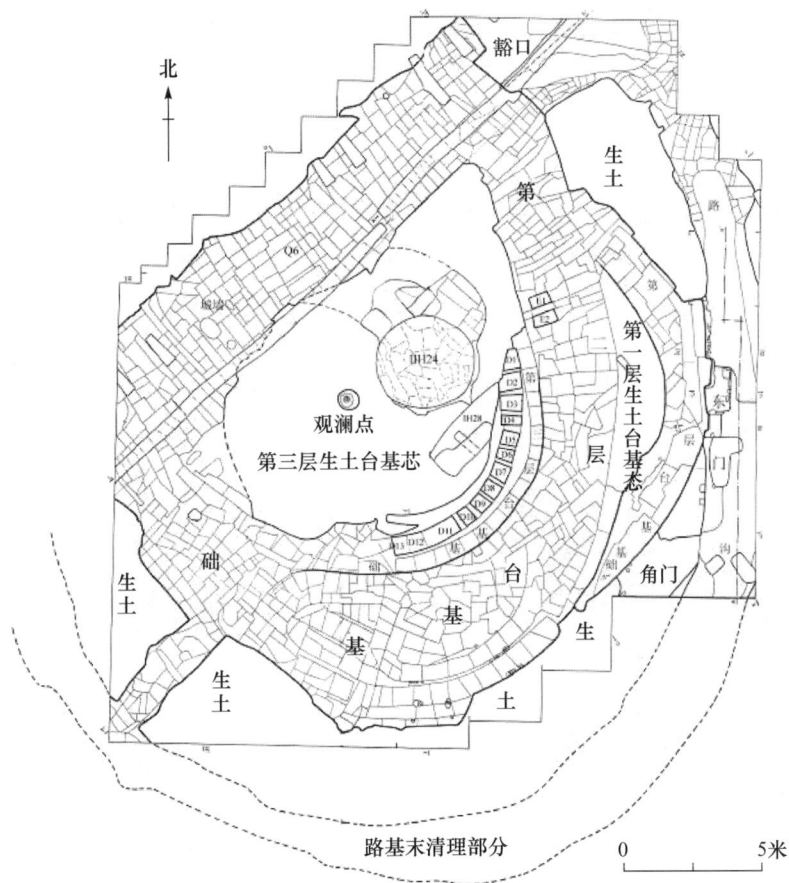

图五　陶寺观象祭祀台平面图

台基大约有三层。第一层在台基的东部，呈新月形朝着正东，中部是一个新月形的生土台芯周围包夯土。该台芯可能是举行与东方有关祭祀仪式的地方。第一层台基由正规的夯土台基将其与环道连接起来。第二层台基半环状。两端接在城墙上。

台基最重要的部分是第三层。它由生土台基芯和夯土挡土墙构成。在台基芯和挡土墙之间，有一道弧形夯土柱缝系统基础墙，朝向东北、正东和东南。

在夯土挡土墙内侧，有一道基础墙顶部有意挖出10道槽缝，深3~18厘米。基础墙宽 1、深 1.9～3 米。多数缝宽 15～20、个别宽 30～50 厘米。在第二层台基上，在两根夯土柱之间挖出一槽，用于夏至观测。根据这些遗迹，我们复原地表以上直立建石头柱子留缝。总共有 13 根石柱 12 道缝，分别对着对面的崇山（俗称塔儿山）上的某个点。

最重要的是发现陶寺时期的观测点遗迹。观测点大致在生土台基芯的中央部位。观测点遗迹由基坑内 3 个夯土同心圆构成。基坑直径约 145 厘米，象征着晋南地区（八尺表高）春秋分晷影长度；外圈夯土环直径约 86 厘米，大约象征春始与秋始节令的晷影长度；中圈直径约 42 厘米，标志着陶寺本地的夏至晷影；核心圆直径 25 厘米，既是陶寺邦国法定的长度基元 1 尺，也恰好限定天文官双脚站在上面，以确保科学观测的操作规程。从观测点圆心到观测缝外缘半径约 12.2 米，到内圆约 10.8 米。

当日出阳光强烈时，石柱之间的缝将阳光束成光柱，最远投射观测点核心圆上（图六），通过这种方法，可以将一个太阳回归年 365 或 366 天，标定在崇山山脊线上 20 个点上[13]（图七）。玛雅帕伦克的天文圣职人员，在昏暗的神庙内，也是观察日光从庙墙上特制的孔洞，透射进庙堂地面特定的位置，来判定冬至、夏至、春分、秋分（简称二分二至）的[14]。

图六　日出阳光从观测缝中透射到观测点圆心上

如果当天日出时云雾较大，没有强烈的光线，天文官则需要站在观测点的核心圆内（图八），正对某道观测缝，看缝中线崇山顶部是否有日半出或日切（太阳的下缘切于山脊线）天象（图九）。

根据实地模拟观测和天文学计算，陶寺观象台 E12 观测缝用于四千年前夏至日出观测，E2 观测缝用于冬至日出观测，E7 观测缝上半年用于春分、下半年用于秋分日出观测。其余 8 条观测缝可用于 16 个节令的日出观测，这些节令包含有当地四千年前四季气候的变化节点、粟黍和水稻甚至大豆的农时、宗教节日等。

陶寺观象台最南边的 E1 观测缝，没有日出观测功能，国家天文台赵永恒教授的天文学计算分析认为，很有可能用于月出最南点的观测（the maximum southern excursion of the Moon）；第二层夯土基址上的观测柱 E1（即第 12 观测缝北侧的夯土柱）北外壁，则用于月出最北点的观测（the maximum northern excursion of the Moon）。月出最北点与月出最南点之间，月出视运动一个周期大约是 $18_{2/3}$ 年，可以用于月食的计算推测（图七）。

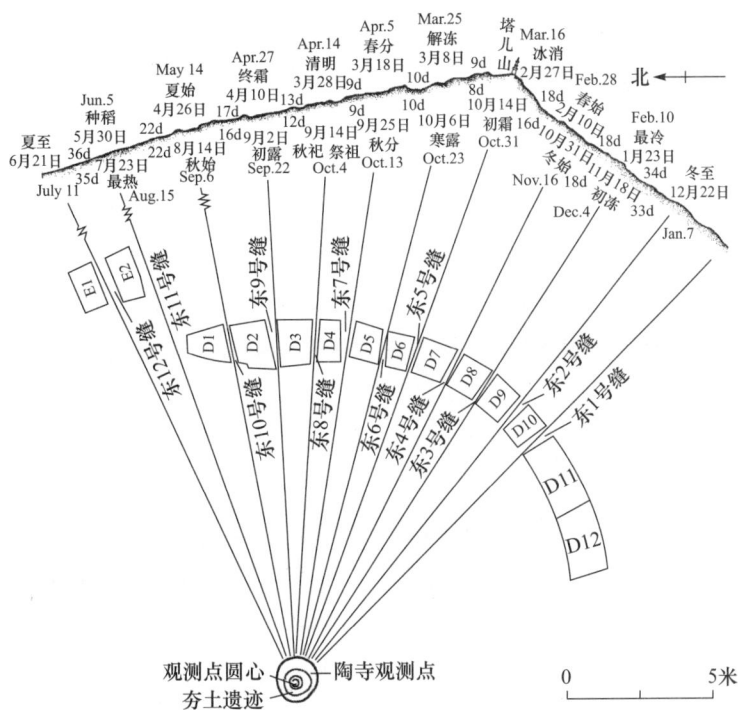

图七　陶寺观象台 20 节令观测结果示意图

（注：观测点至崇山距离为示意。E1、E2、D1～D11 为夯土柱基础。英文日期
和天数表示四千年前的日期和间隔天数）

图八　立于观测点圆心观测

图九　E5 观测缝中观测日切崇山主峰

陶寺观象台观测得到的 20 个节令历法，显然是迄今为止最早的、比二分二至复杂
得多的地平历，不仅从宇宙秩序的角度增强了统治者的中心地位和正统地位，而且使
统治者可以独占预告农时、气候、神圣时刻的权力。

2. 中美洲玛雅的地平历观测与天象崇拜

中美洲玛雅文明虽然比中国史前时期要晚很多，但是地平历观测与天象崇拜普遍存在于玛雅城市及其宗教建筑设计当中。天文考古学家们相信，玛雅人很早便利用自然地貌如地平线或山脊线，进行太阳地平历观测和天象崇拜，后来利用人工建筑，进行地平历观测与天象崇拜。

（1）乔克拉遗址的地平历观测与天象崇拜

哈罗德·格林发表过他对乔克拉（Chocola）遗址宇宙秩序的研究著作，提出了植根于 360 天历法中的 260 天地平历，其中有 14 个太阳历节令[15]，同陶寺观象台 20 个节令历法构架比较接近。不同的是，陶寺统治者显然没有天顶线、地底线、二分天顶线中点、二分地底线中点等概念，所以陶寺历法不可能出现 260 天和 360 天的历法。陶寺地平历完全遵循太阳回归年的视运动日期数。

乔克拉遗址位于危地马拉太平洋山麓，该遗址最初占居年代为公元前 1200 年，但主要繁荣期在公元前 900～前 100 年之间。

2003 年，乔克拉考古项目组（Proyecto Arqueológico Chocolá，简称 PACH），在乔纳森·卡普兰（Jonathan Kaplan）的带领下，在乔克拉开展了三个工作季的田野勘查工作，同时进行了相关的地平历天文考古实地模拟观测。模拟观测点选在乔克拉 1 号丘。地平历观测数据分析结果显示，乔克拉东部山脊线上的日出点，夏至与冬至两个节点的日出点没有特别明显的地标标识（如山峰或山口鞍部），托里曼火山（Volcán Toliman）山尖有可能是春分（秋分）的日出点。而与此形成对比的是，天顶线和天底线日出点、天顶线与分日（春秋分）中间时间点（可简称天顶分日中点）、分日与天底线中间时间点日出点（可简称天底分日中点），几乎都在乔克拉遗址东部山脊线上，找到相应的明显地标标识，不是山峰就是鞍部。具体日出日期见图一〇。

所谓天顶线（zenith passage）和天底线（nadir passage）概念对于中国学术界来说普遍比较陌生，需要稍作解释。

天顶线是指南北回归线之间地带，太阳正午时分正好处于中天顶点，随着纬度的

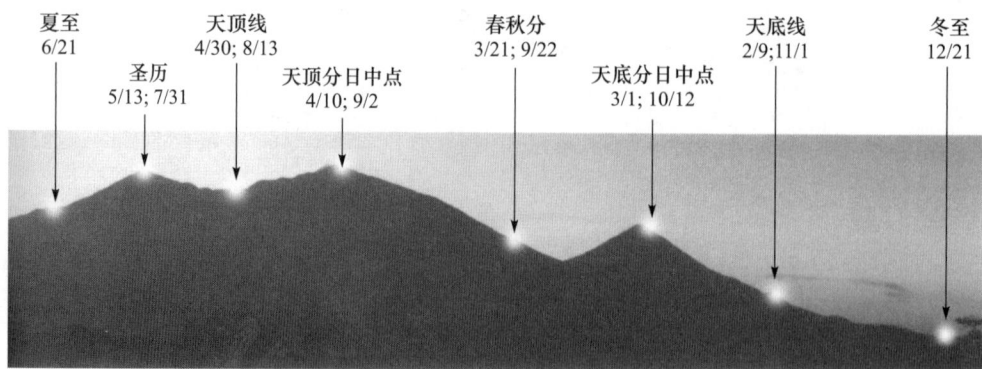

图一〇　乔克拉遗址 1 号丘观测东部山脊线各节点日出点示意图

（改自 *Cosmic order at Chocolá: implications of solar observations of the eastern horizon at Chocolá, Suchitepequez, Guatemala* 图 1.10.）

变化而变化。

天底线与天顶线正相反，是太阳运行到地下最底点，同样随着纬度变化而变化。

在赤道上，天顶线与天底线与春秋分重合。在南北回归线上，天顶线与天底线与冬夏至重合。

中美洲玛雅人，通过历象日月星辰，判断出天顶线和天底线日出方位点，将天顶线和天底线融汇进太阳地平历当中。

格林进一步分析认为，在乔克拉遗址 1 号丘观测，自 8 月 13 日天顶线日出，经 9 月 2 日天顶分日中点日出，到 9 月 22 日秋分，再经 10 月 12 日天底分日中点日出，至 11 月 1 日天底线日出点，均经历了 4 个均等的崴尔（winals），每个崴尔 20 天。日出点继续向南运动到 12 月 21 日冬至日出点，历经 50 天折合 2.5 个崴尔。然后日出点向北返回，经次年 2 月 9 日天底线日出点、3 月 1 日天底分日中点、3 月 21 日春分日出点、4 月 10 日天顶分日中点，最后至 4 月 30 日天顶线日出点，同样经历了 6.5 个崴尔。足见，乔克拉遗址太阳视运动日出点从天顶线日出点到冬至日出点、再返回到天顶线日出点，总计要历经 13 个崴尔，凡 260 天（图一一），这恰恰是中美洲玛雅历法中最重要与著名的"圣历"（Trecena）[16]，也称为"泽尔科因历"[17]。在玛雅本地方言中称为托纳尔泊华利 tonalpohualli，由 20 个星期组成，用象形文字标注其名称为兔子、水、狗、猴、草、芦笛、美洲虎、鹰、秃鹫、运动、燧石刀、雨、花、鳄鱼、

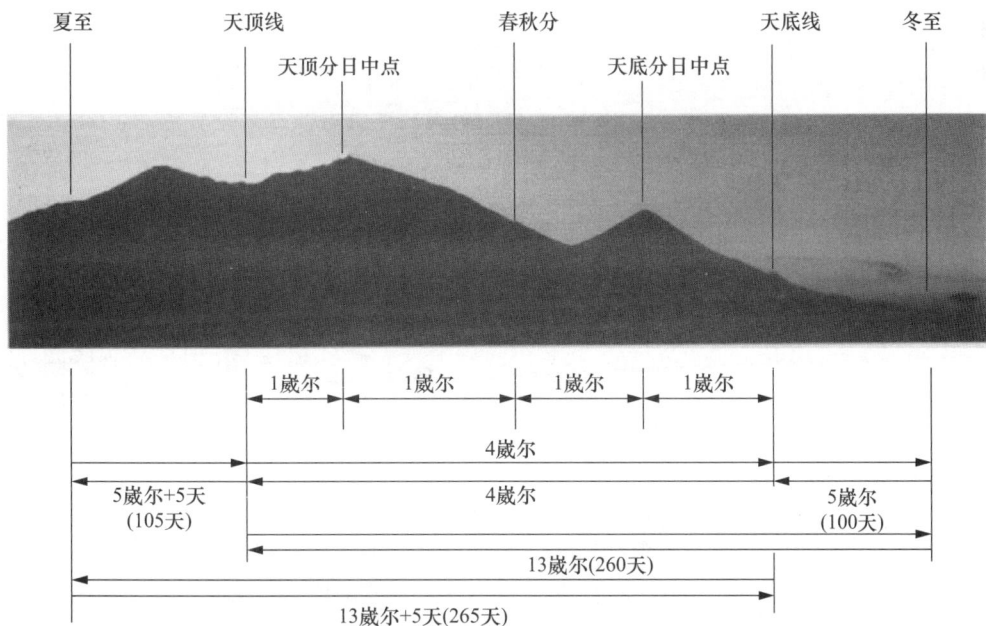

图一一　乔克拉遗址 1 号丘观测东部山脊线崴尔时间段示意图

（改自 Cosmic order at Chocolá: implications of solar observations of the eastern horizon at Chocolá, Suchitepequez, Guatemala 图 1.11.）

风、房子、蜥蜴、雨蛇、死人头、鹿。每个星期有 13 天，用 1～13 个圆点表示。

这 20 个星期名同时又是 20 个日名。这 20 个日名循环构成一个大轮，与 13 天一循环的小轮相互啮合相对旋转，给 260 天的每一日匹配出名称，如一兔日，二水日，三狗日，四猴日……直至十三花日，至此第一星期结束，第二星期以一鳄日开始，接下来是二风日，三房日……直至最后一个星期的最后一天十三鹿日（图一二），数字轮与日名论啮合转毕完整的一轮，正好 260 天（20×13=260）。"圣历"历法新的一年又从一兔日开始。玛雅的"圣历"直至阿兹特克帝国时期，仍在中美洲地区广泛应用于宗教领域，由专业的贞人解释，根据历法中日子属性，确定新生儿的预兆，对吉日或凶日不同应对提出建议，确定哪天是播种与收获的最佳日子等等[18]，颇类中国近代民间流行的黄历宜与不宜解释。

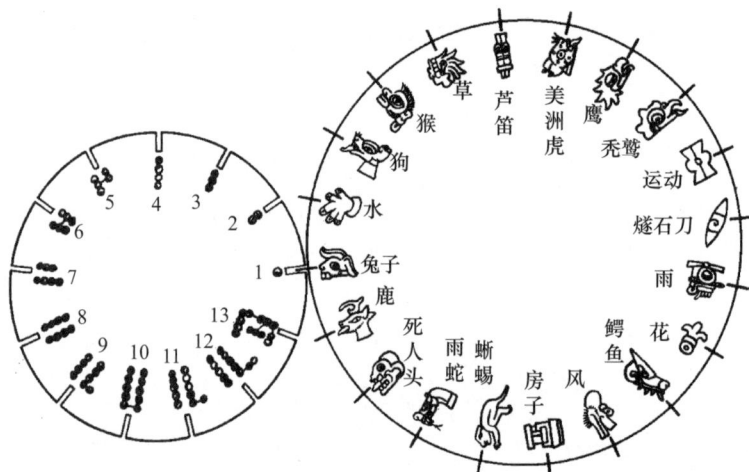

图一二　中美洲"圣历"历法（260 日历法）数字轮与星期名轮匹配示意图
（从 Richard F. Townsend. *The Aztecs*. London: Thames & Hudson Ltd., 1992: 132，图 73 改制而来）

虽然玛雅文明的 260 天"圣历"发明的动机，学界一直争论不休，没有定论，但是从格林的天文考古分析研究来看，"圣历"的发端应该早在乔克拉遗址的兴盛期，起源于中美洲太平洋海岸。"圣历"制定的天象即地平历观测日出节点主干是天顶线、天底线、春秋分点，外加冬至点、天顶分日中点和天底分日中点。显然，玛雅"圣历"制定体系中，天顶线与天底线是最核心的要素。玛雅古典期大量彩陶上，都有图像表现玉米神于八月份天顶线从宇宙龟壳背裂处重生出来。创世三主神（Triad）中最小的 GII 神卡威尔（Kawil）于 11 月 28 日天底线出生。这明确表明，在玛雅宇宙观中，天顶线与天底线，与创世神话存在着密切的关系[19]。尤其在乔克拉遗址，天顶线日出不仅标志着当天正午太阳到达中天正顶，更象征着此时的太阳成为"宇宙的主宰"[20]。

格林还进一步分析认为，乔克拉遗址东部山脊线地平历，除了 260 天"圣历"之外，如果再加上太阳视运动自上半年 4 月 30 日天顶线日出点至 6 月 21 日北移到夏至日出点，再向南返回移至 8 月 13 日天顶线日出点，共计经历 5 崴尔外加 5 天，即 105 天，由此构成符合太阳视运动回归年的 365 天的地平历。值得注意的是，乔克拉遗址太阳视运动自上半年 4 月 30 日天顶线日出点至 6 月 21 日北移到夏至日出点，再向南返回移至 8 月 13 日天顶线日出点，总计 105 天，恰好是玉米种植与收获周期[21]。

如果换一个角度看，乔克拉遗址的地平历，日出点自天顶线至冬至日出点往复一周历经 260 天（凡 13 崴尔），日出点自天底线至夏至日出点往复一周则历经 265 天（凡 13 崴尔外加 5 天）。而玛雅传统非常重视对称性与和谐性，都与神圣性休戚相关，所以，玛雅人认为，天顶线至冬至日出点之间日出往复的时间为 260 天，那么天底线至夏至日出点之间日出往复的日子，也应当为 260 天，最为理想。于是，玛雅人规定太阳视运动回归年理论上为 360 天（也称为 haab 哈布历），如此正好由夏至、天顶线、春秋分、天底线、冬至这 5 条日出轴（Solar axes）对称分割：以春秋分日出点为中央对称轴，春秋分日出点北侧至天底线、南侧至天顶线之间日出往复各历经 4 崴尔凡 160 天；天顶线与夏至日出点之间往复、天底线与冬至日出点之间往复各经历 5 崴尔凡 200 天（图一一）。最后便剩余 5 天"不计日"或称"无名日"[22]。

不论这多余的 5 天是否被判定为凶日（瓦耶伯）[23]，玛雅人知道实际太阳视运动回归年一个周期是 365 天，但为了强调历法的对称性，宣称 360 天哈布历，同样附会 20 天一个崴尔的节律（18 个崴尔），于是将真正使用的 365 天太阳年历法称为"模糊年"（Vague year）[24]——以 360 天的哈布历"之名"，行 365 天"模糊年"的"之实"，其中包括太阳地平历从天顶线到夏至点再回到天顶线日出点的 105 天，具有玉米种植农时的实用功能，可以从侧面证明玛雅人在实操中使用的是 365 天的"模糊年"哈布历，对称工整的 360 天哈布历只是对外宣称罢了。

格林相信，乔克拉遗址因其东部山脊线可以用于观测制定 260 天的"圣历"和 360 天的"哈布历"而被选定为重要城市选址[25]。我们认为，陶寺遗址的选址原因之一，也是因为陶寺观象台观测点最适于观测塔儿山日出制定地平历。这一点，陶寺遗址与乔克拉遗址的选址都与地平历观测有关。

另一方面，乔克拉遗址的"圣历"和哈布历，被视为构成玛雅王权基础的宇宙秩序。而陶寺观象台地平历法，同样是陶寺邦国王权的科学软实力，同时也表达王权与上天神权的沟通特权，也可以说迎合宇宙秩序的一部分内容，所以天文历法被陶寺王权所垄断，从此成为中国文明与后世历代王朝王权当中的一个重要基因[26]。

（2）帕伦克遗址的地平历观测与天象崇拜

如果说中美洲玛雅地平历"圣历"和哈布历观测，早在乔克拉遗址时期主要以东部山脊线自然地标为天文准线参照系目测的话，在年代较晚的帕伦克遗址（Palenque），则通过特殊的人工建筑设计，将"圣历"和哈布历地平历日出阳光，透射到神庙内特定位置，以做出判定。陶寺观象台的观测方法，显然集合了玛雅乔克拉和帕伦克两种地平历观测技术模式，而且远早于后二者。

据实地天文考古模拟观测，帕伦克十字架建筑群（Cross Group）中的太阳庙（Temple of the Sun），可能作为有利的观测点（图一三）。

图一三　帕伦克遗址十字架建筑群太阳庙天文准线示意图
（改自 The Astronomical Architecture of Palenque's Temple of the Sun 图 3.1.）

帕伦克遗址的太阳庙位于十字架建筑群的最西端，是由坐落在三个小山头上的三座神庙构成的一组建筑，包括太阳庙、十字架神庙、叶形十字架神庙。该组建筑于公元 692 年，由国王坎·巴兰二世（Kan B'ahlam）建造完成。十字架神庙建于北侧最高的山上，叶形十字架神庙坐落在东山根，太阳庙建于西侧低丘上，这三座庙高地错落，分别象征着三界宇宙模型当中的上界、中界和下界[27]。

帕伦克遗址十字架建筑群同时也是图解玛雅神话天体基础结构的"尘世建筑"。比如玛雅创世神话讲，开辟鸿蒙之初，天地未分。后在"下界天"（underworld sky）中心确立了三灶脚石（three hearthstones）。由三灶脚石将天地分开，进而确立上界天（upper sky）以及世界的方向。下界天与上界天之间的中心轴便是宇宙树。帕伦克十字架建筑群的三座神庙建筑，象征着创世神话中的元动源三灶脚石。三座神庙的本名为"Wak Chan na"，意为"六层天庙"（Six-sky Houses）[28]。

不难看出，帕伦克遗址十字架建筑群的重要天象崇拜、地平历观测的天文准线（astronomical alignments）同样蕴含着玛雅创世神话的象征寓意。

门德兹等人在太阳庙进行的天文考古观测结果显示，冬至日，日出在米拉多（El Mirador）山脊上仰角高 30°时，第一缕阳光以太阳庙横轴方位角 119°46′偏南 10°，直射入神殿中央过道，沿着中横隔墙（medial wall）直抵神殿后龛的后墙根，这是一年当中，阳光能够投射进太阳庙神殿内的最远端（图一四）。

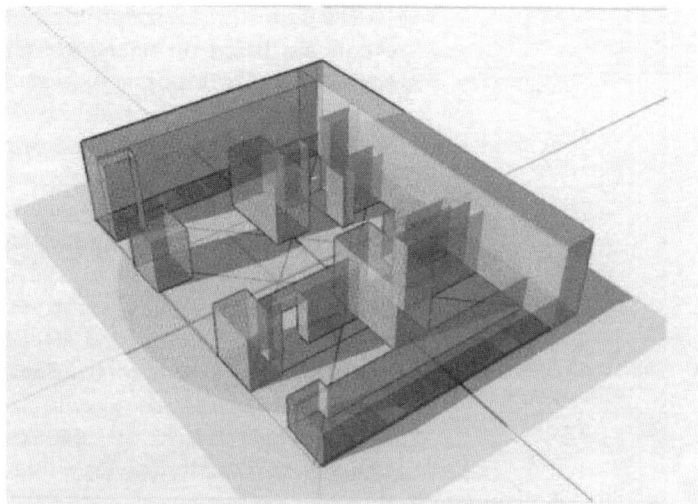

图一四　帕伦克太阳庙冬至日出阳光角度示意图

（引自 *The Astronomical Architecture of Palenque's Temple of the Sun* 图 3.3.）

显然，太阳庙的横轴线方位角 119°46′—299°46′（东南—西北走向），并不朝向冬至日出与日落方向。门德兹等人认为，太阳庙横轴线方位角很可能指向月出点南北二至点，即月出最南点和最北点，往复周期 18²/₃ 年。因为在帕伦克遗址所在北纬 17°28′，地平线月出最南点方位角约为 120°，最北点约为 300°[29]。这一点，与前文所述，陶寺观象台东 1 号缝和 E1 号夯土柱北外侧观测陶寺本地月出最南点与最北点，原理一致。

帕伦克遗址春秋分日出方位角约 91°，以太阳庙横轴偏北 29°倾角，照射进中央过道，并由殿门墙与室内中横隔墙，将阳光逼仄成窄刀锋，至抵中央后龛室的西南角（图一五）。此时，天文圣职员在殿内很容易精确判断春分和秋分日[30]。这两个重要节令在玛雅太阳历中，起着标定农事的作用[31]。

陶寺观象台在观测日云层或蒙气稀薄甚至没有时，日出过程不可目测，光柱便透过相应的观测窄缝，投射到观测点核心圆上（图六）。

当然，帕伦克春秋分日出，也可以通过中继站式目测观测点，自太阳庙穿过位于米拉多山与十字架神庙建筑之间的一处人工开凿的小山坳，沿着地平线上春秋分日出天文准线上的一串神庙建筑，观测春秋分日出[32]（图一三）。

帕伦克夏至日日出观测相关的太阳庙神殿建筑设计更为精妙。神殿的西北—东南对角线方位角为 66°，而帕伦克当地夏至日出地平方位角 65°14′，二者几乎一致。然而帕伦克夏至日出阳光以方位角 70°，透过神殿东南门，斜穿殿内纵隔墙 A 角门，经过殿内中央过道地面，被殿内中横隔墙东北角削减后，再斜穿殿内纵隔墙 B 的中门，以一道细而明亮的光线，打在神殿黑暗的西北角（图一六）。天文圣职人员此时在太阳庙神殿内，便可以十分精准地判断夏至日到来[33]。

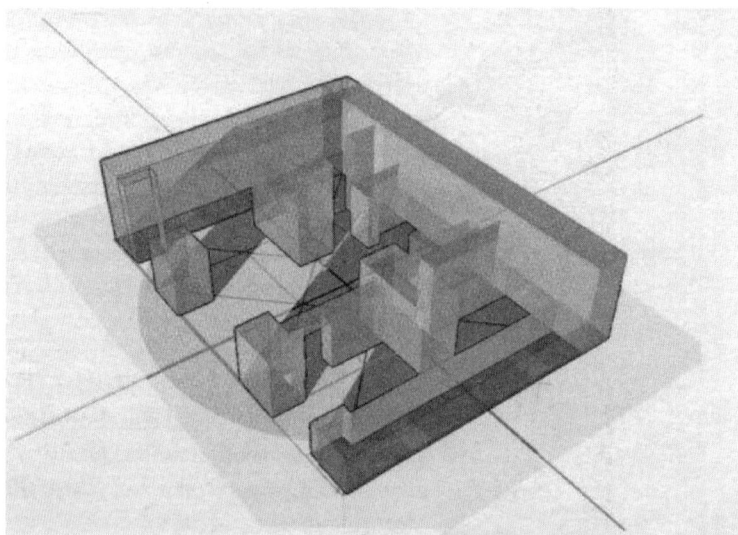

图一五　帕伦克太阳庙春秋分日出阳光角度示意图

（引自 The Astronomical Architecture of Palenque's Temple of the Sun 图 3.5.）

　　帕伦克遗址天顶线日出为上半年 5 月 7 日和下半年 8 月 5 日。早八点，站在太阳庙中央过道目测，日出于对面十字架神庙顶部"梳头板"上。此时，阳光从太阳庙神殿的东北门斜射进来，斜穿纵隔墙 A 上的小门，光柱被削细后，斜过中央通道地面，恰好照到殿后中央神龛的东南角（图一七）。天文圣职人员可在殿内轻易判别天顶线日出。

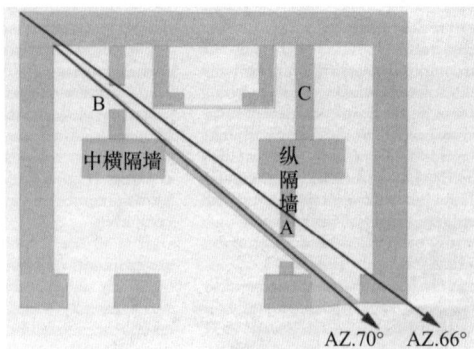

图一六　帕伦克太阳庙夏至日出阳光角度
示意图

（改自 The Astronomical Architecture of Palenque's
Temple of the Sun 图 3.6.）

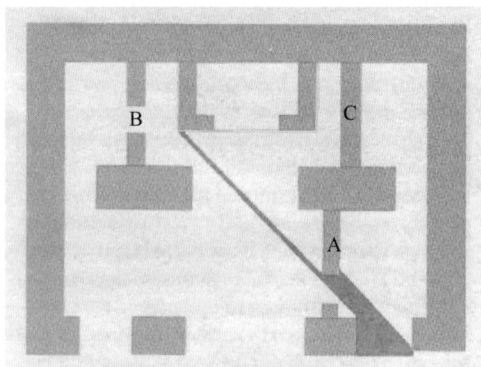

图一七　帕伦克太阳庙天顶线日出阳光角度
示意图

（引自 The Astronomical Architecture of Palenque's
Temple of the Sun 图 3.8.）

　　帕伦克遗址天底线日出为上半年 1 月 29 日和下半年 11 月 9 日。早上 9:15 太阳日出方位角 120°，仰角 23°，直射进太阳庙堂的南半部，抵达殿内中央后部神龛的门口。

门德兹等人的天文考古实地模拟观测判定，太阳庙的横轴指向天底线日出天文准线。

门德兹推测，帕伦克人判定天底线日出方位的方法是，先统计夏至日至天顶线日出之间的天数，然后以相同的天数反推自冬至日到天底线日出的天数。再依据天狼星地平出现，锁定天底线日出逻辑天文准线方位角[34]。

在帕伦克，天顶线和天底线天文准线还被赋予了王权正统天意的象征意义。有6代帕伦克王在天顶线或天底线天文准线上登基。最突出的例证是帕卡尔王（Pakal）自公元654年起陆续建造的王宫，由E、C、B、A、D室构成，在建筑设计上，殚精竭虑地考虑到太阳天顶线与天底线日出日落天文准线的运用。

天顶线日落时，C和D室门廊柱子会投下垂直阴影。此时从A室中央门道观测，落日恰在C室顶部梳头板中央。C室中发现的几段象形文字表明，该建筑与天顶线有关，即公元659年8月7日，太阳出于天顶线后5日。而C和A室中央门道直接朝向天底线日出。当然，A室中央门道相反方向可看到天底线日落。可以想见，自然光线照亮门道内的道场，使围观祭仪的贵族和平民，都为这吉日的皇家奇观而震撼（有些类似北京颐和园知春桥冬至日落日时分"金光穿洞"皇家奇观）。

帕伦克王宫建筑中，还大量使用T形窗，透射天顶线或天底线阳光。比如C和D室的T形窗标定天顶线日落的位置。E室西廊庑上的三个T形窗，指向天顶线日落和天底线日出点。E室正是帕卡尔王的加冕室，但是他却于公元645年11月9日，将E室奉献给了天底线。

帕卡尔的后嗣们在公元690年，完成了铭文神庙（Temple of the Inscriptions）和十字架神庙（Temple of the Cross）。天顶线日落时分，从十字架庙观看，日落恰好在铭文神庙背后，那里埋葬着帕卡尔王。天底线日出时分，从铭文神庙观看，日出自十字架神庙的梳头板。此时一道神奇的阳光，透进铭文神庙的东窗，透射到廊道的正中央。天底线日落，从十字架神庙观看，恰好在铭文神庙顶部的铭文提额（Inscriptions Prospect）上。帕卡尔的后继者与先王之间的对话，便以铭文神庙和十字架神庙之间，奇妙的天顶线与天底线日出和日落天文准线所建立的关系来表达[35]。

除了帕伦克遗址外，米尔布拉斯还曾判明，奇琴伊察遗址卡斯第罗山（El Castillo）东—西轴从玛雅神庙观测，其天文指向线很可能与天顶线和天底线有关。米尔布拉斯提到，十一月份的天底线日出标志着旱季的开始，也宣告战争期的开始；而一月份的天底线日出标志着农时开始典礼[36]。

（3）瓦夏克通遗址（Uaxactun）E组建筑的地平历观测与天象崇拜

与帕伦克遗址十字架建筑群地平历与天象崇拜同样重要甚至更加著名的，还有墨西哥低地玛雅的瓦夏克通E组建筑基址。该建筑基址年代为前古典期晚段和古典早期。

如果站在广场西侧E-VII-sub庙台子的北坡台阶上，向东北方向看广场对面东侧神庙建筑E1台基的东北角日出，标志夏至日出；看E-I庙堂建筑的东北角日出，方位角72.8°，地平仰角3.5°，接近天顶线日出的方位角。站在同一观测点，看正东E-II神庙正殿正脊中央日出，即春秋分。站在同一观测点看东南方的神庙建筑 E-Ⅲ 殿堂西北角日出，方位角 108.0°，与该地天底线地平日出方位角差 1.3°；看 E-Ⅲ 殿堂的东北角日出，则标志着冬至日出（图一八）。E 组建筑群年代为前古典晚期和古典早期，当时低地玛雅已经拥有了利用纪念碑式建筑，标定二分二至日出（或日落）天文准线观测技术，同时将天顶线和天底线日出或日落点观测，也纳入到这一套观测系统中来了[37]。

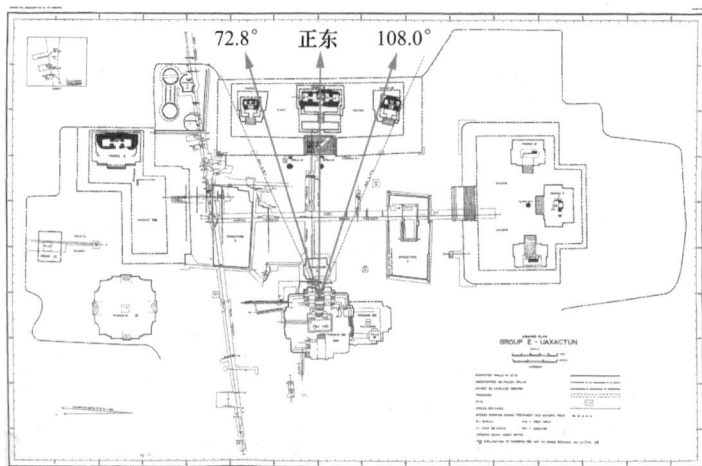

图一八　瓦夏克通 E 组建筑基址天文指向线示意图

（转引自 *Cosmic order at Chocolá: implications of solar observations of the eastern horizon at Chocolá, Suchitepequez, Guatemala* 图 1.13.）

显然，瓦夏克通 E 组建筑群地平历观测与天象崇拜，与帕伦克遗址十字架建筑群太阳庙的地平历观测和天象崇拜，属于同一套天文历法系统，除了二分二至地平历观测外，还有天顶线和天底线日出观测。以往学界都认同瓦夏克通 E 组建筑二分二至地平历观测，奉为天文考古的典型案例，格林对该建筑天顶线和天底线日出天文准线的发现，不仅丰富了该建筑群的天文历法的内容，而且更加确定二分二至与天顶线和天底线日出点，在中美洲玛雅历法中是普遍存在的结构体系。

（4）"提奥提华坎指向线"

中美洲玛雅文化当中，除了乔克拉、帕伦克、瓦夏克通这些遗址，明确有二分二至和天顶线与天底线日出地平历观测外，斯普拉杰克还注意到，墨西哥切佩切州东南部 11 个玛雅遗址中的 23 座建筑基址，方位角集中在 104°～284°，以提奥提华坎（Teotihuacan）和奥奇卡尔科（Xochicalco）两遗址最为典型，故称为"提奥提华坎指向线"。斯普拉杰克认为，这条天文准线，用以观测 2 月 12 日日出，标志整理玉米地农事开始；4 月 30 日日落，标志着雨季来临（即 5 月 1 日前后），开始播种玉米农时；8 月 13 日日落，标志着玉米出穗；10 月 30 日日出，标志着雨季结束（即 11 月 1 日前后），玉米收获季开始。更有甚者，自 2 月 12 日日出至 10 月 30 日日出，历经

260 天；自 8 月 13 日日落至次年 4 月 30 日日落，也恰好历经 260 天，这无疑同玛雅圣历 260 天暗合符节。足见，"提奥提华坎指向线"作为地平历天文准线，标定这四个日出点日期，都是圣历或称"神圣农历"（canonical agricultural cycle）中的重要时间节点[38]。我们可总称之为"神圣农历四节令"。

（5）翠翠科（Cuicuilco）遗址地平历观测

柏罗达发现，墨西哥高原上早至公元前 1 世纪的翠翠科遗址东边的山脊线，便有地平历观测日出点。从该遗址前古典期大金字塔，向东地平观测，夏至日出点位于地标特拉玛卡萨峰（C. Tlamacas）南坡上，方位角约 65°。半年中间日出点（Mid-year days，与二分日不同）位于帕帕幽峰（C. Papayo）南侧，方位角约 89°。冬至日出点地标位于粕粕卡台佩特尔峰（V. Popocatepetl）北侧，方位角约 117°（图一九）。

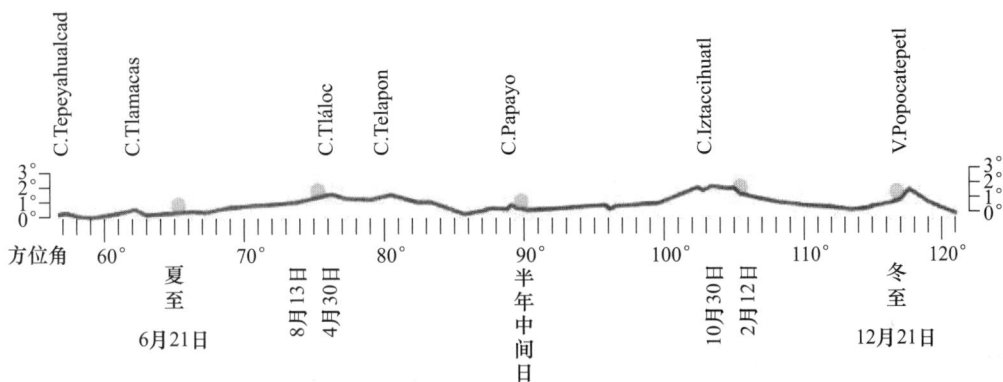

图一九　翠翠科遗址地平历观测结果示意图

（转引自 *Cosmic order at Chocolá: implications of solar observations of the eastern horizon at Chocolá, Suchitepequez, Guatemala* 图 1.1. ）

与墨西哥切佩切州东南部低地玛雅普遍流行"提奥提华坎指向线"日期相同的日出点，在墨西哥高原的翠翠科遗址地平历中同样出现。4 月 30 日和 8 月 13 日日出点位于地标特拉洛克峰（C. Tláloc）北侧，方位角约 75°。2 月 12 日和 10 月 30 日日出点位于地标伊查西华特尔峰（C. Iztaccihuatl）以南不远处的一处无名小峰南侧，方位角约 105°（图一九）[39]。这四个日出节令意义，应当与"提奥提华坎指向线"的"神圣农历四节令"意义相同。

有趣的是，日出点自 2 月 12 日向北运动，经夏至日出点（日北至），于 10 月 30 日再次返回到同一日出点，恰好历经 260 天。日出点自 8 月 13 日向南运动，经冬至日出点（日南至），于次年 4 月 30 日再次返回到同一日出点，也历经 260 天。两种观测地平历方法，都可以得到 260 天"圣历"。

尽管学界对于玛雅"圣历"发明的动因尚未形成共识，但就翠翠科遗址的地平历来看，不论以夏至日还是以冬至日为"岁首"，均可将 365 天太阳视运动回归年，分割为 7 个节令，包括冬至、夏至、"神圣农历四节令"和半年中间日。墨西哥高原与低地玛雅流行的"提奥提华坎指向线"和翠翠科遗址的"神圣农历四节令"均符合 260 天"圣历"，我们倾向于认为玛雅 260 天"圣历"发明的动因主要是玉米种植农时配合相应祭祀活动，所以最初，尤其是翠翠科遗址地平历可以早到公元前 1 世纪，当时确实可以称之为"神圣农历"。

（6）秘鲁昌吉罗遗址"十三塔"地平历观测

2007 年自然科学界最权威的《科学》杂志，刊登了伊万·格兹（Ivan Ghezzi）和克里夫·拉格雷斯（Clive Ruggles）的文章，介绍在秘鲁昌吉罗遗址（Chankillo）发现的公元前 4 世纪的太阳地平历观测台[40]。

昌吉罗遗址位于秘鲁首都利马西北约 400 千米，面积约 4 平方千米。遗址的西北角小山顶上，是一个长约 300 米的近圆形城址。圆城向东南约 1 千米，一座南北方向的小山脊上，整齐排列着一行 13 座石块砌成的立方形塔，长达 200 米，尾部（南头）稍向西偏，称为"十三塔"（图二〇、图二一），其建造年代距今 2350~2000 年。比陶寺观象台晚近 2000 年。昌吉罗十三塔目前可以判断有冬至、夏至、春分、秋分日出、天顶线以及天底线日出等具有特殊意义的日子[41]。

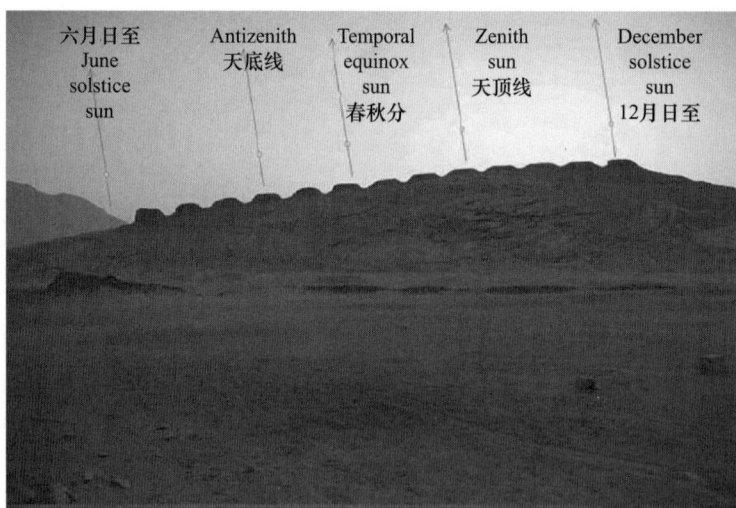

图二〇　昌吉罗遗址十三塔

需要说明的是，昌吉罗遗址不属于中美洲玛雅文化，但它是美洲大陆迄今所知最早的缜密的地平历观测系统，与陶寺观象台的原理最为接近，所制定的地平历缜密程度也十分接近。昌吉罗遗址十三塔地平历观测，至少可以确定 8 个节令，包括二分二至、神圣农历四节令。如果十三塔的 12 道人工凹槽均用上，甚至存在制定 26 个节令的太阳地平历法的可能性。

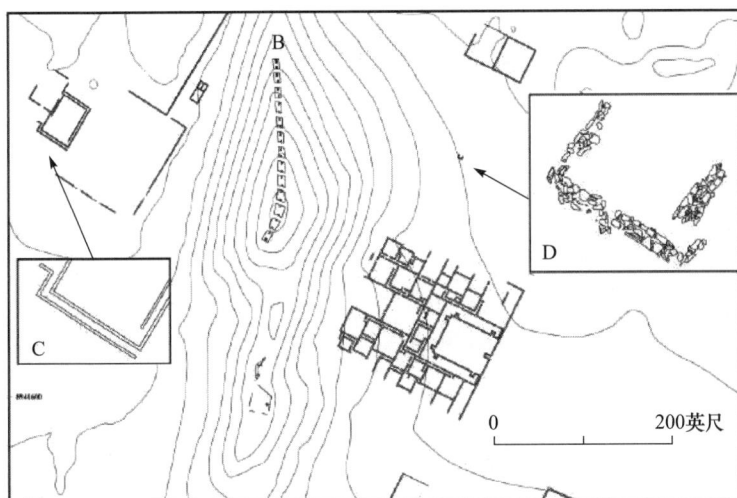

图二一　昌吉罗遗址十三塔观象台遗迹平面图

二、圭表或立表观测系统

中国史前时期和中美洲玛雅文明天文观测技术体系，除了前文所述的太阳地平历观测技术之外，还存在着另一套技术体系，那就是圭表或立表观测，同时结合相应天象崇拜。而且在中国古代天文学史当中，占主导地位的太阳历观测仪器是圭表。尤其在历史时期，圭表测量技术以可移动测量、确定地中、天文大地测量等技术优势，更好地为国家政治意识形态服务，而巩固了其"官学"的地位。地平历观测反而沦落在地方民间"自控"把握的观测技术里，失去了正统官学技术的地位，保留在各地民间传说或民俗当中。

中国史前圭表或立表测量的考古实例，最早当推良渚文化的瑶山和汇观山祭坛的天象观测。

（1）良渚文化太阳观测与天象崇拜

良渚遗址的瑶山祭坛（图二二）和汇观山祭坛遗址（图二三），建于山丘之顶。平面形状接近正方形。年代为公元前3000～前2800年。祭坛的中央是灰土沟围出来的一个近正方形的框。

刘斌先生推测认为，祭坛是真北正方向，因此利用立表或觇表设置在灰土沟框的四角和东西两个边线中心点，便可以观测到良渚文化时期的二分二至的日出与日落（图二二、图二三）。具体说，东北角为夏至日出，西北角为夏至日落；东边正中为正东，可观测春秋分日出；西边正中为正西，可观测春秋分日落；东南角可观测冬至日出，西南角可观测冬至日落[42]。其说可从。

徐凤先研究员认同刘斌先生的思路，但是经过2011年12月对瑶山与汇观山遗址实地天文学考察，首先判定刘斌先生认为观测点设在中心土台正中央的推测是不可行

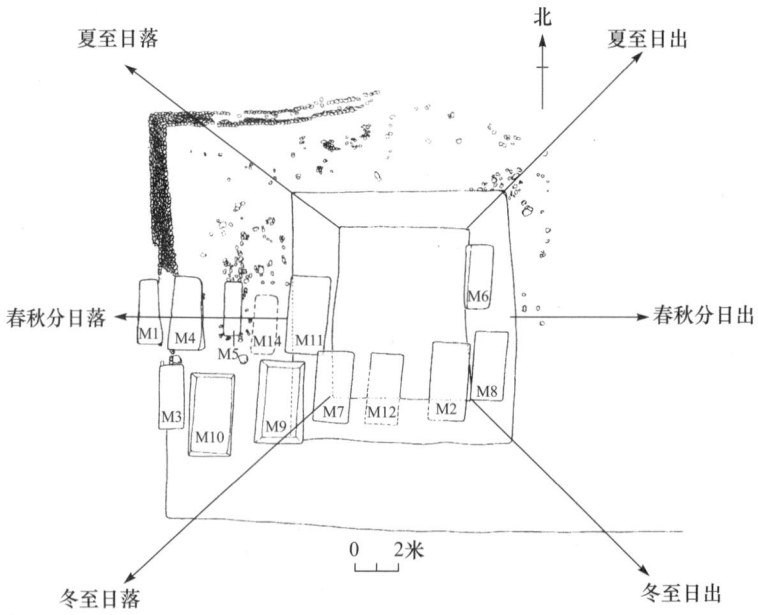

图二二　瑶山祭坛平面图

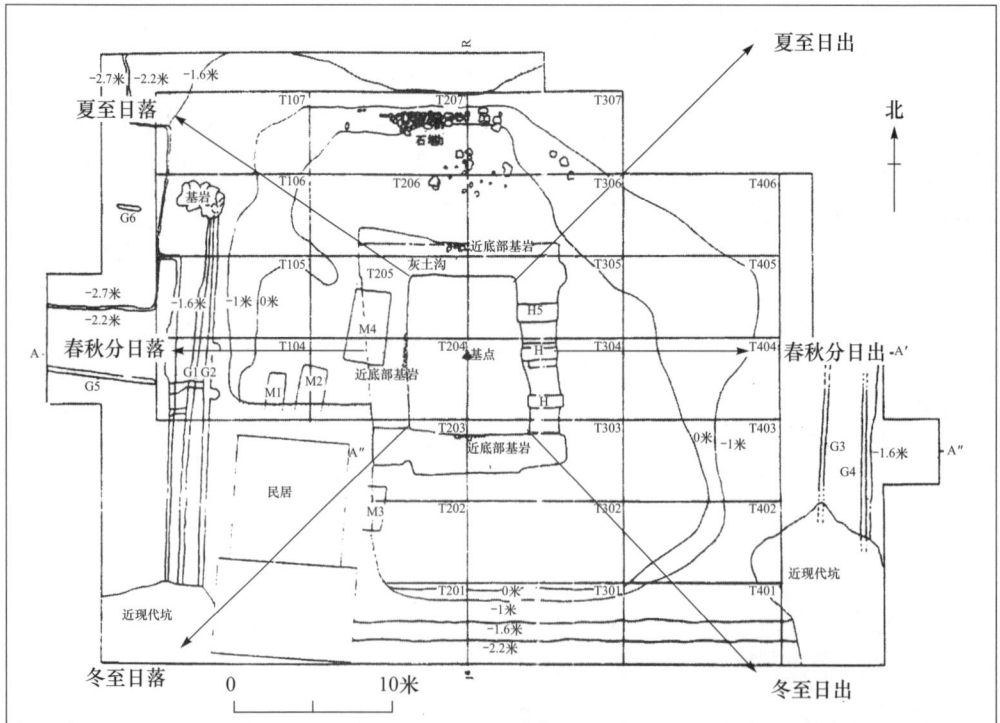

图二三　汇观山祭坛平面图

的，观测点很有可能定在灰土沟边东、西两外边的中点。徐凤先研究员根据这一原理，进行了瑶山夏至日出观测天文准线的天文学计算推演。她认为，公元前 2300 年，瑶山的夏至日出方位角应为 61°38′=61.63°。据瑶山祭坛灰土沟框外缘尺寸计算推测，瑶山和汇观山祭坛灰土沟框夏至日出观测点分别向西后延 0.18 米和 0.76 米，则从灰土沟框东北外角望出去的方位角恰与公元前 2300 年夏至日出方位角吻合[43]。因为我们认为，瑶山与汇观山祭坛顶部都遭到过后期的平毁，现在的开口宽度是现存的，原来的灰土沟东、西两边外框的开口线可能更高、更向外延展，如此造成了古今观测点的距离误差。

通过我们实地考察，良渚城址外围的瑶山祭坛，周遭山峦过近，对于二分二至的日出日落点在山脊线上的观测，必定受到仰角的误差干扰。而汇观山祭坛周围没有可用于作为标定二分二至日出与日落点的山峰或山脊线。因此，我们推测，良渚文化瑶山与汇观山祭坛灰土框上的二分二至日出与日落观测，很有可能借助灰土框四角和东西中线上竖立的立表，标定日出和日落位置，并不依赖近处的山峦或远处的地平线。

诚然，瑶山和汇观山遗址最初的功能即成为大贵族（王）墓地之前，就是祭坛。既然可以明确这两座祭坛是良渚都城外围的观测太阳二分二至的"观象"场所，那么祭坛上举行的宗教祭祀活动，应当以郊天祭日为主，也就是以太阳崇拜为核心。

（2）大汶口文化大汶口遗址的立表测影与天象崇拜

如果说良渚文化瑶山和汇观山太阳观测利用立表是合理推测，那么，大汶口文化的彩绘符号中的图像，很可能就是立表测影的场景写照。

山东泰安大汶口遗址 M75 出土的一件背壶，上面有朱彩绘的一个羊形图像符号[44]（图二四），有学者将该符号释为"昊"即"暤"字[45]。我们认为，这件背壶上的羊符号，至少可以视为描绘圭表测日影或立表观日的象征符号。这个彩绘符号，巧妙地利用背壶的横鋬耳绘制立表的底座，立表的顶端，描绘的是一个光芒四射的太阳。书写用的红色颜料，与日、火性质相通。那么，大汶口 M75 出土的这件朱绘圭表测影或立表观日象征符号的背壶，意味着大汶口文化还存在着立表观日天象崇拜。

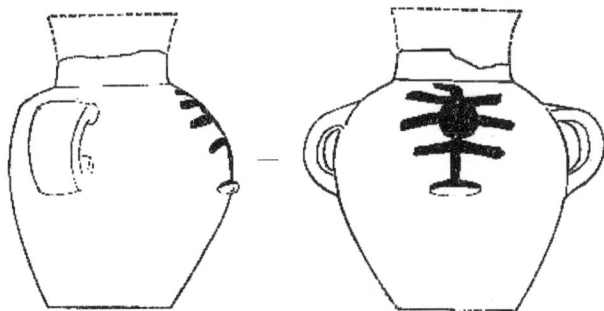

图二四　大汶口遗址 M75 出土的一件背壶

前文提到，豫东、皖北和鲁西南地区的大汶口文化，流行地平历观测技术和陶尊刻画象征符号。汶—泗流域的大汶口文化以泰安大汶口遗址为典型代表，并不流行陶尊刻画象征符号，这一支大汶口文化以圭表或立表测影技术为主。栾丰实教授认为这一支大汶口文化与"少昊"氏有关[46]。基于栾丰实先生的分析，我们有理由认为，太昊系部族使用地平历观测技术系统，存在地平历观测天象崇拜。少昊系部族使用圭表测影或立表观日技术系统，因而存在立表观日天象崇拜。

（3）陶寺文化圭表测影技术实例

陶寺遗址，除了观象台列石地平历观测系统外，还发现了迄今为止考古确定世界最早的圭表实物，将中国史前圭表测量技术坐实。

陶寺早期王族墓地贵族墓 M2200 曾经出土过木质立表（图二五），下尖顶平，复原长 225 厘米[47]，25 厘米插于地下，留 200 厘米在地面以上，折合 8 尺高。中期王墓 IIM22 随葬漆圭尺（图二六），复原长 187.5 厘米，合 7.5 尺。

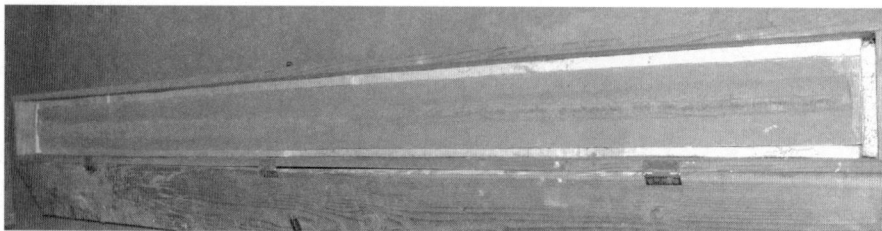

图二五　陶寺 M2200：2 木质立表

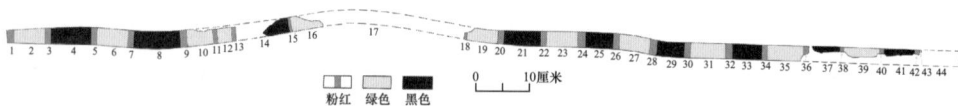

粉红　绿色　黑色　　　0　　10厘米

图二六　陶寺 IIM22 出土的漆圭尺

陶寺圭表组合成中国传统的观测仪器。

IIM22 同圭尺一同下葬的还有一盒圭表测量配件，它们是玉琮游标、玉戚改做的景符（用于精化立表晷影在圭尺上确切位置）、玉戚改做垂悬（即垂球，应以校正立表垂直于地面及圭尺）[48]。

陶寺圭尺不仅能够用于观测日影制定与陶寺观象台相配的 20 个节令太阳历，更主要的功能是，陶寺圭尺上第 11 号刻度恰好长 40 厘米（图二七），合 1.6 尺，符合《周髀算经》关于夏至影长数据的记载。根据《周礼·大司徒》关于"地中 1.5 尺夏至影长"与《隋书·天文志》关于成周（洛阳）地中夏至晷影 1.6 尺的记载，我们推测陶寺圭尺上的夏至理论标准刻度以及《周髀算经》有关 1.6 尺夏至影长标准，应当是陶寺城址对外宣称的地中标准。陶寺的统治者可以通过夏至日正午圭表测量的反复演示与验证，说服他人相信陶寺本地的夏至晷影即游标内侧，恰好是第 11 号刻度 1.6 尺，只有陶寺符合地中标

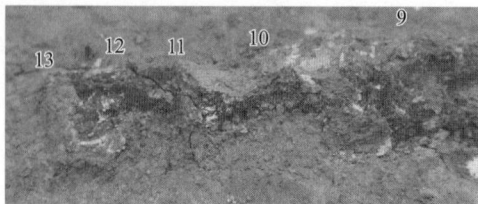

图二七　陶寺圭尺第 11 号刻度地中标准刻度

准，并且可反复测量验证，貌似客观科学，极有说服力。圭表还可用于天文大地测量。

（4）中美洲帕伦克太阳庙基址设计利用立表定方位

中美洲玛雅文明可能也使用立表。阿隆索·门德兹推测，帕伦克太阳庙的基址设计或许利用了立表和觇表以确定天文准线，包括二分二至日出，甚至是月出最南点准线[49]。其做法与中国《淮南子·天文训》"正朝夕"辨正方位法十分相近。

《淮南子·天文训》正朝夕法操作规程和原理是："正朝夕，先树一表东方，操一表却去前表十步，以参望，日始出北廉，日直入。又树一表于东方，因西方之表以参望，日方入北廉，则定东方。两表之中，与西方之表，则东西至正也。冬至日，日出东南维，入西南维；至春、秋分，日出东中，入西中。夏至，出东北维，入西北维，至则正南。"[50]

帕伦克十字架神庙的建筑设计人员，在确定夏至日出点天文准线的前提下，首先在神庙建筑毛坯台基中央立一根中表。日出时分，中表影在台基表面形成一条线，将此线刻画在地表上，延至另一根觇表（sight stick），两根表的参望线指向日出第一缕阳光。用相同的方法，反向操作观测日落。如此，在一天之内的观测，便可以确定张角大约50°的两条交汇线，确定二至指向线。将该张角等分中线，得到春秋分指向线，该指向线作为十字架神庙的对角线保留下来（图二八），与真东—西方位角误差不足1度[51]。

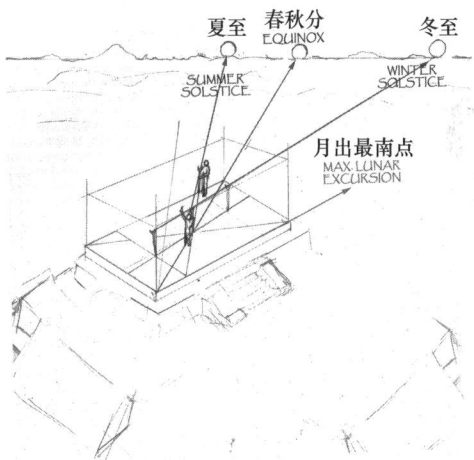

图二八　帕伦克遗址十字架神庙基址天文准线
预先测定设计推测示意图
（改自 *The astronomical architecture of Palenque's
Temple of the Sun* 图 3.10.）

三、宇宙观的异同

与中国史前不同的是，中美洲玛雅似乎没有夏至晷影地中标准。但是，玛雅也有宇宙中心的概念。

中美洲玛雅宇宙观中，将垂直空间分为上、中、下三界。上界称为"kan"或"chan"，指日月星辰划过天空所经过的区域，现代天文学称之为"黄道"。下界被称为"西巴尔巴"（Xibalba），是一个孕育着生殖力量的潮湿之地，流淌着两条河流。

玛雅宇宙观里平面被视为四方（板块）——东、西、南、北四方加中心，中心即为宇宙轴，被视为一棵巨大的木棉树，垂直贯通上、中、下三界，被称为"世界树"。三界所释放的超自然能量，沿着世界树上下流动；一般死者的灵魂沿着世界树进入下界，阵亡武士和分娩时死去的妇女灵魂沿着世界树可升入上界；上界的神灵可应中界人们的乞求，沿着世界树下降到中界。

玛雅金字塔神庙被视为宇宙山，往往与自然岩洞或人工构建洞室相结合，岩洞和洞室则被视为下界（图二九）。墨西哥提奥提华坎羽蛇神庙前的祭祀地道的终点洞室，设计在羽蛇神庙台基下的正中心部位，被构建成为宇宙的中心，人工开凿了洞室内水池，水池中留有石笋状的山川象征。拱形的洞顶象征天宇。而该处的基岩含有黄铁矿石颗粒，在火把的映照下，洞顶基岩闪闪发光，模仿星空。洞室内则长期积水，象征着玛雅世界是从水中诞生的（图二九）。

图二九　提奥提华坎羽蛇神庙祭祀地道末端洞室（黑色线为长期积水线）

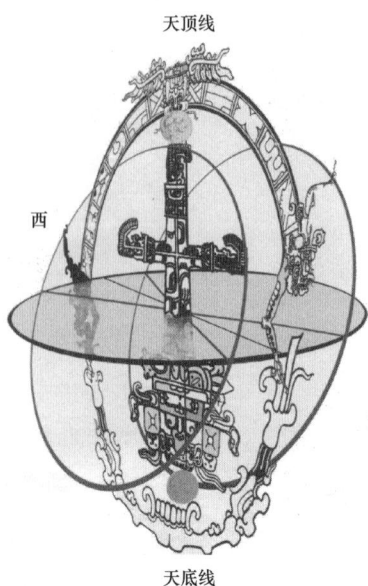

图三〇　帕伦克"似球体"宇宙模型
（改自 *Centering the World* 图 5.15.）

玛雅人还将大地比喻为原始海洋中游泳的海龟。玛雅的宇宙观里，还有一个非常重要的观念，就是认为宇宙王国的四角分别由四位帕瓦吞神来支撑[52]。中国史前的红山文化、仰韶文化、大溪文化等，也存在着龟形的宇宙模型，笔者将另具文讨论。

从帕伦克的宫庙建筑结构设计，突出考虑天顶线、天底线、二分和二至日出和日落天文准线的现象，不难看出，玛雅文明还有另一套宇宙中心的理论模型。太阳位于天顶线和天底线对立的两极，构成宇宙垂直枢轴（pivot）；水平面上二至天文准线判定后，根据几何角分，判定真东和真西（图三〇）。太阳在天顶线、天底线垂直枢轴和二分二至水平枢轴同时运行，形成了时间与空间有机结合的"似球体"宇宙模型[53]。这套宇宙模型在帕伦克遗址宫庙建筑得以充分体现，表明这套宇宙模型的中心即垂直枢轴和水平枢轴的相交的中心点就是帕伦克。

当然，帕伦克十字架、叶形十字架、太阳神庙三大建筑高低错落，同时还表达上、中、下三界宇宙观。可见，中美洲玛雅文明的宇宙观来源也是多元的，在帕伦克融为一体。

中国史前时期，在陶寺文化形成"天道阳曰圆，地道阴曰方"的宇宙天地模式之前，包括红山文化、仰韶文化、大溪文化、屈家岭—石家河文化、良渚文化基本上都尊崇上天、中地、下水的"三界"宇宙模型，也可肖形化为"龟形"宇宙模型。宇宙柱、宇宙山、宇宙树的观念同样存在，这些观念与玛雅的宇宙观没有本质的区别[54]。

四、宇宙观指导城市规划

在城市规划方面，中国史前和中美洲玛雅的统治者，都试图在宇宙中央的位置建立都邑，以使都邑符合宇宙秩序，达到政权及其都邑命运永恒巩固的目的。

中美洲早在公元前1100年的形成期（formative-period）的藻井和陶器上，就有"四方世界"（four-world-direction）的装饰母题。当这些母题通常用四个要素来表现的同时，还有一些也用五个，即通过由四个点围绕的中心的奎南克斯（quinunx）[55]。这应是科学的五方概念。中美洲玛雅四围法则（principle of quadripartition）将世界分为四方板块（four quarters）。这一模式从个人的住宅，到主要庙宇的四角，甚至到较高层次的地域国家划分疆土的各层次活动中被复制。比如在玛雅地区有象形文字文献记载，将世界四方向与四神（lords）和四大都邑联系起来[56]。

中国史前，陶寺中期城址功能方位规划，则以陶寺文化的宇宙观方位基本法则为依据：天地定位，山泽通气，火水相射，风雷相搏，来规划陶寺都城（图三一）。具体说，陶寺都城东南部，以郊天祭日的观象祭祀台代表天位，西北部以"泽中方丘"地坛代表地位。陶寺遗址地势南高北低，从而表现"天高地卑"。城址正南部因山在此断而为山、为艮。城址正北部实际地貌为多水沼泽相，故为泽方。城址东北部斜亘南河，当时为小河，故为水方，为坎、为沟渠。那么相对应的城址西南应为火方，制陶工业园区分布在此，制陶需要火。城址正东为早期和中期王族墓地，故为雷方、为帝、为震，其中"帝"为祖先至上神。相应地，城址

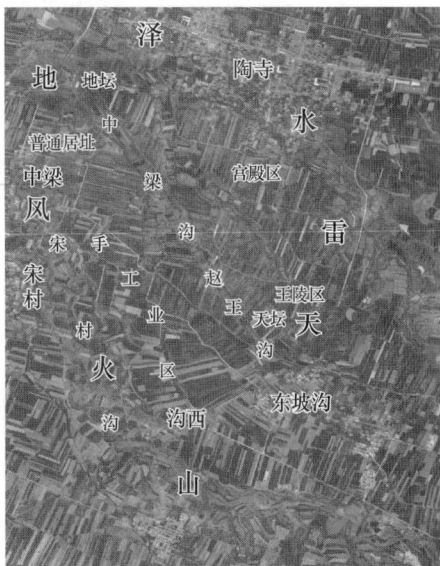

图三一 陶寺城址宇宙观设计构图示意

正西为风方，为工，该区域也是手工业园区[57]。

　　陶寺宫城位置设计在靠近水方、并介于阴性的泽方与阳性的雷方之间部位，追求阴阳调和，避免重阴或重阳之不吉。同时由于黄土高原普遍偏干，人君居于近水方，以干湿相济。故而此处在观念上，被视为宫城选址的不二之选。陶寺中期的王族墓地虽位于东南小城内，但南边靠近观象祭祀台天位，北边偏向外郭城正东即雷方，附会东方为雷、为帝之意。陶寺中期手工业区的选址占据了火方与风方。陶寺中期普通居民主要是农业人口居址及其农田，占据着地位。由是，陶寺城内布局区块又可合并为君、鬼、工、农四大板块。

　　中美洲玛雅的城市功能区划布局，似乎没有特别明晰的宇宙观规划理论框架。或许由于玛雅文明与传统文化的大断裂，原本的城市规划宇宙观模式没有流传下来。以保存比较规整的提奥提华坎城为例，城市核心区以西班牙人定名的"死亡大道"（或被译为"黄泉大道"）即原城市中央大道为轴线，串联羽蛇神庙、推测的大市场、太阳神金字塔、月亮神金字塔一系列核心建筑。核心建筑周围是复杂但比较规整的贵族居住区院落（图三三）。由于中央大道的北端为月亮神金字塔（图三四），显然该大道实际是指明整个城市的轴线。

　　比较奇怪的是，提奥提华坎纪念性大道指极线方向角为真北偏东15°25′。这一指极线偏角，是否有天文学意义，一直争讼不断[58]。与前文所提到的墨西哥低地玛雅流行的建筑"提奥提华坎指向线"，全然不同，令人费解。伊利斯推测，这条中央大道即所谓的"黄泉大道"的指极线方位角，其本意是象征猎户座腰带三星连线与地球极和太阳极连线的夹角65°，从方向角看，就是自北偏西50°至北偏东15°之间的张角[59]（图三二）。且备一说。有一点却是肯定的，那就是中美洲玛雅文明的其他城市，都没有重复这一指极线的角度。

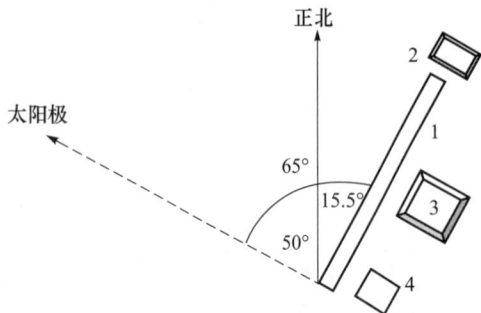

图三二　提奥提华坎城"黄泉大道"
指极线角度示意图

1. 黄泉大道　2. 月亮金字塔　3. 太阳金字塔
4. 羽蛇神金字塔

　　武家璧先生分析陶寺中期城址的指极线与中轴线是分离的，指极线方向角为正北，中轴线自中期外郭城中心点经观象台指向正东南，是陶寺城冬至日出天文指向线[60]。因此，陶寺城址的指极线与中轴线虽然分离，但是各自的天文学意义十分明确。

　　如果按照伊利斯的说法，提奥提华坎城市规划最初的轴线以中央大道"黄泉大道"为标志，那么提奥提华坎城的指极线与中轴线也是分离的，指极线应为北偏西50°，中轴线北偏东15.5°，参照猎户座腰带的角度设计。

图三三 提奥提华坎城中央大道南视

图三四 提奥提华坎城中央大道北视

五、结　语

通过上述的粗浅的对比分析来看，中国史前时期与中美洲玛雅文明，都十分重视天象崇拜、天文观测与历法，相信这些操作都是关乎政权统治的神圣性、正统性、稳定性、权威性的大事，所以被王权所垄断，成为王权当中操控宗教、天文学技术与农业经济的软实力。两地具体的做法各有异同。比如日出地平定点观测的基本操作原理是相通的，但是太阳地平历却因各自的地理纬度不同而又有差异。中美洲玛雅纬度较低，多数地区位于南北回归线之内，因此特别加入天顶线、天底线、二分天顶线中点、二分天底线中点等概念。

中国史前的文明起源中心集中分布在黄河、长江、西辽河流域，包括良渚与石家河，地理纬度都较高，赤道至北回归线一带，一直缺乏重要的文明起源中心。因此中国太阳历法中几乎见不到天顶线、天底线、二分天顶线中点、二分天底线中点等概念。

中国史前与玛雅的太阳历，都有太阳视运动回归年 365 天或 366 天的节令分割历法，粗疏者仅划分二分二至，缜密者如陶寺邦国太阳历则达 20 个节令。中美洲玛雅文明的太阳历年代上比中国史前晚，但也使用 360 天外加 5 天"无名日"的哈布历。中国史前与玛雅在太阳历方面最大的差别，在于中国史前没有玛雅"圣历"那样的 260 天的太阳历，这不仅因为玛雅圣历的判定，主要依据南北回归线之间的天顶线和天底线日出点，更重要的原因在于玛雅"圣历"在玉米种植农时方面的实用性，称之为"神圣农历"更贴切。中国史前时期农作物当中没有玉米，自然也无须 260 天的太阳历。

中国史前与玛雅都利用纪念性建筑与自然地标，进行人为的链接，形成太阳崇拜的特殊天象。这些特殊的吉日的特殊阳光壮景，从视觉效果的角度，烘托王权仪式的神圣与荣光，象征代表天意的王权"明德"，目视之而影从。唯陶寺观象台将建筑构件升级为观测仪器，是列石天象观测崇拜技术系统中一大里程碑式的创新。

史前中国与玛雅都可能使用了圭表测量仪器，唯陶寺发明的夏至影长地中标准刻度的观念，直接效力于正统意识形态，成为"天下观"政治统治理念的理论基础。玛雅有宇宙中心的概念，但似乎缺乏明确的判定理论标准。

中国史前部分都城功能区规划，很可能有明确的宇宙观指导。玛雅城市规划宇宙观指导理论并不清晰，仅知道二分二至、天顶线、天底线等天文准线对于宫庙建筑设计，至关重要。

不过，从中国史前时期与中美洲玛雅文明都格外重视天文历法和宇宙观的相似性来看，我个人推测，玛雅城市规划原本很可能是根据自己的宇宙观实施的，只不过随着阿兹特克帝国的摧毁，加上后来哥伦比亚时代的殖民文化的荡涤，玛雅城市规划的宇宙观模式失传的可能性更大。原来玛雅城市规划宇宙观指导模式也可能是四围法则（principle of quadripartition），即将世界分为四方板块（four quarters）"田"字形模式。尚有待今后深入的研究。

注　释

[1] Milbrath Susan. *Star Gods of the Maya: Astronomy in Art, Folklore, and Calendars*. Austin: University of Texas Press, 1999: 1.

[2] Aveni Anthony F. *Skywatchers*. Austin: University of Texas Press, 2001: 220-221.

[3] 孙小淳、何驽、徐凤先等：《中国古代遗址的天文考古调查报告——蒙辽黑鲁豫部分》，《中国科技史杂志》2010 年第 31 卷第 4 期，第 384～406 页。

［4］ 孙小淳、何驽、徐凤先等：《中国古代遗址的天文考古调查报告——蒙辽黑鲁豫部分》,《中国科技史杂志》2010 年第 31 卷第 4 期, 第 384～406 页。

［5］ 何驽：《怎探古人何所思——精神文化考古理论与实践探索》, 科学出版社, 2015 年, 第 394、395 页。

［6］ 苏兆庆：《从莒县陵阳河出土文物看少昊文化的发展》,《临沂师专学报》1983 年第 2 期; 杜升云、苏兆庆：《东夷民族天文学初探》,《北京师范大学学报（自然科学版）》1988 年第 3 期; 杜升云：《山东莒县史前天文遗址》,《科学通报》1986 年第 9 期。

［7］ 武家璧：《莒县陵阳河遗址的天文考古研究》,《学而述而里仁——李伯谦先生从事教学考古 60 周年暨学术思想研讨会文集》, 大象出版社, 2022 年。

［8］ 栾丰实：《太昊和少昊传说的考古学研究》,《中国史研究》2000 年第 2 期, 第 3～18 页。

［9］ 徐凤先：《天空之光如何照亮文明——中国早期天文学与文明若干专题研究》, 广东人民出版社, 2019 年, 第 42～48 页。

［10］ 湖北省文物考古研究所、北京大学考古文博学院、天门市博物馆：《湖北天门市石家河遗址 2014～2016 年的勘探与发掘》,《考古》2017 年第 7 期, 第 38～41 页。

［11］ 武家璧：《石家河城址天文考古与历史地理研究》,《荆楚文物》（第 5 辑）, 科学出版社, 2021 年, 第 55～61 页。

［12］ 中国社会科学院考古研究所山西队、山西省考古研究所、临汾市文物局：《山西襄汾县陶寺城址祭祀区大型建筑基址 2003 年发掘简报》,《考古》2004 年第 7 期; 中国社会科学院考古研究所山西队、山西省考古研究所、临汾市文物局：《山西襄汾县陶寺中期城址大型建筑 IIFJT1 基址 2004～2005 年发掘简报》,《考古》2007 年第 4 期, 第 3～25 页。

［13］ 何驽：《陶寺中期观象台实地模拟观测资料初步分析》,《古代文明》（第 6 卷）, 文物出版社, 2007 年, 第 83～115 页。

［14］ Alonso Mendez, Carol Karasik, Edwin L. Barnhart, et al. The Astronomical Architecture of Palenque's Temple of the Sun. *Archaeoastronomy and the Maya*. Havertwon: Oxbow Books, 2014: 59-65.

［15］ Green Harold H. Cosmic Order at Chocolá: Implications of Solar Observations of the Eastern Horizon at Chocola, Suchitepequez, Guatemala. *Archaeoastronomy and the Maya*. Havertwon: Oxbow Books, 2014: 17-39.

［16］ Green Harold H. Cosmic Order at Chocolá: Implications of Solar Observations of the Eastern Horizon at Chocolá, Suchitepequez, Guatemala. *Archaeoastronomy and the Maya*. Havertwon: Oxbow Books, 2014: 24-30.

［17］ 〔美〕林恩·V. 福斯特著, 王春霞、宗巍、阴元涛等译：《古代玛雅社会生活》, 商务印书馆, 2016 年, 第 241 页。

［18］ Richard F. Townsend. *The Aztecs*, Revised edition. London: Thames & Hudson Ltd, 2000: 131-132.

［19］ Alonso Mendez, Carol Karasik. Centering the World: Zenith and Nadir Passages at Palenque. *Archaeoastronomy and the Maya*. Havertwon: Oxbow Books, 2014: 102.

［20］ Tedlock Barbara. The Road of Light: Theory and Practice of Mayan Skywatching. *The Sky in Mayan Literature*. Oxford: Oxford University Press, 1992: 19.

［21］ Alonso Mendez, Carol Karasik. Centering the World: Zenith and Nadir Passages at Palenque.

Archaeoastronomy and the Maya. Havertwon: Oxbow Books, 2014: 98.

[22]　Green Harold H. Cosmic Order at Chocolá: Implications of Solar Observations of the Eastern Horizon at Chocolá, Suchitepequez, Guatemala. *Archaeoastronomy and the Maya*. Havertwon: Oxbow Books, 2014: 24-30.

[23]　〔美〕林恩·V. 福斯特著，王春霞、宗巍、阴元涛等译：《古代玛雅社会生活》，商务印书馆，2016 年，第 243 页。

[24]　〔美〕林恩·V. 福斯特著，王春霞、宗巍、阴元涛等译：《古代玛雅社会生活》，商务印书馆，2016 年，第 242 页。

[25]　Green Harold H. Cosmic order at Chocolá: Implications of Solar Observations of the Eastern Horizon at Chocolá, Suchitepequez, Guatemala. *Archaeoastronomy and the Maya*. Havertwon: Oxbow Books, 2014: 35.

[26]　何驽：《制度文明：陶寺文化对中国文明的贡献》，《南方文物》2020 年第 3 期，第 22～46 页。

[27]　Alonso Mendez, Carol Karaisk, Edwin L. Barnhart, et al. The Astronomical Architecture of Palenque's Temple of the Sun. *Archaeoastronomy and the Maya*. Havertwon: Oxbow Books, 2014: 59.

[28]　Freidel David, Linda Schele, Joy Parker. *Maya Cosmos: Three Thousand Years on the Shaman's Path*. New York: William Morrow, 1993.

[29]　Alonso Mendez, Carol Karaisk, Edwin L. Barnhart, et al. The Astronomical Architecture of Palenque's Temple of the Sun. *Archaeoastronomy and the Maya*. Havertwon: Oxbow Books, 2014: 62.

[30]　Alonso Mendez, Carol Karaisk, Edwin L. Barnhart, et al. The Astronomical Architecture of Palenque's Temple of the Sun. *Archaeoastronomy and the Maya*. Havertwon: Oxbow Books, 2014: 63.

[31]　Aneni Anthony F. *Skywatchers*. Austin: University of Texas Press, 2001: 293-294.

[32]　Alonso Mendez, Carol Karaisk, Edwin L. Barnhart and Christopher Powell. The Astronomical Architecture of Palenque's Temple of the Sun. *Archaeoastronomy and the Maya*. Havertwon: Oxbow Books, 2014: 63.

[33]　Alonso Mendez, Carol Karaisk, Edwin L. Barnhart and Christopher Powell. The Astronomical Architecture of Palenque's Temple of the Sun. *Archaeoastronomy and the Maya*. Havertwon: Oxbow Books, 2014: 63.

[34]　Alonso Mendez, Carol Karaisk, Edwin L. Barnhart and Christopher Powell. The Astronomical Architecture of Palenque's Temple of the Sun. *Archaeoastronomy and the Maya*. Havertwon: Oxbow Books, 2014: 63-65.

[35]　Alonso Mendez, Carol Karaisk. Centering the World: Zenith and Nadir Passages at Palenque. *Archaeoastronomy and the Maya*. Havertwon: Oxbow Books, 2014: 102-106.

[36]　Milbrath Susan. Representación y orentción astronómica en arquitectura de Chichen Itza. *Boletín de las Escuela de Ciencias Anthropológicas de la Universidad de Yucatán*, 1988: 89, 25-37.

[37]　Green Harold H. Cosmic order at Chocolá: implications of solar observations of the eastern horizon at Chocola, Suchitepequez, Guatemala. *Archaeoastronomy and the Maya*. Havertwon: Oxbow Books, 2014: 33-34.

[38]　Ivan Sprajc. Teotihuacan Architectural Alignments in the Central Maya Lowland? *Archaeoastronomy*

and the Maya. Havertwon: Oxbow Books, 2014: 41-53.

［39］ Broda Johanna. Astronomical Knowledge, Calendrics, and Sacred Geography in Ancient Mesoamerica. *Astronomies and Cultures*. Niwot: University Press of Colorado, 1993: 253-295.

［40］ Ghezzi I, Ruggles C. Chankillo. A 2300-year-old Solar Observatory in Coastal Peru. *Science*, 2007-3-2(315): 1239-1243.

［41］ 刘次沅：《新发现的秘鲁古观象台及其与陶寺观象台遗迹的比较》，《古代文明研究通讯》2007年9月总第三十四期，第1～5页。

［42］ 刘斌：《良渚文化的祭坛与观象测年》，《浙江省文物考古研究所学刊（第八辑）：纪念良渚遗址发现七十周年学术研讨会文集》，科学出版社，2006年。

［43］ 徐凤先：《天空之光如何照亮文明——中国早期天文学与文明若干专题研究》，广东人民出版社，2019年，第78～80页。

［44］ 山东省文物管理处、济南市博物馆：《大汶口新石器时代墓葬发掘报告》，文物出版社，1974年。

［45］ 陈五云、刘民钢：《释“昊”》，《华夏考古》2003年第2期，第88～93页。

［46］ 栾丰实：《太昊和少昊传说的考古学研究》，《中国史研究》2000年第2期，第3～18页。

［47］ 中国社会科学院考古研究所、山西省临汾市文物局：《襄汾陶寺——1978～1985年考古发掘报告》（第二册），文物出版社，2015年，第665页。

［48］ 何驽：《山西襄汾陶寺城址中期王级大墓 IIM22 出土漆杆“圭尺”功能试探》，《自然科学史研究》2009年第3期，第261～276页；何驽：《陶寺圭尺补正》，《自然科学史研究》2011年第3期，第278～287页。

［49］ Mendez Alonso, Carol Karasik, Edwin L. Barnhart, et al. The Astronomical Architecture of Palenque's Temple of the Sun. *Archaeoastronomy and the Maya*. Havertwon: Oxbow Books, 2014: 66-68.

［50］ （汉）刘安等辑撰、张广保编著：《淮南子》，北京燕山出版社，1995年，第94页。

［51］ Mendez Alonso, Carol Karasik, Edwin L. Barnhart, et al. The Astronomical Architecture of Palenque's Temple of the Sun. *Archaeoastronomy and the Maya*. Havertwon: Oxbow Books, 2014: 66-68.

［52］ 〔美〕林恩·V. 福斯特著，王春霞、宗巍、阴元涛等译：《古代玛雅社会生活》，商务印书馆，2016年，第155～158页。

［53］ Alonso Mendez, Carol Karaisk. Centering the World: Zenith and Nadir Passages at Palenque. *Archaeoastronomy and the Maya*. Havertwon: Oxbow Books, 2014: 108-109.

［54］ 何努：《良渚文化玉琮所蕴含的宇宙观与创世观念——国家社会象征图形符号系统考古研究之二（特约专稿）》，《南方文物》2021年第4期，第1～12页；何努：《“天圆地方”概念起于何时辩》，《中原文化研究》2022年第10卷，第5～15页。

［55］ Joyce Marcus. Rethinking Ritual. *The Archaeology of Ritual*. Regents of the University of California, 2007: 62.

［56］ Joyce Marcus. Rethinking Ritual. *The Archaeology of Ritual*. Regents of the University of California, 2007: 63.

［57］ 何驽：《怎探古人何所思——精神文化考古理论与实践探索》，科学出版社，2015年，第195～207页。

［58］ Micheal D. Coe. *Mexico: From the Olmecs to the Aztecs. Fourth edition*. London: Thames and

Hudson Ltd, 1994: 91-100.

［59］〔英〕拉尔夫·伊利斯著、陈德中译：《宇宙的设计师》，陕西师范大学出版社，2003 年，第 244、245 页。

［60］武家璧：《陶寺观象台新论》，《帝尧之都　中国之源：尧文化暨德廉思想研讨会文集》，中国社 会科学出版社，2015 年，第 149～168 页。

史前时期海岱地区原始礼制研究

张超华

（河南科技大学人文学院　河南科技大学黄河文明与河洛文化发展研究院）

中国素以文明古国、礼仪之邦著称。"礼"是早期中国在长期发展过程形成的独具自身特色的重要文化系统，礼制亦是中华文明的特征之一。关于礼制起源，众说纷纭。然而，大汶口—龙山文化考古材料清晰地表明，史前时期海岱地区的原始礼制已经形成，并对夏商周三代的礼制产生重要影响，海岱地区成为中华礼制文明形成的关键区域和重要源头。

一、研 究 概 况

海岱地区，主要以泰沂山系为中心，鼎盛时期包括山东地区全境，苏、皖地区北部，豫东、冀东南以及辽东半岛南部地区。史前时期，海岱地区的考古学文化可分为后李文化、北辛文化、大汶口文化、龙山文化、岳石文化等发展阶段，其中大汶口文化和龙山文化是该地区史前文化中最为发达的两种文化，也是探索原始礼制的主要依据。大汶口文化是海岱地区史前文化不断发展并走向全面鼎盛的时期，时间跨度为公元前4200～前2600年。其中经过正式发掘的主要有泰安大汶口[1]、兖州王因[2]、章丘焦家[3]等遗址。龙山文化是海岱地区史前文化达到全面鼎盛的时期，绝对年代为公元前2600～前2000年之间，典型遗址有泗水尹家城[4]、兖州西吴寺[5]、临朐西朱封[6]等。

关于史前时期海岱地区的礼制，有学者已进行初步研究。20世纪70年代末，唐兰就注意到大汶口文化晚期大墓中"陶器之多是惊人的，它们往往成为一个组合，可以和殷周墓葬中的青铜彝器相比"[7]。20世纪90年代，吴汝祚在对古代文明进行探讨时，认为大汶口文化后期出现成组礼器随葬，棺椁在丧葬礼仪中也逐渐成为制度[8]；栾丰实认为海岱地区的礼器大约产生于大汶口文化早期阶段，且多为实用器，到了大汶口文化晚期阶段，具有等级差别的埋葬方式似乎已逐渐成为制度[9]。2000年以后，郭大顺对大汶口文化陶器礼器化进程进行初步探索[10]；王芬通过对海岱地区大汶口文化与龙山文化墓葬的分析，认为海岱地区礼制较多地体现在棺椁、陶礼器等方面，并指出了在海岱地区大汶口文化与龙山文化中存在一些礼器和礼器组合[11]。总体来看，对海岱地区礼制的研究多是在研究考古学文化时，注意到存在的礼制现象，但未展开专门、系统的论证。本文拟从丧礼、礼器、祭祀等角度对海岱地区的礼制进行研究。

二、海岱地区原始礼制的内涵

海岱地区原始礼制主要表现在丧礼、祭祀、礼器三个方面。下面分别进行论述。

（一）丧致其礼

丧礼是中国古代礼制的重要内容，亦是周代礼乐文明的重要组成部分。从考古材料来看，早在史前时期，海岱地区的丧葬礼制已经出现。具体如下。

1. 棺椁制度

《说文》释棺曰："棺、关也，所以掩尸。"释椁曰："椁、葬有木郭也。"[12] 段玉裁注："木郭者，以木为之，周于棺，如城之有郭也。"[13] 棺、椁是作为葬具使用的，按质地可分为陶棺、石棺和木棺等。

大汶口文化早期，墓葬多以竖穴土坑葬为主，一般无葬具。个别存在陶棺或石棺现象，但数量极少。如大汶口遗址 M1030 发现有陶棺、M1011 发现有石棺痕迹[14]。尽管此时未发现明确的木质棺椁，但是在很多遗址发现有熟土二层台，熟土二层台上随葬陶器，墓底有专门殓放尸体的葬坑，似乎当时已经出现棺椁的萌芽。到了大汶口文化中晚期，在大汶口、野店、陵阳河等遗址都发现有较多的木质葬具，多为单棺或单椁，也有棺椁并存的现象。如陵阳河遗址 79M25，发现有"井"字形木椁[15]；野店 M51 发现有呈"井"字形的木椁，内置长方形箱式木棺的现象[16]，这似乎是一棺一椁的早期形态。焦家遗址 M152 更是发现两椁一棺的现象[17]。到了龙山文化时期，在泗水尹家城、诸城呈子、临朐朱封、尧王城等遗址，都发现有明显的木质葬具。较之大汶口文化，这一时期的棺椁使用呈现新的特点。第一，使用重椁一棺的墓葬增多，而且棺椁结构进一步复杂化，出现了边箱、脚箱。如临朐朱封 M202 棺椁之间适中位置发现一处边箱[18]。第二，棺椁的使用更加等级化、规范化、制度化。如泗水尹家城遗址，同一座墓地，有无棺椁、棺椁数量的多寡，成了标识墓葬等级的重要标志。与之相对应的便是随葬品数量的多少、高等级器物的有无。诸城呈子遗址亦是如此，报告中墓葬分类的重要标志便是葬具的有无。第三，对棺椁本身的重视程度加深。特别是对棺椁本身进行明显的人为加工，主要表现为将木椁的边角加工规整、墓葬的横盖排列整齐并接缝紧密。此外，朱封遗址 M202、M203 棺椁均饰有彩绘。这些都表明对葬具的重视程度在不断加深。

木质葬具从出现之始，便已经具备别贵贱、定等级的功能。使用一重葬具的墓葬，面积较大、随葬品丰富。如陵阳河 79M25，面积 4.93 平方米，随葬陶器达 73 件。而棺椁并用，意味着埋葬方式更为复杂，多见于大型墓葬。如焦家 M152，面积近 12 平方米，随葬器物 39 件，其中不乏玉钺、骨雕筒、彩陶器等高等级的器物。朱封 M202，墓葬外室复原面积约 40 平方米，内置一棺一椁，随葬有陶器、玉器、骨器等。其中包括玉刀、玉钺、数千件绿松石薄片以及鼍鼓鼓皮残迹。

海岱地区的葬具从陶棺、石棺发展到木棺或木椁，再到棺椁组合，似乎是棺椁制度逐步发展形成的历程，也印证了栾丰实"环太湖地区和海岱地区就是目前所知最早产生棺椁制度的地区"[19]的论断，凸显出海岱先人"重丧葬"的习俗。

2. 口含——手握习俗

（1）口含习俗

口含主要指死含，又称饭含或饭琀。就是在人死后，往死者口中填塞之物，主要类别有贝、粱稻、玉、金银等。关于其作用，《礼记·檀弓下》曰："饭用米贝，弗忍虚也；不以食道，用美焉耳。"[20]由此可知其目的是充实死者之口，不忍令其虚空。

从考古资料来看，口含习俗源于山东[21]，随后向外传播。大汶口文化晚期，在三里河遗址 12 座墓葬的墓主人口中发现有镞形玉器，发掘者认为是作为口含使用。到了龙山文化时期，三里河、湖台遗址也发现不少口含现象，其种类有玉器、石器等。出现口含的墓葬等级如何呢？以胶县三里河大汶口文化晚期发现玉琀的 12 座墓葬中为例，其中 8 座墓葬有葬具，平均随葬品达到 33.63 件，一定程度上表明带玉琀的墓葬等级较高。

（2）手握习俗

握，又称"手握"或"握手"，指古代丧葬习俗中墓主人手中所握的形制较小的一种随葬品。手握现象在黄河下游也较为普遍，多见手握兽牙、蚌器、骨矛入葬的情况。如大汶口文化晚期，胶县三里河遗址有 28 座墓葬的墓主人手中握有长条形蚌器或獐牙、玉镞形器、骨锥等；大汶口遗址 25 座晚期墓葬中，21 座随葬獐牙，占比高达 84%，其中多数獐牙位于墓主手中。到了龙山文化时期，泗水尹家城 7 座墓葬明显有手握獐牙的现象，胶县三里河 24 座墓葬也发现明显的手握獐牙、蚌器的现象。关于手握的位置，似乎无明确的规定，有的双手均有，有的见于单手。

（二）祭祀显礼

《周礼·大宗伯》载："以禋祀祀昊天上帝，以实柴祀日、月、星、辰，以槱祀司中、司命、飌师、雨师，以血祭祭社稷、五祀、五岳，以狸沈祭山林川泽，以疈祭四方百物。以肆献祼享先王，以馈食享先王，以祠春享先王，以禴夏享先王，以尝秋享先王，以烝冬享先王。"[22]很明显，《周礼·大宗伯》以祭祀对象为标准，将祭祀基本分为天神、地祇、祖先、山川、其他等五个大的类型。然而，在史前时期的海岱地区，祭祀现象并非如《周礼》所载得如此详细、完善，很多祭祀遗存性质无法与其一一对应。根据遗存性质，大致可分为自然类祭祀、墓地祭祀、建筑奠基三大类。

1. 自然类祭祀

海岱地区发现的自然类祭祀遗存，多属于龙山文化时期。1964 年，中国科学院考古研究所山东队考古普查时，在邹县长山遗址山石之间发现大汶口文化晚期的红陶篮纹鼎片、带沟槽的鼎足等陶片，鹿角、厚蚌壳等。发掘者认为"这种不宜耕种、不宜居住的遗址，应为祭祀遗址，应是祭天的遗址。"[23] 1988 年，在山东沂南罗圈峪遗址山顶岩缝之中发现一组玉石器，共计 16 件，器类包括玉镯、玉锛、石牙璋、石钺、石锛等[24]。1999 年，在泗水戈山遗址的岭地北坡山顶的岩缝中发现一组石器，共计 15件，包括钺、锛、凿、镰等器类。个别石器器体扁薄，有对钻圆孔，通体磨光。邻近处发现一座灰坑，内填草木灰和红烧土，并采集到浅篮纹夹砂黑陶片 1 片、兽骨 1 块。发掘者推断这批石器的埋藏年代为龙山文化时期，其性质为山地祭祀遗址[25]。

上述遗存，多处在山顶位置，土壤贫瘠浅薄，缺乏便利的水源和灌溉条件。这种自然生态条件不适宜人类居住，更难以进行农业生产，其邻近地区也未发现与人类活动相关的迹象，因而很可能是进行某种祭祀活动的遗存。祭祀遗存多位于山顶，个别在山腰或山坳。以瘗埋为主，祭器主要包括石器、玉器、陶器、兽骨等。《仪礼·觐礼》："祭天，燔柴。祭山、丘陵，升。祭川，沈。祭地，瘗。"[26]《礼记·祭法》谓："瘗埋于泰坼祭地也。"[27] 瘗埋即将牺牲埋于地下，以便山神收到。结合上述文献，这些自然类祭祀遗存主要是用来祭祀天地或山川而遗留下来，其祭祀意义是表达对自然神灵的敬畏之心和祈望与自然和谐相处的生存意愿。

2. 墓地祭祀

史前时期海岱地区发现多处明显的墓地祭祀遗迹。如在焦家遗址南区大型墓葬附近集中分布有 20 多座祭祀坑。坑内或是堆满打碎的陶器，器形多见鼎、罐、壶等；或是坑内埋葬整只猪、狗、鹰等动物。以 H826 为例，平面为椭圆形，斜直壁，长径 1.7、短径 1.2、深约 0.6 米。坑内的三层堆积主要由有意打碎的陶片组成。发掘者认为此类灰坑内应不是日常生活的废弃堆积，因其紧邻大型墓葬，可能是针对大型墓葬的祭祀坑[28]。此外，胶县三里河 I 区墓地发现两处与墓葬有关的遗迹。以河卵石铺成的长方形遗迹为例，位于 M102 西北侧，长 0.9、宽 0.6 米，相当规整，使用的河卵石块比较均匀，共二十多块。在其西南约 1.0 米、M102 之西约 0.7 米处，有一具完整的狗骨架，头向正东。狗骨架下，整齐地平铺着黑陶片七片，看来这具狗骨架是有意识放置的。发掘者认为 M102、狗骨架、长方形河卵石遗迹三者有关联，可能是作为特殊活动的一个场所[29]。

3. 建筑奠基

奠基是指人们在建造一切形式建筑的过程中，为奠定建筑物的基础而举行的某种祭祀仪式[30]。关于奠基的目的，靳桂云认为建房过程中的祭祀是为了祈求地母神的保佑，也祈求其他神灵保佑居住者能居家平安[31]。史前时期海岱地区的奠基多位于房屋或城墙处，用于奠基的牺牲大体可分为人、猪、狗三类。如西公桥遗址 F1 房基填土内发现一具人骨架，头部突出房基坑外，有捆缚痕迹，脚端有意竖立放置陶罐和陶鼎，这一人骨架可能是建筑时期祭祀的人牲[32]。王因遗址 F3 以西同一层位处，发现一狗骨坑，发掘者认为狗骨坑或许与这座房子奠基有关[33]。茌平教场铺龙山文化遗址，大台基北部偏西的一处夯土台基，其东部边缘的坑内埋有一具成年人遗骸，俯身直肢葬，右手置于腹部，左手反剪于背后并呈半握拳状，左侧颈部有一骨匕斜插于颈椎和锁骨间[34]。如此明显的非正常死亡，应该是台基建造时用于祭祀奠基的人牲。边线王遗址[35]，为龙山文化时期的两重城垣的城址，外城城墙下的基槽夯土层内发现了多处完整的人、猪、狗的骨架和能够复原的陶器碎片等，这些遗物显然是出于筑城时奠基祭祀的目的。

总体来看，史前时期的海岱地区，在祭祀方面已经较为成熟，既有对山川的祭祀，对人祖的祭祀，也包括对建筑的奠基。祭祀对象多样、祭祀内涵丰富，表明祭祀已经成为海岱先民精神生活的重要组成部分。

（三）器以藏礼

礼器是"礼"体系的重要物质构成。《左传·成公二年》亦有"器以藏礼"[36]的记载。史前时期，海岱地区出土较多的礼器。这些礼器多出土于大型墓葬，并具有数量较少、材料稀缺、制作工艺精湛等特征，表现出明显的垄断性和等级性。

1. 陶器——窑火神工

陶器，可以分为普通陶礼器和高级陶礼器两大类。

普通陶礼器以觚形杯最具代表性，这些生活中的常见实用器，看似平淡无奇，实则亦有等级内涵蕴含其中：即通过随葬数量的多寡，以达到区分等级、标识身份的目的。

觚形杯是大汶口文化墓葬中较为常见的器物。王芬认为觚形杯在当时是一种较为普遍的礼仪用具[37]。据笔者统计，王因遗址中单人墓葬总计 337 座，其中随葬觚形杯的墓葬共计 252 座，占 74.77%；刘林遗址墓葬总计 145 座，其中随葬觚形杯的墓葬共计 69 座，占 47.59%。且不同墓葬随葬觚形杯的数量差异明显。以野店遗址为例，34 座墓随葬有觚形杯，共计出土 62 件，平均每座墓 1.82 件，但不少墓葬觚形杯数量达到 3~4 件，而 M62 更是高达 11 件。似乎觚形杯数量的多少与墓葬级别成正比，而事实确实如此。如野店遗址 M62，面积达 10.55 平方米，有棺椁，随葬品共计 80 件，且随葬有玉矛、玉镞、象牙雕筒等高等级器物，足见墓主身份之高。由此可见，作为常用器物的觚形杯，通过数量的多寡亦能体现等级的差别。

高级陶礼器以白陶和薄胎黑陶高柄杯为代表。

白陶作为制陶史上的代表性器物，具有原料稀缺、颜色特殊、烧成温度高等特点。这些特性也决定了白陶的特殊地位。栾丰实也认为："白陶一出现就被社会上层贵族所垄断。"[38]海岱地区的白陶产生于大汶口文化晚期偏早阶段，盛行于大汶口文化晚期。在野店、大汶口、焦家等遗址都有发现。器类以白陶鬶为主，还包括白陶鼎、白陶盉、白陶豆等。龙山文化时期，出土白陶鬶的遗址较多，但总体看出土数量较少。龙山文化时期的白陶烧制工艺较大汶口文化有所进步，除了真正意义上的白陶，还出现外饰白陶衣的现象。器类较之大汶口文化晚期却明显减少，仅见白陶鬶一种。白陶鬶具有造型奇特、设计巧妙、制作工艺复杂等特征，且仅出土于大型墓葬，很明显属于珍贵物品。许宏也认为陶鬶是"前铜礼器（出现于青铜礼器之前的非铜礼器）"群中最重要的一分子[39]。

薄胎黑陶器，多见于高柄杯，是史前时期海岱地区的代表性器物之一。最早出现于大汶口文化晚期，在莒县陵阳河、大汶口、大朱家村遗址都有发现。到了龙山文化时期，最具代表性的当属蛋壳黑陶高柄杯，并以质地坚硬、器壁较薄成为一种高级"奢侈品"。薄胎黑陶器的制作对工艺水平要求很高，有学者曾做实验证明该类器的制作从选料到烧制都需要极高的技术和标准化[40]。总体来看，这些黑陶杯，陶质细腻、器壁较薄、器形规整、数量较少，大多出土于大中型墓葬，明显具有礼器的特质。

2. 玉器——玉润东方

玉器主要体现在牙璧、牙璋、玉钺、玉圭的使用上，这些玉器是明显具有象征意义的礼器，后世重要的玉礼器圭、璋的原型也在这一区域出现。

牙璧又称玉璇玑，是玉器中一种形状特殊的器物，整体近似圆形，周边一般数量不等的扉牙。以大汶口文化晚期和龙山文化前期发现最多。在胶县三里河、焦家、西朱封等遗址都有发现。关于其功能，主要有装饰[41]、祭祀[42]、宗教礼器[43]三种。

牙璋，多数学者[44]赞同牙璋首先出现于山东地区大汶口文化及龙山文化的遗址中，海岱地区是牙璋的起源地的观点。关于其功能，多认为是"祭祀之礼玉"。其中，罗圈峪遗址、五莲万家沟遗址的牙璋出土于山地石缝之中，可能是祀山瘗埋的玉璋，这与《周礼》中的璋邸射相符。

玉钺，多呈扁平状，带穿孔，个别还镶嵌有绿松石。在大汶口、焦家、朱封遗址都有发现。这些玉钺制作精美，且多未开刃，当属非使用工具，数量少，多见于等级较高的大墓，可能是用来表明墓主人生前的身份等级、社会地位，并拥有一定的社会支配权力的标识。

两城镇遗址采集到 1 件刻兽面纹的玉圭, 上部正反两面均刻有类似兽面的纹饰, 两面彼此不相同[45]。朱封龙山文化玉冠饰是由首、柄两部分组成, 出土于墓主人头部的左侧, 有学者认为这件玉器的首部所表现的是头戴 "皇冠" 的 "神" 之形象[46]。

3. 骨器——骨艺精湛

骨器, 多用大型动物肢骨或象牙雕镂而成, 个别骨牙器带纹饰或镶嵌绿松石。一般放置于大型墓葬的尸骨附近。其中, 大汶口遗址出土的骨牙器最具代表性, 种类包括象牙梳、象牙筒和骨筒等。这些骨牙器, 材料珍贵、加工技术精湛, 其拥有者必然身份高贵。杨晶认为, 大汶口文化的骨牙雕筒是当时人们社会身份的一种标志物, 只有具有特殊身份的人士才能拥有[47]。

4. 乐器——鼓乐铿锵

乐器, 以鼓最具代表性。陶鼓, 即土鼓。《礼记·礼运》有 "蒉桴而土鼓" 的记载, 郑玄: "土鼓, 筑土为谷也。"[48] 考古材料显示, 在大汶口、王因、野店等遗址都发现有陶鼓, 但数量较少。据统计, 野店遗址 89 座墓葬中, 随葬陶鼓的有 6 座, 占 6.7%。尽管陶鼓发现较少, 但多出土于大型墓葬, 这表明陶鼓为少数人所拥有的特殊器物。除陶鼓外, 还见鼍鼓遗存。《礼记·月令》载: "季夏, 命渔师伐蛟、取鼍……" 高诱: "鼍皮可作鼓。"[49] 大汶口 M10 出土有鳄鱼骨板, 有学者认为是鼍鼓的残件。可能原有鳄鱼皮蒙在鼍鼓上, 当木质鼓身朽坏后, 即留下鳄鱼骨板。鼍鼓在历史时期是象征王室或贵族权威的礼器。大汶口文化陶鼓、鼍鼓的出现, 一方面表明海岱先民的精神娱乐生活的丰富, 另一方面也表明以鼓为中心的原始礼乐文化已经出现。

综上可知, 海岱地区, 从陶棺、石棺发展到木棺或木椁, 再到棺椁组合, 反映出棺椁制度初步形成的过程。口含手握习俗更是从细微角度显示对丧葬的重视程度。种类丰富的祭祀遗存, 更是对海岱先民行为观念、思想意识的直观反映。以典型陶器、玉器、骨器为代表的礼器更是海岱礼制的具体物化形式。陶鼓的出现与发展, 表明这一地区的音乐文化也是方兴未艾。这些要素既有 "器", 又有 "制", 既包括物质层面, 也涉及精神领域, 无不表明海岱地区在史前礼制发展进程中处于领先地位。

三、与夏商周三代礼制关系研究

《论语·为政》载: "殷因于夏礼, 所损益, 可知也。周因于殷礼, 所损益, 可知也。"[50] 可见, 夏商周三代之礼一脉相承、日臻完善。而作为成熟阶段的三代礼制也绝非凭空出现, 应是在不断地借鉴、吸收、充实、改进远古之礼的基础上才得以完善的。而史前时期海岱地区的礼制便是三代礼制的一个重要源头, 主要体现在以下方面。

（一）丧礼方面

1. 棺椁制度

海岱地区初步形成的棺椁制度，被三代时期继承并发展。丧葬礼是三代时期礼制的重要组成部分，其最重要的表现形式便是棺椁制度。夏代发现有木质棺椁，但因保存状况较差，多残存朽木痕迹。如二里头遗址中型墓Ⅵ KM3，发现有木棺和朱漆的痕迹[51]。进入商代，贵族墓葬不仅使用棺椁，而且相当考究。如殷墟妇好墓，棺椁并存，棺表面有漆皮，漆皮上有麻布痕迹，麻布上又有薄绢[52]。到了西周时期，贵族墓葬棺椁的使用更加规范，对棺椁的层数、尺寸及材质都有明确的规定。《荀子·礼论》曰："天子棺椁十（七）重，诸侯五重，大夫三重，士再重。"[53]《礼记·丧服大记》载："君大棺八寸……上大夫大棺八寸……下大夫大棺六寸……"又曰："君松椁，大夫柏椁，士杂木椁。"[54]综上，三代时期继承了大汶口文化的棺椁制度，并逐渐等级化、规范化和制度化。

2. 含握习俗

海岱地区口含现象被后代继承并发展，逐渐形成一种制度。商周时期，口含明显成为身份等级的象征。整个商代发现有玉、石、贝三种材质作为口含，地位较高者含玉质饰品，含贝者的地位较低下。如安阳小屯西北地墓葬中，M11墓主口内发现含有六件玉鱼，M18墓主口内同时含有1件玉鱼和4枚贝[55]。张家坡西周墓地"墓主人的口内大都含贝或玉、石"[56]。东周以后，关于口含的文献记载更加丰富。如《公羊传·文公五年》曰："含者何？口实也。"何休注曰："孝子所以实亲口也。缘生以事死，不忍虚其口。天子以珠，诸侯以玉，大夫以碧，士以贝，春秋之制也。"[57]不仅表现在口含之物的类别上，在数量方面亦有明确的规定。如《礼记·杂记下》："天子饭九贝；诸侯七；大夫五；士三。"[58]随着时代的发展，手握习俗延续不断，所握之物逐渐变化。商周时期，握贝现象较为普遍，这可能因为当时贝成为商品交换的媒介。殷墟西区M1057墓主人口中和手中共有贝13枚[59]；沣西M10女性墓主人口含贝、双手握贝[60]。此外，也存在握玉、握丝织品的现象。

（二）典型礼器

陶盉是夏代较为常见的一种陶器，在二里头遗址一至四期都有发现。商代，青铜盉是较为流行的饮酒器，也是商代礼器组合中的重要组成部分。三代时期的盉形器，其造型与大汶口早期的盉形杯十分接近，许宏认为"（二里头文化）酒器盉也可溯源至大汶口文化中的同类器"[61]。

白陶是盛行于大汶口文化晚期和龙山文化的礼器，一般胎薄质硬、色泽明丽，是一种十分罕见且珍贵的器物。无独有偶，在夏商时期也多有发现。如偃师二里头[62]、安阳殷墟[63]等遗址皆出土有白陶。尤其是殷墟遗址，白陶多见于西北岗王陵及大墓内，一般贵族及平民墓中未见白陶出土，具有明显的等级指向性。夏商时期的白陶器与大汶口文化白陶器渊源甚深，许宏认为："二里头文化至殷墟文化的白陶工艺，很可能即由大汶口—龙山文化系统的白陶工艺发展而来。"[64]

众所周知，"乐"与"礼"相辅相成、相得益彰，共同构成"礼乐"文明和制度的架构。海岱地区鼓类遗存的出现，反映出这一地区音乐文化发展程度较高。到了三代时期，鼓仍然较为常见，并且在使用场景和尺寸上有了更加明确的规定。如《周礼·地官司徒·鼓人》："以雷鼓神祀，以灵鼓鼓社祭，以路鼓鼓鬼享……"《周礼·冬官考工记》："鼓长八尺，鼓四尺，中围加三之一，谓之鼖鼓，为皋鼓，长寻有四尺，鼓四尺，倨句，磬折。凡冒鼓，必以启蛰之日。"[65]这些记载，无不表明，鼓乐在三代时期，使用更加的规范、礼仪化程度更高。

（三）祭祀遗存

三代时期，文献中多见有关祭祀山川的记载。如《礼记·曲礼》载："天子祭天地，祭四方，祭山川，祭五祀，岁遍。诸侯方祀，祭山川，祀五祀，岁遍。"[66]然而考古发现的山川祭祀遗存较少。商代晚期到西周时期，湖南地区的青铜祭祀坑较为典型。祭祀方式以埋葬青铜器为主，如湖南枫木桥船山村师古寨山顶出土有牺首兽面纹方尊、象纹铙、铜铙[67]等；到了东周时期，代表性遗址有宝鸡吴山遗址祭祀坑[68]、中山国祭祀遗址[69]等，这一时期玉器成为祭祀的主流，但多为小型玉器，几乎不见青铜器。三代时期墓祭现象更加丰富多样，这一时期用器祭祀较少，多用人或动物祭祀。其中，不同时期也存在一定的差异，如商代多见用人祭祀的现象，西周以后用人牲的现象急剧减少。动物祭牲多以马、狗、牛、羊、猪作为祭牲，且多以整牲进行祭祀。此外，三代时期的宗庙祭祀亦成为祭祀先祖的重要形式。典型遗存有二里头遗址四号宫殿[70]、扶风云塘F1[71]等。这些宗庙基本处于遗址的中心或中心偏东南的位置，凸显出对于祭祀的重视程度。三代时期，建筑奠基较为常见，如藁城台西F2[72]、洹北商城一号宫殿[73]等。奠基用牺牲以人为主，其次为狗。使用陶器奠基的也较多，但一般是作为辅助祭器。城墙奠基普遍存在，如郑州商城西城墙中段内侧近夯土城墙底根处[74]、偃师商城夯土墙[75]，用牲主要是人、狗、猪三类。三代的祭祀礼绝非凭空出现的，必然是在继承史前祭祀遗存的基础上发展完善的。但由于史前祭祀遗存呈现纷繁芜杂、复杂多元的面貌，很难理出一个清晰的发展联系脉络。但不可否认的是，海岱地区的祭祀遗存与三代祭祀之间必然存在着某种联系。

综上，海岱地区原始礼制对三代礼制的形成产生了重要的影响。主要表现在：三代时期棺椁制度在继承海岱地区棺椁制度的基础上进一步发展，呈现出制度化、规范化的特征；对天地、墓葬、建筑的祭祀，与史前海岱地区的祭祀有异曲同工之妙。个别礼器（如甗、白陶、陶鼓等）与史前海岱地区同类器渊源极深。但是，我们也应注意到三代礼制中的宫室制度、用玉制度等，在海岱地区中基本不见，这些礼制要素可能与中原龙山文化、良渚文化关系密切，这也从侧面反映出了三代礼制内涵的源头也是多元的。

四、结　语

史前时期海岱地区，由棺椁制度、口含习俗构成的丧葬礼制初现，以祭天、祭祖、奠基为主的祭祀遗存更是丰富多样，以稀有的白陶、贵重的玉器、精美的骨器、铿锵的鼓乐构成的礼器不胜枚举，这些要素构成了海岱地区原始礼制的基本内涵，也印证了"在文明孕育的过程中，海岱史前文化似乎做出了比其他地区更多更积极的奉献"[76]的观点，并使得海岱地区成为探索礼制起源的关键区域。诚然，史前时期海岱地区的"礼"是不完善的，制度化的程度也较低，但是不可否认礼制文明已经出现。及至商周时期礼制日趋成熟，以周礼的建立为标志，礼制进入鼎盛时期。

注　释

［1］　山东省文物管理处、济南市博物馆：《大汶口：新石器时代墓葬发掘报告》，文物出版社，1974年；山东省文物考古研究所：《大汶口续集：大汶口遗址第二、三次发掘报告》，科学出版社，1997年。

［2］　中国社会科学院考古研究所：《山东王因：新石器时代遗址发掘报告》，科学出版社，2000年。

［3］　山东大学考古学与博物馆学系、济南市章丘区城子崖遗址博物馆：《济南市章丘区焦家新石器时代遗址》，《考古》2018年第7期。

［4］　山东大学历史系考古专业教研室：《泗水尹家城》，文物出版社，1990年。

［5］　国家文物局考古领队培训班：《兖州西吴寺》，文物出版社，1990年。

［6］　山东省文物考古研究所、临朐县文物保管所：《临朐县西朱封龙山文化重椁墓的清理》，《海岱考古》（第一辑），山东大学出版社，1989年，第219～224页；中国社会科学院考古研究所山东工作队：《山东临朐朱封龙山文化墓葬》，《考古》1990年第7期。

［7］　唐兰：《再论大汶口文化的社会性质和大汶口陶器文字——兼答彭邦炯同志》，《大汶口文化讨论文集》，齐鲁书社，1979年，第92页。

［8］　吴汝祚：《初探海岱地区古代文明的起源》，《中原文物》1995年第2期。

［9］　栾丰实：《东夷考古》，山东大学出版社，1996年，第282、283页。

［10］　郭大顺：《大汶口文化陶器礼器化进程及其意义》，《东方考古》（第1集），科学出版社，2004年，第123～133页。

［11］　王芬：《海岱和太湖地区宗教信仰与礼制的比较分析》，《江汉考古》2010年第1期。

［12］　（汉）许慎：《说文解字（附检字）》，中华书局，1963年，第125页。

［13］　（汉）许慎撰、（清）段玉裁注：《说文解字注》六篇上"木部"，上海古籍出版社，1981年，第270页。

［14］ 山东省文物考古研究所：《大汶口续集：大汶口遗址第二、三次发掘报告》，科学出版社，1997年，第135～223页。

［15］ 山东省考古所、山东省博物馆、莒县文管所：《山东莒县陵阳河大汶口文化墓葬发掘简报》，《史前研究》1987年第3期。

［16］ 山东省博物馆、山东省文物考古研究所：《邹县野店》，文物出版社，1985年，第108页。

［17］ 山东大学考古学与博物馆学系、济南市章丘区城子崖遗址博物馆：《济南市章丘区焦家新石器时代遗址》，《考古》2018年第7期。

［18］ 中国社会科学院考古研究所山东工作队：《山东临朐朱封龙山文化墓葬》，《考古》1990年第7期。

［19］ 栾丰实：《史前棺椁的产生、发展和棺椁制度的形成》，《文物》2006年第6期。

［20］ （清）孙希旦撰，沈啸寰、王星贤点校：《礼记集解》，中华书局，1989年，第253页。

［21］ 李朝全：《口含物习俗研究》，《考古》1995年第8期；〔日〕近藤乔一：《商代海贝的研究》，《中国商文化国际学术讨论会论文集》，中国大百科全书出版社，1998年，第389～412页。

［22］ 杨天宇：《周礼译注》，上海古籍出版社，2004年，第275、276页。

［23］ 中国社会科学院考古所山东工作队、邹县文物保管所：《山东邹县古代遗址调查》，《考古学集刊》（第三集），中国社会科学出版社，1983年，第98～108页。

［24］ 于秋伟、赵文俊：《山东沂南县发现一组玉、石器》，《考古》1998年第3期。

［25］ 兰玉富：《山东泗水县戈山发现一组龙山文化石器》，《考古》2008年第5期。

［26］ 李学勤主编：《十三经注疏·仪礼注疏》，北京大学出版社，1999年，第533页。

［27］ （清）孙希旦撰，沈啸寰、王星贤点校：《礼记集解》，中华书局，1989年，第1194页。

［28］ 山东大学考古学与博物馆学系、济南市章丘区城子崖遗址博物馆：《济南市章丘区焦家新石器时代遗址》，《考古》2018年第7期。

［29］ 中国社会科学院考古研究所：《胶县三里河》，文物出版社，1988年，第79页。

［30］ 贺俊：《关于史前夏商时期奠基遗存的几个问题》，《中国国家博物馆馆刊》2018年第10期。

［31］ 靳桂云：《中国新石器时代祭祀遗迹》，《东南文化》1993年第2期。

［32］ 山东省文物考古研究所：《滕州西公桥遗址考古发掘报告》，《海岱考古》（第二辑），科学出版社，2007年，第8页。

［33］ 中国社会科学院考古研究所：《山东王因：新石器时代遗址发掘报告》，科学出版社，2000年，第75页。

［34］ 贾笑冰、周海铎：《鲁西教场铺龙山文化遗址发掘获重要收获》，《中国文物报》2001年9月2日第1版。

［35］ 山东省文物考古研究所、潍坊市博物馆、寿光市博物馆：《寿光边线王龙山文化城址的考古发掘》，《海岱考古》（第八辑），科学出版社，2015年，第1～55页。

［36］ 李学勤主编：《十三经注疏·春秋左传正义》，北京大学出版社，1999年，第691页。

［37］ 王芬：《海岱和太湖地区宗教信仰与礼制的比较分析》，《江汉考古》2010年第1期。

［38］ 栾丰实：《海岱地区史前白陶初论》，《考古》2010年第4期。

［39］ 许宏：《礼制遗存与礼乐文化的起源》，《三代考古》（一），科学出版社，2004年，第27页。

［40］ 钟华南：《大汶口——龙山文化黑陶高柄杯的模拟实验》，《考古学文化论集》（二），文物出版

社，1989 年，第 255～273 页。

［41］〔日〕冈村秀典著、姜宝莲译：《中国史前时期玉器的生产与流通》，《考古与文物》1995 年第 6 期。

［42］栾丰实：《牙璧研究》，《文物》2005 年第 7 期。

［43］李新伟：《中国史前玉器反映的宇宙观——兼论中国东部史前复杂社会的上层交流网》，《东南文化》2004 年第 3 期。

［44］邓聪、栾丰实、王强：《东亚最早的牙璋——山东龙山式牙璋初论》，《玉润东方：大汶口——龙山、良渚玉器文化展》，文物出版社，2014 年，第 51～62 页；王永波：《耜形端刃器的起源定名和用途》，《考古学报》2002 年第 2 期；李伯谦：《再识牙璋》，《黄河·黄土·黄种人（华夏文明）》2017 年第 2 期；栾丰实：《再论海岱地区的史前牙璋》，《中原文物》2020 年第 4 期。

［45］刘敦愿：《记两城镇遗址发现的两件石器》，《考古》1972 年第 4 期。

［46］杜金鹏：《论临朐朱封龙山文化玉冠饰及相关问题》，《考古》1994 年第 1 期。

［47］杨晶：《大汶口文化的骨牙“雕筒”》，《故宫博物院院刊》2003 年第 1 期。

［48］（清）孙希旦撰，沈啸寰、王星贤点校：《礼记集解》，中华书局，1989 年，第 586 页。

［49］（清）孙希旦撰，沈啸寰、王星贤点校：《礼记集解》，中华书局，1989 年，第 457 页。

［50］李学勤主编：《十三经注疏·论语注疏》，北京大学出版社，1999 年，第 23 页。

［51］中国社会科学院考古研究所：《偃师二里头：1959 年～1978 年考古发掘报告》，中国大百科全书出版社，1999 年，第 244 页。

［52］中国社会科学院考古研究所：《殷墟妇好墓》，文物出版社，1980 年，第 7、8 页。

［53］（清）王先谦撰，沈啸寰、王星贤点校：《荀子集解》，中华书局，1988 年，第 359 页。

［54］（清）孙希旦撰，沈啸寰、王星贤点校：《礼记集解》，中华书局，1989 年，第 1179、1190 页。

［55］中国社会科学院考古研究所：《安阳小屯》，世界图书出版公司北京公司，2004 年；中国社会科学院考古研究所安阳工作队：《1976 年安阳小屯西北地发掘简报》，《考古》1987 年第 4 期。

［56］中国社会科学院考古研究所：《张家坡西周墓地》，中国大百科全书出版社，1999 年，第 38 页。

［57］李学勤主编：《十三经注疏·春秋公羊传注疏》，北京大学出版社，1999 年，第 284 页。

［58］（清）孙希旦撰，沈啸寰、王星贤点校：《礼记集解》，中华书局，1989 年，第 1110 页。

［59］中国社会科学院考古研究所安阳考古队：《1969～1977 年殷墟西区墓葬发掘报告》，《考古学报》1979 年第 1 期。

［60］中国社会科学院考古研究所沣镐工作队：《1984～1985 年沣西西周遗址、墓葬发掘报告》，《考古》1987 年第 1 期。

［61］许宏：《礼制遗存与礼乐文化的起源》，《三代考古》（一），科学出版社，2004 年，第 27 页。

［62］中国社会科学院考古研究所：《二里头（1999～2006）》（一），文物出版社，2014 年，第 111 页。

［63］郭宝钧：《一九五〇年春殷墟发掘报告》，《中国考古学报》（第五册　第一、二分合刊），1951 年，第 27、28 页；中国社会科学院考古研究所安阳工作队：《安阳侯家庄北地一号墓发掘简报》，《考古学集刊》（第二集），中国社会科学出版社，1982 年，第 36～39 页。

［64］许宏：《礼制遗存与礼乐文化的起源》，《三代考古》（一），科学出版社，2004 年，第 27 页。

［65］杨天宇：《周礼译注》，上海古籍出版社，2004 年，第 183、639 页。

［66］（清）孙希旦撰，沈啸寰、王星贤点校：《礼记集解》，中华书局，1989 年，第 150 页。

［67］ 高至喜、张欣如：《湖南省博物馆新发现的几件铜器（节选）》，《湖南出土殷商西周青铜器》，岳麓书社，2007年，第103页；李乔生：《湖南宁乡出土商代大铜铙》，《湖南出土殷商西周青铜器》，岳麓书社，2007年，第157页。

［68］ 中国国家博物馆、陕西省考古研究院、宝鸡市考古研究所等：《陕西省宝鸡市陈仓区吴山祭祀遗址2016～2018年考古调查与发掘简报》，《中国国家博物馆馆刊》2022年第7期。

［69］ 河北文物考古研究所：《战国中山国灵寿城——1975～1993年考古发掘报告》，文物出版社，2005年，第343页。

［70］ 中国社会科学院考古研究所二里头工作队：《河南偃师二里头遗址4号夯土基址发掘简报》，《考古》2004年第11期。

［71］ 周原考古队：《陕西扶风县云塘、齐镇西周建筑基址1999～2000年度发掘简报》，《考古》2002年第9期。

［72］ 河北省博物馆、文管处台西考古队、河北省藁城县台西大队理论小组：《藁城台西商代遗址》，文物出版社，1977年，第26页。

［73］ 中国社会科学院考古研究所安阳工作队：《河南安阳市洹北商城宫殿区1号基址发掘简报》，《考古》2003年第5期。

［74］ 河南省文物考古研究所：《郑州商城：1953～1985年考古发掘报告》，文物出版社，2001年，第187页。

［75］ 中国社会科学院考古研究所：《河南偃师商城商代早期王室祭祀遗址》，《考古》2002年第7期。

［76］ 高广仁、邵望平：《海岱文化对中华古文明形成的贡献》，《山东龙山文化研究文集》，齐鲁书社，1992年，第296页。

互鉴：古代中国与玛雅的沉祭[*]

徐　峰[1]　水　涛[2]

（1. 南京师范大学　2. 南京大学）

一、沉　物　于　河

《左传》中记载了相当多的"沉祭"习俗。"沉祭"，顾名思义，就是将祭品沉入水中以祭祀河神或水神。沉祭是一种发生在人与自然河流、神灵之间的仪式活动，甚至是在不同的古代文明中均可见到的一种文化现象。

《左传·僖公二十四年》："及河，子犯以璧授公子……公子曰：所不与舅氏同心者，有如白水！投其璧于河。""有如白水"即"有如河"，意谓河神鉴之[1]。

《左传·文公十二年》："秦伯以璧祈战于河。"[2]

《左传·宣公十二年》："（楚庄王战争胜利后）祀于河，作先君宫，告成事而还。"[3]

《左传·襄公十八年》："晋侯伐齐，将济河，献子以朱丝系玉二毂……沉玉而济。"[4]

《左传·襄公三十年》：（游吉和驷带结盟）"用两珪质于河。"[5]

《左传·昭公二十四年》："冬十月癸酉，王子朝用成周之宝珪沉于河。"杜注："祷河求福。"[6]黄河经成周（洛阳东四十里）及王城（洛阳）北境，故王子朝献珪于河神以求福。[7]

《左传·定公三年》："蔡侯归，及汉，执玉而沉，曰：'余有所济汉而南者，有若大川！'誓不再朝楚。"[8]

战国楚简中也提到沉祭。如"举祷大佩玉一环，后土、司命各一小环；大小佩玉一环。"[9]

在东周时期，以自然河流为基础的神圣水空间有很多，如黄河、汉水等，其中有河神居住。黄河河神被称为"河伯"。沉于河中的物乃是各式玉器，有璧、珪等。将玉器投入水中，有两层意思：一、贿赂河神。《左传·僖公二十八年》对这一点有清晰表

---

* 本研究系国家社科基金重大项目"长江下游社会复杂化及中原化进程研究"（20&ZD247）阶段性成果。

述："初，楚子玉自为琼弁、玉缨，未之服也。先战，梦河神谓己曰：'畀余！余赐女孟诸之麋。弗致也。大心与子西使荣黄谏，弗听。'荣季曰：'死而利国，犹或为之，况琼玉乎？是粪土也。而可以济师，将何爱焉？弗听。'出，告二子曰：'非神败令尹，令尹其不勤民，实自败也。'"[10]此段记载表明东周时人认为用美玉贿赂河神可换取胜利。

二、玉器作为人神交流的媒介。将玉投入水中，并誓言"有如河"。是把玉器作为信物，请河神鉴证。《越绝书》中有言："夫玉，亦神物也。"《左传·昭公十三年》中记载的楚共王选接班人尤能说明这一点。"共王无冢适，有宠子五人，无适立焉，乃大有事于群望，而祈曰：'请神择于五人者，使主社稷。'乃遍以璧见于群望，曰：'当璧而拜者，神所立，谁敢违之。'乃与巴姬密埋璧于大室之庭，使五人齐，而长入拜。……平王弱，抱而入，再拜，皆厌纽。纽谓之鼻。"杨伯峻注曰："凡器物之隆起如鼻者皆谓之鼻。此璧当亦有鼻。厌同压。压纽即当璧。"[11]

古书中也有焚玉而祭以通神的记载。《礼记·祭法》："燔柴于泰坛，祭天也。""燔柴于泰坛者，谓积薪于坛上，而取玉及牲置柴上燔之，使气达于天也。"[12]

沉祭之物除了玉器外，也有牺牲，包括人和动物。包山楚简中记载："举祷大水一牺马。"[13]司马迁《史记》中记述了西门豹治邺的故事。"魏文侯时，西门豹为邺令。豹往到邺，会长老，问之民所疾苦。长老曰：'苦为河伯娶妇，以故贫。'"[14]为河伯娶妇实际就是将年轻的女子沉到河中，操纵其事的为邺地的祝巫。

沉祭在古代中国有漫长的历史传统。秦汉文献中也多有记载。《秦始皇本纪》提及始皇帝三十六年，有人持璧遗滈池君，而此璧竟是始皇帝二十八年行渡江所沉璧也[15]。很可能是以璧祭江神。

当出现自然灾害，特别是水灾时，秦汉时人也会用沉祭之俗来安抚发怒的水神。如《汉书·赵尹韩张两王传》："躬率吏民，投沉白马，祀水神河伯，尊亲执圭璧，使巫策祝，请以身填金堤。……及水盛堤坏，吏民皆奔走，唯二主簿泣在尊旁，立不动。而水波稍却迴还。吏民嘉壮尊之勇节。"[16]

一直到南北朝时期，淮河流域依然有用人祭祀淮渎神的习俗。淮源地处山区，多为蛮族所居，经济文化落后，盛行用人祭淮渎神[17]。

时至今日，农历五月初五，在端午节和赛龙舟之前，人们仍会礼节性地把粽子丢进水里喂河伯或河龙。粽子其实可被视为早期人类牺牲的替代者[18]。

从当代的视角来看，我们固然应该看到这些沉祭、禳灾活动中体现出来的虚妄和愚昧，但是也应当认识到这是特定时代背景下人们的应对方式。

二、玛雅溶井

古代玛雅文明中同样有着类似的习俗与仪式。将古代中国的沉祭与玛雅的类似习俗对比一番，有助于更好更深入地理解与阐释这种文化行为。玛雅文明可以分为前古典期（Pre-classic，公元前 15 世纪～前 3 世纪）、古典期（Classic，公元前 3 世纪～公元 9 世纪）与后古典期（Post-Classic，公元 9 世纪～16 世纪）。墨西哥尤卡坦半岛上有着众多的玛雅文化遗迹。半岛几乎全由珊瑚层和多孔石灰岩构成。特殊的地质环境造就了特殊的自然景观。当雨水侵蚀半岛破碎的石灰岩基岩时，形成了这些充满水的深坑（Cenote）。Cenote，是石灰岩中的一个深坑，该词来源于 tz'onot，意思是"天然的水井"[19]。也可被翻译成"溶井"。岩石表面有穿孔之处就有溶井和山洞，古代玛雅人就在其四周建立城市和祭祀中心。

尤卡坦半岛估计有 2500 处溶井，中美洲考古学家、探险家已经对一百多处进行了惊险的探索，研究人员需要潜水进入溶井中从事水下考古。溶井，究竟是一处什么样的场所？文献和考古学证据表明，对于玛雅人而言，溶井在物质生活和精神世界两个层面都具有重要意义。

根据出土器物判断，玛雅人对溶井有两种用途，一种是日常饮水，考古学家在溶井中发现了一些陶器、动物骨骼以及建筑材料。玛雅人依赖这些溶井作为他们的主要水源。像奇琴伊察（Chichen Itza）这样伟大的城市都以维持生命的溶井为中心，尤卡坦腹地的小村落同样如此。

另一种则是精神宗教层面的。在西班牙人于 16 世纪抵达尤卡坦半岛时，玛雅人进行人祭已经有一千年的历史。西班牙方济各会传教士迭戈·德·兰达（Diego de Landa）被誉为西方世界研究玛雅文明的第一人。他著有《尤卡坦纪事》一书。根据他的描述，活着的男女被扔进奇琴伊察的圣井中。这一恐怖的习俗引起了美国驻尤卡坦领事爱德华·汤普森（Edward Thompson）的好奇，他在 20 世纪初购买了奇琴伊察遗址，在溶井中打捞。打捞出来的贵重物品（金和玉）和大量的人类遗存进一步引起了考古学家的注意。

多年以来，中美洲考古学家、探险家对溶井持续探索。哈佛大学曾将来自奇琴伊察溶井中的考古发现汇编成书，来自溶井的器物有玉器、石器和人骨[20]。有研究者表示，这些遗骸不可能都是意外死亡留下的。奇琴伊察的溶井中至少包含了 120 具人体，其中不少是儿童，也有青少年和成年人。儿童、地位高的俘虏和战士似乎是恰克的首选牺牲受害者[21]。蓬塔拉古纳（Punta Laguna）的一处溶井呈瓶形状，底部发现了 118 具人骨，被认为是在玛雅时期扔进去的。在金塔纳罗奥（Quintana Roo）的特雷斯雷耶斯（Tres Reyes）遗址中有马里波萨（Mariposa）溶井，溶井底部发现了一批容器，年代可以追溯到前古典时期晚期，表明人们对这些天然之井的崇拜至少可以早到公元前一世纪[22]。从奇琴伊察溶井中打捞出来的玉、金、木、陶等质地的器物自古典晚期至后古典期都有。

玛雅人选择溶井举行祭祀仪式是因为溶井被视为通往另一个世界的通道。水对玛雅人具有很强的象征性。斯卡伯农（Vernon L. Scarborough）认为，国王和贵族们倚重水和水对玛雅人的象征意义，他们利用这种象征来提升自身价值及对社会的控制。有时是水的反射性，有时是透明性，令水成为沉思和纯洁的源泉[23]。

　　玛雅研究者舍尔（Schele）和米勒（Miller）认为有两种主要的隐喻定义了玛雅贵族的死亡。第一种是跌入或沉入水里的冥界，或是掉进地球怪物的张开的肚子里；第二种是用独木舟载着统治者进入冥界。古典时期的西巴尔巴（Xibalba）不同于波波乌（Popol Vuh）版本的地狱。它是一个有水的世界，只能沉入水中或者通过大地表面的深渊才能抵达。独木舟是进入地下世界的重要水上工具[24]。通过隐喻式地穿越水世界，王将自身与神的不朽联系起来。蒂卡尔（Tikal）的骨头和拉文塔（La Venta）的石棺上的图像表现了逝去的统治者穿过这种似水的表面[25]。基于水的象征性，溶井很自然地被玛雅人赋予了特殊的意义。有些溶井呈圆柱状，确实给人以不同空间的通道之感，如同"宇宙之轴（axis mundi）"。既然溶井是这样一种神圣之所，有神灵在此居住也是顺理成章的。玛雅人认为溶井是雨神恰克（Chac）的居所。恰克与其超自然的仆人居住在溶井中[26]。为了确保有降雨，人类必须向恰克提供礼物和牺牲[27]。溶井中的玉器、陶器、人骨等物未必是所有，但至少部分与献祭恰克有关。不仅仅是在溶井底部，溶井的岩石壁上与岩缝中也发现有置放的器物，可见玛雅人当年不仅将人和物品扔到溶井中，也曾潜水深入，想必当时他们的内心也是发怵的，因为他们正潜入恰克（Chac）的口中[28]。玛雅研究者如此描述："当牺牲品们纵身跃入色如翡翠、平滑如玉的圣池中时，观众们等待着幸存者们再次出现，以便从他们那里知晓神的信息。一种说法是，牺牲者一大早就被送到恰克那里，祭司们一直等到中午。"[29]

　　像溶井这样的神圣水空间只是古代玛雅社会圣水崇拜的一部分。根据巴斯斯威特（Bassie-Sweet）的研究，古代玛雅低地存在很多水的圣殿。像溶井、湖、泉、洞穴中的水池等属于低处水的圣殿；而像山上的水库则属于高处水的圣殿[30]。

三、互　鉴

　　玛雅和古代中国一样，都曾赋予水和水空间以象征意义，并在水空间实施水仪式。仅就以上叙述的内容来讲，明显类似的习俗包括：①在河流、井这样的水空间举行仪式；②将玉器、牺牲投入水中；③水空间与神灵，古代中国沉祭的对象是河神，以河伯最为典型，尤卡坦半岛上的溶井则是雨神恰克的居所；④水空间与水神的存在体现了宇宙空间分类，即天、地及地下世界，而水空间是进入地下世界的入口。

　　对于尤卡坦的古代玛雅人而言，溶井是水和生命的重要来源，也因此成为聚落的中心。溶井也是神圣地理、神圣空间的重要组成部分。溶井对于玛雅人如此，《左传》等文献中提及的河对于东周诸国人民而言，亦复如是。玛雅人视溶井为神圣地点不仅源于它们作为水源无可争辩的重要性，也因为它们是与其他神圣空间沟通的门户。

两者也有不同，东周沉祭多在河流处进行，这与玛雅的溶井仪式相异。前者是流动的河流空间，后者则是静的、封闭的水空间。

不过，如果我们拿古代中国的池中祭祀与玛雅溶井相比，则又有些许相似。以西周时期的辟雍来说，辟雍的整体形制是在圆形大水池中心建有"圜丘"状的高台及其学宫。《诗·灵台》云："于论鼓钟，于乐辟雍。"郑笺："水旋邱如璧曰辟雍。"[31] 多篇西周铜器铭文提到辟雍。麦尊铭曰："在辟雍，王乘于舟，为大丰。"遹簋铭："穆王在镐京，乎渔于大池。"伯唐父鼎铭有"王乘辟舟"，即辟池之舟。天亡簋铭文曰："乙亥、王又大丰，王凡三方。王祀于天室，降……"陈梦家认为"王又大丰"是王有大礼于辟雍的池中，所以王凡三方是泛舟于大池中的三方。"王祀于天室"是王祀于辟雍内水中丘上的明堂，所祀者是文王与上帝[32]。马承源也持相似意见，认为王凡三方指的是王在舟中举行大丰礼，舟驶向三方[33]。

这是一种在池上举行的仪式，王乘舟泛于水上，天室乃神灵居所。这很像是一种借由水空间而举行的过渡仪式（rite of passage），一个从普通或世俗向神圣领域过渡的仪式。对照玛雅溶井、贵族乘独木舟的情形，两者还是有些相似的。

在这些与水有关的文化习俗背后，实际上反映的是一种仪式政治。仪式是由以国君为核心的贵族阶层操控举行的，利用礼物（包括人、动物、玉器等）向神灵贿赂以换取福祉和权力等。玛雅溶井的沉祭可能暗示着社团或政体之间围绕政治权威、联盟、水产资源竞争而引发的冲突[34]。两者都属于贵族阶层从意识形态的层面使用了水以及与水有关的神灵，进而获得和巩固自身的政治权力。

四、结　语

将古代中国的沉祭与玛雅溶井仪式进行比较，我们再一次充实了所谓"玛雅-中国文化连续体"的内涵。"玛雅-中国文化连续体"这个概念是由张光直提出来的。大约三十多年前，张光直针对"怎么解释中国文明与中美文明的相似这个老问题"而提出了"玛雅-中国文化连续体"这个文化背景。张光直提出一种解释，即虽然中国文明和中美洲文明起源不同，但两者实际上是同一祖先的后代在不同时代、不同地点的产物。我们通过考古学和民族学的研究能够认识到它的一些什么内容呢？我们可以有相当把握举出的是巫术和萨满文化，就是在他们的世界观中把世界分成不同的层次，巫师可以在不同层次之间往来。他赞同美国学者彼得·弗尔斯特（Peter T. Furst）分层宇宙的概念，即宇宙是分层的，主要有下层世界、上层世界和中间层，宇宙层中以"地柱"连接[35]。他将这一整个文化背景叫作"玛雅-中国文化连续体"[36]。

所以我们已经看到中国早期文明与中美洲文明在很多方面有诸多相似，也有学者就此做了若干探讨。蒋祖棣《玛雅与古代中国》分析了玛雅文明与古代中国文明的异同[37]。笔者此前比较了良渚文化玉琮和玛雅金字塔，指出它们的原型都是"宇宙之轴"[38]。近年来，在中国考古走出国门的背景下，探索不同文明之间的异同、互鉴越来越受到考古学界的关注。比如社科院考古所前往洪都拉斯科潘（Copan）遗址发掘和探索玛雅文明，浙江省文物考古研究所也派人参与了这一项目，似有开展良渚与玛雅比较之意[39]。

本文从古代中国沉祭与玛雅溶井仪式这一与水仪式有关的主题比较切入，显示了古代中国文明和玛雅文明之间又一个相似。水空间是通向另一个世界的入口，乃神灵所居。仪式的举行都有萨满巫师的参与，符合张光直提及的中国古代文明的萨满式特征[40]。

当然，倘若我们扩大视野，不难发现，这种相似恐怕还不限于古代中国和玛雅之间。实际上，圣水、圣池的崇拜是世界性的。伊利亚德曾专辟一章来讨论水和水的象征。我们摘录几段，作为文章的结束：

"在整个人类的历史上，无数崇拜和仪式都与各种泉水、溪水与河流相联系，以对应于水被赋予的各种不同价值。所有这些崇拜主要是基于作为创造宇宙元素之一的水本身的神圣性，但又是具体地方的神圣显现，某种神圣降临到某个特定的水流或者泉水里面。"[41]

"在某些情况下，这个崇拜似乎自新石器时代一直延续至今。例如在格利希温泉还可以找到新石器时代和古罗马时代的'还愿品'。在今天称为圣苏威（Saint-Sauveur）的泉水也发现了类似的新石器时代崇拜的遗迹（打碎的石英玻璃表明它们也是还愿品）。"

"特洛伊人把动物作为祭品，献给斯坎曼德河，将活着的马匹丢入水里；佩里乌斯献五十头羊给斯佩切奥斯的泉水。斯坎曼德河亦有其祭司，在斯佩切奥斯有供奉的神圣建筑和祭坛。牛马献给波塞冬和诸海神。其他印欧民族也将祭品奉献给河流；例如辛布里人、法兰克人、日耳曼人、斯拉夫人等。"[42]

一言以蔽之，人类社会与水在物质和精神两个层面发生的互动可谓源远流长、影响深远。

注　释

[1] 杨伯峻编著：《春秋左传注》（修订本），中华书局，2009 年，第 412、413 页。

[2] 杨伯峻编著：《春秋左传注》（修订本），中华书局，2009 年，第 591 页。

[3] 杨伯峻编著：《春秋左传注》（修订本），中华书局，2009 年，第 747 页。

[4] 杨伯峻编著：《春秋左传注》（修订本），中华书局，2009 年，第 1036、1037 页。

[5] 杨伯峻编著：《春秋左传注》（修订本），中华书局，2009 年，第 1177 页。

[6] 杨伯峻编著：《春秋左传注》（修订本），中华书局，2009 年，第 1452 页。

［7］　杨伯峻编著：《春秋左传注》（修订本），中华书局，2009 年，第 1452 页。

［8］　杨伯峻编著：《春秋左传注》（修订本），中华书局，2009 年，第 1532 页。

［9］　湖北省文物考古研究所、北京大学中文系：《望山楚简》，中华书局，1995 年。

［10］　杨伯峻编著：《春秋左传注》（修订本），中华书局，2009 年，第 467 页。

［11］　杨伯峻编著：《春秋左传注》（修订本），中华书局，2009 年，第 1350 页。

［12］　（汉）郑玄注、（唐）孔颖达疏：《礼记正义》，《十三经注疏》，中华书局，1980 年，第 360 页。

［13］　湖北省荆沙铁路考古队：《包山楚简》，文物出版社，1991 年。

［14］　（汉）司马迁：《史记》，中华书局，1959 年，第 3211 页。

［15］　（汉）司马迁：《史记》，中华书局，1959 年，第 259 页。

［16］　（汉）班固：《汉书》，中华书局，1962 年，第 3237 页。

［17］　相关论述，参见胡阿祥、张文华：《淮河》，江苏教育出版社，2010 年，第 96～101 页。

［18］　Whalen Lai. Looking for Mr. Ho Po: Unmasking the River God of Ancient China. *History of Religions*, 1990(29): 337.

［19］　Luis Alberto Martos López. Underwater Archaeological Exploration of the Mayan Cenotes. *Museum International*, 2008(60).

［20］　Hattula Moholy-Nagy, John M. Ladd. Objects of Stone, Shell, and Bone. *Artifacts from the Cenote of Sacrifice, Chichen Itza, Yucatan*. Cambridge: Peabody Museum of American Archaeology and Ethnology, Harvard University, 1992: 99-152.

［21］　Kristin M. Romey. Diving the Maya Underworld. *Archaeology*, 2004(57): 16-23.

［22］　Luis Alberto Martos López. Underwater Archaeological Exploration of the Mayan Cenotes. *Museum International*, 2008(60).

［23］　Vernon L. Scarborough. Ecology and Ritual：Water Management and the Maya. *Latin American Antiquity*, 1998(9): 135-159.

［24］　Linda Schele, Mary Ellen Miller. *The Blood of Kings: Dynasty and Ritual in Maya Art*. Kimbell Art Museum, Fort Worth, Texas, 1986.

［25］　Vernon L. Scarborough. Ecology and Ritual: Water Management and the Maya. *Latin American Antiquity*, 1998(9):152.

［26］　Luis Alberto Martos López. Underwater Archaeological Exploration of the Mayan Cenotes. *Museum International*, 2008(60).

［27］　Kristin M. Romey. Diving the Maya Underworld. *Archaeology*, 2004(57): 16-23.

［28］　Kristin M. Romey. Diving the Maya Underworld. *Archaeology*, 2004(57): 16-23.

［29］　Margarita de Orellana. The Sacred Cenote of Chichen Itza. *Artes de Mexico*, 1972: 76-80.

［30］　Bassie-Sweet, K. *The Edge of the World: Caves and Late Classic Maya World View*. Norman: University of Oklahoma Press, 1996.

［31］　（汉）郑玄注、（唐）孔颖达疏：《毛诗正义》，《十三经注疏》，中华书局，1980 年，第 525 页。

［32］　陈梦家：《西周铜器断代》，中华书局，2004 年，第 5 页。

［33］　马承源：《商周青铜器铭文选》（第 3 册），文物出版社，1988 年，第 14、15 页。

［34］　Christopher T. Morehart. et al. Human Sacrifice During the Epiclassic Period in the Northern Basin of

Mexico. *Latin American Antiquity*, 2012(23): 426-448.

［35］ 参见 Peter T. Furst. *Hallucogens and Culture*. Chandler&Sharp Publishers, 1976: 5.

［36］〔美〕张光直：《中国古代史在世界史上的重要性》，《考古学专题六讲（增订本）》，生活·读书·新知三联书店，2013 年，第 21 页。

［37］蒋祖棣：《玛雅与古代中国》，中国社会科学出版社，1993 年。

［38］徐峰、夏勇：《东西攸同：良渚玉琮与玛雅金字塔》，《中国社会科学报》2019 年 7 月 25 日。

［39］孙瀚龙：《浙江 85 后考古人的日记——我在科潘的考古生活》，《文化交流》2019 年第 11 期。

［40］〔美〕张光直：《中国古代史在世界史上的重要性》，《考古学专题六讲（增订本）》，生活·读书·新知三联书店，2013 年，第 4 页。

［41］〔美〕伊利亚德著，晏可佳、姚蓓琴译：《神圣的存在：比较宗教的范型》，广西师范大学出版社，2008 年，第 188、189 页。

［42］〔美〕伊利亚德著，晏可佳、姚蓓琴译：《神圣的存在：比较宗教的范型》，广西师范大学出版社，2008 年，第 191、192 页。

略说商周祊祭与绎祭*

黄益飞

（中国社会科学院考古研究所）

商代帝乙、帝辛时代的甲骨卜辞中有一种特殊的祭祀卜辞。其文例为"干支卜贞祖先名（必或宗）'□'其牢"，主要用于祭祀武丁之后的直系先王（武丁、祖甲、康丁、武乙、文武丁）和时王之母（母癸）。此类卜辞被一些甲骨学者称作祊祭卜辞。《甲骨文合集》35931 即收录一版较为完整的祊祭卜辞，我们先抄录于下。

（1）惠□？兹［用］。

（2）……［其牢］？一

（3）其牢又一牛？二

（4）惠［羊］？

（5）惠物？二

（6）惠物？兹用。

（7）……［其牢］？一

（8）其牢又一牛？兹用二

（9）丙子卜，贞：武丁"□"，其牢？

（10）其牢又一牛？二

（11）惠［羊］？

（12）惠物？

（13）癸卯卜，［贞］：［祖甲］"□"，［其牢］？

（14）其牢又一牛？兹用。

（15）惠［羊］？

（16）惠物？

（17）惠［羊］？

---

* 本文为国家社科基金冷门"绝学"和国别史等研究专项"甲骨文与殷礼研究"（项目批准号：19VJX114）和"古文字与中华文明传承发展工程"资助项目"商代礼制研究"（G3615）的阶段性研究成果。

（18）惠物？兹用。

（19）甲辰卜，贞：武乙宗"□"，其牢？兹用。

（20）其牢又一牛？

（21）……［卜］贞：□□"□"，其牢？

（22）其牢又一牛？

（23）惠［羊］？

（24）惠物？兹用。

（25）癸巳卜，贞：祖甲"□"，其牢？

（26）其牢又一牛？

（27）惠［羊］？

（28）惠物？

（29）惠［羊］？

（30）惠物？兹用。

（31）甲午卜，贞：武乙宗"□"，其牢？

（32）其牢又一牛？兹用。

（33）□□卜，贞：□丁丁，［其］牢？［兹］用。

（34）其牢又一牛？二

（35）［惠］羊？

（36）惠物？二

　　此版卜辞，亦见录于《卜辞通纂》别录（图一）[1]。辞（1）残泐较甚，只剩下占卜牲体毛色的残辞，其余卜用牲数的卜辞残。第（2）至（6）辞为一组卜辞，也残泐较甚，为某位先王"□"祭及卜用牲数一辞残断，只保留了卜用牲数的对贞之辞"其牢又一牛"。第（7）、（8）两辞为一组，残泐较甚，究系为哪位商王"□"祭用牲数的占卜已不可知。第（9）至（12）辞为一组卜辞，丙子日为武丁"□"祭用牲数及牲体毛色的占卜，由于没有用辞，最后选取的牲数及牲体毛色不可知。第（13）至（18）辞为一组，所记为癸卯日占卜第二天"□"祭祖甲所用牲数及牲体毛色，其中牲体毛色进行了两次对贞。最后选用一牢和一牛，毛色为物牛。第（19）、（20）两辞为一组卜辞，所记为甲辰日为第二天武乙举行"□"祭的牲数及牲体毛色的占卜，最后选择了一牢。未记录牲体毛色占卜的情况。第（21）至（24）辞为一组卜辞，第（21）辞残碎。该组卜辞所记为某日为某位殷王举行"□"祭的牲数及牲体毛色占卜，最后选择了物牛进行"□"祭。第（25）至（30）辞为一组卜辞，所记系癸巳日占卜第二天"□"祭祖甲所用牲数及牲体毛色。所用牲数未记用辞，详情不知。选择了物牛进行"□"祭。第（31）、（32）两辞为一组卜辞，所记系甲午日为第二天"□"祭武乙所用牲数的占卜记录，最后选择了一牢加一牛牲。牲体毛色的占卜未进行记录，

图一　《卜辞通纂》别录二（《合集》35931）

详情不明。第（33）至（36）辞为一组，所记系为庙号为丁的商王举行"□"祭所用牲数和牲体毛色的占卜记录，用牲数"其牢"有用辞，即用以牢牛牲。牲体毛色没有用辞，详情不明。"□"祭不是按照先祖的世次举行的，而是按照诸先王庙号天干日的顺序举行的，大多在庙号天干日的前一天进行占卜。

　　学者或将"其牢"之前的"□"释作祊。如金祥恒言："甲骨文之□又释方，即祊字，故'宗丁'或即'宗祊'。《左传·襄公二十四年》：'若夫保姓受氏，以守宗祊。'杜《注》：'祊，庙门也。'祊宗或即宗祊也。"[2] 若以"宗丁"即"宗祊"，则《合集》35391第（19）辞就没有实意的动词了，举行的是何种祭祀则不明确。《甲编》3有"□申卜，贞：□□宗'□'，[其牢]"，屈万里云："甲骨文丁与祊皆作'□'，字形无殊。此'□'字当读为祊。祊，即《诗·楚辞》'祝祭于祊'之祊，《说文》所谓门内祭也。"[3] 将"□"解释为说文门内祭之祊，得到了一些学者的赞同，学者直接将这类卜辞称之为"祊"祭卜辞[4]。《甲骨文字诂林》按语也说："卜辞'丁'和'祊'同形，唯以大小作为区分，大者为'祊'，小者为'丁'。'□'实'方圆'之本字，'祊'为祭名，'丁'为干知名，均属通假。"[5] 事实上，学者已经指出仅从字形的大小很难区别"丁"和"祊"[6]，裘锡圭先生也提出了不同的意见[7]。事实上，将"□"释为祊，始终回避不了、也难以解释"□"祭只是针对武丁、祖甲、康定、武乙、文丁这五位直系先王的祭祀。如果将"□"祭释为门内索神的"祊"祭，那么是否意味着，只有武丁至文丁五位直系先王祭祀之时需要进行索神的"祊"祭，其他先王不需要进行索神的"祊"祭，这种可能性显然是不存在的。因此，无论从礼制层面，还是文字层面将"方框"释作"方"、读作"祊"都是不能成立的。就祊祭的祭仪和祭义来看，将甲骨文的□释读为祊，也不太符合文献的相关记载。

古人制礼重礼义，轻礼物、礼节，《礼记·郊特牲》所谓"礼之所尊，尊其义也。失其义，陈其数，祝史之事也。故其数可陈也，其义难知也。知其义而敬守之，天子之所以治天下也"即重礼义而轻礼数之谓。孔子亦言："丧礼，与其哀不足而礼有余也，不若礼不足而哀有余也。祭礼，与其敬不足而礼有余也，不若礼不足而敬有余也。"（见《礼记·檀弓》）所论亦是重礼义轻礼物、礼数。就祭祀而言，祭祀在于尽其心、致其敬，尽心、致敬即崇尚礼义。这反映在祭祀的众多礼节之中，如享祭先王有"肆献祼馈食"之礼，馈神尸之牲肉既有腥肉，也有爓肉（沉入热汤中即捞出的生肉），还有煮熟的脤肉。一祭之中之所以备齐腥肉、爓肉、脤肉，是因为主祭的孝子不知道神到底喜欢哪种类型的牲肉，为了尽显孝经之义就将诸种牲肉全部备齐，《礼记·郊特牲》即云："腥肆、爓、脤祭，岂知神之所飨也？主人自尽其敬而已。""自尽其敬"四字颇得圣人制礼之真谛。再如祭祀之时降神、索神，神是无形无相，虚无缥缈的，为了寻找先祖精魂依托的所在，在正祭开始之前要举行索神的仪式，即祊祭。

关于祊祭，《说文·示部》："祊，门内祭先祖所彷徨。从示彭声。《诗》曰：'祝祭于祊。'祊，或从方。"段玉裁《注》："《诗》毛《传》曰：祊，门内也。《郊特牲》曰：'索祭祝于祊，不知神之所在，于彼乎，于此乎；或诸远人乎。祭于祊，尚曰求诸远者与。'此旁皇之说也。"根据许慎和段玉裁的注解，祊只是祭祀祖先之时在庙门之内进行的索神仪式。换句话说，在祭祀之时并不知道祖先的神魂在什么地方，宗庙之内是祖先生前待得最多的地方，因此就在庙门之内，举行索神仪式。《诗·小雅·楚茨》郑玄《笺》："孝子不知神之所在，故使祝博求之，平生门内之旁，待宾客之处，祀礼于是甚明。"所述索神之祭与说文相合。因此，《说文》"门内祭先祖所彷徨"应作一气读，不应把祊理解为"门内祭"，也就是说祊并不是一个单独的祭祀，只是祭祀开始时的一个索神的仪式，索神仪式在庙门内举行，因此祊又训为门内，字又写作閍[8]。此为祊之正解。

殷卜辞亦见索神之祊祭，《合集》34102（图二）云：

图二 《合集》34102

于十示又二桒？

丁丑，贞：桒，其即方（祊）？

桒，即宗？

冯时师以此条卜辞之"即祊""祭宗"，即索神之祭与正祭[9]。以索神之祭与正祭对贞，亦可见索神之祭为祭祀的一个重要仪程。

然自汉儒郑玄以降，学者或将祊祭与绎祭混淆，其误始自郑玄。《礼记·郊特牲》：

> 孔子曰："绎之于库门内，祊之于东方，朝市之于西方，失之矣。"

郑玄《注》云：

> 祊之礼，宜于庙门外之西室，绎又于其堂，神位于西也。此二者同时，而大名曰绎。其祭礼简，而事尸礼大。

孔颖达《疏》云：

> 凡祊有二种：一是正祭之时，既设祭于庙，又求神于庙门之内。一是明日绎祭之时，设馔于庙门外西室，亦谓之祊。此索祭于祊，当时正祭日之祊，应称庙而谓之祊者，以明日绎祭称祊，虽今日之正祭，假以明日绎祭祊名，同称之曰祊也。

《仪礼·有司彻》贾公彦《疏》说与孔颖达同。

郑氏之误有二：一者，以绎祭亦有求神之仪，其名亦为祊。二者，以绎祭之时的求神祊祭亦名绎祭。郑氏之误在误读《郊特牲》经文，清代学者黄以周、胡培翚、马瑞辰等皆辨之，如马瑞辰《毛诗传笺通释》云：

> 《郊特牲》："孔子曰：绎之于库门内，祊之于东方，朝市之于西方，失之矣。"三者并列，各为一事。郑《注》谓祊与绎二者同时，而大名曰绎，其说非也。

孔颖达、贾公彦又将郑玄之误进行阐发，提出祊祭有二，绎祭与祊祭为一祭等错误认识。杜佑《通典》已沿郑玄、孔颖达、贾公彦等人之误，以祊祭是正祭九献之后，"太祝乃设馔于庙门外之西室以索祭，名为祊。"[10]又云："于来日又祭，名为绎，亦谓之祊。其礼先设馔于庙门外之西室，而事尸于堂。其祭室之礼简，而事尸礼大，以孝子求神非一处也，不知甚至所在，于彼乎，于此乎？"[11]杜佑之误有二：其一，索祭本正祭之前的索神之祭，杜氏将索祭置于正祭九献之后，既已行九献之礼安用索神？其二，绎祭本宾尸之礼，杜氏将其与索神之礼混为一谈。

汉唐诸儒将祊与绎混为一谈，清代学者亟辨之。乾嘉学者如金鹗、马瑞辰等皆主祊、绎为二祭，如金鹗《祊绎辨》云：

> 祊不特在绎祭之日，亦不在正祭之末，盖祊所以求神，求神当于祭之始，不当于祭之终也。《郊特牲》言："直祭祝于主，索祭祝于祊。"[12] 二祭同为求神，当相近。《礼器》言："设祭于堂。"是朝践时事，继之曰"为祊乎外"，则祊亦在朝践之时矣。《诗》"执爨踖踖"以下，方言馈食之事，而上章言"祝祭于祊"，亦可见祊当朝践也。朱子《经传通解》、马氏《文献通考》俱以祊祭列于既彻之后，陆氏佃、方氏悫亦皆谓祊在尸出祭毕时，误矣。夫祭既毕，何为求神于祊乎？此皆悖乎经者也。

秦蕙田《五礼通考》亦云：

> 《楚茨》"洁尔牛羊"是朝践事，"执爨"以下是馈食事，而"祝祭于祊"在杀牲之下，执爨之前。《礼器》"设祭于堂"正朝践之事，而即继之曰"为祊乎外"。《祭统》"诏祝于室"与《郊特牲》"诏祝于室"同文，而彼则继之曰"坐尸于堂"，此则继之曰"而出乎祊"，明一时事也。

诸儒皆据《礼记》《毛诗》为说，以祊专指索神之祭，既为求神、索神，则必行于祭之始、事尸之前。其说甚是。

郑玄《郊特牲》《注》还误以绎祭之祊在庙门之外，黄以周《礼书通故·肆献裸馈食礼通故》辨之云：

> 庙门谓之阉，祭于阉谓之祊。《尔雅》"阉谓之门"，《礼器》《疏》引作"庙门谓之阉"，不言内外。《楚茨》毛传："祊，门内。"郑《笺》云："使祝博求之平生门内之旁，待宾客之处。"《说文》作"䃾"，云"门内祭先祖所以旁皇也"，引《诗》"祝祭于䃾"，皆用古文家说。郑注《礼记》则云："祊在庙门外，其大名曰绎。"盖用今文家说。……王肃《家语》"周礼绎祭于祊"之语本不足据。尸在庙门外，则疑乎臣、疑乎子，故主人迎送尸皆以庙门为断，则祭不得出庙门可知。绎祭不宜在庙门外，祊祭亦宜在庙门内。《祭统》"而出乎祊"对上"祝诏于室"言之，出谓出室，非谓出庙门。《礼器》"为祊乎外"对上"设祭于堂"言之，门在堂之外，亦未见出庙门。当以古文家"祊，门内"之说为长。

黄以周之说足正郑玄以祊在庙门外之误。

事实上，混祊祭、绎祭为一，主要是二者行礼的地点皆在庙门之祊。清儒多将

《孔子家语》斥为王肃所伪造，汉墓中已发现《孔子家语》钞本，故《孔子家语》不为王肃伪造。《孔子家语》卷十覆宽永本有载：

> 卫庄公之返国也，改旧制，变宗庙，易朝市。高子羔问于孔子曰："周礼，绎祭于祊，祊在庙门之西，前朝而后市。今卫君欲其事事一更之，如之何？"孔子曰："绎之于库门，祊之于东市，朝于西市，失之矣。"

祊读为閟，乃绎祭行于閟之谓。祊祭与绎祭二礼行礼日期、行礼对象皆不相同，但由于同在閟举行，故自郑玄以降将二礼混为一谈。

除了行礼地点皆在庙门之祊外，索神之祊和绎区别明显，清代学者金鹗在《祊绎辨》一文中归纳了二者的区别[13]：其一，绎是"又祭"，与正祭相似，唯其礼有降杀，因此绎祭有牲。而祊祭在迎牲之前，因此不用牲。金氏指出祊祭不用牲，是符合祭义和祭仪。而甲骨文所见的"□"即皆用牲，其牲多为牢，这也是将"□"解释为祊祭所遇到的一个制度障碍。其二，绎祭主人亲为，而祊祭则是祝官行礼。其三，祊祭是求神之祭，而绎是寻绎、继续昨日的正祭，无须求神。

此外，绎祭本身还有等级之别，《春秋经·宣公八年》："壬午，犹绎。"《公羊传》："绎者何？祭之明日也。"何休《注》："礼，绎继昨日事，但不灌地降神尔。天子、诸侯曰绎，大夫曰宾尸，士曰宴尸，去事之杀也。必绎者，尸属昨日配先祖食，不忍辄忘，故因以复祭，礼则无有误，敬甚之至。殷曰肜，周曰绎。"

何休的注文对绎祭的诠释很全面。何注包含了几个方面的内容：首先，绎祭是天子诸侯之礼。天子、诸侯在正祭第二天举行的祭礼，可以称为绎。大夫在正祭当天举行，只能叫作傧尸之礼。士既不能绎祭，也不能傧尸，只能在祭祀结束之后宴享尸。其次，绎祭是专门为神尸举行的。一方面是神尸于昨日配先祖食，被祖先神灵的依凭过，大概身上还有祖先生灵的气息，孝子思念祖先，因此举行绎祭来寻绎、温存昨日祖先神灵的依凭体。另一方面是为慰劳神尸，神尸由生人所扮，完成一整天的祭祀仪式辛苦非常，天子、诸侯举行绎祭是为了舒缓神尸的辛劳。卿大夫的傧尸之礼礼义相同。其三，正因为绎祭是慰劳神尸之礼，所以降杀于正祭。正祭主人不迎尸，绎祭则主人请傧尸。正祭不但要索神，还要灌地降神，目的都是求神。绎祭不需要求神，因此既无祊祭也无裸祭。其四，殷代正祭第二天举行的绎祭称为肜，周代则称为绎祭。肜取长义，乃谓绎祭是正祭的延长；绎，取寻绎之义，是寻绎前一日的正祭[14]。

此外，由于天子、诸侯之绎祭是在正祭第二日举行的，而卿大夫的傧尸之礼是在正祭当天、正祭结束之后就举行的，因此二者在祭仪上还有差别。胡培翚《仪礼·有司彻》《正义》认为二者的差别还包括两点：其一，二者举行的地点不同。天子、诸侯正祭朝践献腥之仪在宗庙之堂举行，因此第二天的绎祭在庙门之祊，即庙门西侧的门塾举行。而卿、大夫正祭无朝践献腥之事，和神尸行礼在宗庙之室举行，故而傧尸之礼在堂举行。其二，二者所用牲俎不同。天子、诸侯绎祭在正祭第二日，重新杀牲来进行绎祭。卿、大夫傧尸之礼紧接着正祭，因此傧尸之礼所用的牲俎即正祭所用之牲俎，不再重新杀牲。而且天子、诸侯绎及卿、大夫傧尸所用牲俎降杀于正祭。

卿、大夫的傧尸之礼是在正祭当天举行，因此不能称为绎祭。而天子、诸侯的绎祭包含了傧尸之礼，或可称为傧尸之礼。因此，不能笼统将傧尸之礼等同于绎祭。学者多将甲骨文中的"彡"字释作经典之"肜"，二字虽然音近可通，但甲骨文的"彡"与经典所谓肜（绎）祭的内涵应该还有区别。

注　释

[1] 郭沫若：《卜辞通纂》，朋友书店，1977 年。

[2] 金祥恒：《释彡》，《甲骨文字诂林》第三册，中华书局，1996 年，第 2093 页。

[3] 屈万里：《殷虚文字甲编考释》，"中央研究院"历史语言研究所，1961 年，第 3 页。

[4] 常玉芝：《说文武帝——兼略述商末祭祀制度的变化》，《古文字研究》（第四辑），中华书局，1980 年；常玉芝：《祊祭卜辞时代的再辨析》，《商代周祭制度》附录，中国社会科学出版社，1987 年；葛英会：《附论祊祭卜辞》，《殷都学刊》1999 年第 3 期。

[5] 于省吾主编、姚孝遂按语编撰：《甲骨文字诂林》按语，中华书局，1996 年，第 2095 页。

[6] 陈剑：《说花园庄东地甲骨卜辞的"丁"——附：释"速"》，《甲骨金文考试论集》，线装书局，2007 年。

[7] 裘锡圭：《"华东子卜辞"和"子组卜辞"中指称武丁的"丁"可能应该读为"帝"》，《裘锡圭学术文集》（第一卷·甲骨文卷），复旦大学出版社，2012 年。

[8] 清代学者金鹗力主祊祭在庙门之外，金氏言："《礼器》'为祊乎外'，对'设祭于堂'言，可知祊在门外、门内，与堂不可分为内外也。《祭统》言'出于祊'，出者，出门也。《郊特牲》言'祊求诸远'，亦可知为门外也，盖必于门外求之，斯远之至矣。"参见（清）金鹗：《祊绎辨》，《求古录礼说》，山东友谊出版社，1992 年，第 1146 页。其说虽言之成理，终究没有经典依据，我们仍从《说文》祊祭在门内之说。

[9] 冯时：《中国古文字学概论》，中国社会科学出版社，2016 年，第 377 页。

[10] 杜佑自注："郊特牲云'索祭祝于祊'是也。缘此处生平待客宾客之处，故广求。"

[11] （唐）杜佑撰，王文锦、王永兴、刘俊文等点校：《通典》，中华书局，1988 年，第 1377、1378 页。

[12] 陈奂《诗毛诗传疏》云："凡祭宗庙之礼，庙主藏于室中，于其祭也，祝以诏告之，所谓'直祭祝于主'也。庙门之内皆祖宗神灵所冯依焉，孝子不知神之所在。于其祭也，祝博求之，所谓'索祭祝于祊'也。"

[13] （清）金鹗：《求古录礼说·祊绎辨》，山东友谊出版社，1992 年。

[14] 陈立《公羊义疏》："《释文》'肜'作'融'。《释诂》：'融，长也。'《方言》融与绎俱训长，是融、绎义同。"参见（清）陈立撰、刘尚慈点校：《公羊义疏》，中华书局，2017 年，第 1739、1740 页。

学 术 史

历史学与考古学的融合：百年来"殷遗民"研究的回顾和展望

宣　柳[1]　刘逸鑫[2]　徐　熠[3]　王一凡[4]

（1.哥伦比亚大学东亚语言和文化系　2.武汉大学历史学院考古系
3.清华大学人文学院历史系　4.中国社会科学院大学历史学院考古系）

商周社会的延续与变革，是中国历史上的大事，也是世界文明史上令人瞩目的文化现象。这一过程中的人群流动和族群融合，尤其是"殷遗民""周人"等不同群体的互动，肇华夏民族一体化之端绪，影响西周国家治理模式之开创与文化共同体之形成，具有重大学术价值。从学术史来看，百年来学界对"殷遗民"相关课题的探索，蔚为大观，气象万千，已成为中国现代历史学与考古学发展史上相互合作、携手并进的典范。因此，回顾"殷遗民"研究的历程与成果，总结得失，拓展新的研究路径，不仅为考察商周社会的若干重要问题提供新的基点，同时也有利于进一步探索历史学、考古学等不同学科之间的融合发展。

一、何谓"殷遗"：学界关于"殷遗民"的辨识历程

什么是"殷遗民"？如何判定"殷遗民"？这是"殷遗民"研究的首要问题。学界关于"殷遗民"身份的判断及对所谓"殷遗文化"的认识经历了漫长的历程。总体来说，这一历程可分为三个阶段：①发现遗存，提出概念；②运用概念，主观定性；③归纳标准，主动辨识。前两个阶段大多是被动发现与主观定性，具备较强的材料导向。而第三个阶段，则是将"殷遗民"本身作为问题提出，并因之展开主动辨识。

第一阶段：郭宝钧先生在1952年秋季洛阳东郊发掘时，首次提出"殷遗民墓"这一概念。而发掘报告对此类墓葬的称谓存有不同，见"殷人墓""殷墓""殷遗民墓"三种[1]。胡谦盈先生随后就其称谓的模糊性问题展开商榷，认为墓葬材料本身不能得出其属引征文献"殷顽民"的结论[2]。可见"殷遗"文化遗存（"殷遗民墓"），这一源自文献史学的考古遗存概念被提出始便存有争议。

第二阶段：随着对鲁、燕、宋封国墓地考古工作的展开，学界对"殷遗"文化遗

存的认识逐步深入。1982 年出版的《曲阜鲁国故城》，将西周甲、乙两组墓葬的差别，定性为"两个不同的族"[3]；1995 年出版的《琉璃河西周燕国墓地（1973～1977）》，指出 I 区埋葬习俗"保留着殷人的遗风""很可能是殷的遗民"[4]；2000 年出版的《鹿邑太清宫长子口墓》则直接指出长子口的墓主是"殷遗民"[5]。可见因"殷遗民墓"涉及考古资料与文献的对应问题，考古发掘报告的编纂者对此持审慎态度。另一方面，从时序上看，随着"殷遗"文化相关遗存资料的日益积累，学界对"殷遗民墓"概念的定性，在主观上愈发趋于认同。

第三阶段：进入 21 世纪以来，"殷遗"文化遗存的资料积累已十分丰富，雷兴山等先生总结有西周"殷遗民"族属判断的若干标准[6]。诸多学者也运用相关标准，主动识别了大量"殷遗"文化相关遗存。如马赛先生对周原遗址"殷遗民"墓葬的识别[7]；张应桥、高振龙先生对洛阳地区"殷遗民"墓葬的识别[8]；胡子尧先生对丰镐遗址乃至目前已知"商系墓葬"的整体性梳理与识别[9]。可见"殷遗"文化遗存的普遍存在，已在一定程度上成为学界共识。

综理上述总体历程，似可得出以下三点看法：

第一，"殷遗民文化遗存"被提出伊始，作为考古资料与历史文献交叉学科范畴的概念，其内涵与方法所存在的争议，始终没有得到充分的讨论与厘清。典型如洛阳与关中地区，同为西周王畿，然其"殷遗民"墓葬的辨识历程，在深入、系统研究的时序方面，分别存在明显的超前与滞后现象。因《尚书》等传世文献中见周初迁"殷顽"等人群至雒邑成周的直接记载，而关中地区则阙如。所以其学理逻辑长期受"二重证据"法的深层影响。

第二，随着"殷遗"相关考古资料源源不断的发现，其物质遗存的丰富程度远超传世文献所框定的预期，这在客观上造成了"新材料"压倒"旧理论"的研究现状。这也促使一批学者自发从可与文献直接对应的"殷遗民"遗存，转向对文献无明确记载、却又具"殷遗民"特征的遗存进行主观定性，在未充分讨论、系统厘清"殷遗民文化遗存"概念定义的情况下，将研究对象的范围扩大化。

第三，"新材料"压倒"旧理论"的研究现状，更促使一批具备考古学背景的学者，在辨识"殷遗民"遗存的过程中，归纳若干判定"殷遗民"相关遗存的识别标准，尝试从主观定性层面，转入到以总结物质遗存特征为族属判定方法的主动识别层面。主要涉及青铜器铭文与诸考古学文化因素。现将经学界广泛讨论、取得一定共识的识别标准综理于下：

（一）青铜器铭文：日名、族徽

日名方面。宋代学者吕大临《考古图》中对庚鼎、辛鼎、癸鼎三器作跋时提出"按史记夏商未有谥，其君皆以甲乙为号，则此三鼎疑皆夏商之器。"吕大临已经注意到，使用日名的可能并非周人，但是那个时代毕竟在青铜器研究的起步期，吕大临只能笼统称之为"夏商之器"。直到民国时期罗振玉在《殷文存》中指出"考殷人以日为名，通乎上下，此编集录，即以此为埻的。其中象形文字，或上及于夏器；日名之制，亦沿用于周初，要之不离殷文者近是。"罗氏提出"殷人以日为名"，并指出"日名之制，亦沿用于周初"的观点，是极大的发现，比之宋代金石学已经有了极大跨越。20世纪50年代，王承祒先生明确提出"周代贵族铜器中的'日名'之器皆是'殷遗民贵族'所作"，并举出了四点有力论证[10]。此后，张懋镕先生在总结诸多前辈学者观点的基础上，系统提出了"周人不用日名说"[11]。具体而言，从传世文献、西周金文、周原甲骨文等资料看，周人都不用日名。另一方面，殷人从商代直到西周早中期都沿用日名。周人与殷人在日名制度上立场迥异，背后原因值得探索，或认为两者差异是不同宗教信仰造成的。

族徽方面。1941年，容庚先生在《商周彝器通考》中已经指出"吾人所据以定为商器者，一为图形文字，一为以日为名……皆下及周代，故颇难搞定"。容氏所说的"图形文字"，也就是郭沫若最早提出的"族徽"[12]。在民国时期，学者已经发现"族徽"为殷人所使用，且下及周代。20世纪90年代始，张懋镕先生系统提出"周人不用族徽说"[13]，总体上得到多数学者认同。不过存有一些较为特殊的情况，南宫氏为姬姓，有文献的记载，亦有出土铜器铭文的证实，但西周早期铜器甾觯（《集成》6504）铭文为"甾乍（作）父乙宝障（尊）彝。南宫"。"南宫"独立缀于铭文末尾，与族徽无异。自南宫家族分化而出的曾国（随国）公室，文献与铜器铭文资料均证实曾国（随国）为姬姓无疑，但叶家山曾国墓地 M27 出土伯生盉铭文为"白（伯）生乍（作）彝。曶（曾）"。"曶（曾）"独立缀于末尾，与族徽无异。此外还有姬姓的召公家族，所作铜器有铭末缀"大保"的，姬姓的井氏家族，所作铜器有铭末缀"井"的……此类"族徽"一般作为氏名，出现于个人称名中，这方面与商代族徽有不同，但就以上特例反映的独立缀于铭末的表现形式看，又与商代族徽是一致的。此类"拟族徽"主要见于西周早中期，与张懋镕先生总结的姬姓称日名的特例时代大体相同。韩巍先生认为此类特例有其特殊背景，此类姬姓周人可能并非血缘意义上的姬姓后人，而是来自于赐姓[14]，可备一说。

以上两个从铜器铭文方面确认"殷遗民"的方法均有一个前提，即所做铜器时代必须为周代，否则便无从称其为"殷遗民"，但实际上西周早期与商代晚期的铜器并不易区分。

（二）器物类型

陶器方面。苏秉琦先生指出，两周时期的中原地区陶鬲分"殷式"和"周式"两种[15]。王洋先生对陶䰞进行辨识，指出此为晚商陶甑基础上创造出的新器类，主要为"殷遗民"族群使用[16]。李宏飞先生更从绳纹纹向方面进行了分析，指出流行于殷墟晚期的左纵右横绳纹，是辨识周初"殷遗民"的重要线索，而左曲绳纹是西周晚期商人故地流行的肥袋足、无实足根陶鬲的式别特征之一，具有重要断代意义[17]。李宏飞先生还指出，柱足（束颈）鬲是受到周文化影响添加了绳纹小柱足，属商式鬲的变体[18]。此外，仿铜陶礼器方面，唐际根、汪涛先生首先关注到殷墟文化中随葬仿铜陶器现象，集中出现在第四期第五段，应与殷纣亡国有关[19]。很多学者观察到，西周早期的铜礼器都继承了殷墟的特点，这种继承关系也反映在仿铜陶礼器上[20]，如前所述的马赛、张礼艳先生都结合关中地区的材料作了相关讨论。张恒先生在系统梳理西周仿铜陶礼器墓的基础上指出，随葬仿铜陶礼器是商人和"殷遗民"的独特葬俗[21]。也有如张昌平先生指出，西周中期后仿铜陶礼器在关中地区的兴起，当另有原因[22]。

铜器方面。白川静先生提出"殷系彝器"的概念，指出还包括周朝殷人所制造的彝器，殷代器物与殷系器物须有所区分[23]。如前所述，张懋镕先生在"日名说""族徽说"的基础上提出"西周铜器断代两系说"，进而探讨器物的族系归属。李宏飞先生正式提出"殷遗系铜器"概念，分析其特殊器类与组合核心，并对其空间分布、年代下限、历史背景等问题进行了系统讨论[24]。此外，铅器方面，聂振阁先生系统梳理了西周时期的考古发现，指出凡随葬铅礼、兵器的墓主均为"殷遗民"或其家属[25]。郜向平先生也持类似观点[26]。

（三）墓葬形制结构

1. 墓向

殷人尊东北方位是学界的普遍共识，北偏东是最为常见的"商方向"[27]。据郜向平先生统计，殷墟遗址晚期的墓向以北向、东向为主[28]。张明东先生指出，晚商西周时期带墓道的高等级大墓大多为南北向。而西周时期较低等级墓葬的墓向更为多样，非姬姓部族也有东西向[29]。

2. 腰坑

腰坑是"商系墓葬"最为突出和鲜明的特征之一，早在20世纪二三十年代就已得到学者们的注意[30]。20世纪90年代以来，学界对腰坑葬俗进行了讨论[31]。近来有学者提出腰坑殉狗是商代"黄泉"观念的体现[32]。目前学界的一般共识是，西周时期"殷遗民"之外的人群也可能使用腰坑，不排除极个别周人使用腰坑的情况。但有腰坑的墓葬，通常被认作是"殷遗民"墓葬[33]。

3. 墓道

殷墟西区M93、小屯西地2003年AXTTT2M1及洛阳北窑西周早期墓中发现的拐道形墓道（或称曲尺形）墓道早已引起了学界关注。种建荣等先生进行了系统梳理，指出西周时期的喇叭形或弧形墓道属周系族群、拐道形墓道属商系族群[34]，但不排除个别周系墓使用曲尺形墓道的情况[35]。

（四）丧葬习俗

1. 殉人

殉人为商墓的重要特征，是学界多年来的共识[36]。雷兴山等先生指出，商人这一葬俗被"殷遗民"延续，但西周不同地区的殉人之风存在差异。至西周中期后，该习俗大为衰落，周系族群墓葬中基本不见[37]，韩巍先生也持类似观点[38]。

2. 殉牲

腰坑、填土、椁顶或二层台上殉狗，一般被认作是"商系墓葬"的主要特征。在殉狗之外，刘一婷、雷兴山先生对商系墓葬出土的动物骨骼展开专题研究，分整体（即全牲）、部分动物肢体，并结合具体出土情境进行辨析，指出容器内外的牲腿在选择、准备方式上存在差异，容器内的动物遗物存在"调配现象"，此为动物考古学探索"殷遗民"墓葬特征的初步尝试[39]。墓内所用之牲，属"文化遗物"范畴，是人为选择的结果。商、周两种异质文化的用牲方式应存在显著差异，动物遗存的科技检测手段在此方面具有广阔的研究前景。

3. 车马葬

在清理车马遗存的长期实践过程中，商人流行马匹杀死后殉葬、周人流行马匹活埋殉葬。商人流行车马保持驾乘状入葬、周人流行车、马分离，甚至拆车殉葬的习俗，已成为学界共识[40]。此外，相关如弓形器、犄角型当卢等，也是判定殷周族属的标识性器物[41]。

（五）墓内器用现象

1. 铜容器

周人尚食器而殷人重酒器的组合。郭宝钧先生早已指出，殷人尚酒，周人禁酒。酒器的消长划分出西周前、后期的最大分野[42]。另一方面，周初颁布的《酒诰》，其施行力度也存在弹性，结合地域分析，愈远离周人统治的核心区域，铜容器中酒器比重愈高[43]。

2. 陶器组合

因周系陶器对"殷遗民"存在向心式的影响。所以陶器组合相较陶器形制，对族属的判定更具优势。王洋先生指出，西周"殷遗民"墓葬中不见陶觚、爵，较为稳定的组合以鬲簋罐、鬲簋豆罐、鬲盆豆罐三种为核心，其他组合多是在此基础上的损益[44]。

此外，近来学界更注意到"殷遗民"墓葬中的陶器组合存在"同形"现象，即一座墓葬中，若随葬陶器的同一种器类（如鬲、簋、豆、罐，商式簋除外）有2件以上者，同类器形制几乎相同。而先周及姬周墓葬中，多为单鬲、单罐[45]。

3. 摆放位置

杨博先生指出，在"殷遗"及相关人群的墓葬中，周人的文化特征被普遍遵从，但摆放位置方面，存在"酒水器聚置，食器分置于酒、水器两端"的现象，是"殷遗"的文化方式存在生命力的表现[46]。而在酒器摆放位置中，鼎罍相邻、瓶罍相邻现象普遍存在，说明罍这一器物受到殷遗相关族群中高等级贵族的特别重视[47]。

4. 标识性器物

随着研究深入，一些墓内常见器类也得到学者们的重视。一如琉璃河燕国墓地流行的陶簋，印群先生即以此讨论"殷遗民"文化因素的消长。冉宏林先生进而扩大化，将是否随葬陶簋，作为判定西周墓葬族属的指标之一。李宏飞先生还指出，敞口薄唇簋属殷遗新创造的器形，纹饰常见"S"形卷云纹[48]。二如骨笄，任昳霏认为，笄身横截面为圆形者，多为殷遗民使用[49]。陈翔先生也指出[50]，殷墟风格的骨笄在商王朝灭亡后存在延续，周原、丰镐地区部分骨笄的工艺、造型与殷墟文化存在直接关系，远在西北边陲的宁夏姚河塬遗址也发现了殷墟风格的骨笄。存在殷墟手工业者向西方迁徙的迹象，值得关注。此外，王文轩、张闻捷先生还指出，多见于殷墟至西周早期女性墓的平首石圭，在西周时期"殷遗民"或受商文化影响较重族群多有使用[51]。对"殷遗民"墓葬中标识性器物的讨论，从材料层面上由传统铜、陶器，扩大至骨、石器方面的研究，呈现出逐步深入的趋势[52]。

（六）非墓葬类遗存

1. 居葬关系

近年来，殷墟各发掘地点逐渐注意到居址与墓葬同地分布的关系，而姬姓周人的居址与墓地普遍不相混杂[53]。西周时期有较为单纯的"商系墓地"，也包含有商系墓葬的杂居墓地[54]。王洋[55]、蔡宁[56]、胡子尧[57]先生在结合上述判定指标的基础上，对西周时期墓地分别进行了系统分析，提出"丁"字形墓位形态、"同向小聚集，异向大插花"的分布形态、"居葬合一"的居葬关系等观点，标志着若干"殷遗"族属判定方法的研究逐渐走向深入。

2. 建筑遗存

近年来，有学者注意到周原遗址西周早期的凤雏建筑群秉承商代建筑的特征，是对商代建筑形式的学习与模仿，与中期的召陈建筑群存在明显差异[58]。更有学者结合文献记载认为凤雏三号建筑群是"殷遗民"的亳社[59]。杨文昊、宋江宁先生从建筑考古学的角度切入，提出凤雏六号至十号基址存在布局方位与地理特征的杂糅，并指出建筑方位在殷、周族属判断中的重要性[60]。

总结来说，中国学者对"殷遗民"的兴趣肇始于金石学传统，并随现代考古学的发展而逐渐转向科学研究。随着考古资料的日积月累，"殷遗民"相关文化因素不断得到总结、归纳，这又反过来促进了学界对相关考古遗存的认识与进一步发掘。然而，"殷遗民"的考古学定义是什么？相关文化因素是否和这一群体完全挂钩？在辨识"殷遗民"的过程中，哪些文化因素更为重要一些？这些问题需要进一步厘清（参见本文"反思与展望"部分）。

二、"殷遗"寻踪：学界关于"殷遗民"境遇的研究

"殷遗民"群体在西周社会的境遇是一个饶有兴味的话题。具体来说，学者们主要以历史学为问题导向，着重探讨"殷遗民"的身份地位、周人的管理政策以及相关群体的离散、迁徙等问题。

（一）"殷遗民"的身份地位

郭沫若先生在《中国古代社会研究》中写道"殷人被征服了以后事实上是做了奴隶，他们算是受尽了轻视和虐待的，周室的人称他们为'蠢殷'，称他们为'顽民'……"[61]，提出"殷遗民"的身份是作为奴隶的被征服民族，此后氏著《奴隶制时代》一书延续了这一观点，认为"殷遗民"可称作周人的"种族奴隶"。李民先生亦认为"尽管不能说周初统治者对待全部'殷遗民'以及原来殷与国民众都采取了这样的处置方法，但可以肯定地说，'殷遗民'当中确有很大的一部分，在入周后已沦为周人的奴隶。这一史实可以从《尚书》的《周书》以及与《尚书》有关的一些文献和铜器铭文中找到确切的证据。"[62]郭沫若提出的种族奴隶说在学界一度影响很大，持类似观点的还有李亚农[63]、田昌五[64]、杨荣国[65]、侯绍庄[66]等学者。此说的形成与流播有其时代背景，在早年古史分期讨论中，商与西周被视作奴隶社会的代表时期。杨善群先生是较早对"殷遗民"种族奴隶说提出商榷的学者，认为从西周初年文献记载看，周人并未将殷遗民视作"种族奴隶"，而是对"殷遗"贵族中的贤顺者、广大殷民和殷贵族中的敌对分子采取区别对待的政策[67]。这种将"殷遗民"区分看待的观点，似乎更符合历史实际。无论从传世西周文献，或是铜器铭文资料记载来看，周初确有大批"殷遗"贵族被吸纳进统治阶层，虽与周人上层贵族仍有一定地位差异，但无疑不是奴隶。有的"殷遗"贵族仍保留自己的田宅领地并臣属，《多方》所谓"宅尔

宅，畋尔田"，而《左传·定公四年》又记载"殷民六族"被允许"将其类丑"，这里讲的"丑类"应是原属于"殷民六族"的奴隶，仍归其役使[68]；还有的"殷遗"进入周人贵族家族成为异族家臣[69]，协助周人贵族管理族中诸项事务。可以说，入周以后"殷遗民"不仅并未遭到特别压迫，保有一定政治权，部分特殊"殷遗"贵族还受到了周人特别礼遇[70]。

此外还有学者探讨了西周"殷遗"在商代的身份地位。陈梦家先生认为依据《多士》记载周公对"殷遗"多士的讲话"宅尔邑，继尔居"，表明这些"殷遗"多士在迁洛以前，也应有其土田居邑，"这些殷士当非一般的人民""多士似指贵族阶级"。而西周时期周人所指称的殷民至少包含两个阶层：一、贵族后裔的"百姓里居"和"百官里居君子"，即君子。二、从事稼穑的农夫，即小人。此两个阶层都是自由民[71]。彭裕商先生亦认为西周初年被遣往洛邑的"殷遗""殷顽"都是商代的贵族，其中大多数还是与商王有血缘关系的同姓贵族[72]。牛世山先生考察认为周初被强制迁徙的"殷遗民"主体甚至大多数人应该是原来生活在殷商故都的以家族为单位的族群[73]。赵燕姣先生考察微氏铜器群及相关铭文后认为微氏系殷代邦国贵族后裔，入周后历仕于王朝，这一实例尤其能显出历史变迁的意义，是了解西周异族统治策略的一个重要切入口[74]。微氏家族所铸史墙盘铭文明言"武王既捷殷，微史剌祖乃来见武王"，坐实了微氏家族"殷遗民"的身份。早先已有不少学者对微氏家族在晚商的身份进行了探索，或认为微氏出自随同伐纣的微国[75]，或认为是微子启的家族与后裔[76]，或认为是微国史官后裔[77]，诸说纷纭，微氏家族身份源流的探索，是"殷遗"身份源流探索的一个典型个案。

西周时期"殷遗民"的具体职业身份有较明确的指向性。其一是担任史官。微氏家族无疑是一个代表性案例，除此以外，西周金文中还可以看到大量"殷遗"担任史官的证据，学者早已指出[78]。具体而言，西周早期金文所见诸多作册史官如矢令、大、睘、益等人所作铭文多称日名并标注族氏名，表明作册群体的"殷遗"身份。周人以"殷遗"作为史官，最重要的原因应是"殷遗"具有相对较高知识文化水平，熟悉典章制度，此外史官作为一种文化性职务，亦不会对周人产生政治、军事方面的威胁，是安置"殷遗"贵族适当选择。

其二是担任家臣。周人贵族家臣有部分由宗族侧室子弟担任，但周人贵族亦不排斥外族异姓充当家臣[79]。异族家臣中有部分是"殷遗民"，实例甚多，如献簋（《集成》4205）器主献为毕公家臣，献称其父为"文考光父乙"，可知献当为"殷遗民"。此类"殷遗"家臣，与周人贵族结成"假血缘关系"，由此主臣关系纳入家族政治的轨道。之所以出现这种异族家臣制度，与周人开放包容的政治传统有关[80]。

其三是加入师旅，担任将领或士兵。关于殷八师的人员构成，学界有周人之师与殷人之师两种截然相反的观点。于省吾先生认为"周人克殷后，将殷人的投降军队改编为八𠂤"[81]。持相似观点的还有王玉哲、朱凤瀚、沈长云、常征、李道明、赵世超、吴荣曾、黄圣松、商艳涛等学者[82]。从金文来看，西周确有不少军士系"殷遗"出身，此类军士生活时代尤集中于昭王时期。张懋镕先生指出昭王南征金文有两个特殊现象，一是土地赏赐铭文数量较多，二是"殷遗民"所占比重较大[83]。雷晋豪先生整理昭王南征相关铜器铭文指出，十六位铜器器主中仅两人属于姬周集团，其余多是"殷遗民"[84]。昭王南征将士多为"殷遗民"当为事实，其中原因颇耐人寻味，不过这至少说明"殷遗民"确可担任西周王朝的将领或士兵。

其四是担任工匠。数十年来周原考古揭示出大量带有腰坑殉狗的"殷遗民"墓葬，表明西周时期周原地区应存在大量"殷遗民"。孙周勇先生通过对周原手工业作坊的分析指出周原存在商业化手工业中心，这意味着周原不仅仅是过去学者认为的政治与礼仪中心，同时也是经济中心[85]。被迁徙安置到周原的广大"殷遗民"可能与其特殊手工业技能有关。此外丰镐地区手工业生产遗址地点附近亦存在"殷遗民"墓，马赛先生认为丰镐可能存在类似周原的情况[86]。"殷遗"工匠亦大量存在于成周洛邑。洛阳北窑铸铜遗址有大量带有腰坑殉狗的"殷遗民"墓葬[87]，与铸铜遗址时代相合，表明应是当时铸铜工匠墓葬。又《左传·定公四年》中记载分鲁公的"殷民六族"中有"索氏"，分康公的"殷民七族"中有"陶氏"，此二氏名很可能皆得自手工业，表明其族以之为业[88]，这些殷遗工匠群体入周以后亦有可能续操旧业。需要指出的是，西周早期的器物尤其铜器与商末铜器往往混淆难分，当与西周早期手工业工匠尤其铸铜工匠多为"殷遗民"存在关联。

（二）周人对于"殷遗民"的管理政策及"殷遗民"的境遇

"殷遗民"研究中，学者关注最多的可能是入周以后周人对于"殷遗民"的处置措施或者说入周以后"殷遗民"的境遇。傅斯年很早就指出周王对"殷遗"采取的是"相当怀柔的政策"[89]，张政烺[90]、白川静[91]、杜正胜[92]等学者先后在论文中提及类似的观点。1982年有文章继续伸张了相似观点，认为"殷遗"只要"不侵不叛"即可保有政治权，部分上层"殷遗"如宋国公室甚至被作为周王之客。周人对于"殷遗"的安抚怀柔态度见于传世文献，亦可从诸多西周殷遗家族铜器铭文窥知，典型实例如微史家族、录戒家族、举族等[93]。

从传世文献与古文字资料看，周人确实对部分"殷遗民"采取了怀柔安抚政策，但另一方面，也不能否认周人对部分"殷顽民"采取镇压手段，最典型的事例莫过于周公东征。因此更多学者认为周人对"殷遗民"的处置方式是安抚与镇压兼而有之。如王玉哲先生指出"周公对商遗是采取了恫吓、镇压与安抚、怀柔的政策"[94]，杨宽先生认为周人处置"殷遗"政策可分为武王与周公两个阶段，武王时期设置三监防止叛乱，但事实证明并不可行，周公东征平叛以后，采取了迁徙"殷遗民"分散管理的办法，终于取得成效[95]。刘起釪先生依据周初八诰，探讨了周初"周公全力解决怎样镇抚控制殷人惨淡经营"的历史，具体而言，包括武力镇压、迁徙殷民、分而治之、安抚殷民等措施[96]。朱凤瀚先生亦指出周人对"殷遗"是武力震慑与安抚怀柔相结合的政策，并提出"殷遗民"诸宗族的境况可大致归纳为五种类型：一是保持旧有的宗族组织结构作为周人贵族之私属，随之迁徙至封土；二是一个较大的宗族被分割成几部分，各部或随周人迁移至新的封土，或被移民至王畿及其他地区；三是留在旧居之地被周人统治者就地治理，仍保留了原有的宗族结构与集聚状态；四是若干宗族被从旧居之地迁至新建之邑集中管辖；五是"商遗民"贵族得受封建立邦国[97]。宫长为、徐义华二位先生合著的《殷遗与殷鉴》是目前唯一的"殷遗民"研究的专门著作，该书指出周人虽已取代商政权，但并没有力量完全控制商人，周人采取了宽松的统治政策，给予"殷遗"很大自由空间，表现为："殷遗"依然保留了宗族组织；保留了自己的财产；保留了自己的风习；保留了自己的宗教信仰；保留了自己的武装；保留了部分殷人的旧法；可以担任周王朝的官职。同时，"殷遗"也需要承担相应义务，包括服兵役、承担粮赋、承担力役、承担手工业劳动。在安置措施方面，采取分割析置商人人口领土、实行战略包围、因地制宜灵活统治等方式。在思想精神方面，周人通过宣扬天命、加强认同、威胁恫吓等方式消弭"殷遗"的反抗心理。综合来看，周人统治殷人的策略可以概括为：安置上实行分割，使之不能形成统一力量；战略上实行威慑，使之不敢反抗周人。在日常事务中，则主要依靠安抚怀柔和交融同化，将殷人纳入周人的政治体系当中[98]。清华简《系年》第三、四章简文提供了讨论周初处置"殷遗"史事的新材料，杨博先生依据《系年》相关内容提示，结合传世文献与金文资料，对周初王朝处置"殷遗"的历史过程进行了探讨，认为处置"殷遗"的历史过程可分为武王时期与周公和成王时期，并提出处置"殷遗"的政策实际很大程度上肇始于武王时期；周公和成王处置"殷遗"的措施有很强的针对性，周公将殷王室亲贵集中于成周，将一般宗族分散于边地，以贯彻"监、分而治"的战略意图[99]。近二十年来，还有一些硕士学位论文对殷遗民的境遇展开了专门研究。尉学斌先生《古书与古文字中所见周族的起源与商周关系》专列三章分别探讨了"灭商前周人对叛殷归周之殷人的待遇""克商之初的殷遗民待遇及其地位""周公东征后的治殷方略及殷遗地位"[100]。吕观盛先生《周初殷遗民管理政策研究》一文则将周初"殷遗民"管理政策分为两个阶段，即武王时期与周公时期，并归纳总结出三点周初"殷遗民"管理政策：吸收"殷遗民"中的贤能之士进周政权任职、教化和迁徙殷民中的顽固分子、安抚殷民中的一般平民和百姓[101]。曾一苇先生《殷遗民政治进路考述》更侧重于讨论"殷遗民"的政治发展可能性，具体而言，西周时期"殷遗民"可能主持经济事务、在公卿诸侯处服务、受封诸侯、参与基层治理等[102]。总的来看，许多学者已经有意识地分阶段看待周人对待"殷遗"的政策或者"殷遗"境遇，并敏锐察觉到周人对待不同层次的"殷遗"实行不同策略。

（三）"殷遗民"的迁徙

"殷遗民"的迁徙实际属于"殷遗"管理政策的一种，这一政策对周代政治社会格局形成有深远影响，且这方面研究相较多，故专门介绍。杨宽先生《西周史》指出，从文献记载来看，迁徙"殷遗民"并非武王时期就已设定的政策。从《逸周书·作雒》看，周公在东征平叛以后，在征伐熊盈族的同时，"俘殷献民迁于九里"，所谓"九里"在今洛阳以东，这一记载与洛阳地区西周考古发现的大量殷遗民墓葬相合。杨氏还指出，当时迁徙殷及多方诸侯地点有多处，洛邑只是较为集中的一处，迁移到洛邑的殷贵族中包括很多殷商"外服"的贵族，亦包括少量殷商"内服"的诸侯。《多士》中的"有方多士"就是外服贵族，而"殷多士"即内服诸侯，"有方多士"列于"殷多士"之前。在洛邑以外，迁徙"殷遗民"的地点主要就是姬姓封国[103]。陈立柱先生认为东征以后殷民族以五种方式析分各处：一是被称"殷顽"者迁于成周，置于周王朝的直接统治之下；二是分配到各国成为被统治者，如鲁国分有殷民六族，卫国分得"殷民七族"等；三是滞留在郑、曹、祭、温、胙、邙（后来的郑）等中原国家中的下层民众；四是逃散于四方者，尤其是随武庚北逃以及与淮夷一起南下者；五是集中于宋国的由微子后人统治以守殷祀[104]。朱凤瀚先生归纳总结周初"殷遗民"的境况可分为五种类型，其中有三种是关乎迁徙的。一是保持旧有的宗族组织结构作为周人贵族之私属，随之迁徙至封土，此类即文献所载的"殷民六族""殷民七族"一类；二是一个较大的宗族被分割成几部分，各部或随周人迁移至新的封土，或被移民至王畿及其他地区，此类实例如举族，族人见于燕国、关中等地；三是若干宗族被从旧居之地迁至新建之邑集中管辖，所谓新建之邑，最重要的即是成周洛邑。周人对迁徙洛邑"殷遗民"采取的统治措施主要有两点，一是将商人宗族成员以"里"这种地域组织加以编组，二是实行安抚怀柔政策[105]。宫长为、徐义华先生认为"殷遗民"可以分为三类，第一类是被迁置于各地的"殷遗"，第二类留居原地的"殷遗"，第三类是逃居于边地的"殷遗"。迁置于各地的"殷遗"，以成周、宗周、鲁、齐、宋等地为多[106]。"殷遗民"迁徙成周、鲁、齐、宋等，学者已多有论述，但迁徙宗周却罕有学者论及。实际上，日本学者白川静很早已经提到"殷之遗民，亦不仅在洛阳一地，盖移往宗周者甚伙。"《逸周书·作雒》提到"俘殷献民，迁于九毕"，此前就已经有学者认为所谓"九毕"可能是宗周地名[107]。而从考古发现看，1954年长安普渡村出土了长由盉等器，当是商代长族迁徙至宗周以后铸造。实际上，据考古学者统计，已发掘的丰镐地区西周墓葬中共有259座有腰坑，而丰镐考古至今总共发掘了西周墓葬1000余座[108]。丰镐地区的腰坑墓数量如此庞大，似能说明西周时期曾有大量"殷遗民"被迁徙到宗周地区。此外，周原地区也是"殷遗民"迁徙的重要目的地。杜正胜指出东方殷人遗物出土于关中，尤其是扶风、岐山一带，说明周原是殷人移居的集中地之一[109]。许倬云先生亦指出"武王建新都的意愿一时未能实现，仍以宗周为基地，遂有不少殷人旧族迁入陕西。陕西各地出土殷器甚多，其著名者如宝鸡斗鸡台的几群柉禁，及父辛卣，凤翔出土的散氏诸器……"[110] "殷遗民"迁徙周原一带亦有大量墓葬考古发现证明。周原地区的腰坑墓数量占比甚至比丰镐更为夸张，据马赛先生统计，周原地区已发掘的216座西周墓葬中，腰坑墓就有95座之多[111]。"殷遗民"大规模迁徙宗周、周原不见于文献明确记载，幸而依赖考古发现，后人得以知晓这一段史实。此外需要指出的是，周初迁徙"殷遗民"并非是随机迁徙，而是有充分规划以及固定的几个迁徙安置点，背后有不同的动机与目的，有的迁徙行为可能是出于经济目的，例如周原被认为是西周时期的经济中心，需要大量技术工匠，这可能是大量"殷遗民"迁徙周原的原因之一[112]；还有的迁徙行为可能出于军事目的，从考古发现看，位于周王朝版图北端的燕国与南端的曾国都有大量"殷遗民"，这些"殷遗民"有可能被作为戍边的战士；当然，周初迁徙"殷遗民"最主要的可能还是出于政治目的，即分散"殷遗"势力，以防聚众反周。

总而言之，学者关于西周"殷遗"境遇的研究，结合传世、出土文献及考古材料，描绘出相关群体在西周社会生存状况的总体图景。相关研究的不足之处在于仍未能充分挖掘"殷遗民"内部的多样性和复杂性，以及这一群体迁徙、流动背后的社会机制及其对西周国家治理、族群融合等相关议题的意义。

三、"殷鉴"未远：学界关于"殷遗"文化的研究

"殷遗民"研究的另一重点是"殷遗"文化。历史学和考古学皆对此问题进行了深入研究，但角度有所不同。

（一）历史学视野下"殷遗民"对周代思想文化的影响

学者普遍认为，在西周建立初期，文化相对后进的周人十分重视商人知识分子。从文献记载看，早在周代商之前，已有不少商人高级知识分子投奔周人。《史记·周本纪》载"太师疵、少师强抱其祭、乐器而奔周"，《周本纪》载"太颠、闳夭、散宜生、鬻子、辛甲大夫之徒皆往归之"，又《周本纪》集解引刘向《别录》"辛甲，故殷之臣，事纣，七十五谏而不听，去之周，召公与语，贤之，以告文王。事文王、武王为太史，封于长子"。微氏家族铜器窖藏所出史墙盘铭文亦言"武王既捷殷，微史剌祖乃来见武王。"可想而知，周代商以后必定有大量"殷遗"知识分子为周人服务，这些"殷遗"知识分子无疑会对周代思想文化乃至典章制度等多方面产生深远影响。

1934年，胡适先生发表了近代学术史中极著名的《说儒》一文，胡适在文中将周代的儒和儒家与殷商文化联系起来，认为最初的儒是"殷遗民"中的教士。其具体依据主要有以下几点：儒服是殷服、儒家的三年之丧是殷礼、《周易》的卦爻辞作于殷亡

后殷民族受周人压迫最甚的一二百年间、儒的柔弱源自"殷遗民"奉行的柔道人生观、《商颂·玄鸟》是殷民族复兴的预言诗、孔子被时人认为将是复兴殷文化的圣人等[113]。胡适此文在学界有极大影响，学者纷纷著文发表意见，或商榷或支持[114]。胡适是以"儒服只是殷服"来作为周之儒生是殷遗的重要论据的，然而范文澜认为孔子所着"朝服"无疑是周制的朝服[115]。徐中舒先生则利用甲骨文资料论证了"儒是殷民族的教士"的观点[116]。而早年同意《说儒》的杨向奎先生后来表示不同意将"儒"释为受周人歧视而忍辱负重的殷遗民，他举证认为"殷遗民"在周代并没有受歧视，相反还受到优待[117]。《说儒》的具体观点虽有争议，但"殷遗民"对周代思想文化产生巨大影响确应是事实。王刚先生《殷遗民对周初思想变迁的影响》一文认为商末周初"殷遗民"对动荡局势以及殷商灭亡的深刻反思对周人的思想世界产生了巨大影响，这些影响充分体现于《尚书》以及其他周初文献中[118]。此外，殷人对于周代文化方面的影响还体现在史官沿革与历史书写方面。李亚农先生很早已经指出周初文化工作均由"殷遗"承担，如作册、御史一类史官，全由殷人独占[119]。这一观点后续得到学者的持续阐发。许兆昌先生《先秦史官的制度与文化》提出周代史官三大主要来源之一就是"殷遗"贵族，西周早期铜器铭文所见诸多史官如矢令、大、罤、益等人均系"殷遗民"[120]。刘源先生亦指出，在殷周制度因革损益的过程中，"殷遗"史官发挥了较大作用。"殷遗"史官通晓名号、祀典、世族及官制，并平稳地经历殷周易代的历史变局，世代延续，服务于商周王室及其强宗大族，使商周文化得以连续发展。"殷遗"史官供职于周王朝及诸侯国，甚至对周人史书撰述形式产生了深远影响，如《春秋》《左传》记事方式与内容多可与殷墟卜辞相互证明[121]。

（二）考古学视野下"殷遗民文化"的讨论

相比于史学本位的研究，考古学视野下的"殷遗民文化"研究主要从横向和纵向两个维度对相关议题进行拓展。

1. 横向维度

考古学研究特别关注文化因素的"地域性"，故而能揭示所谓"殷遗民文化"在考古学遗存中的地域分布特点。就目前来看，考古学意义上的"殷遗民文化"地域分布特点可能与西周政治地理结构密切相关。

（1）王畿

旧商及西周王畿所在，对该区域殷遗文化遗存的认识，基于洛阳、关中、安阳三个地区的发掘与研究展开。

洛阳地区作为西周东都所在，如前所述，是考古学界辨识殷遗民墓葬的起点。而后随着发掘工作的持续展开，本地区西周时期铜、陶器分期研究的逐步深入[122]。至20世纪90年代，洛阳地区殷遗民相关遗存的识别工作基本结束。可以确定，瀍河两岸、涧河两岸和洛阳东郊，是殷遗民墓葬的主要分布区，且墓主普遍具有较高社会地位[123]。

关中地区作为西周王畿的核心区域，以周原、丰镐地区的西周时期遗存最为丰富。周原遗址方面，有学者将周原遗址的墓葬与墓地划分为周人系统和"广义上的殷遗民"系统，并展开定性与定量分析，指出这两类人类丧葬习俗中的大多数差异延续至西周晚期。而后继续沿用人群的"二分法"，将周原遗址的墓地分为两类，并拓延至对整个关中地区的考察；丰镐遗址方面，学者对墓葬出土陶器的商文化因素进行了识别[124]，并对张家坡具体墓葬及整体墓地结构中所见"殷遗"人群展开个案研究[125]，更有对沣西地区、泾河流域"殷遗民"文化特征墓葬的系统性识别与考察[126]。可以确定，以周原、丰镐遗址为代表的关中地区，其人群构成十分复杂，存在不同文化的交融现象，对"殷遗民"墓葬的识别难度较洛阳地区为高。

安阳地区作为旧商王畿所在，既是"殷遗民"的主要迁出区，也是入周后"殷遗"人群的聚居地之一。因涉及商周分界等问题，对相关遗存展开辨识的工作难度较高。但随着上述地区发掘的开展和研究的深入，近年来重新成为学界探索殷遗问题的重点关注区域，概分三个议题：其一是西周时期墓葬的识别，及本地区西周遗存的分布及其历史动因的讨论[127]；其二是殷墟王陵被盗问题，即王陵早期盗坑的形成年代与背景[128]；其三是如孝民屯、辛店等手工业作坊在周初的沿用[129]。

可以确定，商周王朝的三大王畿中皆发现有数量庞大的"殷遗"人群，这一身份、阶层差异较大的庞杂人群，在王朝嬗代过程中扮演了至关重要的角色。虽然传世文献中对此不乏记载，但考古材料的丰富发现，极大程度上超出了过去文献记载所框定的预期。

（2）封国

对西周封国"殷遗"文化遗存的认识，总体围绕燕、鲁、晋三个大规模揭露的封国墓地展开。

鲁地方面。如前所述，曲阜鲁故城的发掘者将城内墓葬分甲、乙两组，并认为甲组墓属原住民，乙组墓属周人。学界就甲组墓墓主的来源问题存在争议。有学者从陶器组合入手，认为墓主属土著夷人[130]。另有学者认为墓主属《左传·定公四年》记周初所分鲁公"殷民六族"的后裔[131]。此外，更有学者不认可将腰坑、殉狗等葬俗，及随葬器物组合作为划分墓葬族属的依据[132]。关于甲组墓墓主来源问题的最终厘清，仍有待于西周早期鲁国相关遗存的进一步发掘与研究。

燕地方面。经由多次发掘的琉璃河燕国墓地中，明确见有殷商文化气息浓郁的墓葬。一般认为，琉璃河居址材料的复杂性无法用周文化予以概括，应由姬姓周人、"殷遗民"与土著三种人群构成[133]。与鲁地情况相类，学界主要对燕地"殷遗"人群的来源也存在争议。有学者结合陶器分期、陶簋与车马坑分析，认为人群的部分来源是土著殷民[134]。另有学者认为燕地"殷遗民"只从殷商故地迁徙而来[135]。

晋地方面。学界早已发现曲村西周早期墓中存有殷式鬲，也可见"类周式鬲"，保留有北方鬲的部分传统。西周后期曲村-上马墓中的鬲，形制变化很快，说明"晋文化的彻底与周人同化过程到西周后期才完成"[136]。学者进而从墓向入手，综合各种因素对晋地的"殷遗民"墓葬进行辨识。

此外，学界也对邢、卫、齐、管、宋等封国内的"殷遗民"墓葬进行识别[137]，为保行文简洁，从略。总之，历经半个世纪的西周封国考古发掘与研究，"殷遗民"墓葬在西周封国墓地中的普遍存在，已成为学界普遍共识。"殷遗"人群作为各封国的依附性人群，同为遗民，境遇不同，其墓葬等级与丧葬习俗存在较大差异，在西周时期更属普遍现象。

（3）四至

随着多年来考古工作的持续展开，学界已对西周王朝的"四至"范围做出较明确的界定[138]。"四至"内外即是四方边域。在各个方向的边域地带也发现有带有殷商文化因素的西周时期遗存，且年代大多集中在西周早中期。

北方边域如昌平白浮、喀左窖藏。学界针对喀左窖藏族属的讨论较为热烈，可分燕国殷遗[139]、张家园上层文化[140]、潍坊三期文化[141]、周燕文化[142]四说。关于喀左窖藏铜器群，有学者认为铜器铭文指示了文献中"孤竹国"所在[143]。后有学者认为其归属于魏营子文化等北方人群[144]，也有学者从铜料来源、礼器器用方面考察了殷周族群在北地的兴起转移[145]。

东方边域如烟台上夼村、邳州梁王城。上夼村周墓的年代为西周晚期，有学者认为其属商系墓葬。另见"舟"字铭文。一般认为，"舟"与"己"共同指示了文献中的"纪"国地望，位于胶东半岛东侧[146]。有学者指出，西周时期的胶东半岛始终为一个相对独立的地理单元，周文化因素始终未在此占据主导地位[147]。关于邳州梁王城，早有学者指出，苏鲁皖豫地区春秋之前人殉祭祀习俗[148]。近来更有学者系统分析了梁王城新近发掘的西周墓葬中的"殷遗"葬俗，并指出邻近的铜山丘湾社祀遗迹的性质为西周"殷社"。

西方边域如灵台白草坡、彭阳姚河塬。灵台白草坡清理有9座墓葬，并多次调查所得铜器，皆带有浓郁的殷商文化因素。学界对此处遗址的"殷遗"族属几无异议。关于新近发现的彭阳姚河塬城址，是已知最西北的周人前哨基地。发掘者指出[149]，姚河塬属周人遗存，但城址主要居民的族属为"殷遗民"。

南方边域如宁乡炭河里、蕲春毛家咀。学界关于炭河里城址与宁乡铜器群之间关系的讨论由来已久。有学者指出，宁乡一带铜器窖藏的出现是殷人南迁的结果[150]。近年来随着炭河里城址的发掘，逐步厘清城址的年代上限在商末、下限在西周中期，应为宁乡青铜器的铸造、分配之中心地[151]。另有学者对炭河里、高砂脊的铜器进行同位素分析，指出其生产背景十分复杂，存在"商人携带中原生产的铜器来到湖南地区，其中大部分铜器继续沿用，但也有部分铜器被重熔用以铸造混合型和地方型铜器"的可能性[152]。也有学者进一步通过分析汾水流域出土铜器指出，商人的南迁是有计划、目标明确地向南迁徙，南迁活动可能早在周公东征乃至武王克商之前已经发生[153]。关于蕲春毛家咀遗址的性质，有学者认为其属入周"殷之遗旧"的遗存[154]。随着近年怀宁孙家城 H29 的发掘，有学者认为其陶器面貌为殷遗文化特征，与毛家咀遗存均呈现出商文化与土著文化融合的现象，可称为"殷遗文化居址陶器群的'地方传统'"[155]。

需要明确的是，无论上述四方边域列举的遗存是否确与旧商人群相关，但随着中原政权的更替与"周东封"，在周人新立王朝的各方边域上骤然出现大量殷商文化浓郁的西周时期遗存，体现出并非所有旧商人群都被纳入周人治下成为文献所代指的"殷遗民"人群。

综之，从考古学视角观察，西周"殷遗"文化的分布似从属于西周政治地理结构。那么，不同地域的"殷遗文化"是否具有统一性和多样性？这是未来研究亟须解决的重要问题。

2. 纵向维度

和文献记载不同，考古学材料还能提供一种长时段视角，对讨论"殷遗民文化"的历时演变及意义颇具启发。

关于"殷遗民文化"的纵向考察，多位学者都关注到殷墟及周边地区的"遗民文化"长期未被周人同化所表现出的顽强性和保守性[156]。例如，有学者以墓葬制度为视角，考察了各地"殷遗民"文化特色嬗变的不平衡性[157]。又如，有学者在系统梳理"商系墓葬"的基础上，深入讨论了商系人群对西周王朝地缘格局的历时性影响：其一，西周早期王朝构建过程中，凡扩张所至，基本都有商系人群身影；其二，姬姜人群在各边地占据有利位置，将商系人群作为外围屏障，以对抗更外围戎狄或夷人等敌对势力；其三，至西周中期，外围商系据点在被迁徙、被分化、被消耗的过程中逐渐消弭[158]。

在个案研究方面，有学者从丧葬习俗、车马埋葬方式、陶器风格及陵墓传统等方面论证了嬴秦属广义上的殷遗民，指出早期秦文化李崖型是一支殷遗民文化[159]。这涉及对"殷遗民文化"年代下限的讨论。已知不同地区殷商文化遗存的年代下限存在较大差异，一般性的商系墓葬或墓地在西周前、后期之际已普遍消失，但如曲阜、郑州等地的商系遗存年代可延续至两周之际，甚至东周时期。

综上，考古学研究揭示出"殷遗民文化"对于周代社会的影响十分强劲、深远。然而，这种影响的具体表现和机制是什么？不同时期、不同地域的影响有无差别？"殷遗民文化"究竟在哪些方面影响到了社会变化？对这些问题的回答，显然需要更多的个案研究（如两周宋国相关文化的变迁）与理论思考。

四、反思与展望

综合上述讨论，历史学与考古学从各自角度对"殷遗民"进行了深入研究。具体来说，学界对于"殷遗民"的身份特征、"殷遗民"考古学遗存相关文化因素、"殷遗民"在西周的境遇，以及"殷遗民文化"等问题进行了深入探讨。然而，缕析上述研究历程可知，目前的"殷遗民"研究中仍有若干问题亟须反思与厘清；亦有一些新的研究路径和线索需要未来进一步深化。

（一）反思

1. "殷遗民"的定义

首先是"殷遗民"的定义问题。学界对"殷遗民"这一概念的理解及定义争议较大。例如，傅斯年先生在《周东封与殷遗民》中依据传世文献记载提出鲁、宋、卫、齐的人民皆为殷遗[160]，但似乎并未对"殷遗民"给出明确定义。《略论殷遗民的遭遇与地位》中定义"殷遗"为"以殷商贵族及其后裔为限，不是泛指殷代的东方氏族"[161]。这一定义主要建立在血缘联系的认知基础上。吕观盛先生认为殷遗民"指周代社会当中保留着殷人的风俗习惯与政治传统等多方面特征的殷人"[162]，这一定义更侧重于文化层面。黄树余先生则将殷遗民界定为生活在原商王畿地区以及原商统治地区的族群[163]，这一定义显然更强调地域特征。牛世山先生认为文献所称的"殷顽（殷遗民）"主要是指从殷墟这个殷商故都迁出的以家族为单元的居民[164]。这一定义亦强调地域，但地域范围限定小很多。范学谦先生认为殷遗民是商亡之后存留的商民，具体包括被俘虏的商人，自愿归附的商人，以及不愿做亡国之民主动迁徙的商人[165]。这一定义较为宽泛，曾一苇先生对殷遗民的定义与之略同[166]。

由此可见，目前学界对"殷遗民"并无统一且明确的定义，基本上是各执一词、莫衷一是。具体来说，有的定义侧重族属，有的定义侧重政治层面，还有的定义从"文化"出发。有的定义过于宽泛，有的定义又稍显狭窄。这一方面有学术发展的原因，另一方面则是"殷遗民"这一概念本身就存在复杂性与模糊性。"殷遗民"中的"殷"（或"商"），可以是殷商政权，可以是商王室，可以是子姓族，可以是商文化，也可以是殷都[167]。"遗民"这个词本身亦有多种指代。这一局面使得相关研究在描述"殷遗民"这一群体时，多处于"自说自话""鸡同鸭讲"的局面，并不利于研究及学科之间的对话。

另一方面，目前很少有研究考虑到"殷遗民"这一概念所涉及的历史语境问题。实际上，先秦传世及出土文献中关于殷人的称谓十分多样，含义不同，指代的范围也不尽相同。大体说来，揆诸文献资料，相关称谓可分为四组[168]。

第一组是"殷民"组。西周时期"殷民"的称谓主要见于《尚书·康诰》："汝惟小子，乃服惟弘，王应保殷民，亦惟助王宅天命，作新民。"又如："王若曰：往哉！封！勿替敬，典听朕诰，汝乃以殷民世享。"这两例"殷民"均出自周王诰命康叔封语。康叔所封卫国境内有众多殷遗民众，故周王谓康叔以"殷民"享国，并敦促康叔采取措施，改造殷民，使其成为"新民"。"殷民"亦见于东周文献。《左传·定公四年》就有"殷民六族"和"殷民七族"之记载，分别包括"条氏、徐氏、萧氏、索氏、长勺氏、尾勺氏"和"陶氏、施氏、繁氏、锜氏、樊氏、饥氏、终葵氏"。依《左传》记载，周王分封鲁、卫时，分别赐鲁公及康叔"殷民六族"和"殷民七族"。结合上引《尚书·康诰》记载可推测"殷民七族"应乃卫国"殷民"之一部分。关于"殷民"所指，学者多断定"殷民六族""殷民七族"乃至"殷民"限于子姓后代。然由《康诰》及其他西周早期《尚书》篇目可知，"殷民"毫无疑问指全体殷邦之民，绝非仅限于子姓宗族。《康诰》谓"往敷求于殷先哲王用保乂民""我时其惟殷先哲王德用康乂民作求"，可见"民"乃殷先王所保有，又谓"天乃大命文王殪戎殷，诞受厥命越厥邦厥民"，这里的"厥邦"，即《尚书·无逸》之"殷邦"，可见在周人心中，文王受天命的同时亦接受殷邦之民。西周中期史墙盘有"挞殷畯民"（《集成》10175）之记载，同样说的是周人伐商而代商治民。这些记载中的"民"都指殷邦之民。除"殷民"外，典籍中还有"献民""播民""仇民""商兆民"等记载，这些"民"的身份各异，但亦非仅限于子姓族人。

第二组是"王人""商人"组。"王人"见于《尚书·君奭》："天惟纯佑命，则商实百姓、王人，罔不秉德明恤。"由此记载可知，"百姓""王人"皆属"商"。"百姓"，即"百官族姓"[169]，指侍职于商的各族族长。"王人"与"百姓"相对，"王人"只能指商子姓王族[170]。《左传》《国语》等东周典籍中还有"商人"，亦特指商王族子姓后裔。例如《左传·襄公九年》："陶唐氏之火正阏伯居商丘，祀大火，而火纪时焉。相土因之，故商主大火。商人阅其祸败之衅，必始于火，是以日知其有天道也。"《左传·昭公元年》："子产曰：昔高辛氏有二子，伯曰阏伯，季曰实沈，居于旷林，不相能也，日寻干戈，以相征讨。后帝不臧，迁阏伯于商丘，主辰。商人是因，故辰为商星。迁实沈于大夏，主参，唐人是因，以服事夏商。"《国语·晋语》："晋之始封也，岁在大火，阏伯之星也，实纪商人。商之飨国三十一王。"《国语·鲁语》："商人禘舜而祖契，郊冥而宗汤。"这些例子的"商人"皆指商子姓族人。《左传》及《国语·晋语》三条记载内容类似，皆叙商主大火之事。由《左传·襄公九年》记载可知，商主大火始于居于商丘的相土，故"商人"乃"相土"之后无疑。《国语·鲁语》记载商人"祖契"而"宗汤"，则"商人"亦为商王室。

除"王人""商人"外，传世文献还可见周人直接称商先王直系后裔为"殷嗣"。《尚书·君奭》："天寿平格，保乂有殷，有殷嗣，天灭威。"这里"殷嗣"特指商纣王。又如《左传·成公十三年》："虞、夏、商、周之胤而朝诸秦。"《国语·郑语》："夫成天下之大功者，其子孙未尝不章，虞、夏、商、周是也。虞幕能听协风，以成乐物生者也。夏禹能单平水土，以品处庶类者也。商契能和合五教，以保于百姓者也。周弃能播制百谷蔬，以衣食民人者也。其后皆为王公侯伯。"《左传》记载中，"商之胤"为商先公先王直系后代。《国语》记载中，"其后"包括"商"之后，其为商人始祖契之后代无疑。

第三组是"殷多士"组。"殷多士"见于《尚书·多士》等篇，如："王若曰：尔殷遗多士！""王若曰：尔殷多士！""王曰：猷告尔多士！"这里"殷多士""殷遗多士"及"多士"所指皆同，为迁于洛邑的殷遗民。"殷多士"还见于《尚书·多方》，与"有方多士"对举；又被称作"殷士"，《诗经·大雅·文王》中"殷士肤敏，裸将于京"，"殷士"与"周之士"并称；又被称作"商王士"，《尚书·多士》开头即谓"周公初于新邑洛用告商王士"，"商王士"与下文所述"殷遗多士"同，此外《逸周书·世俘解》有"殷俘王士"，乃武王征商后所俘获的"商王士"。关于"殷士"之"士"的含义，当可从文献中"夏士""周士"的语境中观之。《尚书·多方》云"惟夏之恭多士，大不克明保享于民"，可见"士"和"民"有区别，地位高于后者。又西周早期柞伯簋铭文记载"王命南宫率王多士，师□父率小臣"[171]，则"多士"似区别于"小臣"，地位较高。又《尚书·大诰》及《尚书·酒诰》中"庶士"和"邦君""尹氏"及"御事""有正"等并列，则"庶士"地位与邦君及内服诸官类似，但其本身似并非为官名。《尚书·酒诰》亦云"庶士、有正越庶伯、君子"，则"庶士"与"有正"同属于内服。陈梦家先生谓其"似指贵族阶级""而非一个官名"[172]。总之，"殷士"的原来身份当是殷邦内服之贵族。

第四组是"殷献臣"组。《尚书·酒诰》有如下记载："汝劼毖殷献臣：侯、甸、男、卫，矧太史友、内史友；越献臣百宗工。"由此记载可知，"殷献臣"包括殷之内外服官员（《尚书·酒诰》："越在外服：侯、甸、男、卫、邦伯；越在内服：百僚、庶尹、惟亚惟服、宗工、越百姓里居。"），似与《尚书·洛诰》中的"殷献民"相对。与殷遗官员相关的称谓还有"庶殷""播臣""殷正"等。《尚书·召诰》："旅王若公诰告庶殷越自乃御事"，又谓："周公乃朝用书命庶殷：侯、甸、男、邦伯"，则"庶殷"似仅指殷外服官员，与内服诸"御事"相对。与"庶殷"相对，西周早期大盂鼎有"殷正百辟"（《集成》02837）之记载，乃指内服官员。可见周人眼中的殷代官员由"庶殷"和"殷正"组成。"播臣"见于《尚书·大诰》，指逃亡之臣。《逸周书·商誓》有"殷之旧官人"的记载。"播臣""旧官人"皆泛指殷臣。

综合上述讨论可知，先秦文献中周人对"殷人"的称谓多样，有指代政治层面，有指代族属层面。即使是同属政治层面，也存在不同的指向（如地位不同的官员）。此外还需要特别注意的是，目前先秦文献中似乎并没有"殷遗民"这个称呼[173]。因此，"殷遗民"这个概念可能忽视了周代社会本身关于殷人称谓的复杂性和多样性，并似与西周、春秋时期的历史语境有所距离。

2. 考古学文化因素和"殷遗民"的关系

在考古学研究中，人们习惯于用文化因素来寻找"殷遗民"。这一做法的前提是承认考古学文化因素和族属（ethnic groups）有密切联系。对于很多考古学家来说，这一前提似乎是不言而喻的[174]。然而，在学理和实践层面，文化因素和族属的挂钩可能存在一些问题。就"殷遗民"的问题来说，我们在辨识相关群体之前可能要首先考虑"商"或"殷"的考古学特征及文化因素是什么[175]。实际上，这一问题的回答并不简单。"殷"相关的考古学文化在不同阶段、不同地域可能都有不同表现。因此，如果考古学意义上的"殷"本身就不是一个单一、统一且连续的概念，我们又如何能假设"殷遗民"拥有共同的考古学文化因素或者"殷遗民"是一个单一的群体呢？另一方面，就实践层面上来说，越来越多的考古资料证明文化因素在同一考古单元上的呈现是十分复杂的。一个墓葬中完全可以兼具不同的文化传统。例如，最近在西周丰京遗址大原村西南发掘的两座墓葬，除具有殉人、殉狗及腰坑等所谓典型"殷遗民"文化因素外，还有头蹄葬及带流平底罐等文化因素[176]。如果我们仅依据部分文化因素就对墓主人的族属进行判断，可能会导致误判。换而言之，即使我们承认文化因素和族属有着密切联系，我们仍然需要考虑在和"殷遗民"相关的文化因素中，哪些文化因素是更为重要的，更为直接地指向族属。

（二）展望：从族属到策略

由上述讨论可知，目前"殷遗民"研究存在概念不清、考古资料与人群辨认简单化等问题。这些问题造成了族属、人群、文化以及社会等不同要素的纠葛。在目前阶段，我们除了依靠 DNA 等科技手段外，似乎应多加关注"族属"之外的"广阔天地"，具体来说，以往学界多关注西周国家层面对这一群体的安置措施、政策，鲜少考察相关人群和地方社会在西周主动采取的各种"策略"（strategies）。这是未来需要进一步研究的方向。目前而言，似有两条路径。

一种可行的研究路径是考察在晚商阶段即能够辨别明确身份的族群进入西周时期后的转变轨迹。这更多地属于历史学、古文字学研究的范畴。最近的一项研究综合古文字和传世文献资料，立足于考察不同地区的族氏在商周社会变革中的延续和转型。研究发现晚商的不同族在这一过程中的命运不同，维持身份地位的策略不同，文化认同的转变轨迹亦大不相同[177]。商周族群流动的个案研究大大丰富了我们对"殷遗民"群体内部多样性和复杂性的认识。

第二种新路径是关注地方社会在不同阶段（从晚商到西周）的各方面变化。在早期社会和国家的研究中，"社会崩溃"（societal collapse）已成为热点议题。自 20 世纪 80 年代西方学者明确提出"社会崩溃"这一概念以来[178]，相关研究已从最初的关于社会崩溃机制、原因的讨论转向近年来的关注"后崩溃社会"（post-collapse society）

的断裂与延续[179]。很显然，“社会崩溃”理论在很大程度上适用于考察地方社会在商代社会崩溃之后的变化。具体来说，我们应重点选取一批包含商周考古文化连续性的地区，分析这一地区在晚商和西周物质文化的变化，并探讨变化背后的地方社会对新文化的“接受”“认同”“选择”乃至“协商”“博弈”的过程[180]。

附记：本文具体分工如下：刘逸鑫、王一凡负责考古学部分，徐熠、宣柳负责历史学部分，宣柳负责全文统筹。宋江宁、肖威等先生提供宝贵意见，谨致谢忱。在论文撰写过程中，诸位作者知识背景不同，对相关问题的认识也有所差异，故而碰撞出许多“火花”。这些差异在文中也有所体现。我们希望本文能为“殷遗民”研究提供一个新的基点。我们期待未来能继续并深入此课题，开展实证研究。

附表 “殷遗民”考古学研究大事表（截至2022年9月）

第一阶段，约是20世纪50年代初～80年代末。这一阶段学者开始注意到这类遗存集中在葬俗上的特殊性。从数量上看，此时被认为是殷遗民遗存的遗迹较少

时间	事件
1952年秋季	在洛阳东郊发掘的20座“殷人墓”
1953年	在洛阳白马寺东侧荣校发掘5座西周墓，简报中认为墓主人可能是殷遗民的后裔
1953～1954年	在普渡村发掘西周墓2座，发掘者注意到两座墓葬有腰坑，是值得注意的，这是陕西境内第一次“发现了河南殷墓所常见的腰坑”。2022年胡子尧先生提出此是商系墓
1967、1972年	在灵台白草坡发掘西周墓9座，发掘者提出墓主应是𨞬伯与潶伯，而潶伯一族是殷的权贵，该墓地与分封迁徙存在联系
1976年	在扶风庄白发现庄白一号窖藏，窖藏中的铜器属于微氏家族，微氏家族应是殷遗民
1981年	1973～1974年在配合洛阳铁路中学基建时，发掘一批墓葬和房址、窖穴（灰坑）、祭祀坑，还有与铸铜有关的遗存。1981年简报中认为部分墓葬中的陶器及人殉、人祭有殷代遗风，墓主可能是殷遗民，青铜器作坊则是在西周王朝控制下，由“拐道墓”墓主殷代旧贵族后裔掌管
1983年	在洛阳老城东关清理5座西周墓，发掘者认为是殷遗民墓葬

第二阶段，约是20世纪90年代初～21世纪初（约截至2002年底）。这一阶段人们将具有某些特定文化因素的遗迹认定为与殷遗民有关，在范围上、数量上均大幅度增加

时间	事件
1988～1989年	在洛阳北窑遗址发掘有11座西周墓，其中5座有腰坑。1991年年鉴中发掘者认为墓主可能是殷遗民
1991年	在洛阳东郊洛阳铁路分局和洛阳林校基建中发掘2座西周墓，发掘者认为其存在殷商习俗
1991年	1991年在岐山周公庙北郭乡发现铜斝、戈，铜斝上有铭文“亚𨙶其”，简报中认为“亚𨙶其”家族青铜器出现在岐山周公庙一带的原因是殷商贵族人才被周人笼络，服务于新统治者

续表

第二阶段，约是 20 世纪 90 年代初～21 世纪初（约截至 2002 年底）。这一阶段人们将具有某些特定文化因素的遗迹认定为与殷遗民有关，在范围上、数量上均大幅度增加

时间	事件
1992、1994 年	1988～1990 年在临淄后李遗址包含有商周时期遗存。1992、1994 年的简报中指出后李遗址包含有商文化、周文化因素，以土著文化因素为主
1993 年	1989 年，在章丘宁家埠中发现有商周时期遗存，其中 1 座西周墓中腰坑殉狗。1993 年简报中认为这里至少包含了商、周和土著三种文化因素
1995 年	1971、1991 年在泾阳高家堡共发掘 6 座西周墓，其中 5 座有腰坑。1995 年报告出版时，发掘者认为墓主是戈人，来自东方，原居豫西，后迁居泾阳，有殷人遗风
1995 年	1973～1977 年在房山琉璃河发掘有西周城址和墓葬。1995 年报告中指出 I 区 32 座墓在葬俗与陶器组合上看，可能是殷遗民，也可能是与是商王朝有密切联系的生活在当地的燕人
1998 年	1972 年在洛阳东郊机车工厂托儿所建设中发掘西周墓 1 座，编号 M13。1998 年简报中认为该墓主人是西周初年的殷遗民
1999 年	1993～1997 年在邢台葛家庄发掘西周墓葬 230 座，车马坑 28 座，其中有的墓有腰坑殉狗的现象。1999 年简报中发掘者认为存在当地商人遗民文化因素。同时，在邢台南小汪、古鲁营等遗址也发现具有殷遗民文化因素的遗存
2000 年	1997 年开始在鹿邑太清宫发掘 1 座大型墓葬。2000 年报告中认为墓葬是长子口，长子口是殷遗民
2000 年	1998 年在洛阳五女冢村东发掘 2 座西周墓。2000 年简报中认为墓主可能是殷遗民或殷人后裔
2001 年	1982 年顺义牛栏山发现一批铜器，应出自墓葬，铜器铭文中有族徽"亚羍侯"。2001 年任伟先生指出可能是殷遗民

第三阶段，约是 21 世纪初至今。被认定是"殷遗民"类遗存的数量呈井喷式增长，范围也遍及全国。"殷遗民"有逐渐扩大的趋势，出现"商系"这一更泛化的概念

时间	事件
2003 年	在洛阳东车站发掘的 M566、M567、M568，简报中认为墓主是殷遗民
2004 年	2002 年在洛阳唐城花园发掘的 C3M417。2004 年简报中发掘者认为是殷遗民墓
2006 年	2003 年旬邑下魏洛发掘 1 座西周墓，发掘者认为墓主人应为殷族，是周初的殷遗民
2006 年	2001～2005 年在湖南宁乡发掘了炭河里西周城址与墓葬。发掘者之一的向桃初先生在 2006 年指出湘江流域出土的大量商周铜器与商末周初殷遗民南下有关，而炭河里西周城址是研究这一问题的重要突破
2006 年	2001、2014 年在华县东阳发掘了一批西周居址和墓地。2006 年报告出版时发掘者提出在东阳周墓中广泛使用的人殉、人牲现象，应是商文化遗风，东阳周墓中有属于商遗民的墓主
2006 年	2004 年在洛阳王城大道西小屯村东南发掘西周墓 C1M8307。2006 年简报中认为墓主是殷遗民
2007 年	2002 年在洛阳唐城花园发掘的 C3M434。2007 年简报中发掘者认为是殷遗民墓
2008 年	1978 年西安袁家崖发掘 1 座墓葬，发掘者认为时代是商代晚期。2008 年雷兴山先生认为该墓是西周初期殷遗民墓
2009 年	平凉庙庄 M1、M2 两座西周早期墓，有腰坑、殉人。2009 年路国权先生认为这可能是殷遗民墓
2009 年	1981～2004 年在滕州前掌大发掘了众多商周时期墓葬与遗址，其人群可能是"史"族。2009 年朱凤瀚先生指出滕州前掌大在进入西周后，"是商遗民上层"

第三阶段，约是 21 世纪初至今。被认定是"殷遗民"类遗存的数量呈井喷式增长，范围也遍及全国。"殷遗民"有逐渐扩大的趋势，出现"商系"这一更泛化的概念

时间	事件
2009 年	2009 年左右马赛先生在其博士论文及后续的研究中，认为周原遗址存在一批与殷遗民有关的遗存，这是针对周原遗址一次大规模地将考古发现与殷遗民相联系的工作； 1957 年扶风上康村发掘的西周墓葬 5 座； 1962 在扶风齐家村发掘有西周时期居住遗迹和墓葬，2010 年马赛先生认为这些遗存的背后很可能是灭商以后迁居到周原的广义的殷遗民。而广义殷遗民是指"既包括当时商王族被分到各地的所谓殷遗民，也包括当时商的方国中被分封至此或投奔周人的整个商文化圈内东方族系的广义殷遗民"； 1960 年在扶风、岐山两县北部的调查中发现了西周时期的居址与墓葬区，在扶风白家北壕、齐家谷场边、齐家东壕一带清理西周墓葬 29 座。其中部分是殷遗民墓； 1960～1962 年在礼村北发掘 8 座西周墓与居址，其中部分可能与殷遗民有关； 1975 年扶风召李村发掘西周墓 1 座； 1975 年在扶风庄白西南发掘的 1 座西周墓，即伯戏墓； 1976 年在庄白村西南发掘的庄白 M8，带腰坑，俯身葬； 1976 年在扶风云塘发掘的 19 座西周墓，其中部被认为是殷遗民墓； 1976～1996 年在扶风黄堆墓地发掘了 41 座西周墓，其中 92M25、92M39、92M45、95M57、95M63、95M32、95M60、92M34、92M40、95M28、95M51、92M40、95M63、80M3、80M1、马坑 80M7 雷兴山、蔡宁先生亦认为是殷遗民墓葬； 1976～1978 年在岐山贺家、礼村一带发掘西周墓葬 57 座，车马坑 4 座，灰坑 2 个。其中有部分墓葬被认为是殷遗民墓； 1977 年扶风刘家发掘刘家一号墓，刘家二号墓，有腰坑； 1977～1978 年在岐山双庵清理了 10 个西周灰坑，31 座西周墓葬。其中部分被认为是殷遗民墓； 1978 年发掘了扶风齐家村东壕清理了三十座西周墓，其中 19 号墓发布了正式简报，是殷遗民墓； 1981 年在扶风强家发掘的 1 座西周墓； 1989 年发掘了扶风齐家村东北土壕发现墓葬 12 座，清理 8 座，其中有殷遗民墓； 1991 年发掘的扶风齐家村东 M5； 1999 年在扶风齐家村东发掘的 96 座西周墓，其中有殷遗民墓； 2002 年在扶风齐家村北发掘 39 座西周墓、在礼村北发掘 5 座西周墓。其中有殷遗民墓； 2003～2004 年在扶风庄李西发掘一处铸铜遗址，发掘遗迹有灰坑与墓葬，其中部分有腰坑、殉狗、殉人的墓葬被认为是殷遗民墓或商系墓
2018 年	2012 年在周原遗址东部边缘姚家、许家发掘了一批墓葬和居址区。在 2018 年出版的发掘报告中，发掘者便判断姚家墓地南区墓葬族属是殷遗民。同时发掘者判断姚家墓地与许家北区居址区，应是同一人群的墓葬区与居住区
2016、2019 年	2014～2015 年在岐山贺家村一带勘探和发掘了夯土基址、墓地、车马坑、水网系统等。发掘者提出贺家北的 M28、M29、M30 墓地均有腰坑，应是殷遗民墓葬，其中 2014 年发掘的 20 座墓葬中有 16 座带腰坑，并由此推测贺家北在西周晚期是殷遗民的集中居住区
2010 年	1980～1989 年在发掘天马-曲村中，K4 墓区有腰坑墓，头向西。2010 年谢尧亭先生提出应是殷遗民墓葬
2010 年	2003 年在浮山桥北发掘商周墓葬 31 座。2010 年谢尧亭先生指出其文化面貌多与殷文化相似
2011 年	2007～2011 年发掘的翼城大河口墓地，2004～2007 年发掘的绛县横水墓地，被认为是"怀姓九宗"中的两支，胡子尧先生将其归属于商系墓

续表

第三阶段，约是 21 世纪初至今。被认定是"殷遗民"类遗存的数量呈井喷式增长，范围也遍及全国。"殷遗民"有逐渐扩大的趋势，出现"商系"这一更泛化的概念

时间	事件
2011 年	1975 年在昌平白浮发掘 3 座西周墓，其中 M2、M3 墓地均有腰坑殉狗。2011 年韩建业先生认为 M2 属商遗民性质的燕国墓葬。2020 年杨博先生认为白浮墓葬是包括殷遗民在内之广义商人集团
2011 年	1976 年在岐山凤雏发掘了凤雏甲组建筑基址。2011 年徐良高先生认为凤雏建筑群的主人可能是生活在周原的商贵族的后裔
2011 年	2011 年发掘的随州叶家山 M1，墓底腰坑殉狗。2011 年朱凤瀚先生认为叶家山 M1 墓主可能是商遗民
2011 年	2006 年在唐县南放水发现了夏、西周、东周三个时期遗存，清理了灰坑、墓葬、灶坑、灰沟等遗迹。2011 年报告中认为遗址中的商文化因素与商遗民有关

在马赛先生博士毕业论文完成之后，周原遗址的考古工作便直接在简报或报告中开始涉及殷遗民了

时间	事件
2011 年	2010、2011 年清水李崖遗址发掘的西周墓，出土了一批"商式风格陶器"，发掘者认为秦族、秦文化是东来的，早期秦文化与商文化有着某种渊源关系
2012 年	1989 年在山东滕州庄里西清理了 7 座西周墓，其中 M7 出土有滕侯诸器，有的墓葬底部有腰坑殉狗现象。2012 年简报中认为 89M7 的墓主人很可能是殷民
2013 年	梁云先生认为泾河上游一批墓葬是殷遗民遗存：1976 年灵台郑家洼发掘西周墓 1 座；1981 年庆阳韩家滩庙嘴发掘 1 座西周墓葬，发掘者指出这座墓葬的形制、葬俗与灵台白草坡发现的西周墓基本一致，并有在腰坑内殉狗的习俗；1981 年固原孙家庄林场发掘西周墓 1 座、车马坑 1 座；1983 年灵台崖湾发掘 1 座西周墓，出土"并伯"铜甗；1985 年宁县焦村发掘 1 座西周墓
2006、2014 年	2006 年张应桥先生整理了洛阳地区已发掘的殷遗民墓葬，大约 300 余座，主要分布在洛阳老城西郊、瀍河两岸的西周铸铜遗址、中州路西工段、洛阳东站至白马寺车站一带。2014 年高振龙先生专门研究了西周时期洛阳地区的殷遗民墓葬。因此 2006 年和 2014 年左右是又一次大规模地将洛阳地区考古发现与殷遗民相联系的时期。在简报已指出墓葬是殷遗民墓之外，2014 年高振龙先生又认为如下一批墓葬是殷遗民墓：1954 年在洛阳中州路西工段发掘西周墓 10 座，其中 M123、M211、M640、M816、M327、M354 有腰坑；1955 年在洛阳王城公园内 T203 墙基下发现 1 座西周墓葬；1959 年洛阳的郑州铁路局钢铁厂工地清理 1 座西周墓；1971 年在洛阳北窑村南发现 1 座西周墓，发掘者认为"登"是墓主；1975～1979 年在洛阳北窑西周铸铜遗址发掘中，发掘了四五十座西周墓，资料未全部公布；1987 年在洛阳铜加工厂家属楼发掘洛阳瀍滨 AM21；2003 年在洛阳瀍河东岸中窑村住宅楼基建中，发掘 C3M575；2004 年在涧河东岸盛世唐庄第三期工程项目时，发掘西周墓 1 座（C1M8633）；2004～2006 年在洛阳瞿家屯发掘了 20 座西周墓；2007 年在洛阳老城北大街发掘 1 座西周墓；2007 年在洛阳汉魏故城发掘西周墓 9 座，发表了 M175 的简报
2015 年	2003～2004 年凤翔孙家南头发掘了 35 座西周墓，发掘者注意到墓地腰坑的情况，认为这可能是周人灭商后，在与殷商移民不断的交往过程中，不同程度地吸收了其墓底设腰坑的习俗。正式报告于 2015 年出版
2015 年	2008 年在怀宁县孙家城发掘西周早期大型灰坑 H29，出土陶器群面貌呈现出商文化与本地文化相融合的特征。2015 年简报中认为与西周早期迁来此地的殷遗民有关
2015 年	2011 年在洛阳铁道·龙锦嘉园发掘一批西周墓葬。2015 年简报中认为其中 5 座有腰坑的墓是殷遗民墓葬

第三阶段，约是 21 世纪初至今。被认定是"殷遗民"类遗存的数量呈井喷式增长，范围也遍及全国。"殷遗民"有逐渐扩大的趋势，出现"商系"这一更泛化的概念

时间	事件
2015 年	张礼艳先生提出沣西 C 区的人群主体可以看作是西周时期生活在丰镐地区的殷遗民。沣西 D 区、沣西 E 区以及沣东 C 区从整体上看是殷遗民墓的可能性较大。不排除整个沣东地区均是殷遗民墓葬的可能性
2016 年	2001～2004 年在三门峡市李家窑遗址发掘有西周墓葬和居址。2016 年刘桂君先生指出其中 M24、M26 的族属应为殷遗民
2016 年	2003～2004 年在安阳孝民屯遗址发掘了 9 座西周墓，其中 5 座有腰坑。2014 年简报中指出"究竟是来到殷墟的周人采用了殷人的习俗，还是被周人管辖的殷遗民采用了殷人的习俗，尚难以判断。"发掘者也指出孝民屯铸铜作坊与孝民屯墓地存在共时性，可能相互关联。刘家庄北地西周墓地也紧邻另一个铸铜作坊——苗圃北地。2016 年胡洪琼、何毓灵认为孝民屯几座西周墓可能是殷遗民墓
2016 年	2004～2005 年在平顶山蒲城店发掘龙山—汉代遗存，其中有西周时期房址、墓葬和灰坑。2016 年简报中指出蒲城店遗址西周遗存商文化因素器物最多，推测这批遗存可能是殷商文化在西周时期的延续
2016 年	2007 年在温县徐堡发掘了 9 座两周时期墓葬，其中西周墓 3 座。2016 年简报中认为此地居民以殷商族群为主
2016 年	2014 年在岐山凤雏发掘了凤雏三号建筑基址。2016 年孙庆伟先生认为此建筑是西周时期居住在周原地区殷遗民所建的亳社
2017 年	1988 年安阳刘家庄北地抗震大楼发掘一批商周墓葬，其中 26 座为西周时期，发掘者认为 26 座西周墓是周人墓葬。2017 年杨广帅先生则认为刘家庄北地（抗震大楼）西周墓地的人群主体应是殷遗民
2017 年	2005～2006 年在温县陈家沟发掘西周墓葬 12 座，其中 M32 有腰坑殉狗现象。2017 年杨广帅先生推测这可能是殷民后裔的一个小型墓地
2017 年	2005～2007 年安阳小司空南地发掘西周墓 21 座。发掘报告执笔者之一杨广帅先生 2017 年推测小司空南墓地中有较多墓葬可归为殷遗民墓葬，但不排除部分为周人墓或者已被周人同化的殷遗民墓
2017 年	2007 年在长安贾里村发掘一处西周遗址，发现有灰坑、陶窑和墓葬，居址与墓葬共处。2017 年报告出版时，发掘者推测这是安置殷商移民的居民点
2018 年	1977～1978 年发掘曲阜鲁国故城，发掘者指出其中甲组墓的作风与乙组墓有别，不是周人墓，可能是当地原有住民的墓葬。2018 年蔡宁、雷兴山先生则认为鲁故城中"居葬合一"形态对应的族属应为广义的殷遗民
2018 年	2005 年在荥阳西司马发掘一处墓地。对于中部偏西 82 座墓的族属，2018 年郝红星、于宏伟先生提出墓主是殷人，在进入西周后，身份转变为殷遗民。张家强、蔡宁、雷兴山，陈翔等先生认为墓主是殷遗民
2019 年	1982～1983 年在满城要庄发掘了房址、灰坑、墓葬等遗迹。2019 年冉宏林提出可判断为殷遗民墓
2019 年	2005 年开始在荥阳娘娘寨发掘城址与 19 座西周时期墓葬。2019 年张家强、王源、雷兴山先生认为娘娘寨城内、城外墓葬特征有别，城内墓葬族属为殷遗民，城外墓葬族属为周系族群
2020 年	2002 年在临汾庞杜发掘一处商周墓地，清理墓葬 4 座，出土息父乙册簋。2020 年韩炳华先生指出"息"是被迁徙到此处的一支殷遗民

续表

第三阶段，约是 21 世纪初至今。被认定是"殷遗民"类遗存的数量呈井喷式增长，范围也遍及全国。"殷遗民"有逐渐扩大的趋势，出现"商系"这一更泛化的概念

时间	事件
2020 年	2018 年在北京大兴旧宫发掘了一处西周早中期的小型聚落遗址。2020 年简报中认为 M8 的墓主是殷遗民，此地也存在殷遗民文化
2020 年	2017～2020 年彭阳姚河塬发掘一处大型西周聚落，包括了城址与墓葬。发掘者认为殷遗民是姚河塬城址的居民主体，城内有殷遗民，高等级墓地人群的族属可能属殷遗民。是西周早期迁到西北地区的殷遗民旧族，被周王分封为获侯建立封国，为周王朝戍边保西陲
2020 年	2004 年开始在邳州梁王城遗址发掘一批西周墓葬，发掘者认为梁王城遗址西周墓葬是殷遗民墓葬。2020 年李宏飞先生还认为铜山丘湾社祀遗迹可以具备西周殷遗文化背景
2020 年	1981 年在沣东花园村北、普渡村西发掘西周墓 12 座，朱凤瀚先生通过讨论出土铜器铭文认为其墓主可能是商遗民
2021 年	2018 年宁县遇村发掘了遇村遗址与石家墓地，发掘者认为遇村西周墓 M5 墓主可能是殷遗民，该遗址中也存在西周统治者从东方迁来戍边的殷遗民
2021 年	2020 年在三门峡渑池县鹿寺村西的台地上，发掘西周墓葬 57 座，发掘者认为这批墓葬是西周殷遗民墓葬
2021 年	1980～1981 年在临淄东古发掘一处墓地，其中 M1019 腰坑殉狗。2016 年又发掘西周墓 M4040。2021 年简报中认为墓主是殷遗民
2021 年	2017 年开始，对鹤壁辛村重启发掘工作，发现了有关殷遗民的遗存。2021 年报道中认为"该发掘区域居葬一体，墓葬多有腰坑、殉狗，出土器物组合以'鬲＋簋＋罐'为主，具有浓厚的商代风格，属于一处殷遗民居住地"
2022 年	1953 年洛阳东郊车站清理 2 座西周墓，均有腰坑殉狗。2022 年张博、刘余力先生提出是殷遗民墓。胡子尧先生在其博士学位论文中认为丰镐遗址的一大批墓葬属于"商系墓"：1954 年在普渡村发掘的 1 座西周墓，即长由墓；1955～1956 年在张家村东南发掘了 5 座墓，其中的 M2、M3；1955～1957 年在沣西发掘的 182 座西周时期墓中的部分墓葬；1960 年秋季在张家坡发掘墓葬 4 座，其中的 M101、M201；1961～1962 年沣西发掘的西周墓 31 座中的部分墓葬；1963 年在马王村发现的西周残墓 1 座；1964 年在张家坡东北发掘的 1 座西周墓；1967 年在张家坡发掘了一批西周墓葬，当时发掘者没有提出此为殷遗民墓。胡子尧先生提出沣西 A 区西区的 67SCCM110、M113、M106、M107、M108、M109、M114、M115、M127、M131、M132、M133、M134、M135、M136、M137、M138、M143、M145 是商系墓；1976～1978 年在沣西客省庄、张家坡西南、张家坡东南发掘的墓葬 11 座中的部分；1979～1981 年在张家坡发现西周墓 8 座、新旺村西南发现西周墓 5 座，其中部分被认为是商系墓；1982 年在沣西新旺村发掘的西周墓 1 座；1983 年在沣河毛纺厂发掘西周墓 4 座，客省庄发掘残墓 1 座，其中有商系墓；1983～1986 年发掘了沣西张家坡西周墓地，其中张家坡沣西 A 区北区的 M347、M398、M384、M385、M390、M392、M393、M394、M395、M396、M397、M294、M323、M376、M362、M378、M379、M368、M370、M299、M300、M321、M322、M324、M325、M290、M326、M327、M334、M335、M245、M266、M235、M158、M159、M160、M161、M163、M166、M167、M173、M176、M214，张家坡南区的 M21、M35、M76、M77、M80、M82、M83、M12、M13，沣西 A 区南区的 M21、M35、M76、M77、M80、M82、M83、M12、M13 是商系墓葬；1984～1985 年在沣西发掘了西周墓 44 座，位于张家坡、客省庄、马王村等地，其中部分被认为是商系墓；1984 年在普渡村发掘西周墓葬 44 座，其中部分被认为是商系墓；1985、1986 年在花园村发掘西周墓葬 6 座，其中部分被认为是商系墓；1987、1991 年张家坡发

续表

第三阶段，约是 21 世纪初至今。被认定是"殷遗民"类遗存的数量呈井喷式增长，范围也遍及全国。"殷遗民"有逐渐扩大的趋势，出现"商系"这一更泛化的概念

时间	事件
2022 年	掘一批墓葬和居址，其中部分被认为是商系墓；1992 年在马王村发现墓葬 22 座，其中部分被认为是商系墓；1997～1998 年在大原村发掘的 97SCDM1、M2、M3、98SCDM4；1997 年沣西发掘后，发掘者指出可能存在周人迁徙商人到周人的根据地的情况；2019～2020 年在大原村西南发掘 2 座西周墓，发掘者认为墓葬中存在周戎殷等多种文化因素，胡子尧先生认为此是商系墓
2022 年	胡子尧先生 2022 年的博士学位论文中，还列举了其他地区诸多他认为是商系墓的遗存：1959 年在磁县岳城水库上潘汪村发现有西周时期灰坑、居住址、铜镞范和 2 座西周墓葬，墓底有腰坑；1969 年烟台上夼村发掘 1 座西周墓，墓底有腰坑殉狗；1974 年在莱阳前河前发掘西周墓 1 座，1975 年又发掘了一次，清理有灰坑、车马坑和 5 座墓葬，腰坑殉狗，出土铜器铭文有"𣄉侯"。发掘者认为属于本地莱夷系统；1976 年在新郑唐户发掘一批两周墓葬，其中西周墓葬 12 座；1976 年在襄县霍庄发掘西周墓 1 座，墓底有腰坑殉狗；1977 年铜川王家河发掘一批墓葬，其中西周墓 11 座；1977 年在昌乐岳家河发掘 57 座墓，其中 23 座有腰坑，发掘者认为其可能反映了当时人们的丧葬观念和族属等问题；1978 年在长安河迪村发掘的西周墓葬 1 座；1979 年扶风任家发掘 3 座西周晚期小型墓；1980 年扶风刘村发掘西周残墓 1 座（80 刘 M2）；1980 年淳化史家塬发掘 1 座西周墓；1981～1983 年在琉璃河发掘西周墓 121 座，有些墓的填土中有狗骨架，墓底有腰坑；1982～1983 年至今陆续发掘的甘谷毛家坪遗址中，胡子尧认为 M4 墓主是商系人群；1982～1986 年崇信于家湾发掘商周墓葬 138 座，其中 M34、M66；1983 年铜川王家河炭窑沟发掘 1 座西周墓；1985～1986 年发掘广饶五村遗址，其中发掘有商周时期墓葬 9 座；1986 年在黄县周家村清理 2 座西周墓，发掘者指出这体现了胶东沿海土著文化与周人文化的交流融合；1987 年在鹿邑栾台发掘一批西周遗存，墓葬皆为单人仰身直肢葬，流行腰坑；1991 年陇县店子村发掘 4 座西周墓，发掘者认为是矢国人墓葬，胡子尧认为是商系墓；1992～1995 年在辉县孟庄发掘的 21 座西周墓；1995 年在长清仙人台发掘两周墓葬 6 座，发掘者认为是邿国墓地，墓地年代从西周晚期至春秋时期，属于东夷族群，存在腰坑殉狗现象；1995 年在琉璃河墓葬区发掘了一批墓葬和灰坑，其中 M2、M3 有腰坑殉狗和殉人，发掘者认为墓地的主人可能并非殷遗，而属周系统的燕人。胡子尧认为属于商系墓；1997 年在房山琉璃河遗址发掘一批墓葬，97LF11M3 有腰坑殉狗、97LF13M4 有殉狗；2001 年在沂源姑子坪发掘一批周代墓葬，发掘者认为属于东夷古国，有明显的莒文化或土著文化特点；2003～2005 年在郑韩故城兴弘花园与热电厂墓地发掘的 13 座西周晚期墓中，被认为有商系墓；2005 年发掘的礼县西山墓葬中，部分被认为是商系人群；2007 年在即墨北阡的周代遗存发现有灰坑、沟和 1 座墓葬，墓底腰坑殉狗
2022 年	2002 年在洛阳唐城花园建设项目中，发掘一批西周墓，发布了 C3M521、C3M433、C3M451 的简报。2022 年简报中认为是殷遗（移）民墓
2022 年	2011 年在洛阳市东郊帽郭村发掘西周墓 C5M1981。2022 年简报中认为墓主是殷遗民

注　释

［1］ 郭宝钧、林寿晋：《一九五二年秋季洛阳东郊发掘报告》，《考古学报》（第 9 册），科学出版社，1955 年。

［2］ 胡谦盈：《关于"殷人墓"的商榷》，《考古通讯》1956 年第 3 期。

［3］ 山东省文物考古研究所、山东省博物馆、济宁地区文物组等：《曲阜鲁国故城》，齐鲁书社，1982 年，第 214 页。

［ 4 ］ 北京市文物研究所：《琉璃河西周燕国墓地（1973～1977）》，文物出版社，1995 年，第 251 页。

［ 5 ］ 河南省文物考古研究所、周口市文化局：《鹿邑太清宫长子口墓》，中州古籍出版社，2000 年，第 210 页。

［ 6 ］ 雷兴山、王洋、种建荣：《西周殷遗民族属判断标准简论》，《考古学研究》（十三），科学出版社，2022 年，第 361～370 页。

［ 7 ］ 马赛：《聚落与社会——商周时期周原遗址的考古学研究》，北京大学博士研究生学位论文，2009 年，第 88～117 页；马赛：《周原遗址西周时期人群构成情况研究——以墓葬材料为中心》，《古代文明》，2010 年，第 138～158 页；马赛：《试论商周时期关中地区的人群构成——以墓葬材料为中心》，《考古与文物》2022 年第 4 期。

［ 8 ］ 张应桥：《河南地区西周墓葬研究》，郑州大学博士研究生学位论文，2006 年，第 73 页；高振龙：《洛阳西周时期殷遗民墓葬的考古学观察》，中国社会科学院研究生院硕士研究生学位论文，2014 年。

［ 9 ］ 胡子尧：《西周时期商系墓葬研究》，吉林大学博士研究生学位论文，2022 年，第 21～27 页。

［10］ 王承祒：《周代社会史试论》，《文史哲》1953 年第 1 期。

［11］ 张懋镕：《周人不用日名说》，《历史研究》1993 年第 5 期。

［12］ 郭沫若：《殷周青铜器铭文研究》，人民出版社，1954 年，第 1～10 页。

［13］ 张懋镕：《周人不用族徽说》，《考古》1995 年第 9 期；张懋镕：《再论"周人不用族徽说"》，《古文字学论稿》，安徽大学出版社，2008 年，第 114～118 页；张懋镕：《周人不用族徽、日名说的考古学证明》，《青铜器与金文》（第 1 辑），上海古籍出版社，2017 年，第 238～260 页。

［14］ 韩巍：《西周金文世族研究》，北京大学博士研究生学位论文，2007 年，第 116～118 页。

［15］ 苏秉琦：《从楚文化探索中提出的问题》，《历史教学问题》1982 年第 1 期。

［16］ 王洋、雷兴山：《论铜罍和陶罍》，《江汉考古》2021 年第 6 期。

［17］ 李宏飞：《小议两种商系绳纹》，《考古与文物》2018 年第 1 期。

［18］ 李宏飞：《商末周初文化变迁的考古学研究》，文物出版社，2021 年，第 66、67 页。

［19］ 唐际根、汪涛：《殷墟第四期文化年代辨微》，《考古学集刊》（第 15 集），文物出版社，2004 年。

［20］ 康石磊：《殷墟仿铜陶礼器研究》，陕西师范大学硕士研究生学位论文，2013 年，第 55 页。

［21］ 张恒：《西周仿铜陶礼器墓研究》，山西大学硕士研究生学位论文，2017 年，第 47 页。

［22］ 张昌平：《叶家山墓地相关问题》，《随州叶家山——西周早期曾国墓地》，文物出版社，2013 年，第 281 页。

［23］〔日〕白川静：《周初殷人之活动》，《日本学者研究中国史论著选译》（第三卷·上古秦汉），中华书局，1993 年。

［24］ 李宏飞：《试论殷遗系铜器群》，《考古学报》2022 年第 2 期。

［25］ 聂振阁：《夏商西周时期铅锡器研究》，河南大学硕士研究生学位论文，2019 年，第 26～33、79～86 页。

［26］ 邰向平：《商墓中的毁器习俗与明器化现象》，《考古与文物》2010 年第 1 期。

［27］ 杨锡璋：《殷人尊东北方位》，《庆祝苏秉琦考古五十五年论文集》，文物出版社，1989 年；朱彦民：《殷人尊东北方位说补正》，《中原文物》2003 年第 6 期。

［28］ 邰向平：《商系墓葬研究》，科学出版社，2011 年，第 85～88 页。

［29］张明东：《商周墓葬比较研究》，中国社会科学出版社，2016年，第162、163页。

［30］梁思永、高去寻：《侯家庄第二本·1001号大墓》（上），"中央研究院"历史语言研究所，1962年，第31页。

［31］相关讨论丰富且热烈。参见张燕：《商周腰坑墓比较研究》，山西大学硕士研究生学位论文，2019年，第1～4页。

［32］岳洪彬：《再论商代的"黄泉观念"——从殷墟王陵和水井深度的比较得来的启示》，《中原文物》2018年第5期。

［33］张懋镕：《西周早期铜器墓的分类与族属——兼论"分器"现象》，《黄河文明与可持续发展》（第12辑），河南大学出版社，2017年；李宏飞：《商末周初文化变迁的考古学研究》，文物出版社，2021年，第66页；雷兴山、王洋、种建荣：《西周殷遗民族属判断标准简论》，《考古学研究》（十三），2022年，第361～370页。

［34］种建荣、张天宇、雷兴山：《晚商与西周时期墓道形制初识》，《江汉考古》2018年第1期。

［35］胡子尧：《西周时期商系墓葬研究》，吉林大学博士研究生学位论文，2022年，第16页。

［36］黄展岳：《古代人牲人殉通论》，文物出版社，2004年。

［37］雷兴山、王洋、种建荣：《西周殷遗民族属判断标准简论》，《考古学研究》（十三），科学出版社，2022年，第361～370页。

［38］韩巍：《西周墓葬的殉人与殉牲》，北京大学硕士研究生学位论文，2003年，第51～53页。

［39］刘一婷、雷兴山：《商系墓葬用牲初探》，《考古》2020年第3期。

［40］印群：《谈琉璃河遗址殷遗民墓之随葬车马坑》，《三代考古》（四），科学出版社，2011年，第375～382页；刘婷、梁云：《秦人车马殉葬方式及其渊源》，《秦始皇陵博物院（2015）》，陕西师范大学出版总社，2015年，第164～174页。

［41］邰向平：《略论商周青铜弓形器的形制演变》，《华夏考古》2007年第1期；王鹏：《关于弓形器的用途和定名问题》，《南方文物》2021年第5期；邹衡：《夏商周考古学论文集》，文物出版社，1980年，第323页。

［42］郭宝钧：《商周铜器群综合研究》，文物出版社，1981年，第62页。

［43］刘逸鑫：《出土日名青铜器所见周初殷遗政策》，《四川文物》2020年第5期。

［44］王洋：《论西周的商、周两系陶器组合》，《三代考古》（九），科学出版社，2021年，第415～430页。

［45］种建荣：《周原遗址姚家墓地结构分析》，《华夏考古》2018年第5期；王洋：《论西周的商、周两系陶器组合》，《三代考古》（九），科学出版社，2021年，第415～417页。

［46］杨博：《西周初期墓葬铜礼器器用区位研究——以随州叶家山为中心》，《江汉考古》2020年第2期。

［47］杨博：《殷墟青铜容礼器的器用组合与区位特征》，《中国历史研究院集刊（2020年第2辑）》（总第2辑），社会科学文献出版社，2020年，第1～56页；杨博：《商周蜀地青铜尊、罍器用相关问题考述》，《四川文物》2021年第3期。

［48］印群：《论琉璃河遗址殷遗民墓的陶簋——兼谈该遗址殷遗民文化因素之消长》，《考古学集刊》（第18集），科学出版社，2010年，第155～168页；冉宏林：《西周墓葬的陶簋与殷遗民——以琉璃河墓葬为主》，《四川文物》2019年第1期；李宏飞：《商末周初文化变迁的考古学研

究》，文物出版社，2021 年，第 66、67 页。

［49］ 任昳霏：《商周骨笄研究》，中央民族大学博士研究生学位论文，2013 年。

［50］ 陈翔：《殷墟骨笄的种类、源流与功能》，《考古》2022 年第 1 期。

［51］ 王文轩、张闻捷：《砂石器与平首石圭——兼论商周之际石质丧葬礼器的变革》，《故宫博物院院刊》2023 年第 1 期。

［52］ 最近还有学者从人骨的角度探索商周族群体质差异。参见李楠、何嘉宁、李钊、孙晨曦：《从周原遗址齐家村东墓地颅骨看商周两族体质差异》，《华夏考古》2022 年第 3 期。

［53］ 雷兴山、王洋、种建荣：《西周殷遗民族属判断标准简论》，《考古学研究》（十三），科学出版社，2022 年，第 367 页。

［54］ 杨广帅：《试析几处西周墓地中的殷周杂处》，《黄河·黄土·黄种人》2020 年第 12 期。

［55］ 王洋：《西周墓地结构研究》，中山大学博士研究生学位论文，2018 年，第 38～46 页。

［56］ 蔡宁：《商系墓地形态探索》，北京大学博士研究生学位论文，2020 年，第 17～88 页。

［57］ 胡子尧：《西周时期商系墓葬研究》，吉林大学博士研究生学位论文，2022 年，第 215～246 页。

［58］ 宋江宁：《对周原凤雏建筑群的新认识》，《中国国家博物馆馆刊》2016 年第 3 期。

［59］ 孙庆伟：《凤雏三号建筑基址与周代的亳社》，《中国国家博物馆馆刊》2016 年第 3 期。

［60］ 杨文昊、宋江宁：《周原遗址凤雏六号至十号基址的新认识》，《中原文物》2022 年第 6 期。

［61］ 郭沫若：《中国古代社会研究》，商务印书馆，2011 年，第 125 页。

［62］ 李民：《〈尚书〉所见殷人入周后之境遇》，《人文杂志》1984 年第 5 期。

［63］ 李亚农：《中国的奴隶制与封建制》，华东人民出版社，1954 年，第 35～41 页。

［64］ 田昌五：《古代社会断代新论》，人民出版社，1982 年，第 104 页。

［65］ 杨荣国：《种族奴隶制的殷周社会》，《新建设》1951 年第四卷第三期。

［66］ 侯绍庄、余宏模、冷天放：《论我国奴隶社会的特点》，《民族论丛》（第二辑），1982 年。

［67］ 杨善群：《西周对待殷民的政策屡析》，《人文杂志》1984 年第 5 期。

［68］ 杨朝明：《试论西周时期鲁国"殷民六族"的社会地位》，《烟台大学学报（哲学社会科学版）》1996 年第 3 期。

［69］ 朱凤瀚：《商周家族形态研究（增订本）》，天津古籍出版社，2004 年，第 314～321 页。

［70］ 杜正胜：《略论殷遗民的遭遇与地位》，《"中央研究院"历史语言研究所集刊》第五十三本第四分，1982 年，第 661～695 页。

［71］ 陈梦家：《西周文中的殷人身分》，《历史研究》1954 年第 6 期。

［72］ 彭裕商：《周初的殷代遗民》，《四川大学学报（哲学社会科学版）》2002 年第 6 期。

［73］ 牛世山：《西周时期的殷墟与周边：文化的传承与革新——附论有关殷遗民的若干问题》，《华夏考古》2017 年第 2 期。

［74］ 赵燕姣：《从微氏墙盘看殷遗民入周后的境遇》，《文博》2009 年第 1 期。

［75］ 唐兰：《略论西周微史家族窖藏铜器群的重要意义——陕西扶风新出墙盘铭文解释》，《文物》1978 年第 3 期；陕西周原考古队：《陕西扶风庄白一号西周青铜器窖藏发掘简报》，《文物》1978 年第 3 期。

［76］ 徐中舒：《西周墙盘铭文笺释》，《考古学报》1978 年第 2 期；杜正胜：《略论殷遗民的遭遇与地位》，《"中央研究院"历史语言研究所集刊》第五十三本第四分，1982 年，第 661～695

页；高明：《论墙盘铭文中的微氏家族》，《考古》2013 年第 3 期；冯时：《史墙盘铭文所见西周政治史》，"中央研究院"第四届国际汉学会议宣读论文，2012 年。

［77］ 李学勤：《论史墙盘及其意义》，《考古学报》1978 年第 2 期；刘士莪、尹盛平：《微氏家族青铜器群研究》，《西周微氏家族青铜器群研究》，文物出版社，1992 年，第 58 页。

［78］ 李亚农：《西周与东周》，上海人民出版社，1956 年，第 106 页；许兆昌：《先秦史官的制度与文化》，黑龙江人民出版社，2006 年，第 109、110 页；刘源：《周承殷制的新证据及其启示》，《历史研究》2016 年第 2 期。

［79］ 朱凤瀚：《商周家族形态研究（增订本）》，天津古籍出版社，2004 年，第 315 页。

［80］ 朱凤瀚：《商周家族形态研究（增订本）》，天津古籍出版社，2004 年，第 316～321 页。

［81］ 于省吾：《略论西周金文中的"六𠂤"和"八𠂤"及其屯田制》，《考古》1964 年第 3 期。

［82］ 相关学术观点梳理，参见商艳涛：《西周军事铭文研究》，华南理工大学出版社，2013 年，第 26～29 页。

［83］ 张懋镕：《静方鼎的史学价值》，《古文字与青铜器论集》，科学出版社，2002 年，第 42～48 页。

［84］ 雷晋豪：《西周昭王南征的重建与分析》，《文史》（二〇二二年第三辑），中华书局有限公司，2022 年，第 29 页。

［85］ Sun Zhouyong. Craft Production in the Western Zhou Dynasty 1046-771 BC. *British Archaeological Reports*, 2008.

［86］ 马赛：《试论商周时期关中地区的人群构成——以墓葬材料为中心》，《考古与文物》2022 年第 4 期。

［87］ 洛阳博物馆：《洛阳北窑村西周遗址 1974 年度发掘简报》，《文物》1981 年第 7 期；洛阳市文物工作队：《1975～1979 年洛阳北窑西周铸铜遗址的发掘》，《考古》1983 年第 5 期。

［88］ 杨伯峻更认为索氏"或云为绳索之工"，长勺氏、尾勺氏"皆为酒器之工"，陶氏"或曰陶工"，施氏"或曰为旌旗之工"，繁氏"或曰为马缨之工"，锜氏"或曰锉刀工，又曰釜工"，樊氏"或曰篱笆工"，饥氏、终葵氏"或云锥工"。参见杨伯峻：《春秋左传注》，中华书局，1981 年，第 1536～1538 页。

［89］ 傅斯年：《周东封与殷遗民》，《中央研究院历史语言研究所集刊》第四本第三分，1934 年，第 285～290 页。

［90］ 张政烺：《古代中国的十进制氏族组织》，《历史教学》1951 年第 3 期。

［91］ 〔日〕白川静：《周初殷人之活动》，《日本学者研究中国史论著选译》（卷三·上古秦汉），中华书局，1993 年，第 122～149 页。

［92］ 杜正胜：《周代封建的建立——封建与宗法（上篇）》，《"中央研究院"历史语言研究所集刊》第五十本第三分，1979 年，第 485～550 页。

［93］ 杜正胜：《略论殷遗民的遭遇与地位》，《"中央研究院"历史语言研究所集刊》第五十三本第四分，1982 年，第 661～695 页。

［94］ 王玉哲：《中华远古史》，上海人民出版社，2000 年，第 539 页。

［95］ 杨宽：《西周史》，上海人民出版社，2003 年，第 158 页。

［96］ 刘起釪：《周初八〈诰〉中所见周人控制殷人的各种措施》，《殷都学刊》1988 年第 4 期。

［97］ 朱凤瀚：《商周家族形态研究（增订本）》，天津古籍出版社，2004 年，第 261～289 页。

［98］ 宫长为、徐义华：《殷遗与殷鉴》，中国社会科学出版社，2011 年，第 162～197 页。

［99］ 杨博：《清华简〈系年〉所涉周初处置殷遗史事疏证》，《简帛研究》（二○一六·春夏卷），广西师范大学出版社，2016 年，第 36～50 页。

［100］ 尉学斌：《古书与古文字中所见周族的起源与商周关系》，四川大学硕士研究生学位论文，2003 年，第 35～43 页。

［101］ 吕观盛：《周初殷遗民管理政策研究》，广西师范大学硕士研究生学位论文，2006 年，第 20～42 页。

［102］ 曾一苇：《殷遗民政治进路考述》，天津师范大学硕士研究生学位论文，2020 年，第 21～25 页。

［103］ 杨宽：《西周史》，上海人民出版社，2016 年，第 170～174 页。

［104］ 陈立柱：《微子封建考》，《历史研究》2005 第 6 期。

［105］ 朱凤瀚：《商周家族形态研究（增订本）》，天津古籍出版社，2004 年，第 261～289 页。

［106］ 宫长为、徐义华：《殷遗与殷鉴》，中国社会科学出版社，2011 年，第 133～161 页。

［107］ 黄怀信、张懋镕、田旭东撰，黄怀信修订，李学勤审定：《逸周书汇校集注（修订本）》，上海古籍出版社，2007 年，第 518～520 页。

［108］ 张礼艳：《丰镐地区西周墓葬研究》，社会科学文献出版社，2015 年，第 4、113 页。

［109］ 杜正胜：《封建与宗法》，《"中央研究院"历史语言研究所集刊》第五十本第三分，1979 年，第 485～613 页。

［110］ 许倬云：《西周史（增补二版）》，生活·读书·新知三联书店，2018 年，第 192 页。

［111］ 马赛：《聚落与社会——商周时期周原遗址的考古学研究》，北京大学博士研究生学位论文，2009 年，第 89 页。

［112］ 马赛：《试论商周时期关中地区的人群构成——以墓葬材料为中心》，《考古与文物》2022 年第 4 期。

［113］ 胡适：《说儒》，《中央研究院历史语言研究所集刊》第四本第三分，1934 年，第 233～284 页。

［114］ 尤小立：《胡适之〈说儒〉研究史（1934～2014）：评述与展望》，《安徽史学》2017 年第 4 期。

［115］ 范文澜：《看看胡适的"历史的态度"和"科学的方法"》，《胡适思想批判（论文汇编）》（第 7 辑），生活·读书·新知三联书店，1955 年，第 277、278 页。

［116］ 徐中舒：《甲骨文中所见的儒》，《四川大学学报（哲学社会科学版）》1975 年第 4 期。

［117］ 杨向奎：《宗周社会与礼乐文明》，人民出版社，1992 年，第 417、418 页。

［118］ 王刚：《殷遗民对周初思想变迁的影响》，《殷都学刊》2014 年第 3 期。

［119］ 李亚农：《西周与东周》，上海人民出版社，1956 年，第 106 页。

［120］ 许兆昌：《先秦史官的制度与文化》，黑龙江人民出版社，2006 年，第 109、110 页。相关研究还可参见胡新生：《异姓史官与周代文化》，《历史研究》1994 年第 3 期。

［121］ 刘源：《周承殷制的新证据及其启示》，《历史研究》2016 年第 2 期。

［122］ 叶万松、余扶危：《中原地区西周陶器的初步研究》，《考古》1986 年第 12 期；刘富良：《洛阳西周陶器墓研究》，《考古与文物》1998 年第 3 期；张剑：《河南洛阳西周墓葬陶器初探》，《中原文物》1993 年第 1 期。

［123］ 张博、刘余力：《洛阳地区殷遗民墓葬探析》，《洛阳理工学院学报（社会科学版）》2022 年第

4 期。

［124］ 腾铭予：《丰镐地区西周墓葬的若干问题》，《考古学文化论集》（三），文物出版社，1993 年，第 204～229 页；李茜：《周原与丰镐西周陶器的比较研究》，北京大学硕士研究生学位论文，2006 年。

［125］ 路国权、侯纪润：《张家坡 M89 年代为西周说——论西周高领袋足鬲》，《文博》2009 年第 4 期；林森：《从张家坡墓地看西周社会基层地域组织》，《中国国家博物馆馆刊》2014 年第 7 期。

［126］ 张礼艳：《沣西地区殷遗民的社会地位及其变迁》，《考古与文物》2013 年第 2 期；刘威：《泾渭地区西周早期墓葬形态研究》，西北大学硕士研究生学位论文，2020 年。

［127］ 唐际根、汪涛：《殷墟第四期文化年代辨微》，《考古学集刊》（第 15 集），文物出版社，2004 年；何毓灵：《论殷墟遗址内西周遗存年代及相关问题》，《夏商都邑与文化（一）："夏商都邑考古暨纪念偃师商城发现 30 周年国际学术研讨会"论文集》，中国社会科学出版社，2014 年，第 297～314 页；李宏飞：《安阳地区西周时期考古学文化分期研究》，《南方文物》2014 年第 3 期；胡洪琼、何毓灵：《殷墟遗址内西周遗存分布原因管窥》，《南方文物》2016 年第 4 期；牛世山：《西周时期的殷墟与周边：文化的传承与革新——附论有关殷遗民的若干问题》，《华夏考古》2017 年第 2 期。

［128］ 井中伟：《殷墟王陵区早期盗掘坑的发生年代与背景》，《考古》2010 年第 2 期；张敏：《殷墟王陵上的晚期遗迹及早期盗掘坑年代辨析》，《中国国家博物馆馆刊》2011 年第 12 期；何毓灵：《殷墟王陵早期被盗年代研究》，《考古》2014 年第 6 期；何毓灵：《殷墟周人灭殷遗存研究》，《三代考古》（六），科学出版社，2015 年，第 287～305 页；李宏飞：《殷墟西北岗西周遗存分析》，《中国国家博物馆馆刊》2016 年第 11 期；赵俊杰：《殷墟王陵区大墓被盗年代的讨论》，《中国国家博物馆馆刊》2019 年第 1 期；牛世山：《殷墟考古三题》，《三代考古》（九），科学出版社，2021 年，第 293～298 页。

［129］ 路国权：《殷墟孝民屯东南地出土陶范年代的再认识及相关问题》，《考古》2011 年第 8 期；安阳市文物考古研究所：《河南安阳辛店商代晚期铸铜遗址 2016 年发掘简报》，《文物》2021 年第 4 期。

［130］ 张学海：《试论鲁城两周墓葬的类型、族属及其反映的问题》，《中国考古学会第四次年会论文集》，文物出版社，1985 年，第 81～97 页。李学勤先生也持类似观点。参见李学勤：《曲阜周代墓葬的两个类型》，《比较考古学随笔》，广西师范大学出版社，1997 年，第 15～20 页。

［131］ 杨锡璋：《殷墟的年代及性质问题》，《中原文物》1991 年第 1 期；魏训田：《鲁城"甲组墓"族属考》，《文物春秋》1998 年第 4 期。

［132］ 王恩田：《曲阜鲁国故城的年代及相关问题》，《考古与文物》1988 年第 2 期。

［133］ 刘绪、赵福生：《琉璃河遗址西周燕文化的新认识》，《文物》1997 年第 4 期。

［134］ 印群：《试析琉璃河遗址商代陶器分期及其殷遗民之来源》，《2004 年安阳殷商文明国际学术研讨会论文集》，社会科学文献出版社，2004 年，第 608～611 页；印群：《论琉璃河遗址殷遗民墓的陶簋——兼谈该遗址殷遗民文化因素之消长》，《考古学集刊》（第 18 集），科学出版社，2010 年，第 155～168 页；印群：《谈琉璃河遗址殷遗民墓之随葬车马坑》，《三代考古》（九），科学出版社，2011 年，第 375～382 页。

［135］ 杨勇：《琉璃河遗址"殷民墓"质疑》，《北京平谷与华夏文明：国际学术研讨会论文集》，社会科学文献出版社，2006年，第327～332页。

［136］ 苏秉琦：《晋文化研究座谈会纪要》，《苏秉琦文集》，文物出版社，2009年，第7～11页。

［137］ 张渭莲：《商周之际的文化植入与置换——以晚商王畿地区为中心》，《李下蹊华：庆祝李伯谦先生八十华诞论文集》，科学出版社，2017年，第444～454页；陈康：《周代卫国考古学文化研究——以卫地遗址和墓葬为中心》，郑州大学博士研究生学位论文，2019年，第193～199页；李首龙：《鲁北地区晚商西周时期考古学遗存研究》，吉林大学硕士研究生学位论文，2021年，第100～105页；张松林、姜楠、张文霞：《西周管邑管城与管国》，《郑州文物考古与研究》（一），科学出版社，2003年，第1495～1500页；董越：《鹿邑太清宫西周大墓墓主研究回顾和指述》，《周口师范学院学报》2016年第4期。

［138］ 刘绪：《西周疆至的考古学考察——兼及周王朝的统治方略》，《青铜器与金文》（第一辑），上海古籍出版社，2017年，第261～273页。

［139］ 李伯谦：《张家园上层类型若干问题研究》，《考古学研究》（二），北京大学出版社，1994年，第131～143页；杨建华：《燕山南北商周之际青铜器遗存的分群研究》，《考古学报》2002年第2期；张礼艳、胡保华：《北京昌平白浮西周墓族属及相关问题辨析》，《边疆考古研究》（第22辑），科学出版社，2018年，第177～190页；杨博：《白浮西周燕国墓葬的族属与礼器用》，《北方文物》2020年第4期；李宏飞：《商末周初变化变迁的考古学研究》，文物出版社，2021年，第313页。

［140］ 乌恩岳斯图：《北方草原考古学文化研究：青铜时代至早期铁器时代》，科学出版社，2007年，第252～275页。

［141］ 韩嘉谷：《燕国境内诸考古学文化的族属探索》，《北京建城3040年暨燕文明国际学术研讨会会议专辑》，北京燕山出版社，1997年，第234～251页。

［142］ 李维明：《北京昌平白浮墓地分析》，《北京文博》2000年第3期；靳枫毅、郁金城：《北京地区出土青铜器概论》，《北京文博》2002年第2期。

［143］ 唐兰：《从河南郑州出土的商代前期青铜器谈起》，《文物》1973年第7期。

［144］ 郭大顺：《试论魏营子类型》，《考古学文化论集》（一），文物出版社，1987年，第79～98页；董新林：《魏营子文化初步研究》，《考古学报》2000年第1期；徐坚：《喀左铜器群再分析：从器物学模式到行为考古学取向》，《考古与文物》2010年第4期。

［145］ 王立新、付琳：《论克什克腾旗喜鹊沟铜矿遗址及相关问题》，《考古》2015年第4期。

［146］ 曹斌：《胶东铜器与西周纪莱》，《考古》2021年第1期。

［147］ 曹斌、王晓妮：《胶东半岛西周时期遗存的文化因素分析》，《东方考古》（第13集），科学出版社，2016年，第53～63页。

［148］ 俞伟超：《铜山丘湾商代社祀遗迹的推定》，《考古》1973年第5期。

［149］ 马强：《宁夏彭阳县姚河塬西周遗址》，《考古》2021年第8期。

［150］ 王恩田：《湖南出土商周铜器与殷人南迁》，《中国考古学会第七次年会论文集》，文物出版社，1992年，第112～124页。

［151］ 〔日〕黄川田修：《宁乡炭河里周城考》，《文物春秋》2020年第2期；湖南省文物考古研究所、湖南大学岳麓书院、宁乡市文物局：《湖南宁乡市炭河里遗址钟家湾地点商周遗存发掘简

报》，《考古》2021 年第 4 期。

[152] 马江波、金正耀、范安川：《湖南宁乡县炭河里遗址出土青铜器的科学分析》，《考古》2016 年第 7 期；黎海超、崔剑锋、盛伟：《湖南宁乡炭河里与望城高砂脊出土铜器的铅同位素分析及相关问题》，《考古》2019 年第 2 期。

[153] 孙明：《湖南沩水流域出土商周青铜礼器研究》，《南方文物》2020 年第 2 期。

[154] 程平山：《蕲春毛家咀和新屋塆西周遗存性质略析》，《江汉考古》2000 年第 4 期。

[155] 李宏飞：《孙家城 H29 陶器群及相关问题》，《江汉考古》2017 年第 4 期。

[156] 李峰著、徐峰译、汤惠生校：《西周的灭亡：中国早期国家的地理和政治危机（增订本）》，上海古籍出版社，2016 年，第 67 页；牛世山：《西周时期的殷墟与周边：文化的传承与革新——附论有关殷遗民的若干问题》，《华夏考古》2017 年第 2 期；张家强：《论郑州地区商周之变》，郑州大学博士研究生学位论文，2018 年。

[157] 印群：《由墓葬制度看殷遗民文化特色嬗变之不平衡性》，《中国历史文物》2004 年第 4 期。

[158] 胡子尧：《西周时期商系墓葬研究》，吉林大学博士研究生学位论文，2022 年，第 290～309 页。

[159] 梁云：《论早期秦文化的来源与形成》，《考古学报》2017 年第 2 期。

[160] 傅斯年：《周东封与殷遗民》，《中央研究院历史语言研究所集刊》第四本第三分，1934 年，第 285～290 页。

[161] 杜正胜：《略论殷遗民的遭遇与地位》，《“中央研究院”历史语言研究所集刊》第五十三本第四分，1982 年，第 661～695 页。

[162] 吕观盛：《周初殷遗民管理政策研究》，广西师范大学硕士研究生学位论文，2006 年，第 15 页。

[163] 黄树余：《周初殷遗民去向研究》，郑州大学硕士研究生学位论文，2011 年，第 5 页。

[164] 牛世山：《西周时期的殷墟与周边：文化的传承与革新——附论有关殷遗民的若干问题》，《华夏考古》2017 年第 2 期。

[165] 范学谦：《西周殷遗民分布、影响及其同化问题研究》，陕西师范大学硕士研究生学位论文，2013 年，第 3 页。

[166] 曾一苇：《殷遗民政治进路考述》，天津师范大学硕士研究生学位论文，2020 年，第 10 页。

[167] 张光直先生曾指出“商”内涵的多样性。参见〔美〕张光直：《商文明》，辽宁教育出版社，2002 年，第 1 页。

[168] 陈梦家先生有《西周文中的殷人身分》一文，对该问题作详尽梳理。参见陈梦家：《西周文中的殷人身分》，《历史研究》1954 年第 6 期。

[169] 林沄：《“百姓”古义新解——兼论中国早期国家的社会基础》，《吉林大学社会科学学报》2005 年第 45 卷第 4 期。

[170] 西周早期宜侯夨簋铭文记周王赐作器者“在宜王人□又七姓”（《集成》04320），这里的“王人”含义与商“王人”类似，应指在宜地的姬姓宗族。

[171] 李学勤：《柞伯簋铭考释》，《文物》1998 年第 11 期。

[172] 陈梦家：《西周文中的殷人身分》，《历史研究》1954 年第 6 期。

[173] 《史记·周本纪》《史记·管蔡世家》等文献中有“殷遗民”的概念，然而这是否能反映先秦

的真实情况，存疑。"遗民"这一概念似乎最早出现于东周文献（如《左传》）。

［174］ 实际上，有很多学者（尤其是西方考古学者）已对此问题提出尖锐批评。例如，江雨德（Roderick Campbell）在论述中国青铜时代考古学文化时，指出文化因素（如陶器）的散布、扩张并不能等同于人群流动。又如在"殷遗民"问题上，罗泰（Lothar von Falkenhausen）曾专门检视洛阳、曲阜等地的所谓"殷遗民"墓葬资料，指出大多数区分"商遗民"和"周人"墓葬的考古学证据并不成立。参见 Roderick Campbell. *Archaeology of the Chinese Bronze Age: From Erlitou to Anyang*. Los Angeles: Cotsen Institute of Archaeology Press, 2014; Lothar von Falkenhausen. *Chinese Society in the Age of Confucius (1000-250 BC): The Archaeological Evidence*. Los Angeles: Cotsen Institute of Archaeology Press, 2006: 160-203. 因为这些批评已经触及运用考古学材料的方法论问题，因此无论同意与否，中国考古学界都有必要对西方学者的挑战进行回应。

［175］ 宋江宁先生在与笔者的交流中就曾提示界定"殷"的考古学特征并不易归纳。

［176］ 中国社会科学院考古研究所丰镐队：《陕西西咸新区大原村西南西周墓葬发掘简报》，《南方文物》2020 年第 4 期。

［177］ 徐熠：《商周变革视野下的族氏研究》，中国社会科学院大学研究生院硕士研究生学位论文，2022 年。相关的个案研究还可参见陈絜、聂靖芳：《甲骨金文中的束族与商周东土族群流动》，《史学月刊》2022 年第 1 期。

［178］ 参见 Joseph A. Tainter. *The Collapse of Complex Societies*. Cambridge: Cambridge University Press, 1988.

［179］ 如 Joseph A. Tainter. Post-Collapse Societies. *Companion Encyclopedia of Archaeology*. London: Routledge, 1999 (1): 733-740; Patricia A. McAnany, Norman Yoffee. Why We Question Collapse and Study Human Resilience, Ecological Vulnerability, and the Aftermath of Empire. *Questioning Collapse*. New York: Cambridge University Press, 2010.

［180］ 最近有学者以商周北方各地区的考古学文化为例，讨论了地方社会及其相关社会人群的变化及其背后的社会机制。参见 Yan Sun. *Many Worlds Under One Heaven: Material Culture, Identity, and Power in the Northern Frontiers of the Western Zhou, 1045-771 BCE*. New York: Columbia University Press, 2021.

殷墟与蚕坛和丹池

——读《安阳发掘简史》有感之一

岳洪彬

（中国社会科学院考古研究所）

《安阳发掘简史》中曾详细介绍殷墟第一至十五次发掘的情况，其中不乏已公开的资料中不见的细节。在说到安阳洹河北岸的同乐寨发掘时，曾提到有关殷墟前十五次发掘中一些值得注意的事情，其中最值得探究的就是发生在北京故宫北侧，北海公园内的"蚕坛"和"丹池"的故事。

有朋友可能会问，你说河南省北部的殷墟遗址发掘，与北京故宫北侧的蚕坛和丹池，两者应不搭嘎嘛！一个在南，一个在北，相距500余千米；一个属商，一个属清，相隔3000多年。但是机缘巧合，两者就走到了一起。在抗日战争时期，殷墟发掘和研究曾与蚕坛和丹池发生过不解之缘，不经意间也曾埋藏过殷墟考古史上不少的人与事。我们也可以说，蚕坛和丹池也是殷墟发掘史上众多不解之谜之一，暂可称之为"蚕丹之谜"吧。

在1937年前，历史语言研究所共在殷墟进行过十五次发掘。第十次发掘始自1934年春，发掘的主要地点有两处：一处是侯家庄西北冈，即晚商时期的商王陵墓区；另一处便是同乐寨遗址。当时王陵区及其附近区域的发掘，曾发生过太多的事情，本文既不说石璋如、祁延霈和刘耀三人"衔枚疾走"，也不谈时任中央古物保管委员黄文弼调查的"一一一五事件"，只想重点谈谈豫北地区重要的新石器时代遗址——同乐寨的发掘，以及该遗址出土的大量琢制石器和殷墟出土的部分精美文物标本的去向问题。

一、梁思永等发掘同乐寨遗址

同乐寨遗址，是豫北地区非常重要的一处新石器时代遗址。位于河南省安阳市西北方向侯家庄西北约1千米余，秋口村西南约200余米处，正当洹河由西向东、再向南的转弯处的北岸，本地人叫它"无月寨"。

关于无月寨，石璋如先生还记述了一则典故，本文觉得很有意思，转录于此：据本地人传说"这里是关公斩貂蝉处。当初王允献貂蝉于董卓，毒害了董卓与吕布，吕布刺杀了董卓，后来曹操又擒杀了吕布，他认为貂蝉这个女人是不义的，应该将她杀死，但是她的倾国倾城的媚态，只要对着刀斧手一笑，手就被笑软，再也下不得手。那时关公正在曹营，谁都知道关公是个硬汉子，所以请他来杀貂蝉，但又恐怕白天他被诱惑而下不了手，于是定正月十五晚上的月下，当她被杀的时候，忽然月没有了，关公看不见了貂蝉的面孔，因此未被诱惑而把她杀掉了。据说，这是上天成全了此举，因此该地方叫无月寨，所以此寨里只有一座关公庙"。此寨百姓乐传此事。

同乐寨遗址是石璋如和刘耀等发现的，在侯家庄西北冈发掘的间隙，由梁思永、石璋如、胡厚宣等人，开始对同乐寨进行发掘，同时梁思永安排刘耀发掘大司空南地。这是梁思永有意安排年轻人主持小规模的发掘，锻炼新人的重要举措之一[1]。另据胡厚宣回忆，"我在大学时学过考古，但从没作过田野发掘。梁先生便带石璋如和我到侯家庄西北约3华里多的秋口同乐寨遗址发掘"[2]，显然也是为培养新人的目的进行的发掘。

同乐寨遗址是豫北冀南地区非常重要的一处遗址，位于洹河北岸一处地势较高的台地上，面积不足2万平方米。当年台地上有寨墙，中心部位有一座关帝庙。梁思永等分别在关帝庙的东北、东南和西南三个地点开探沟，梁思永负责西南发掘点，石璋如负责东北地点，胡厚宣负责东南发掘点。共开六个探沟，面积约234平方米。同乐寨遗址的发掘，不仅发现了殷墟时期的文化层，还出土了仰韶文化、龙山文化、战国时期以及汉代等遗存，其中以龙山文化遗存最为丰富，不仅再次印证了小屯、龙山和仰韶相互叠压的"三叠层"现象，而且层位关系较后冈遗址更为复杂，文化内涵更为丰富（图一）。

图一　1934 年的同乐寨遗址
（自东向西拍摄）

　　1934 年对同乐寨遗址的发掘，不仅出土遗物丰富，而且层位关系清楚，最为重要的是出土大批琢制石器。按照通常认识，琢制石器以东北最为常见，长城以南地区的新石器时代遗址中极为罕见。同乐寨遗址所出的琢制石器与龙山期遗存共存，不仅增加了龙山期文化的内涵，而且也引起长城南北琢制石器文化及其时代问题的讨论。据《安阳发掘简史》所述，当年梁思永先生非常关注这个问题，把大部分同乐寨出土的琢制石器都带回北平研究。

　　梁思永为何如此关注同乐寨出土的这批琢制石器？其实是有其学术渊源的。1930年梁思永进中央研究院历史语言研究所（以下简称"史语所"）不久，就受傅斯年和李济委派前往黑龙江调查和发掘昂昂溪遗址，这也是梁思永回国后进行的第一次田野考古发掘。这次发掘的主要收获就是收集了数百件各类石器标本，其中精琢和磨光的石器（梁称为"非幺石器"）较少，绝大部分为"幺石器"，根据报告描述可知，这些所谓的"幺石器"应该都是细石器或简单琢制石器[3]。后梁思永又对热河地区特别是查不干庙和林西、赤峰一带进行调查，采集到大量细石器标本和少量陶片，并进行了科学的类型学研究和创新性的时代划分，他对这批细石器的概念的分类标准为后世的研究树立了典范[4]。对安阳同乐寨出土琢制石器的兴趣，应是梁思永对长城南北琢制石器研究的学术思考的延续，只可惜这批重要的石器标本，梁先生尚未启动深入研究，就已不知所终。

　　据石璋如先生遗稿《安阳发掘简史》，"后来因为南迁，蚕坛成为第一组整理档案的地方，七七抗战，李光涛先生因为要南返，把考古组留存在北平的遗物，完全倒到后院的丹池中。那批琢制石器可能随着殷墟的陶片，以及那个最完整最精美的铜础，而被埋在丹池中了"[5]。这也正是同乐寨遗址出土遗物，尤其是这批学术价值极高的琢制石器，不见于后世考古报告中的原因。

　　还有一个极其值得关注的线索就是，石璋如先生在同乐寨发掘了一座殷代墓葬，出土一套铜觚和铜爵，是史语所在西北冈发掘以来首次发现商代铜器，梁思永认为非常重要。石先生同时提到，"从这次发掘经验之中，就晓得同乐寨外头有一大片夯土，可能是殷代大规模的墓地，只是未能继续发掘加以证实而已"[6]。首先，同乐寨发掘的商代铜器墓，就是一个非常值得注意的线索；其次，同乐寨旁边还有大片夯土，在殷墟发现夯土，无非两种可能，一是建筑基址，一是商代墓葬，故大片夯土的发现将给发掘者提供重要线索；最后，同乐寨是一处东距晚商王陵区 1 千米余的高台子。我非常赞同石先生的推测，怀疑此处是否会有殷商时期的大型墓葬。晚商时期自盘庚以降，共有 12 位商王，若算上可能是帝辛陵墓的 M1567，共发现 9 座商王陵[7]，尚有盘庚、小辛和小乙的陵墓没有被发现[8]。种种迹象表明，在洹北商城时期西北冈王陵已经启用，盘庚、小辛和小乙三王的陵墓很可能就在西北冈附近[9]。

　　石璋如先生当年没有继续发掘对此推测加以证实，带着遗憾离开了安阳，直到2000 年前后还在问："不知道大陆现在是否有在此发掘？"[10]自石先生等前辈考古学

图二　1988年同乐寨出土龙山文化陶鬶

家发掘同乐寨之后，大陆学者对该遗址做过数次调查和一次发掘[11]。20世纪70年代末，安阳市博物馆曾对该遗址进行调查，遗址面积变化不大，南北宽约100米，东西长约150米，面积约1.5万平方米。因老百姓多年不断平整土地，遗址表层多被挖去1～1.5米深，仅在遗址西部留有250平方米保存尚好。后据安阳博物馆2020年15期"线上安博"发布信息，1988年安阳市文物工作队曾配合大唐电业公司基建发掘，于同乐寨遗址的南部边缘，发掘数百平方米，出土一批龙山时期遗存（图二）[12]。其他资料未见公布。由于此次发掘是基建发掘和限于发掘者当时的认识水平，笔者推测，发掘者很可能没有注意到该遗址中可能出土的琢制石器和细石器等遗存。只能再待后来者了！

二、在北海静心斋和蚕坛整理殷墟发掘资料

史语所对殷墟十五次发掘的资料处理方式不同。最初的发掘只重视刻辞甲骨的采集，自李济主持殷墟第二次发掘时，才开始重视收集刻辞甲骨以外的遗物，但是对陶片的收集仍不够重视。据石璋如先生回忆，"前七次殷墟发掘各有不同的陶片收集的处理办法，起初是收一部分丢一部分，后来觉得不妥，就先收集所有的陶片，整理之后再丢"。自第八次发掘始，刘燿制作了一份陶片收集、整理的分类表，依据此分类表收集陶片，致使收集到的陶片数量大幅增加，成为发掘的收集遗物的大宗。第十三次殷墟发掘，就是发现YH127甲骨坑那次发掘，是收集遗物最完备的一次，把所有出土遗物包括陶片，全部收集带回驻地。但由于数量极大，发掘者觉得"这种办法，时间人力都不经济，于是改在田野整理，除新奇的完整的陶器，随时带回工作站外，其余全放在田野，等到发掘工作完结后，作一次总清理，把它当作发掘工作的最后一步。把联成器形的全数收集，并从中选择两三套标本，其余常见的碎片又复填入坑中"[13]。尽管如此，当年登记入册的陶片数量仍高达25万余片。

出土遗物在发掘工地进行初步分类后，多数都装箱运离安阳，送到历史语言研究所所在地整理。但在1929年殷墟第三次发掘时，河南省博物馆馆长兼民族博物院院长何日章曾奉省政府令，以史语所把珍贵文物标本运离河南为由，提出"禁止中央研究院开掘，保护民族博物院开掘"，致使发掘工作暂停；直至时任史语所所长傅斯年呈报时任中研院院长蔡元培，蔡院长再呈报当时的国民政府，由国民政府致电河南省政府

才得以获准重启安阳发掘，但河南省政府提出出土文物要在开封省馆陈展，傅斯年所长函辨："此项考古工作，体大思博，地方政府之赞助，殊地学者之分研，实为成功之必要条件。敝所深愿竭尽所能，以求不负各方之盛意，敝所因完成工作起见，不得不有在所整理器物之自由。盖技术的设备既不能尽数移至工作之野，而所外参考图籍分研专题之士，尤非敝所所能移动。至于器物之终后处置，自当以敝院前复贵省公函之主张为原则，即分陈首都及地方博物馆……凡同类之件，半数在本地，半数在首都陈列，其单件之器物，应陈列何处，待敝所每批整理完毕后，由贵省政府及中央研究院派员决定之。"尽管如此，因中原大战爆发，李济和董作宾顾虑兵变会危及文物安全，仍分两次将安阳出土器物运抵北平[14]。

从各类日志和回忆录等文献中知，运离安阳的殷墟遗物保存地有：①殷墟出土的器物，尤其是出土陶片和骨头标本，大部分都运至北平，尤其前十次发掘出土遗物。据石璋如回忆，他在参观山东古迹研究会时，"发觉有许多重要的资料都已运回研究院，留在山东古迹会的多是重复或是比较笨重者"[15]，可见不仅安阳出土器物是这样，就连与史语所合作成立的山东古迹研究会共同发掘的器物，也都要运回史语所进行整理和研究。②由于北方时局紧张，恐战事再起，史语所早做运筹，将重要文物标本装箱随研究院南迁，运至上海和南京，其中，绝大部分运至南京，尤其是后三次在小屯宫庙区发掘的刻辞甲骨和青铜器，以及人骨标本（尤其是王陵区发掘的人头骨）。③第十三至十五次殷墟发掘遗物，多数都直接运至南京史语所址，其中最重要就是YH127甲骨坑，还在南京进行了"室内田野发掘"；此外还包括小屯五座保存完整的青铜器墓葬或祭祀坑中出土的遗物，完整的约700余件，其中青铜器和陶器各占三分之一。④部分殷墟出土刻辞甲骨和器物，运至当时河南省政府所在地开封，存河南省博物馆，其中主要是何日章等发掘所得。

为何要把殷墟出土器物大部分运至北平呢？首先，是因为当时的历史语言研究所在北平。其次，为了在北平展出殷墟出土器物，引起上层和社会民众的关注，"有利于争取经费进行未来的工作"。如1935年元旦，梁思永与刘燿、祁延霈等协同把西北冈M1005和M1022出土的27件精美的青铜器带回北平，到蚕坛本所打开后，大家无不赞叹殷代工业技术之高明和想象力之丰富，傅斯年从此答应大力支持西北冈的发掘，梁思永借此做了一个五万元的庞大的发掘计划[16]。再次，是因为史语所部分重要学者（如梁思永、祁延霈等）家住北平，为方便整理资料和进一步的学术研究。尽管1933年北平局势已很紧张，史语所已经随研究院南迁，但仍有不少殷墟出土遗物运往北平。如上文所说的同乐寨出土琢制石器和仰韶、龙山陶片及小屯所出陶片等，一起运至北平史语所整理和研究。

史语所于1928年成立于广州，1929年冬迁至北平，所址在北海静心斋（图三）。

北海静心斋原名镜清斋，清乾隆二十二年（1757年）建，占地面积4700平方米，原为皇太子书斋，以叠石为主景，周围亭榭楼阁，小桥流水，幽雅宁静。史语所迁入

图三　史语所员工在静心斋迎蔡元培先生

静心斋后，董作宾住培茶坞，在罨画轩中整理殷墟第一至七次发掘所得的刻辞甲骨。罨画轩是静心斋中最佳观景处，乾隆御诗中有"来凭罨画窗，读画隔岸对"句，美景如画，安静雅致，是做学问的绝佳之地。董作宾先生对大龟四版、鹿头刻辞和大龟七版的整理和研究大致就在罨画轩中进行的。

　　1930 年秋，静心斋给研究院驻平办事处徐中舒等人使用，史语所则搬入蚕坛，殷墟发掘所获遗物，尤其是大量的陶片、石器、骨头等标本，其中就包括同乐寨发掘的大量琢制石器和小屯宫殿宗庙区发掘的陶片和铜柱础等，均搬入蚕坛保存，做进一步的整理和研究。梁思永住北平赵堂子胡同，白天来蚕坛整理资料，晚上回家，董作宾戏题"神驰赵堂"四字；梁先生曾随所短暂南迁上海，后又回北平住米粮库，仍在蚕坛工作室整理资料，《后冈发掘小记》《城子崖》都是此间完成的。董作宾也从培茶坞迁入蚕坛的西厢房，"董西厢"的雅号由此而来；直至 1933 年春史语所南迁至上海沪西小万柳堂，董先生和史语所同仁一直在蚕坛办公，董先生关于殷墟出土刻辞甲骨的研究多在此进行，殷历谱的研究大多在此阶段完成。梁思永先生对殷墟西北冈大墓的资料整理，也应起步于蚕坛。

　　蚕坛，又称"先蚕坛"和"蚕宫"。位于北海公园东北隅，原为明代"雷霆洪应殿"旧址。清乾隆七年（1742 年），建"先蚕坛"，成为后妃们祭祀"蚕神"的地方。蚕坛院内建筑有观桑台、亲蚕殿、后殿、先蚕神殿、神橱、蚕署、井亭、牲亭、蚕所、游廊、桑园、浴蚕池等，东面有一条贯通南北的小河叫"浴蚕河"，是元代由金水河引入北海东边的一支水系。蚕坛总占地面积 17000 平方米，比史语所原址静心斋规模要大得多。史语所搬入蚕坛办公，可能与史语所发掘的实物资料太多，需要更大的整理空间有关吧。

史语所在蚕坛整理殷墟发掘资料，三年后随所南迁。

三、李光涛和"丹池弃古"

史语所当时是民国政府中央研究院中架构最大、人数最多的一个所，发掘的遗物也较多，包括大量的陶片、石器和骨头等实物标本，需要较宽阔的整理和研究空间。故先选北海静心斋和周围的一大片建筑作为办公地点，后迁入规模更大的先蚕坛，继续整理殷墟发掘资料。后因北平局势紧张，史语所又随研究院南迁。史语所南迁之后，原先史语所第三组（即考古组）在蚕坛的旧址，被第一组（即整理明清档案的历史组）的李光涛等人进驻利用。

李光涛，安徽怀宁人，自幼丧父，13岁泣别母亲，独自到外面谋生，边打工边苦读，考入安徽省立第一师范学校。1928年史语所第一组接手明清内库档案，聘李光涛为书记员，参加明清档案的整理工作。从此李光涛的名字，就与明清档案整理联系在一起。李光涛也因为整理这批明清档案，完成了由图书管理员到专任研究员、明清史学家的角色转变。

1935年殷墟第十一次发掘结束后，石璋如经梁思永批准，离开安阳到史语所本部去熟悉环境。当石先生到北平时，发现史语所考古组的同仁都已随院南迁，就与在蚕坛整理明清档案的李光涛住在一起。正是这样，李光涛见证了很多史语所第三组南迁时的事实。据石璋如回忆："史语所考古组当时要迁往南京时，由于有不少陶片装箱不易，无法运走，听李光涛先生说，蚕坛的西厢与东厢之间原来有个大水池，陶片就放进水池里头堆着，再用泥土覆盖住，就变成院子。我把这段经历留下来，后来的人也许可以再挖出来。"[17]

相同内容的记载，还见于《安阳发掘简史》："梁思永先生非常注意这个问题，他把大部分琢制石器都带回北平研究，后来因为南迁，蚕坛成为第一组整理档案的地方，七七抗战，李光涛先生因为要南返，把考古组留存在北平的遗物，完全倒到后院的丹池中。那批琢制石器可能随着殷墟的陶片，以及那个最完整最精美的铜础，而被埋在丹池中了。"[18]

上述两则记载，基本都是根据石璋如先生回忆记录的，石璋如先生则是依据李光涛先生口述转录。李光涛先生是亲历者，但是在李光涛先生的回忆类文字中没有提及相关的内容，可能殷墟发掘的内容与李光涛关注的明清档案无关的原因吧。从20世纪30年代中后期的中国现状以及殷墟发掘遗物的保存状况推测，李光涛先生将殷墟出土遗物弃之丹池的情况是有可能发生的。以下转述数则抗日战争时期史语所对殷墟出土遗物的态度，可见一斑。

据史语所《大事记》民国二十六年（1937年）七月条："本所随本院西迁，先选装最珍贵中西文图书、杂志及善本书共六十箱，首批运往南昌农学院，其余一千三百三十三箱分批运长沙。但部分殷墟出土的人骨、兽骨及陶片等，限于运输工具，暂留原址。"[19]另据石璋如回忆，"因为南京离上海很近，战事吃紧"，文物标本也要装箱南迁，在具体装箱过程中，首先选重要的文物装箱，"像骨头就选人骨，其他部分就留下，这也是一种决定"[20]。看来当年南迁过程中，有选择地舍弃了不少珍贵的文物标本。

再如，西北冈 M1217 大墓发掘出土的木鼓，运回南京后尚未开箱，因战事紧张开始南迁。因为木鼓箱内充满了泥土，考虑到长途颠簸和风险，就留在南京没有带走。"没想到日本人占领南京之后，便把我们未开箱的箱子打开，只看见蚌饰跟花纹，不知道是鼓，就取出来照相，造成泥土散落，原先保存完好的鼓就毁掉了，非常可惜。"[21]

其实史语所在南迁转运发掘标本的过程中，遗失的东西还有很多。比如 HPKM1004 中的铜头盔遗失两箱，HPKM1022 的人骨全部采集，但也已不知所终[22]。"本所雇用之车五辆次第出发，到曲靖只有三辆。一为易隆附近翻车，二则未知是否开车，此次失事之故有数点，而损失大矣！"[23]

李济记述道："我们研究植物群的计划不幸失败了。在发掘中我们收集的木炭达几千试管。这重要的收集如果被德日进那样的专家及时研究，能为安阳附近的殷商植物学研究提供珍贵的资料，并进而会得到一些关于这时期气候环境的材料。但这些收集物在战争期间丢失了，对科学来说这是无可挽回的损失。"[24]直到 20 世纪 70 年代中期，李济还为失去这批木炭标本而抱憾，"从用科学分析方法获得新考古资料的最近的发展角度来看，那批木炭是十分有价值的"[25]。

殷墟的十五次发掘中收集了大量的陶片标本。当年李济与董作宾"还达成一项谅解：董研究契刻文字，而我负责所有其他遗物。实践证明这一谅解对我们的个人关系和合作是重要的。"[26]在李济主持殷墟发掘时，非常注意收集陶片标本，当时登记的陶片标本总数近 25 万片[27]。因此在战乱期间殷墟陶片丢失数量也是非常巨大的。"（南京史语所）院区环境非常乱，又因为日军曾经在院里养马，破坏甚大。日本占领南京之后在史语所原址设立的博物馆，战后已经贴上封条。残存混乱的景象让我们不胜唏嘘。像田野考古找到的、在整理之前都放在席棚子里的陶片，就被日本人为了修铁路，将陶片跟石器当成废物垫土铺在铁轨之下。"[28]

上述种种史实可证，石璋如先生所说李光涛先生最后撤离北平时，处理史语所留下来的陶片和其他发掘品的事情很有可能是真实的。但是，这里需要讨论两个问题。

首先，是关于填埋场所的问题。

石璋如回忆的李光涛先生处理殷墟遗物的场所有两种说法，一是"蚕坛的西厢与东厢之间原来有个大水池，陶片就放进水池里头堆着，再用泥土覆盖住，就变成院子"；一是"把考古组留存在北平的遗物，完全倒到后院的丹池中"。蚕坛现为北京北海幼儿园，不对外开放，无法实地考察。所幸湖南大学柳肃教授在百家讲坛《如果古建筑会说话》节目中，提供了一张蚕坛总平面图（图四）。从图上可以看出，整个蚕坛中与水有关的设施，只有亲蚕殿和织殿之间的"浴蚕池"和蚕室西侧的"浴蚕河"，且"浴蚕池"东西两侧确有厢房，董作宾先生原居西厢。目前从百度卫星图上可见，"浴蚕河"仍在，"浴蚕池"却消失不见，成为一处院落。故我们推测李光涛先生所说的填埋殷墟遗物的水池，很可能就是"浴蚕池"。石璋如回忆录中提到的"丹池"，笔者查了相关资料，均无关于丹池的记载，也前往北海公园实地考察，向园方核实，也都不知有丹池一说。故笔者推测，石先生所说的丹池，也许为当时坊间的说法，很可能就是指的"浴蚕池"。

其次，是关于填埋物的问题。石璋如的回忆中有两种说法，一填埋的均为殷墟发掘的陶片；二填埋的不仅有"那批琢制石器"，还有"殷墟的陶片"，同时还有"那个最

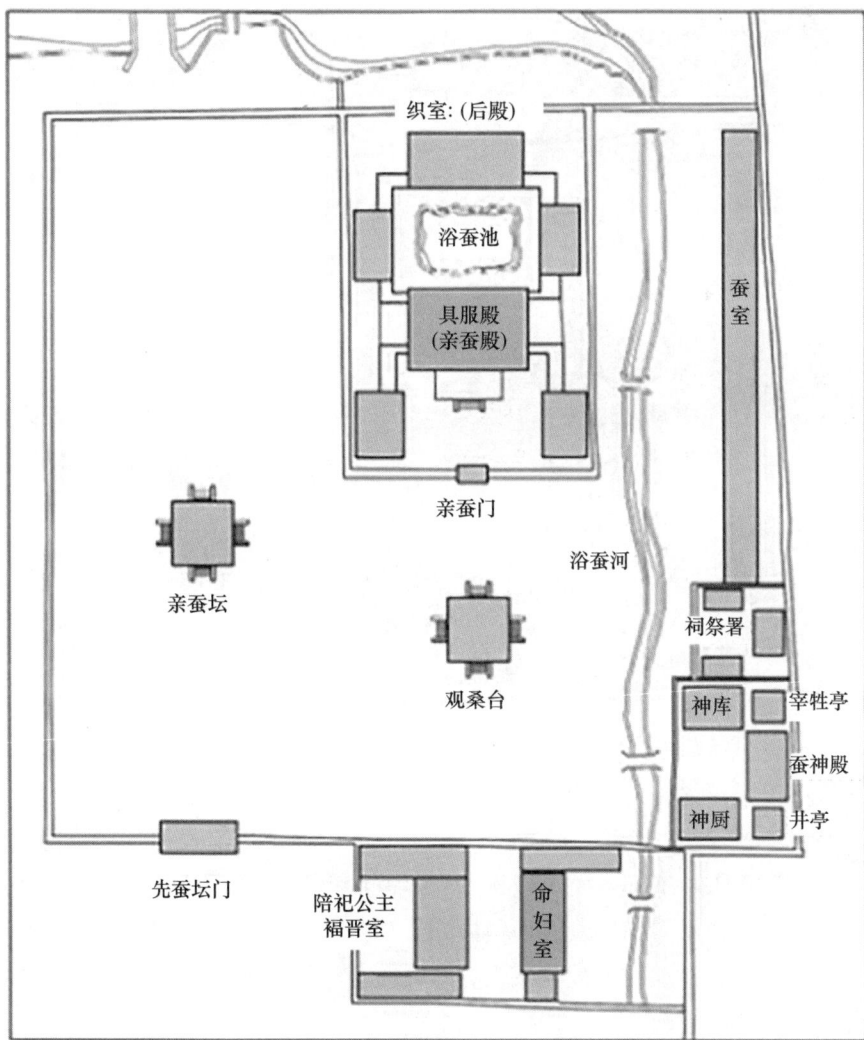

图四　蚕坛的总平面图

完整最精美的铜础"。毫无疑问，浴蚕池中填埋了大量殷墟出土陶片、骨头标本，以及同乐寨出土的大批琢制石器和仰韶、龙山陶片等。但是这里所说的铜础是指什么？

殷墟出土过铜柱础的，只有小屯宫殿宗庙区甲十一基址。甲十一基址共发现34个柱础，其中24个为形体较大的鹅卵石，10个为铜质。在铜质柱础中，8个都是以铜器的碎片填入柱穴中以为基础，仅有两个具有完整器形，均呈圆形。其中，一件整体为圆锅底状，周边不规整，凸面平滑，凹面可见成片分布的粗糙金属颗粒，可能是利用熔铜炉底剩余的金属作为柱础使用。直径34～36厘米，重8.6千克，现藏台湾历史语言研究所，编号R053552（图五，1、2）。另一件呈圆帽形，上面较平，下面圆弧内凹，整器光滑，铸造精良。直径19.5、高4.8厘米（图五，3），现已遗失不见。由此推测，这件消失不见的"最完整最精美的铜础"可能仍沉睡在浴蚕池中。

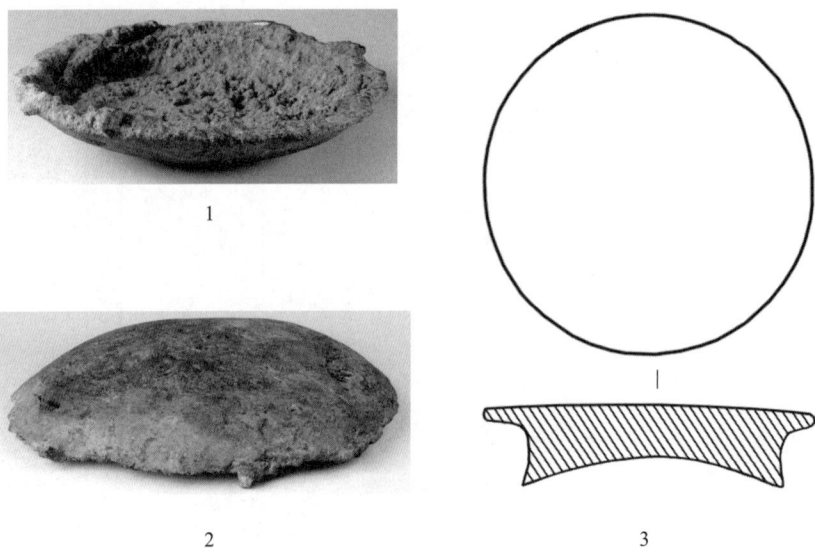

图五　殷墟小屯宫殿宗庙区出土铜柱础
1、2. 现藏台湾史语所的铜础　3. 遗失的铜础

殷墟前十五次发掘，毫无疑问取得了前所未有的巨大收获，发现并确认了小屯宫殿宗庙基址群，系统发掘了西北冈王陵区，并确认是晚商时期商王陵墓和祭祀坑群，由此就确认了殷墟作为晚商王朝的都城，为夏商考古学研究向前溯源奠定了坚实的基础。但是，由于20世纪30年代战事复杂，致使殷墟前十五次发掘的珍贵资料损失较多，对小屯宫殿宗庙基址和王陵等遗迹的年代判断造成很大困难。希望将来蚕坛修缮时，能实现石璋如先生"把这段经历留下来，后来的人也许可以再挖出来"的愿望；笔者也希望南京地区在铁路工程建设中，尽可能找回当年被日本军人铺在铁轨下的殷墟早年发掘的遗物，为殷墟考古学研究提供更多的实证资料。

注　释

[1] 岳洪彬:《关于史语所第一次大司空村发掘的史迹》,《三代考古》(九),科学出版社,2021 年。

[2] 胡厚宣:《殷墟往事琐忆》,《中国文物报》1997 年 6 月 1 日第 4 版、6 月 15 日第 4 版、7 月 20 日第 4 版、7 月 27 日第 4 版。

[3] 梁思永:《热河查不干庙林西双井赤峰等处所采集之新石器时代石器与陶片》,《田野考古报告》(第一册),商务印书馆,1936 年。

[4] 梁柏有:《思文永在——我的父亲考古学家梁思永》,故宫出版社,2016 年。

[5] 石璋如遗稿,李匡悌、冯忠美辑补:《安阳发掘简史》,"中央研究院"历史语言研究所,2019 年,第 89 页。

[6] 陈存恭、陈仲玉、任育德访问,任育德纪录:《石璋如先生访问纪录》,"中央研究院"近代史研究所,2002 年,第 91 页。

[7] 本人认为,在殷墟时期商王陵墓制度已基本成型,应是只有四条墓道的大墓才能是商王陵墓,两条墓道的"中"字形墓和一条墓道的"甲"字形墓,均非商王级别的陵墓,可能是商王妃或高级贵族的墓葬。

[8] 中国社会科学院考古研究所:《殷墟的发现与研究》,科学出版社,1994 年。

[9] 笔者主持过洹河北岸殷墟都邑的布局研究,对洹河北岸地区进行过大规模的勘探,发现洹北商城向西有道路通往西北冈王陵区,将洹北商城与西北冈王陵联系起来。故此推测,洹北商城时期西北冈很可能已经启用。目前的西北冈王陵区的西侧 200 米处是高井台子遗址,再向西约 1千米左右就是同乐寨遗址,两处都是高台子遗址,地势较周围高 1.5～3 米,与原来的西北冈地形地貌很像(西北冈为何称为西北冈? 是因为原来此地地势较高,被后世取土或平整土地削平了),都很适合商人营建大型陵墓的要求。

[10] 陈存恭、陈仲玉、任育德访问,任育德纪录:《石璋如先生访问纪录》,"中央研究院"近代史研究所,2002 年,第 91 页。

[11] 安阳市博物馆:《豫北洹水两岸古代遗址调查简报》,《中原文物》1986 年第 3 期;中国社会科学院考古研究所美国明尼苏达大学科技考古实验室中美洹河流域考古队:《洹河流域区域考古研究初步报告》,《考古》1998 年第 10 期。

[12] https://www.sohu.com/a/372464682_787132.

[13] 石璋如:《殷墟最近之重要发现附论小屯地层》,《中国考古学报》(第二册),商务印书馆,1947 年。

[14] 石璋如遗稿,李匡悌、冯忠美辑补:《安阳发掘简史》(附录一《阻掘与盗掘》),"中央研究院"历史语言研究所,2019 年,第 180～198 页。

[15] 陈存恭、陈仲玉、任育德访问,任育德纪录:《石璋如先生访问纪录》,"中央研究院"近代史研究所,2002 年,第 113 页。

[16] 石璋如著,李永迪、冯忠美、丁瑞茂编校:《殷墟发掘员工传》,"中央研究院"历史语言研究所,2017 年,第 267 页。

[17] 陈存恭、陈仲玉、任育德访问,任育德纪录:《石璋如先生访问纪录》,"中央研究院"近代史研究所,2002 年,第 112 页。

［18］ 石璋如遗稿，李匡悌、冯忠美辑补：《安阳发掘简史》（附录一《阻掘与盗掘》），"中央研究院"
历史语言研究所，2019 年，第 89 页。

［19］ 大事记编辑小组：《"中央研究院"历史语言研究所七十年大事纪》民国二十六年七月条，第
11 页，台北，1998 年。

［20］ 陈存恭、陈仲玉、任育德访问，任育德纪录：《石璋如先生访问纪录》，"中央研究院"近代史
研究所，2002 年，第 182 页。

［21］ 陈存恭、陈仲玉、任育德访问，任育德纪录：《石璋如先生访问纪录》，"中央研究院"近代史
研究所，2002 年，第 118 页。

［22］ 梁思永未完稿、高去寻辑补：《侯家庄·第 1004 号大墓》，1970 年；石璋如：《侯家庄·小墓分
述之一：1005、1022 等八墓与殷代的司烜氏》，2001 年。

［23］ 丁声树致傅斯年与李方桂函，1940 年 10 月 17 日。

［24］ 李济：《安阳》，上海人民出版社，2007 年，第 89 页。

［25］ 李济：《安阳》，上海人民出版社，2007 年，第 128 页。

［26］ 李济：《安阳》，上海人民出版社，2007 年，第 50 页。

［27］ 李济：《安阳》，上海人民出版社，2007 年，第 89 页。

［28］ 陈存恭、陈仲玉、任育德访问，任育德纪录：《石璋如先生访问纪录》，"中央研究院"近代史
研究所，2002 年，第 302 页。

中国社会科学院考古研究所夏商周考古研究室 2021～2022 年科研成果存目

许　宏

[1]《溯源中国》，河南文艺出版社，2021 年。

[2]《发现与推理：考古纪事本末》（一），山西人民出版社，2021 年。

[3]《踏墟寻城》，商务印书馆，2021 年。

[4]《东亚青铜潮：前甲骨文时代的千年变局》，生活·读书·新知三联书店，2021 年。

[5]《最早的中国：二里头文明的崛起》，生活·读书·新知三联书店，2021 年。

[6]《二里头遗址的考古发现与研究》，《中国考古学百年史（1921～2021）》，中国社会科学出版社，2021 年。

[7]《"夏"遗存认知推定的学史综理》，《南方文物》2021 年第 5 期。

[8]《纠葛与症结：三星堆文化上限问题的学史观察》，《三代考古》（九），科学出版社，2021 年。

[9]《纪念中国考古学百年笔谈》，《江汉考古》2021 年第 6 期。

[10]《踏墟寻城三十载——写在〈踏墟寻城〉出版之际》，《光明日报》2021 年 5 月 29 日。

[11]《东亚青铜潮：前甲骨文时代的千年变局（光启讲坛）》，《世界历史评论》（总第 19 辑），上海人民出版社，2021 年。

[12]《冷观三星堆》，《智族 GQ》2021 年五月刊。

[13]《中原核心区文明起源研究》（张海著）序，上海古籍出版社，2021 年。

[14]《一部优秀的考古遗址研学教材——〈考古队长现场说〉读后》，"文博中国"2021 年 8 月 19 日。

[15] Hong Xu. Introduction: Definitions, Themes, and Debate; Hong Xu, Xiang Li. Settlements, Buildings, and Society of the Erlitou Culture; Hong Xu, Yu Liu. The Bronze-Casting Revolution and the Ritual Vessel Set. *The Oxford Handbook of Early China*. Oxford University Press, 2021.

[16]《中国"文明"从没有自外于世界》，《从"古今之变"探究"现代中国的困惑"——历史学家访谈录》，香港中和出版有限公司，2021 年。

[17]《河南省洛阳市二里头遗址》，《考古中国重大项目成果（2018～2020）》，文物出版社，2021 年。（合著）

[18]《透物见人：浅考古与非考古随笔》，河南文艺出版社，2022 年。

[19]《装作有闲：浅考古与非考古随笔》，河南文艺出版社，2022 年。

[20]《三星堆之惑：考古纪事本末》（二），郑州大学出版社，2022 年。

[21]《聊聊考古那些事儿》，河南文艺出版社，2022 年。

[22]《最早的中国》（繁体版），香港中和出版有限公司，2022 年。

［23］《焦点二里头》，巴蜀书社，2022 年。

［24］《解读早期中国》（函装，全四册），生活·读书·新知三联书店，2022 年。

［25］《东亚大陆早期用铜史上的"多种合金尝试期"》，《张长寿、陈公柔先生纪念文集》，中西书局，2022 年。

［26］《二里头遗址"突出普遍价值"举隅》，《中国文化遗产》2022 年第 6 期。

［27］《分与合——关于三星堆文化命名的省思》，《四川文物》2022 年第 6 期。

［28］《精细化分析：早期国家形成研究的有效途径——从秦小丽教授新著说起》，《南方文物》2022 年第 3 期。

［29］《读〈中华古代文明之光〉的几个意外》，《中国文化》2022 年春季号。

［30］「先秦都邑考古学研究の若干の問題」《アジア流域文化研究 XIII》，日本東北学院大学，2022 年。

［31］《考古中国，唤回我们的文化记忆》，《考古中国——15 位考古学家说上下五千年》，中信出版集团，2022 年。

［32］《序一：绿松石的"国玉时代"》，《色如天相 器传千秋：中国古代绿松石文化展》，科学出版社，2022 年。

［33］《代序：我们陌生的形象》，《翦商：殷周之变与华夏新生》，广西师范大学出版社，2022 年。

［34］《二里头遗址：走进"早期中国"的文化密码》，《环球少年地理》2022 年 5 月号。

［35］《何以中国——考古学视角下的中国诞生史》，《酌水知源：文化源流与民族精神》，国家图书馆出版社，2022 年。

［36］《碧龙耀世——"超级国宝"的前世今生》，《十件文物里的中国故事》，中国社会科学出版社，2022 年。

［37］Bulls for Sacrifice, Cows for Work? Morphometric Models Suggest that Female Cattle Were Used for Traction in the Chinese Bronze Age Late Shang Dynasty (ca. 1300-1046 BCE). *The Holocene*, 2022, 32(1-2).（合著）

［38］Brewing and Serving Alcoholic Beverages to Erlitou Elites of Prehistoric China: Residue Analysis of Ceramic Vessels. *Frontiers in Ecology and Evolution*, March 2022.（合著）

［39］《中墨绿松石嵌片制作技术对比研究》，《江汉考古》2022 年第 4 期。（合著，第二作者）

［40］《二里头贵族阶层酿酒与饮酒活动分析：来自陶器残留物的证据》，《中原文物》2022 年第 6 期。（合著，第四作者）

何 努

［1］《国家社会象征图形符号系统理论框架——国家社会象征图形符号系统考古研究之一》，《南方文物》2021 年 1 期，第 30～34 页。（合著，第一作者）

［2］《光被四表 格于上下——早期都邑文明的发现研究与保护传承暨陶寺四十年发掘与研究国际论坛论文集》，科学出版社，2021 年。（主编）

［3］《早期政治中心型都城的范例——陶寺遗址聚落与精神文化研究概述》，《光被四表 格于上下——早期都邑文明的发现研究与保护传承暨陶寺四十年发掘与研究国际论坛论文集》，科学出版社，2021 年，第 35～88 页。

［4］《邓家湾遗址陶塑牺牲沉埋祭祀遗存含义分析》，《荆楚文物》（第5辑），科学出版社，2021年，第33～49页。

［5］《关于"古国"定义的理论思考》，《文物春秋》2021年第3期，第42～56、96页。《中国社会科学文摘》2021年11期（总第215期）"论文摘要"，摘要转载，第154、155页。

［6］《浅谈陶寺文明的"美食政治"现象》，《中原文化研究》2021年第4期，第22～28页。《文摘报》2021年8月26日第6版摘要《陶寺文明的"美食政治"现象》。

［7］《在陶寺遗址中寻找尧舜》，《光明日报·光明论坛》2021年8月28日第10版。

［8］《洪洞万安陶寺文化遗址与舜的起家》，《中国文物报》2021年9月10日第3版。

［9］《试论传说时代历史重建的方法论——以陶寺遗址考古实践为例》，《华夏考古》2021年第4期，第116～128页。

［10］《良渚文化玉琮所蕴含的宇宙观与创世观念——国家社会象征图形符号系统考古研究之二》，《南方文物》2021年第4期，第1～12页。

［11］《再论"最早中国"及其判断标准》，《三代考古》（九），科学出版社，2021年，第160～170页。

［12］《陶寺文化的考古发现与研究》，《中国考古学百年史：1921～2021》第一卷中册，中国社会科学出版社，2021年，第660～680页。

［13］《楚帛书创世章与良渚玉琮蕴含的创世神话比较研究》，《江汉考古》2021年第6期，第184～191页。

［14］《牢记嘱托　讲好中华文明故事》，《中国社会科学网》2022年6月3日。（探源中华文明　砥砺民族之魂第四辑）。

［15］《陶寺遗址展示的中国古代文明》，《人民日报》2002年7月23日第8版（考古中国）。

［16］《"天圆地方"概念起于何时辩》，《中原文化研究》2022年第4期，第5～15页。人大《复印资料·K6考古学》2022年5期全文转载。《中国社会科学文摘》2022年12期摘要转载，第155页。

［17］《古国、邦国、王国的定义与英文翻译》，《中国社会学报》2022年9月8日第4版。

［18］《陶寺中期王墓IIM22出土漆木沙漏实验分析》，《文物季刊》2022年第3期，第96～106页。（合著，第一作者）

［19］《陶寺物华：陶寺遗址出土文物类全概览》，科学出版社，2022年。（主编）

［20］《经天纬地的陶寺模式：尧舜"时空政治文明"》，《中国文明起源陶寺模式十人谈》，科学出版社，2022年，第2～20页。

［21］《祖燊与"德"字剩议》，《华夏文明》2022年7月下旬刊（总第592期），第27～34页。

［22］《前资本主义社会形态理论概念的考古视角新思考（特约专稿）》，《南方文物》2022年第5期。

［23］《蟠龙根脉——中华精神"图腾"的面世》，《十件文物里的中国故事》，中国社会科学出版社，2022年，第4～31页。

［24］《伯乐先生，斗南一人——我心目中的李伯谦老师》，《光明日报·光明学人》2022年11月21日第11版。

［25］《陶寺：中国文明核心形成的起点》，上海古籍出版社，2022年。

［26］《中国史前英雄历险"单一神话"考古二例》，《东亚考古》（第3辑），社科文献出版社，2022年，第3～28页。

［27］《学而述而里仁：李伯谦先生从事教学考古60周年暨学术思想研讨会论文集》，大象出版社，

2022 年。（第二主编）

[28] 《试论李伯谦先生考古学术思想体系》，《学而述而里仁：李伯谦先生从事教学考古 60 周年暨学术思想研讨会论文集》，大象出版社，2022 年，第 168～184 页。

谷 飞

[1] 《关于夏商文化研究的几点思考——许宏教授〈夏王朝考古：学术史、新动向、新思考〉读后感》，《三代考古》（九），科学出版社，2021 年。

[2] 《偃师商城遗址第一期文化遗存再考察：兼论夏商文化分界问题》，《南方文物》2021 年第 6 期。

[3] 《对偃师商城遗址水利设施及城址布局的新认识》，《南方文物》2021 年第 6 期。（合著，第二作者）

[4] 《偃师商城出土玉器的工艺研究》，《南方文物》2021 年第 6 期。（合著，第二作者）

[5] 《河南洛阳市偃师商城遗址 2018～2020 年墓葬发掘简报》，《考古》2022 年第 6 期。（合著，第一作者）

[6] 《陶器尺寸标准化程度的量化分析：以偃师商城遗址的大口尊为例》，《中国国家博物馆馆刊》2022 年第 5 期。（合著，第五作者）

[7] 偃师商城遗址条目，《中国考古学年鉴·2020》，中国社会科学出版社，2021 年，第 350 页。（合著）

印 群

[1] 《论春秋中晚期鲁中地区随葬青铜礼器组合的文化属性》，《三代考古》（九），科学出版社，2021 年。

[2] 《试论战国时期的楚墓人殉》，《东方考古》（第 18 集），科学出版社，2021 年。

[3] 《论张光直先生的中国古代文明起源理论》，《殷都学刊》2021 年第 4 期。

[4] 《论春秋时期秦墓的随葬列鼎制度——兼与莒、薛国贵族墓比较》，《复旦学报（社会科学版）》2022 年第 2 期。

[5] 《论中原地区东周墓出土的金石之乐》，《东方考古》（第 19 集），科学出版社，2022 年。

[6] 《论河北邯郸百家村战国墓的人殉》，《东方考古》（第 20 集），科学出版社，2022 年。

徐良高

[1] 《由文献记载与考古发现关系再审视看二里头文化研究》，《历史学文摘》2021 年第 1 期转载。

[2] 《丰镐手工业作坊遗址的考古发现与研究》，《南方文物》2021 年第 2 期。

[3] 《以考古学建构中国上古史》，《中国社会科学》2021 年第 9 期（《中国社会科学文摘》2021 年第 12 期、中国人民大学书报资料中心编《复印报刊资料·历史学》2022 年第 1 期转载）。

[4] 《史学原理初认识》，《三代考古》（九），科学出版社，2021 年。

[5] 《也谈自然科学、现代科技手段与考古学的关系》，《科技考古》（第六辑），科学出版社，2021 年。

[6] 《"夏商周断代工程·商周分界标准考古地层"发掘二十年回望》，《黄河·黄土·黄种人（华夏文明）》2021 年 9 月下旬刊。

[7] 《从历史和文化的角度认识三星堆》，《澎湃新闻·复旦通识》2021 年 5 月 6 日。

［8］《西周都城考古的发现与研究》，《中国考古学百年史》（第二卷），中国社会科学出版社，2021年。

［9］《青铜礼器——中国三代文明的物化象征》，《湖北理工学院学报（人文社会科学版）》2022年第3期。

［10］《北白鹅墓地出土虎纹铜罐的性质与历史意义刍议》，《文物季刊》2022年第1期。

［11］《考古年代学与西周历史年代研究》，《中国史研究动态》2022年第3期。

［12］《西周晋文化中的戎狄文化因素管窥》，《于沃集——天马–曲村遗址发现60周年暨晋侯墓地发掘30周年纪念文集》，三晋出版社，2022年。

［13］《凤飞于吴：鸿山遗址出土文物珍品图录·序》，生活·读书·新知三联书店，2022年。

［14］《两周时期考古》，《中国考古学年鉴·2021》，中国社会科学出版社，2022年。（合著）

［15］《西周都城考古新进展》，日本东北学院大学：《東北学院大学アジア流域文化研究 XIII》，2022年。

［16］《西安市沣西大原村制陶遗址2017～2018年发掘简报》，《考古》2022年第9期。（合著）

［17］《陕西丰京大原村制陶作坊遗址二座西周陶窑的发掘》，《中原文物》2022年第3期。（合著）

［18］《虎纹铜罐见证两周时期戎夏关系》，《中国社会科学报》2022年3月3日。

［19］《从"证经补史"到"考古写史"：两周考古的成就及其史学意义》，《张长寿、陈公柔先生纪念文集》，中西书局，2022年。

［20］《精工之巅——"牺尊"再现的西周时代》，《十件文物里的中国故事》，中国社会科学出版社，2022年。（合著）

［21］《胶东地区商周时期考古学研究的两点思考》，《学而述而里仁——李伯谦先生从事教学考古60周年暨学术思想研讨会文集》，大象出版社，2022年。

［22］ Archaeological Cultural, Document Texts, and the Construction of Early Wu Yue History. *Chinese Archaeology*, 2022(22): 162-170.

［23］《殷墟：中华文明探源的起点和基石——专访中国社会科学院考古研究所研究员、夏商周研究室主任徐良高》，《人民政协报》2022年11月22日第3版。

岳洪彬

［1］《辉县汉墓群出土铜镜修复、保护与研究——河南省南水北调中线工程文物保护研究项目》，文物出版社，2022年。（主编）

［2］《关于史语所大司空村第一次发掘的史迹》，《三代考古》（九），科学出版社，2021年。

［3］《晚商和西周早期的兽面纹大圆鼎研究》，《南方文物》2021年第5期。（合著，第一作者）

［4］《2008年河南安阳市殷墟刘家庄北地J15发掘简报》，《三代考古》（九），科学出版社，2021年。（合著，第一作者）

［5］《河南安阳市大司空村东地魏晋隋唐宋元墓葬发掘报告》，《考古学集刊》（第24集），社会科学文献出版社，2021年。（合著，第一作者）

［6］《河南安阳市殷墟大司空东地M123发掘报告》，《三代考古》（九），科学出版社，2021年。（合著，第二作者）

［7］《河南安阳市殷墟刘家庄北地M793》，《考古》2022年8期。（合著，第一作者）

［8］《殷墟铜觚铸造工艺研究》，《南方文物》2022 年第 6 期。（合著，第二作者）

［9］《南水北调中线工程辉县路固汉墓的发掘与研究》，《辉县汉墓群出土铜镜修复、保护与研究——河南省南水北调中线工程文物保护研究项目》，文物出版社，2022 年。（合著，第二作者）

［10］《南水北调中线工程辉县段汉墓出土铜镜的类型学研究》，《辉县汉墓群出土铜镜修复、保护与研究——河南省南水北调中线工程文物保护研究项目》，文物出版社，2022 年。（合著，第三作者）

牛世山

［1］《三代考古》（九），科学出版社，2021 年。（主编）

［2］《殷墟考古三题》，《三代考古》（九），科学出版社，2021 年。

［3］《垣曲北白鹅周代墓地的若干问题》，《南方文物》2021 年第 5 期。

［4］《刷新对商王陵区格局的认知》，《人民日报》2022 年 1 月 5 日第 19 版。

［5］《2021 年殷墟商王陵区及周边考古勘探取得重要成果——新发现围沟和祭祀坑等重要遗迹》，《中国文物报》2022 年 5 月 13 日。

［6］《踏查洹上　2021 年殷墟商王陵及周边考古勘查记》，《大众考古》2022 年第 3 期。

［7］《北方地区出土商代前期的硬陶和原始瓷来源研究》，《考古与文物》2022 年第 3 期。

［8］《北方地区出土商代前期硬陶和原始瓷的类型和年代研究》，《南方文物》2022 年第 6 期。

［9］《文化因素分析法与人文社会科学研究》，《学而述而里仁——李伯谦先生从事教学考古 60 周年暨学术思想研讨会论文集》，大象出版社，2022 年。

付仲杨

［1］《陕西丰京大原村制陶作坊遗址主要发掘收获》，中国文物报 2022 年 3 月 11 日。（合著，第一作者）

［2］《西周墓道考古学观察》，《南方文物》2022 年第 6 期。

［3］中国社会科学院考古研究所丰镐队：《西安市沣西大原村制陶遗址 2017～2018 年发掘简报》，《考古》2022 年第 9 期。（合著，第一作者）

［4］中国社会科学院考古研究所丰镐队：《丰京大原村制陶作坊遗址两座西周陶窑的发掘》，《中原文物》2022 年第 3 期。（合著，第二作者）

严志斌

［1］《巴蜀符号探索的现状与趋势》，《中国社会科学报》2021 年 7 月 7 日第 9 版。

［2］《冬笋坝墓地出土巴蜀符号探析》，《中国国家博物馆馆刊》2021 年第 9 期。

［3］《遣器与遣策源起》，《故宫博物院院刊》2021 年第 10 期。

［4］《成都双元村 154 号大墓出土巴蜀文化印章研究》，《江汉考古》2021 年第 4 期。

［5］《"无终"别解》，《三代考古》（九），科学出版社，2021 年。

［6］《甲骨文、金文研究》，《中国考古学年鉴·2020》，中国社会科学出版社，2021 年。

［7］《金文に見える西周都城の建築略論》，《アジア流域文化研究Ⅷ》，東北学院大学アジア流域文化研究所，2022 年。《金文所见西周都城建筑简论》，《青铜器与金文》（第八辑），上海古籍出

版社，2022 年。

［8］《二里岗文化创制中国文字》，《中国社会科学报》2022 年 4 月 21 日第 6 版。

［9］《战国时期巴蜀文化双戈戟形符号的考察》，《四川文物》2022 年第 3 期。

［10］《关于殷墟的"族邑"问题与"工坊区模式"》，《中国国家博物馆馆刊》2022 年第 10 期。

［11］《殷墟商墓铜器组合与墓主归属问题》，《文物》2022 年第 11 期。

［12］《周原遗址凤雏建筑基址群探论》，《考古》2022 年第 11 期。

［13］《论巴蜀符号的器物性》，《张长寿、陈公柔先生纪念文集》，中西书局，2022 年。

陈国梁

［1］《偃师商城遗址》，《中国考古学年鉴·2020》，中国社会科学出版社，2021 年，第 350 页。（合著，第一作者）

［2］《都与邑——多重视角下偃师商城遗址的探究（上）》，《南方文物》2021 年第 6 期。

［3］《宅兹中国：聚落视角下洛阳盆地西周遗存考察》，《考古》2021 年第 11 期。（合著，第二作者）

［4］《偃师商城遗址大口尊的原料配方与生产消费》，《南方文物》2021 年第 6 期。（合著，第三作者）

［5］《偃师商城出土玉器的工艺研究》，《南方文物》2021 年第 6 期。（合著，第三作者）

［6］《对偃师商城遗址水利设施及城址布局的新认识》，《南方文物》2021 年第 6 期。（合著，第三作者）

［7］《陶器尺寸标准化程度的量化分析：以偃师商城遗址的大口尊为例》，《中国国家博物馆馆刊》2022 年第 5 期。（合著，第四作者）

［8］《河南洛阳市偃师商城遗址 2018～2020 年墓葬发掘简报》，《考古》2022 年第 6 期。（合著，第三作者）

［9］《从先秦时期的食官体系看偃师商城宫城 1 号和 6 号建筑基址的性质》，《中原文物》2022 年第 4 期。

［10］《都与邑——多重视角下偃师商城遗址的探究（下）》，《南方文物》2022 年第 5 期。

［11］《偃师商城仓储区》，《黄淮七省考古新发现·2019 年》，科学出版社，2022 年。（合著，第一作者）

［12］《偃师商城遗址的探源——"考古中国之河南篇"之三》，《博览群书》2022 年第 12 期。

何毓灵

［1］《"日用而不觉"的殷墟》，《博览群书》2022 年 12 期。

［2］《殷墟贞人墓冠饰及相关问题研究》，《江汉考古》2022 年第 4 期。（合著，第一作者）

［3］《河南安阳洹北商城手工业作坊区墓葬 2015～2020 年的发掘》，《考古学报》2022 年第 3 期。（合著，第一作者）

［4］《洹北商城制骨作坊发掘方法的探索及收获》，《中原文物》2022 年第 2 期。（合著，第一作者）

［5］《古代遗址何处寻？》，《群言》2022 年第 3 期。

［6］《2017 年河南安阳市殷墟郭家庄东墓葬发掘简报》，《三代考古》（九），科学出版社，2021 年。（合著，第一作者）

［7］《洹北商城与殷墟的水系及相关问题》，《考古》2021 年第 9 期。

［8］《殷墟：寻找中华文明的根脉》，《中国民族》2021 年第 5 期。

［9］《论殷墟手工业作坊遗址考古的相关问题》，《南方文物》2021 年第 2 期。

［10］《亚长之谜——殷墟贵族人骨的秘密》，云南人民出版社，2021 年。

曹慧奇

［1］《曙光之城——从天文考古学看陶寺城址的择向与历法》，《南方文物》2021 年第 3 期。

［2］《对偃师商城人工水利及城市布局的新认识》，《南方文物》2021 年第 6 期。（合著，第一作者）

［3］《浅谈先秦天文历法与《周易》"乾卦"及"五行"的关系——以"二月二龙抬头"为例》，《南方文物》2022 年第 4 期。

［4］《陶器尺寸标准化程度的量化分析：以偃师商城遗址的大口尊为例》，《中国国家博物馆馆刊》2022 年第 5 期。（合著，第二作者）

［5］《偃师商城出土玉器的工艺研究》，《南方文物》2021 年第 6 期。（合著，第四作者）

［6］《河南洛阳市偃师商城遗址 2018～2020 年墓葬发掘简报》，《考古》2022 年第 6 期。（合著）

［7］《偃师商城遗址大口尊的原料配方与生产消费》，《南方文物》2021 年第 6 期。（合著，第四作者）

岳占伟

［1］《从殷墟墓葬看商代的社会构成和性质》，《南方文物》2021 年第 5 期。

［2］《殷墟苗圃北地铸铜遗址出土大型方鼎底范及其附着铜片的研究》，《南方文物》2021 年第 5 期。（合著，第四作者）

［3］《河南安阳市殷墟大司空东地 M123 发掘报告》，《三代考古》（九），科学出版社，2021 年。（合著，第一作者）

［4］《2008 年河南安阳市殷墟刘家庄北地 J15 发掘简报》，《三代考古》（九），科学出版社，2021 年。（合著）

［5］《河南安阳市大司空东地魏晋隋唐宋元墓葬发掘报告》，《考古学集刊》（第 24 集），社会科学文献出版社，2021 年。（合著）

［6］《多姿多彩大邑商——殷墟》，西安出版社，2021 年。（主编）

［7］《辉县汉墓群出土铜镜修复、保护与研究——河南省南水北调中线工程文物保护研究项目》，文物出版社，2022 年。（主编）

［8］《殷墟铜瓿铸造工艺研究》，《南方文物》2022 年第 6 期。（合著，第一作者）

［9］《记一件考古出土刻辞卜骨改制的刀型骨锥》，《甲骨文与殷商史》（新十二辑），上海古籍出版社，2022 年。（合著，第一作者）

［10］《3D 测量安阳孝民屯出土觥范与泉屋博古馆所藏青铜兕觥的比较研究》，《亚洲铸造技术史学会期刊》2022 年第 14 期。（合著）

［11］《河南安阳市殷墟刘家庄北地 M793》，《考古》2022 年第 8 期。（合著）

［12］《殷墟出土的商代马车》，《人民日报》2022 年 11 月 12 日。（合著，第一作者）

唐锦琼

［1］《江西樟树市国字山战国墓》，《考古》2022 年第 7 期。（合著，第一作者）

［2］《"吴头楚尾"的考古学观察（之一）》，《南方文物》2021年第6期。（合著，第一作者）

［3］《芙蓉湖及相关问题》，《苏州文博论丛（2020年）》，文物出版社，2021年。（合著，第一作者）

［4］《根津美术馆藏三件方盉的再考察》，《三代考古》（九），科学出版社，2021年。

［5］《考古现场直播刍议》，《中国文物报》2021年1月1日。

［6］《長江下流域の殷周時代城址についての若干の考え》，《アジア流域文化研究》XIII,2022.3.（合著，第一作者）

［7］《东周时期的清江盆地》，《中国文物报》2022年2月25日。（合著，第一作者）

［8］《江西樟树国字山战国墓的发掘》，《中国文物报》2022年2月25日。（合著，第二作者）

［9］《新发现、大突破——"江西樟树国字山墓葬发掘成果论证会"纪要》《中国文物报》2022年2月25日。（合著，第二作者）

宋江宁

［1］《周原庄李铸铜遗址西周銮铃的范铸模拟实验研究》，《三代考古》（九），科学出版社，2021年。（合著，第一作者）

［2］《周原遗址凤雏六号建筑基址年代再论》，《文博》2021年第6期。（合著，第二作者）

［3］《自觉地与完整的知识体系对接——对考古学学科性质和中国考古学学科发展的思考之二》，《南方文物》2021年第6期。

［4］《黄土高原地区龙山时代陶瓦研究》，《考古与文物》2022年第2期。（合著，第一作者）

［5］《周原遗址凤雏六号至十号基址的新认识》，《中原文物》2022年第6期。（合著，第二作者）

［6］《秦雍城持久置都的地貌学观察》，《秦始皇帝陵博物院论丛（2022）》，西安地图出版社，2022年。（合著，第二作者）

［7］《以科学的态度发掘遗存，以人文的精神敬畏遗产——对考古学学科性质和中国考古学学科发展的思考之三》，《南方文物》2022年第6期。

赵海涛

［1］《二里头都城布局与王权国家发展过程》，《河南日报·理论·学术》2021年2月6日第4版。

［2］《二里头都城布局的新发现及其意义》，《光明日报·理论·史学》2021年2月8日第14版。

［3］《二里头都邑的手工业考古》，《南方文物》2021年第2期。（合著，第一作者）

［4］《河南偃师二里头遗址中心区2019～2020年发掘收获》，《2020年中国重要考古发现》，文物出版社，2021年。

［5］《大都二里头：第一王朝的恢弘壮丽》，《考古队长现场说·中华何以五千年》，三晋出版社，2021年。（合著，第一作者）

［6］《二里头都城布局结构进一步明晰》，《人民日报》2021年10月12日第20版。

［7］Bulls for Sacrifice, Cows for Work? Morphometric Models Suggest that Female Cattle Were Used for Traction in the Chinese Bronze Age Late Shang Dynasty (ca. 1300-1046 BCE). *The Holocene*, https://doi.org/10.1177/09596836211049976, Sept. 2021.（合著）

［8］《河南省洛阳市二里头遗址》，《考古中国重大项目成果（2018～2020）》，文物出版社，2021年。（合著，第一作者）

［9］《二里头：3700 年前的中国第一王都》,《考古中国——15 位考古学家说上下五千年》, 中信出版社, 2022 年。

［10］ Brewing and Serving Alcoholic Beverages to Erlitou Elites of Prehistoric China: Residue Analysis of Ceramic Vessels, Front. Ecol. Evol, 25 March 2022, https://doi.org/10.3389/fevo.2022.845065, *Frontiers in Ecology and Evolution*.（合著）

［11］《中墨绿松石嵌片制作技术对比研究》,《江汉考古》2022 年第 4 期。（合著, 第三作者）

［12］《学术创新无止境, 只把新知当旧学——杜金鹏访谈录》,《南方文物》2022 年第 2 期。（合著, 第二作者）

［13］《从二里头遗址探索中国王朝国家起源》,《中国民族报》2022 年 12 月 23 日。（合著, 第一作者）

［14］《二里头都邑布局和手工业考古的新收获》,《华夏考古》2022 年第 6 期。

［15］《二里头贵族阶层酿酒与饮酒活动分析：来自陶器残留物的证据》,《中原文物》2022 年第 6 期。（合著, 第二作者）

高江涛

［1］《考古学与历史学的对话》,《中国社会科学报》2021 年 2 月 1 日。

［2］《陶寺遗址出土“无领平唇鬲”的实验考古研究及相关问题探讨》,《黄河·黄土·黄种人（华夏文明）》2021 年第 4 期。（合著）

［3］《为什么说“中华文明五千年”?》,《群言》2021 年第 6 期。

［4］《山西襄汾陶寺遗址宫城内大型建筑基址（IFJT3）发掘收获》,《2020 中国重要考古发现》文物出版社, 2021 年。（合著）

［5］《海纳百川：中华文明形成过程中的一种特质》,《中国文物报》2021 年 9 月 21 日。

［6］《陶寺出土的一件口簧及其相关问题初探》,《三代考古》（九）, 科学出版社, 2021 年。

［7］ Architectural Energetics for Rammed-earth Compaction in the Context of Neolithic to Early Bronze Age Urban Sites in Middle Yellow River Valley, China. *Journal of Archaeological Science*, 2021（2）.（合著）

［8］《光被四表 格于上下——早期都邑文明的发现研究与保护传承暨陶寺四十年发掘与研究国际论坛论文集》, 科学出版社, 2021 年。（副主编）

［9］《考古队长现场说·中华何以五千年》, 三晋出版社, 2021 年。（主编）

［10］《山西省襄汾县陶寺遗址大型建筑基址》,《考古中国重大项目成果（2018～2020）》, 文物出版社, 2021 年。（合著, 第一作者）

［11］《试析陶寺墓地随葬猪下颌骨现象》,《中原文物》2022 年第 5 期。（合著, 第二作者）

［12］《陶寺文明的“两大特征”和“三种精神”》,《中国文明起源陶寺模式十人谈》, 科学出版社, 2022 年。

［13］《巍巍如天：陶寺遗址考古成果精华展》, 三晋出版社, 2021 年。（主编）

［14］《陶寺物华：陶寺遗址出土文物类全概览》, 科学出版社, 2022 年。（主编）

［15］《何以中国：陶寺遗址考古精华良渚巡展》, 山西人民出版社, 2022 年。（主编）

［16］《从百年考古看中华文明独特文化基因》,《光明日报》2021 年 12 月 6 日第 14 版（理论版）。

［17］《从百年考古看中华文明独特文化基因》，《新华文摘》2022年第5期全文转载。

［18］《为什么说中华文明五千年》，《党政干部参考》2021年第7期全文转载。

常怀颖

［1］《夏商时期古冀州的考古学研究（文化谱系篇）》，上海古籍出版社，2022年。

［2］《考古学视野中的古代中国乐制和乐礼起源》，《礼观乐史——人文视野下的中华礼乐文明》，清华大学出版社，2021年。

［3］《周代乐钟使用的等级、性别和目的》，《礼观乐史——人文视野下的中华礼乐文明》，清华大学出版社，2021年。

［4］《当前我国考古工作面临的编制与从业人员严重不足的问题》，《文物调研》2021年第1期。

［5］《殷墟出土晚商陶器所见晋陕冀地区诸考古学文化因素》，《文物》2021年第7期。

［6］《略论晚商殷墟北部邻境地区的铜容器墓》，《考古》2021年第10期。

［7］《晚商殷墟小型墓随葬陶鬲的若干问题》，《三代考古》（九），科学出版社，2021年。

［8］《由碎而通：中国考古学的路线图》，《读书》2021年第7期。

［9］《百工铸明镜，竞竞分秋毫——〈临淄齐故城冶铸业考古〉读后》，《南方文物》2021年第3期。

［10］《擘画蓝图：跋〈考古学研究工作十二年远景规划草案〉——中国考古学发展规划研究之一》，《南方文物》2021年第4期。

［11］《噩国铜器组合之变与周代铜礼器的统一》，《噩国六谈——一个神秘古国的文化面孔》，上海书画出版社，2021年。

［12］《第一次"全国考古工作会议"补述——中国考古学发展规划研究之四》，《江汉考古》2021年第6期。

［13］《关于夏文化研究——对刘绪先生的访谈》，《江汉考古》2022年第1期。

［14］《从新峡遗址再论二里头与东下冯之关系》，《文物季刊》2022年第1期。

［15］《湖北随州叶家山西周墓地M111出土铜器的检测分析及相关问题》，《文物》2022年第5期。（合著，第五作者）

［16］《深猷远计：〈考古学研究工作十二年远景规划草案〉的制定——中国考古学发展规划研究之二》，《南方文物》2022年第3期。

［17］《如何重塑三代》，《书城》2022年第6期。

［18］《以实证深描璀璨的古代文明——读〈从考古看中国〉》，《光明日报》2022年12月29日第15版。

［19］《整理说明》，《夏商周文化与田野考古》，上海古籍出版社，2022年。

［20］《〈"十四五"考古工作专项规划〉锥指》，《中国文物报》2022年4月29日第5版。

李宏飞

［1］《商末周初文化变迁的考古学研究》，文物出版社，2021年。

［2］《稽古夏朝：解读〈试论夏文化〉》，中国社会科学出版社，2022年。

［3］《试论殷遗系铜器群》，《考古学报》2022年第2期。

［4］《论登封王城岗85WT264F1陶器群》，《中国国家博物馆馆刊》2022年第5期。

［5］《论商周之际的乳钉夔纹盆形簋——关中地区先周时期铜器群探索之三》，《四川文物》2021 年第 2 期。

［6］《酒务头 M1 初论》，《三代考古》（九），科学出版社，2021 年。

［7］《内蒙古敖汉旗兴隆沟遗址第三地点夏家店下层文化聚落》，《考古》2021 年第 12 期。（合著，第二执笔）

［8］《从蒲城店遗址探讨西周应国的社会文化格局》，《考古》2022 年第 6 期。（合著，第二作者）

［9］《稳定同位素视角下的郑州商城居民构成分析》，《华夏考古》2022 年第 5 期。（合著，第四作者）

［10］《深入探索华夏文明 推动增强历史自觉》，《新华月报》2022 年第 13 期。

［11］《〈安阳孝民屯（三）殷商遗存·铸铜遗物〉评介》，《中国史研究动态》2022 年第 4 期。

［12］《〈铜陵师姑墩〉：新时代考古报告的新标杆》，《中国文物报》2021 年 2 月 5 日。

王 迪

［1］《从陶窑看西周时期丰镐的陶器生产》，《南方文物》2021 年第 5 期。

［2］《从封堵陶窑火门的陶鬲管窥商周时期烧（灰）陶观火的技术选择》，《三代考古》（九），科学出版社，2021 年。

［3］《西安市沣西大原村制陶遗址 2017～2018 年发掘简报》，《考古》2022 年第 9 期。（合著，第二作者）

［4］《陕西丰京大原村制陶作坊遗址两座西周陶窑的发掘》，《中原文物》2022 年第 3 期。（合著，第一作者）

［5］《陕西丰京大原村制陶作坊遗址主要发掘收获》，《中国文物报》2022 年 6 月 3 日第 8 版。（合著，第二作者）

杜博瑞

［1］《甘肃宁县博物馆藏"泥亭"陶器》，《大众考古》2022 年第 9 期。（合著，第二作者）

［2］《宁波博物院藏竞渡羽人铜钺研究》，《中国美术研究》（第 43 辑），上海书画出版社，2022 年。（合著，第一作者）

李潇檬

《也谈三星堆遗址的"祭祀遗存"》，《四川文物》2022 年第 6 期。（合著，第二作者）

编　后　记

　　《三代考古》（十）要正式出版了，若从 2004 年创办算起，将近二十年。如今它已成为集中展示新石器、夏、商、周时期考古学成果的重要平台，在学界产生广泛影响，受到社会较高评价，也成为中国社会科学院考古研究所重要的品牌刊物之一。

　　正因如此，《三代考古》越来越厚实，至第九集时收集简报与论文已多达 45 篇。虽然"分量"很足，自然地随之而来的是相关的出版费用、编辑耗时以及审阅难度不免有些"超载"，有鉴于此，研究室领导及同仁建议本辑适当减少篇幅，并加强审稿，有所取舍，再增稿件质量，最终形成了 29 篇。本辑以夏商周三代"都邑探索"为主体，兼及考古新资料，墓葬、城址与人群，手工业与重要遗物，天文与祭祀，学术史等诸多方面内容。本辑还有一个值得称道的特点，中国社会科学院考古研究所以外的学者投稿人员越来越多，用稿所占比例大大增加。《三代考古》虽"以书代刊"，但秉承原创性，学者们论文质量颇高。作为执行主编，利用"小特权"，如饥似渴，先睹为快。篇篇习完，"高山安可仰，徒此揖清芬"。

　　杜金鹏先生在创刊时描述考古人喜欢"以新的发现和新的成果作红花绿叶，把自己的人生妆点得漂漂亮亮"。其实，考古人对于探索与研究也有着日甚一日的"执念"。本辑正是饱含"喜欢"和"执念"而妆点出的特殊艺术品。

　　本辑的出版得到了中国社会科学院考古研究所领导、夏商周考古研究室领导以及各位同仁的大力支持和无私帮助。丹羽崇史先生为了能让更多学者研读所写论文，还特意翻译成了中文。科学出版社的董苗女士作为本辑责任编辑付出了大量心血。本所考古编辑室的编辑庞小霞博士也对本辑的前期编辑工作多有帮助。作为本辑执行主编，在此一并致谢！

高江涛

2023 年 3 月 23 日星期四

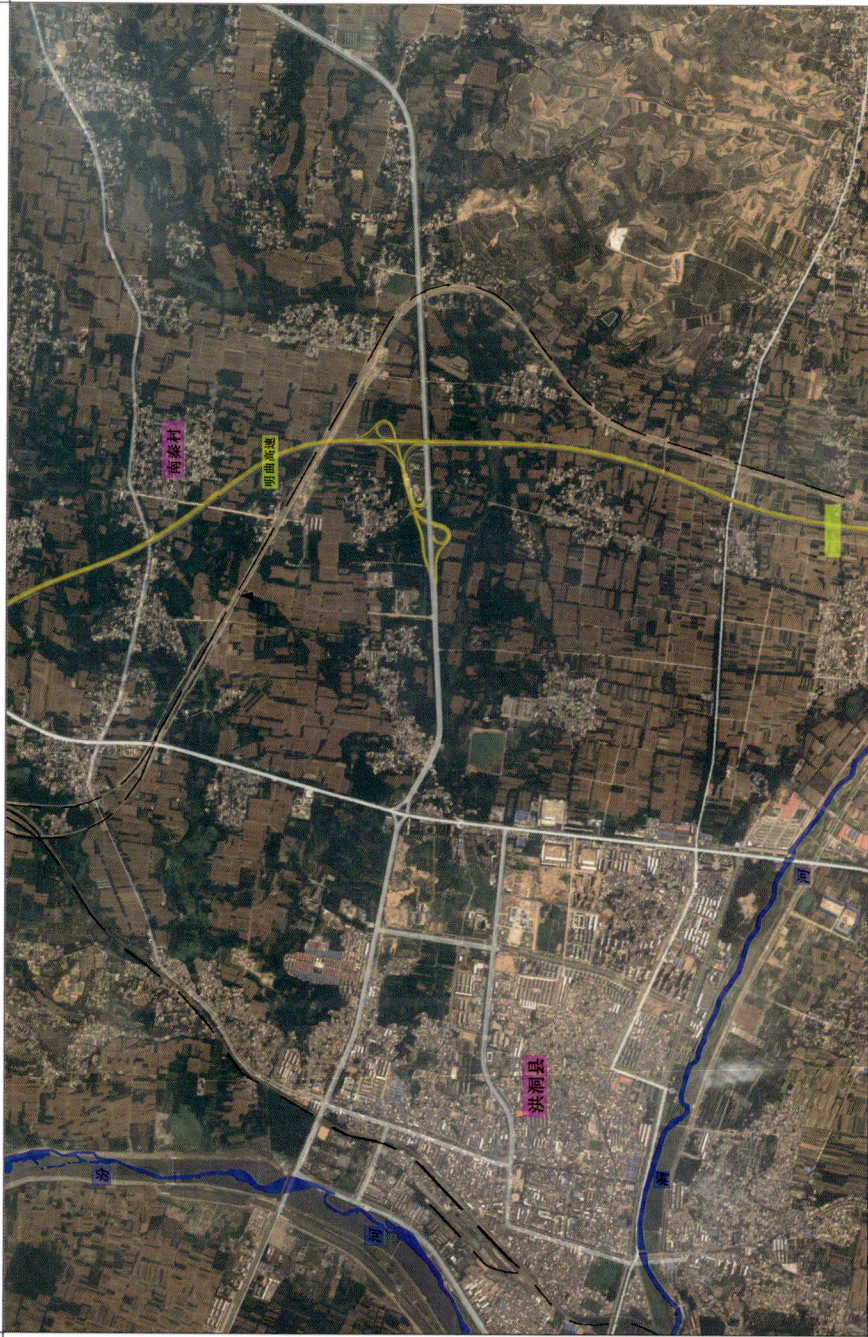

南秦墓地位置图

《山西洪洞南秦墓地春秋墓葬 M4 发掘简报》

1. M4 墓室

2. M4 铜器随葬情况

《山西洪洞南秦墓地春秋墓葬 M4 发掘简报》

铜鼎（M4：6）

《山西洪洞南秦墓地春秋墓葬 M4 发掘简报》

铜鼎（M4：6）

《山西洪洞南秦墓地春秋墓葬 M4 发掘简报》

铜鼎（M4：7）

《山西洪洞南秦墓地春秋墓葬 M4 发掘简报》

铜豆（M4：9）

《山西洪洞南秦墓地春秋墓葬 M4 发掘简报》

铜豆（M4：8）

《山西洪洞南秦墓地春秋墓葬M4发掘简报》

1. 铜舟（M4：2）

2. 铜盘（M4：4）

《山西洪洞南秦墓地春秋墓葬 M4 发掘简报》

铜匜（M4：3）

《山西洪洞南秦墓地春秋墓葬 M4 发掘简报》

1.铜车軎、车辖（M4：14）

2.陶罐（M4：10）

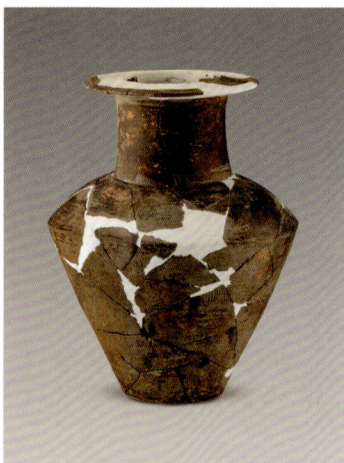

3.陶壶（M4：11）

4.陶壶（M4：12）

5.骨管（M4：1）

6.金圆形饰（M4：15）

《山西洪洞南秦墓地春秋墓葬 M4 发掘简报》

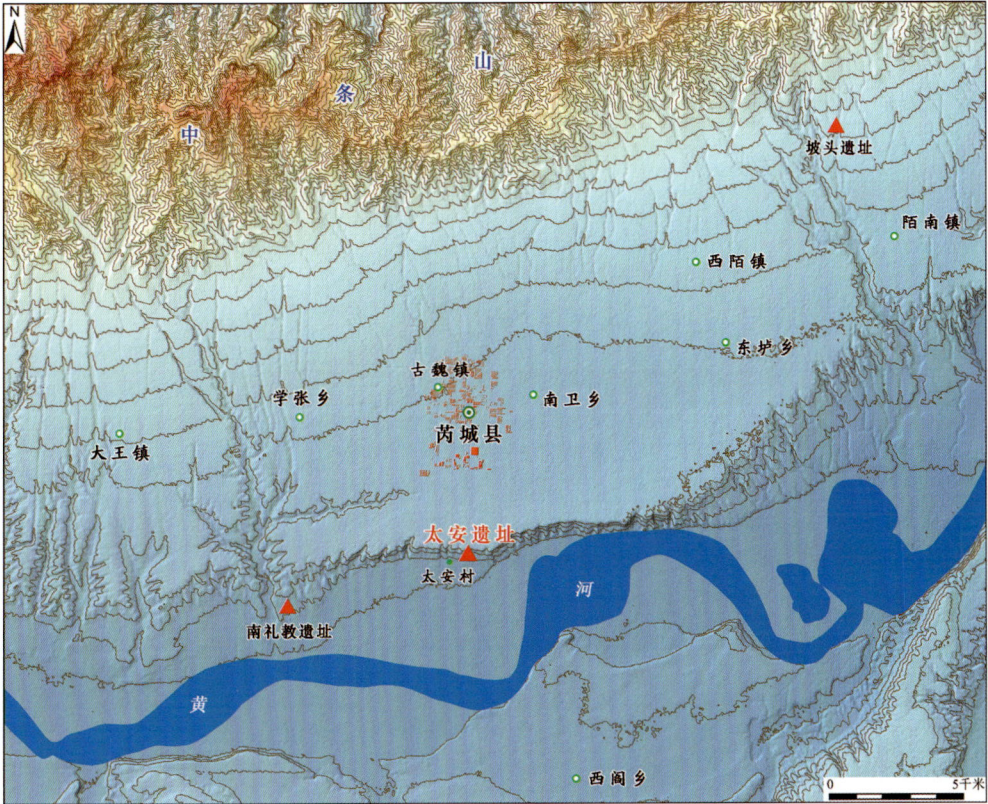

1. 太安遗址位置图

2. 太安遗址调查遗存分布图

《山西芮城太安遗址发掘简报》

1.断面上的白灰面房址（发掘区以北约 50 米）

2. H1

《山西芮城太安遗址发掘简报》

1. H2

2. H3

《山西芮城太安遗址发掘简报》

1. 敛口斝（H1②：12）

2. 陶盆（H2：2）

3. 单耳杯（H1①：14）

4. 单耳杯（H1②：10）

5. 单耳罐（H1①：13）

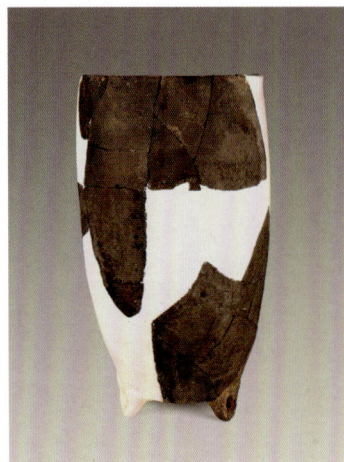

6. 陶瓮（H1②：11）

7. 单把鬲（H2：1）

8. 高领折肩罐（H3：3）

《山西芮城太安遗址发掘简报》

1. 陶盅（H1③：80）

2. 陶管状器（H1①：1）

3. 圆陶片（H1①：8）

4. 陶管状器（H1①：7）

5. 陶杯形器（H1①：2）

6. 玉铲（H3：1）

7. 穿孔石刀（H3③：2）

《山西芮城太安遗址发掘简报》

图版一六

2. 穿孔石刀（H1①：4）

3. 石凿（采：2）

4. 石刀（采：3）

5. 石凿（H1①：6）

1. 石凿（采：1）

6. 穿孔石刀（H1①：5）

7. 石刀（采：4）

8. 石刻刀（H1③：9）

9. 石斧（H1①：3）

《山西芮城太安遗址发掘简报》